汽车的商业逻辑
世界汽车百年历程经营启示录

杨献宇　编著

机械工业出版社

汽车行业与社会宏观经济、科技水平和工业水平息息相关，研究汽车行业的价值可能已经超出了行业层面。本书梳理了自19世纪汽车诞生以来到21世纪汽车行业的发展历程，涉及中、英、德、日、法、韩等各国资料，复盘了通用、大众、丰田、奔驰、宝马、福特、本田、雷诺-日产、现代起亚和美国汽车行业的发展历程，并以不同公司为代表分析了不同的主题，包括企业管理、成本控制、品牌塑造和并购重组等。目前汽车行业处于变革之际，希望此研究可以对汽车工业、投资以及其他相关产业的发展起到参考作用。

本书适合汽车行业商业投资、战略研究、经营管理等人员阅读，也适合对汽车行业感兴趣的读者阅读。

图书在版编目（CIP）数据

汽车的商业逻辑：世界汽车百年历程经营启示录/杨献宇编著.
—北京：机械工业出版社，2021.5
ISBN 978-7-111-68694-1

Ⅰ.①汽⋯ Ⅱ.①杨⋯ Ⅲ.①汽车工业-工业发展-研究-世界 Ⅳ.①F416.471

中国版本图书馆CIP数据核字（2021）第138281号

机械工业出版社（北京市百万庄大街22号　邮政编码100037）
策划编辑：赵海青　　责任编辑：赵海青
责任校对：孙莉萍　　责任印制：常天培
北京宝隆世纪印刷有限公司印刷

2021年10月第1版　第1次印刷
184mm×260mm・42.75印张・2插页・1008千字
0 001—2 000册
标准书号：ISBN 978-7-111-68694-1
定价：680.00元

电话服务　　　　　　　　　网络服务
客服电话：010-88361066　　机　工　官　网：www.cmpbook.com
　　　　　010-88379833　　机　工　官　博：weibo.com/cmp1952
　　　　　010-68326294　　金　书　网：www.golden-book.com
封底无防伪标均为盗版　机工教育服务网：www.cmpedu.com

序

中国汽车产业从2000年销量209万辆发展到2017年时已超过2800万辆，年复合增长率为16.7%，虽然近年行业增速放缓，但行业变化与10年前相比已有天壤之别，"智能驾驶、电动未来"是我们在2014年提出的行业重要的研究方向。

早期，中国汽车产业由合资企业主导。多年来经过无数汽车人的不懈奋斗，中国诞生了很多优秀的企业，例如长城、吉利、比亚迪、上汽、广汽、长安、潍柴动力、中国重汽、宇通客车、福耀玻璃等。随着竞争力的不断提升，中国企业在国内的市场份额持续提高，同时，越来越多的企业开始走向全球，成为更加国际化的企业。福耀玻璃在俄罗斯和美国建厂，长城汽车在俄罗斯建厂并收购通用在泰国的工厂，这不仅是中国汽车产业竞争力提升的体现，也是中国综合国力提升的体现。

在电动化和智能化、网联化的浪潮中，中国汽车产业有更多的机会，也必然会诞生更多优秀的企业。

新能源是世界汽车行业的发展方向，在推动新能源汽车发展的过程中，中国发挥了巨大的作用。从2009年"十城千辆"开始，中国政府通过不断优化行业政策，扶持并引导了新能源汽车产业的发展，在十多年的发展过程中，不仅在整车行业取得重要突破，而且也培育了具有全球竞争力的产业链，其中以宁德时代、比亚迪为代表的电池企业和材料企业已经实现了国际化，并最终形成了车、电池、四大材料和上游资源品完备的产业链。在2020年，当全球的经济发展方向集中到"双碳"重心上时，欧洲、北美都把发展零排放汽车作为未来10~20年的重要方向，而中国在早期正确政策的引导下已经走在了世界的前列，在汽车电动化方面，我们具有很好的先发优势。

在电动化和智能网联化的背景下，汽车行业的产业链关系和盈利模式都将发生重大改变。电动化在新能源发展的趋势下，不仅带来了能源平台的革命，同时也带动了产业链的重新构建。智能化的发展不仅带来更安全、更智能的驾驶，同时会将传统汽车销售产品的盈利模式带向互联网经济时代。

国内企业的典型代表为比亚迪，2009年，比亚迪推出第一款插电式混合动力汽车F3 DM，对电动汽车产业影响巨大；美国特斯拉同年推出了全新的Roadster，作为智能化发展的引领者，对行业发展意义重大。

中国同样诞生了很多新兴的造车企业，其中以蔚来、小鹏和理想为代表，这些品牌分别通过良好的服务、优秀的自动驾驶能力和挖掘细分市场的能力形成了自己的竞争优势。这些企业的兴起是中国人在汽车新时代探索发展的缩影。

华为、谷歌等高科技企业的入局，给汽车行业带来了更多的活力和期待。科技企业不仅有望推动汽车行业的发展，同时也有可能影响汽车产业的格局。

经过20多年自主品牌企业以及一代代汽车人的努力，中国自主品牌汽车已经取得长足的进步，在整个制造环节上已经逐步赶上欧美企业，完整的工业体系也逐渐构建完成。电动化和智能网联化的浪潮，将带给中国汽车制造业一个全新的突破机会，中国企业将迎来更多的发展机遇。类似于20世纪70年代日本车企的兴起及20世纪80年代韩国汽车的发展，中国企业有望在这次全球电动化、智能化的大变革中，占据有利位置，获得世界舞台的一席之地，甚至我们认为，将会有中国企业超过丰田或者大众。

2018年，献宇加入我的团队。他对我说，想对全球汽车行业的发展历程做一个完整的梳理，以总结行业规律和经验，希望对汽车行业的发展能起到一定的借鉴作用。沟通之后，我非常支持他的想法，让他放手去做这件事。

我们去研究、建设和发展一个行业，会有很多思考，包括对未来的思考，也包括对过往经验和规律的总结。在汽车行业发生变革之际，梳理全球汽车行业一百多年来的历程，也许对未来的发展有非常重要的借鉴意义。

"前事不忘，后事之师"，这本书梳理了一百多年来美、德、日、法、韩等国际车企的发展历程，总结了各主要车企的发展经验，相信对汽车行业的研究和投资都将具有参考意义。

汪刘胜
招商证券研发中心汽车行业首席分析师

前　言

在投资领域，市场比较喜欢 ROE 高的企业。投资者的很多工作是在发现企业的投资价值，进而对企业投资，伴随企业成长，然后分享企业创造的价值。无疑，我们是享受了社会和企业发展的红利。**我时常想，我们要做的可能不仅仅是发现和分享企业的价值，如果能够通过自己的努力，为企业创造价值，跟企业一起成长，最终为这个社会创造价值，这样才是更有意义的**。如果每个人的工作都可以为这个社会创造价值，那么社会整体的投资回报率和效率将会明显提升。

作为一名在证券市场工作的汽车行业分析师，我希望可以做出有长期价值的研究，并且研究成果能够帮助企业经营，帮助投资者进行更长期的投资。

汽车工业是先进工业的代表，100 多年来汽车行业孕育了许多世界顶级企业，汽车行业的发展经验对于汽车行业本身以及很多其他行业都具备借鉴价值。

一个多世纪以来，汽车行业的发展受到技术进步、生产方式变革、经济发展、人口数量和结构、劳资关系、政策等因素的影响。笔者用了数年的时间梳理了自 19 世纪汽车诞生以来到 21 世纪汽车行业的发展历程，涉及中、英、德、日、法、韩等各国资料数千万字，调研了众多企业，与国内外的产业人士进行交流，复盘了通用、大众、丰田、奔驰、宝马、福特、本田、雷诺 – 日产、现代起亚和美国汽车行业的发展历程。

汽车工业诞生于德国，戴姆勒 – 奔驰、宝马和大众一直都是汽车工业的优秀代表，戴姆勒 – 奔驰延续了 100 多年来的优秀血统，宝马成为了与奔驰比肩的豪华品牌，大众成长为一个汽车王国。福特为汽车行业的普及做出了重要贡献，福特的 T 型车是汽车行业第一款爆款车型，其在汽车行业中运用流水线的生产方式，大幅提高了汽车的生产效率。在美国汽车行业发生变革的过程中，通用汽车通过产品升级、多品牌等战略，超越了福特汽车，成为美国第一汽车企业。虽然日本的汽车工业起步晚于欧美，但是日系车企准确把握机会，成为世界汽车行业的佼佼者，丰田的精益生产理念也在全球范围内受到了广泛的认可。雷诺 - 日产的联盟以及现代起亚的合并分别是跨文化并购和通文化并购的成功代表。这些现象的发生都值得我们思考，其中也有历史的规律可循。

历史不会完全相同，却总有相似之处。一些企业级的现象放大后其实可以找出更深层次的规律，进而总结出事物发展的偶然性和必然性。

对于任何产业而言，行业都会经历初始成长阶段、发展阶段和成熟阶段，处于不同阶段的企业所关注的重点必然会有所不同，产业的发展遇到变革之时，往往会给后来者带来机遇。

多年来，中国车企一直在努力打造高端品牌，从海外豪华品牌的发展历程中，我们可以借鉴其经验。在电动智能时代，中国车企打造高端品牌的成功率应该是高于燃油车时代的。

历史上，多家世界级车企都曾尝试过跨界经营，我们似乎也能看到一些可为与不可为。

当下，汽车行业处于电动化、智能化和网联化的变革浪潮之中。在电池领域，中国已经诞生了具有世界竞争力的企业；在智能网联领域，中国的企业也持续地投入。这次汽车行业的变革，有望给中国的企业带来更多的机会。同时，中国汽车品牌的影响力也有望得到进一步提升。在行业变革的浪潮中，无数企业和人士都在努力，希望本书的研究成果，可以为企业的经营和发展起到参考作用，对汽车产业的发展有所贡献。

研究工作是一个漫长的过程，在这个过程中要感谢很多人的帮助和鼓励。

首先要感谢我的领导汪刘胜老师，他非常支持我的工作。在推进研究工作的过程中，多方面给我减轻压力。研究工作可以顺利完成，离不开汪老师的支持和鼓励。

研究工作并非我一个的努力，期间有很多同学和朋友都做出了非常大的贡献，尤其要感谢的是葛小川、刘俊伶、邹萌、张言星、毛靖淅、温雅馨、丁宁和张安等同学，研究成果离不开每一个人的努力和汗水。

感谢长城汽车徐辉总和李红强总，北京汽车的王建辉总、宋雷总和徐雨轩总，在我的研究工作完成后，组织安排了交流活动，让我将研究成果向长城汽车和北京汽车的领导们进行汇报、交流。研究的初衷就是希望将自己的研究成果可以为企业所用，做有价值的事，未来也期待与更多产业人士和同行交流。

由于资料涉及的范围广、时间跨度长，笔者学识有限，出现一些错误在所难免，期待读者们能够不吝赐教，批评指正，帮助笔者改进和提高。

编　者

目 录

序
前言

第 1 章 主要宏观因素对美国百年车市影响之分析

章首语 ...001

1 宏观经济因素影响
　1.1 GDP 增速与汽车行业增速整体正相关 ...004
　1.2 新车消费支出占可支配收入比重与 GDP 增速高度相关 ...005
　1.3 利率可能是汽车销量的先导指标 ...007
2 人口影响 ...008
　2.1 人口结构暂未限制美国汽车销量 ...008
　2.2 日本汽车销量受人口影响大 ...009
3 石油价格影响 ...011
　3.1 石油价格影响汽车行业总销量 ...011
　3.2 石油价格影响车型结构 ...012
　3.3 石油价格影响行业竞争格局 ...013
4 政策影响 ...015
　4.1 美、日签订《美日自愿出口协议》 ...015
　4.2 推出并多次完善《清洁空气法》 ...016
　4.3 推出《公司平均燃油经济性标准》 ...017
5 控制成本 ...019
　5.1 降低制造成本 ...019
　5.2 降低开发和采购成本 ...021
6 提升产品价值，维护产品价格 ...024
7 拓展能力边界，开拓细分领域 ...026
　7.1 新晋豪华品牌雷克萨斯 ...027
　7.2 宝马领跑小型豪华轿车市场 ...029
　7.3 奔驰合理布局中小型车市场 ...032

8 经营策略 ...035
　8.1 多项宏观经济因素与汽车行业销量相关 ...035
　8.2 行业销量不增长时，企业采取措施保证利润 ...035

第 2 章 通用汽车：百年繁荣与衰落

章首语 ...037

1 超越福特成为行业龙头（1908~1929 年） ...041
　1.1 通用汽车的诞生 ...042
　1.2 超越福特 ...043
　1.3 战略改革才是成功的内因 ...049
　1.4 走向海外 ...053
2 经历大萧条与第二次世界大战的洗礼（1930~1945 年） ...055
　2.1 大萧条 ...055
　2.2 战争 ...056
3 新一轮扩张达到鼎盛（1946~1962 年） ...059
　3.1 战后的罢工与物资短缺 ...059
　3.2 宏观经济驱动行业扩张 ...060
　3.3 创新能力帮助通用汽车加速扩张 ...062
　3.4 新一轮的海外扩张 ...064
4 紧凑车型在美国市场导入（1963~1971 年） ...067
　4.1 紧凑车型开始受到欢迎 ...067
　4.2 通货膨胀造成成本上升 ...068

5 两次石油危机重创通用汽车
  （1972~1980 年） …070
  5.1 成本危机 …070
  5.2 产品危机 …072
  5.3 政策危机 …074

6 改革措施效果不显著
  （1981~1991 年） …077
  6.1 重组与剥离 …077
  6.2 自动化与信息化 …078
  6.3 平台化 …081
  6.4 降低成本 …083
  6.5 拓展海外市场 …084
  6.6 "土星计划" …086

7 人力成本过高导致破产
  （1992~2009 年） …088
  7.1 人力成本 …088
  7.2 财务困境将通用汽车推向破产 …094

8 经营策略 …098
  8.1 行业出现拐点时，危机和机遇是什么 …099
  8.2 降本增效成为汽车行业的主旋律 …100

第 3 章
大众汽车：从平民汽车走向汽车王国

章首语 …102

1 大众汽车的诞生
  （1904~1945 年） …103
  1.1 成立背景 …103
  1.2 "人民的汽车"诞生 …103

2 战后初期：在英国政府管理下
  的发展 （1945~1949 年） …104
  2.1 有利的起步阶段 …104
  2.2 制约因素导致产量受限 …104
  2.3 两项关键政策 …105
  2.4 业务规模尚小，利润微薄 …106

3 国际化与大规模生产
  （1950~1960 年） …107
  3.1 大众的国际化，打入欧洲、美国和南美市场 …107
  3.2 大规模生产助力国际市场的成功 …108
  3.3 提高员工福利，建设稳定队伍 …109
  3.4 总体向上发展，出口业务微利 …110

4 甲壳虫制造商：大众的繁荣和危机
  （1961~1972 年） …111
  4.1 甲壳虫的辉煌 …111
  4.2 对单一车型过度依赖下的危机 …112
  4.3 积极自救，大众采取一系列措施应对危机 …113
  4.4 营收整体增长，成本与汇率影响利润 …117

5 新时期，新产品
  （1973~1981 年） …118
  5.1 大众新时代的开始，新一代产品组合问世 …118
  5.2 石油危机使经济型汽车受益 …128
  5.3 海外市场遭遇困境 …129
  5.4 加快节能汽车的研发 …131
  5.5 成本高企，利润不甚理想 …132

6 收购新品牌，开拓新市场
  （1982~1991 年） …134
  6.1 把握欧洲和亚洲市场，成为世界级企业 …134
  6.2 新技术提升产品竞争力和生产效率 …141
  6.3 销量稳步增长，盈利持续改善 …142

7 降本增效，产品结构上移
  （1992~2017 年） …143
  7.1 削减成本，提升企业运营效率 …144
  7.2 增加产品的多样性，丰富多品牌战略 …146
  7.3 向新兴市场扩张 …148
  7.4 燃料和动力传动系统的策略演变 …150
  7.5 销量利润双双爆发 …153

8 汽车金融服务的发展 …155
  8.1 金融服务推动汽车销售 …155
  8.2 业务稳步扩张 …156

8.3 集团盈利的重要来源 …157

9 奥迪的豪华品牌之路 …158
　9.1 奥迪公司的前世今生 …158
　9.2 成为豪华品牌 …159
　9.3 与辉腾的对比分析 …162

10 平台化、模块化战略 …165
　10.1 大众集团的平台演进 …165
　10.2 传统平台时代 …166
　10.3 模块化策略 …168
　10.4 与通用、丰田平台战略的对比 …172

11 经营策略 …176

第 4 章
丰田汽车：弯道超车，成本制胜

章首语 …179

1 纺织业务不断发展，"自动化"理念萌芽
　（1907~1933 年） …180
　1.1 创办丰田纺织公司，奠定丰田集团的基础 …180
　1.2 从织机制动装置中诞生的"自动化"理念 …181

2 开启汽车行业征途，克服艰难摸索前进
　（1933~1949 年） …182
　2.1 进入汽车行业，初步建立研发生产和销售体系 …182
　2.2 第二次世界大战时期发展缓慢，坚持进行技术研发 …185
　2.3 战后迅速开展重建，经营状况一度恶化 …186

3 领军乘用车市场，实现规模化生产
　（1950~1965 年） …188
　3.1 抓住时代机遇，恢复和发展 …188
　3.2 迎合市场需求，开发乘用车 …189
　3.3 逐步实现规模化生产，产量大幅提升 …193
　3.4 完善并扩大国内销售网，初步涉足国际业务 …195

4 突破重重危机，成为世界级汽车制造商
　（1966~1980 年） …198
　4.1 丰田推出乘用车 COROLLA，实现跨越式发展 …198
　4.2 丰田进一步扩大生产规模，提高销售能力 …201
　4.3 合理应对石油危机，保持增长 …203
　4.4 日本排放标准出台，丰田大力发展减排技术 …206
　4.5 安全问题引发广泛关注，丰田兼顾技术进步和社会效应 …208
　4.6 建立更加成熟的海外销售体系，走向国际化 …210

5 贸易摩擦加剧，全面开展本地化生产
　（1981~1990 年） …215
　5.1 丰田汽车与丰田销售合并 …216
　5.2 为应对贸易摩擦，开展本地化生产 …218
　5.3 日元走强带来不利因素，丰田克服困难保持业绩 …223
　5.4 丰田全面提高生产和销售能力 …225
　5.5 富有吸引力的产品是丰田不断发展的根本 …227

6 加快全球化步伐，调整未来发展方向
　（1991~2007 年） …231
　6.1 日本市场相对萧条，丰田努力保障业绩 …232
　6.2 全面推进本地化，北美业务不断扩张 …236
　6.3 加快全球化步伐，因地制宜开展海外业务 …240
　6.4 进行企业内部改革创新，坚实全球化的基础 …247
　6.5 面向 21 世纪，探索新的发展方向 …250

7 提出新时期集团战略，实现创新与发展
　（2008~2018 年） …254
　7.1 经历持续试炼，克服种种困难 …255
　7.2 着眼于公司内部，制定策略改进架构 …258
　7.3 推动新兴市场发展，完善全球供应系统 …262
　7.4 发展汽车以外的业务，推进业务多样化 …267
　7.5 大力发展高新技术，创造未来汽车社会 …269

8 丰田生产方式，成本控制的典范 …275
　8.1 丰田生产方式的内部运作 …275

8.2 丰田生产方式在全供应链上的延展 …281
8.3 TPS 帮助丰田增强各个时期的竞争力 …283
8.4 精益生产诞生于丰田的主要因素 …286

9 丰田质量控制，为企业成长
保驾护航 …289
9.1 丰田质量控制系统的诞生与演进 …289
9.2 召回事件激励丰田进一步提升质量 …291

10 豪华车品牌雷克萨斯的成功之道 …294
10.1 内外因素的共同作用催生了
雷克萨斯 …294
10.2 不断扩充产品线，占领美国豪华车
市场 …296
10.3 21世纪雷克萨斯加速全球化进程 …302

11 经营策略 …305

第5章
戴姆勒：汽车行业的先驱，跨越世纪的高端

章首语 …307

1 汽车先驱的诞生
（19世纪70年代~1926年） …308
1.1 汽车工业的诞生 …308
1.2 戴姆勒与奔驰推动汽车工业前进 …309
1.3 戴姆勒与奔驰合并 …310

2 合并后快速发展，树立行业地位
（1927~1938年） …312
2.1 公司改革措施效果显著 …312
2.2 政策与宏观经济影响公司发展 …313
2.3 产品策略清晰，确立公司行业地位 …313

3 第二次世界大战打乱发展节奏，战后快速
恢复（1939~1952年） …316
3.1 第二次世界大战对公司造成重大创伤 …316
3.2 在废墟中重生 …317

4 黄金发展时代，高端品牌稳固
（1953~1971年） …319
4.1 产品策略不断完善，品牌力提升 …319
4.2 技术进步和品质提升铸造产品竞争力 …325
4.3 扩大海外出口，提升服务质量 …326
4.4 出售汽车联盟 …328

5 应对挑战与变革
（1972~1984年） …329
5.1 石油危机：柴油车和紧凑车型战略制胜 …329
5.2 监管法规：安全和排放两大领域突破 …332
5.3 稳健经营：财务政策合理，成本控制
得当 …334
5.4 扩大出口，全球化加速 …336

6 多元化战略使公司遭受损失
（1985~1997年） …339
6.1 转型综合科技公司，衍生财务风险 …339
6.2 多元化扩张：损害公司核心竞争力，剥离
纠正决策失误 …344
6.3 核心业务：产品力下滑，行业领先优势
削弱 …348
6.4 革新内核，自我重生，公司注入新基因 …350

7 多品牌战略有得有失，强化全球布局
（1998~2007年） …352
7.1 开启多品牌战略，扩大全球布局 …352
7.2 与克莱斯勒合并效果不及预期，集团
遭受损失 …355
7.3 乘用车：开辟细分市场，提升产品质量 …358
7.4 商用车：北美地区加速收购，强化亚洲
布局 …362
7.5 技术创新：提高产品竞争力 …367

8 重塑自我，制胜未来
（2008~2018年） …371
8.1 产品组合焕发活力，紧凑车型&SUV
驱动增长 …371
8.2 新兴市场拓展加速，获益中国市场红利 …374
8.3 卓越经营，提质增效，保障盈利增长 …378
8.4 四大领域突破，瞰思未来汽车 …381
8.5 调整组织架构，拥抱创业文化 …386

9 经营策略	…388
9.1 高端汽车品牌如何诞生	…388
9.2 高端汽车品牌的发展路径	…389

第 6 章
宝马汽车：定义"终极驾驶"，重新诠释"豪华"

章首语 …392

1 宝马公司的诞生
（1916~1927 年） …393
- 1.1 宝马起源于飞机工业 …393
- 1.2 摩托车业务的启动 …393

2 宝马步入汽车行业
（1928~1938 年） …395
- 2.1 宝马收购埃森纳赫工厂，进入汽车行业 …395
- 2.2 推出宝马3字头车系，产品定位上移 …396

3 战后复苏失败，宝马濒临破产
（1939~1959 年） …398
- 3.1 战争给宝马带来创伤 …398
- 3.2 艰难的战后恢复 …398

4 调整市场战略，确定产品定位
（1960~1971 年） …402
- 4.1 提出"夹缝理论"，推出"新级别" …402
- 4.2 提升市场营销水平 …407
- 4.3 研发：重视汽车排放与安全 …408
- 4.4 扩大产能，重视供应链管理 …409

5 定调经典车型，应对石油危机
（1972~1985 年） …411
- 5.1 定调经典车型系列 …411
- 5.2 扩大海外出口，重视培养经销商 …417
- 5.3 灵活应对石油危机带来的成本问题 …420
- 5.4 研发：提升燃油经济性、排放技术和安全技术 …422

6 实力全面提升，成为世界领先企业
（1986~2000 年） …424
- 6.1 产品全面升级，品牌力提升 …424
- 6.2 研发：技术进步支撑产品升级 …427
- 6.3 在美国建厂，加速国际化 …431
- 6.4 增加资本开支，能力全面提升 …434
- 6.5 历史上寥寥无几的败笔：收购罗孚 …437

7 丰富产品组合，扩大亚洲市场
（2000~2018 年） …441
- 7.1 丰富产品组合，开发细分市场 …441
- 7.2 中国市场驱动宝马新一轮增长 …445
- 7.3 提高企业经营效率，重视增长质量和盈利能力 …446
- 7.4 打造高端出行领域的领先科技公司 …448

8 经营策略 …453

第 7 章
福特汽车：汽车行业的推动者

章首语 …457

1 历经波澜，福特公司诞生
（19 世纪 70 年代~1907 年） …458
- 1.1 美国汽车工业崛起 …458
- 1.2 两次创业失败，最终取得成功 …458
- 1.3 积极自我完善，树立领先地位 …459

2 蓬勃发展，建立汽车帝国
（1908~1918 年） …461
- 2.1 T型车开创新时代 …461
- 2.2 开启汽车流水线生产时代 …464
- 2.3 工人薪酬改革 …466

3 内外交困，陷入发展危机
（1919~1944 年） …468
- 3.1 公司面临诸多挑战 …468

XI

3.2 福特采取措施应对，效果有限 …470
3.3 萧条过后进行调整，未达预期 …473

4 涅槃重生，成为现代企业
（1945~1963年） …476
4.1 改革经营管理模式，推动现代化进程 …476
4.2 积极研发新车型 …479
4.3 经济管制影响福特发展 …486

5 危机丛生，福特举步维艰
（1964~1979年） …487
5.1 联邦政府出台政策，福特发展受限 …487
5.2 日本进口车抢占市场 …491
5.3 采取措施增强竞争力 …492
5.4 产品质量问题损害企业形象 …494

6 选贤让能，外部人员掌管企业
（1980~1998年） …496
6.1 提高产品质量，降低生产成本 …497
6.2 加强优势经营业务 …500
6.3 推出具有吸引力的产品 …502
6.4 积极进行并购活动 …505

7 道路曲折，面临新时代挑战
（1999~2008年） …508
7.1 宏观环境恶化 …508
7.2 企业自身出现危机 …510
7.3 采取行动渡过难关 …511

8 经营策略 …515

第8章
本田汽车：后起之秀，生逢其时

章首语 …518

1 本田的诞生（1946~1963年） …519
1.1 本田初期为摩托车制造商 …519
1.2 探索海外业务 …519
2 汽车业务启动（1963~1969年） …521

2.1 日本汽车行业稳步增长 …521
2.2 初期车型 …521
2.3 海外发展初探 …522

3 两次石油危机，扩大美国市场份额
（1969~1982年） …523
3.1 美国《清洁空气法》与两次石油危机 …523
3.2 CVCC发动机的研发 …524
3.3 思域率先打开美国市场 …525
3.4 雅阁的诞生 …527
3.5 提高运营效率，增加研发投入 …528
3.6 海外市场的繁荣与危机 …530

4 美国建厂，稳固发展
（1982~2003年） …532
4.1 日元的升值与欧美企业的反追赶 …532
4.2 提高产品性能，增强竞争力 …534
4.3 思域的变迁 …536
4.4 雅阁的风靡 …538
4.5 发布CR-V，完善产品阵容 …541
4.6 推出豪华品牌——讴歌 …542
4.7 与英国BL/Rover集团合作开拓细分市场 …545
4.8 产能的构建与效率的提升 …546

5 中国市场提供主要增长动力
（2003~2017年） …549
5.1 中国市场增速领跑全球 …549
5.2 本田在中国成立两家合资公司 …551
5.3 本田在中国市场的销售 …552
5.4 i-VTEC发动机、CMBS与SH-AWD系统 …554
5.5 发展节能与新能源汽车 …556
5.6 促进创收，提高效率 …557

6 本田为日系车优秀代表 …559
6.1 本田在日本的市场占有率不断提高 …559
6.2 区域整合与本地化战略 …559
6.3 效率优势与产品质量，是日系车致胜的关键因素 …563

7 经营策略 …566

第 9 章
雷诺-日产：法国汽车工业及跨文化企业联盟研究

章首语 ...568

1 法国汽车工业的历程
 （19 世纪 90 年代~1985 年） ...570
  1.1 法国汽车工业早期 ...570
  1.2 自 20 世纪 80 年代起逐渐落后的法国汽车工业 ...573

2 雷诺：经历危机，重获新生
 （1986~1998 年） ...577
  2.1 雷诺的诞生与早期发展 ...577
  2.2 20 世纪 80 年代第一次危机及应对 ...577
  2.3 20 世纪 90 年代第二次危机及应对 ...583

3 日产早期辉煌（1910~1979 年） ...587
  3.1 成立初期势头强劲 ...587
  3.2 第二次世界大战期间停滞不前 ...587
  3.3 20 年间飞速发展 ...588

4 日产走向衰落（1980~1999 年） ...590
  4.1 宏观环境艰难 ...590
  4.2 产品策略失误 ...592
  4.3 海外扩张分散资源 ...594
  4.4 经营管理不善 ...595
  4.5 财务陷入危机 ...596
  4.6 内部治理混乱 ...598

5 雷诺-日产联盟
 （1999~2007 年） ...600
  5.1 联盟的形成 ...600
  5.2 日产全面复苏，实现跨越式发展 ...601
  5.3 协同作用使雷诺获益明显 ...618

6 经营策略 ...626

第 10 章
现代起亚：韩国汽车工业及同文化企业收购研究

章首语 ...632

1 韩国汽车工业的诞生与发展
 （1950~1996 年） ...633

2 现代汽车：韩国龙头车企，成功出口海外（1967~1997 年） ...635
  2.1 学习国外先进技术和经验 ...635
  2.2 快速崛起并进军美国市场 ...636

3 起亚汽车：韩国汽车先驱，1997 年走向破产（1944~1997 年） ...640
  3.1 韩国汽车行业的先驱 ...640
  3.2 经营不善叠加金融危机导致破产 ...642

4 现代收购起亚，成立现代起亚汽车集团
 （1998~2004 年） ...647
  4.1 现代收购起亚，整合双方资源 ...647
  4.2 起亚采取多项措施，经营改善 ...649
  4.3 现代提升品牌竞争力，稳固行业领先优势 ...653

5 双品牌协同发展，国际化更进一层
 （2005~2012 年） ...656
  5.1 现代与起亚协同发展 ...656
  5.2 国际化更进一层，海外销量贡献明显 ...660

6 经营策略 ...667

参考文献 ...669

第 1 章
主要宏观因素对美国百年车市影响之分析

章首语

汽车行业是周期性行业，经济、人口、政策和石油价格等宏观因素对汽车行业都有重要影响，研究汽车行业的投资价值，必然要考虑宏观因素的影响。本章分为上下两个部分：上部分 1~4 节主要探讨宏观因素对汽车行业的影响，下部分 5~8 节主要探讨汽车行业销量进入不增长时期，车企应如何保障并扩大利润。

美国汽车市场是全球最先步入成熟的汽车市场，且经历过多轮周期，在 2009 年以前，美国一直都是全球最大的单一汽车市场。因此，笔者希望通过对美国汽车市场的研究，分析宏观经济、人口、政策和石油价格对汽车行业的影响，同时总结汽车行业不同发展阶段的特点。

笔者将美国汽车行业分为三个阶段（表 1-1）：第一阶段初创期（1928 年以前）：1908~1928 年美国汽车行业销量复合增速为 24.61%。第二阶段成长期（1928~1973 年）：1928~1973 年汽车行业销量复合增速为 2.27%，由于 1929 年大萧条，1928~1940 年销量复合增速为 -2.1%；1940~1955 年销量复合增速达到 5.0%；1955~1973 年销量增速放缓至 3.1%。第三阶段成熟期（1973~2016 年）：1973~2016 年汽车销量年复合增速为 0.47%（见图 1-1，图 1-2）。1973~1990 年受三次石油

表 1-1 美国汽车行业发展历程

时期	阶段	销量复合增速	时段	销量复合增速
初创期	1908~1928 年	24.61%	1908~1928 年	24.6%
成长期	1928~1973 年	2.27%	1928~1940 年	-2.1%
			1940~1955 年	5.0%
			1955~1973 年	3.1%
成熟期	1973~2016 年	0.47%	1973~1990 年	-0.2%
			1990~2000 年	2.3%
			2000~2016 年	0.0%

资料来源：《我在通用汽车的岁月》、通用汽车、Wind

危机影响，销量复合增速为-0.2%，期间汽车销量波动较大；1990~2000年汽车行业销量保持增长，销量复合增速为2.3%；2000~2016年汽车行业销量维持在1700万辆左右，销量复合增速为0.0%，期间受金融危机影响，2008年和2009年销量大幅下降。

图1-1 1900~2016年美国千人汽车保有量（辆）及同比

资料来源：美国交通部、BEA

图1-2 1908~2016年美国汽车行业销量（百万辆）及同比

资料来源：《我在通用汽车的岁月》、通用汽车、Wind

注：部分年度以行业产量代替行业销量。

由于日本老龄化比较明显，在研究人口因素时，笔者引入了日本汽车市场做对比分析。上部主要结论包括：

汽车行业周期性比经济周期性更显著。人均新车消费支出占人均可支配收入比重与GDP增速高度相关；利率会影响消费者的购车意愿和购车成本，可能是汽车销量先导指标，汽车金融渗透率越高可能越明显；人口总量和人口结构都会影响汽车行业的销量，18~64岁（或者20~64岁）的人口数量对汽车行业销量影响最大。当千人保有量企稳的时候，可以通过人口结构预测未来该市场的增长潜力；石油的价格和供应量极大地影响了汽车消费者的购买习惯和意愿；贸易保护政策不能提升企业的竞争力，排放法案和燃油经济性法案的升级利好技术先进的企业。

当汽车行业销量趋于稳定时，企业保证利润极为重要。保证利润主要分为三个层面：向上，拓展能力边界，推出新的产品，开拓新的产品领域，增加盈利点；向下，控制成本，降低盈亏平衡点；中间，提升产品价值，维护产品价格（见图1-3）。

下部主要结论包括：行业不增长时，降低成本是企业首要任务。降低制造成本的本质在于降低车企的盈亏平衡点。平台化和模块化战略等方式可以降低开发成本和采购成本；行业不增长时，降价促销可能短期边际改善销量，但是并没有从本质上提高车企的竞争力，长期看促销是影响了车企的利润。车企更应该提升产品附加值，维护产品的价格以保障盈利；在行业趋于稳定的情况，适当的拓展车企的能力边界，开拓细

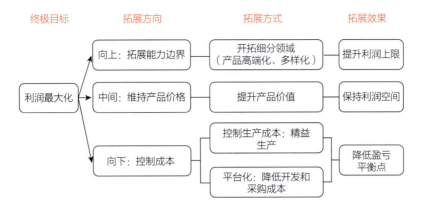

图1-3 行业销量趋于稳定时,企业层面的战略

分领域。20世纪90年代,美国的豪华车市场份额快速提升,其中主流日系车企推出了各自的豪华品牌,向上拓展了各自的能力边界;奔驰、宝马一方面改进紧凑型轿车,增加紧凑型轿车的销量,另一方面进军SUV,进入新的细分领域。

综上所述,汽车行业的发展与宏观经济、人口、政策、原油等多项因素相关,投资汽车行业时,应该关注宏观层面的各项因素。同时,当汽车行业销量趋于稳定的时候,优秀的车企应该可以通过提供更好的差异化服务稳定价格体系,有效控制成本,以保证利润。同时,应该有拓展产品带的能力,增加公司的销量,提高公司盈利和竞争力。

1 宏观经济因素影响

本节选取 GDP（不变价）增速、人均可支配收入和利率等经济指标，分析对汽车行业销量的影响。GDP 增速与汽车行业增速整体正相关，汽车行业是周期性行业，其周期性比宏观经济的周期性更为显著，新车消费支出占可支配收入比重与 GDP 增速高度相关，利率在一定程度上会影响新车的销量。

1.1 GDP 增速与汽车行业增速整体正相关

1929～2017 年美国 GDP 复合增速为 3.3%，美国分时段 GDP 复合增速与汽车年销量复合增速对比见表 1-2。1934～1936 年和 1941～1944 年 GDP 复合增速在 10% 以上；1929～1933 年与 1945～1947 年美国发生经济危机，GDP 年增速为负。进入 20 世纪 70 年代后美国 GDP 增长趋缓，第一次石油危机和第二次石油危机也曾引起 GDP 负增长；2008 年金融危机爆发，2008 年和 2009 年 GDP 增速分别为 -0.1% 和 -2.5%（见图 1-4）。

图 1-4　1929～2017 年美国 GDP（不变价，十亿美元）及同比

资料来源：Wind

1964～2017 年，美国汽车年销量同比与 GDP 同比走势总体一致，相关度高。汽车行业销量同比的波动幅度高于美国 GDP 同比的波动幅度，汽车行业的周期性较经济的周期性更为显著（见图 1-5）。

1929～1940 年：该阶段美国 GDP 复合增速为 1.7%，在所有时段中增速最低，汽车销量复合增速也达到最低，为 -1.1%。1929～1932 年美国 GDP 从 11094 亿美元下降至 8173 亿美元，降幅达 25.4%，汽车销量从 462 万辆下降至 128.5 万辆，降幅高达 72.2%。GDP 复合增速放缓，汽车行业复合增速为负，汽车行业增速波动幅度大于 GDP 增速波动幅度。

图1-5 1964~2017年美国汽车年销量同比与GDP（不变价）同比
资料来源：Wind

表1-2 美国分时段GDP复合增速与汽车年销量复合增速对比

时段	美国GDP复合增速	美国汽车年销量复合增速
1908~1928年		24.6%
1929~1940年	1.7%	-1.1%
1940~1955年	5.3%	5.0%
1955~1973年	3.9%	3.1%
1973~1990年	3.0%	-0.2%
1990~2000年	3.4%	2.3%
2000~2017年	1.9%	-0.2%

资料来源：《我在通用汽车的岁月》、通用汽车、Wind

1940~1955年：该时段GDP复合增速为5.3%，是1929年以后复合增速最高的时段，汽车销量复合增速提高至5.0%，也为1929年后复合增速最高的时段，两者趋势相符。

1955~1973年：该时段GDP复合增速较上一时段下降了1.4%为3.9%，汽车销量复合增速下降了1.9%为3.1%。两者增速同步放缓，趋势一致。

1973~1990年：该时段GDP复合增速放缓，下降至3.0%，汽车销量复合增速也放缓，下降至-0.2%；1973~1975年、1978~1980年、1986~1990年三次石油危机影响了美国汽车行业销量的增长，此期间汽车行业销量波动较大，同时也影响了美国经济的增长。

1990~2000年：GDP复合增速小幅回升至3.4%。汽车销量复合增速回升至2.3%，两者增速同时回升，变化趋势一致。

2000~2017年：美国GDP复合增速下降为1.9%，汽车行业复合增速为-0.2%，两者增速均有下降，汽车行业增速下降幅度更大。2008年金融危机爆发，2008年和2009年GDP增速分别为-0.1%和-2.5%，汽车销量和增速分别为-18%和-21.4%。

1.2 新车消费支出占可支配收入比重与GDP增速高度相关

1929~2017年，美国人均可支配收入总体呈持续增长趋势。1929~1933年世界经济危机爆发，美国人均可支配收入从685.9美元跌至369.2美元。1941~1943年，美国人均可支配收入从716美元跃升至1020美元。1973~1981年人均可支配收入从4758美元增至9822.7美元。受2008年金融危机影响，美国人均可支配收入从2008年的35906美元下滑至2009年的35500美元（见图1-6）。

图1-6　1929~2017年美国人均可支配收入及同比

资料来源：Wind

人均可支配收入的同比变化与汽车行业销量同比变化的趋势基本一致（见图1-7），汽车销量同比变化幅度大于人均可支配收入的同比变化幅度，石油危机对汽车行业销量影响更大，因此石油危机的期间汽车销量有明显降幅，而人均可支配收入变化并没有那么显著。

新车消费支出占可支配收入比重，与GDP增速高度相关（见图1-8，图1-9）。

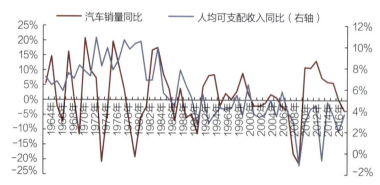

图1-7　1964~2017年美国汽车年销量同比与人均可支配收入同比

资料来源：Wind

图1-8　1947~2016年美国人均新车消费支出（美元）同比

资料来源：美国联邦储备系统

图1-9 1947~2016年美国人均新车消费支出占人均可支配收入比重与GDP同比
资料来源：美国联邦储备系统、Wind

当经济下行，GDP增速放缓时，新车消费支出占可支配收入比重下降，例如1969年经济衰退、三次石油危机经济下滑、2008年金融危机时，新车消费支出占可支配收入比重都出现了明显的下降。当经济企稳时，新车消费支出占可支配收入比重有所回升。

笔者认为，汽车是可选且耐用消费品，当经济下行时，汽车的消费优先级相对靠后，因此新车消费支出占人均可支配收入比重下降，这也解释了新车销量波动幅度大于GDP波动幅度的原因。

1.3 利率可能是汽车销量的先导指标

利率可能是汽车销量的先导指标。 每当利率有调整时，汽车销量大概率也会发生相应的变化，利率提高，汽车行业增速下降，利率降低，汽车行业增速上升（见图1-10）。笔者认为，利率下降，货币政策放宽松，促进消费，有利于新车销售；利率上升，货币政策紧缩，居民消费意愿下降，汽车销量减少。其次，美国汽车市场的金融渗透率较高，消费者多选择贷款购车，利率影响贷款买车的成本，当利率下降时，贷款购车成本减少，促使消费者购车；当利率上升时，贷款购车成本增加，这部分消费者可能会选择放弃购车。因此，利率会影响消费者的购车意愿和购车成本，进而影响汽车销量的变化。

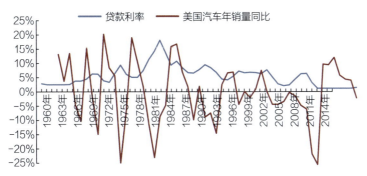

图1-10 1960~2016年美国汽车年销量同比与贷款利率
资料来源：美国联邦储备系统

2 人口影响

本节将从人口总量、人口结构和千人汽车保有量等方面讨论人口因素对汽车行业销量的影响。

人口总量会影响汽车行业销量的上限,人口结构对汽车行业同样有重要的影响,18~64岁(或者20~64岁)人群是购买汽车的主要人群,该年龄段人口数量对于汽车产业的影响最大,笔者称他们为购车主要人群。以美国市场和日本市场为例讨论,2000~2016年美国65岁以上人口占比不超过15%,购车主要人群的数量没有出现下降,因此人口结构没有限制汽车行业销量;而同期日本65岁以上人口占比突破20%,超过了27%,购车主要人群的数量出现下滑,人口结构对日本汽车销量有重要影响。

2.1 人口结构暂未限制美国汽车销量

从1900年到2017年,美国的人口数量从7611万人增加到3.26亿人,年复合增速为1.25%,除了1918年人口下降了0.1%,其他年份人口数量均为增长。18~64岁的人口基本上也是逐年增长,2010年后增速开始低于1%(见图1-11,图1-12)。

图1-11 美国人口(千人)及同比
资料来源:BEA

图1-12 美国18~64岁人口(千人)及同比
资料来源:Wind

20世纪80年代后,年轻人口占比下降,老龄人口占比逐渐上升(见图1-13)。1901~1928年,美国人口增速较高,17岁以下人口占比均在35%以上,从大萧条开始,该年龄段人口占比逐步下降,1947年在人口结构中占比降到30%以下,随着婴儿潮的到来,年轻人口占比再次提升,1965年17岁以下人口占比达到36.3%。此后占比持续下降,2016年17岁以下人口占比下降到22.9%,18~64岁人口比例下降到62.2%,65岁及以上人口比例上升至14.9%。

美国的千人汽车保有量稳定800辆/千人左右,18~64岁人口的千人汽车保有量在1300

辆/千人左右（见图1-14）。从2001年开始，美国的千人汽车保有量基本保持在800辆/千人左右，在2007年达到峰值819.6辆/千人，2008~2009年金融危机时汽车行业销量下降，导致2008~2012年千人汽车保有量略有下降，2016年恢复到803辆/千人。18~64岁人口的千人汽车保有量在2007年达到峰值1305.7辆/千人，经历金融危机略有下滑，2016年恢复至1299辆/千人。整体而言，进入21世纪后，美国的千人汽汽车保有量和18~64岁人口的千人汽车保有量都处在稳定水平。

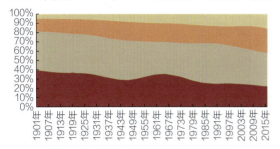

图1-13　1901~2016年美国人口结构
资料来源：Wind

图1-14　美国千人汽车保有量及18~64岁人口千人汽车保有量
资料来源：BEA、Wind

2000~2016年，人口因素对美国汽车销量产生的影响不大。 21世纪后，由于美国千人汽车保有量和18~64岁人口的千人汽车保有量都处在较稳定水平，总人口和18~64岁人口都在缓慢增长，18~64岁人口占比在62%左右，虽然老龄人口占比逐渐提高，但是占比没有超过15%，2000~2016年人口总量和人口结构并没有对美国汽车销量产生重大影响。

2.2　日本汽车销量受人口影响大

20世纪90年代后期，20~64岁人口下降，是导致日本汽车行业销量下滑的主要原因。 日本汽车销量在1990年达到顶峰778万辆，此后步入下行趋势（见图1-15），在1996年时曾反弹至708万辆，此后基本上持续下降。从日本的人口结构来看，1998年时20~64岁的人口达到顶峰7912万人，此后该年龄段的人口持续下降。1996年汽车销量达到第二峰值，1998年20~64岁人口达到峰值，两者基本同步。笔者认为，20~64岁人口下降，购车主要人群数量下降，是导致日本汽车行业销量下滑的主要原因（见图1-16）。

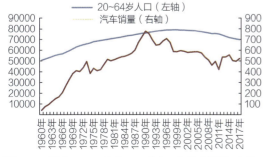

图1-15　日本20~64岁人口（千人）与汽车销量（万辆）
资料来源：CEIC

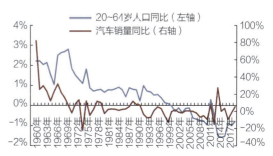

图1-16　日本20~64岁人口增速与汽车销量增速
资料来源：CEIC

21世纪后,日本人口不增长,老龄化凸显。 日本的人口在2010年达到峰值1.28亿人,此后人口逐步下降(见图1-17)。20~64岁的人口在1998年达到顶峰7912万人,此后该年龄段的人口持续下降(见图1-18)。进入20世纪80年代后,日本20岁以下人口占比下降到30%以下,65岁及以上人口占比超过了10%。进入21世纪后,20岁以下人口下降到20%以下,而65岁以上人口占比逐年上升,2017年占比达27.7%(见图1-19)。日本人口老龄化非常明显。

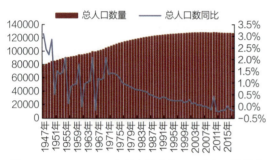

图1-17 1947~2017年以来日本人口(千人)及同比
资料来源:CEIC

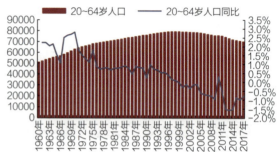

图1-18 20~64岁日本人口(千人)及同比
资料来源:CEIC

2005年后日本千人汽车保有量趋于稳定。 1980~2000年,日本总人口的千人汽车保有量快速上升,从330.7辆/千人提升至587.6辆/千人(见图1-20)。进入2005年以后,总人口的千人汽车保有量相对稳定,2017年达到641.3辆/千人,比美国的793.6辆/千人低19.2%。20~64岁人口的千人汽车保有量变化趋势与总人口千人汽车保有量变化趋势相同,2017年达到1161.4辆/千人。

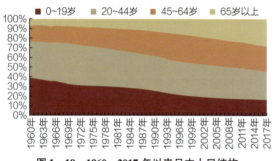

图1-19 1960~2017年以来日本人口结构
资料来源:CEIC

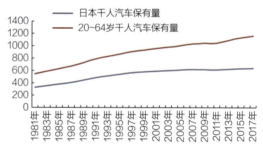

图1-20 日本千人汽车保有量及20~64岁千人保有量
资料来源:CEIC

21世纪后,美、日汽车销量走势不同,主要是两国人口结构不同。 日本千人汽车保有量并没有美国高,但是日本的汽车销量逐年下降,主要差别就在于人口结构。日本在21世纪后,人口老龄化严重,20~64岁的人口从1998年开始下降,2010年后总人口开始下降,因此,21世纪后,人口成为影响日本汽车销量的主要因素。美国并没有出现过人口下降的情况,购车主要人群数量也没有出现过下降,老龄人口的占比也低于日本,因此人口因素并没有造成美国汽车行业销量下降。

人口对于汽车行业的影响,不仅体现在人口总量和千人汽车保有量上,人口结构对于汽车行业也有着非常重要的影响,18~64岁(或者20~64岁)人口对于汽车销量的影响更为重大。如果总人口没有持续增长,千人汽车保有量渗透率较高,处于基本稳定的水平,但是老龄化较严重,购车主要人群数量下降,汽车销量有可能逐渐下降。

3 石油价格影响

一百多年来，汽油都是汽车的最主要能源，石油作为汽车的上游产品，其供应量和价格的变化，对汽车市场有着重要的影响。石油不仅影响了汽车行业的整体销量，也会影响市场的购车偏好和购车习惯，进而影响汽车行业的竞争格局和车企的利润。

3.1 石油价格影响汽车行业总销量

20世纪共爆发了三次石油危机，每次石油危机都引起原油价格大幅上涨，汽车销量下滑。80年代初和90年代原油价格的下降（见图1-21），在一定程度上促进了汽车的销量增长。

图1-21 1908~2017年原油价格（美元/桶）及同比
资料来源：BP

三次石油危机引起原油价格上涨，汽车销量明显下降（见图1-22）。

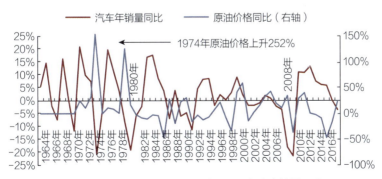

图1-22 1964~2017年原油价格同比与汽车销量同比
资料来源：Wind、BP

1973～1975年第一次石油危机：1973年10月石油输出国组织OPEC采取了提价、减产以及对西方国家禁运的措施，第一次石油危机爆发。1973～1975年，原油价格从3.29美元/桶提升到了11.58美元/桶，增幅超过250%。1974年和1975年美国汽车销量分别下降了20.8%和3.8%。

1978～1980年第二次石油危机：1978年伊朗国内爆发的革命和1980年两伊战争的爆发，使得世界石油产量急剧缩减，再次引起油价上扬。1978～1980年的第二次石油危机，使原油价格从14.02美元/桶猛增至36.83美元/桶，增幅超过160%。1979年和1980年美国汽车销量分别下降了8.2%和19.1%。

1986～1990年第三次石油危机：1990年，伊拉克攻占科威特后暂停原油供应，海湾战争发生，原油价格在短期内从14美元/桶涨至40美元/桶，国际能源机构将原油储备投放市场，原油价格在一天内暴跌10余美元。1986～1990年，原油价格从14.43美元/桶上升到23.73美元/桶，美国汽车年销量从1632.3万辆下降到1414.9万辆。

原油价格下降，促进汽车销量增长。1980～1986年，原油价格从36.83美元/桶下降至14.43美元/桶，美国汽车年销量从1144.4万辆增长到1632.3万辆；1990～1998年，原油价格从23.73美元/桶下降到12.72美元/桶，美国汽车销量从1991年的1255万辆上升到1999年的1741.5万辆。

2008年金融危机爆发，2008年和2009年汽车销量的下降与宏观经济的关系更大。

3.2 石油价格影响车型结构

石油价格不仅影响到汽车的总销量，也会影响到消费者的购车偏好。石油危机使得紧凑型车占比提高，两次石油危机不仅带来了油价大幅上涨，而且造成了石油短缺的现象。一些美国人为了给汽车加油而不得不在加油站排队数小时，这些促使美国司机对汽车价值形成新的看法，他们不再满足于大型豪华的"油老虎"，开始青睐尺寸合理、燃油经济性好的小型车。20世纪90年代石油价格下降，消费者对石油价格敏感度降低，紧凑车型的部分市场份额被中型车取代（见图1-23）。

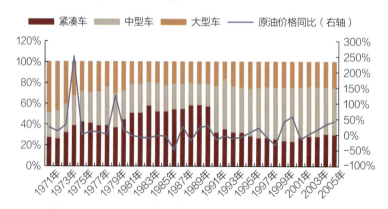

图1-23　1971～2005年不同车型市场占有率及原油价格同比
资料来源：Ward's automotive yearbook、BP

3.3 石油价格影响行业竞争格局

两次石油危机，油价大涨，以本田、丰田为代表的日系车燃油经济性优于美系车，并借此机会扩大在美国汽车市场的份额。20世纪70年代，美系车燃油经济性与日系车有较大差距（见图1-24），这也使得在70年代到80年代，日系车市场占有率持续提高，美系车的市场占有率逐步下降。90年代后，美系车与日系车在燃油经济性上差距逐步缩小。1970年日系车在美国的市场占有率为3.7%左右，1981年日系车在美国的市场占有率达到了18.6%。

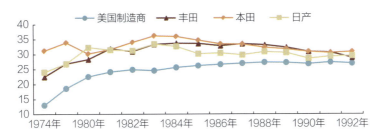

图1-24 1974~1992年美国制造商和日本制造商燃油经济性对比（mpg）
资料来源：通用汽车
注：mpg即每加仑行驶的英里数，是美国用来衡量车辆燃油效率的单位，1mpg≈0.425km/L。

20世纪80年代后期，伴随石油价格上涨，日系车市场占有率再次提升。1981~1985年，石油价格下降，叠加美日自愿出口协议的签订，日系车在美国的市场占有率基本都在18%~19%之间，没有发生变化（见图1-25）。1987年起，石油价格再次上涨，伴随着日本车企在美国的汽车工程投产，1991年日系车在美国的市场占有率上升到24.5%。1991年后，油价持续降低，卡车（含SUV）在美国市场的欢迎度提高，此时日系车在卡车领域没有竞争力强的车型，叠加日元持续的升值，日系车的市场占有率出现了一定的回落，1995年的市场占有率为21.6%。**日系车完善产品系列，市场占有率逼近40%**。1996

图1-25 1961~2016年美、日、德、韩系车在美国销售市场占有率及石油价格
资料来源：Wind

年后，日元汇率逐步稳定（见图 1-26），而且日系推出了多款竞争力强的 SUV 车型，日系车在美国的市场占有率持续提升（见图 1-27），2009 年日系车的市场占有率达到了 39.7%。2011 年日系车市场占有率回落到 34.2%，主要是因为日本发生海域地震，日本的汽车总产量同比下降，与原油价格无关。2017 年，日系车的市场占有率达到 37.4% 左右。

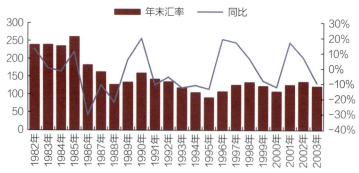

图 1-26　1982～2003 年美元兑日元汇率及同比

资料来源：本田汽车

图 1-27　1961～2016 年丰田、本田、日产在美国年销售市场占有率

资料来源：Wind

石油危机后，美系车市场占有率持续下滑。石油危机之前，美系车在美国市场占据了 90% 左右的份额，而且基本上都被通用、福特和克莱斯勒三家巨头瓜分（见图 1-28）。石油危机后，日系不断获得美系的市场份额，从 20 世纪 90 年代末，德系车和韩系车的市场份额也快速提升，德系的豪华品牌的销量不断上升，韩系则主打中低端市场，美系车的市场份额进一步下滑。

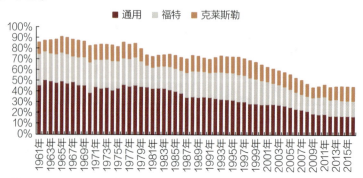

图 1-28　1961～2016 年通用、福特、克莱斯勒在美国年销售市场占有率

资料来源：Wind

4 政策影响

本节重点讨论美国的贸易保护政策、排放及油耗政策对美国汽车行业的影响。美日间的贸易协议对美日汽车制造商的发展有深远的影响,美国出台的排放及油耗政策推动了汽车行业结构的调整。

贸易保护政策并没有从根本上提升美国车企的竞争力,随着日本车企在美国建厂,日系车在美国的市场占有率进一步上升。《清洁空气法》给了本田等日本车企在美国进一步扩大市场份额的机会。《公司平均燃油经济性标准》迫使美国车企提高燃油经济性,缩小了与日本车企的差距,但是美国车企也因此增加了研发成本。

4.1 美、日签订《美日自愿出口协议》

协议时间:1981年。

协议背景:石油危机以后,日本车企在美国市场占有率持续上升,日本为防止美国给予其他形式的惩罚性措施,"主动"限制汽车出口。

协议内容:1981~1983年,日本每年向美国出口汽车的数量限制在168万辆以内,1984年扩大至185万辆,1985~1991年再次增至230万辆。每家日本汽车公司在规定数字范围内获得一定的出口配额。

协议影响:1981~1984年,日系品牌在美国销售的市场占有率维持在18%左右,而美系品牌市场占有率略有增长。该协议促使日本汽车制造商开始在美国开设汽车生产厂。1981年和1984年,本田和丰田分别在美国设厂,到1985年,日本三大汽车制造商全部投产。随着日本车企在美国工厂投产,叠加石油价格上涨,日系推出更多有竞争力的车型,日系车在美国的市场占有率进一步上升。协议在一定时期内对日本车企出口造成了影响,但是并没有从根本上提升美国车企的竞争力(见图1-29)。

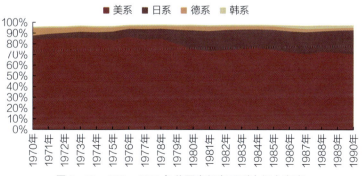

图1-29 1970~1990年美国市场各系别市场占有率

资料来源:Wind

4.2 推出并多次完善《清洁空气法》

法案背景：美国日益恶化的空气环境使得美国政府于 1955 年出台《清洁空气法》（Clean Air Act），并在 1965 年、1970 年、1977 年、1990 年多次修订。这部法律对汽车排放污染物进行了严格的控制，美国 1965~1990 年以来的轻型汽车排放标准见表 1-3。

法案内容：（资料来源：Wikipedia）

1965 年修订：《清洁空气法》首次加入《机动车空气污染控制法案》，修正案设定了第一个联邦车辆排放标准，即从 1968 年款车型开始，排放的碳氢化合物、一氧化碳以及曲轴箱碳氢化合物相比 1963 年分别下降 72%、56% 和 100%。

1970 年修订：《清洁空气法》增加了氮氧化物的规定。议员 Edwin Muskie 提交了他的清洁空气法案，这被称为 Muskie 议案。这是法案的一项重大修订，其标准比以往任何时候都更严格。它规定，1975 年及其后生产的汽车排放的 CO（一氧化碳）和 HC（碳氢化合物）水平应为当时标准的十分之一，而 1976 年及以后生产的汽车排放的 NO_x（氮氧化物）水平也应为当时标准的十分之一，这对于汽车厂商而言是极大的挑战。

1977 年修订：修正案提高了所有排放物的标准，在污染源控制方面实行了"新源控制原则"，并细化了污染防治的工业技术。此期间，美国从法律体系建设上为空气污染和治理做出了巨大努力。

1990 年修订：修正案确立了国 I 标准，建立了固定污染源的国家许可证计划，确立了新的汽车汽油配方要求，设定雷德蒸汽压（RVP）标准来控制汽油蒸发排放，强制许多州在 5 月至 9 月销售新配方的汽油。

表 1-3 美国 1965~1990 年以来的轻型汽车排放标准

修订时间	法案	生效年份	标准
1965 年	《清洁空气法》修正案《机动车空气污染控制法案》	1968 年	NMHC、CO、曲轴箱碳氢化合物比 1963 年分别减少 72%、56%、100%
1970 年	《清洁空气法》修正案	1975 年	NO_x 排放不超过 3.1 gpm
1977 年	《清洁空气法》修正案	1977 年	NMHC 不超过 1.5 gpm；CO 不超过 15 gpm；NO_x 不超过 2 gpm
		1981 年	CO 不超过 7 gpm；NO_x 不超过 1 gpm
1990 年	《清洁空气法》修正案	1994 年	NMHC 不超过 0.31 gpm；CO 不超过 3.4 gpm

资料来源：维基百科、《清洁空气法》

主要影响：多次修订的法案中，影响最大的是 1970 年《清洁空气法》修正案。1972 年，本田发布的 CVCC 发动机成为唯一一款无需车用催化器，就能满足美国新清洁空气标准的发动机。本田在美国的市场占有率和品牌形象迅速提升（见图 1-30）。

图1-30 1969~1982年本田美国市场占有率

资料来源：Wind

4.3 推出《公司平均燃油经济性标准》

推出时间：1975年。

推出背景：为应对阿拉伯石油禁运，美国国会通过了能源节约法（Energy Policy Conservation Act），该法案提出要提高车辆效率，并对小轿车和轻型货车建立了公司平均燃油经济性（Corporate Average Fuel Economy，CAFE）标准，并于1978年颁布了《能源税法案》（Energy Tax Act），对没有达到美国环境保护局（EPA）设定的CAFE标准的制造商进行税收惩罚。1978~2004年美国小轿车和轻型货车公司平均燃油经济性标准见表1-4。

主要内容：EPA在1978年的标准为18mpg，到1980年标准提升为20mpg，1985年则达到27.5mpg。所指汽车是指某厂家生产的在美国销售的总重小于8500磅（3855kg）的小轿车和轻型货车，包括所有年度的车型。对各公司车型的燃油经济性的测试按照美国国家环境保护局制定的测试和评价方法进行。

表1-4 美国小轿车和轻型货车公司平均燃油经济性标准（1978~2004年）

年度	小轿车	轻型货车			年度	小轿车	平均
		两轮驱动	四轮驱动	平均			
1978	18				1992	27.5	20.3
1979	19	17.2	15.8		1993	27.5	20.4
1980	20	16	14		1994	27.5	20.5
1981	22	16.7	15		1995	27.5	20.6
1982	24	18	16	17.5	1996	27.5	20.7
1983	26	19.5	17.5	19	1997	27.5	20.7
1984	27	20.3	18.5	20	1998	27.5	20.7
1985	27.5	19.7	18.9	19.5	1999	27.5	20.7
1986	26	20.5	19.5	20	2000	27.5	20.7

(续)

年度	小轿车	轻型货车			年度	小轿车	平均
		两轮驱动	四轮驱动	平均			
1987	26	21	19.5	20.5	2001	27.5	20.7
1988	26	21	19.5	20.5	2002	27.5	20.7
1989	26.5	21.5	19	20.5	2003	27.5	20.7
1990	27.5	20.5	19	20	2004	27.5	20.7
1991	27.5	20.7	19.1	20.2			

主要影响：燃油经济型政策迫使美国的汽车制造商投入大量资金用于燃油经济型的研发。例如，通用汽车在1973年就开展大量的研发项目研究燃油经济性，其中包括针对材料轻量化、空气动力学、减小机械阻力的研究。1978年通用汽车开始推出前驱紧凑型轿车，这些车将燃油经济性提高了30%。1975年以来执行的CAFE标准使美系小轿车的平均燃油经济性几乎翻倍，缩小了与日系车燃油经济性的差距。但是美国车企也因此增加了研发投入（见图1-31）。

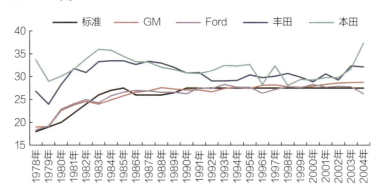

图1-31　1978~2004年美国、日本主要车企燃油经济性对比（mpg）
资料来源：美国交通部

5 控制成本

汽车制造商想要在行业不增长时期保持利润的第一个办法就是控制成本。5.1节主要以丰田汽车为正面案例、通用汽车为反面案例来展示国际车企降低制造成本的方法；5.2节以大众汽车模块化为案例，展示各国车企降低开发、采购成本的方法。

5.1 降低制造成本

降低制造成本的本质在于降低汽车制造商的盈亏平衡点。当汽车行业不景气时，销量出现大幅波动，假如车企过度依赖规模经济来降低成本，销量下滑导致规模经济效应减少，则会出现亏损。只有降低盈亏平衡点，降低对于规模经济的过度依赖，才能够在行业不景气时期依旧保持盈利。在这个方面，丰田汽车的精益生产是一个典型的正面案例（见图1-32）；而通用汽车在20世纪80年代的GM-10计划则为读者提供了一个反面教材（见图1-33）。丰田的净利率受销量影响波动较小，而通用的利润率受销量影响波动更大。

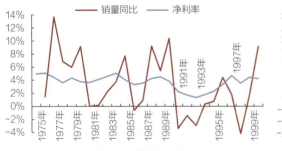

图1-32 丰田汽车销量同比与净利率
资料来源：丰田汽车

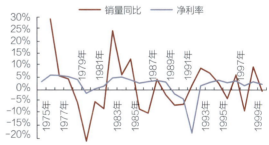

图1-33 通用汽车销量同比与净利率
资料来源：通用汽车

5.1.1 正例：丰田汽车的精益生产

2018财年（2017.3.31-2018.3.31）丰田汽车利润总额高达225亿美元，净利率高达8.5%。而作为高端汽车巨头的奔驰和宝马2017年的净利率分别为6.4%和8.7%。销售全价格带汽车的丰田在净利率上追上销售高端汽车的奔驰与宝马，同时在千万销量级别的竞争对手里，盈利能力一骑绝尘，丰田汽车拓展利润空间的制胜法宝是其对于成本的控制，而这种成本控制能力体现了丰田汽车精益生产的优势（见图1-34，图1-35）。

日本汽车市场"多品种小批量"的特点为精益生产的诞生提供了条件。1950年的日本汽车产量只有30多万辆，同年美国的产量已经达到了800万辆。在这种背景下，日本的汽车制造商还要生产各种复杂的汽车种类，在规模效应上和美国的制造商形成了巨大的

图 1-34　丰田、大众和通用净利润（亿美元）
资料来源：Bloomberg

图 1-35　五大车企净利率对比
资料来源：Bloomberg

劣势。为了保证丰田在小产量的情况下依旧获得盈利，降低成本成为丰田唯一的手段。在丰田佐吉、丰田喜一郎以及大野耐一的不断改进下，丰田汽车形成了一套属于自己的精益生产方式，即 TPS（Toyota Production System）。TPS 的核心就是消除浪费，丰田将浪费分解为过剩的浪费、等待的浪费、搬运的浪费、加工的浪费、库存的浪费、动作的浪费以及制造不良的浪费。针对这些浪费，丰田汽车以 JIT（Just-In-Time）为核心思想，开发出了看板、精准化生产、生产节拍时间、标准作业等生产方法，大大地降低了生产的时间、库存以及成本，使得丰田汽车得以在低产量的情况下实现盈利。

以冲压件为例，解释精益生产如何降低成本。通用汽车在 20 世纪 40 年代的冲压件主要是从大卷的钢板里取材，通过上下两块巨大的模具相互挤压，形成汽车的挡泥板或者车门。庞大而昂贵的冲压设备使得这种生产方式必须在大批量的成产下才能产生盈利，而且更换模具需要专业的工程师花上一天的时间。于是丰田汽车通过对换模流程与设备进行重新设计，开发出简单的换模技术，同时培训一线生产工人掌握这种技术，给予生产工人一定的自由度，将换模时间从一天降低为 3min。小批量的生产还能降低不良率造成的成本，在产量比较低的情况下发现生产质量上的问题，从而降低不良成本。

在精益生产的帮助下，丰田汽车的利润率得到改善同时保持稳定。由于丰田汽车在成本端的控制，使得丰田汽车获得生产小型车也能够盈利的能力，即使在汽车销量大幅波动的情况下，丰田汽车的净利率依旧保持平稳。而通用汽车由于过度依赖规模效应，在销量下滑的年份，净利率也大幅下滑，导致了通用汽车在石油危机中的衰落。

5.1.2　反例：通用汽车的 GM-10 计划

在 20 世纪 80 年代初，通用汽车刚刚完成紧凑车型从后驱向前驱的过渡，便开始着手打造全新的中型车和全尺寸车前驱平台，于是就有了 GM-10 计划（见图 1-36，图 1-37）。这个项目投资 70 亿美元，分布在 7 个工厂，总计产能达到年产 175 万辆，占美国轿车市场的 21%。

组织设计不合理拖延了项目进度。GM-10 项目的开发采用的是矩阵模式，参与项目的人员既向职能部门又向项目部门汇报工作。这就导致了项目人员更加关心如何取悦职能部门的领导而不是项目经理，项目的进展也就一拖再拖。

自动化不成熟增加生产停顿。GM-10 项目的最大特色在于采用了通用发那科的工业机器人。然而在实际生产的过程中问题却接踵而至，错误的指令经常导致工厂误工，许多零部件反而需要工人手动恢复和安装。这造成了等待的浪费。

图1-36 通用汽车研发投入（亿美元）
资料来源：通用汽车

图1-37 通用汽车固定资产投资与折旧摊销（亿美元）
资料来源：通用汽车

过度依赖规模效应导致项目亏损。由于项目的延期，四门的别克Regal 1990年才交付到消费者的手中。而福特金牛座在1986年率先导入市场，本田第四代雅阁也在1990年完成了由紧凑车型向中型车的过渡。竞争对手抢得先机导致通用中型车的销量大幅下滑，GM-10的产能由计划的年产175万辆缩减成100万辆，7个工厂缩减成4个。1989年中型车的销量仅为计划的60%，在通用销量最大的中型车市场里，通用汽车损失了70万辆的销量，这直接导致在GM-10项目下每生产一辆车就造成2000美元的亏损，公司在1990～1992年出现了巨额亏损（见图1-38）。

图1-38 通用汽车销量与净利润（亿美元）
资料来源：通用汽车

综上所述，降低制造成本的终极目标是增加利润空间，减小对于规模经济的依赖。丰田汽车通过精益生产降低盈亏平衡点，使丰田在销量下滑的时候依旧保持了不错的利润率；反观通用汽车，由于过度依赖规模经济，当销量受到宏观环境以及竞争环境的影响时，无法根据销量的减少降低成本，导致巨额亏损。

5.2 降低开发和采购成本

当汽车行业由成长期过渡到成熟期，行业增速下滑，汽车制造商的平台化和模块化战略是降低成本、应对竞争加剧的一种方式。一方面，车型可以跨级别、跨品牌地在同一平台生产，可以减少平台数量，节省新平台的开发成本；另一方面，平台化和模块化战略提高了零部件的共用率，单一零件的采购量增加，从而利用规模经济降低采购成本。目前，国际主流车企都推出了相应的策略，如大众的 MQB 平台、丰田的 TNGA 架构等，平台化、模块化策略已成为共识。笔者以大众集团为例介绍其在降低开发和采购成本方面的两个阶段：平台化战略和模块化战略。

2000 年以来西欧汽车市场新车登记数量的增长停滞，且呈现下降趋势，大众集团在西欧市场接近饱和（见图 1-39）。面临日益严峻的行业竞争，大众加大了成本管控的力度。

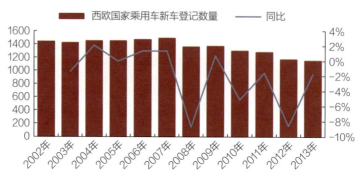

图 1-39　2002～2013 年西欧国家乘用车新车登记数量（万辆）
资料来源：大众汽车

5.2.1　提高平台兼容性，降低开发成本

平台的兼容性增强后，基于同一平台生产的车型数量增加，不仅节省了新平台的一次性开发费用，而且也降低了车型开发的复杂性和时间。平台生产销售的车型数量越多，进而单车分摊的开发成本越低。

平台的兼容性逐渐增强。最初大众的平台在品牌间的兼容性较低，后来发展到大众、奥迪、西亚特和斯柯达 4 个品牌间实现底盘、动力总成等重要零部件的共享。车型的数量远远超过以前的平台，满足了各细分市场的需要。PQ34 平台一共开发了 12 款车型，高尔夫、捷达、宝来、朗逸、新甲壳虫、奥迪 A3、奥迪 TT、斯柯达明锐、西亚特 Leon 等都基于同一平台开发生产，实现了集团品牌间的生产协同。PQ35 平台不仅能生产紧凑型轿车，还可以生产大众途安这样的 MPV 以及斯柯达 YETI、奥迪 Q3 等 SUV 车型，车身形式得到拓展，平台的兼容性进一步加强（见图 3-140）。

模块化战略减少平台数量，降低研发成本。MQB 平台会逐步取代原有的 PQ25/PQ26/PQ35/PQ46 平台，小到 POLO 大到途昂均可以基于 MQB 生产，平台的兼容性得到最大程度的拓展，平台数量也得到进一步的削减。MQB 平台覆盖了大众、奥迪、斯柯达、西亚特等品牌，具有品牌间的通用性。基于 MQB 平台可以实现从 A0 级到 C 级车的开发，车身形式也得到进一步拓展，这是以前的 PQ 平台无法实现的（MQB 平台对 PQ 平台的整合参见图 3-141）。MQB 平台将规模效应发挥到最大化，为大众集团节约了研发生产成本。

MQB 平台减少了发动机和变速器种类，进一步降低开发成本。MQB 平台上所有车型发动机的位置都相同，并且前轴和加速踏板之间的间距固定，确保车前有一个统一的系统。但平台在轴距、轮距和外形尺寸上具有灵活性。通过调整前悬架、后悬架、前后轮距以及轴距，可以实现级别和车身形式的拓展。作为 MQB 平台的核心，发动机模块的位置和安装倾角是相同的，因此发动机悬置位置是固定的，发动机的规格可以系列化，发动机和变速器的种类减少，从而优化了内部工序流程，降低了开发成本。

5.2.2　扩大零件共用的范围，压低采购价格

所谓增加零部件共用并不是指与汽车有关的所有零部件都共用，大众在 20 世纪 90 年代对平台化的理解是提高与汽车外观无关的零部件（如车轮、底板、制动、动力系统、悬架等）的共用率，通过对部分零件进行统一化的设计，可以实现车型间零件的通用。大众最初在少量几款车型上进行尝试，后来逐步扩大到同级别的多款车型，进而拓展到跨级别的车型上相同零件也能实现共享。

在同级别车型上共用零件，单一零件的采购量增加。第四代高尔夫推出时，PQ34 平台的零部件共用率在 55%~65% 之间（奥迪 TT 与其他车型共用率为 45%），可共用的零部件包括底盘、后轴、油箱、发动机等。在 A 级车平台共享后轴后，高尔夫后轴的订货量由 33 万个增加到 200 万个，仅在这一个部件上节省了大约 40% 的成本，规模效应带来的经济性十分明显。

部分零部件还可以跨级别使用，规模效应得到最优化。80 年代末 90 年代初，奥迪 80（B 级车）和奥迪 100（C 级车）开始了部分零部件共用，单车生产成本分别节省了 500 马克和 1500 马克。经过设计改造，一些 A 级车零部件符合了 B 级车及以上的要求后，单一部件的采购总量还可以进一步提高，从而使 A 级车在其他级别车型的采购中受益。外后视镜的电子调节装置从 A0 级的 POLO 到 D 级的辉腾都可以共用，且不会影响到各个车型间的外形差异，该部件的需求量每年达到约 1000 万件；又比如减振器，A0 级 POLO 最大排量车型上的减振器可以被用在 A 级高尔夫的中等排量发动机和 B 级帕萨特的基础版发动机上，三款发动机功率相同但匹配了不同的变速器、离合器和线束，这样可以使大众集团发动机的种类减少 2~3 种，改善了内部的工序流程；暖风空调内部的核心部分在各级别车型上基本相同，A 级车的采购数量可以达到 200 万个，而加入 B 级车的采购后采购总量接近 300 万个，价格可以进一步降低。

有效降低成本、增厚利润。1992 年，由于零部件的采购量大大增加，在保持产品质量的前提下大众集团向供应商提出减价要求，零部件成本减少了 15%。PQ24 平台是大众集团的小型车生产平台，由 POLO 与西亚特和斯柯达等共享。该平台的技术首先运用在斯柯达 FABIA 和奥迪 A2 上，在 2001 年的第四代 POLO 之后又推出了西亚特 IBIZA 第三代和 CORDOBA 第二代。通过与西亚特等品牌共享平台技术、增加零件共用，大众品牌的利润得以增厚，第四代 POLO 的利润率提高至 8%。

6 提升产品价值，维护产品价格

在行业销量趋于稳定的时候，降价促销可能短期边际改善销量，但是并没有从本质上提高公司的竞争力，长期看促销是影响了公司的利润。车企更应该提升产品附加值，维护产品的价格以保障盈利。接下来以美国 20 世纪 20 年代为例讨论。

美国汽车行业在 1923 年迎来行业瓶颈期（见图 1-40）。1923~1927 年，行业年销量稳定在 400 万辆左右，CAGR 只有 2.4%，早期的高速增长停滞（见图 1-41）。面对这种情况，福特汽车和通用汽车采取了完全不同的做法应对。

图 1-40　1900~1929 年美国乘用车注册总量（百万辆）
资料来源：美国交通部

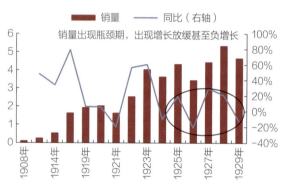

图 1-41　1908~1929 年美国汽车销量（百万辆）
资料来源：通用汽车、《我在通用汽车的岁月》

福特汽车延续其低价策略，希望通过促销刺激销量。然而在行业不增长的情况下，特别是 T 型车定位的低端市场，促销实际上很难刺激销量。销量不增长导致规模效应无法增加，降价压低了利润率，使得福特汽车的利润恶化（见图 1-42）。

通用汽车的策略是注重产品质量，保持价格。通过研发创新以及不断地改款提升产品的价值，使得雪佛兰的产品与福特 T 型车产生差异化，反而获得了更多的市场份额。也正是这种策略上的差异使美国汽车行业在瓶颈期进行了大洗牌，通用汽车超过福特成为行业第一（见图 1-43）。

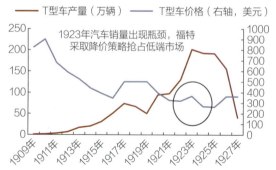

图 1-42　1908~1927 年福特 T 型车的产量与价格
资料来源：维基百科

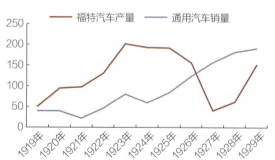

图 1-43　福特汽车产量和通用汽车销量（万辆）
资料来源：维基百科、通用汽车

通用汽车提升产品价值的核心策略就是年度车型政策。通用汽车产品的价值增量见表 1-5。1925 年开始,通用汽车在每年 8 月推出下一年的新款车型,新的车型将采用新的技术和外观设计来满足消费者的需求。为了支撑这一政策,通用汽车将研发部门分成四个部分:研究实验室、工程技术部门、制造技术部门和外观设计部门。

表 1-5　通用汽车产品的价值增量

汽车系统	产品的价值增量
外观设计	迪科漆、炮塔顶
动力系统	乙基汽油和高压缩比发动机
底盘系统	前轮独立悬架
传动系统	同步啮合变速器、自动变速器
车身	封闭车身

研究实验室负责基础研究以及新技术的研发;工程技术部门主要研究新的工程概念和设计,并且将其推向商业应用;制造技术部门改造加工工具、设备和流程,研发新的制造技术;外观设计部门设计能够吸引消费者的汽车外观。整个研发流程走下来,通用汽车的产品不仅具备了最流行的外观设计,还具备先进的技术和可靠的质量,在产品价值上相比福特 T 型车有了质的飞跃,这也帮助通用汽车在定价上取得一定优势。

促销并不能提升公司竞争力,提升产品附加值有助于维护产品价格。当行业销量出现瓶颈,销量的增长受到限制时,促销手段并没有从本质上提升公司的竞争力,价格战只会使利润恶化。只有维持价格才能维持企业在行业瓶颈期的利润,而维持价格的关键因素在于提升产品的价值量。福特 T 型车由于改进较少,性能与外观都比较落后,为消费者提供的价值量逐渐降低,价格也难以维持。而通用汽车通过年度车型政策不断改进产品的性能与外观,为消费者带来产品价值的提升,自然能够维持产品的价格,从而进一步维持利润(见图 1-44)。

图 1-44　通用汽车净利润(亿美元)与净利率
资料来源:通用汽车

7 拓展能力边界，开拓细分领域

行业整体销量趋于稳定的情况下，除了制定好产品价格策略、控制好成本以外，笔者认为应该适当地扩大能力边界，开拓细分领域，增加盈利点。笔者以美国的豪华车市场份额提升为例进行分析。20世纪80年代，主流日本车企推出了各自的豪华品牌，向上拓展了各自的能力边界，进军豪华品牌不仅增加了日系车的市场份额，而且豪华品牌的利润率更高，可以提高企业的盈利能力。德系的奔驰、宝马是传统的豪华品牌，一方面改进紧凑型轿车 C-Class 和 3 系，大幅提高紧凑型轿车的销量，在原来产品带的下部发力；另一方面推出 SUV 车型，在新的产品领域发力。从而增加总销量，提升市场占有率，提高公司盈利和竞争力。

行业总销量趋于稳定，豪华品牌占比提升。美国汽车行业在1999年销量突破1700万辆，除了2008~2009年受金融危机影响出现销量下滑，销量基本上在1700万辆左右。八大豪华品牌的销量持续上升（见图1-45），豪华品牌在1995年的销量为77.5万辆，市场占有率为5.1%，2017年销量为178.5万辆，市场占有率为10.4%，2010年豪华品牌的市场占有率曾到11.1%。笔者认为行业销量趋于稳定的时候，豪华品牌市场占有率提升的现象非常值得研究（见图1-46）。

日系、德系豪华品牌销量增加，美系豪华品牌竞争力较弱。从豪华品牌的销量结构来看，日系和德系的豪华品牌销量增加明显，美系豪华品牌市场占有率逐步降低。日系豪华品牌均为80年代新成立的品牌，其中雷克萨斯经营最为成功；90年代前期，德系的奔驰和宝马的市场占有率开始提升，而此时奥迪面对"无法控制加速"的问题，市场占有率出现下滑。相比于日系新晋的豪华品牌，奔驰和宝马都是有着悠久历史的。

图1-45 1985~2017年八大豪华品牌在美国的销量（千辆）
资料来源：carsalesbase

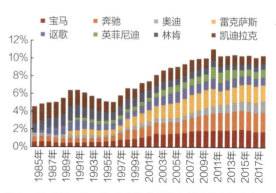

图1-46 1985~2017年八大豪华品牌在美国的市场占有率
资料来源：carsalesbase

7.1 新晋豪华品牌雷克萨斯

1983年，丰田汽车公司提出了开发雷克萨斯大型豪华轿车LS400的项目，代号F1，以扩大丰田在高端市场的产品线雷克萨斯主要车型见表1-6。历时6年，丰田于1989年完成F1项目，推出大型豪华轿车雷克萨斯LS。雷克萨斯在1989年推出LS和ES后，陆续增加了中小型轿车、轿跑车和SUV等车型。1991年，雷克萨斯上市第三年即成为仅次于讴歌的美国进口高档品牌，销量达到71206辆。1999年，雷克萨斯在美国市场的累计销量达到100万辆。

表1-6 雷克萨斯主要车型

型号	级别及类型	上市时间	市场价格/美元
LS	大型豪华轿车	1989年	75200~81200
ES	中型豪华轿车	1989年	39600~45060
SC	豪华轿跑车	1991年	78000~82000
GS	中型豪华轿车	1993年	46610~89350
LX	大型豪华SUV	1996年	85830~100420
RX	中型豪华SUV	1998年	43570~51355
IS	紧凑型轿车	2000年	38310~45125
GX	中型豪华SUV	2002年	52155~63555
HS250h	紧凑型混合动力轿车	2009年	34200~36970
LFA	双门豪华跑车	2011年	375000
CT200h	紧凑型油电混合动力掀背车	2011年	32150
NX	紧凑型豪华SUV	2014年	36385~38735
RC	紧凑型轿跑车	2014年	41145~80810
LC	大型豪华轿车	2017年	92200~96710

资料来源：雷克萨斯美国官网、carsalesbase

ES是20世纪90年代初的主力车型。1990~1997年，雷克萨斯在美国市场的销量主要由大型轿车LS和中型轿车ES提供，期间ES销量持续上升，LS销量下降（见图1-47）。1990年LS销售4.3万辆，占总销量的67%。1997年ES在美国销售5.8万辆，占总销量的60%。

RX使雷克萨斯迈上新台阶。自1997年至2007年，雷克萨斯在美国的销量从9.8万辆上升到32.9万辆，市场占有率从0.63%上涨到2%（见图1-48）。增长的23.1万辆中，RX贡献了10.3万辆，占增量的44.6%，价格较低的紧凑型轿车IS贡献增量5.5万辆，ES、GS和LS各有1~3万辆不等的增量贡献。

2011年，日本本州岛地震及海啸使得雷克萨斯的日本生产线遭到严重破坏，销量降至20万辆以下，市场占有率跌至1.52%。经历短期下滑后，雷克萨斯销量及市场占有率逐渐回升，2015年销量达到34.4万辆。

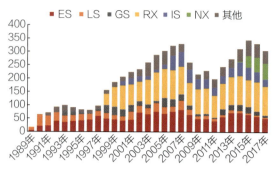

图 1-47 雷克萨斯主力车型在美国的销量（千辆）

资料来源：carsalesbase

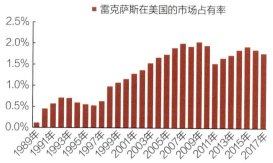

图 1-48 雷克萨斯在美国的市场占有率

资料来源：carsalesbase

7.1.1 LS 打响雷克萨斯第一枪

LS 使雷克萨斯摆脱了丰田在美国消费者心目中的低端小型车形象。第一代 LS 搭载 4.0 L V8 汽油发动机、前置发动机、后轮驱动，轴距 2814mm，拥有卓越的动力性能、领先的技术配置、卓尔不群的燃油经济性以及简约大方的整体设计，其研发涉及 60 名设计师、24 个工程团队、1400 名工程师、2300 名技术人员、220 名支持人员，约 450 个原型，投入成本超过 10 亿美元。LS 车型的经典广告也引发了消费者的强烈反响：在车速 240km/h 时，LS 的发动机舱盖上用 15 只香槟杯垒成的金字塔纹丝不动。消费者倾心于雷克萨斯的卓越品质、静谧驾驶体验和领先于业界的经销商服务。

雷克萨斯在更低的价位上提供优于奔驰、宝马的产品。雷克萨斯在低价位上，通过向消费者提供更高级别、更高性能、更高质量的产品与奔驰、宝马抗衡，开辟市场，打造品牌形象。1989 年，宝马紧凑型轿车 3 系售价近 3 万美元，花同样的价钱可以买到一辆崭新的雷克萨斯 V8 后轮驱动大型轿车 LS，因此消费者普遍认为宝马 3 系定价过高，纷纷转而购买 LS。1990 年 9 月，LS 正式在美国销售，截至 1990 年底已售出 42806 辆，超过宝马当时最畅销的紧凑轿车 3 系（22825 辆）和奔驰大型轿车 E-Class（26076 辆）。1991 年，雷克萨斯开始提高美国车型的价格，超过同类美国高档车，但仍低于德国高端车。到 1992 年，LS400 的基本价格上涨了 18%。

7.1.2 中型轿车 ES 是 1992~1998 年的主力车型

与 LS 一起推出的第一代中型轿车 ES 是日本市场丰田凯美瑞的改版。1991 年 9 月，第二代 ES 上市，在 1992 年取得巨大成功，销量达到近 4 万辆，超过 LS。1996 年第二代停售，1997 年第三代上市第一年即售出 58430 辆。1992~1998 年，ES 成为雷克萨斯在美国最畅销的车型。

第二代 ES 被重新设计，完全脱离凯美瑞的身影。第二代于 1991~1996 年生产销售，车型从第一代的紧凑型变为第二代的中型，重量增加 90kg，轴距由 2601mm 增加至 2619mm，车长由 4651mm 增加至 4770mm，车宽由 1699mm 增加至 1778mm。发动机排量增加到 3.0L，具有独立的造型，曲线更优美。在曲面外壳中增加投影仪前照灯，车窗变更为无框窗。车舱内配有用加利福尼亚胡桃木装饰的中央控制台、皮革座椅、8 扬声器高级音响系统和无钥匙入口，增加的轴距长度和整体宽度拓宽了车内腿部空间和肩膀空间。第二代 ES 的上市售价为 26550 美元，后涨至 3 万美元。到 1994 年，由于日元升值和高需求，制造商建议零售价上涨至 31200 美元，比最初售价增长 19.3%。

1996 年 9 月，第三代 ES 正式亮相，1997 年开始在美国销售。与上一代相比，第三代的轴距增加 51mm，车长增加 180mm，车宽增加 13mm。第三代 ES 再次拓宽车内空间，抓住了美国消费者的喜好。

7.1.3 RX 领跑美国豪华 SUV 市场

1998 年 3 月，雷克萨斯推出汽车行业首款以轿车底盘为设计平台的全新中型豪华 SUV RX，开拓了以轿车底盘为设计平台的全新 SUV 细分市场，中型豪华 SUV 对比见表 1-7。RX 最显著的特性在于灵敏的操控以及卓越的空气动力学设计，它给驾驶者带来的操控感更像是一辆轿车。尽管 RX 上市晚于 GLE，但 RX 凭借较低的价位、优异的性能和质量，在 1998 年上市第一年即与 GLE 打成平手。1998 年，RX 在美国销售 42191 辆，GLE 销售 43134 辆。1999 年，RX 上市第二年在美国销售 73498 辆，远超奔驰 GLE 的 45206 辆，成为美国市场最受欢迎的豪华 SUV。2004 年，RX 上市 7 年销量突破 10 万辆，累计销量超过 55 万辆（见图 1-49）。

表 1-7 中型豪华 SUV 对比

品牌	型号	级别及车型	上市时间	市场价格/美元
奔驰	GLE	中型豪华 SUV	1997 年	42216～109700
雷克萨斯	RX	中型豪华 SUV	1998 年	43570～51355
宝马	X5	中型豪华 SUV	1999 年	60700～75750

资料来源：各个品牌官网、carsalesbase

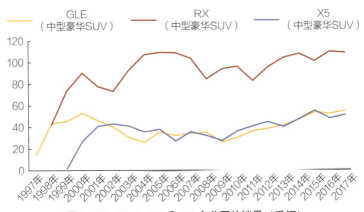

图 1-49 GLE、RX 和 X5 在美国的销量（千辆）
资料来源：carsalesbase
注：奔驰 M-Class 在 2015 年更名为 GLE。

7.2 宝马领跑小型豪华轿车市场

1990 年，宝马在美国的销量为 6.4 万辆，市场占有率为 0.45%，2017 年宝马的销量达到了 30.6 万辆，市场占有率提升至 1.77%。宝马的主要增长来自紧凑型轿车 3 系和 SUV 车型。

3 系带动宝马 20 世纪 90 年代增长。 1980 年，宝马推出低油耗紧凑型轿车 3 系，布局豪华品牌的低价格带。1990~1999 年，宝马在美国总销量从 6.3 万辆增长到 15.5 万辆，市场占有率 0.45% 上升到 0.89%，增加的 9.1 万辆销量中，紧凑型轿车 3 系贡献增量 5.4 万辆，占增量比重 59.4%，中型轿车 5 系增加 2.1 万辆，Z3 跑车贡献增量 2 万辆（见图 1-50，图 1-51）。

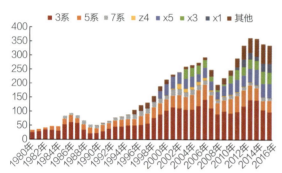

图 1-50　1980~2017 年宝马主力车型在美国的销量（千辆）
资料来源：carsalesbase

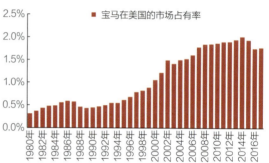

图 1-51　1980~2017 年宝马在美国的市场占有率
资料来源：carsalesbase

开辟 SUV 领域，宝马销量创新高。 2015 年，宝马销量创新高，达 34.6 万辆，市场占有率达到 1.94%。相比于 1999 年，总销量增加了 19.1 万辆，其中 3 系增加了 6.3 万辆，销量达到 14 万辆；SUV 车型贡献增量 13.2 万辆，占此阶段增量的 69%，其中 X5、X3 和 X1 分别贡献增量为 5.5 万辆、3.2 万辆和 1.4 万辆，三款车型分别于 1999 年、2004 年和 2012 年上市。

宝马 3 系在美国市场的成功归功于越战后美国本土迅速崛起的一个新的消费群体——年轻的城市专业技术人员，即雅皮士阶层。年轻的消费者们认为奔驰的古板外形与自己时尚的个性格格不入。除个别年份外，宝马紧凑型轿车 3 系销量远超处于同一价格带的奔驰紧凑型轿车 190/C-Class、雷克萨斯中型轿车 ES，领跑小型豪华车市场（图 1-52）。

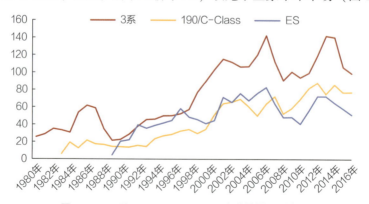

图 1-52　3 系、190/C-Class、ES 在美销量（千辆）
资料来源：carsalesbase
注：奔驰 C-Class 在 1993 年作为 190 的替代品引入。

宝马的增长主要归功于 3 系销量的大增和开辟 SUV 领域带来的增长。此外，宝马在轿车领域也推出了 1 系和 2 系，试图进军 3 系以下的市场，不过销量并不多。宝马 3 系各代车型简介见表 1-8。

表 1-8 宝马 3 系各代车型简介

代际	时间	车型图片	概述
第二代	1982~1994 年		1982 年，第二代 3 系上市，销量上涨。第一代 3 系只有双门轿车车型，于 1982 年上市的第二代则推出了包括双门轿车、四门轿车、两门敞篷车和五门旅行车在内的四个车型，为消费者提供了更多的选择。车身加宽 35mm，车内空间增大，使整车看上去更加硬派。第二代 3 系销售至 1994 年，13 年间全球销量 230 余万辆，美国销售 51 万辆，约占 22%
第三代	1990~2000 年		1990 年，第三代 3 系上市，销量继续攀升。第三代 3 系采用每缸 4 气门的新技术，最大功率达到 150PS（1PS=735.499 W）；将 VANOS 技术应用于发动机，使得发动机在动力提升的同时降低油耗和排放；新增 ABS 防抱死制动系统，提高了安全性。车宽比上一代增加 50mm，扩宽了车内空间。第三代停产于 2000 年
第四代	1998~2005 年		1998 年，第四代 3 系上市，销量出现新一轮上涨。第四代 3 系生产于 1998~2005 年，8 年间在美国销售 77 万辆，是 3 系销量最高的一代。第四代增加三门掀背车型，其发动机使用可变阀升程（"电子阀门"），另外，引入卫星导航、电子制动力分布、雨感刮水器、LED 尾灯等多种电子特性。与上一代相比，第四代车身加宽 40mm
第五代	2004~2013 年		2004 年，第五代 3 系上市，销量继续上涨。第五代的 E9X 发动机、变速器、底盘和悬架等均经全新设计，并将 SMG 序列式手自一体变速器更换为 7 档 M-DCT 双离合器变速器。轴距比上一代增加 40mm。2007 年，宝马将最新研制的 N54 双涡轮增压发动机装入第五代 3 系，这台发动机的最大功率为 306PS，最大转矩达到 400N·m。2007 年，3 系在美国的销量达到 1980 年上市以来最高的 142490 辆，接近 1999 年销量的两倍

(续)

代际	时间	车型图片	概述
第六代	2012年至今		2012年第六代3系上市，轿跑和敞篷车型被剥离出来用于创建新的宝马4系，另新增加五门掀背车型。其动力由一系列涡轮增压发动机和电力转向系统提供，取代了以前使用的液压助力转向系统。3系中首次使用3缸发动机。2008年金融危机后，石油价格迎来新一波的上涨，同时小型车市场也出现了新一轮的销售浪潮。继2007年后，宝马3系在2014年、2015年的年销量再次超过14万辆

资料来源：维基百科、carsalesbase

7.3 奔驰合理布局中小型车市场

轿车与 SUV 共同推出，奔驰销量增长。 奔驰主要车型及C-Class各代车型简介见表1-9、表1-10。奔驰在1980年推出中型轿车E-Class，布局中型车市场，在1983年推出入门级轿车190（C-Class的前身），布局小型车市场（见图1-53）。1994年到2017年，奔驰在美国的销量从7.3万辆增加到37.2万辆，市场占有率从0.47%提升至2.16%（见图1-54）。SUV共计16.4万辆，奔驰于1997年推出中型豪华SUV M-Class（GLE的前身），后续相继推出大型豪华SUV GLS、紧凑型豪华SUV GLA和中型豪华SUV GLC等，其中GLE和GLC的销量最好，2017年销量分别为5.4万辆和4.8万辆。2017年，C-Class和E-Class的销量分别为7.7万辆和4.9万辆，比1994年增加了5.4万辆和2.3万辆。

表1-9 奔驰主要车型

型号	级别及车型	上市时间	市场价格/美元
E-Class	中型豪华轿车	1980年	53500～104400
S-Class	大型豪华轿车	1980年	91250～104350
SL	双门轿跑车	1982年	89150～154450
190	紧凑型高级轿车	1983年	42216～74758
C-Class	紧凑型高级轿车	1994年	41400～73700
CLS	中大型豪华轿车	1997年	69200～71700
GLE（M-Class）	中大型豪华SUV	1997年	42216～109700
G-Class	中大型豪华SUV	1998年	124500～222700
GLS	大型豪华SUV	2006年	70150～161900
CLA	紧凑型轿车	2013年	33100～53100
GLA	紧凑型豪华SUV	2014年	33950～35950
AMG GT	双门跑车	2015年	112400～145000
GLC	中型豪华SUV	2015年	40700～56250

资料来源：奔驰美国官网、carsalesbase

注：C-Class在1993年作为190的替代品引入，M-Class在2015年更名为GLE。

图1-53　1980~2017年奔驰主力车型在美国的销量（千辆）
资料来源：carsalesbase

注：C-Class在1993年作为190的替代品引入，M-Class在2015年更名为GLE。

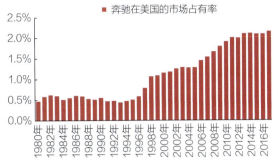

图1-54　1980~2017年奔驰在美国的市场占有率
资料来源：carsalesbase

表1-10　奔驰 C-Class 各代车型简介

代际	时间	车型图片	概述
第一代	1993~2000年		C-Class 在 1993 年上市，1994 年在美国销量突破 2 万辆，1997 年超过 3 万辆。第一代 C-Class 拥有完整系列的多气门 4 缸发动机。最低配搭载 1.8L 自然吸气发动机，最大功率 122PS/5500r/min，最大转矩 170N·m/4200r/min。与被替代的 190 相比，轴距增加 5mm，车长增加 57mm，车宽增加 30mm，车内更加宽敞。第一代于 2000 年停售
第二代	2001~2007年		2001 年，第二代 C-Class 上市，销量攀升至 5 万辆，2004 年达到 69251 辆。第二代 C-Class 增加了货车和轿跑车型，为消费者提供了更多选择。第二代轿车车型采用内联 4 缸和 V6 汽油发动机，高位制动灯置于行李舱盖顶端，仪表板设计更为简洁，方向盘上集成了音响、行车电脑和蓝牙电话等多功能按键。与上一代相比，轴距增加 45mm，车长增加 21mm，车宽增加 8mm。第二代于 2007 年停售
第三代	2007~2014年		2007 年，第三代 C-Class 上市，增加旅行车车型，但该车型未在北美销售。第三代车型采用前三连杆、后多连杆的悬架结构，车体尾部造型更为简洁，整车外观有了自己的风格。入门车型 C180 搭载 1.6L 和 1.8L 的机械增压发动机，最大功率同为 156PS。与上一代相比，轴距增加 45mm，车长增加 56mm，车宽增加 42mm。第三代在市场上取得了巨大的成功。成为继宝马第五代 3 系之后，加拿大和美国市场上第二畅销的紧凑型轿车。2013 年，C-Class 销量达到最高点 88251 辆，占总销量的 26.4%

(续)

代际	时间	车型图片	概述
第四代	2014年至今		2014年，第四代C-Class上市，拥有优雅的车身曲线、丰富的配置、考究的用料和工艺，中控台上方配备7in（1in＝25.4mm）显示屏，采用钢铝混合的车身结构。C180采用代号M274DE16的1.6L直列4缸涡轮增压发动机，最大功率156PS/5300r/min，最大转矩250N·m/1200～4000r/min。2015年，C-Class销量再次突破8万辆，又一次达到高潮

资料来源：维基百科、carsalesbase

对于日本企而言，本田、丰田、日产分别推出各自的豪华品牌讴歌、雷克萨斯和英菲尼迪，是向上拓展了各自的能力边界，进军豪华品牌不仅增加了日系车的市场份额，而且豪华品牌的利润率更高，可以提高企业的盈利能力。

奔驰、宝马是传统的豪华品牌，一方面改进紧凑型轿车C-Class和3系，大幅提高紧凑型轿车的销量，在原来产品带的下部发力；另一方面推出SUV车型，在新的产品领域发力。从而增加总销量，提升市场占有率，提高公司盈利和竞争力。

笔者认为，在行业趋于稳定的情况，适当的拓展公司的能力边界，可以增加公司的总销量和竞争力。

8 经营策略

8.1 多项宏观经济因素与汽车行业销量相关

汽车行业是典型的周期性行业,汽车行业的增速与 GDP 增速整体呈正相关的关系,而且汽车行业销量增速的波动大于 GDP 增速的波动。

人均新车消费支出占人均可支配收入比重与 GDP 增速高度相关。汽车是可选且耐用消费品,当经济下行时,GDP 增速放缓时,汽车的消费优先级相对靠后,因此新车消费支出占人均可支配收入比重下降,这也解释了新车销量波动幅度大于 GDP 波动的幅度。当经济企稳时,新车消费支出占可支配收入比重有所回升。

利率会影响消费者的购车意愿和购车成本,可能是汽车销量先导指标。利率下降,促进消费,有利于新车销售;利率上升,居民消费意愿下降,汽车销量减少。其次,利率影响贷款买车的成本,当利率下降时,贷款购车成本减少,促使消费者购车;当利率上升时,贷款购车成本增加,这部分消费者可能会选择放弃购车。利率会影响消费者的购车意愿和购车成本,可能是汽车销量先导指标,汽车金融渗透率越高的市场,可能越明显。

人口总量和人口结构都会影响汽车行业的销量。人口总量会影响汽车行业的销量上限,人口结构对汽车行业也有着重要的影响。18～64 岁(或者 20～64 岁)的人口数量对汽车行业销量影响最大,不仅要关注千人汽车保有量也应该关注 18～64 岁(或者 20～64 岁)人口的千人汽车保有量。日本因为人口老龄化,20～64 岁人口下降,导致汽车销量下降。当千人汽车保有量企稳的时候,可以通过人口结构预测未来该市场的增长潜力。

石油的价格和供应量极大地影响了汽车消费者的购买习惯和意愿。油价暴涨的时候,汽车行业销量可能出现下滑,同时燃油经济性好的小型车会更受市场青睐。

贸易保护政策不能提升企业的竞争力,排放法案和燃油经济性法案的升级利好技术先进的企业。美国与日本曾签订协议,限制日本向美国出口的汽车数量。短期内影响了日本车企在美国的销量,但是并没有从根本上改变美国车企的竞争力。随着日本车企在美国建厂,日系车在美国的市场占有率进一步上升。《清洁空气法》给了本田等日系车在美国进一步扩大市场份额的机会。《公司平均燃油经济性标准》迫使美系车提高燃油经济性,缩小了与日系车的差距,但是美系车因此增加了研发成本。

8.2 行业销量不增长时,企业采取措施保证利润

当汽车行业销量趋于稳定时,在企业层面,保证利润极为重要。保证利润主要分为三

个层面：向上，拓展能力边界，推出新的产品，选择适合自己的新产品领域，增加盈利点。向下，控制成本，降低盈亏平衡点；中间，提升产品价值，维护产品价格。

行业不增长时，降低成本是企业首要任务。降低制造成本的本质在于降低汽车制造商的盈亏平衡点。当汽车行业不景气时，销量出现大幅波动，假如车企过度依赖规模经济来降低成本，销量下滑导致规模经济效应减少，则会出现亏损。只有降低盈亏平衡点，降低对于规模经济的过度依赖，才能够在行业不景气时期依旧保持盈利。汽车制造商可以通过平台化和模块化战略等方式来降低开发成本和采购成本。

行业不增长时，降价促销可能短期边际改善销量，但是并没有从本质上提高公司的竞争力，长期看促销是影响了公司的利润。车企更应该提升产品附加值，维护产品的价格以保障盈利。

在行业趋于稳定的情况下，适当的拓展公司的能力边界，开拓细分领域，增加公司的总销量和竞争力。例如，20世纪80年代，主流日本车企推出了各自的豪华品牌，向上拓展了各自的能力边界，进军豪华品牌不仅增加了日系的市场份额，而且豪华品牌的利润率更高，可以提高企业的盈利能力。德系的奔驰、宝马是传统的豪华品牌，一方面改进紧凑型轿车 C-Class 和 3 系，大幅提高紧凑型轿车的销量，在原来产品带的下部发力；另一方面推出 SUV 车型，在新的产品领域发力。从而增加总销量，提升市场占有率，提高公司盈利和竞争力。

综上所述，汽车行业的发展与宏观经济、人口、政策、原油等多项因素相关，经营汽车行业时，应该关注宏观层面的各项因素。当汽车行业销量趋于稳定的时候，优秀的车企应该可以通过提供更好的差异化服务稳定价格体系，并且有效控制成本，以保证利润。同时，优秀的企业应该有拓展产品带的能力，增加公司的销量，提升市场占有率，提高公司盈利和竞争力。

目前，中国 GDP 增速相对于前几年有所放缓，未来中国人口结构中老龄人口的比重将逐步上升，中国出台了双积分政策和排放升级法规，同时也面临中美贸易摩擦，中国车市也结束了持续高增长，车企需要面对新的竞争环境。这些在成熟的汽车市场有过类似的情况发生。美国和世界汽车成熟汽车市场的发展经验值得中国借鉴。

第 2 章
通用汽车：百年繁荣与衰落

章首语

通用汽车从 1908 年成立到 2009 年申请破产保护，其历史就是半部美国汽车行业的历史。在美国汽车行业还不成熟的时期，通用汽车建立的许多企业管理模式、产品标准被汽车行业乃至全球企业一直沿用至今；无论是 20 世纪初期到中叶的繁荣，还是 20 世纪下半叶到 21 世纪初的衰落，通用汽车经历了汽车行业出现的每一个历史时刻。

通用汽车的发展历程可以分为繁荣和衰落两个阶段：

繁荣阶段（1908~1962 年）：通用汽车于 1908 年成立，通过正确的经营策略，把握行业发展机遇，在超越福特之后的几十年里都是全球最大的汽车公司。1908~1929 年，在美国汽车行业蓬勃发展的时期，通用汽车超越福特成为美国第一大汽车制造商；1930~1945 年经历大萧条和第二次世界大战的洗礼，通用汽车走向成熟；1946~1962 年，随着战后美国经济的腾飞，通用汽车不断扩大自己的产能，推出合适的产品，达到鼎盛。通用汽车在组织架构、产品研发、外观设计、汽车销售、资本支出等方面的优势举措，是其能够不断成长，走向鼎盛的主要原因（见图 2-1~图 2-3）。

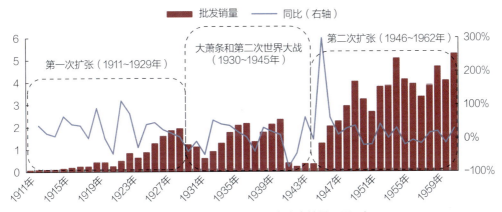

图 2-1 通用汽车 1911~1962 年汽车销量（百万辆）
资料来源：通用汽车

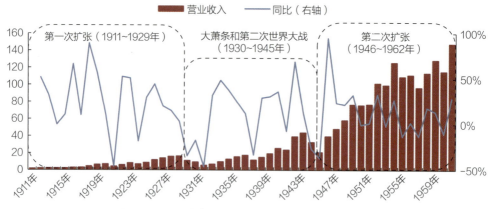

图 2-2 通用汽车 1911~1962 年营业收入（亿美元）
资料来源：通用汽车

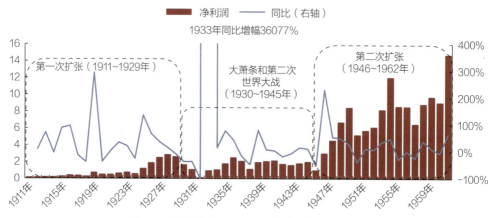

图 2-3 通用汽车 1911~1962 年净利润（亿美元）
资料来源：通用汽车

衰落阶段（1963~2009 年）：在这段时间里，通用汽车见证了通货膨胀与紧凑车型的兴起（见图 2-4）；遭遇了石油危机所造成的成本危机、产品危机和政策上的危机。1962 年是一个分水岭，此后通用汽车在美国的市场份额逐步下滑，从 1962 年的 51% 跌至 2009 年的 20%。1963~1970 年，这段时间是以大众甲壳虫为代表的紧凑型轿车在美国市场的导入期，通用汽车采取应对措施；1971~1980 年，两次石油危机给通用汽车以重创；1981~1991 年，通用汽车曾进行过一系列的改革措施试图挽回市场份额，但改革没有达到预期效果；1992~2009 年，负担了高额的人力成本及债务，财务进一步恶化，最终导致破产。成本控制能力不够、资本开支没有达到预期效果、多元化经营分散公司资源与精力、公司管理层在劳资关系中处于弱势，是通用汽车失败的主要原因（见图 2-5~图 2-7）。

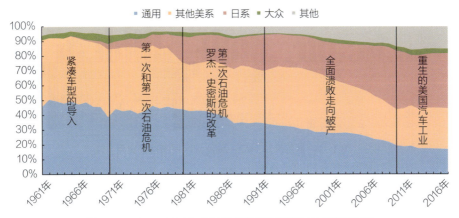

图 2-4　1961~2016 年美国汽车市场各制造商市场份额变化
资料来源：Wind

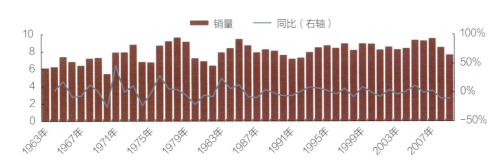

图 2-5　通用汽车 1963~2009 年汽车销量（百万辆）
资料来源：通用汽车

图 2-6　通用汽车 1963~2009 年营业收入（亿美元）
资料来源：通用汽车

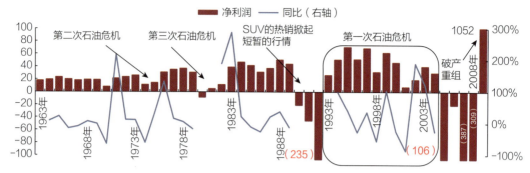

图 2-7 通用汽车 1963~2009 年净利润（亿美元）

资料来源：通用汽车

笔者根据通用汽车的兴衰史总结出了两个观点：行业出现拐点，危险与机遇并存；行业进入成熟期后，降本增效成为汽车行业的主旋律。

通用汽车成功与失败的经验对于其他企业具有非常大的借鉴意义。

1 超越福特成为行业龙头（1908~1929年）

本节主要介绍通用汽车在1911~1929年的第一次扩张。根据通用汽车发展的特点，可将这段时期分为伴随行业快速增长期、调整期和高速扩张期（见图2-8~图2-11）。

伴随行业快速增长期（1919年以前）：通用汽车通过兼并收购的方式合并了多家汽车公司，并借助行业的快速增长实现销售收入、净利润的快速增长。

调整期（1920~1923年）：第一次世界大战后爆发的经济危机使得行业在1921年出现下滑，并在1923年出现行业销量瓶颈期，通用汽车通过调整组织结构、经营策略和发展战略实现向现代汽车企业的过渡。

高速扩张期（1924~1929年）：通过调整期的改革措施，通用汽车在高速扩张期降低企业的负债率、提升盈利能力和经营效率。在行业低增长时期实现快速扩张，实现对福特汽车的超越，成为行业第一（见图2-12）。

图2-8　1908~1929年美国汽车行业销量（百万辆）
资料来源：《我在通用汽车的岁月》、通用汽车

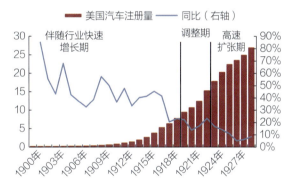

图2-9　1900~1929年美国汽车注册量（百万辆）
资料来源：美国交通部

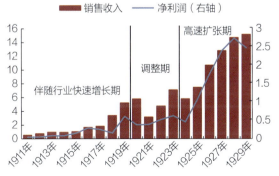

图2-10　通用汽车销售收入和净利润（亿美元）
资料来源：通用汽车

图2-11　通用汽车销量（万辆）和ROE
资料来源：通用汽车

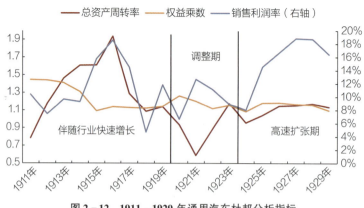

图 2-12　1911~1929 年通用汽车杜邦分析指标

资料来源：通用汽车

1.1　通用汽车的诞生

1886 年，25 岁的威廉 C. 杜兰特（Willian C. Durant）来到美国中部的密歇根州弗林特市，与约西亚·达拉斯·多特（Josiah Dallas Dort）合伙创建了弗林特路车公司（Flint Road Cart Company），也就是后来的杜兰特-多特马车公司（Durant-Dort Carriage Company）。到了 1890 年，杜兰特-多特马车公司就已经是全美领先的马拉车辆制造商；1900 年，成为全美最大的马拉车辆制造商，公司也从当初 2000 美元资本金的初创企业变成年销售额 200 万美元的大公司。已经成为百万富翁的杜兰特在 1904 年控制了陷入危机的别克汽车（Buick）公司，并对公司进行整改，公司在 1905 年的纽约汽车展上获得了 1100 多份订单（见图 2-13）。4 年里，别克超越了早期的领导品牌——福特、凯迪拉克、奥斯莫比，成为美国最畅销的品牌（见图 2-14）。

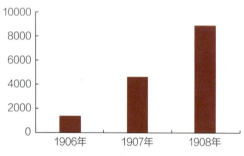

图 2-13　别克 1906~1908 年产量（辆）

资料来源：维基百科

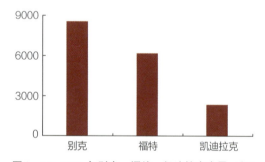

图 2-14　1908 年别克、福特、凯迪拉克产量（辆）

资料来源：《我在通用汽车的岁月》

1908 年 9 月 16 日，杜兰特成立了通用汽车公司（General Motors）。早期的通用汽车公司是一个控股公司，通过以股票交易为主的多种手段在成立后立即收购了别克，在 11 月 12 日收购了奥斯莫比（Oldsmobile），在 1909 年分别收购了凯迪拉克（Cadillac）和奥克兰（Oakland）。到 1910 年，通用汽车收购了约 25 家公司，其中 11 家汽车公司，其他都是汽车零部件公司。这些公司保留了原来的法人资格和独立运营的实体，通用汽车只是它们的中央机构。但很快由于过度扩张，通用汽车陷入了财务危机，银行的注资使得杜兰特失去了对通用汽车的控制。被银行家赶出通用汽车的杜兰特于 1911 年与瑞士人路易斯·雪佛兰（Louis Chevrolet）共同创立了雪佛兰汽车公司（Chevrolet），开始尝试制造轻型轿车。经过 4 年，雪佛兰成长为一家全国性的汽车公司，其间杜兰特不断增发雪佛兰公司的股份用来换取通用汽车的股份。1916 年，杜兰特成功夺回通用汽车公司，并将公司注册地从新泽西改到了特拉华，注册资本从 6000 万美元增加到 1 亿美元，通用汽车也由原来的控股公司变成一家运营性的公司，原来的各个子公司成为通用汽车的运营事业部。自此，真正意义上的通用汽车公司正式诞生，旗下的五大品牌：雪佛兰、奥斯莫比、奥克兰（后来的庞迪亚克）、别克和凯迪拉克此后一直共同延续了将近 90 年的时间。

1920 年，杜兰特由于个人财务问题辞去了通用汽车总裁的职位。公司由杜邦公司（DuPont）和摩根公司（J. P. Morgan）共同接手，并在 1923 年迎来了新的总裁——艾尔弗雷德·斯隆（Alfred Sloan）。

1.2　超越福特

第一次世界大战结束后美国爆发经济危机。 第一次世界大战结束后大量退伍军人涌入劳动力市场，导致工资下降、失业率升高；美国联邦储备系统误判战后通胀水平，采取激进的紧缩政策，导致严重的通货紧缩，工业产出大幅下降，汽车产量下跌 60%，经济陷入危机。1920~1921 年美国经济危机的相关经济数据见表 2-1。

表 2-1　1920~1921 年美国经济危机的相关经济数据

估算单位（1920~1921 年）	产出	物价	物价/产出	年份	失业率
美国商务部	-6.9%	-18.0%	2.61	1919	1.4%
Balke&Gordon	-3.5%	-13.0%	3.71	1920	5.2%
Romer	-2.4%	-14.8%	6.17	1921	11.7%
				1922	6.7%
				1923	2.4%

资料来源：维基百科

1920 年的经济危机使通用汽车的经营陷入困境，经过一系列组织、产品与销售改革，通用汽车在 1927 年超越福特坐上美国乃至全球汽车行业的头把交椅，从此开启了通用汽车龙头企业的发展。本节主要复盘通用汽车和福特在 1920~1927 年的竞争。

1.2.1　福特 T 型车

1908 年发生了两件对汽车工业发展影响深远的事情：一件事是威廉·杜兰特创立了通用汽车公司；另一件事就是福特发布了 T 型车（见图 2-15）。

1908 年 9 月 27 日，福特 T 型车在底特律开始量产。1913 年，亨利·福特（Henry Ford）开发出一套完整的装配线和大规模生产技术取代了传统的个体手工制作，运用机械传送带来运输零件让工人进行组装。这个创新将原先装配底盘的时间从 12h28min 缩短为 1h33min，大大地提高了生产效率，降低了生产成本。T 型车也以低廉的价格走进寻常百姓家，刺激了消费需求，提升了汽车销量，美国的汽车工业也因此开启了飞速成长的黄金时代（见图 2-16）。

图 2-15　福特 T 型车
资料来源：百度百科

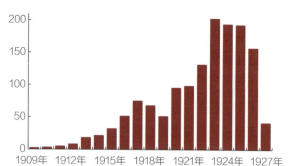

图 2-16　1909~1927 年福特 T 型车产量（万辆）
资料来源：维基百科

1.2.2　多品牌和价格区间战略

1921 年经济危机期间，通用汽车的市场占有率下滑到 12%，而福特却从 1920 年的 45% 上升到了 56%，T 型车的产量不但没有减少反而小幅上升。 通用汽车审视了一下公司的产品价格清单（表 2-2），发现在低价位市场，雪佛兰无论在价格上还是产品质量上都无法对 T 型车构成威胁，而在中价位市场上也因为过于集中产生了重叠。

表 2-2　1921 年通用汽车各车型售价

车型	价格区间/美元
雪佛兰 490（4 缸）	795~1375
雪佛兰 FB（4 缸）	1320~2075
奥克兰（6 缸）	1395~2065
奥斯莫比（4 缸）	1445~2145
奥斯莫比（6 缸）	1450~2145
奥斯莫比（8 缸）	2100~3300
斯克里普斯·布斯（6 缸）	1545~2295
谢里丹（4 缸）	1685
别克（6 缸）	1795~3295
凯迪拉克（6 缸）	3790~5690

这时 CEO 艾尔弗雷德·斯隆指出，公司应该在各个价格区间推出车型，构成产品线，最低价格可以低至市场最低价格，但是最高价格的车型必须要满足能够大规模生产的条件，公司不能以较小的产量进入高价位市场；其次，不同档次的产品之间应该保证足够大的价格差，从而使产品线中的车型能够保持较高的数量，维持规模效应；另一方面，价格差又不应太大，否则会在产品线中留下价格空白，被竞争对手钻空子。

于是通用汽车立刻通过了一项决议，决定设计一种销售价格低于 600 美元的新车型，同时建议公司设定六个价格区间,在每一个区间上都只生产一种车。这六个价格区间分别是 450~600 美元、600~900 美元、900~1200 美元、1200~1700 美元、1700~2500 美元和 2500~3500 美元。这就意味着通用汽车需要将原来的 10 个车型压缩成 6 个,并且各个产品线之间应当相互联系,形成一个有机的整体。这样一来,在每个区间上的车型都可以获得销量的提升,而销量的提升将产生规模效应,降低了成本,也增加了车型的竞争力。接着通用汽车制定了价格策略,即每一个价格区间的产品定价应该接近区间的上限,并且保证它的质量能够吸引这一价格区间的目标客户。这样使得本价格区间的客户愿意多付一点钱来享受通用汽车优秀的品质;同样,更高价格区间的低端客户也愿意在质量差不多的情况下少花一些钱购买通用汽车的产品。这相当于在同一价格区间开展质量竞争,或者和它的上一个价格区间开展价格竞争。这样一来,通用汽车可以在自己市场占有率大的价格区间掌握着定价的主动权;同时在市场占有率小的价格区间,通过调整价格避开竞争。比如,低价位的市场已经被福特垄断了,所以通用汽车不应该生产、销售和福特同级别的车,因为福特的规模经济性更大,在价格上更占优势。相反地,通用汽车应该销售一种比福特好得多的汽车,而价格则应该设定在这个等级的上限上。这样一来,一些希望购买品质比 T 型车好,但预算又不足以购买上一等级价格区间里的汽车消费者,就成了通用汽车的客户。这样的定价策略在避免与福特短兵相接的同时,分流了一批福特这一等级上的客户。

于是通用汽车砍掉了两款不产生规模经济而又与其他车型价格重叠的车型——斯克里普斯·布斯和谢里丹,将剩余的五个品牌六种车型由低到高依次排开:雪佛兰、奥克兰、别克 4 系、别克 6 系、奥斯莫比、凯迪拉克。在这一策略下,通用汽车的销量在接下来的两年里跟随行业呈现爆发式的增长(见图 2-17)。

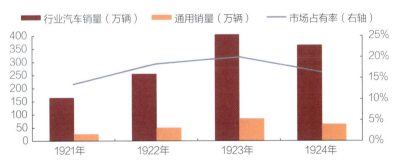

图 2-17 1921~1924 年行业销量、通用汽车批发销量、通用汽车市场占有率
资料来源:通用汽车

1.2.3 庞迪亚克的诞生

T 型车具备成本优势,通过降价提高市场份额。通用汽车的品牌与价格策略让通用汽车获得了短暂的增长,但是到了 1924 年,汽车行业的新车销售到了一个瓶颈期,叠加经济下行,汽车行业的销量减少了 43.9 万辆,通用汽车的销量下降了 28%,市场份额从 20% 跌至 17%。而福特汽车的市场份额却从 50% 上升到 55%。通用汽车销量的下降有一部分来自别克和凯迪拉克,对于经济衰退时期的高价位汽车来说,这是可以预期的。但是

雪佛兰的销量锐减37%，这一方面是由于雪佛兰的开发与设计做得还不够好；另一方面福特T型车的价格从1923年的364美元骤降至265美元，成本上的巨大优势让福特T型车在经济不好的年份抢占了低端市场，这个情形与1921年非常相似（见图2-18）。

图2-18　福特T型车的产量与价格
资料来源：维基百科

通用汽车重新审视了1924年的销售价目表（表2-3），发现高价位的凯迪拉克与别克6系之间的差距以及低价位的雪佛兰与奥斯莫比之间的差距最为明显。于是在别克6系和凯迪拉克之间增加一款售价在2000美元左右的家用型轿车，接着1927年就诞生了著名的拉萨利轿车（LaSalle）。但是，从战略的角度看，当时雪佛兰和奥斯莫比之间的空白是最具危险性的，这一细分市场的容量足以在高于雪佛兰的价位之上形成规模需求，而通用汽车在这一细分市场上还没有相应的产品，因此要尽量填补这一空白。这一填补过程既充满了攻击性，也充满了防御性。之所以说具有攻击性，是因为这里有市场等待着满足；说具有防御性，是因为会出现竞争者，会像对付福特那样来对付雪佛兰。出于这一考虑，通用汽车做出了公司历史上最重要的决策之一，即为了弥补雪佛兰和其他车型的价格空间，决定制造一种6缸发动机的新车型。从工程学的角度分析，未来的汽车发动机可能要具备6~8个气缸。但是，为使这个战略计划奏效，通用汽车需要弥补这个价格空间，并且还要具有一定的规模经济性。另外，由于新车型的面世会分流雪佛兰的部分消费者，会降低雪佛兰的规模经济性，从而可能导致两种车型的损失。因此，通用汽车得出结论，新车型必须在构造上与雪佛兰车型相得益彰，从而可以与雪佛兰车型共享规模经济性，反之亦然。

表2-3　1924年通用汽车销售价目表

车型	价格/美元
雪佛兰	510
奥斯莫比	750
奥克兰	945
别克4系	965
别克6系	1295
凯迪拉克	2985

全新的品牌——庞迪亚克在 1926 年如期面世。庞迪亚克由雪佛兰工程设计部门设计，在雪佛兰的底盘上搭载了一台 6 缸发动机。在不损害雪佛兰目标市场的前提下，充分利用雪佛兰的零部件和装配厂以达到规模经济的效应。庞迪亚克的售价为 825 美元，介于 645 美元的 1926 款雪佛兰和 950 美元的 1926 款奥斯莫比之间。生产庞迪亚克的奥克兰后来更名为庞迪亚克事业部，奥克兰也停产了。在保持了原来的经济利润的基础上，庞迪亚克也成为一个知名品牌。在庞迪亚克和雪佛兰的夹击之下，福特 T 型车的销量在 1926 年和 1927 年出现了大幅下滑。

1.2.4 封闭车身颠覆汽车价值

封闭车身帮助通用汽车在低价位市场阻击福特。封闭车身的出现使得汽车成为全天候交通工具，不仅可以隔绝风尘，还能遮挡雨雪，实现了汽车产品的巨大增值。通用汽车在 1919 年收购费雪车身公司（Fisher Body Corp.）60% 的股权，为了能够将费雪车身公司的封闭车身技术更好地整合到雪佛兰身上，通用汽车在 1926 年收购了另外 40% 的股份，并将费雪车身公司改造成通用汽车的事业部。雪佛兰的底盘和车身之间因此得到了更好的整合，内部效率得到了大幅提高。

封闭车身的巨大冲击使得福特 T 型车再也无法维持在低端市场的地位。福特 T 型车的轻质底盘无法承载封闭车身的重量，因此在不到两年的时间里，封闭车身的发展使得福特 T 型车的设计彻底过时了。但是，福特还是在 T 型车上装了封闭车身，1924 年，封闭车身在福特 T 型车中的渗透率为 37.5%，1926 年和 1927 年分别为 51.6% 和 58%（见图 2 - 19）。而同一时期封闭车身在雪佛兰的渗透率已经达到 82%。由于福特过于依赖 T 型车，而且没有其他车型作为补充，亨利·福特在 1927 年决定停止生产 T 型车，福特汽车的工厂也停工一年进行重组，市场份额也拱手送给了通用汽车。即便后来在 1928 年推出了 A 型车，福特汽车再也没有在市场份额上超过通用汽车。

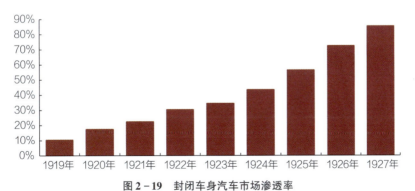

图 2 - 19　封闭车身汽车市场渗透率

1.2.5 年度车型推动产品改进

从商业的角度可将早期的美国汽车行业历史分为三个阶段：1908 年以前是第一阶段，这个时期汽车价格昂贵，汽车市场完全属于上层社会；1908 ~ 1925 年是第二阶段，大众市场是其主要特点，福特汽车及其"低价位的基本交通功能"理念占据了主导地位；1925

年以后是第三个阶段,这个阶段出现了各种各样功能质量更好的汽车,这可以看作是多样性大众市场到来的标志。而通用汽车的理念正好符合了第三个阶段的特征。

福特 T 型车有两个最大的弱点:外观单一和性能落后。T 型车基本上都是黑色的,消费者别无选择,主要是因为黑色的油漆干得快。而且自始至终,T 型车搭载的都是 4 缸 20PS[⊖]的汽油发动机,最高车速 72km/h,车型结构也没有发生过大的变化。造成 T 型车产生革新惰性的就是 T 型车最大的优势——规模经济。当其他品牌改进时,T 型车只需要通过降价,就能够推动销售抢回市场份额。只要 T 型车的销量一直增长,福特就可以通过规模经济赚取可观的利润。可是美国的汽车行业在 1923~1929 年迎来了史上第一个瓶颈期,这段时间的新车销量并没有大幅增长(见图 2-20)。这样一来,T 型车即便降价,也无法形成一个较高的销售增长与规模经济,福特的利润也无法维持。最终导致了 T 型车的失败(见图 2-21)。

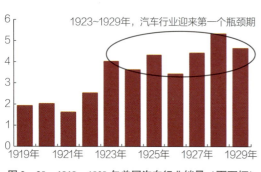

图 2-20　1919~1929 年美国汽车行业销量(百万辆)

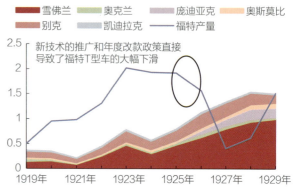

图 2-21　福特汽车产量以及通用汽车各品牌销量(百万辆)

资料来源:通用汽车、维基百科

而通用汽车为了迎合早期汽车行业第三阶段的特征,开始形成年度车型的制度。即在每年的 8 月 1 日至 9 月 1 日之间推出下一年的新款车型,新的车型将采用新的技术和外观以满足消费者的需求。通用汽车提出年度车型的概念时,是考虑到将研发设计、生产制造和销售整合为一个整体,而不是工程人员只负责研发和制造,把销售的压力全部丢给销售人员。只有当这三组人马共同协作的时候,研发才更有针对性,生产才会降低库存,而销售的工作会因为产品性能的提升而更加高效。产品推出的时间之所以选择在 8 月是因为太晚就无法在春季生产出足够的库存进行销售;而太早则会影响旧款车的销售。每年销售的旺季一般出现在春季,单月最高销量在 1925 年以前出现的情况不规则,自 1925 年推出年度改款政策以后,一般最高销量月份稳定在 4 月或者 5 月(见图 2-22)。这样一来,对于生产和库存的管理在时间上变得更加可控。

更为重要的是,年度改款车型由于新技术和新造型的增加,在价格上对其他厂家的产品形成了优势。在行业销售出现瓶颈的时期,通过这一政策能够有效维持产品的价格,进而维持利润水平。在新技术得到推广并形成规模效应之后,成本下降又可以打开利润空间,同时保持住了通用汽车的市场份额(见图 2-23)。年度车型这一政策后来在其他制

⊖ 1PS = 735.49875W。

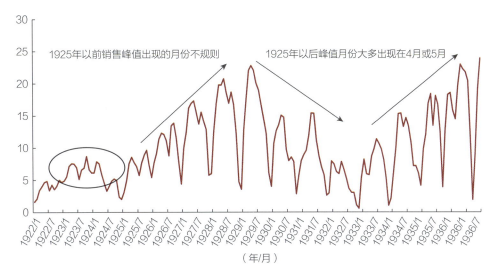

图 2-22　1922~1936 年通用汽车月度批发销量（万辆）

资料来源：通用汽车

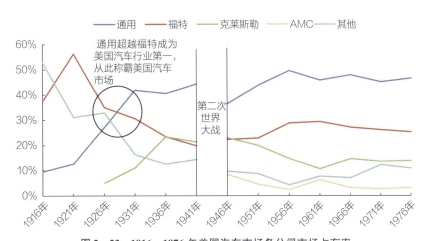

图 2-23　1916~1976 年美国汽车市场各公司市场占有率

资料来源：通用汽车

造商推广，成为行业惯例，并延续至今。

综上所述，通用汽车在 1920~1927 年有过两次增长，一次是 1921 年萧条之后到 1923 年；另一次是 1925 年以后。第一次的增长是由于产品价格区间的调整叠加宏观经济的改善，使得通用汽车在各个价格区间里的销量得到增长，使销售增量最大化。第二次则得益于封闭车型、年度改款以及新车型庞迪亚克的推动，可以说第二次增长并最终超越福特汽车要归功于通用汽车自身对于产品的革新以及对消费者需求的敏锐洞察。

1.3　战略改革才是成功的内因

在战术上，通用汽车可以说是发挥得淋漓尽致，但是在战略上的改革才是通用汽车通过自身完善走向成功的根本原因。

通用汽车的改革使得公司从内部具备了实现价格区间、封闭车身、年度改款等策略的能力。通用汽车的改革可以分为两大类：产品端和销售端。在产品端通过技术创新和外观设计提升产品品质；在销售端通过建立全新的经销模式和汽车金融满足消费者需求。

1.3.1 汽车研发

通用汽车在1920年成立了第一个研发部门（之前研发部门为代顿实验室），并将研究和工程技术与公司的业务放在同一组织层次上。后来通用汽车又将研发部门分成了四个技术部门：研究实验室、工程技术部门、制造技术部门和外观设计部门（见图2-24）。

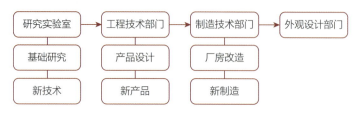

图 2-24　年度车型研发流程

研究实验室的活动主要有三个方面。第一，他们负责为整个公司的各个部门解决各类问题。研究人员可能随时受到召唤去帮助任何需要他们专业知识的地方，例如消除齿轮噪声、铸件的缺陷检测、减少振动等。第二，他们通过解决问题实现了对公司产品和生产的创造性改善。这些问题的范围十分广泛，包括了传动流体、油漆、轴承、燃料、高压缩比发动机、制冷系统、柴油发动机、燃气涡轮、无活塞发动机、铝制发动机、金属材料和合金钢、空气污染等问题。第三，他们也被鼓励做一些基础研究。

工程技术部门在研究实验室和各事业部的设计研究活动之间起到了一个中间联系媒介的作用。他们主要研究新的工程概念和设计，并且鼓励将其推向商业应用。

制造技术部门的工作包括推测、实验和模型制造。当解决了问题，并证明了这些工程概念的成功之后，它们就以改进制造加工工具、设备和方法的形式，融入常规制造流程。

基础研究决定了通用汽车引领汽车技术的创新。无论是早期的代顿实验室还是后来的研究实验室，都有一批从事着基础研究的科学家，他们对于化学、材料学、热力学、空气动力学等基础科学的研究成为汽车技术创新的最初源泉，再通过工程技术部门和制造技术部门将基础研究的成果应用在汽车上并商用化。

凭借着超前的研发理念和超强的研发能力，通用汽车创造了许多革命性的产品，下面列举其中一部分成果：

乙基汽油和高压缩比发动机引领动力系统革命。在给定的尺寸下想要研发出更加高效而且强大的发动机，就必须要提高发动机的压缩比。但是提高压缩比必须要解决发动机爆燃和敲缸的问题，于是通用汽车的代顿实验室研发出了乙基汽油。这种汽油通过添加四乙基铅而提升辛烷值，最终减少了爆燃和敲缸的现象。虽然后来证实这种含铅汽油具有毒性并对人体有害，在20世纪90年代以后逐渐被禁用，但在当时，这项技术大大提高了发动机性能。通用汽车和标准石油公司成立合资公司——乙基汽油公司来生产和推广乙基汽油。高压缩比的发动机需要更高品质的燃料，而更高品质的燃料促进了高效率发动机的产生，这种相互促进引发了 20 世纪燃料和发动机技术的跨越式飞跃。

同步啮合变速器和自动变速器引领传动系统革命。传动的目的就是将发动机产生的动力传送到汽车的车轮，这将涉及汽车发动机和车轮之间速度关系的变化。通用汽车在 20 世纪 20 年代末开发出了同步啮合变速器，这种装置可以使驾驶员在不撞击齿轮的情况下从一个速度转换到另一个速度。这种变速器在当时是一项突破式的创新，但是通用汽车的研发部门并没有因此满足，接着他们开始研究自动变速器的可行性，并在 1934 年推出了史上第一款自动变速器——液压自动变速器（Hydra Matic）。

前轮独立悬架引领底盘技术革命。通用汽车在 1934 年款的车型中首次采用了前轮独立悬架技术（Knee Action），这种技术改善了汽车的平稳性，为驾驶员和乘客提供了更好的驾乘体验，提升了汽车产品的稳定性、舒适性和安全性。这一技术推出之后，立刻成为行业的标杆。

迪科漆引发外观革命的同时，减少了涂装工序的时间与空间。早期的油漆容易受到天气和气温影响而剥落，迪科漆的发明不仅使得油漆颜色的选择增加，而且汽车即使在各种环境下依然保持靓丽的颜色。同时这款油漆将涂装的工序由 2~4 周的时间缩短到 8h，不仅大大缩短了制造时间，还减少了油漆晾干工厂的空间。

1.3.2 汽车外观

推动年度车型政策的因素除了技术创新以外还有汽车外观的设计。根据通用汽车的市场调查，在主导消费者购买行为的因素中，汽车外观超越了舒适性和经济性排在了第一位。于是外观设计部门作为研发部门中重要的一部分走上了历史的舞台。1926 年推出的拉萨利汽车获得了极高的市场认可度，这是通用汽车首次由外观设计人员而非工程人员主导设计的车型。这款车定位于别克和凯迪拉克的价位之间，运用了先进的设计理念，减少了车身上明显的棱角，降低了车身的高度，同时重新分配了边窗的比例。外观设计部门需要把握汽车设计潮流的方向，既不能太保守，也不能太超前。好的设计在外观和配色的赏心悦目方面提升了车身的奢华程度，与竞争对手的产品形成差异化，大大地提高了产品的吸引力（见图 2-25）。

在汽车造型上，通用汽车的设计趋势是加长车身并降低车身高度。降低车身的高度面临的工程设计问题就是如何保护底盘露出的装置，通用汽车通过在雪佛兰 A 型车上加长车身以包纳难看的凸出部分，并用经过美观设计的挡泥板保护住底盘。还有一种方式就是"降低框架"，原来的底盘都是置于车轴之上，通用汽车的设计师将底盘框架插

图 2-25 1927 年拉萨利汽车
资料来源：公开资料

入到车轴之间,使得车身降低了 3in⊖。

内置行李舱设计使得汽车成为一个整体。早期的车身和行李舱都是分离制造的,在设计部门的建议下,通用汽车首次整体制造行李舱和车身,并运用在 1932 年款的凯迪拉克上。这种设计改变了汽车的整体外观,显著地加长并降低了车身。

"炮塔顶"彻底颠覆汽车外观设计。早期汽车车顶的中心位置是一块合成橡胶,它与周围的金属板连在一起。但是,这种结构所积聚的雨水、灰尘以及其他东西会导致车顶逐渐损坏。在含盐量高的地方,这一过程会被加速。当钢铁工业能够生产 8in 钢板后,通用汽车决定设计单片车顶。于是在 1935 年款车型上市的时候,"炮塔顶"的全钢车顶一时风靡,这种硬车顶不

图 2-26　1939 年"炮塔顶"别克汽车
资料来源:公开资料

仅是外观设计的革新,还改善了汽车安全和制造技术等问题(见图 2-26)。

1.3.3　汽车销售

1920 年以前,汽车的分销主要依赖于分销批发商,分销批发商再根据自己的判断将汽车分包给各个经销商。但是,随着时间的演进,制造商逐渐接管了分销批发商的职能,而经销商仍然维持了他们的零售职能。汽车的销售既不可能像杂货店那样将具有竞争关系的产品放在一起出售,也不可能像加油站那样由子公司或分公司代理出售。经销商模式将汽车的销售分成了两个部分:经销商和消费者直接做生意;生产商和经销商做生意。但是当 1923~1929 年新车需求进入瓶颈期,整个行业将重点从生产转向分销,经销的问题开始出现,经销的模式需要做出改变。为了应对这种形势,公司管理层开始在全国各地拜访经销商,研究新的经销政策。

将经销商纳入价值链体系,保障经销商利益。20 世纪 20 年代中期以前,制造商只考虑生产,然后强迫经销商进货并付款,完全不考虑经销商销售的能力。经销商必须独自承担市场风险以及库存风险,导致虽然通用汽车的销售不错,但经销商经常陷入亏损。通用汽车决定将经销商纳入公司的价值链体系,在明确双方权责的前提下帮助经销商完成市场渗透、库存管理。保证经销商必须拥有与该地区规模相适应的资金、场地、日常开支以及相应的组织;为旧款车型的库存处理提供补贴和折扣。同时成立经销商顾问委员会,制定改善经销商关系的基础政策。

建立经销商审计系统,帮助经销商改善经营水平。通用汽车在 1927 年创建了一个名为汽车会计公司的组织。开发了一种适用于所有经销商的标准会计系统并派出一名高级职员去帮助该公司实施这一系统,还建立了审计系统。它不仅可以帮助经销商更加准确地处理零售与分销,还可以让通用汽车的每个事业部和总部都能够对整个分销系统进行检查,

⊖ 1in = 2.54cm。

并确定问题的所在，找出解决问题的方法。

成立汽车控股公司，为合格的经销商提供资金。传统上，经销商在他所在的社区通常都是声名显赫的商人，但是这些人未必是汽车经销商的最佳人选。通用汽车认为应该帮助那些有能力但缺乏资金的人成为能够带来利润的通用汽车经销商，于是成立了通用汽车控股公司（General Motors Holding Corp.）。该公司的职能就是发现一些合格的经销商，并为他们提供适当的资金支持，帮助他们盈利以返还通用汽车控股公司的利息，并最终获得独立。同时还开发一些管理技巧供经销商使用，帮助经销商提高了盈利的可能性。借助通用汽车控股公司和经销商的紧密接触，通用汽车对经销商问题有了更加清晰和全面的了解。

1.3.4　汽车金融

1919年，通用汽车承兑公司（General Motors Acceptance Corp.，GMAC）成立，该公司为批发和零售业务提供金融支持。分期付款销售方式的出现，使得大量消费者能够承担汽车这种昂贵的产品，并且在消费者进行二次购买的时候，可以用自己的旧车抵扣分期付款的首付款，并形成汽车销售的惯例。同时，通用汽车还成立了汽车保险公司，为客户提供车辆保险，这样一来，因为车辆损毁而出现的违约以及抵押品贬值的风险就可以得到保障。汽车金融在保障消费者利益和经销商利益的同时，为通用汽车带来了显著的业务增长和额外收入（见图2-27）。

图2-27　1923~1968年GMAC应收票据规模与通用汽车批发销量

资料来源：通用汽车

1.4　走向海外

1920年以前，通用汽车开拓海外市场的方式仅仅依赖出口，但由于国家经济主义的盛行，美元储备较少的国家对美国进口汽车实施高关税以及进口配额，导致通用汽车无法在西欧与本地的制造商竞争，于是建立海外制造基地的方案呼之欲出。

国际市场分为两个部分：第一部分是西欧，这个市场是最富有的，但也是最难渗透的，因为英国、法国、德国和意大利的机动车中有 3/4 都是本国制造，而且这些国家受国家主义影响，对美国汽车征收高额关税。第二个部分则是分布在世界各地的相对不发达国家，对于这些市场，美国的制造商通常都可以自由进入。

针对这两个截然不同的市场，通用汽车采取了不同的策略。在第一个市场建立装配厂，利用当地的原材料、管理和劳动力，尽量与当地经济相融合，这样做可以规避部分关税。在第二个市场以整车和零部件出口为主。

未能成功收购雪铁龙。1919 年通用汽车派出一群高管去欧洲考察，并与雪铁龙洽谈收购事宜。一方面由于通用认为雪铁龙的生产设备太过老旧；另一方面法国政府不希望美国资本接管一家能够对战争做出贡献的企业，这笔交易最终没有谈拢。

与奥斯汀未谈拢，转而收购沃克斯豪尔。1925 年通用汽车考察英国奥斯汀公司后，未能与奥斯汀的股东在收购价格上达成一致，于是通用汽车立刻转而收购了沃克斯豪尔公司。沃克斯豪尔制造一种相对昂贵的汽车，大小和别克差不多，年产量只有 1500 辆左右。通用汽车将其看作是海外制造的一次试验，特别是收购价格只有 257 万美元。

收购欧宝，以英国、德国为中心打开欧洲市场。1929 年，通用汽车以 3300 万美元收购欧宝公司，原因有以下几点：

1）德国市场的发育情况与 1911 年的美国类似。
2）德国煤炭、钢铁供应情况良好，熟练的工人多，是一个制造业相对发达的国家。
3）欧宝是德国最大的汽车制造商，占据德国市场 26% 的份额。
4）欧宝的工厂与设备都非常良好，高级工人储备充足。
5）欧宝已经拥有 736 家经销商，拥有德国最好的经销组织。
6）售价相对合理。

在收购沃克斯豪尔和欧宝之后，通用汽车立刻着手开始扩大它们的产能，提升在海外的销量。即使是在大萧条时期，欧宝和沃克斯豪尔的销量依然保持稳健的增长（见图 2-28、图 2-29）。

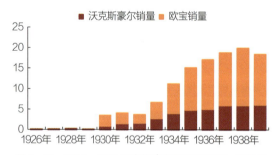

图 2-28　1926~1939 沃克斯豪尔和欧宝销量（万辆）
资料来源：通用汽车

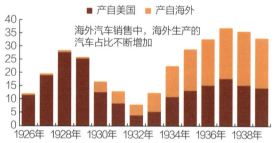

图 2-29　1926~1939 海外销售结构对比（万辆）
资料来源：通用汽车

通用汽车在 1908~1929 年的扩张，使之超越福特汽车公司成为全球汽车行业绝对的霸主，主要的原因有三：第一，不断创新提升产品价值；第二，整合研发生产销售，提高企业运营效率；第三，有针对性地运用多品牌多价格区间战略争夺细分市场。

2 经历大萧条与第二次世界大战的洗礼（1930～1945年）

本节主要介绍通用汽车在大萧条和第二次世界大战时期的历史，这段时间分为两个部分。

大萧条和罗斯福新政（1930～1940年）：通用汽车凭借着出色的经营能力和财务控制在大萧条中保持了盈利。

第二次世界大战（1941～1945年）：第二次世界大战期间虽然民用产能受到限制，但是军工订单进一步强化了通用汽车的制造水平，为战后的发展打下基础（见图2-30～图2-32）。

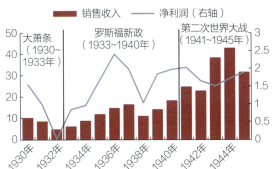

图2-30 通用汽车销售收入和净利润（亿美元）
资料来源：通用汽车

图2-31 通用汽车批发销量（万辆）和ROE
资料来源：通用汽车

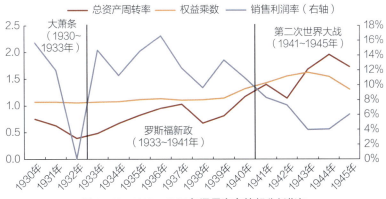

图2-32 1930～1945年通用汽车杜邦分析指标
资料来源：通用汽车

2.1 大萧条

在1930～1933年的大萧条期间，通用汽车采取了一系列措施，包括减产、出售不重要的资产、降薪裁员、削减红利发放等。即使是在经济环境最糟糕的1932年，美国和加拿大汽车行业产量从 560 万辆跌到 140 万辆，行业销售额从 51 亿美元下跌到 11 亿美元，而通用汽车依然保持盈利。在许多公司亏损甚至破产的大萧条时期，通用汽车依然保持盈利的秘密就是在上一节提到的运营控制和财务控制。

财务上建立的审计制度使通用汽车能够对研发、生产到销售的每一环节进行监控，包括市场需求以及经销商库存。运营上能够根据销量的下降快速压低库存，合理控制成本从而保证了盈利。这些制度在 20 世纪 20 年代建立的时候提升了公司的资产周转率，使公司对于经营的控制更加有效，保证了公司在大萧条时期能够对销量的下降做出最快的调整（见图 2 - 33，图 2 - 34）。

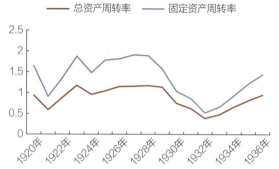

图 2 - 33　通用汽车总资产和固定资产周转率
资料来源：通用汽车

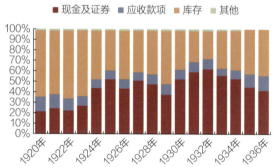

图 2 - 34　通用汽车流动资产各项目所占比重
资料来源：通用汽车

2.2　战争

2.2.1　军工制造

1941 年美国参战，民用制造业产能被强制转为军工制造，作为全美第一大制造业公司，通用汽车开始改造厂房以满足军工需求。公司的技术人员也停下汽车的研发转入国防产品的研发，公司的 90 个工厂有 86 个进行国防项目的制造，同时通用汽车还征用了许多代工工厂来满足军事订单。

通用汽车惊人的创新能力与制造能力是盟军赢得第二次世界大战的重要因素。 在制造方面，庞迪亚克工厂生产厄利康高射炮；埃里森发动机工厂（Allison Engine）为 P-39 空中飞蛇战斗机提供发动机；该战斗机还使用了奥斯莫比生产的机头炮以及通用汽车航空设备生产的螺旋桨；通用汽车的三个柴油发动机工厂为美国海军装备最先进的柴油发动机；而 M-10 反坦克车由费雪车身制造，配备哈里森雷达事业部的雷达，以及内陆制造厂生产的轨道装置；别克和雪佛兰则与普惠公司合作生产轰炸机发动机，而起落架则由迪科产品工厂生产；另一些零部件工厂则生产机关枪等；军用货车也由雪佛兰供应。

而在创新方面，通用汽车在设计上的不断创新减少生产的工时，节省了原材料，同时降低了成本；在科技上的创新使战斗装备的质量不断提升；研发新式的武器，截至 1944 年，通用汽车在第二次世界大战中生产的武器装备清单见表 2 - 4。凯迪拉克设计的生产机器使增压叶片的生产时间从125h缩减为10h；别克设计的电焊机使焊接柴油发动机曲轴平衡器的效率由3个/h增加到36个/h；雪佛兰研发的新材料节省了500万lb⊖橡胶、120万lb镍、50万lb铜、20万lb铬、12.5万lb乳胶和7万lb锡；哈里森雷达用铜焊钢替代金属铜节省了64%的铜，同时提供了更好的性能；奥斯莫比新的生产模式使64台机器的工作减少为8台机器完成，节省了22.88万美元的机械成本，每把枪的成本减少12.65美元，节省每把枪11.5h的生产时间。

表2-4 截至1944年，通用汽车在第二次世界大战中生产的武器装备清单

武器名称	数量
炮弹和弹壳	1.4亿颗
飞机发动机	1.8万台
战斗机和轰炸机	0.9万架
坦克、反坦克和武装车辆	3.1万辆
货车	7.4万辆
加农炮	1.8万门
机关枪	100万支
卡宾枪	240万支
陀螺仪	24.5万台
电动机	320万台
引线	1100万条
滚珠轴承	3亿个

资料来源：公司年报

2.2.2 民用危机

国防项目对于产能的管制导致民用产品的供应受到限制。战争导致了对于原材料、制造品需求的上升，人力、设备、原材料都变得短缺。同时民用产品的稀缺导致物价的上升，政府则不得不在原材料、物价、工资等方面进行有效控制。因此民用汽车的生产被限制，经销商被允许销售的车辆被限制，轮胎、汽油的销售也被限制（见图2-35）。

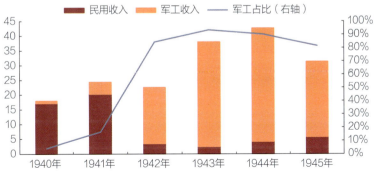

图2-35 1940~1945年通用汽车军工收入和民用收入（亿美元）

资料来源：公司年报

⊖ 1lb=0.45359237kg。

民用产能的萎缩还导致了经销商的恐慌，于是公司制定了一系列政策维系经销商体系和经销商的士气。

1) 在满足一定限制条件的情况下，公司可以回购新车和零配件。这是为了保护那些可能被征入伍的经销商以及出于任何原因希望终止销售协议的经销商的利益。

2) 如果经销商和事业部能够在彼此满意的情况下终止销售协议，则战后重新指定经销商时可以优先考虑他们。

3) 对于在战争期间仍然从事经销业务的人，公司会为他们做好一个在战后两年内的特别分配计划。

经销商的服务从新车销售转向旧车销售以及汽车保养，同时通用汽车还在政府允许的范围内供应零配件以维持经销商的运转。

2.2.3 战后观察

1943年，通用汽车对于战争的胜利做出了预判，并开始着手研究公司在战后发展的问题。通用汽车对于战后的宏观经济以及市场需求有如下判断。

1) 国民可支配收入将会快速增长，预计从战前每月700亿美元增长至1000亿美元甚至更多，消费者的购买力将大大提升。

2) 1942年汽车保有量为2750万辆，到1944年底，汽车保有量将下降500万辆，并且车龄在4年以内的乘用车只有20%。

3) 由于战争期间民用产品的限制，家庭消费受到限制，家庭在战争中增加了大量的储蓄，消费者负债也大量减轻，将释放大量的购买力。

4) 战争结束后的短期时间，汽车供应会出现短缺。

战后的生产将面临三个层次上的挑战：

1) 物理上，民用产品需求的扩大将挑战生产的产能和设备。

2) 时间上，要在产品规划、工程设计、原材料采购和初步生产之间进行协调。

3) 心理上，需要雇佣从战争归来的老兵，这将是个挑战。

针对以上几点，通用汽车提出了以下战后发展策略：

1) 在民用库存进来之前尽快清理战时库存。

2) 根据战后政府的政策处理战时不属于通用汽车的厂房，决定战后的投资和扩张力度。

3) 战后扩张：公司产能预计提升1.5倍。为达到这一产能，计划投资5亿美元用于新厂房、设备和工具。这一投资还将包括更新旧设备，采用现代化设备进行现代化生产。

4) 战后产品：战后的第一代产品将会是现有产品，但要提前一年投入新车型的研发与设计，同时针对人才的需求也要提前计划。

大萧条和第二次世界大战对于通用汽车来说具有承上启下的作用，一方面早期积累的管理技术帮助通用汽车在大萧条中保持盈利；另一方面战争提升了通用汽车的生产效率，改善了生产质量，为通用汽车在战后的快速扩张提供了技术支撑。

3 新一轮扩张达到鼎盛（1946～1962年）

本节主要介绍通用汽车凭借在第二次世界大战后的迅速扩张，在1962年市场份额达到历史最高峰，迎来鼎盛时期。这段时间可分为两个阶段：

第一次资本开支计划（1946～1953年）：通过在战后扩大产能、更新现代化工厂设备来满足战后巨大的汽车需求，帮助公司扩大收入和盈利规模。

第二次资本开支计划（1954～1962年）：在进一步更新现代化工厂设备之外，重点建设仓储设施及经销商培训中心，提升服务质量（见图2-36～图2-38）。

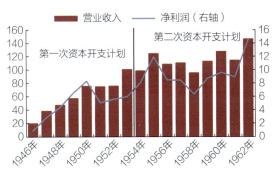

图2-36 通用汽车营业收入和净利润（亿美元）
资料来源：通用汽车

图2-37 通用汽车销量（万辆）、ROE和毛利率
资料来源：通用汽车

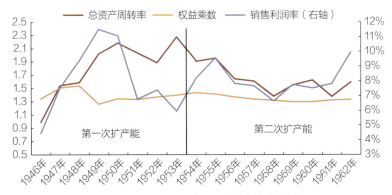

图2-38 1946～1962年通用汽车杜邦指标分析
资料来源：通用汽车

3.1 战后的罢工与物资短缺

战后发生的罢工、物资短缺以及价格管制导致通用汽车在战争刚刚结束的时候未能按照之前的规划进行扩张。 为了防止战后出现恶性通货膨胀，政府对产品及原材料

价格、工资等实施了管制，引起了工人的不满。在美国汽车工人联合会（UAW）的领导下，从1945年11月起汽车工人发动了4个多月的全国大罢工。政府不得不把工资的限制放开，允许雇主涨工资，于是通用汽车和UAW签订了新的劳资协议，该协议将工人的工资提升了30%，同时还有一部分工资要根据公司的支付能力进行浮动变化。而另一方面，由于原材料价格的管制，导致原材料供不应求，出现短缺，很多工厂无法达到预定产能。政府的价格管制进一步放开，但是汽车的价格仍然受到限制，于是原材料成本的上升叠加人工成本的上升对整个美国汽车行业在战后的发展造成了阻碍。对于汽车价格的管制从1947~1953年逐步取消，通用汽车才能够真正地实施它的扩张计划。

3.2 宏观经济驱动行业扩张

通用汽车在战后的飞速扩张得益于三个因素：宏观上，美国经济的快速发展；行业上，汽车行业的繁荣；公司层面，准确的扩张计划。

购买力方面：战后美国个人可支配收入年平均增长在5%左右，1960年实际人均可支配收入相较于1945年提升了20%（见图2-39）。同时美国的实际GDP在20世纪50年代也以接近5%的速度增长，1960年的实际人均GDP比1947年上涨了28%（见图2-40）。收入分配的改变带来了更多的中产家庭，可支配收入的大幅增加促进了美国家庭对耐用消费品的购买。

图2-39 1940~1962年美国个人可支配收入（十亿美元）
资料来源：BEA

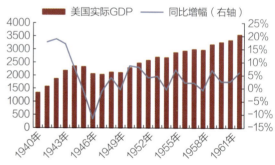

图2-40 1940~1962年美国实际GDP（十亿美元）
资料来源：BEA

人口和社会方面：战后的美国迎来了人口的高速增长，1960年的人口数量比1950年增长了19.1%，家庭数量同期增长了14.7%（见图2-41）。人口结构也发生了巨大变化：年龄上，由于战后出现的婴儿潮，大大提升了年轻人数量，而这些人在不远的未来都是潜在的汽车消费群体（见图2-42）；同时，由于20世纪50年代家庭开始由城区往城郊迁移，汽车成为这些家庭的主要交通工具，拥有2辆或以上汽车的家庭从1949年的200万户增加到1959年的800万户（见图2-43，图2-44）。

图 2-41　1950~1960 年美国人口和家庭数量
资料来源：Bureau of Census

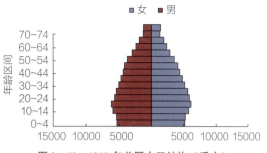

图 2-42　1940 年美国人口结构（千人）
资料来源：Bureau of Census

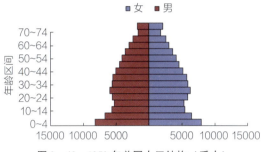

图 2-43　1950 年美国人口结构（千人）
资料来源：Bureau of Census

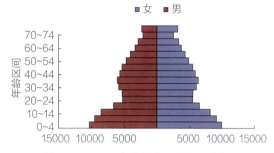

图 2-44　1960 年美国人口结构（千人）
资料来源：Bureau of Census

行业增长：由于战后宏观因素的推动，美国汽车市场的年销量从战前的 400 多万辆跃升到战后的 700 多万辆的水平。汽车保有量也以每年平均 2% 的速度逐年稳定增长。特别是战后政府对汽车行业的管制导致市场积压了大量订单，这使得扩大产能成为战后美国汽车制造商的首要任务（见图 2-45，图 2-46）。

图 2-45　1940~1962 年美国千人汽车保有量（辆）
资料来源：美国交通部、美国联邦储备系统

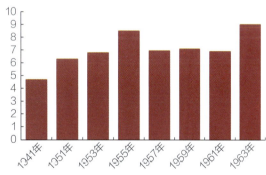

图 2-46　1941~1963 年美国汽车销量（百万辆）
资料来源：Wind

通用汽车在 1945 年和 1953 年的两次资本开支计划抓住了行业机遇，扩大了在行业内的领先地位。

1945 年资本开支计划：该计划原定 5 亿美元，在 1947 年追加至 6 亿美元。计划包括重新规划工厂，更换现代化生产设备，建设新的技术中心，在东部和西部建设新的工厂来扩大产能。该计划在 1947 年基本完成（见图 2-47）。

1954 年资本开支计划：该计划主要是扩大产能以满足汽车市场不断扩大的需求，此外通用汽车还在主要市场附近都建立了仓储中心和服务培训中心。建立仓储中心的目的是帮助各地经销商更好地管理整车以及零部件的库存；建立服务培训中心是为了开展培训项目，使经销商以及他们的销售人员获得经营、销售和技术服务上的帮助。到了 1954 年，通用汽车在美国的经销商达到 1.8 万个，1955 年服务培训中心的数量达到 30 个。这个资本开支计划在 1956 年全部完成（见图 2-48~图 2-50）。

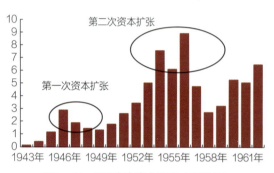

图 2-47　通用汽车资本开支（亿美元）
资料来源：通用汽车

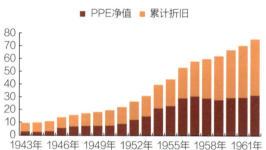

图 2-48　通用汽车 PPE 净值与累计折旧（亿美元）
资料来源：通用汽车

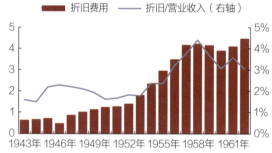

图 2-49　通用汽车折旧费用（亿美元）与占营业收入比重
资料来源：通用汽车

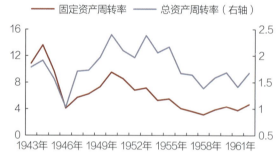

图 2-50　通用汽车固定资产周转率和总资产周转率
资料来源：通用汽车

3.3　创新能力帮助通用汽车加速扩张

宏观经济和行业增长对于通用汽车的战后扩张起到了关键作用，但是真正使通用汽车超越同行扩大领先优势的，依旧是产品本身。

3.3.1　技术创新成果显著

在战后扩张中，通用汽车的研发成果同样非常显著，其中比较重要的创新包括：

传动系统：自动变速器的升级。1939 年通用汽车就研制出了液压自动变速器（Hydra-Matic），这一技术还在第二次世界大战中运用在了军队车辆当中，到了 1947 年，液压自动变速器不仅配备在凯迪拉克和奥斯莫比车型上，还增加了庞迪亚克车型。而针对别克车型，通用汽车则在 1947 年开发出 Dynaflow 自动变速器。Dynaflow 的开发源自于第二次世界大战时别克制造 M-18 反坦克装甲车的经验，这种变速器是转矩转换器和液压控制变速器的结合，可以手动选择两种驾驶传动比。到了 1949 年，通用汽车开发出用于低价车雪佛兰的自动变速器——Powerglide。Powerglide 是转矩转换的液压控制的变速器，变速装置和涡轮与泵结合，使液压控制连接操作系统和发动机，当减速时，有制动效果。

动力系统：高压发动机的改进以及涡轮增压的应用。1947 年通用汽车宣布高压发动机可以应用于汽车，并在 1948 款的凯迪拉克和奥斯莫比 88 系列上配备了 160PS 的新型 V8 高压发动机。新的动力装置采用顶置气门设计，燃烧室比之前轻了 200lb，同时该发动机提供了更好的燃油经济性和更好的动力表现。这是通用汽车 12 年来的研究成果，也是美系肌肉车的开山鼻祖。到了 1956 年，通用汽车首先在 GMC 货车上增加了涡轮增压器，随后在 1961 年的奥斯莫比上配备了涡轮增压技术。

底盘系统：空气悬架极大地改善了驾驶的平稳性与舒适度。在前轮悬架的基础上，1956 年研制出空气悬架。这一装置可以使汽车在什么路况下，都能保持平稳的高度，减少了噪声和驾驶者的疲劳。

转向系统：动力转向降低汽车操控难度。1951 年研发的动力转向系统降低了操纵汽车和停车的难度，同时并没有减少正常驾驶的路感。在压力比较小的时候，机械不会工作，当转向压力变大时，系统会增加更多的力来进行转向。

其他装置：车灯就能够很好地诠释通用汽车的创新，从最早的油灯，到乙炔灯，再到电灯。从一根灯丝到两根灯丝，再到封闭式车灯（Sealed Beam），接着在 1952 年改进成为 T-3 封闭式车灯，再到四个单元的封闭式车灯系统。新的 Autronic Eye 车灯系统可以调节光线以适应夜间行驶，T-3 车灯使汽车在雨雪天气行驶时视野更好。1952 年研发出全新的车载空调系统，并在 1962 年改进这一系统，推出最早的汽车四季气候控制系统，可以制冷也可以制热。通用汽车曲轴箱强制通风系统有效地减少了曲轴箱造成的空气污染，并且是第一个被加利福尼亚州汽车污染控制协会批准的产品，该产品可以有效缓解加利福尼亚州空气污染的问题。

3.3.2 面对新的细分市场，快速推出新产品

战后的车型也发生了巨大的变化，一些细分市场的崛起迫使整车厂做出调整，推出新的产品来满足市场需求。

旅行车（Station Wagon）：市郊生活在 20 世纪 50 年代的美国成为一种风尚，消费者对于载客量大、储物空间大的汽车的需求不断增加，旅行车应运而生。世界上最早的全钢结构的旅行车是雪佛兰在 1935 年推出的 SUBURBAN（见图 2-51），到了 1949

图 2-51 雪佛兰 SUBURBAN
资料来源：维基百科

年,雪佛兰 FLEETLINE 和 STYLELINE、庞迪亚克 CHIEFTAIN 和 STREAMLINER 开始抢占这一增长迅速的细分市场。到了 1954 年,雪佛兰 NOMAD 和庞迪亚克 SAFARI 重新定义了旅行车,更加苗条和倾斜的支撑钢筋使得视野更加开阔,引领了旅行车的设计。到了 1956 年,通用汽车一共提供了 17 款旅行车,包括双门和四门、6 座和 9 座车,以及硬顶盖和传统顶盖车型。

双门运动轿车(Sport Coupe): 1948 年,通用汽车就推出了一系列双门轿车——别克 RIVIERA、凯迪拉克 Coupe De Ville、奥斯莫比 HOLIDAY COUPE。这类车型一般搭载了性能优越的发动机,并拥有华丽的内饰和流线型的车身风格。而凯迪拉克 Coupe De Ville 更是搭载了很多当时最先进的技术,包括电动座椅、电动车窗、双速刮水器、车载空调等(见图 2-52)。到了 1950 年,通用汽车在中低端车型里增加了双门敞篷轿车——雪佛兰 Bel Air 和庞迪亚克 CATALINA。接着在 1952 年,凯迪拉克、别克和奥斯莫比都生产了敞篷双门轿车,分别是 ELDORADA、SKYLARK 和 FIESTA。到了 1956 年,运动概念(Sport)加入到双门轿车当中,第一款量产的双门运动轿车雪佛兰 CORVETTE

图 2-52 凯迪拉克 Coupe De Ville
资料来源:维基百科

问世,配备 225PSV8 发动机,顶盖是可拆卸的轻质塑料硬顶,提供多种内饰和外饰颜色选择,同时还有多种外观和工程上的改进。雪佛兰 CORVETTE 和 1966 年推出的雪佛兰科迈罗(CAMARO,俗称大黄蜂)一起成为汽车史上最经典的双门运动轿车。

3.4 新一轮的海外扩张

收购霍顿,打开澳大利亚市场。 1926 年通用汽车已经进入澳大利亚市场,并建立了装配厂,构建自己的经销组织。1931 年收购了霍顿公司,并开始自主生产零配件。直到 1944 年,通用汽车才决定将霍顿扩建为一个完整的制造基地,原因如下:

1)通用汽车已经在当地进行制造,只是加深程度的问题。
2)澳大利亚拥有熟练的工人、低成本的钢材以及其他有利的经济因素,气候也很好。
3)这个市场受到政府保护,只有完全的本地制造才能扩大该市场的份额。

到了 1948 年,澳大利亚的霍顿工厂开始投放第一批产品,销量在接下来的几年里飞速增长。

收回欧宝管理权,重新建立欧宝/沃克斯豪尔的欧洲双中心战略。 第二次世界大战时期欧宝被纳粹收归国有,直到 1948 年通用汽车才重新获得欧宝的管理权。战后欧宝与英国的沃克斯豪尔形成通用汽车在欧洲的双中心,到 1962 年,两家企业的总销量为 59 万辆,占通用汽车海外销量的 86%,占到通用汽车总销量的 15%(见图 2-53,图 2-54)。

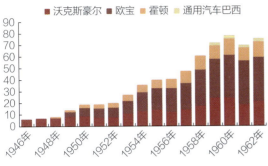

图 2-53　1946~1962 年通用汽车海外公司批发销量（万辆）

资料来源：通用汽车

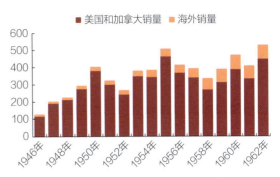

图 2-54　1946~1962 年通用汽车美国和加拿大、海外批发销量（万辆）

资料来源：通用汽车

巴西建厂，打开拉美市场。 1956 年，巴西政府同意通用汽车在巴西建设工厂生产货车。1958 年工厂完工，并在 1959 年投产，当年销售 1.6 万辆货车。同年开始在阿根廷和南非建设新的工厂。

1954 年的资本支出计划中包含了一部分海外工厂的扩建，其中包括了沃克斯豪尔在霍顿的货车制造工厂、零部件仓库和欧宝的装配大楼。到了 1960 年，通用汽车推出了 12 亿美元的资本支出计划，除了国内工厂设备的现代化支出，剩下的用于扩大海外工厂的产能（见图 2-55，图 2-56）。

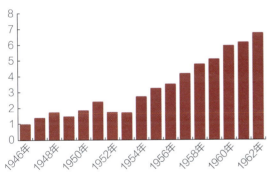

图 2-55　1946~1962 年通用汽车海外总投资（亿美元）

资料来源：通用汽车

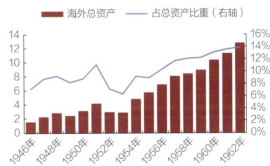

图 2-56　1946~1962 年通用汽车海外总资产（亿美元）

资料来源：通用汽车

通用汽车正确地判断了战后行业的走势，并投入大量的资金用于扩大产能，再加上通用汽车的产品在创新上的优势与海外市场的发展，这些因素共同推动了通用汽车在 1962 年达到鼎盛。

通用汽车从 1908 年成立到 1962 年达到鼎盛，其成功的原因大致分为以下三点：

组织管理：艾尔弗雷德·斯隆对通用汽车的组织结构进行了重新规划，明确了各个事业部的职能、规范了总部与事业部的关系，并且通过适当的去中心化提升了组织运作的效率。同时引入会计制度，使通用汽车在内部以及外部管理方面得到量化，强化了组织管理的有效性。

产品战略：研发、生产、销售一体化，使得产品能够尽最大限度满足客户需要和生产经济性。注重基础研究帮助通用汽车获取超常的创新能力。品牌与价格战略在最大限度上获取市场份额，增强规模经济。

经营策略：研究宏观经济，对行业趋势进行预判，通过有效的内部控制在行业收缩期降低产能，在行业扩张期增加产能。

公司的盈利能力在第二次世界大战后得到改善，毛利率处于25%左右的水平，ROE处在15%以上。公司通过稳定分红政策回报股东，平均分红比率在50%以上。即使是年景不好甚至亏损的年份，公司分红的总金额依旧保持稳定水平（见图2-57～图2-60）。

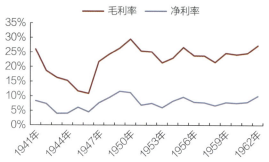

图2-57　通用汽车毛利率和净利率

资料来源：通用汽车

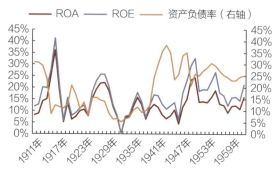

图2-58　通用汽车ROA、ROE和资产负债率

资料来源：通用汽车

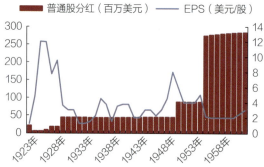

图2-59　通用汽车普通股分红和EPS（右轴）

资料来源：通用汽车

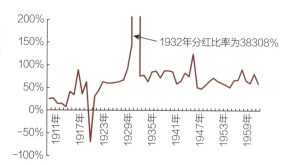

图2-60　通用汽车分红比率

资料来源：通用汽车

4 紧凑车型在美国市场导入（1963~1971年）

本节主要介绍1963~1971年，紧凑车型在美国市场的导入，导入分为两个阶段：

紧凑车型市场增加（1963~1965年）：通用汽车通过海外子公司进口紧凑车型结合自己在本土制造，成功捍卫了市场份额。

通货膨胀刺激紧凑车型的畅销（1966~1971年）：美国正式参与越南战争，美国国内出现严重的通货膨胀，进口轿车通过紧凑型轿车市场开始抢占市场份额（见图2-61~图2-63）。

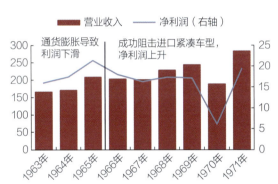

图2-61 通用汽车营业收入和净利润（亿美元）
资料来源：通用汽车

图2-62 通用汽车批发销量（万辆）和ROE
资料来源：通用汽车

图2-63 1963~1971年通用汽车杜邦分析数据
资料来源：通用汽车

4.1 紧凑车型开始受到欢迎

第二次世界大战以后，一些欧洲制造商生产的汽车开始出口到美国。欧洲车的行李舱通常很小，甚至没有行李舱，通常是2座或4座，对经济性的要求也不一样。欧洲的功率税和燃油税较高，导致欧洲车型设计倾向于小功率发动机以及燃油方面的高经济性。而美国市场则要求更大、更强的发动机，能够容纳更多的乘客，行李舱也要尽量大，要足够长途驾车旅行之需。

到1958年，外国汽车在美国的上牌量已经达到8%，其中大众甲壳虫作为紧凑型轿车在美国受到欢迎。为了应对这一现象，通用汽车决定一边加紧研发紧凑型轿车，一边将欧宝和沃克斯豪尔生产的紧凑型轿车进口到北美。1958年底，两家厂商的销量排在美国外国制造商销量的第四名，沃克斯豪尔在加拿大的外国厂商中排到了第二名。到1959年，通用汽车推出了自主研发的第一款紧凑型小轿车雪佛兰CORVAIR，这款车比一般的美国车更加小巧，更加轻，价格更便宜，使用成本也更低（见图2-64）。它配备了全新的风冷后置铝制发动机，没有地板通道，重心更低。同时通用汽车继续增加欧宝和沃克斯豪尔的进口，在美国的销量合计达到6.2万辆，沃克斯豪尔在加拿大的销量为2.7万辆，在外国厂商中排名第一。到1960年，通用汽车全面扩充紧凑型轿车的产品线，新增庞迪亚克TEMPEST（见图2-65）、奥斯莫比F-85以及别克SPECIAL。这些车型的推出直接导致了国外厂商在美国的销量下降19%，市场占有率回落到8%，欧宝和沃克斯豪尔合计销量在美国进口车里排名第三。

图2-64　雪佛兰CORVAIR
资料来源：维基百科

图2-65　庞迪亚克TEMPEST
资料来源：维基百科

在第一场紧凑型轿车阻击战中，通用汽车大获全胜。进口的紧凑型轿车在这一时期只是作为一个新的细分市场出现，通用汽车凭借其在海外的车型，以及自身强大的研发能力，内外夹击，夺回市场份额。

4.2　通货膨胀造成成本上升

通用汽车在紧凑型轿车上尝到甜头之后，1962年欧宝和沃克斯豪尔分别在欧洲推出了紧凑型轿车KEDATT和VICTOR，并在欧洲取得不错的销量。这时的通用汽车仍然觉得紧凑型轿车只是一个小小的细分市场，却没有意识到汽车行业即将到来一场革命。1965年美国直接参加越南战争，约翰逊政府开始采取扩张性财政政策，政府赤字扩大，带来了通货膨胀（见图2-66，图2-67）。同时，约翰逊取消了肯尼迪时代的工资和价格管制，汽车原材料和工人工资飞涨（见图2-68），而汽车价格由于激烈的市场竞争，价格增长幅度远低于成本，于是汽车制造商的利润空间被压缩。同时，由于通货膨胀的关系，消费者购买力下降，价格低廉、使用成本偏低的紧凑型轿车越来越受到美国消费者的青睐。也就是在这个时候，日本的汽车制造商开始进入美国市场（见图2-69）。

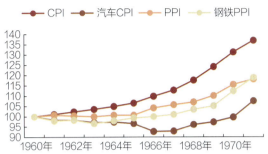

图2-66　CPI、汽车CPI、PPI和钢铁PPI（1960年=100）
资料来源：美国联邦储备系统

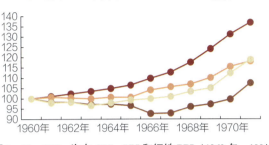

图2-67　通用汽车毛利率和净利率
资料来源：通用汽车

图2-68　通用汽车和汽车行业员工平均年薪（万美元）
资料来源：美国联邦储备系统、通用汽车

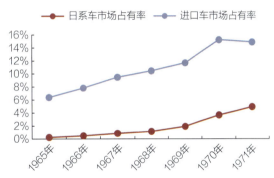

图2-69　日系车与进口汽车在美国市场占有率
资料来源：Wind

20世纪60年代美国汽车市场对于紧凑型轿车的导入仅仅只是美国汽车细分市场的拓展，主流的车型依旧是中大型汽车。虽然60年代后期通货膨胀开始影响造车成本，但还不足以对通用汽车造成毁灭性打击。

5 两次石油危机重创通用汽车（1972～1980年）

1973年和1978年爆发的两次石油危机对美国汽车工业造成了重创，本节从三个层面分析石油危机对通用汽车的影响（见图2-70～图2-72）：

1）从企业管理的角度上来讲，石油危机造成的通货膨胀导致汽车制造商成本的大幅增长。

2）从产品角度来讲，油价的上涨导致紧凑型、燃油经济型轿车的占比大幅提升。

3）从政府政策的角度来讲，石油危机造成了美国能源储备危机，政府通过政策强行提高汽车的燃油经济性，增加了美国制造商的额外成本。

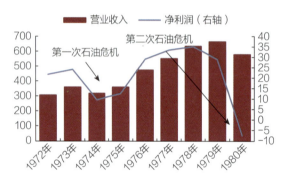

图2-70 通用汽车营业收入和利润（亿美元）
资料来源：通用汽车

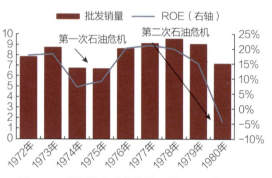

图2-71 通用汽车批发销量（百万辆）和ROE
资料来源：通用汽车

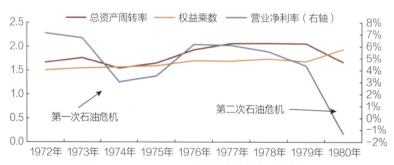

图2-72 1972～1980年通用汽车杜邦分析指标
资料来源：通用汽车

5.1 成本危机

石油价格的增长广泛地影响了通用汽车的成本，导致通用汽车盈利能力的严重下滑。虽然尼克松在1971年实行的"新经济政策"对工资和物价进行了严格的管制，但是"大滞胀"时代还是随着1973年的赎罪日战争而到来。1970～1980年10年里发生的两次石油危机使得石油价格暴增，推动了基础原材料价格上涨，最终导致汽车产业原材料价格上涨（见图2-73）。另一方面，美国汽车工人联合会主导了劳资协议的谈判，人力成本也在逐年上涨（见图2-74）。而在价格端，由于价格管制以及市场竞争因素，汽车价格的增幅远远低于成本增幅，通用汽车的利润空间被打压，虽然销量随着行业在增长，毛利率以及净利率却一路下跌（见图2-75）。

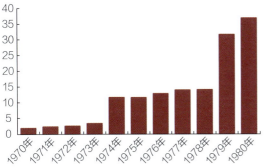

图2-73 阿拉伯轻质原油价格（美元/桶）
资料来源：BP

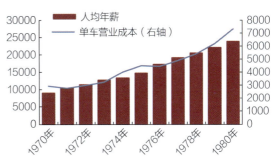

图2-74 通用汽车人均年薪与单车营业成本（美元）
资料来源：通用汽车

从1970年到1980年，原油价格增长了19倍，美国的CPI增长112.3%，PPI增长133.4%，汽车零部件的PPI增长了111.8%（见图2-76），通用汽车员工工资增加了165.2%，造成通用汽车每销售一辆汽车的成本增加了149.7%。1970~1980年美国各项数据对比见表2-5。而与此同时，美国汽车的价格指数只增加了62.8%，这是由于政府在汽车价格上的管制以及美国汽车市场的激烈竞争。1977年初，就有20多家国内外制造商生产了650款汽车，而且消费者拥有自由的选择权，价格竞争变得尤为重要，汽车价格的上涨远远低于CPI。而日本汽车凭借着出色的成本控制和精益生产，将日系车在美国的市场份额从1970年的3.67%增加至1980年的17.64%。

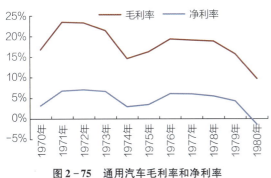

图2-75 通用汽车毛利率和净利率
资料来源：通用汽车

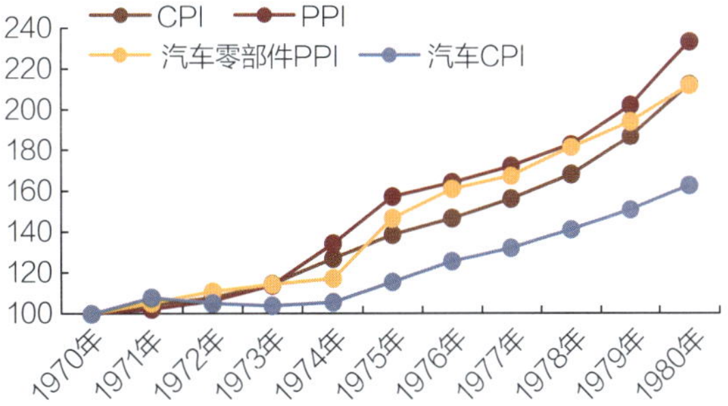

图2-76 各类价格指数（1970年=100）
资料来源：美国联邦储备系统

表2-5 1970~1980年美国各项数据对比

项目	1970年	1980年	增幅
阿拉伯轻质原油/（美元/桶）	1.8	36.8	1946.1%
CPI（2015年=100）	16.4	34.8	112.3%
PPI（1982年=100）	36.5	85.2	133.4%
汽车零部件PPI（1982年=100）	32.2	68.2	111.8%
通用汽车人均年薪/美元	8997	23859	165.2%
通用汽车每车成本/美元	2938	7337	149.7%

(续)

项目	1970 年	1980 年	增幅
汽车 CPI（1982~1984 年 =100）	52.7	85.8	62.8%
日系车在美国市场份额（增幅为增加份额）	3.67%	17.64%	13.97%

资料来源：BP、美国联邦储备系统、通用汽车、Wind

5.2 产品危机

石油价格对于汽油的消费改变了美国汽车细分市场的格局，削弱了通用汽车的市场份额。由于石油危机影响，美国的能源出现了短缺现象，美国城市燃油价格在 1973 年和 1979 年经历了两次暴涨（见图 2-77）。汽车消费者的态度几乎是在一夜之间发生了改变，汽油的短缺变成了购买汽车的首要影响因素。一些人选择放弃购买汽车，而另一些人则选择购买紧凑型轿车。在汽油短缺的前几个月，小型车的需求达到前所未有的高度，同时全尺寸汽车的销量急剧下跌，二手的紧凑型轿车售价甚至超过了二手的运动轿车（见图 2-78 ~ 图 2-80）。

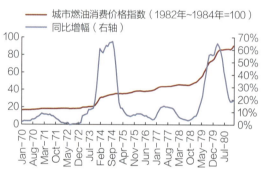

图 2-77 美国城市燃油消费价格指数
资料来源：美国联邦储备系统

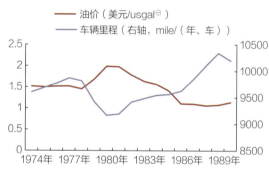

图 2-78 油价与车辆里程的关系
资料来源：通用汽车

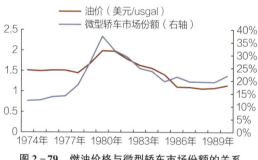

图 2-79 燃油价格与微型轿车市场份额的关系
资料来源：通用汽车

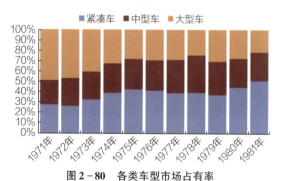

图 2-80 各类车型市场占有率
资料来源：Ward's Automotive Yearbook

增加紧凑型轿车的产量，提高燃油经济性。作为对这一变化的回应，通用汽车增加了紧凑型轿车的产量，同时改进汽车的燃油经济性。通用汽车的紧凑型轿车产量几乎同比翻了一倍，雪佛兰 VEGA 也受到了经销商和顾客的广泛接受（见图 2-81）。这导致工厂设

㊀ 1usgal = 3.785412L，1mile = 1.609344km。

备要进行调整，同时对零部件的制造时间与流程进行调整，这些改变不可能很快完成，需要很长的时间来改变制造工具和生产流程。通用汽车在 1975 年贷款 6 亿美元用来进行生产线的改造，这一贷款金额创造了当时单一工业企业最高的贷款记录。1975 年雪佛兰推出全新车型 CHEVETTE，这是当时美国制造商最省油的微型轿车（见图 2-82）。

图 2-81　雪佛兰 VEGA
资料来源：维基百科

图 2-82　雪佛兰 CHEVETTE
资料来源：维基百科

提高资本开支，折旧与存货影响利润。为了实现产能向紧凑型和微型轿车的转变，通用汽车开启了历史上最大规模的资本支出。1977~1980 年，通用汽车全球投资 214 亿美元用于工厂和设备的改造来满足小型车的生产以及燃油经济性的改变。光是 1977 年就花费 36 亿美元用于改造厂房和设备，比 1974 年峰值还要高出 65%，1978 年达到了 46 亿美元，1979 年 54 亿美元，1980 年则是 78 亿美元。根据笔者的推测，这些支出可能大部分用于前轮驱动紧凑型轿车平台的投资，而在此之前，通用汽车甚至美国的汽车制造商生产的都是后驱车。车型的变化（1974 年）造成了存货的增加，同时大量的资本支出增加了折旧，公司的利润大幅萎缩，到了 1980 年，公司出现了自 1921 年以来的首次亏损（见图 2-83~图 2-86）。

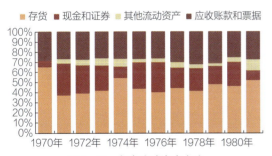

图 2-83　各类流动资产占比
资料来源：通用汽车

图 2-84　存货（百万美元）以及存货占比
资料来源：通用汽车

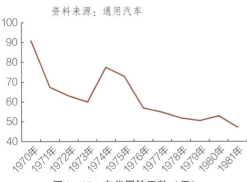

图 2-85　存货周转天数（天）
资料来源：通用汽车

图 2-86　厂房设备模具支出（亿美元）
资料来源：通用汽车

5.3 政策危机

政策危机主要来自美国政府对于汽车尾气排放以及燃油经济性的规定。 美国日益恶化的空气环境使得美国政府 1955 年出台《清洁空气法》（Clean Air Act），并在 1965 年、1970 年、1977 年、1990 年多次修订。这部法律对汽车排放污染物进行了严格的控制。同时由于石油危机造成的能源短缺，使得美国政府在 1975 年制定了燃油经济性法规，要求各家汽车制造商在规定年限内提高公司平均燃油经济性（CAFE），并设立了标准。来自排放和燃油经济性的双重压力造成美国汽车企业新一轮的危机。

5.3.1 排放政策

1965 年修订的《清洁空气法》首次加入《机动车空气污染控制法案》，该修正案设定了第一个联邦车辆排放标准，即从 1968 年款车型开始，排放的碳氢化合物（NMHC）、一氧化碳以及曲轴箱碳氢化合物相比 1963 年分别下降 72%、56% 和 100%。到了 1970 年增加了氮氧化物的规定。1977 年提高了所有排放物的标准。1990 年确立了国 I 标准，美国 1965~1990 年以来的轻型汽车排放标准见表 2-6。

表 2-6 美国 1965~1990 年以来的轻型汽车排放标准

时间	法案	生效年份	标准
1965 年	《清洁空气法》修正案 《机动车空气污染控制法案》	1968 年	NMHC、CO、曲轴箱碳氢化合物比 1963 年分别减少 72%、56%、100%
1970 年	《清洁空气法》修正案	1975 年	NO_x 排放不超过 3.1gpm
1977 年	《清洁空气法》修正案	1977 年	NMHC 不超过 1.5gpm；CO 不超过 15gpm；NO_x 不超过 2gpm
		1981 年	CO 不超过 7gpm；NO_x 不超过 1gpm
1990 年	《清洁空气法》修正案	1994 年	NMHC 不超过 0.31gpm；CO 不超过 4.2gpm；NO_x 不超过 0.6gpm；PM 不能超过 0.08gpm

资料来源：维基百科、《清洁空气法》

增加研发投入，应对排放政策。 针对环保政策的要求，1961 年通用汽车开发出曲轴箱强制通风系统（Positive Crankcase Ventilation，PCV）成功控制了曲轴箱的废气排放，并在 1963 年成为全国汽车的标准配置。这项技术将曲轴箱的碳氢化合物排放从 567g/天降低到 477g/天，降低了 16%。1966 年通用汽车又研制出二次空气喷射系统（Air Injection Reactor，AIR）。这个系统利用气泵把废气汇集到氧化再燃烧装置，进行进一步氧化与燃烧，从而降低尾气排放。1967 年又研制出燃烧控制系统（Controlled Combustion System，CCS），通过改变燃烧室和发动机零件改进燃烧效率从而减少废气的排放。CCS 在 1967 年推出，1968年就已成为通用汽车的标准配置，将碳氢化合物的排放降低到了239g/天，降低了58%的尾气排放。1970年，通用汽车安装了蒸气控制系统，这个系统在汽车不运行的时候储存汽油烟雾，然后当汽车运行时，将汽油烟雾输送回燃烧室，有效地控制了从汽化机和油箱里挥发的汽油，减少了碳氢化合物排放104g/天。同时通用汽车还发明了变速器控制点火装置（Transmission-Controlled Spark）用以减少氮氧化物的排放。另外，通用汽车在1962年出售了乙基汽油公司的股权，转而研发无铅汽油，没有铅成分后，更长寿命的催化转化器将变得可行，氮氧化物控制系统的寿命也将变长。1972年通用汽车花费3亿美元进一步降低排放，即使如此，通用汽车连同其他几家汽车制造商还是向美国环境保护局（EPA）提出推迟执行1975年排放标准的请求。1975年通用汽车装备催化剂转换系统，1978年通用汽车研制出C-4系统（Computer Controlled Catalytic Converter）。这是一个先进的闭环系统，控制油气比的同时在汽车里加入一个计算机，排气管加一个空气传感器，通过电控燃烧室或者汽油喷射系统以及可以控制排放的催化剂来达到节能减排的目的。如果没有这个系统，1981年的排放标准很难达到，还可能面临处罚。到了1981年，通用汽车为汽油车安装了3C系统（Computer Command Control）。利用内置的计算机，提升燃油经济性的同时减少了排放（见图2-87，图2-88）。

虽然通用汽车通过其不断的创新来应对排放标准的提升，但是大量研发经费的投入使得公司的利润空间进一步压缩。这些研发投入所创造的收益非常有限，但是达不到排放标准所面临的处罚又非常巨大。

图2-87 通用汽车净利润（亿美元）
资料来源：通用汽车

图2-88 通用汽车研发投入（亿美元）
资料来源：通用汽车

5.3.2 燃油经济性政策

政府提高燃油经济性标准，通用汽车推出前驱紧凑车型。由于能源短缺，美国国会在1975年出台了公司燃油经济性（Corporate Average Fuel Economy，CAFE）法规，并于1978年颁布了《能源税法案》（Energy Tax Act）。对没有达到美国环境保护局（EPA）设定的CAFE标准的制造商将进行税收惩罚。EPA在1978年的标准为18mpg（mpg即每加仑汽油行驶的英里数，是美国用来衡量车辆燃油效率的单位，1mpg≈0.425km/L），到1980年，标准提升为20mpg，1985年则达到27.5mpg（见图2-89）。和排放政策一样,燃油经济性政策迫使美国的汽车制造商投入大量资金用于燃油经济性汽车的研发。通用汽车在1973年就开展大量的研发项目研究燃油经济性,其中包括针对材料轻量化、空气动力学、减小机械阻力的研究。1978年通用汽车开始推出前驱紧凑型轿车,这些车将燃油经济性提高了30%(见图2-90)。

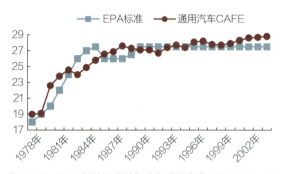

图2-89 EPA燃油经济性标准与通用汽车CAFE(mpg)
资料来源:美国交通部

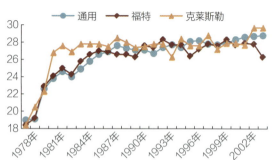

图2-90 美国三厂商的燃油经济性(mpg)
资料来源:美国交通部

日系车燃油经济性佳,在美国市场迎来机遇。由于日本人口密集、道路狭窄,日本人偏爱紧凑型轿车。同时又因为日本是能源短缺国,日本制造商在设计汽车的时候非常注重燃油经济性。这就导致在燃油经济性方面,美国制造商不如日本制造商,从而使得日本企业在政策成本上具有一定优势。石油危机引发一系列危机的同时,对于天然紧凑省油的日系车来说,美国市场则成为发展机遇(见图2-91,图2-92)。

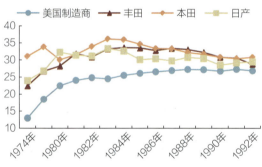

图2-91 美国制造商和日本制造商CAFE对比(mpg)
资料来源:通用汽车

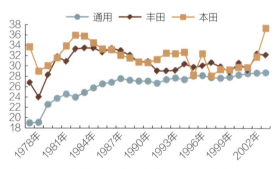

图2-92 通用汽车、丰田和本田CAFE对比(mpg)
资料来源:美国交通部

两次石油危机给通用汽车带来了成本危机、产品危机和政策危机。而日本制造商的精益生产帮助他们取得成本优势;紧凑车型的畅销帮助他们取得产品优势;政策上对于燃油经济性的要求帮助他们取得了政策优势。最终,日系车凭借着石油危机在美国做大做强,而通用汽车则陷入了衰落。

6 改革措施效果不显著（1981～1991年）

1981年，罗杰·史密斯（Roger Smith）出任通用汽车的董事长兼CEO。面对20世纪70年代以来不断衰落的通用汽车，以及1980年出现的巨额亏损，史密斯决定对通用汽车进行大刀阔斧的改革。这些改革措施贯穿了整个80年代并一直持续到90年代史密斯离任以后。但是这些改革措施效果并不显著，通用汽车也没有因此走出困境（见图2-93～图2-95）。

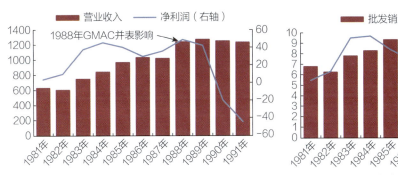

图2-93 通用汽车营业收入和净利润（亿美元）
资料来源：通用汽车

图2-94 通用汽车批发销量（百万辆）和ROE
资料来源：通用汽车

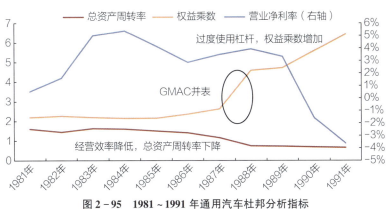

图2-95 1981～1991年通用汽车杜邦分析指标
资料来源：通用汽车

6.1 重组与剥离

调整组织架构，重组五大品牌。史密斯认为通用汽车的组织架构在20世纪80年代全新的汽车设计和销售理念的冲击下变得过时。五个独立的汽车品牌各自为政，而单独的组装部门使得设计和生产无法紧密相连。1984年1月，通用汽车进行了自1921年以来最大的组织变革，史密斯将北美的乘用车部门（包括各品牌、费雪车身以及组装工厂）分成两个事业部：CPC和BOC。CPC就是雪佛兰、庞迪亚克和加拿大（Chevrolet、Pontiac、

Canada），这个部门负责生产小型汽车。BOC 就是别克、奥斯莫比和凯迪拉克（Buick、Oldsmobile、Cadillac），这个部门负责生产中、大型车。在新的组织架构中，两个部门独自进行研发与生产。史密斯的初衷是为了让各个品牌之间能够共享资源，降低成本，同时集中精力制造出能够与日本对手相抗衡的小型车，然而这一举措在某种程度上导致通用汽车内部的混乱。CPC 不得不帮凯迪拉克生产小型车，同时 BOC 不得不帮庞迪亚克生产大中型车。各部门间重复的职能还导致了官僚主义。到了 90 年代，共享资源演变成了共享设计，这使得通用汽车各个品牌之间的差异缩小，品牌丧失了鲜明的特点。除此之外，通用汽车还在 1981 年将货车与巴士业务重组到一个部门里；1988 年重组了澳大利亚事业部。

通用汽车还出售了一些不创造利润的非核心业务。1979 年出售了电冰箱业务；1980 年出售了工程机械企业特雷克斯（TEREX）；1986 年出售了南非的子公司；1987 年出售了客运公司以及欧洲的重卡子公司。

这些重组与剥离活动的目标是降低成本。史密斯打破了斯隆一手打造的组织架构，虽然这一举措是降低成本的正确方式，但最后实施的效果却事与愿违，关键的原因在于通用汽车臃肿而官僚的组织架构以及史密斯在生产制造上的外行。

6.2 自动化与信息化

通用汽车通过合资与收购推动自动化与信息化改革，但是没有达到预期改革效果。罗杰·史密斯认为信息技术的崛起是汽车行业创新的下一个风口，为了在这一赛道上领先竞争对手，于是通用汽车在 1982 年和日本发那科公司合资成立了通用发那科公司（GMFanuc）；1984 年收购了电子数据系统公司（Electronic Data Systems，EDS）；1985 年收购了休斯飞机公司（Hughes Aircraft）。

6.2.1 合资成立通用发那科

早在 1961 年，世界上第一家工业机器人公司 Unimation 就为通用汽车打造了世界上第一款汽车工业机器人 Unimate，主要用于通用汽车工厂的压铸与焊接工作。最初通用汽车引入工业机器人的目的并不是为降低人力成本，而是用机器人替代危险工作而降低工伤事故。工业机器人在美国推广受到阻碍，很大一个原因在于美国过高的失业率使得政府为了保护就业没有积极推进该技术的发展（见图 2-96）；另外一个原因也在于汽车工人联合会（UAW）在美国汽车行业的强势地位。于是 Unimation 的技术转移到了人力资源匮乏的日本和德国，等到 20 世纪 80 年代初，工业机器人重返美国的时候，来自日本和德国的竞争对手早已用自动化工厂降低制造成本了。

与发那科成立合资公司，效果不及预期。史密斯看上了日本富士通发那科公司的机器人技术，并与其在北美合资成立了通用发那科公司（GMFanuc），史密斯希望建造一个完全自动化的"熄灯工厂"，这样就可以减少人力成本。但是在 1986 年首批发那科机器人在通用汽车声势浩大的 GM-10 项目（中型车 W 前驱平台）中问世的时候，问题却接踵而至。错误的指令经常导致工厂误工，许多零部件反而需要工人手动恢复和安装。这次尝试不仅

图 2-96　美、日、德三国失业率对比
资料来源：美国联邦储备系统

没有降低 GM-10 项目的成本，反而让该项目陷入亏损。投资 70 亿美元改造的中型车平台，在 7 间工厂每间年产 25 万辆汽车，占美国轿车市场的 21%，然而在这个平台里每生产一辆车就会造成 2000 美元的亏损，被称为"美国工业史上的巨大灾难"。1993 年，通用汽车将 GMFanuc 的股份卖给发那科之后，退出了自动化产业转而将工厂的自动化外包。

通用汽车在自动化道路上的探索变成了一次失败的尝试，原因在于大量的研发投入回报却甚微，背离了降低成本的初衷，而过分热衷于追求"高科技"（见图 2-97）。

图 2-97　通用汽车研发投入（百万美元）及同比
资料来源：通用汽车

6.2.2　收购电子数据系统公司

电子数据系统公司（EDS）是一个世界领先的大数据系统设计商，负责运营数据处理中心和网络，整合大数据处理和交流系统。通用汽车在 1984 年收购了该公司，希望通过 EDS 的信息技术帮助通用汽车提升信息化管理。EDS 先是帮助通用汽车承兑公司（GMAC）开发数据处理系统，后来帮助通用汽车的工厂开发生产流程控制系统。不仅如此，EDS 开发的计算机系统还用于通用汽车的分销与经销商。1989 年 EDS 研发出 C4 系统，这个系统是一项计算机辅助的工程设计与制造系统，可以减少汽车生产的时间，降低生产成本。同年，EDS 和通用汽车共同开发了 JIT 库存管理系统。1994 年，EDS 成为美国世界杯的独家信息服务商，并将大量的电子信息设备用于汽车产品（见图 2-98）。

对于 EDS 的投资看似能够为通用汽车提供不错的回报（见图 2-99），但是效果不及预期，即使在收购 EDS 之后，通用汽车依然是其最大的客户。因为 EDS 持有通用汽车 E 类股票，通用汽车让 EDS 自行定价，以避免因为它是 E 股票持有人而在价格上有占便宜的迹象，EDS 在与通用汽车的每一份合同上都要求溢价。通用汽车将资本投资在了非核心业务，导致汽车生产的问题并没有得到解决。直到 1996 年，通用汽车认为 EDS 和通用汽车的其他业务存在冲突，EDS 的所有权并非必要，决定剥离 EDS。

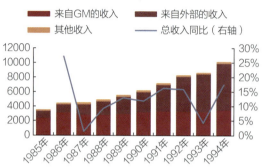

图 2-98　EDS 销售收入组成（亿美元）
资料来源：通用汽车

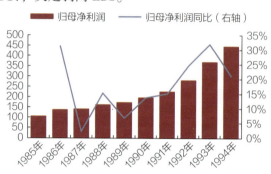

图 2-99　EDS 归属通用汽车的净利润（亿美元）
资料来源：通用汽车

6.2.3　收购休斯飞机公司

1985 年，通用汽车收购了休斯飞机公司（Hughes Aircraft），这是一家专注于卫星通信、微电子以及系统工程领域的科技公司。通用汽车将休斯飞机公司与自家的德科电子进行合并，建立了休斯电子。休斯将其在 150 个航空航天项目中的技术用于通用汽车的汽车产品。这些项目包括电控系统、计算机模拟、全体投影后窗信号灯、雷达碰撞警示系统和工厂自动化等。然而除了汽车电子电器之外，休斯电子还从事着卫星通信、航空航天以及一些国防事业，通用汽车投资这些与汽车无关的业务被视为一种浪费。到 1997 年，为了改善资产负债表，通用汽车不得不剥离这些无关业务，而汽车电子业务也跟随德科电子进入了德尔福（见图 2-100）。

对休斯公司的投资有两个问题：第一，休斯的汽车电子业务增长缓慢而且主要依赖通用汽车的订单；第二，休斯公司的汽车电子业务营业利润率明显高于其他两个业务，因此对于整个公司的投资在回报率上来说非常不明智，造成了资本的浪费（见图 2-101）。

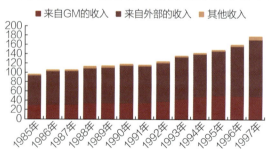

图 2-100　休斯公司收入结构（亿美元）
资料来源：通用汽车

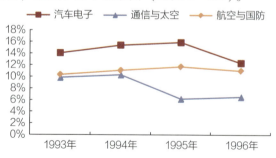

图 2-101　休斯公司各业务营业利润率
资料来源：通用汽车

6.2.4 小结

通用汽车多元化经营的策略，在与汽车业务无关的领域进行投资，分散了管理层的注意力，使通用汽车的汽车产品落后日本竞争对手，同时导致大量的资本浪费。而这种浪费在汽车行业进入成本竞争赛道之后成为通用汽车巨大的包袱，使得通用汽车的资产负债率在整个20世纪80年代不断攀升，利息费用也水涨船高（见图2-102）。

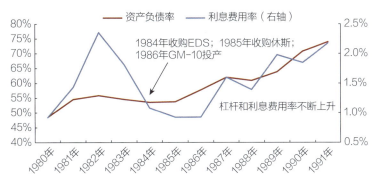

图2-102　GMAC未并表情况下通用汽车的资产负债率和利息费用率

资料来源：通用汽车

6.3　平台化

6.3.1　研发前驱平台生产前驱轿车

通用汽车早在1926年就开始了平台化的生产，最早的B平台生产五大品牌的全尺寸轿车。而到了1960年，第一代Z平台的投产才使得通用汽车能够生产紧凑型的轿车。通用汽车的轿车之所以一直以来在生产成本上要高于日本的竞争对手，在燃油经济性上要弱于对方，很大一部分原因是美国制造商生产的汽车大多都是后驱的，而日本汽车都是以前驱为主。石油危机以前，由于后驱车在动力和转向上的优势，获得美国消费者的青睐，但是在石油危机以后，前驱车的优点慢慢凸显出来。相比后驱车，前驱车节省了传动轴等其他零部件，使得车身重量减轻，燃油经济性更好；更少的零部件降低了造车的成本；主要零部件集中在前方，使得汽车造型更加紧凑。通用汽车为了能够生产出与日本紧凑型轿车相匹敌的产品，开始了新的前驱平台的研发，直到1979年，通用汽车才有了自己的前驱紧凑型轿车平台——T平台。

T平台最早是由欧宝和沃克斯豪尔研发KADETT和ASTRA车型开发出来的平台，并应用于通用汽车在国际市场上的紧凑型前驱车。而北美市场到了1980年研发出X前驱平台，推出了前驱紧凑型轿车——雪佛兰CITATION、庞迪亚克PHOENIX、奥斯莫比OMEGA和别克SKYLARK。紧凑型前驱车型的密集推出也帮助通用汽车的公司平均燃油经济性从1979年的19.1 mpg一下子提升到了1980年的22.6mpg，为通用汽车史上最大的单年增幅（见图2-103）。

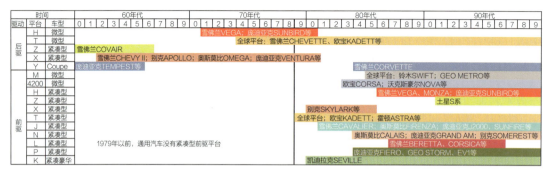

图 2-103　通用汽车小型汽车平台时间线
资料来源：维基百科

到了 20 世纪 80 年代中期，通用汽车希望将前驱平台应用到中大型车上，提升中大型车的燃油经济性，同时降低制造成本。前文提到的 GM-10 计划（W 平台）也就是在这个时间推出的，这些计划不但没有有效降低成本，还因为过多数量的重复车型平台，导致了成本的增加（见图 2-104，图 2-105）。

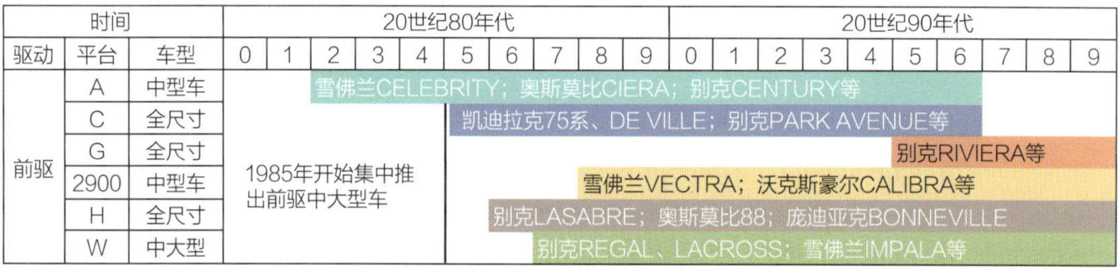

图 2-104　通用汽车中大型前驱平台时间线
资料来源：维基百科

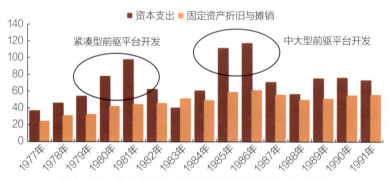

图 2-105　资本支出与固定资产折旧摊销费用（亿美元）
资料来源：通用汽车

6.3.2　减少平台数量降低成本

1979 年和 1985 年两次大规模的平台化项目使得通用汽车花费了大量的资本用于研发设计以及改造厂房与设备。然而由于平台数量以及车型数量过多，导致规模效应不明显，降成本的效果有限。到了 20 世纪 90 年代，通用汽车意识到平台数量过多的问题，开始有计划地削减平台数量，希望通过系统处理和零部件的共同化来降低成本（见图 2-106）。

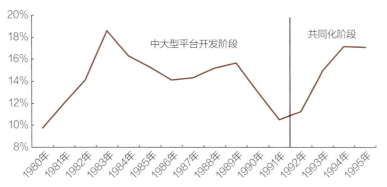

图 2-106 通用汽车毛利率
资料来源：通用汽车

笔者认为，通用汽车的平台化战略做的不如大众汽车的原因在于：通用汽车将上百种车型通过平台做成少量的几十种，希望减少平台数量，通过共享资源来削减成本；而大众汽车则以高尔夫为基础，不断扩大该平台的兼容性，推出新车型，满足不同的市场需求。1961 年，通用汽车在美国就有 125 款车型，到 1986 年，增至 175 款车型。庞大的车型数量意味着零部件的差异化，也使得通用汽车的供应商在 1986 年达到 800 个。大众汽车通过削减平台数量，减少车型数量，将系统零部件共同化，可以增加零部件生产的规模效应，还能减少供应商数量，保证原材料的质量稳定。到了 1989 年，大众汽车的供应商数量削减到了 425 个，车型数量削减到 150 款。通用汽车为了缩减成本而降低了产品的差异性，大众为了开拓新市场做品牌差异化，这也是通用汽车走向衰落而大众汽车走向崛起的重要原因。

6.4 降低成本

为了降低成本，通用汽车还采取了以下措施：

降薪裁员：由于 1980 年通用汽车出现亏损，刚刚上台的罗杰·史密斯就开始了大规模的裁员降薪计划。1980 年通用汽车美国时薪工人比 1979 年减少了 9.2 万人（见图 2-107），同时还减少了员工股票购买计划，绩效提升项目被暂停，管理层的奖金被取消。不仅如此，1982 年和 UAW 签署的新劳资协议放缓了工资上涨的速度（见图 2-108）。

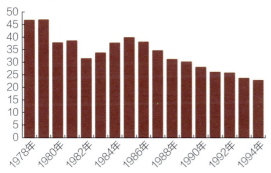

图 2-107 通用汽车美国时薪工人数量（万人）
资料来源：通用汽车

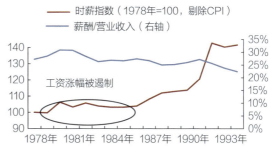

图 2-108 通用汽车工人时薪指数与薪酬/营业收入
资料来源：通用汽车

合资生产：在工业机器人方面，通用汽车与日本发那科在美国合资生产用于通用汽车工厂的工业机器人；在汽车生产方面，1983 年和丰田在加利福尼亚州合资成立新联合汽车制造公司（NUMMI），搭建 S 平台，共同生产丰田卡罗拉和雪佛兰 NOVA 等车型；商用车方面，1985 年和沃尔沃合资，在北美共同研发生产重型货车；在加拿大小型车市场，和五十铃合资生产小型车与运动型轿车；柴油机部门和彭斯克合资生产柴油机；到了 1989 年还与克莱斯勒合资生产汽车零部件。对于非核心业务，合资经营能够帮助通用汽车减少研发投入，降低市场开拓成本；而对于汽车制造方面的合作，通用汽车可以通过合资经营学习日本企业制造小型汽车的经验与管理技术，改进小型车的生产，降低独立开发小型车的成本。

精益生产和 JIT 库存管理：通用汽车通过合资向丰田学习精益生产，分析汽车生产的每一项任务，减少不创造价值的活动，改进创造价值的活动。其中一个关键例子就是"Just-in-Time"库存管理系统的开发。通用汽车和 EDS 共同开发的系统使得整车厂能够和供应商交流物料需求，授权原材料根据需求进行配送，大大地减少了生产时间和存货（见图 2-109）。

图 2-109　通用汽车存货周转率和存货占流动资产比例
资料来源：通用汽车

质量网络（Quality Network）：由于美系车零部件的良率低于日系车，这造成了客户满意度的损失以及保修费用的增加。为了改善生产质量，1987 年通用汽车提出了质量网络的管理模式，让车间管理人员、工会代表以及车间工人共同参与到质量管理当中，这个措施帮助通用汽车将零部件不合格率从 1987 年的 7% 降低到了 1990 年的 2%。

6.5　拓展海外市场

通用汽车在 20 世纪 80 年代积极参与到全球市场的竞争中。一方面，拓展海外市场可以分散通用汽车过度依赖美国市场的风险；另一方面，通过全球采购、研发、生产、销售，可以更好地利用全球资源，帮助通用汽车维持世界第一大车企的地位。通用汽车拓展海外市场的历程见表 2-7。

1971 年通用汽车就收购了五十铃 34.2% 的股份，1981 年又收购了铃木 5.3% 的股份。通用汽车通过这两家日本公司成功登陆日本市场，同时将日本制造的雪佛兰紧凑型轿车进口回美国，以增强紧凑车型的制造与销售。1982年通用汽车在西班牙新建了欧洲组装厂。1984年，通用汽车在韩国和大宇公司合资成立大宇汽车。1988年在委内瑞拉成立了合资公司。1989年和萨博合资生产销售汽车。同时，通用汽车认为21世纪拥有最大潜力的市场是亚太市场，在中国香港设立了亚洲总部，并在中国、印尼、泰国和印度都加强了投资。同时，通用汽车还加强了对欧宝/沃克斯豪尔的投资。到1990年海外收入占比已经达到24.8%，比1980年的20.6%高出4.2个百分点（见图2-110）；海外批发销量占比则由1980年的22%增长到1990年的33.6%（见图2-111）。

表2-7 通用汽车拓展海外市场的历程

时间	事件与影响
1971年	收购了五十铃34.2%的股份（1981年又收购了铃木5.3%的股份），通过这两家日本公司成功登陆日本市场，同时将日本制造的雪佛兰紧凑型轿车进口回美国，以增强紧凑车型的制造与销售
1982年	在西班牙新建了欧洲组装厂
1984年	在韩国和大宇公司合资成立大宇汽车
1988年	在委内瑞拉成立了合资公司
1989年	通用汽车认为21世纪拥有最大潜力的市场是亚太市场，在中国香港设立了亚洲总部，并在中国、印度尼西亚、泰国和印度都加强了投资。同时，还加强了对欧宝/沃克斯豪尔的投资

资料来源：通用汽车

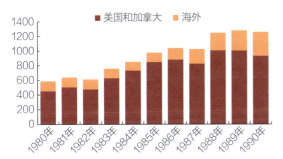

图2-110 通用汽车美国和加拿大与海外销售收入（亿美元）

资料来源：通用汽车

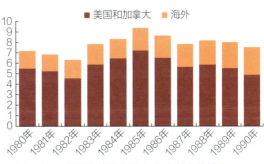

图2-111 通用汽车美国和加拿大与海外批发销量（百万辆）

资料来源：通用汽车

通用汽车加大海外投资实现风险分散，在20世纪80年代的前6年里，北美市场的盈利对冲海外市场的亏损，同时在进入90年代北美亏损的情况下，海外实现盈利。也是因为海外销量的不断增加，帮助通用汽车年销量维持在700万~800万辆，保住了全球第一大汽车制造商的地位（见图2-112~图2-114）。

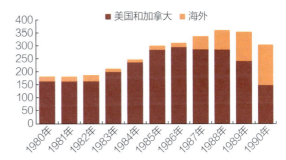

图2-112 通用汽车在美国和加拿大与海外净资产（亿美元）

资料来源：通用汽车

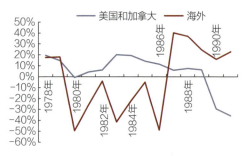

图 2-113　通用汽车美国和加拿大与海外 ROE
资料来源：通用汽车

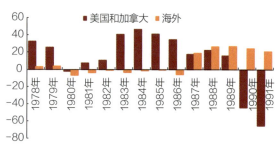

图 2-114　通用汽车美国和加拿大与海外净利润（亿美元）
资料来源：通用汽车

6.6 "土星计划"

1983年11月，通用汽车宣布了"土星计划"。这个计划由通用汽车和美国汽车工人联合会合作建立，计划生产紧凑型燃油经济汽车与日本汽车相抗衡。通用汽车希望"土星计划"能够集先进的设计理念、高效的制造技术、和谐的劳资关系之大成，探索出一条全新的汽车制造模式。为此，通用汽车派出了由工厂经理、工会代表、生产工人和技术人员等一共99人的考察小组，走访了通用汽车全球49个工厂和60个其他企业的工厂，总行程20000mile，分析得出170多条考察结论。和传统汽车工厂不同，"土星计划"的创新之处如下：

革命性的工厂建设模式。"土星计划"将工厂地址选在了田纳西州斯普林希尔（Spring Hill），邀请美国铁路运输协会对工厂的铁路入口进行设计，为的是能够高效地运输沉重的设备和原材料，再将产成品运送到各个分销中心。工厂由五个部分组成：动力总成中心、车身中心、整车中心、维修件中心以及中央公共综合设施。零部件在各个中心的运输管理也经过精心设计，动力系统从零部件制造到组装出厂只需要3h。管理团队运用模块化的集成理念，让汽车的各个部分在各个车间独自完成，在最终组装前就进行测试。从零部件的生产、组装，再到整车出厂，每一步都遵循精益生产的理念，减少运输和物料的浪费，提高生产的效率。

创新的组织管理模式。土星工厂打破了传统的等级结构，管理层由四个委员会组成，即战略委员会、设计委员会、制造委员会和销售委员会。每个委员会都有管理人员、工会代表、车间工人以及供应商代表的参与。同时，将每个员工超过20%的薪酬与绩效挂钩，在质量控制上给予员工相当大的权力，让蓝领工人和白领员工一同改进设备，纠正原料缺陷，提高生产质量。

信息化的管理。借助EDS和休斯公司在信息技术领域的优势，土星工厂率先应用信息系统对生产流程、销售流程以及库存管理进行控制。经销商还被要求采购和使用EDS的计算机设备，通过这款设备，经销商可以对土星汽车和零配件进行订购，同时主机厂还能在线处理经销商和车主遇到的问题，将工厂、经销商和消费者联系在一起。

注重客户满意度的关系营销。在土星工厂的宣传和广告里，重点描述的并不是汽车的性能，而是制造商和经销商之间的关系、经销商和客户之间的关系、客户和汽车产品之间的关系。土星工厂推出了 3 年/3.6 万 mile 的质保以及 24h 的路边呼叫服务，对于组装中出现的瑕疵提供免费的维修服务。土星工厂还邀请客户走进工厂，和"土星人"一同完成属于自己的土星汽车。

"土星计划"一系列的创新使得土星汽车在推出后的第三年销量就达到 20 多万辆，到了世纪之交，年销量一直稳定在 27 万~28 万辆，占美国紧凑车型市场的 6%（见图 2-115）。土星紧凑型 S 系列轿车 1991 年的平均燃油经济性保持为 26mpg，高于丰田卡罗拉的 25mpg。S 系紧凑型轿车的销量也曾在 1992~1997 年超越丰田卡罗拉（见图 2-116）。而客户满意度在刚刚推出的时候就达到了 98%，并在 2002 年 J. D. Power 的消费者服务调查中排名第一，这是继 20 世纪 80 年代中期之后，第一款非豪华车在消费者服务方面处于领先地位。然而进入 21 世纪之后，通用汽车由于利润下滑，没有将资源持续投在土星汽车上，而是转向销量更大的雪佛兰、别克等品牌，又因为土星汽车无法与通用汽车其他车型共用平台，于是渐渐被抛弃了。当 2008 年次贷危机爆发，汽车销量大幅下滑，通用汽车选择停止了土星汽车的生产。

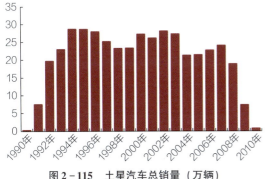

图 2-115　土星汽车总销量（万辆）
资料来源：carsalesbase

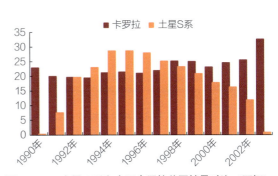

图 2-116　土星 S 系和丰田卡罗拉美国销量对比（万辆）
资料来源：carsalesbase

本节介绍了通用汽车从 20 世纪 80 年代到 90 年代初的一些改革措施。这些措施包括：在组织架构上进行了重组；在研发上推动自动化与信息化；在产品上做平台化；在生产上采取一系列降成本措施；以及对海外市场的拓展。"土星计划"作为通用汽车一系列改革的集大成者，在早期显示出非常强劲的势头。然而，通用汽车的自我救赎并没有避免其走向衰落，其原因有三：

1）组织架构上的调整并没有达到共享资源、削减臃肿官僚机构的目的，反而促进了官僚主义在通用汽车内部的滋生。

2）在技术与固定资产上的投资没有形成有效回报，反而因为过度而缺乏效率的投资导致了资源的浪费。

3）选择了错误的赛道。虽然通用汽车学习丰田采取了一系列的降成本措施，但公司的重心还是放在了对电子信息技术的追求。在汽车行业成本不断上升、竞争愈加激烈、利润空间收窄的 80 年代，这并不能算是明智之举。而日本制造商丰田和本田走在了低成本、规模经济的赛道上，跑赢了 80 年代。和通用汽车一样过分追求技术的日产，在提出"技术日产"后，也在 90 年代末走向了破产边缘。

7 人力成本过高导致破产（1992～2009年）

从20世纪90年代到2008年次贷危机，造成美国汽车制造商一次集体溃败（见图2-117～图2-119）。如果将美国汽车行业的衰落归咎于各家制造商内部的问题，似乎有些不合情理，笔者认为应该是一股来自企业外部的力量成为通用汽车以及其他美国汽车制造商衰落的主导因素。而这个因素是人力成本。

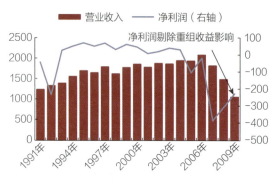

图2-117 通用汽车营业收入和净利润（亿美元）
资料来源：通用汽车

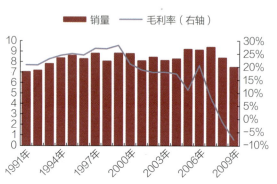

图2-118 通用汽车汽车销量（百万辆）和毛利率
资料来源：通用汽车

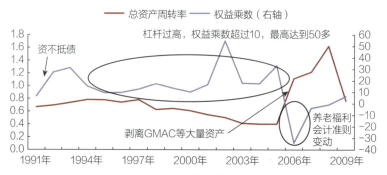

图2-119 1991～2009年通用汽车总资产周转率和权益乘数
资料来源：通用汽车

7.1 人力成本

1981年，通用汽车在其公司公告里曾经提到过这样一件事："毫无疑问，人力成本是通用汽车的最大劣势，按照日本竞争对手平均工资来计算，通用汽车多支出了80亿美元的工资，在这种竞争之下，没有任何一个工作岗位是长久而安稳的。"在1981年，通用汽车全球总销量676万辆，工资支出193亿美元，员工人数74万人，人均年薪2.6万美元。笔者测算，假如按照日本竞争对手的平均工资（日本本土工资）计算人力成本，工资支出则是 113 亿美元，人均年薪则是 1.5 万美元。分摊到每一辆车上，通用汽车每卖出一台车的人力成本是 2848 美元，如果按照日本竞争对手的人力成本计算，每车人力成本为 1665 美元，仅为通用汽车的 58%。

根据笔者的分析，造成通用汽车人力成本过高的因素有两个：美国汽车工人联合会（UAW）在劳资关系中的强势地位；昂贵的养老金与养老福利计划。

7.1.1 UAW 的前生今世

美国汽车工人联合会（UAW）于 1935 年 5 月在美国劳工联合会（AFL）的赞助下在底特律成立。很快 UAW 就成功地组织了两次静坐罢工：一次是 1936 年佐治亚州亚特兰大通用汽车工厂的罢工；另一次是 1936 年底到 1937 年初的通用汽车弗林特工厂的罢工。接着在 1937 年和 1941 年，UAW 分别成为克莱斯勒和福特工人的代表。1945 年 11 月到 1946 年 3 月，在通用汽车全国各个工厂，UAW 领导了长达 113 天的大罢工，要求通用汽车提高工资和福利，同时要求 UAW 在公司的管理方面有更大的发言权。1955 年以后，通用汽车与 UAW 每 3 年进行一次劳资谈判，以签订劳资合约，用提高工资和福利的方式稳定劳资关系。每次在新的劳资协议谈判期间，UAW 都会组织工人罢工来帮助 UAW 在劳资谈判中取得有利地位。1958 年通用汽车员工福利计划见表 2-8。

表 2-8 1958 年通用汽车员工福利计划

员工福利计划	计划内容
集团保险计划	为小时工、领薪员工和退休员工提供保险保护
医院、手术和药物	在多家主要医疗机构为员工提供全额的医疗费用的支付
补充的失业福利	除了对政府失业基金的支持以外，额外增加的失业保障
通用汽车收入保障	这个失业保障进入员工的个人账户中，当员工失业后，可以从账户中取出
通用汽车储蓄-股权购买力保障计划	为员工提取 10% 的工资进入生活成本保障账户，通用汽车支付额外的 50% 的保障金。这些保障金中的一半将投资于美国、加拿大政府债券；另一半投资于通用汽车的股票

资料来源：通用汽车

到了 20 世纪 70 年代，UAW 领导的罢工和劳资协议推动了通用汽车人力成本的快速增长，石油危机又给美国汽车工业重创，美国各家车企纷纷开始裁员降薪。1975 年，美国汽车工业 2/5 的工人被裁，汽车销量跌至 700 万辆，为 60 年代以来的最低点。当日本的汽车制造商进入美国开设工厂时，他们选择在南方并且在没有工会的情况下运营。这就使得美国制造商在工资薪酬的议价能力上，远远不如他们的日本竞争对手，也就形成了上述的成本差异。UAW 也意识到问题的严重性，并开始与本土制造商合作，控制工人福利计划的同时与通用汽车合作开发"土星计划"。然而这些措施并没有缓解美国汽车工业的成本压力，1979 年克莱斯勒濒临破产，1985 年 UAW 加拿大分会选择脱离 UAW 独自成立联盟，原因是他们认为自己被 UAW 利用向企业施压以获取额外好处。从 70 年代末开始，UAW 的会员数量开始逐渐减少，从 1979 年最高峰的 153 万会员锐减至 2009 年的 38 万会员（见图 2-120）。

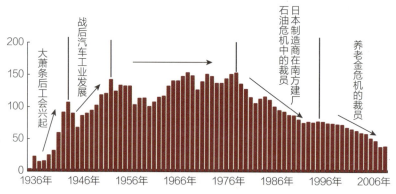

图 2-120 UAW 会员数量（万人）
资料来源：UAW、美国劳工部

7.1.2 劳资关系是通用汽车人力成本上升的主要推手

复盘通用汽车将近百年的员工数据不难发现，第二次世界大战以前，工资的浮动主要是根据宏观经济的变化而波动的，然而到了第二次世界大战以后，UAW 主导了通用汽车每一次的工资上涨。

在 1946 年战后大罢工中，UAW 与通用汽车形成了之后长达 70 年的劳资模式，即劳资协议谈判的模式。20 世纪 70 年代以前，几乎每一次劳资谈判都会伴随着罢工，而每一次协议的签订也都会意味着通用汽车高达近 10% 的薪酬涨幅。到了石油危机的 70 年代，虽然 UAW 有意克制了罢工活动，但是工资涨幅却提升至一个新的高度，10 年间的平均工资年增长率达到了 10%（见图 2-121～图 2-125）。

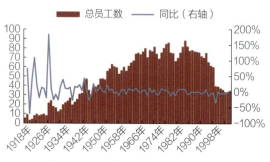

图 2-121 通用汽车员工总数（万人）
资料来源：通用汽车

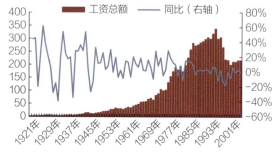

图 2-122 通用汽车工资总额（亿美元）
资料来源：通用汽车

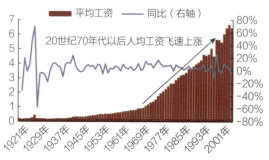

图 2-123 通用汽车员工平均年薪（万美元）
资料来源：通用汽车

图 2-124 通用汽车美国时薪工人时薪（美元）
资料来源：通用汽车

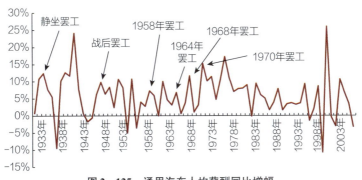

图 2-125 通用汽车人均薪酬同比增幅

资料来源：通用汽车

20世纪80年代，在罗杰·史密斯大力度的裁员降薪政策下，通用汽车人力成本与CPI大体保持一致（见图2-126）。然而到了90年代以后，特别是21世纪，通用汽车的人力成本大幅上升，不仅远高于CPI，同期的汽车价格指数甚至出现下滑。即便是90年代后期，通用汽车开始了大量资产剥离，裁掉了大量员工，人力成本问题依然没有得到本质性改变（见图2-127）。

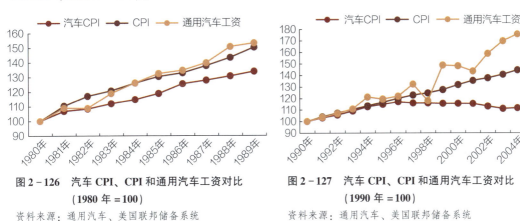

图 2-126 汽车 CPI、CPI 和通用汽车工资对比（1980 年 = 100）

资料来源：通用汽车、美国联邦储备系统

图 2-127 汽车 CPI、CPI 和通用汽车工资对比（1990 年 = 100）

资料来源：通用汽车、美国联邦储备系统

7.1.3 养老金与养老福利计划使通用汽车背负巨额债务负担

笔者注意到，到了20世纪90年代后期，通用汽车不断地进行资产剥离以及裁员活动，依旧没能有效降低人力成本，其根本原因不在于现有员工的工资水平，而在于离休员工的养老金以及养老福利的增加。

1990年，美国财务会计准则委员会（FASB）发布新的会计准则，要求企业1992年起将养老福利（主要是医疗保险计划）按照一定的假设条件计提为负债。1992年会计准则变化之前，通用汽车医疗费用支出超过37亿美元，相当于每辆车1000美元；会计准则变化以后，通用汽车计提22亿美元的非现金医疗费用支出，这样一来，医疗总成本达到56亿美元，相当于每辆车1400美元，这是每辆车上钢铁价格的2.2倍（见图2-128）。这一项准则虽然对于通用汽车的现金流没有造成直接改变，但是通用汽车大量的所有者权益被计提为负债,也使得通用汽车的养老金和养老福利的巨额规模浮出水面。1992年,通用汽车资产负债率达到96.34%,在所有债务中,养老金债务和养老福利债务分别占到7%和19%(见图2-129),达到137.6亿美元和355.5亿美元,合计高达493.1亿美元。

图2-128 养老福利计提负债前后对比(亿美元)
资料来源:通用汽车

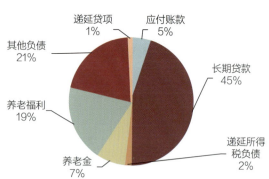

图2-129 1992年通用汽车各项负债占比
资料来源:通用汽车

1992年会计准则调整以后,随着美国预期寿命的增加以及通货膨胀的持续,通用汽车每年所需支付的养老金及养老福利也不断增加。1962年和2005年通用汽车在职员工和养老计划人数见表2-9。到了2005年,通用汽车美国员工一共14万人,时薪员工离休人数33.8万人,受薪离休员工11.6万人,在职、退休员工及家属的医疗保险计划覆盖人数107.5万人。也就是意味着在职员工和退休员工的比为1:3.22,而这一比值在1962年则为1:0.09。也就是说,1个在美国的通用汽车员工要支付3个以上退休员工的退休金,以及7.6个在职或者退休员工及家属的医疗保险。这对于一家处于高度竞争的汽车行业的公司来说,是不可忍受的。

表2-9 1962年和2005年通用汽车在职员工和养老计划人数

人员类型	1962年	2005年
美国员工	464000	141000
时薪员工养老计划人数	31351	337588
受薪员工养老计划人数	8885	115762
医疗保险计划人数	1360000	1075000

资料来源:通用汽车

百年通用汽车,担负着的不仅是一家百年老店的历史与文化,还有40多万退休员工和上百万员工家属的医疗保险。在2006年,通用汽车产生的养老金费用为49.3亿美元,养老福利费用为35.8亿美元。同年通用汽车支付的员工薪酬为223亿美元,通用汽车年销量为910万辆,这些人工成本平摊到每辆车上就是3386美元。到了2008年,也就是通用汽车申请破产保护的前一年,通用汽车的养老金负债252亿美元,退休福利负债289亿美元,对在职员工负债73亿美元。对所有员工的负债为614亿美元,占通用汽车负债总额的32.2%(见图2-130,图2-131)。

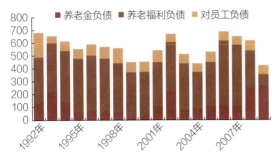

图 2-130 养老金、养老福利、对员工的负债（亿美元）
资料来源：通用汽车

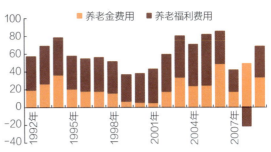

图 2-131 养老金、养老福利费用（亿美元）
资料来源：通用汽车

7.1.4 高福利制度降低了工人效率

UAW 为汽车工人争取的福利待遇在某种程度上降低了通用汽车工人的工作效率。虽然从 20 世纪 90 年代开始通用汽车开始大规模减少员工人数，也因此大幅度提升了员工的人均创收，但是企业的盈利能力并没有大幅改善（见图 2-132）。21 世纪以前，由于通用汽车庞大的员工规模导致通用汽车人均创收远低于丰田汽车。到了 21 世纪，通用汽车与丰田汽车在员工人数上不断接近，人均创收也达到同一水平（见图 2-133）。但是通用汽车的人均盈利能力在 21 世纪之后明显下降。一方面，过高的保障与福利制度降低了员工的进取精神；另一方面，人力成本远高于丰田汽车导致同等创收水平下盈利能力却低于丰田汽车（见图 2-134，图 2-135）。

图 2-132 通用汽车与丰田汽车员工人数（万人）
资料来源：丰田汽车、通用汽车

图 2-133 通用汽车与丰田汽车人均创收（千美元）
资料来源：丰田汽车、通用汽车

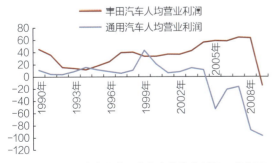

图 2-134 通用汽车和丰田汽车人均营业利润（千美元）
资料来源：丰田汽车、通用汽车

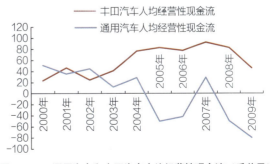

图 2-135 通用汽车和丰田汽车人均经营性现金流（千美元）
资料来源：丰田汽车、通用汽车

7.2 财务困境将通用汽车推向破产

7.2.1 巨额债务导致通用汽车危若累卵

到 2005 年,通用汽车的汽车业务负债高达 1681 亿美元,负债率高达 104%(见图 2 - 136)。集团负债总额 4805 亿美元,负债率高达 96.7%(见图 2 - 137)。高额的负债同时造成每年巨额的利息费用,2005 年,通用汽车利息费用高达 158 亿美元,占营业收入的 8.19%(见图 2 - 138)。公司被迫不断出售资产来保证核心业务的持续运营。通用汽车破产前的资产剥离见表 2 - 10。

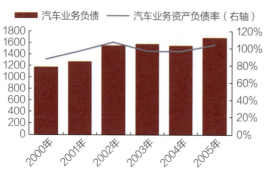

图 2 - 136 通用汽车汽车业务负债(亿美元)
资料来源:通用汽车

图 2 - 137 通用汽车负债总额(亿美元)
资料来源:通用汽车

图 2 - 138 通用汽车利息费用(亿美元)
资料来源:通用汽车

表 2 - 10 通用汽车破产前的资产剥离

时间	事件
2004 年	停止奥斯莫比品牌
2006 年	出售铃木汽车股权
2006 年	剥离 GMAC
2006 年	出售五十铃股权
2007 年	出售艾里逊变速器公司
2009 年	宣布停止庞迪亚克品牌
2009 年	停止土星品牌

资料来源:通用汽车

7.2.2 次贷危机和油价暴涨成为"压死骆驼的最后一根稻草"

2007年次贷危机爆发，信用收紧，贷款购车变得十分困难。2008年油价大幅飙升，使得依赖皮卡和SUV的美国制造商的销量大幅下滑。直接导致通用汽车2008年在美国销量下滑23%，2009年下滑31%（见图2-139~图2-141）。

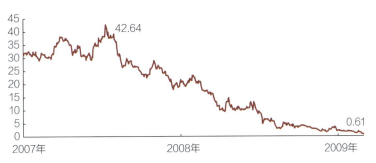

图2-139 通用汽车股价断崖式下跌（美元/股）
资料来源：Bloomberg

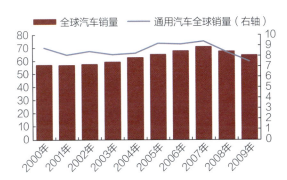

图2-140 受次贷危机影响全球汽车需求下降（百万辆）
资料来源：通用汽车

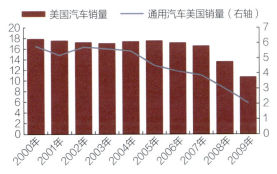

图2-141 美国汽车销量受次贷危机影响更严重（百万辆）
资料来源：通用汽车

销量的下滑直接导致规模经济减小，成本升高，叠加公司的巨额负债以及养老金负债，通用汽车在2008年出现巨额亏损，亏损金额高达309亿美元，最终资不抵债，权益账户赤字高达862亿美元。通用汽车于2009年6月1日根据美国破产法第11章向纽约法院递交破产申请，就这样，一个曾经无比伟大的企业走到了衰落的终点（见图2-142，图2-143）。

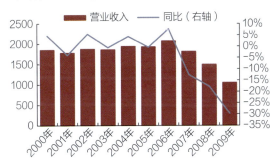

图2-142 次贷危机严重影响营业收入（亿美元）
资料来源：通用汽车

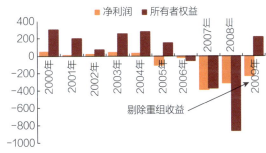

图2-143 巨额亏损导致资不抵债（亿美元）
资料来源：通用汽车

通用汽车走向破产是多方面因素共同造成的。首先在管理方面的过度浪费导致通用汽车债务过高；人力成本和养老金负债推动了通用汽车债务的危机；最终，在次贷危机和油价危机双重打击之下，资不抵债，申请破产。和通用汽车的竞争者相比，通用汽车最大的劣势就是人力成本。无论是人力成本还是养老金成本，美国的制造商都要远远高于他们的日本对手，这也导致美国制造商在20世纪90年代以后在资本支出和研发上捉襟见肘，集体走向破产的悲惨命运。

通用汽车从1962年51%的美国市场份额一路衰落到2009年申请破产保护，这一段衰落的历史起起伏伏，从时间上可以分为四段：

1）1963～1971年，紧凑型轿车在美国市场导入，通用汽车仅仅模仿欧洲制造商制造紧凑型车，没有意识到利用前驱平台制造真正节油、廉价的紧凑型车。

2）1972～1980年，两次石油危机给通用汽车带来重创，成本控制和紧凑车型两大弱点暴露无遗。

3）1981～1991年，罗杰·史密斯一系列的改革政策耗费了大量资金，将通用汽车的负债率从40%提升至82.2%，然而改革的效果并不明显（见图2-144）。既没有从根本上控制成本，多元化经营使公司的注意力分散到汽车以外的行业，也没有将技术子公司的协同效应发挥出来。

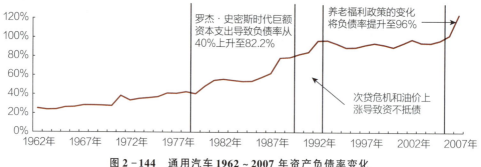

图2-144　通用汽车1962～2007年资产负债率变化
资料来源：通用汽车

4）1992～2009年，债务危机随着养老金危机不断加深。虽然在20世纪90年代伴随皮卡和SUV销量的上升，通用汽车有过一段不错的行情，但是债务问题在石油价格的上升以及次贷危机中全面爆发，最终导致通用汽车破产（见图2-145）。

但是归根结底，通用汽车的衰落有以下四个主要内因：

1）资本支出未能提供有效回报。当汽车行业利润空间被压缩的时候，资本的浪费导致债务的上升，也为后来的债务危机埋下伏笔。

2）成本控制能力较弱，使得公司在对抗宏观经济波动当中变得十分脆弱。

3）在劳资关系中缺乏主导权，导致人力成本过高，员工福利、养老金、医疗保险等负担最终压垮通用汽车。

4）多元化经营分散了管理层的注意力，使汽车产品的质量落后于日本的竞争对手，同

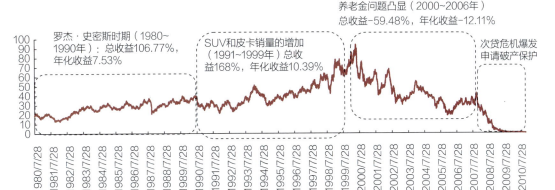

图 2-145　20 世纪 80 年代以来通用汽车股价变化（美元/股）
资料来源：Bloomberg

时导致大量的资源被浪费，而这种浪费在汽车行业进入成本竞争赛道之后成为通用汽车巨大的包袱。

5）公司管理层过分注重财务指标而忽视了产品。斯隆之后的公司领导人绝大部分都是财务人员出身，导致公司的管理过分追求财务指标，而失去了早期通用汽车在产品上的优势。当大众、丰田、本田通过一两款爆款车型抢占市场份额的时候，通用汽车却拿不出长盛不衰的爆款车型为公司提供持久稳定的利润来源（见图 2-146）。

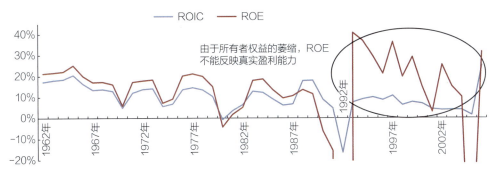

图 2-146　通用汽车 1962~2006 年 ROIC 和 ROE
资料来源：通用汽车

8 经营策略

总结对于通用汽车发展史的梳理，通用汽车在早期创造繁荣与后期走向衰落的原因大致有以下几点：

走向繁荣的原因：

1) **注重研发，提升产品价值。** 通用汽车在早期注重研发，特别是注重基础研发，帮助通用汽车的产品在价值上产生溢价，从而主导了汽车的定价。

2) **注重汽车外观设计，满足消费者需求。** 通用汽车首次采用外观设计人员主导汽车设计，最大程度满足了消费者对于汽车产品的需求。

3) **研发、生产、销售一体化，构建全新销售体系。** 通过会计系统，根据终端市场的需求确定研发和生产，帮助经销商改善经营效率，降低库存。通过汽车金融服务，刺激汽车销量，满足消费者以及经销商的需求。

4) **准确的资本开支计划，抓住市场机遇。** 在战后准确地预测了美国经济的高速增长，制定一系列资本开支计划来满足不断增长的消费者需求。

5) **组织架构科学。** 通用汽车各个事业部的职能明确，总部与事业部的关系清晰，通过适当的去中心化提升了组织运作的效率。同时引入会计制度，使通用汽车在内部以及外部管理方面得到量化，强化了组织管理的有效性。

走向衰落的原因：

1) **生产成本控制不佳，对抗风险准备不足。** 无论是通货膨胀还是石油危机，通用汽车在面对宏观经济变化造成的原材料价格上涨缺乏有效的成本控制。无论是后来的精益生产还是平台化改革，都要晚于竞争对手，错过了最佳时机。

2) **在工会谈判中处于弱势，造成人力成本过高。** 和日本的竞争者相比，通用汽车不仅在职员工的薪酬福利成本过高，还要负担数量庞大的退休员工的养老金与医疗保险。这造成了通用汽车的负担过高，盈利能力不足。

3) **资本支出缺乏效率，造成资本的浪费。** 在罗杰·史密斯时期，通用汽车大量的资本支出计划（GM-10、工业机器人）没有获得预期的收益，浪费了大量资本。

4) **过分追求多元化经营，分散了资源与注意力。** 对于汽车相关行业以外的大量收购与合资，导致通用汽车将大量资源投入在了汽车以外的地方，忽视了对汽车产品的改进，导致汽车产品在质量上落后于日本的对手。

5) **管理层过分重视财务指标，忽视了产品。** 在阿尔弗雷德·斯隆之后的领导人中，只有一个来自产品线,其余领导人都是财务人员出身。使得通用汽车在后期忽视了产品的改进而专注于财务指标的改善。

8.1 行业出现拐点时,危机和机遇是什么

以 1923 年美国汽车行业瓶颈期为例。 1921 年经济危机结束以后,美国汽车行业出现了 2 年的爆发式增长,然而到了 1923~1927 年,行业年销量稳定在 400 万辆,CAGR 只有 2.4%,早期的高速增长停滞(见图 2-147,图 2-148)。

图 2-147 1900~1929 年美国乘用车注册量(百万辆)及同比
资料来源:美国交通部

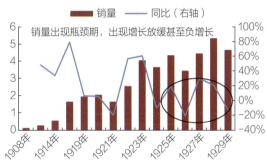

图 2-148 1908~1929 年美国汽车销量(百万辆)及同比
资料来源:通用汽车

在这种行业微增长或者负增长的情况下,通用汽车和福特的经营策略截然不同:

福特延续其低价策略,希望通过促销刺激销量。然而在行业不增长的情况下,特别是 T 型车定位的低端市场,促销实际上很难刺激销量。销量不增长导致规模效应无法增加,降价压低了利润率,使得福特的利润恶化。

通用汽车的策略是注重产品质量,保持价格。通过研发创新以及不断地改款提升产品的价值,使得雪佛兰的产品与福特 T 型车产生差异化,反而获得了更多的市场份额。也正是这种策略上的差异使美国汽车行业在瓶颈期进行了大洗牌,通用汽车超过福特成为行业第一。

行业瓶颈期可能会出现的危与机(表 2-11),成熟的市场会使行业集中度提升。优势的企业应该能通过创新能力满足消费者的需求以实现产品的保值,拥有优秀的库存管理能力,合理的定价策略,保持公司的市场份额和盈利能力。

表 2-11 行业瓶颈期的危与机

危	机
销量增长停滞,库存压力增大	库存管理具有优势的企业抢得先机
规模经济效应减弱,成本压力增大	保持产品价格,减轻规模影响
市场相对饱和,行业竞争加剧	优势企业通过竞争获得更高的集中度
买方市场形成,利润空间减少	提升产品价值,打开利润空间

8.2 降本增效成为汽车行业的主旋律

通用汽车衰落的最主要原因,就是成本控制的失败。

笔者将美国汽车行业分为三个阶段(表2-12):第一阶段初创期(1928年以前);第二阶段成长期(1928~1973年);第三阶段成熟期(1973~2016年)。通用汽车在初创期切换成长期的过程中超越福特成为行业第一,同样也是在成长期切换成熟期的过程中丢失市场份额,逐渐衰落(见图2-149,图2-150)。

表2-12 汽车行业生命周期

	初创期	成长期	成熟期
增长特点	高增长	较高增长	低增长,甚至零增长
集中度	低	较高	高
企业目标	快速增长,提高销量	市场份额最大化	防守,利润最大化
产品特点	同质性高,满足基本需求	产品差异化	品牌差异化
价格特点	产品溢价高	产品溢价逐步减少	产品溢价低
经营策略	市场开拓	提升产品价值量	成本控制

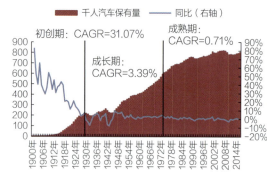

图2-149 1900~2016年美国千人汽车保有量(辆)及同比
资料来源:美国交通部、BEA

图2-150 1908~2016年美国汽车行业销量(百万辆)及同比
资料来源:通用汽车、Wind

美国的汽车行业在20世纪70年代末期进入成熟期,行业增速基本停滞,汽车制造进入到一个以降成本为主旋律的时代,通用汽车并没有进行很好的成本控制。

当美国汽车行业进入成熟期后,行业竞争加剧,OEM的利润空间缩小(见图2-151)。

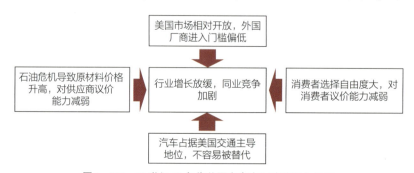

图2-151 20世纪80年代美国汽车市场波特五力分析

这时期德国大众剥离了大量与主业无关的资产，通过平台化降低成本；日本丰田通过精益生产等措施已经进入降成本的赛道中。而通用汽车不仅成本下降效果不明显，还在这一时期产生大量的低效率资本开支、从事和主业无关的多元化经营，致使利润进一步恶化。

劳资关系导致人力成本过高。受到工会的影响，20世纪80年代通用汽车人力成本是美国制造业平均水平的3倍，到了2005年这一数字增加到5倍。由于日本制造商在美国建厂的时候避开了UAW，致使日本制造商在美国支付的工资与三巨头（通用、福特、克莱斯勒）相当，但福利要低很多，人力总成本只有三巨头的70%左右。当美国汽车产业从成长期切换进入成熟期，OEM不再是高增长企业之后，行业利润率的下滑已经无法支撑高额的人工成本。而工资的刚性恰恰给了通用汽车致命一击。

车型、平台数量过多导致生产成本过高。20世纪80年代通用汽车的平台化概念仍然停留在20年代的流水线概念上，平台既无法跨轴距，也无法跨驱动，基本上一个平台只能匹配一个品牌里的一款车型。平台过多导致零部件无法共同化，生产资源也无法共享，到了90年代只能通过不断削减平台和车型实现零部件的共同化。而大众汽车在这一时期只有三个平台，实现不同车型之间的平台共享，降低了成本，当新的细分市场出现时，通过平台对原有车型进行改造就可以满足细分市场的需求。日本丰田则是另外一种降成本路线。在主打车型卡罗拉和凯美瑞成为美国市场爆款车型之后，由于车型数量少再加上精益生产，成本得到大大降低；再通过柔性生产提升产品差异化。

在汽车行业进入成熟期后，控制成本对车企而言至关重要，兼并收购、联合研发、优化业务和人员结构可能会更多出现。

1）**兼并收购将会频繁发生**。对于重资产行业来说，资源的过度分散不利于成本的摊薄，部分企业可能出现经营困难的情况。兼并收购能够进一步整合造车资源、摊低成本，同时降低行业竞争的激烈程度，使OEM增加利润空间。案例：菲亚特克莱斯勒、雷诺日产。

2）**车企推进联合研发**。汽车行业处于变革期，研发投入越来越大，车企间通过联合研发有望降低费用。案例：大众–福特、通用–本田。

3）**优化业务与人员结构，剥离非主业资产**。车企可能通过优化业务和人员结构来降低成本，剥离非主业资产，将注意力集中在汽车之上，保障核心资源能够注入主营业务。案例：通用汽车和福特的裁员、通用剥离EDS和休斯、大众剥离凯旋鹰。

中国车市逐步进入成熟状态后，上述现象也可能发生。此外，国际巨头的技术优势叠加全球采购摊薄成本的优势，对于中国的OEM来说需要重视。汽车智能化的背景下，科技巨头开始进入汽车行业，可能会分享汽车行业的利润。

技术与产品积累深厚的企业有望通过不断满足消费者的需求，维持产品竞争力；合理的产品定位和科学的价格策略，有助于保证公司的盈利；清晰的战略和优秀的成本控制能力，可使公司立于不败之地。

第 3 章
大众汽车：从平民汽车走向汽车王国

章首语

大众汽车成立于 1937 年，经过了 80 年的发展，在顶级豪华车市场、乘用车市场、商用车市场实现了全领域覆盖。从一个平民汽车品牌发展成为了拥有 12 个独立品牌的国际汽车集团。纵观大众集团的发展，它在每一阶段前瞻性的变革和布局都帮助其顺利度过危机并最终实现企业的发展壮大，将"在合适的时间做正确的事"这一原则体现得淋漓尽致。大众集团作为从小到大、从弱到强的代表，研究其历史对于如今想要走出国门、做大做强的中国车企具有重要的借鉴意义。本章主要分两大部分：

第一部分按年代划分阶段，梳理了大众 1937～2017 年的发展过程。在诺德霍夫领导的时代下，凭借甲壳虫的大规模生产和出口，大众在第二次世界大战后的汽车行业里开始有了一席之地。到 20 世纪 60 年代后期，甲壳虫的销量有逐渐下滑的趋势，70 年代大众吸收了奥迪发动机技术，完成了从风冷后置发动机技术到水冷前置发动机技术的转变，推出了高尔夫、帕萨特、波罗等新一代产品。大众在这三款经典产品的基础上不断推出衍生车型，丰富产品谱系，摆脱了以往对单一车型的依赖。80 年代的多品牌战略和多市场布局则奠定了今天大众成为世界级企业的基础，收购的西亚特和斯柯达两大品牌不仅开拓了波罗以下的低价位中低端市场，还巩固了大众在西欧和中东欧市场的地位。在 90 年代汽车行业进入成熟期之时，大众实施的一系列降成本措施和共用零部件政策（这种政策最终发展成为模块化战略），提升了企业效率，改善了盈利状况。

第二部分按主题总结了大众金融服务、奥迪的豪华品牌之路和模块化战略的发展。大众金融的发展贯穿始终，在促进汽车销售和利润贡献两方面扮演了重要角色。奥迪进入豪华品牌行列是技术立身和差异化品牌策略的结果。从平台战略到模块化战略，大众在平台数量上做减法，平台兼容性上做加法。零部件共用率不断提高，生产的复杂性和成本进一步降低。

1 大众汽车的诞生（1904~1945年）

大众汽车公司是一家总部位于德国沃尔夫斯堡的汽车制造公司，在"人民的汽车"的理念下诞生，成立于1937年，发展至今不仅实现了当初的愿景，成为德国的国民品牌，而且走出国门，成为汽车行业全球的领导者。

1.1 成立背景

汽车由奢侈品转为消费品。关于"大众汽车"的讨论始于1904年，由于高额的汽车税，乘用车当时被完全视为奢侈品，而且技术方面存在问题，需要大量维修成本。而美国汽车市场在福特的影响下正在快速发展，工程师们从中认识到汽车工业的未来趋势在于大量生产廉价的小型汽车。欧洲的制造商们都纷纷以福特的T型车作为大规模生产的原型。

廉价车型在欧洲的发展。在20世纪20年代的德国，摩托车还是主流，但汽车制造商正在取得明显的进步。高昂的汽车税和燃料价格推动了小型发动机和经济型汽车的发展。30年代，宝马、欧宝、福特等都推出了适合大规模生产的廉价车型。

1.2 "人民的汽车"诞生

费迪南德·保时捷设计第一款大众汽车。1934年，德国汽车工业协会委托费迪南德·保时捷设计大众汽车。1938年保时捷的发动机设计师弗兰兹创造了大众汽车商标。大众工厂在建设之初，被设想为一个垂直的、自给自足的工厂，规模、基本技术设备和生产深度都以福特在底特律的 River Rouge 工厂为原型。劳动力短缺和原材料采购困难是当时大众汽车生产面临的主要难题。

第二次世界大战时期暂停民用生产。1939年第二次世界大战爆发后，大众的工厂被重组用于军备的生产。与德国空军签订了合同，大众负责 Ju 88 的维修工作，并向飞机工业提供油箱和机翼。在1940年以后军队的机动化过程中，大众建立了第二条装配线，大量生产军用车辆。到战争结束时，大众共生产了66285辆军用车辆。

2 战后初期：在英国政府管理下的发展（1945~1949年）

2.1 有利的起步阶段

大众作为一家英国政府管理下的汽车制造商，这对其当时的发展十分有利。战后，英国军队成为占领军，对运输工具的需求增加。大众由英国军政府接管，轿车的装配线生产恢复。英国军政府为大众恢复生产提供了必要的信贷，并能够利用其指挥权克服了许多生产上的障碍。因为大众是为盟国生产产品，所以获得了短缺的原材料的优先供应。在经济控制时期，对汽车生产中必不可少的钢材实行了配额制度，这种特权非常重要。因此回归和平时期后，在装配线重新启动时，大众拥有较为有利的起步阶段。尽管大众的工厂建筑在战时遭到了破坏，但是被转移到分散点的机器设备在轰炸中幸存了下来，几乎没有受到影响。此外，大众有自己的冲压车间，布伦瑞克的工厂可以生产自己的零部件，弥补了部分供应不足。1945年12月，在英国军政府的命令下，位于布伦瑞克的工厂重新整合到大众，为沃尔夫斯堡的生产线生产特殊的焊机、工具和设备，以及化油器、离合器、减振器和油泵。

2.2 制约因素导致产量受限

尽管有英国提供的支持，但原材料和电力的短缺明显影响了大众的生产。由于原材料短缺，供应商无法全部满足大众的生产需求。从1946年1月开始，英国军政府不得不迅速放弃他们先前的计划，将每月为占领军生产4000辆汽车的计划调整为月产1000辆。这个产量在1948年货币改革和德国马克（DM）引入之前一直保持稳定。

大众的扩大生产计划因劳动力短缺受阻。一是住房短缺和雇员的高流动性使得招募固定劳动力困难，从东德地区来的难民和移民只将大众汽车工厂的工作作为中转站。沃尔夫斯堡持续的住房短缺问题导致许多工人离开，对大多数工厂工人来说，沃尔夫斯堡的生活条件无法满足他们的需求。由于住房短缺，工人住在战时强制劳工住过的营地营房里，生活条件很差。这导致了稀缺的技术工人和管理人员难以留下。在战后的前几年里，受限于大众的财务状况，无法进行新住房的建设，大众只能对营地进行改造和扩建。通过这种方式，住房问题得到了一些缓解，但没有得到根本性的解决。大众在沃尔夫斯堡工厂的交通问题得到改善，以及1950年开始为员工建造公寓之后，劳动力流失和短缺情况才有所缓解。二是因为工人们需要在黑市上购买食物和商品以确保生存，所以长期的旷工现象也存在（见图3-1）。

1945～1948年，大众的年产量不足2万辆（见图3-2）。除了轻微波动外，直到1948年初每月的产量一直保持在1000辆的水平。1947年产量下降的原因是1946年末1947年初的电力危机，金属板的逾期交付、严重的煤炭短缺和寒流迫使工厂停产，直到1947年3月初恢复生产。1949年，大众的产销量有了大幅度的增长，这是因为1948年6月的货币改革和德国马克（DM）的引入建立了一个有效的商品市场，结束了供应短缺的局面，为大众汽车的增长铺平了道路。

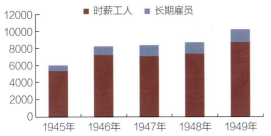

图3-1　1945～1949年大众员工人数（人）
资料来源：大众公司

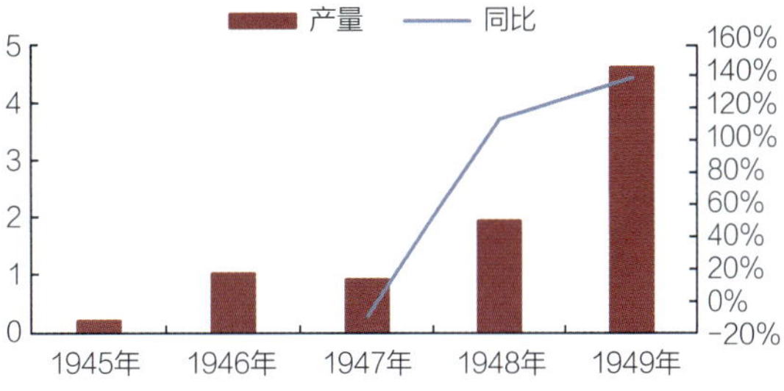

图3-2　1945～1949年大众年产量及同比（万辆）
资料来源：大众公司

2.3　两项关键政策

2.3.1　大众服务体系的首次建立

完善服务体系。在战争结束时，大众的服务或分销体系极为有限，在英国的提议下大众的服务部门才建立起来，包含了替换零件仓库、技术部门和一个服务学校。从1946年2月开始，经销商和授权车间的技工在这里接受培训。1947年初开始运作服务研讨会。大众汽车通过提供维修简报和维修手册来协助维修车间。此外，大众还建立了一份损坏档案，首次为技术部门提供了系统性的问题处理方法。大众的服务部门在短短几年时间内就获得了良好的声誉。1946年10月英国同意建立大众经销商网络的提议，成立之初网络由10个主分销商和28个经销商组成。到1949年初，扩大到16家代理商、31家分销商、103家经销商和81家授权维修店。

2.3.2　出口业务的起步

1947年夏，英国决定出口大众汽车，旨在补充受战争的财务成本影响的英国外汇储备，但它也为大众轿车在国际市场上的成功奠定了基础。由于严重的供应危机，1947年大众的生产无法按计划达成，仅出口了56辆大众汽车。大众专门开发了出口版本的轿车，改进了工程技术并增强内饰，工艺和功能配置都优于国内标准版。

大众的主要出口市场在欧洲地区。1948年，大众出口销量为4464辆，销量占比为

22.8%，其中欧洲地区销量共计 4385 辆汽车；1949 年的出口数据攀升至 7127 辆，同比增长 62.5%，销量占比 15.6%。

2.4 业务规模尚小，利润微薄

联邦德国在 1948 年 6 月进行了货币改革，通用货币由帝国马克变为德国马克，故这一时期的财务情况分为 1945～1947 年和 1948～1949 年两个阶段。

在 1948 年货币改革前的阶段，由于原材料供应和劳动力的短缺，大众的业务规模还在一个起步阶段（见图 3-3）。在货币改革和有效商品市场完成建立后，1949 年大众的营业收入同比上年增长了 172%，净利润同比增长 129%，增幅小于营收（见图 3-4）。1948 年和 1949 年的净利率分别为 1.9%、1.6%。盈利之所以较低，与大众生产的汽车售价较低有关。大众诞生的原因是为了让德国人民能买得起汽车，甲壳虫的价格仅相当于一辆小型摩托车的价格。

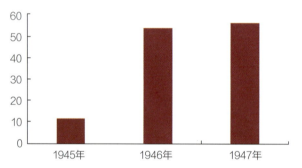

图 3-3　1945～1947 年营业收入（百万帝国马克）
资料来源：大众公司

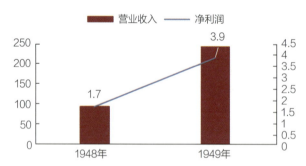

图 3-4　1948 年和 1949 年营业收入及净利润（百万德国马克）
资料来源：大众公司

3 国际化与大规模生产（1950~1960年）

大众汽车在这一阶段通过将国际化战略、大规模生产和劳动力建设三者结合起来，形成其长期增长战略。欧洲经济的复苏和第三世界国家的工业化为大众汽车的出口创造了有利的条件，大众抓住机遇，加快推进出口和海外扩张。为了提高产能、扩大生产，大众实行了分散化生产的政策，将部分职能从沃尔夫斯堡转移到新建的工厂中去，提高了甲壳虫在沃尔夫斯堡工厂的产量。这一时期车型结构单一，大众凭借甲壳虫的大规模生产成功实现了增长。

3.1 大众的国际化，打入欧洲、美国和南美市场

在美国紧凑车型需求上升时期，甲壳虫抓住机遇大获成功。大众在进军美国的过程中，起初收购了一家工厂，有意在当地生产。不过由于美国高昂的人工成本，生产计划被取消，美国的子公司只承担销售职能。这一时期美国汽车市场发生了重大变化：大型车和高端车型的需求下降，紧凑车型的需求上升。美国汽车制造商以往生产的汽车主要是动力强劲的大型车，在紧凑车型方面的储备不足。抓住这一机遇，甲壳虫在美国大获成功。当欧洲的竞争对手遭遇销量下滑时，1960年大众汽车在美国进口车的份额从20%提高到32%。

大众在海外建厂，为全球生产网络奠定了基础。巴西政府为了促进本国汽车工业的发展，出台了限制性进口政策，因此进入南美市场的唯一途径是在本国生产。1953年大众在巴西建立工厂，这也是大众的第一家海外工厂。1959年巴西工厂由总装厂变成一个独立的生产单位，包含了冲压车间、车身车间、涂装车间和发动机生产线等。大众在巴西生产的本地化程度很高，在轿车生产中使用巴西零件的比例达到90%。大众巴西公司在巴西汽车行业处于领先地位，1961年销量为47320辆，同比增长67%，市场份额为41%。此外，大众在澳大利亚不仅建立了生产基地，负责大众汽车的生产，而且收购了前授权进口商"大众分销商"的股份。由于国际收支问题，南非政府采取限制进口政策，鼓励使用当地生产的零部件。为了巩固在南非市场的地位，大众收购了"南非汽车装配和分销商有限公司"（SAMAD）的股份，进口大众汽车，然后负责组装和销售。

大众在法国进口车市场名列前茅。大众在法国政府放宽对共同市场国家的进口规定之后，1960年大众法国公司成立，帮助大众汽车在法国赢得了一席之地。在1960年法国的乘用车进口领域，大众汽车排名第三，仅次于菲亚特和欧宝（见图3-5，图3-6）。

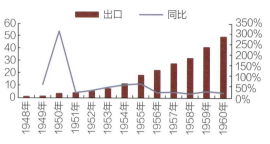

图 3-5　1948~1960 年大众出口销量（万辆）及同比
资料来源：大众公司

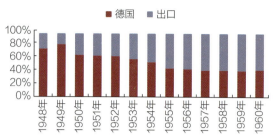

图 3-6　1948~1960 年大众销量结构
资料来源：大众公司

3.2　大规模生产助力国际市场的成功

1954 年大众将甲壳虫的生产线进行重组，学习福特的流水线生产。另一方面，提高工厂的自动化水平使生产量能够满足进入国际市场的需求。

3.2.1　分散化生产

所谓"分散化"，就是将沃尔夫斯堡工厂的职能转移到新建的工厂中去，甲壳虫得以在沃尔夫斯堡工厂扩大产量。1956 年汉诺威工厂建成完工后，被用来专门生产运输车，沃尔夫斯堡工厂可以集中生产甲壳虫，以满足国际市场不断增长的需求。1958 年，大众将动力系统的再制造从沃尔夫斯堡工厂转移到卡塞尔附近的阿尔滕堡，生产发动机、变速器、车轴和零配件。为了节省材料、人工和运输成本，大众将零部件的仓储集中在卡塞尔。卡塞尔工厂成为大众集团变速器和零部件生产中心。

在德国国内市场，甲壳虫汽车成为德国经济奇迹的象征，是 10 年来最畅销的汽车，市场占有率约为 40%（见图 3-7，图 3-8）。社会消费日益增长，高水平的工程技术和独特设计成就了甲壳虫"无阶级"汽车的美誉，标志了乘用车从奢侈品转变为所有人群的消费品的根本变化。从 1950 年开始生产的运输车同样获得了成功，由于用途广泛，主导了德国旅行车和运输车的市场，市场份额约为 30%（见图 3-9，图 3-10）。

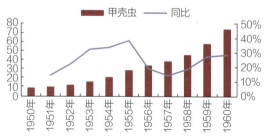

图 3-7　1950~1960 年甲壳虫产量（万辆）及同比
资料来源：大众公司

图 3-8　甲壳虫
资料来源：公开资料

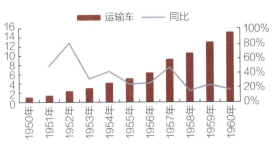

图3-9 1950~1960年运输车产量（万辆）及同比
资料来源：大众公司

图3-10 运输车
资料来源：大众公司

3.2.2 产能扩张带动产量增长

大众在德国本土开始了产能扩张，在1951~1960年，德国大众投资额累计达19.5亿德国马克。仅1959年、1960年两年间投资额就达到了9.1亿（见图3-11）德国马克。同时，国际业务的发展和自动化生产促进了大规模生产，产量大大提升。10年间德国大众的年产量由1950年的9万辆发展到1960年的86.5万辆，增长近10倍（见图3-12）。

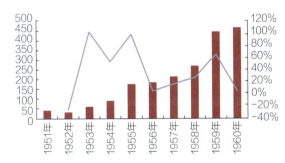

图3-11 1951~1960年大众投资额及同比（百万德国马克）
资料来源：大众公司

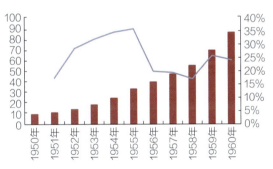

图3-12 1950~1960年大众产量（万辆）及同比
资料来源：大众公司

3.3 提高员工福利，建设稳定队伍

1949年底大众通过引入自愿保险制度，增加了社会福利的范围。大众的养老金计划面向所有年龄在25岁以上、在公司工作至少4年的员工，补充了退休后的社保金。这笔款项根据公司的隶属关系计算，万一员工死亡，配偶每月可领取退休金的一半。与此同时，针对已婚雇员的死亡福利计划也开始实施，大众向幸存的家属一次性支付4000德国马克。从1957年起大多数员工每周工作时间减少至40h。大众还为全体职工投保一般意外保险，为员工修建宿舍以解决住宿问题。

3.4 总体向上发展，出口业务微利

由于解决了供应短缺和实行大规模生产，产量不再是制约销量的主要因素，大众的销量快速攀升，尤其是 20 世纪 50 年代前期。50 年代后期，销量增速有所回落，但仍保持了 15% 以上的高增长。出口业务的系统性扩张带来了销量和营收的双增长，但大众的盈利情况却没有得到改善（见图 3-13~图 3-15）。50 年代大众的出口业务只能获得微薄的利润，因为大众的定价必须考虑到产品要打入国际市场，所以会以接近成本的价格出口产品。在美国市场销售时通常 30% 的商业折扣使得大众产品难以具有竞争力的定价（见图 3-16）。

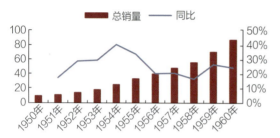

图 3-13　1950~1960 年大众总销量（万辆）及同比
资料来源：大众公司

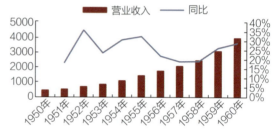

图 3-14　1950~1960 年大众营业收入（百万德国马克）及同比
资料来源：大众公司

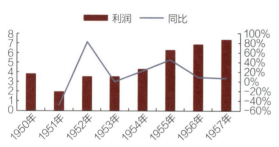

图 3-15　1950~1957 年大众净利润（百万德国马克）及同比
资料来源：大众公司

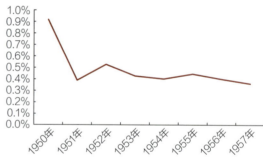

图 3-16　1950~1957 年大众净利率
资料来源：大众公司

4 甲壳虫制造商：大众的繁荣和危机（1961~1972年）

20世纪60年代初，大众凭借甲壳虫的大规模生产和蓬勃发展的出口业务成为欧洲领先的汽车制造商，甲壳虫被称为"无阶级"汽车，受到了各个国家、各个阶层的人民的喜爱。随着1966年、1967年德国进入了战后的第一次衰退，大众结束了其异常漫长的繁荣时期。面临国内需求下滑，出口竞争加剧，甲壳虫的增长后继乏力的情况，大众曾经的主要优势———一款车型的大规模生产，变为了劣势。为此，大众集团实施了一些措施来应对危机：收购了汽车联盟公司，获得了关键性的水冷前置发动机技术；推出新车型以减少对甲壳虫的过度依赖；加大研发的投入；对海外市场进行调整。1961~1972年大众集团大事记见表3-1。

表3-1 1961~1972年大众集团大事记

时间	事件
1961年9月	推出大众1500
1965年1月	收购了汽车联盟（奥迪前身）100%的股份，大众集团获得了水冷前置发动机技术
1965年9月	推出奥迪72，确保了汽车联盟的独立品牌地位
1968年9月	推出大众411
1969年	推出第一款前轮驱动、水冷发动机的大众汽车K70

资料来源：大众公司

4.1 甲壳虫的辉煌

甲壳虫在20世纪60年代取得了巨大的成功。即使在1967年的经济衰退期间甲壳虫的产量也高达92.6万辆，1968~1972年的年产量均在100万辆以上（见图3-17）。到1972年2月甲壳虫已累计生产超过1500万辆，打破了福特汽车公司1908~1927年生产的T型车的产量纪录（见图3-18）。

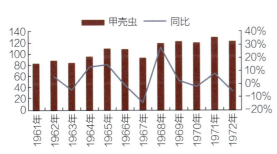

图3-17 1961~1972年甲壳虫产量（万辆）及同比
资料来源：大众公司

图3-18 1972年福特T型车的产量记录被甲壳虫刷新
资料来源：汽车之家

大众在海外市场的业务蓬勃发展。 1963 年,大众的汽车出口比例突破 60%(见图 3-19)。甲壳虫在美国的受欢迎程度不亚于在德国。在经历了 4 年的高速增长后(平均增长率为 20%),1964 年大众对美国的出口增长到约 33 万辆(见图 3-20)。为了满足出口的蓬勃发展,1964 年底大众在埃姆登新建了工厂开始组装甲壳虫,以确保美国市场有足够的供应。1959~1966 年间美国一直是大众的第一大出口国,欧洲是第二大出口市场(见图 3-21,图 3-22)。

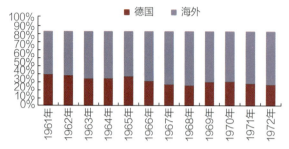

图 3-19　1961~1972 年大众集团的销量结构
资料来源:大众公司

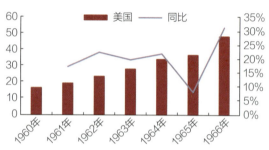

图 3-20　1960~1966 年大众在美国销量(万辆)及同比
资料来源:大众公司

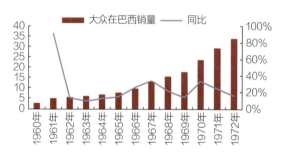

图 3-21　1960~1972 年大众在巴西销量(万辆)及同比
资料来源:大众公司

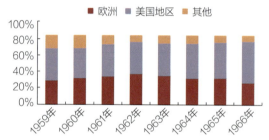

图 3-22　1959~1966 年大众出口地区分布
资料来源:大众公司

4.2　对单一车型过度依赖下的危机

德国结束"经济奇迹",国内汽车市场需求下降。 1966~1967 年,德国进入了战后的第一次经济衰退,标志着其异常漫长的"经济奇迹"宣告结束。经济衰退造成了德国国内汽车市场需求的下降。国内市场需求的下降迫使大众在 1967 年减少了生产汽车的数量:甲壳虫的产量减少了 14%,大众 1500 减少了 35%(见图 3-23)。大众在 1966 年和 1967 年销量同比分别下降 15% 和 25%,随着经济的好转,1968 年的销量有所恢复但仍未能达到拐点前的峰值水平。1970 年开始大众的销量再次一路下滑(见图 3-24)。

大众在欧洲的市场竞争加剧。 一方面,20 世纪 60 年代初法国对进口汽车征收的关税和税收总额相比而言高于其他国家,贸易保护主义措施让大众进入法国和意大利市场困难重重。另一方面,汽车行业发生了改变,由过去的卖方市场向买方市场转变,汽车制造商之间的竞争加剧。同时,消费者对汽车的需求和口味也发生了改变,即使是在长期被甲壳虫主宰的德国市场,大众也受到了美国制造商的 1.5L 大型汽车的冲击。

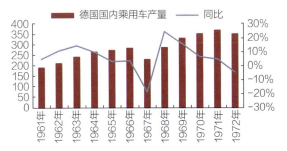
图 3-23　1961~1972 年德国国内乘用车产量（万辆）及同比
资料来源：Wind

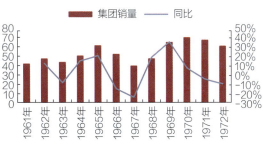
图 3-24　1961~1972 年大众集团销量（万辆）及同比
资料来源：大众公司

60 年代后期，甲壳虫的风冷后置发动机技术逐渐过时。新一代汽车向前轮驱动、水冷发动机方向发展，逐渐占据主流。此外，消费者偏好发生改变，对乘客舱和行李舱空间有了更高的要求，在这一方面紧凑小巧的甲壳虫已逐渐无法满足人们的需要。

4.3　积极自救，大众采取一系列措施应对危机

4.3.1　收购汽车联盟——奥迪的前身

收购汽车联盟为大众带来了水冷前置发动机技术。为了提高竞争力，大众汽车开始与戴姆勒-奔驰合作。1965 年大众分三次收购了戴姆勒-奔驰的子公司汽车联盟 100% 的股份，为大众带来了年产 10 万辆汽车的产能、1.1 万名员工、1200 家经销商的销售网络和新一代水冷前置发动机。大众的甲壳虫和大众 1500 等车型采用的都是风冷后置发动机技术，水冷前置发动机技术为大众在 20 世纪 70 年代推出的高尔夫等新一代前驱前置水冷发动机汽车奠定了基础。

4.3.2　升级甲壳虫

大众对甲壳虫的动力系统进行了升级。1961 年，甲壳虫采用了一种新的发动机和传动装置，发动机排量仍为 1200ml，但功率由 36PS 增加到 40PS，主要是由于增加了压缩比。自 1954 年以来，1200ml 发动机是甲壳虫唯一的发动机类型。1966 年，大众为甲壳虫选装了 1300ml、50PS 的发动机替代部分 1200ml 发动机车型。1967 年，甲壳虫配载了一种更大排量的发动机：排量为 1500ml，可输出 53PS。搭载 1200ml 和 1300ml 发动机的甲壳虫仍继续销售，因为许多市场会根据发动机的排量征税。到了 1971 年，1500ml 发动机被 1600ml 发动机取代，后者可产生 60PS。

1965 年甲壳虫的外观设计发生了自诞生以来的最大改变。甲壳虫车身冲压件的大部分被修改。风窗玻璃的面积增加了 11%，门窗、后侧窗和后窗面积相应增加了 6%、17.5% 和 19.5%。改变设计后甲壳虫有一个更开放、更通风的外观。

为了满足消费者需求，1971 年推出更大尺寸的"超级甲壳虫"大众 1302。这是甲壳虫首次有两个版本同时存在，一种是标准版的甲壳虫；另一种是新的、更大的 1302，两者

的前风窗玻璃不同。1302 的行李舱空间增加了近 43%，从 140L 拓展到 260L。大众 1302 车身长增加了 50mm，宽度增加了 35mm，轴距增加了 20mm（见图 3-25）。

图 3-25　大众 1302
资料来源：维基百科

4.3.3　推出新车型

1967 年的危机暴露出大众单一车型大规模生产的问题。虽然大众的销售情况在 1967 年之后有所改善，但是 1967 年的短期销售危机对大众产生了持久的影响，它暴露出大规模标准生产的经济敏感性。同时，由于大众标准化生产的少品种、大批量的特点，当内部的生产和车型政策发生变化时，这种灵活性较低的生产方式将面临压力。

大众在 60 年代推出了几款新车型来补充甲壳虫，但都没有收获甲壳虫的成功。甲壳虫在大众集团内部被命名为 1 型车，1961 年 9 月推出了大众 1500，它在集团内部被命名为 3 型车（见图 3-26）。大众 1500 和后来的大众 1600 有三种车身风格：两门凹背、快背和方背，多元化的产品范围超过了甲壳虫（1 型车）。但大众 1500 在关键性的工程原理上与甲壳虫没有太大区别，尤其是风冷发动机后置，后轮驱动的布局。大众 1500 于 1973 年停产（见图 3-27）。大众 411 是 1968~1974 年间生产的一种紧凑型轿车，有两门/四门轿车以及两门旅行车版本，6 年间共生产了 367728 辆（见图 3-28）。大众 411 是当时大众最大的乘用车，行李舱空间达到了 400L。与大众 1500 一样，大众 411 保留了大众的风冷后置、后轮驱动发动机，前/后的重量分布为 45/55。大众 411 作为大众的最后一款风冷发动机轿车，后来被帕萨特取代（见图 3-29，图 3-30）。

图 3-26　大众 1500（3 型车）
资料来源：大众公司

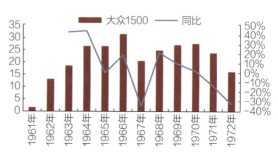

图 3-27　1961~1972 年大众 1500 产量（万辆）及同比
资料来源：大众公司

图3-28 大众411（4型车）
资料来源：维基百科

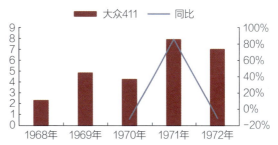

图3-29 1968~1972年大众411产量（万辆）及同比
资料来源：大众公司

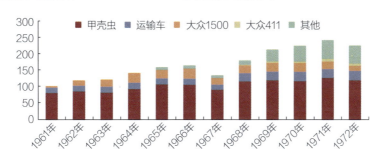

图3-30 1961~1972年大众集团分车型产量（万辆）
资料来源：大众公司

4.3.4 加大对研发的重视

大众增加了在研发方面的资本投入。1965年的投资中只有一小部分用于扩大生产设施，最重要的部分用于改善生产过程，增加自动化和扩大研发。1965年大众在沃尔夫斯堡建立了一个新的研发中心，新增了一个现代化的气候风洞，风洞从1966年开始运行。1966年，大众增发了股本，从新股发行中获得的资金被用于技术研发，以增强产品在未来的竞争力。大众以1股新股换4股的比率向股东提供股本，增发股份使大众股本增加了1.5亿~7.5亿德国马克。1967年投资主要用于产品开发、精简生产和研发中心的建设。1968年，大众投入了5800万德国马克在扩大研发中心和建设新的测试跑道方面。1969年后，大众暂停了研发部门的扩张，把重心放在进一步改进车型和动力系统的设计，以及推出新车型上面（见图3-31）。

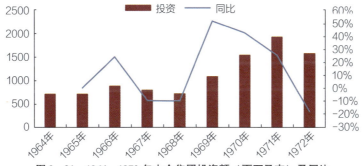

图3-31 1964~1972年大众集团投资额（百万马克）及同比
资料来源：大众公司

电子数据处理为研究和开发提供了新举措。新的测量仪器和测试设备使大量的测试数据能够迅速记录下来,并能快速地分析测试结果。例如,可以借助遥测系统将斜坡试验中记录的数据直接输入分析中心。此外,电子数据处理可用于所有重要研究数据的后续记录、评价和储存。

新测试区域的建设使得大众的耐力测试更加容易。由于高速公路上的交通日益拥挤,用它们来进行耐力测试变得越来越困难,新测试区域的建设缓解了这一问题。大众扩大了测试区域的测试跑道,其中包括高速公路和模拟公路网实际路况的各种跑道。耐久性道路试验不受外界影响,不管天气如何,可以连续不断地进行操作和耐力测试。

大众在车辆安全和尾气排放控制领域进行了深入的研究。1971年8月,大众展示了一种实验性安全车的原型,在这一车辆中包括了一些各国立法将强制制造商在其车辆中纳入的安全特性。这些安全元件要经过连续的试验,以确定是否有可能与生产车辆结合在一起。在已有车型基础上的安全改进和废气排放控制作为大众升级车型时的优先考虑。在大众1972年车型的300多项细节改动中,有1/3与这一领域的改进有关。大众在1971年推出的一个重要新功能是带有中央插座的测试电路,用于计算机诊断。大众服务机构的车间也配备了计算机诊断设备,可以快速检查车辆的运行和交通安全,并提供可靠的车辆状况信息。除了改进传统的推进方法,大众的研究活动还包括试验新的推进方法,利用气体动力学原理确定了发动机的最佳燃烧过程。为了消除空气污染,除了碳氧化合物,大众的研究还包含了其他有害混合物,如碳氢化合物和一氧化二氮。

引入重大的工程创新,进一步改进产品。大众1500安装了自动变速器和液力变矩器,允许无离合器操作和多级驾驶速度范围的选择。大众1600的全自动变速器由液力变矩器和三速行星齿轮自动变速器组成。此外,所有的自动车型都配备了一个新的双连接后桥,进一步提高了行驶性能。另一方面,电子燃油直接喷射系统减少了尾气排放,这种节油装置最初只适用于为美国市场生产的大众1600。为了提高驾驶安全性,从1967年8月起大众生产的所有汽车都安装了安全转向柱。此外,大众1300/1500、大众1600、大众货车和旅行车都配备了双制动系统。

4.3.5 调整海外市场

大众在墨西哥的本地化生产促进了销量增长。由于墨西哥新的进口规定使得进口汽车越来越困难,"大众墨西哥公司"从组装转向生产,并且收购了曾经大众汽车在墨西哥的销售代表。1965年,大众墨西哥的销量增长了59%。为了满足日益增长的需求,大众在普埃布拉建立了一个新的生产基地。1968年大众汽车在墨西哥的销量为22220辆,1969年占领了21.8%的市场份额(见图3-32)。

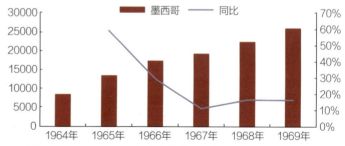

图3-32　1964~1969年大众在墨西哥销量(辆)及同比

资料来源:大众公司

面对销量持续下滑，大众在澳大利亚停止生产。 大众在澳大利亚的分公司被澳大利亚政府要求在1969年前提高本国生产比例至95%。作为交换，澳大利亚政府给予了未来10年进口产品免税的优惠。为了配合政府的计划，大众对澳大利亚分公司进行了重组。由于生产的汽车在澳大利亚市场"水土不服"，不符合消费者的需求，大众在澳大利亚的销量情况仍在恶化。相比之下，大众的竞争对手生产的车型是专门为澳大利亚市场设计的，并且生产成本更低。到1966年，大众澳大利亚的销量从34588辆大幅下降到19586辆。持续的亏损和销量上的压力，迫使大众在1968年停止生产。特别是来自日本制造商的竞争，由于双边贸易关系的加强，日本制造商在澳大利亚市场上占有优势。大众在澳大利亚的分公司更名为"汽车制造商有限公司"，重新使用进口组件组装CKD汽车（见图3-33）。

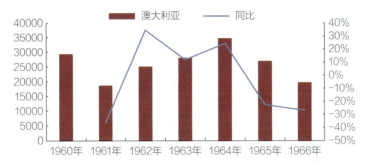

图3-33　1960~1966年大众在澳大利亚销量（辆）及同比
资料来源：大众公司

4.4　营收整体增长，成本与汇率影响利润

整体而言，1961~1972年大众集团的营收保持增长态势（见图3-34），除1967年和1972年外均为正增长。利润的波动幅度更大，受不利的汇率和成本上升影响，1968年后利润呈下滑趋势。直到1972年才出现同比正增长（见图3-35）。1971年利润大幅下降了64%，这主要是由于劳动力人数的扩大、工人工资上涨和社会福利的增加以及立法的改变，人工成本增加了4.8亿德国马克。

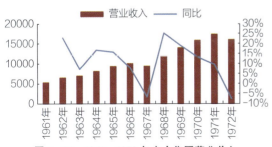

图3-34　1961~1972年大众集团营业收入（百万德国马克）及同比
资料来源：大众公司

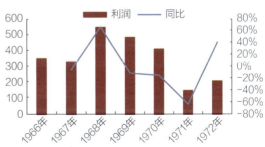

图3-35　1966~1972年大众净利润（百万德国马克）及同比
资料来源：大众公司

5 新时期，新产品（1973～1981年）

大众在这一时期推出了影响深远的新一代产品：帕萨特、高尔夫、POLO等，真正意义上摆脱了对甲壳虫的依赖，由单一车型发展为丰富多样的产品线。在第一次石油危机期间，受高油价、汇率升值和德国生产成本高企等影响，大众在主要出口市场美国和欧洲的销量下降，但墨西哥、巴西和南非的需求旺盛。第二次石油危机期间，受巴西市场经济危机影响，销售陷入困境。这一阶段，汽车行业发生了变化，经济型汽车需求上升，大众的新一代产品恰好迎合了这一趋势，帮助大众顺利度过危机时期，避免销量出现更大程度的下滑。

5.1 大众新时代的开始，新一代产品组合问世

5.1.1 高尔夫引领销量增长

高尔夫的诞生背景。大众在20世纪60年代推出了两款新车型大众1500和大众411，试图摆脱集团对甲壳虫车型的依赖，但销量均不是很理想。这两款车型在工程技术上与甲壳虫没有实质性的差别，采用的都是风冷后置发动机布局。在60年代末70年代初，甲壳虫由于在驱动技术、油耗和安全性方面落后，销量开始衰退，大众需要推出一款真正的甲壳虫接班人的车型。大众集团委托了三个研发部门来设计，分别是大众汽车的研发部、汽车联盟的开发部以及保时捷的开发部，最终采用了大众研发部的方案，由乔治亚罗设计车身，有斜背车尾、前置发动机和一体式后轮悬架的高尔夫诞生。同时，奥迪在高尔夫前驱动和水冷发动机的研发方面提供了重要支持，当时集团内只有奥迪拥有这项技术。1974年高尔夫推出，这样一款经济型小型家庭轿车的推出时间正值第一次石油危机，迅速获得了成功。第一代高尔夫9年间共生产了680万辆，第二代在其8年生命周期的总产量达到630万辆。历代高尔夫车型见表3-2。

表3-2 历代高尔夫车型一览

时间	代际	车型图片	平台	描述
1974～1983年	第一代		A1	第一代高尔夫采用了前驱前置发动机替代了甲壳虫的风冷后置发动机。第一代高尔夫的衍生车型有1.6L直喷发动机的GTI、柴油发动机版本、客货两用车的捷达以及CADDY

(续)

时间	代际	车型图片	平台	描述
1983~1992年	第二代		A2	第二代高尔夫在轴距、外部尺寸和内部空间方面略有增长。推出了第二代 GTI（1.8L 8气门燃油喷射发动机）、四驱版高尔夫（GOLF SYNCRO）、第二代捷达
1991~1999年	第三代		A3	轴距不变，首次应用了大众新的 TDI 柴油发动机和2.8L VR6 发动机，安全气囊是标准配置。基于第三代高尔夫推出的客货两用版本更名为 VENTO
1997~2003年	第四代		A4/PQ34	第四代车身设计采用了长车顶、锋利的落尾和坚固的 C 柱，搭载1.8T 涡轮增压4缸发动机。在生产中使用了激光焊接技术和精确测量技术，使得车型间隙宽度减小。推出客货两用版的宝来，其实是捷达的再贴牌
2003~2008年	第五代		A5/PQ35	第五代是世界上第一款量产的钢质车身的汽车，它的车门是通过模块化系统组装而成。首批配备新的双离合变速器 DSG。三厢车版本的名字改回捷达。推出了1.4L TSI 涡轮增压汽油发动机版本
2008~2012年	第六代		PQ35	设计更符合空气动力学，有助于提高燃油效率，比上一代更安静。采用新的共轨喷射技术的涡轮增压直喷柴油发动机。可选自适应底盘控制，还配备了驾驶员辅助系统
2012年至今	第七代		MQB	比第六代尺寸略大但重量减轻100kg，油耗和排放减少了23%。提供汽油、柴油、压缩天然气、纯电动、插电式混合动力车型

资料来源：大众公司、维基百科

  自1974年诞生以来，高尔夫历经几代的更迭，在原有基础上不断完善产品线。最初高尔夫是三门掀背式的，后来推出了改型包括五门掀背车、旅行车、敞篷车，衍生出了客货两用轿车捷达、VENTO 和宝来。第三代首次推出高尔夫旅行车（GOLF ESTATE）。1991年第三代高尔夫上市时安全气囊成为标准配置，此前安全气囊只在少数高档汽车上使用。第四代高尔夫的高性能车型包括3.2L VR6 发动机的四驱高尔夫"R32"，其前身是2.8L VR6 发动机的"GOLF V6 4Motion"。第五代的 GTI 版本由2.0L FSI 发动机的涡轮增压版本提供动力，可输出147kW 动力。凭借第六代和第七代产品，高尔夫赢得了2009年和2013年的世界年度汽车大奖。

  基于高尔夫的 A 级车平台衍生了众多车型。大众集团的 A 级车平台可生产紧凑型和中型车。最初基于第一代高尔夫的工程概念诞生，只能生产前置横向发动机的前轮驱动或四轮驱动车型。在 A 平台诞生的早期，对车型和品牌的延展程度还较低。到 2000 年前后，由于共用零部件程度的提高，大众集团的平台开始实现同一平台的跨车型、跨品牌的延伸，不仅可以生产不同品牌的紧凑型轿车，还可以在其基础上开发紧凑型 MPV、SUV 车型。越到后期，平台的车型数量逐渐增多，体现了大众在平台战略上做的"加法"。

作为高尔夫的衍生车型，捷达/宝来成为拉动大众销量增长的重要力量。自第一代高尔夫推出以来，捷达作为它的客货两用版随着高尔夫而更新换代。第一代捷达于 1979 年推出，其市场定位在高尔夫掀背车之上，如今捷达已经发展到了第七代产品。第三代捷达曾改名为 VENTO。基于 PQ34 平台生产的第四代捷达被命名为宝来（见图 3-36，图 3-37）。第五代捷达基于 PQ35 平台打造，中国市场引入时命名为速腾。2008 年，大众推出为中国市场开发的两款车型新宝来和朗逸，符合中国市场对较为便宜的紧凑型轿车的需求。在 1999 年推出宝来改型后，捷达/宝来的产量迅速增长，并且与帕萨特成为拉动大众集团销量增长的两驾马车（见图 3-38，图 3-39）。

图 3-36　第四代捷达
资料来源：维基百科

图 3-37　宝来（中国）
资料来源：carsalesbase

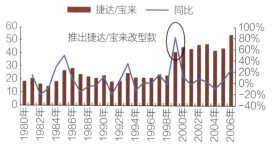

图 3-38　1980~2006 年捷达/宝来产量（万辆）及同比
资料来源：大众公司

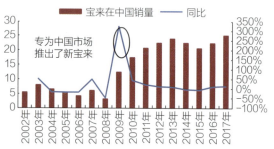

图 3-39　2002~2017 年宝来在中国销量（万辆）及同比
资料来源：carsalesbase

高尔夫在推出后，产量迅速增长，1974 年年产量还不到 20 万辆，1979 的年产量已经达到了 80 万辆以上（见图 3-40）。作为一款以接替甲壳虫为目的研发生产的车型，高尔夫的表现完全达到了大众集团的预期。1975 年大众的沃尔夫斯堡工厂停止了生产甲壳虫，甲壳虫在世界各地工厂的日平均产量为 1952 辆，与高尔夫在联邦德国生产的日均产量相当。2017 年大众集团销量排名前八的车型加总占比接近 50%，高尔夫、捷达/宝来、朗逸分别是集团的销量第一、第二和第六，三款车型的销量总占比为 21.9%（见图 3-41）。

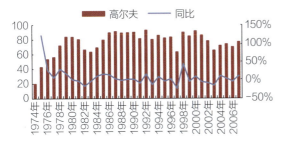

图 3-40　1974~2007 年高尔夫产量（万辆）及同比
资料来源：大众公司

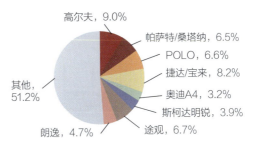

图 3-41　2017 年大众集团销量前八的车型占比
资料来源：大众公司

5.1.2　帕萨特与奥迪平台的分分合合

帕萨特的诞生。1973 年，以奥迪 80 平台和车身为基础，大众委托乔治亚罗设计了一款垂直车尾的中型车，这就是大众新一代产品的第一款车型—大众帕萨特，替代了 1973 年 7 月停产的大众 1600。虽然是在已有车型基础上改造的车型，投入到帕萨特的支出和时间都较小，但不影响它日后成为一款风靡全球几十年的经典车型。它的特点是前轮驱动，水冷 4 缸发动机与顶置凸轮轴，发动机动力范围为 55~110PS。从车型政策上来说，帕萨特标志着大众一个新时代的开始。历代帕萨特车型见表 3-3。

表 3-3　历代帕萨特车型一览

时间	代际	车型图片	平台	描述
1973~1981 年	第一代		B1	最初提供的车型是两门版和四门版。五门旅行车于 1974 年推出。帕萨特是当时最现代的欧洲家庭汽车之一
1981~1988 年	第二代		B2	比第一代略长一点。1981 年 8 月，以帕萨特为原型的豪华中型桑塔纳推出。帕萨特的改型 SYNCRO 于 1984 年 10 月推出，配备了 115PS 2L 发动机，是第一辆配备永久四轮驱动的大众车型
1988~1993 年	第三代		B3	第三代曲线型的外观与上一代四四方方的外观大不相同。是首款搭载大众平台的帕萨特，采用了节省空间的横置发动机
1993~1997 年	第四代		B4	第四代是在上一代基础上的大改，但并不是一款全新的车型。最明显的外形变化是重新引入了格栅，以匹配当时其他大众车型的风格
1998~2006 年	第五代		PL45	第五代帕萨特体现了最新一代大众汽车的设计语言，平滑的线条、倾斜的风窗玻璃和光滑的底座帮助其获得了 0.27 的低风阻系数。帕萨特和奥迪 A4 的 1.8L 汽油发动机的油量低于同一发动机的横向布局

(续)

时间	代际	车型图片	平台	描述
2006~2010年	第六代		PQ46	第六代帕萨特拥有更具运动性的车身轮廓,前端的镀铬罩散热器和眼睛形状的大灯是典型的大众品牌的当代外观,行李舱空间增加了90L。在车身上使用了高强度、经变形硬化的钢部件,达到了最严格的碰撞规范
2011~2014年	第七代		MQB	第七代帕萨特不是全新的车型,主要在格栅和前照灯做了改变。新功能包括自适应底盘控制(DCC),动态光协助高顶梁,疲劳检测系统和自动"紧急制动"系统
2015年至今	第八代		MQB	第八代帕萨特是世界上第一款配有紧急救援和拖车救援安全及援助系统的汽车

资料来源:大众公司、维基百科

第一代大众帕萨特与奥迪80几乎完全相同,共享大部分机械系统,包括纵向发动机布局。第二代帕萨特于2012年在中国停产。到了第三、第四代,帕萨特有了独立的平台,该平台借鉴了大众集团的A2平台。PL45平台随着第一代奥迪A4和第五代大众帕萨特推出,采用的纵向发动机布局。该平台还推出了为中国市场设计的轴距加长车型,被使用在1999年的大众帕萨特领驭上。第六代帕萨特与奥迪再次分道扬镳,使用了横向发动机布局的PQ46平台,是第五代高尔夫和第五代捷达的PQ35平台的改进放大版。时至今日,在大众集团实行模块化战略后,帕萨特与奥迪的大部分车型则分属MQB与MLB两个不同的模块化平台(见图3-42)。

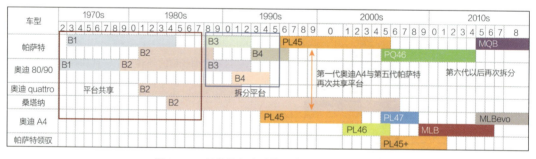

图3-42 帕萨特与奥迪的平台经历了几次分合
资料来源:维基百科

桑塔纳是于1981年基于帕萨特第二代推出的三厢轿车,桑塔纳与帕萨特之间的关系正如POLO与Derby,高尔夫与捷达。桑塔纳的真正成功是在中国。中国从1985年起生产桑塔纳,这款三厢轿车的生产一直持续到了2012年,2013年的新桑塔纳则是一款新的车型(见图3-43,图3-44)。

图 3-43 新桑塔纳
资料来源：carsalesbase

图 3-44 桑塔纳在中国销量（万辆）及同比
资料来源：carsalesbase

帕萨特的产量从 1997 年第五代产品的推出后迅速增长。前几代帕萨特的产量在 20 万~40 万辆幅度波动，第五代帕萨特的产量后期攀升至 70 万辆以上，增长迅猛。第五代帕萨特更换了设计语言，重新与奥迪共享同一平台生产（见图 3-45）。

图 3-45 1973~2007 年帕萨特产量（万辆）及同比
资料来源：大众公司

5.1.3 POLO——开拓小型车市场

POLO 的诞生。大众集团为了满足日益增长的小型车市场需求，在 1974 年推出了奥迪 50，但奥迪 50 价格较为昂贵，销量并不理想。于是大众在 1975 年推出了价格更低的 POLO，在奥迪 50 车身的基础上开发。相比奥迪 50，POLO 的配置更加朴素实用，性价比更高，迅速收获了市场（POLO 历代车型见表 3-4）。

表 3-4 POLO 历代车型一览

时间	代际	车型图片	平台	描述
1975~1980 年	第一代		A01	第一代 POLO 最初搭载 40PS 的 0.9L 发动机，采用两门掀背型设计。POLO GT 突出运动定位，装备了比同级小型车更宽的轮胎，增加了抓地力和稳定性。POLO 的三厢车型被命名为 DERBY
1981~1994 年	第二代		A02	第二代 POLO 沿用了两门式设计，采用了大众的家族化前脸，与当时的捷达和高尔夫拥有很相似的前脸。车身的设计提升了行李舱空间。1984 年推出了价格更低的 POLO FOX

(续)

时间	代际	车型图片	平台	描述
1994~2002年	第三代		A03	第三代POLO变为四门车型,增加了实用性。且在安全气囊、ABS和车身外壳方面将安全性能提高到能够与高尔夫相媲美。之后推出的LUPO与SEAT AROSA是基于第三代POLO的平台生产,并共享许多零部件
2002~2009年	第四代		PQ24	第四代POLO在外观上进行了重新的设计,尽管体积紧凑,但空间相比前一代更大。底盘配备了一个新的半独立后桥和优化悬架。2003年起FSI技术被应用在POLO上
2009~2018年	第五代		PQ25、PQ26	第五代POLO配备了7速DSG变速器,这是首次在POLO级别上的应用。采用了新的减振衬套以减轻重量,提高驾驶的舒适性。轮毂比上一代更大,提高了减振效果
2018年至今	第六代		MQB	第六代POLO在空间、发动机技术上都有改进。新款POLO配备了一系列的1.0 L 3缸发动机。个性化定制做到了极致,可定制14种车身颜色和17种仪表板颜色

资料来源:大众公司、汽车之家

POLO开启了大众开拓小型车市场的进程,不仅它自身成为大众的畅销产品,与它在技术和平台上共享的西亚特LBIZA和斯柯达FABIA也成为各自品牌的主力车型。大众POLO凭借其出色的舒适性和安全性,成为经济型小型车领域的标杆产品。

POLO在1994年推出第三代四门版本后迎来产量爆发。前两代的POLO都只有两门版本,直到第三代POLO才推出了四门版本,增加了实用性,产量实现了翻番。然而,在经历了4年的迅速增长期后,POLO的产量有下滑的趋势(见图3-46)。

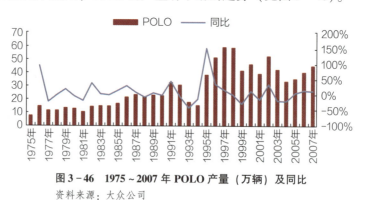

图3-46 1975~2007年POLO产量(万辆)及同比
资料来源:大众公司

5.1.4 新一代车型的成功原因

在石油危机的影响下,消费者对经济型汽车的需求上升。经济型汽车的标准体现在燃料消耗少、维修和日常保养成本低，各项保险费和税率在一个合理的范围之内。大众的POLO、高尔夫和帕萨特三种不同的车型，均能满足消费者经济型汽车的新需求，故而能够获得成功。以下从油耗、维修、安全性和空间实用性四方面阐述大众新一代车型的优点。

油耗降低：

通过减轻重量和减少阻力来节省燃料。不管是POLO、高尔夫或帕萨特都有一个共同点是车身外形的设计可以节省燃料的消耗。大众在设计新一代车型的车身时，考虑了将阻力降至最低。阻力系数（Cw）越低，油耗越低，最大转速越高。第一代高尔夫的风阻系数为0.42（见图3-47）。

钢质支撑子午线轮胎减少了5%的油耗。大众为所有新一代车型配备了钢支撑的骨架，具有更广泛的接触贴片和更高的胎面肩，使驾驶较少受到不可预测的变化干扰，从而更安全。此外，它们在两个方面具有经济性：首先，滚动阻力降低，仅这一项就可以节省5%的燃料费用；其次，轮胎本身比其他类型轮胎的平均寿命更长（见图3-48）。

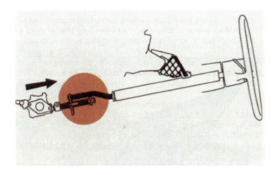

图3-47　帕萨特的安全转向柱
资料来源：大众公司

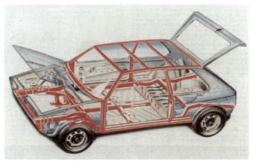

图3-48　大众汽车的乘客舱架构
资料来源：大众公司

维修成本与工作量减少：

大众延长了所有车型的维修间隔期，减少维修次数。POLO、高尔夫和帕萨特每年只需要维修一次，或每1.5万km维修一次。每年更换两次机油，或每7500km更换一次。车上的维护费用按比例下降。此外，大众的新车型不仅减少了维修次数，而且实际涉及的维修工作量也被削减。大众运用了计算机诊断系统来调查可能需要修理或调整的主要项目，简化了故障跟踪，缩短了维修时长。

易于维修的设计简化了维修工作。大众在车型的设计过程中考虑了如何让维修工作变得更容易。舱内的所有主要部件都易于获取，因此对化油器、点火系统或阀门齿轮进行维修或调整比较容易，无需长时间和昂贵的准备工作。例如，所有车型的前翼不再焊接，而是用螺栓固定在车身结构上。这一原理曾在甲壳虫上得到了成功的应用，节省了修理的时间。

安全性能提高：

大众将安全性放在设计要求的第一位。根据调查显示，安全是消费者排在款式、经济性和初始成本之后的第四大购买动机。大众在减轻汽车车身重量的同时保证了驾驶的安全性，摒弃了过去重量大、刚度大的汽车更安全的概念。减轻重量使汽车易于操作和控制，制动更灵活，燃料的消耗和轮胎磨损减少。POLO、高尔夫和帕萨特，虽然重量较轻，但新的生产技术和更高强度的材料使这些车型坚固耐用。

前轮驱动结合钢支撑子午线轮胎减少了事故频率。前轮驱动的特殊优点是对侧风的敏感度低，以及良好的牵引力，主要归功于发动机几乎直接作用在前轮上的重量。即使是在潮湿或泥泞的道路上或积雪中，前轮驱动的汽车也能以直线行驶。前轮驱动结合钢支撑子午线轮胎已成为新一代车型的标准配置。

对角线双回路制动系统保证了制动效果。大众新一代车型配备了对角线双回路制动系统与盘式前轮制动（见图3-49）。该制动系统保证了即使当一个制动电路出现故障时，也能保持良好的制动效果。在这种情况下，一个前轮和一个后轮仍然能够制动。

85%的全方位视野给驾驶者安全心理（见图3-50）。大众通过设计的改进，优化了驾驶员的视野，几乎消除了驾驶员的视野禁区。在高尔夫上，驾驶员的视线禁区不超过总观看圈的15%，这是高尔夫设计上的突出优点。此外，高尔夫厚重的C柱和L型曲线也给予了架驶员安全的心理暗示。这一特征与当时流行的方正棱角明显不同，因而高尔夫树立了独特的形象。高尔夫没有在C柱上安装通风口，这样的做法会使得C柱的刚度和强度下降。

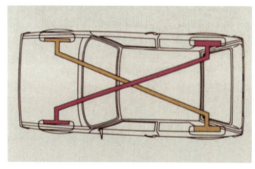

图3-49 新一代车型的对角线双回路制动系统
资料来源：大众公司

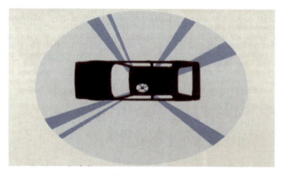

图3-50 驾驶员拥有85%的全方位视野
资料来源：大众公司

空间更加合理：

新一代大众汽车的关键特点是体型紧凑但内部空间实用。POLO、高尔夫和帕萨特都属于体型紧凑的汽车，但如果以车内空间来衡量，它们的尺寸就大了。例如，在大众新一代车型中，POLO最短，只有3.5米却可提供不少于2.32平方米的座位面积，在可用长度上相当了不起。这一特点在帕萨特上更加明显：虽然这款车只有4.2米长，仅比甲壳虫多出13厘米，但它提供了几乎比甲壳虫多出1.3米的内部可用空间。POLO、高尔夫和帕萨特采用了节省空间的新设计方法，乘客舱和行李舱与发动机舱的比例约为5:1（见图3-51）。

图 3-51 乘客舱和行李舱与发动机舱的比例约为 5:1
资料来源：大众公司

大面积的后挡板拓展可变的行李舱空间。后挡板面积不小于 $1.5m^2$，可以装载体积较大的物体。如图 3-52 所示，可用的行李舱空间可以通过几个简单的操作增加到原来体积的三倍，仅需要把后座向前折叠。例如，在高尔夫上，可以创造接近 1100L 的满载空间。如果乘客的座椅可以向前滑动，椅背可以折叠，那么几乎整个车身内部都可以使用（见图 3-52）。

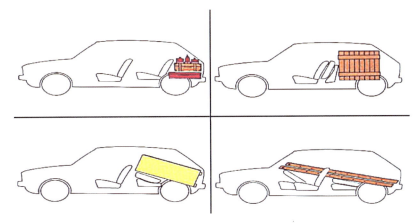

图 3-52 可变的行李舱空间
资料来源：大众公司

经典的设计和高水平的工艺让这三款车型经久不衰，成为大众集团的主力和支撑车型。在 1980~1992 年，POLO、高尔夫和帕萨特三款经典车型及高尔夫的衍生车型捷达/宝来的产量占比一直保持在集团所有车型的 50% 以上（见图 3-53）。

图 3-53 1973~1992 年大众集团分车型产量图（万辆）
资料来源：大众公司

5.2 石油危机使经济型汽车受益

1973~1975年的第一次石油危机，使原油价格从3.29美元/桶提升到了11.58美元/桶。 1973年10月石油输出国组织OPEC采取了提价、减产以及对西方国家禁运的措施，导致国际油价大幅上涨，西方国家国际收支出现赤字，引发了1973~1975年战后资本主义国家最大的一次经济危机。

1978~1980年的第二次石油危机，使原油价格从14.02美元/桶猛增至36.83美元/桶。 1978年伊朗国内爆发的革命和1980年两伊战争的爆发使得世界石油产量急剧缩减，再次引起油价上涨（见图3-54）。

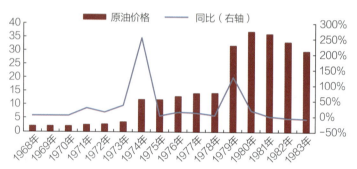

图3-54　1968~1983年原油价格（美元/桶）及其同比
资料来源：BP

大众的新一代产品帮助其度过了两次石油危机。 两次石油危机对中高端产品的冲击尤为严重，大众推出的帕萨特、高尔夫和POLO成功迎合了市场对经济型汽车的需求，缓解了由经济危机造成的国内和出口市场需求下降的影响（见图3-55）。第一次石油危机期间，在其他制造商的销量大幅下滑的情况下，大众销量略有下滑，维持了较好的销量规模。1974年在奥迪NSU销量同比下降29%的情况下，大众品牌的汽车销量仅下降了6%（见图3-56）。1975年以来，高尔夫引领了德国新车登记数据。1976年，大众集团的销量同比增长5.1%。而当奥迪在1980年销量下滑13%时，大众的经济型汽车（高尔夫、高尔夫柴油版和新帕萨特）帮助大众集团保持住了接近30%的国内市场份额，维持了前一年的销量规模。

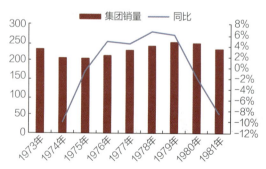

图3-55　1973~1981年大众集团销量（万辆）及同比
资料来源：大众公司

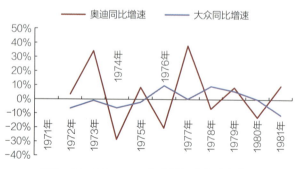

图3-56　1971~1981年奥迪与大众同比增速
资料来源：大众公司

5.3 海外市场遭遇困境

5.3.1 汇率导致大众汽车竞争力下降

20世纪70年代以来,美元对德国马克一直在贬值,这种持续贬值的走势一直持续到80年代中,这不利于大众对美国的出口(见图3-57)。1973年7月,美元汇率跌至1美元兑2.3德国马克,这导致德国汽车在美国市场的价格更加昂贵,而大众是德国的第一大汽车出口商,首当其冲地面对这种汇率的不利变化。汇率的变化迫使大众集团大幅度提高产品的价格从而在激烈的美国市场竞争下产品的竞争力下降。

图3-57 1970~1985年美元对德国马克汇率
资料来源:Wind

5.3.2 严峻的人工成本形势

德国社会的高成本给大众带来了巨大负担。1973年达成的工资协议给大众带来了巨大的人力成本负担。成本上升的趋势迫使大众提高了产品价格,但这种提价是有限度的,上涨的成本无法全部转移到价格上,因为大众在海外市场的竞争日益激烈(见图3-58)。

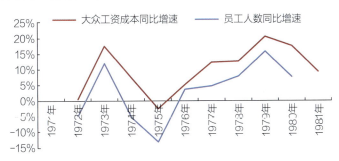

图3-58 1971~1981年大众工资成本与员工人数同比增速对比
资料来源:大众公司

5.3.3 日系车崛起,大众丢失美国市场

由于石油危机,这一时期是美国对小型车的需求上升期。尽管如此,大众在激烈的市场竞争下输给了日本汽车制造商,接连丢失市场份额。并且由于汇率的变化和成本的增

加，大众被迫提高产品价格，对其竞争能力产生了不利影响（见图3-59）。

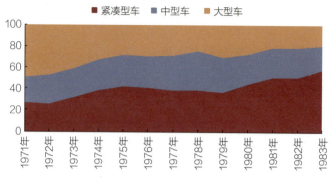

图3-59　1971~1983年美国市场的各车型市场占比
资料来源：美国交通运输部

大众在美国销量持续下滑，日本汽车制造商来势汹汹。1973~1976年，大众在美国的销量从52万辆下降到23万辆，市场份额从3.59%被腰斩至1.77%。而石油危机刺激了日本制造商的扩张，在1970~1980年短短10年的时间里，日本汽车制造商侵蚀了美国汽车制造商的大量市场份额。1980年日系车在美国的市场份额增加到20%（见图3-60）。

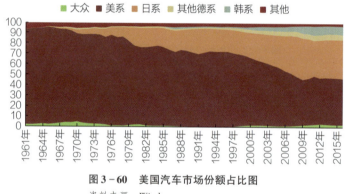

图3-60　美国汽车市场份额占比图
资料来源：Wind

大众在美国重组分销体系和在美国建厂。为了避免在美国销量的进一步下滑，1973年美国的分销体系进行重组，承担大众汽车的批发职能。在两家加州分销商被收购后，分销子公司与美国大众汽车公司合并，区域分销中心负责各销售区域的管理。为了弥补因不利汇率和德国的高成本而造成的不利影响，1973年初，公司开始考虑在美国建立一个生产基地。美国高昂的劳动力成本是阻碍这一计划的因素。然而，基于在墨西哥扩大生产基地并出口给美国可能会危及大众产品形象的考虑，大众最终仍选择了在美国生产。此外，高尔夫在欧洲市场的巨大成功也促使大众决定1976年6月开始在美国制造兔子（美国版的高尔夫）。

1977~1981年大众在美国的销量出现短暂复苏，随后销量再次走低，出售第二家工厂。1977年，美国大众汽车公司的销量增加22%，扭转了此前的下滑趋势（见图3-61）。大众在美国Westmoreland的工厂于1978年4月开始为北美市场生产汽车。1980年开始的全球经济衰退和来自日本汽车制造商的大规模竞争给大众在美国市场造成了巨大压力。1982年大众销量同比下降40%，市场份额一路下滑。位于斯特林高地的第二家组装厂于1982年竣工，但没有投产，并于1983年出售（见图3-62）。

图3-61　1972~1981年大众在美国的销量（万辆）及同比
资料来源：carsalesbase

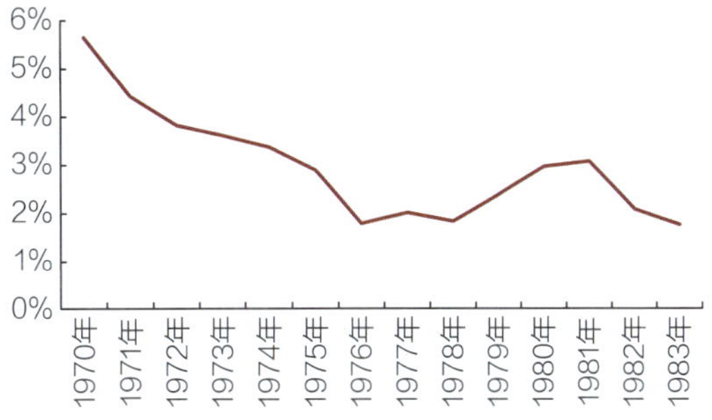

图3-62　1970~1983年大众在美国的市场占有率
资料来源：Wind

5.3.4　大众巴西销量大幅下滑，曾经的"明珠"黯然失色

巴西从1960年以来销量一路高歌猛进，发展成为大众最重要的海外市场之一。即使在第一次石油危机期间汽车需求仍然旺盛，但随着1981年巴西国内经济急剧恶化，大众在巴西的汽车销量也出现了大幅下降。经济危机加上政府限制性的进口政策，导致大众在巴西的汽车销量在1981年同比下降了36%。1981年，包括收购的克莱斯勒阿根廷和巴西公司，巴西大众共造成了5.39亿德国马克的损失（见图3-63）。

图3-63　1960~1984年大众在巴西销量（万辆）及同比
资料来源：大众公司

稳定南美市场，接管克莱斯勒公司。为了稳定在南美的地位，大众汽车1979年接管摇摇欲坠的克莱斯勒巴西分公司，1980年接管克莱斯勒阿根廷分公司。通过重组克莱斯勒汽车公司巴西有限公司，大众加大了对巴西商用车领域的拓展。该公司只生产卡车，1981年3月在巴西推出11t和13t货车。

5.4　加快节能汽车的研发

两次石油危机后，能源成本高企，市场对汽车的经济性提出了新的要求和标准，这推动着汽车制造商在节能汽车的研发上加快脚步。为了应对这一趋势,大众加快了在发动机技术以及替代驱动上的研发。

大众在柴油发动机技术上遥遥领先。1976年6月大众研发出第一台4缸1.5L 50PS的柴油发动机,首次被用于高尔夫柴油发动机版本,每100km消耗柴油6L,为大众在低油耗柴油技术中的领先提供了基础(见图3-64)。1981年12月,大众成功研发出5缸涡轮增压柴油发动机。4缸1.6L涡轮增压柴油发动机被应用到1982年3月的高尔夫GTI。

奥迪发明的5缸发动机具有良好的经济性。奥迪NSU公司发明了一种5缸直列式火花塞点火发动机,它是在奥迪80 1.6L发动机的基础上发展起来的,容量是2.2L,输出功率是100kW。采用燃油喷射系统进行渗碳,保证了良好的燃油经济性和低排放。奥迪的5缸发动机提供了与6缸发动机相同的舒适性,但具有与4缸发动机一样的经济性(见图3-65)。

图3-64 大众第一台50PS柴油发动机
资料来源:大众公司

图3-65 奥迪发明的5缸发动机
资料来源:大众公司

5.5 成本高企,利润不甚理想

大众集团的利润恶化情况分别发生在两次石油危机期间。由于石油危机造成的销量下滑以及美国市场经营的恶化,大众在1974年和1975年分别亏损了8亿德国马克和1.6亿德国马克。1981年大众在巴西的销量大幅下滑,仅巴西地区就造成了5.39亿德国马克的损失,给大众集团的整体利润带来了负面影响。毛利率和净利率在两次石油危机期间均有大幅下滑(见图3-66,图3-67)。

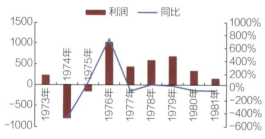

图3-66 1973~1981年大众集团净利润(百万德国马克)及同比
资料来源:大众公司

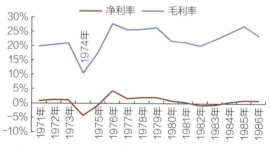

图3-67 1971~1986年大众集团毛利率及净利率
资料来源:大众公司

两次石油危机期间利息支出陡增,工资成本和利息支出占总成本的比重有较大幅度的上升。1974 年利息费用从 2.25 亿德国马克增长至 4.66 亿德国马克,主要是由于美国大众汽车公司、巴西大众汽车公司和墨西哥大众汽车公司的银行贷款增加。造成 1981 年的利息费用从 5.6 亿德国马克增加到 14 亿德国马克的原因是大众在南美的子公司信贷额增加,而这些国家由于通货膨胀严重,导致融资成本高企(见图 3-68,图 3-69)。

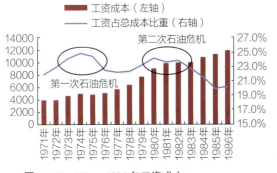

图 3-68　1971~1986 年工资成本（百万德国马克）及占比

资料来源:大众公司

图 3-69　1971~1986 年利息支出（百万德国马克）及占比

资料来源:大众公司

第一次石油危机期间正值大众新一代车型的推出,主要资本开支是为了新车型的生产线的需要。1980 年大众集团的投资同比增长 38%,主要用于新帕萨特和桑塔纳的生产以及建设捷达在南非和墨西哥的生产设施。20 世纪 80 年代初期的投资的另一个重要方向是改进生产设备,增加计算机技术的应用和提高生产的现代化水平(见图 3-70,图 3-71)。

图 3-70　1969~1981 大众资本开支（百万德国马克）及折旧

资料来源:大众公司

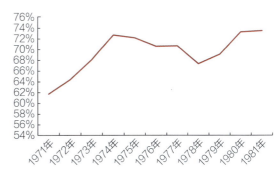

图 3-71　1971~1981 年大众资产负债率

资料来源:大众公司

6 收购新品牌，开拓新市场（1982～1991年）

把握欧洲和亚洲的机会，国际分工降低成本。 1982～1991年，欧洲和北美市场竞争加剧，能源价格上涨、国际货币市场不稳定，汽车行业竞争压力增加。所有这些都迫切需要新的产品和生产理念。面对这些挑战，大众汽车利用国际合作的机会，通过国际分工降低生产成本来加强集团。大众抓住了20世纪80年代在欧洲和亚洲市场提供的机会，以应对汽车行业面对的压力，随着世界汽车产业结构的变化，大众集团逐渐发展成为一个多品牌与全球生产的大集团。

6.1 把握欧洲和亚洲市场，成为世界级企业

增加欧洲与中国战略投资，收缩北美市场布局。 1983～1993年，大众加强了在欧洲、南美和中国的投资，在北美市场的战略有所收缩。在西欧收购西亚特，在中欧收购斯柯达，西亚特和斯柯达的加入不仅巩固了大众在整个欧洲的市场地位，而且帮助大众降低了生产成本，同时推进了大众的多品牌战略。在中国，大众与中国企业成立了两家合资企业，奠定了大众在中国市场长期的地位，并为大众成为全球销量冠军打下基础。1983～1993年大众汽车集团内的战略调整见表3-5。

表3-5 1983～1993年大众汽车集团内的战略调整

时间	事件
1983年	出售美国密歇根的大众斯特林—海斯组装厂；开始在西班牙巴塞罗那的西亚特生产大众帕萨特
1984年	开始在西班牙潘普洛纳的西亚特生产POLO；收购意大利进口商"AUTOGERMA S. p. A"
1985年	在中国成立合资企业"上海大众汽车有限公司"
1986年	购得西班牙巴塞罗那的"西亚特汽车公司"的多数股权；出售凯旋鹰公司
1987年	关闭美国的南查尔斯顿厂，将冲压件制造转移往墨西哥的普艾布拉；在巴西和阿根廷同福特联合成立"AUTOLATINA"
1988年	关闭美国Westmoreland的工厂，将汽车制造厂转移到墨西哥的普艾布拉；购得Europcar租车公司的股份
1989年	在德国引入经销商网络；开始在汉诺威的大众汽车商用车公司制造厂生产丰田皮卡；出售大众汽车在美国德克萨斯的沃斯堡空调器厂
1990年	成立"大众萨克森股份有限公司"，茨维考；为摩泽尔汽车厂奠基，茨维考

(续)

时间	事件
1991年	合并"大众汽车金融股份有限公司"的金融服务;在中国长春成立合资企业"一汽—大众汽车·有限公司;"先收购捷克共和国姆拉达—博莱斯拉夫的"斯柯达汽车制造厂"31%的股份,接受负责管理;在斯洛伐克的布拉迪斯拉发成立"布拉迪斯拉发大众汽车,spol. S. r. o。"
1992年	把匈牙利的杰尔定为一座新的奥迪发动机厂的厂址;西班牙马尔托雷尔的西亚特工厂投产;阿根廷的科尔多瓦变速器厂投产
1993年	收购英国出口商"英国V. A. G股份公司"

6.1.1 实施西亚特战略,打开西欧市场

20世纪80年代初西班牙汽车市场在欧洲就已经排名第五了,当时西班牙市场的汽车公司包括西亚特、通用汽车、福特、标致和雷诺。乘用车进口限制取消后,1981年5月,大众汽车成立了自己的销售机构作为进入西班牙市场的第一步,第二步是与西班牙国有汽车制造企业西亚特签订合作协议。

与西亚特合作,夺取欧洲市场冠军。从1984年初开始,西亚特开始生产帕萨特和POLO的授权版本,大众将POLO的生产成本降到西班牙水平,同时沃尔夫斯堡空出来的生产能力用于生产高尔夫。这一切都不必再花费新的投资。大众和奥迪在西班牙的销量从1982年的2379辆攀升至1984年的28667辆。同西亚特的合作为大众汽车集团在1985年首次夺取欧洲市场销量冠军创造了条件,1985年大众集团在欧洲销量近76万辆,增幅约为24%(见图3-72)。

图3-72 1984~2011年大众在西班牙的销量(万辆)及同比
资料来源:大众公司

西亚特作为第三个独立品牌进入大众集团。大众在1986年6月收购了西亚特51%的股份,西亚特作为第三个独立品牌整合进大众集团。1987年,西亚特在西班牙市场的增长率为20%,销量呈迅猛发展。大众对西亚特推行了以下三项改进措施:改善西班牙的西亚特销售组织和建设一个欧洲的、终极目标是全球化的西亚特销售组织;改善西亚特的产品系列,独立开发一款建立在大众汽车集团平台上的西亚特新车;对西亚特的生产实施合理

化和现代化的整顿，统一采购。然而，西亚特与菲亚特的脱离产生了问题，菲亚特要求西亚特自己承担产品开发，因此在生产效率和开发方面进行了大量投资，直到1988年才实现盈利（见图3-73）。

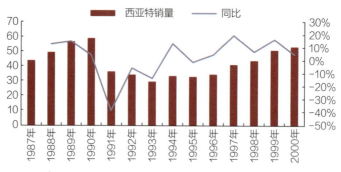

图3-73 1987~2000年西亚特销量（万辆）及同比
资料来源：大众公司

西亚特战略是大众集团欧洲化政策的重要基石。大众集团认为，西亚特适合在集团内部用来征服欧洲地中海市场上特别重要的小型车系列，所有的西亚特产品都曾经是菲亚特的车型，因此适应这些市场不成问题。而高尔夫级暂时构成上限，重点显然在于高尔夫以下的车型级别。西亚特战略不仅靠一个品牌及其工厂，也靠经销商带来的市场份额建立阵地，也就是客户、车间和配件业务，征服市场份额，花费会比建造一座汽车制造厂还大。同西亚特的合作为大众汽车集团顺利开发伊比利亚半岛市场。

6.1.2 收购斯柯达品牌，向东欧拓展

柏林墙倒塌，在原德意志民主共和国（东德）进行生产。1989年柏林墙倒塌后，大众汽车开始进军东德市场。1989年12月，大众与Chemnitz的VEB IFA-Kombinat Personenkraftwagen共同组建了公司"Volkswagen IFA-PKW GmbH"，为开发和生产具有国际竞争力的汽车做准备。1990年5月21日，第一辆POLO在原Trabant工厂组装，1991年2月开始生产高尔夫。随着需求增长，大众在Mosel、Chemnitz和Eisenach投资扩大生产，Mosel负责组装厂，Chemnitz工厂提供发动机，气缸盖是在Eisenach制造的。

收购斯柯达，集团拥有四个独立品牌。斯柯达从1905年起就开始生产汽车了，在将近一个世纪的时间里，企业的命运几经更迭。1989年后，随着捷克经济体制的改变，斯柯达开始寻找强势的合作伙伴。大众和雷诺都对斯柯达有兴趣。大众的策略是保留斯柯达为一个独立的汽车企业，保留和它的传统相符合的捷克品牌，而雷诺可能没有多品牌战略。这使得斯柯达的员工更倾向于大众集团。1991年，大众汽车公司先以31%股份参与斯柯达汽车制造厂，不过立即承担管理责任，斯柯达成为大众集团第四个独立品牌，另外三个是大众汽车、奥迪和西亚特。到1995年大众汽车公司将股比提高到70%。2000年，斯柯达彻底转让给了大众汽车（见图3-74）。

强化在欧洲的市场地位，助力大众优化成本。收购斯柯达强化了大众在欧洲的领袖地位，提升了大众在中欧市场的市场占有率，1989年大众在中欧的市场份额是2.2%，2001

年大众在中欧的市场份额达到了30%。斯柯达也为大众向东拓展创造了新的机会。相比于德国国内,斯柯达具有更好的成本优势,有助于大众实施多品牌战略,提高大众在汽车行业的地位。收购斯柯达获得的不仅仅是生产能力,而是拥有庞大市场份额和众多老客户的品牌(见图3-75)。

进入斯洛伐克,成立大众布拉迪斯拉发公司。 1991年3月大众布拉迪斯拉发公司成立,12月开始生产帕萨特车型。随着产能的扩大和变速器工厂的建设,GOLF SYNCRO的生产在1995年被转移到大众布拉迪斯拉发。

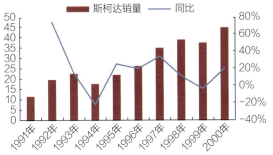

图3-74　1991~2000年斯柯达销量(万辆)及同比
资料来源:大众公司

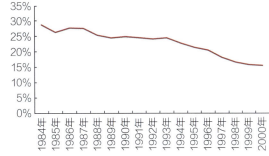

图3-75　1984~2000年大众集团人力成本占总成本比重
资料来源:大众公司

6.1.3　布局中国,是成为世界顶级企业的基础

在亚太地区战略成功的关键在于中国,中国汽车市场潜力大。 中国的改革开放开辟了具有巨大发展潜力的市场,与此同时,中国政府对大众表示了信心,大众在同为发展中国家的巴西和墨西哥率先发展了汽车工业。1978年底大众与中国进行了最早的会谈,但是20世纪70年代末和80年代初第二次石油危机破坏了所有计划。大众认为,中国市场未来将成为世界上最大的汽车市场,并且依靠规模带来的成本优势,中国最终将成为战略上最重要的大众汽车产地。

大众在中国首家合资公司——上海大众成立。 1984年德国和中国签署了成立合资企业"上海大众汽车有限公司"的合同。1985年合资企业"上海大众汽车有限公司"成立,并开始生产桑塔纳,大众汽车公司拥有中德合资企业50%的股份。在扩大产能的过程中,上海大众一度成为中国最大的乘用车生产商,使大众汽车成为中国市场的领导者。

一汽-大众成立,进一步确保大众在中国长期地位。 1988年,大众汽车与中国汽车制造商"一汽"就奥迪100的授权生产签署初步协议。1991年2月成立了大众在中国的第二个合资企业"一汽-大众汽车有限公司",大众持有40%的股份。一汽-大众汽车有限公司的成立进一步确保了大众在中国市场的长期地位。捷达最初是用进口零件组装的,从1994年底开始,一座年产能为15万辆的新工厂开始生产捷达。两年后,变速器和发动机的生产投入运营,为集团在中国国内供货,并向德国出口。

针对中国市场推出车型。 大众针对中国市场设计的桑塔纳2000于1995年推出,它具有更长的轴距，中方人员也参与到车型的开发过程中。2008年，大众在中国推出了专为中国市场开发的两款A级车——基于相同平台的朗逸和新宝来，这两款车完全符合中国市场对低价位紧凑型轿车的需求。朗逸是第一款主要由中方合作伙伴设计的量产小型家庭轿车。自2010年以来，曾多次获得中国轿车市场的销量冠军。

自1985年以来大众汽车在中国市场一直处于领先地位。中国市场在2007年成为大众乘用车品牌最大的单一市场，桑塔纳、捷达和奥迪200（A6前身）成为各自细分领域的代表车型。大众在中国市场的第一波高增长出现在2003年，同比增速高达43%。2006年起进入连续的高增长期，即使2008的金融危机也没有对增长造成太大的影响，仍然保持了12%的增速；2013年起增速开始回落，2015年销量出现同比下降。大众进入中国市场的时间很早，因此早期的市场份额非常高。随着美国和日本汽车制造商进入中国市场后，竞争加剧，大众的市场份额下降，但仍是中国销量最高的品牌。

布局中国，使大众成为世界顶级企业。大众在中国成立两家合资公司，为大众成为世界顶级汽车企业奠定了基础，大众在中国大事记见表3-6。2000年以后，中国成为全球增速最快的汽车市场，全球市场的增量也主要来自中国，大众在中国具备先发优势，在中国乘用车的市场占有率长期保持第一。2017年大众在中国的销量为417万辆，占大众总销量的近40%，贡献出集团营业利润的34%。1990~2017年，大众汽车销量从300万辆增长到1077万辆，中国市场贡献增量415万辆（见图3-76~图3-79）。

表3-6 大众在中国大事记

时间	事件
1978年	中国政府代表团访问德国，与大众汽车集团首次探讨合作事宜
1983年	第一辆大众桑塔纳轿车在上海组装成功
1984年	中德双方签订合营合同
1985年	上海大众汽车有限公司成立
1988年	"上海桑塔纳轿车国产化共同体成立"，奠定中国现代轿车零部件国产化的基础。一汽集团与大众集团签署奥迪100引进协议，一汽集团以许可证方式生产奥迪100
1991年	一汽-大众汽车有限公司成立；第一辆捷达A2轿车在一汽轿车厂组装下线
1995年	奥迪股份公司成为一汽-大众有限公司的第三方股东；上海大众生产的桑塔纳2000开始量产，这是第一款在外来引进车型的基础上更加进行中国国情本土适应性改造的车型，中方人员参与了研发
1997年	一汽-大众销售公司成立
2000年	上海上汽大众汽车销售有限公司正式成立；帕萨特被引进中国
2001年	一汽-大众宝来上市
2002年	上汽大众POLO上市，是中国第一款与世界同步推出的紧凑型轿车
2003年	一汽-大众速腾和迈腾上市
2004年	大众汽车集团（中国）成立

(续)

时间	事件
2007年	上汽大众斯柯达品牌首款车型 Octavia 明锐上市
2008年	上汽大众自主研发的朗逸上市
2010年	大众的首款 SUV 车型途观上市
2017年	上汽大众途昂上市

资料来源：大众中国官网、上汽大众官网

图 3-76　1990~2017 年大众在中国销量（万辆）及同比
资料来源：大众公司

图 3-77　1990~2017 年大众集团全球总销量（万辆）及同比
资料来源：大众公司

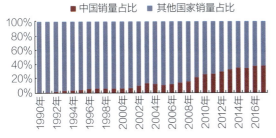

图 3-78　1990~2017 年大众集团销量分布图
资料来源：大众公司

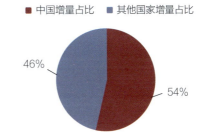

图 3-79　1990~2017 年大众集团增量分布图
资料来源：大众公司

6.1.4　与福特合作，共同应对南美市场的危机

南美洲经济的不稳定发展和高度通胀导致大众在巴西和阿根廷的子公司亏损。1986年10月，当政府实施价格管制时，大众巴西公司停止生产甲壳虫汽车。

与福特成立合资公司，共同应对南美市场危机。1987年，德国大众汽车公司和福特汽车公司联合在南美运营，成立了合资企业"Autolatina Comercio, Negocios e Participacoes Ltda"，大众持股51%。由于巴西的经销商法，大众和福特在美国的子公司"大众巴西公司"和"Ford do Brasil S. A."在法律上都保持独立，Autolatina 则负责协调两家公司的运行。但是，Autolatina 阿根廷的情况不容乐观，因此1990年两家合并了销售网络。在合作的过程中，大众汽车主要负责技术事务，福特则主要负责财务。由于协同效应和联合生产，双方的成本结构得到了改善（见图3-80）。

直到20世纪90年代初，巴西和阿根廷达成了"汽车贸易协议"，汽车行业才焕发新生机。此外，大众和福特合作生产一种面向欧洲市场的多用途汽车SHARAN。在巴西市场开放进口汽车后，福特和大众于1995年4月终止合作。

图3-80　AUTOLATINA公司销量（万辆）及同比
资料来源：大众公司

6.1.5　北美市场战略收缩

高尔夫在美国销量不及预期，关闭美国工厂。在大众汽车扩大欧洲和亚洲新市场的同时，20世纪80年代大众在美国的业务持续下滑（见图3-81，图3-82）。日本汽车企业不仅增加了他们对美国的出口，而且扩大了在美国的产能，1986年大众汽车在美国的销售停滞。捷达依然是大众在美国最畅销的车型，因为高尔夫在美国的销量没有达到预期，因此在美国的产量不得不削减13%（见图3-83），销量下降和产能过剩迫使大众集团在1987年11月关闭了Westmoreland工厂，将汽车制造厂转移到墨西哥的普埃布拉，普埃布拉工厂为北美市场生产高尔夫和捷达（见图3-84）。

精简海外业务，合并业务区域。1986年，为了精简在美国市场的销售活动，大众集团同意大众和奥迪品牌在俄勒冈州的经销商Riviera Motors, Inc.不再续签经销商协议。1991年大众集团将其在美国、加拿大和墨西哥的生产和销售活动捆绑在一起，形成了"北美地区"（NAR）。1993年，"南美洲/非洲区域"成立，区域的管理部门执行日常经营，而委员会成员负责区域的改组和战略协调。

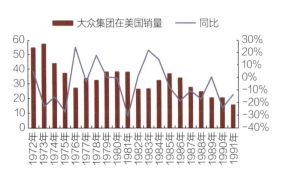

图3-81　1972~1991年大众在美国销量（万辆）及同比
资料来源：carsalesbase

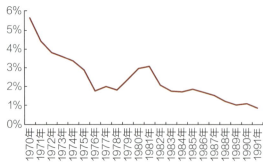

图3-82　1970~1991年大众在美国的市场占有率
资料来源：Wind

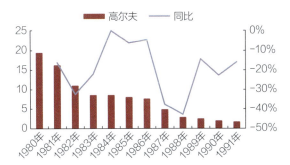

图 3-83　1980~1991 年高尔夫在美国销量（万辆）及同比
资料来源：carsalesbase

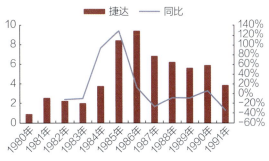

图 3-84　1980~1991 年捷达在美国销量（万辆）及同比
资料来源：carsalesbase

综上所述，这一时期大众在西班牙和中欧的开拓帮助其真正实现了从一个德国企业成为欧洲汽车市场领袖的转变。一方面大众开拓了西班牙、中欧的市场，增加了大众集团汽车销量；另一方面增加了在葡萄牙、西班牙和中欧的产能，将大众从德国本土的高成本中解脱出来，降低了生产成本。如果没有走出这两步，大众如今在西欧和中东欧的市场地位被竞争对手占据，大众的情况会相当被动。而大众在中国的布局对销量的促进作用虽然未在这一阶段立刻体现，但中国市场在 2008 年后为大众集团的销量增长贡献了主要力量。

6.2　新技术提升产品竞争力和生产效率

使用机器人生产，自动化水平提高。1983 年，专门为自动化装备而设计的机器人首次应用于汽车制造，大众的自动化水平提高至 25%，轴、发动机和齿轮都做到了自动化安装。

大众是三元催化转化器技术的先驱，减少排放。从 1984 年开始，大众为所有车型提供特殊的转换部件，将碳氢化合物和氮的排放量减少一半。此后，所有配备汽油发动机的大众乘用车都配备了催化转化器。决定性的突破发生在 1989 年，大众推出第一款使用催化转换器的柴油发动机，60PS 的发动机每 100km 只消耗柴油 4.6L，涡轮增压器优化燃烧，减少烟尘排放（见图 3-85）。

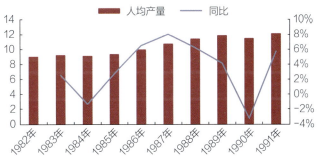

图 3-85　1982~1991 年大众集团人均年产量（辆）及同比
资料来源：大众公司

6.3 销量稳步增长，盈利持续改善

大众集团在本阶段前期销量增长有所停滞，随着第二代高尔夫和第二代捷达的推出以及大众与西亚特的合作，从 1985 年起销量开始迅速增长，从 1982 年的 211 万辆增加到 1991 年的 312 万辆，增长了约 100 万辆，1982～1991 年大众主要车型的换代见表 3-7（见图 3-86）。

表 3-7　1982～1991 年大众主要车型的换代

时间	车型
1983 年	第二代高尔夫和第二代捷达
1987 年	第三代帕萨特
1990 年	第四代运输车（T4）
1991 年 7 月	第三代高尔夫
1991 年 11 月	VENTO

资料来源：大众公司

由于在美国销量不佳，大众在美国的营收逐渐下滑，西亚特的加入弥补并超过了在美国市场失去的部分。总体而言，大众的营业收入从 1982 年的 374 亿德国马克增长到 763 亿德国马克，年均复合增长率为 8.2%（见图 3-87）。

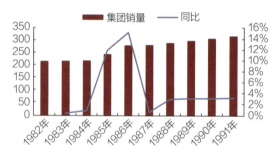

图 3-86　1982～1991 年大众集团销量（万辆）及同比

资料来源：大众公司

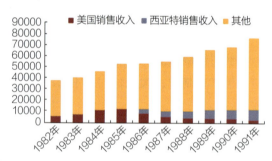

图 3-87　1982～1991 年大众集团营业收入（百万德国马克）

资料来源：大众公司

受南美子公司的亏损影响，1982 年和 1983 年的集团利润为负。随着大众整顿了北美和南美的业务，集团盈利情况逐渐改善（见图 3-88，图 3-89）。

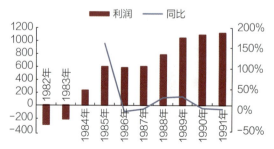

图 3-88　1982～1991 年大众集团利润（百万马克）及同比

资料来源：大众公司

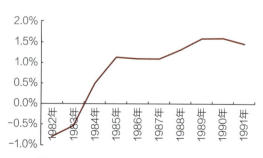

图 3-89　1982～1991 年大众集团净利率

资料来源：大众公司

7 降本增效,产品结构上移(1992~2017 年)

大众更加注重控制成本,增强公司盈利能力。大众集团在 1992~1993 年全球经济严重衰退期间开始了战略变革。20 世纪 80 年代大众集团执行的是国际化和规模扩张的策略,进入 90 年代则更加注重提高盈利能力,一方面提高生产率,削减成本;另一方面强调产品的多样性,产品结构的向上延伸。在控制成本方面,大众学习丰田的精益生产,同时充分利用全球生产网络中的劳动分工进行国际化的采购和生产,平台化和模块化策略对减少开发时间和成本至关重要。

大众调整了燃料和动力系统战略的研发重心。90 年代以来,随着日趋严格的排放标准和人们对燃油经济性要求的提高,动力技术在全球范围内展开了一场变革,电动化逐渐成为未来的发展方向。大众在动力系统方面的研发重心经历了一系列发展和变化。

1989 年德国统一后经济一度恢复了繁荣景象,但 1992 年下半年开始,德国经济进入衰退。全球经济增速在 1993 年也出现下滑(见图 3-90)。行业方面,2000 年以来西欧汽车市场停滞不前,且有下降趋势(见图 3-91)。大众集团在国内销量下滑,在西欧市场已接近饱和。来自日本汽车制造商的价格竞争,加大了大众精简生产和削减成本的压力(见图 3-92)。大众三家国内工厂暂停生产、实行短时工作制、并进行裁员,以控制成本(见图 3-93)。

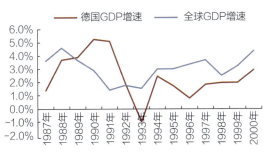

图 3-90 1987~2000 年德国与全球 GDP 增速

资料来源:World Bank

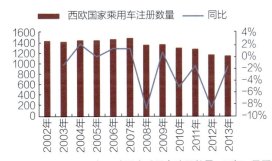

图 3-91 2002~2013 年西欧国家乘用车注册数量(万辆)及同比

资料来源:大众公司

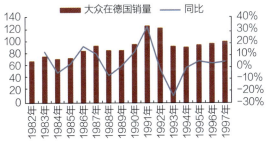

图 3-92 1982~1997 年大众在德国销量(万辆)及同比

资料来源:大众公司

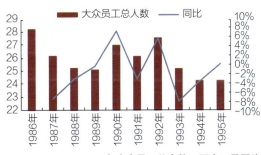

图 3-93 1986~1995 年大众员工总人数(万人)及同比

资料来源:大众公司

7.1 削减成本,提升企业运营效率

7.1.1 精益生产提高生产效率

精益生产在库存管理和团队合作方面优于大规模生产。精益生产之所以库存较低,是因为采用了准时化生产方式(JIT),即根据需要的时间和数量进行生产。另外,组装厂在生产过程中,如果发现零件有瑕疵,就马上停止生产,解决问题后才会流到下一道工序,降低了废品率,也减少了维修场地和维修工人的数量,企业无需再保持大量的库存。精益生产和大规模生产的对比见表3-8。团队合作在生产过程中非常重要。当生产出现问题时,整个团队的员工群策群力,合作解决问题。这体现了精益生产重视员工参与性的思想。

表3-8 精益生产 VS 大规模生产

比较项目	精益生产	大规模生产
产品的更新换代	产品更新较快	产品更新较慢
库存	废品率低,追求零库存	废品率较高,库存大
团队合作	将员工分成团队,团队是工厂的核心	工人各司其职,缺乏团队合作

资料来源:搜狐网

按照精益生产方式重组的生产系统缩短了产品的单位生产时间。20世纪90年代初大众建造的工厂是精益生产的范例,位于德国东部的Mosel工厂和位于Martorell的西亚特工厂都移植了日本的工厂模式,生产流程得到了系统的改进。重组后的生产系统帮助大众提高了生产效率。1997年,POLO系列的单位生产时间从24h降至15h,帕萨特系列从31h降至22h。

大众在推动精益生产的过程中进行了如下改革:

引入分散化、扁平化管理的等级制度。通过引入分散化的生产管理,将精益生产的原则融进工作过程中。自1992年以来,大众一直在推进团队合作,并辅以更扁平化的层级制度。1993年大众将决策能力转移到执行部门,从而鼓励了员工的自我责任和积极性。

同步工程方法缩短项目时间。同步工程即在产品的设计开发期间,将概念设计、结构设计、工艺设计、最终需求等结合起来,成立对应的项目小组。1993年大众将车辆的开发过程从一般顺序方法转变为同步工程法,缩短了项目时间,当客户的需求发生变化时,大众可以以更快的速度对市场需求做出反应。

持续改进的管理思想鼓励了员工创新。大众采用了日本人的持续改进理念,鼓励员工参与优化工作场所,以提高所有生产过程的质量和生产效率。工厂的经理直接接受、快速检查和执行由员工提出的新点子。

7.1.2 "转盘"概念和模块化思想实现柔性生产

20世纪90年代末大众引入了"转盘"的概念，允许在工厂内部和不同工厂之间进行短时的应急性的产量调整。不同国家的工厂可以在各自的生产线上生产各种车型，调整生产计划，以应对不同车型需求的短期变化。"转盘"的概念后来被2000年的模块化策略所取代。

"呼吸工厂"的概念帮助大众实现柔性生产。大规模生产的特点之一是按照工作时间安排生产，而以市场为导向的生产则是基于企业收到的客户订单来安排时间和班次，这就是所谓的"呼吸工厂"的概念。面对季节性波动的需求，新车型的启动和车型升级计划，工厂提前计划需求周期比较困难。"呼吸工厂"的重点是要匹配生产和在手的订单之间的关系，在不同生产基地灵活生产，以及为柔性生产设立了各种工作时间模型。

大众利用平台和"主"生产站点策略来平衡产量失衡。一个生产站点只能在一个平台上生产是常态，而能够在一个平台或跨越不同平台上灵活生产的生产站点是所谓的"主"站点，比如大众在德国东部的Mosel工厂。大众可以利用这一套体系在各生产站点之间来平衡短期的产量失衡。"主"生产站点和平台策略使生产站点之间在成本、质量和交付标准上的内部竞争，从而优化了集团产能。

根据"相同零部件"原则，模块可以跨品牌、跨车型使用，节约了开发成本和降低采购价格，从而产生协同效应。例如，高尔夫、奥迪A3、新甲壳虫、斯柯达明锐和奥迪TT都是建立在一个共同的平台之上。

关于大众平台化、模块化的发展后续有专门章节阐述。

7.1.3 充分利用国际分工，进行全球化的生产和采购

全球化的生产充分利用了低成本优势。在费迪南德·皮耶希的领导下，大众集团的全球化进一步发展。通过建立灵活的全球生产网络，加强了大众集团的国际竞争力。大众在全球有50多个生产地点，例如，墨西哥工厂生产新款甲壳虫和捷达，斯洛伐克工厂生产途锐，充分利用了在低成本国家生产的优势。

市场化的采购政策创造了竞争环境。采购政策向以市场为导向的采购政策过渡，这种政策不再以稳定的产能利用率为主导，而是对客户需求波动迅速反应。20世纪90年代，大众在德国生产时更广泛地依靠外部供应商，给集团内部供应商创造了竞争环境，降低了集团生产成本。

采购由单个部件向复杂部件和模块的交付转变。平台化战略的推行也改变了大众零部件的采购政策，逐渐由单一组件转为复杂部件和模块的采购，同质化、比较独立的零部件越来越多地采取外包的政策。1995年，大众阿根廷工厂开始采用模块组装原则，供应商对组装好的零部件进行现场安装。

精益生产、协同生产和国际分工大大提升了大众的运营效率。从1993年起大众的存货周转率和固定资产周转率有明显的上升（见图3-94，图3-95）。

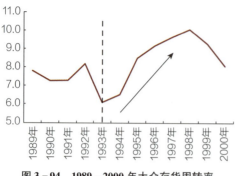

图 3-94　1989~2000 年大众存货周转率
资料来源：大众公司

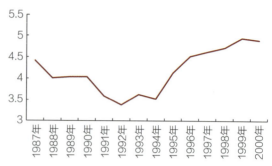

图 3-95　1987~2000 年大众固定资产周转率
资料来源：大众公司

7.2　增加产品的多样性，丰富多品牌战略

7.2.1　收购豪华品牌，进一步拓展多品牌战略

收购豪华车品牌，帮助大众实现全领域的覆盖。从 20 世纪 90 年代中期开始，精益生产的引入和产品质量的提高带来了销售和盈利显著的改善，为拓展多品牌战略提供了动力。1998 年，大众相继收购了宾利、布加迪和兰博基尼，扩大了在豪华市场的产品供应。2012 年 8 月大众汽车与保时捷汽车集团整合，保时捷全部并入大众集团。**这样，大众在顶级豪华车市场、乘用车市场和商用车市场形成了全覆盖**。这给大众带来了在品牌间实现成本和技术转移策略的优势。

自诞生起，大众与保时捷就有着千丝万缕的联系。大众的第一款汽车甲壳虫就是由保时捷的创始人费迪南德·保时捷所设计。此外，大众曾与保时捷成立了大众保时捷公司合作推出了车型大众保时捷 914 等，70 年代奥迪进入美国市场借助了保时捷的销售网络。通过几次股权增持，2009 年初保时捷持有大众 50.76% 的股份，但由于《大众法》的干预保时捷收购大众的计划最终失败。2009 年 12 月大众收购了保时捷 49.9% 的股权，2012 年保时捷品牌正式并入了大众集团。**保时捷并入大众集团后，其销量仅占大众集团的 2%，而营业利润占比在 20%~30%，2014 年后对集团营业利润的贡献超过了销量第一的大众乘用车**（见图 3-96~图 3-98）。

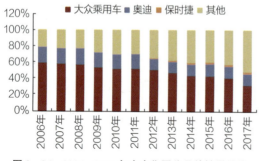

图 3-96　2006~2017 年大众集团分品牌销量结构
资料来源：大众公司

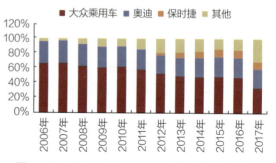

图 3-97　2006~2017 年大众集团分品牌营收结构
资料来源：大众公司

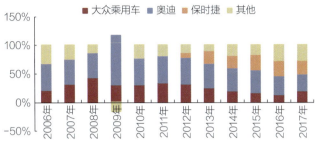

图 3-98 2006~2017 年大众集团分品牌营业利润结构
资料来源：大众公司
注：2006 年、2015~2017 年的营业利润数据为特殊项目前营业利润。2009 年的其他为负主要是因为西亚特和宾利的亏损。

集成大众和奥迪两大品牌群，突显各自特点。2001 年大众在乘用车领域进行了品牌间的合并，大众乘用车、斯柯达、宾利和布加迪品牌形成了大众品牌群，奥迪、西亚特和兰博基尼品牌则形成了奥迪品牌群。**奥迪品牌群突显运动性的特点，而大众品牌群则侧重在经典领域**。在这个大的品牌架构下，每个品牌保持自己的独立性且独立运作市场。2007 年，大众解散了大众和奥迪品牌群。

7.2.2 大众乘用车向高端市场进军

2002 年，大众推出了途锐和辉腾，进入了两个全新的细分市场：豪华跨界 SUV 和 D 级豪华轿车。

途锐是由大众、奥迪和保时捷合作开发的一款中型豪华跨界 SUV，它是大众的第一款 SUV 产品（见图 3-99）。途锐、奥迪 Q7 和保时捷卡宴这三款车型共享大众的 PL71 平台。途锐和保时捷都是 5 座，而 Q7 的加长轴距版可容纳 7 人。其他的大众品牌车辆在美国销售针对的是大众市场，而途锐的定位是宝马和梅塞德斯-奔驰豪华跨界 SUV 的竞品。

图 3-99 第一代途锐
资料来源：公开资料

辉腾的项目由时任大众集团 CEO 的费迪南德·皮耶希积极推动（见图 3-100）。皮耶希想要大众推出一款超越梅塞德斯-奔驰和宝马的豪华车。梅塞德斯-奔驰和宝马两大豪华品牌准备进军低成本的 A 级车市场，直接与大众在欧洲市场竞争。于是大众决定开发一款 D 级豪华轿车与这两个品牌竞争，另一方面是为了提升大众品牌形象。辉腾的市场定位是梅塞德斯-奔驰 S 级和宝马 7 系。但经过了十几年的时间，辉腾的

图 3-100 辉腾
资料来源：公开资料

发展并不如意，已于 2016 年停产。原因可能有以下两点：

1）大众集团已经有一个全尺寸的豪华车奥迪 A8，辉腾的定位与奥迪 A8 有所重叠，而大众的品牌与奥迪相比有劣势。

2）辉腾是皮耶希力排众议推出的，在辉腾上市后皮耶希卸任 CEO 职位，退居幕后，辉腾失去了领导者的支持。

关于途锐和辉腾的分析在后文详细阐述。

7.2.3 新品牌加入，拓展商用车领域

商用车与乘用车业务分离，大众商用车品牌正式成立。1995 年大众将原来的商用车事业部转型为集团品牌"大众商用车"，负责协调全球商用车的运营。2000 年 1 月 1 日，大众商用车品牌接管了大众巴西的商用车部门。

通过收购 Scania 和 MAN 两个商用车品牌，大众汽车公司拓展了其在国际商用车市场的地位。Scania 成立于 1891 年，主要业务是设计、制造和销售重型货车、公共汽车和长途汽车以及工业和船用发动机。Scania 在重型货车和大型公共汽车等重型商用车市场上补充了大众集团的产品组合。Scania 一半以上的销售收入来自西欧，产品也出口到中欧和东欧、亚洲、澳大利亚和南美。Scania 是商用车领域里乙醇技术的先驱。MAN 的根源可以追溯到 1758 年，它是欧洲领先的商用车、发动机和机械工程设备制造商之一，开发、生产和销售货车、公共汽车、大柴油发动机等。

2002 年大众收购了瑞典汽车制造商 Scania 18.7% 的股份和 34% 的投票权，获得了货车和柴油发动机制造商 MAN 15.06% 的股份。2008 年 7 月，大众集团在 Scania 的投票权份额增加到 68.6%，股权占比从 20.89% 增至 37.73%，Scania 被合并为集团的第九个品牌。2011 年大众对 MAN 的投票权至 55.90%，股权比例至 53.71%，MAN 成为大众集团的第十个品牌。

7.3 向新兴市场扩张

大众集团为了成为全球销量最高的汽车制造商，除了通过产品创新赢得新客户，同时利用新兴市场提供的潜力进行扩张。大众在印度等新兴国家建厂，以开发这些市场的增长潜力。

7.3.1 亚太新兴市场潜力巨大

20 世纪 90 年代以来国际汽车产业格局发生改变，在新兴国家布局愈加重要。新兴国家的汽车产量占比迅速提升。从 90 年代起，韩国汽车制造业异军突起，到 2004 年韩国成为全球第五大汽车生产国。中国在 2000 年后产量迅速增长，在 2009 年成为了全球第一大汽车生产国。2001 年印度的生产的汽车仅占全球汽车产量的 1%，2016 年这一比例已提高至 5%。相反，老牌的汽车生产国如美国、德国、法国、英国在全球汽车产量的份额逐渐在收缩（见图 3-101）。

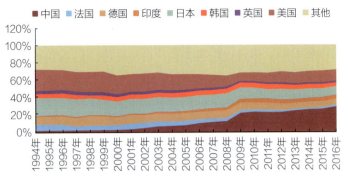

图 3-101 1994～2016 年部分国家汽车产量占比
资料来源：WardsAuto.com

大众调整组织结构，加快进入新兴工业化国家的步伐。为了抓住亚太新兴市场的增长机会，大众集团将亚太地区划分为独立的业务区域，并调整了组织结构，新设立了执行功能单元承担汽车平台的中央指导，而区域管理部门负责使汽车与顾客的需求匹配。中国、日本和新加坡是该区域的业务重点，大众开始进入泰国、韩国、印度、越南等亚洲新兴工业化国家的市场。参考日本车企，大众在亚太地区建立了一个区域供应和生产网络，使进口限制和外汇问题最小化，地区的生产同时服务于该地区市场和大众集团的整体出口。2012年，亚太地区超越西欧市场成为大众的第一大销售区域（见图 3-102～图 3-104）。

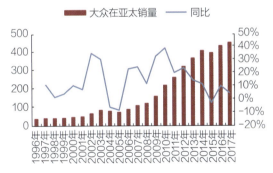

图 3-102 1996～2017 年大众在亚太销量（万辆）及同比
资料来源：大众公司

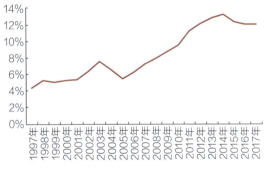

图 3-103 1997～2017 年大众在亚太市场占有率
资料来源：大众公司

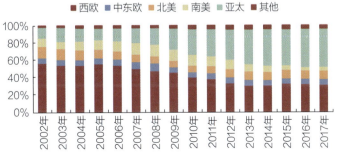

图 3-104 2002～2017 年大众全球分地区销量结构
资料来源：大众公司

7.3.2 中国市场的高速成长

大众抓住中国市场的增长机会，扩大了在华产能。 为了扩大在中国的产能，大众收购了上海汽车厂并进行了产能扩张和现代化改造。继生产底盘的长春"大众一汽平台有限公司"成立后，大众又相继成立了两家发动机合资企业。从2006年开始，"一汽发动机（大连）有限公司"为中型汽车制造发动机，而"上海大众动力总成有限公司"为紧凑型汽车制造发动机。通过这些项目，大众集团缩小了因需求增长所引发的产能不足，同时提高了在华生产的车型的本地化程度。

专为中国市场打造适应性车型。 1995年推出了针对中国市场的桑塔纳2000，相比在其他地区销售的桑塔纳，中国版具有更长的轴距。这是第一款在导入车型基础上根据中国市场进行适应性改造的车型。2008年，大众在中国推出了基于PQ34平台生产的朗逸和新宝来，这是专为中国市场开发的两款A级车，符合中国市场对于紧凑型轿车的需求。

中国是大众在亚太市场增长的主要驱动力。 中国在2007年成为大众乘用车品牌最大的单一市场，销量超过90万辆，同比增长28%（见图3-105）。大众在中国市场的第一波高增长出现在2002年，同比增速高达43%。2006年起进入连续的高增长期，即使在2008，金融危机也没有对增长造成太大的影响，仍然保持了12%的增速；2013年起增速开始回落。从销量结构来看，中国的占比逐年递增，日本的占比逐渐收缩，印度则呈现先增后减（见图3-106）。

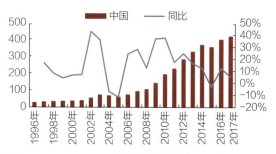

图3-105　1996~2017年大众在中国销量（万辆）及同比
资料来源：大众公司

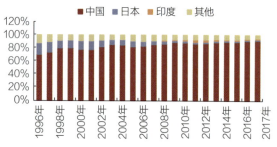

图3-106　1996~2017年大众在亚太地区分国别销量结构
资料来源：大众公司

7.4　燃料和动力传动系统的策略演变

20世纪90年代以来，随着日趋严格的排放标准和人们对燃油经济性要求的提高，大众在动力系统方面的研发经历了发展和变化。大众在前期主要是改进汽油和柴油发动机、轻量化以及替代燃料的研发，后期追求一个双管齐下的策略：一方面优化燃烧和减小发动机排量（downsizing）；另一方面逐渐加大电动汽车的研发（见图3-107）。

图 3-107 大众集团燃料和动力系统策略的演进

资料来源：大众公司

7.4.1 大众在传统发动机技术上的不断优化

大众在发动机技术领域的代表性技术有汽油发动机的 FSI 技术和 TSI 技术，柴油发动机方面的 TDI 技术。

FSI 技术让汽油直喷发动机在油耗和动力表现上更优秀。大众集团的 FSI 技术是指直喷发动机（GDI）采用了燃油分层喷射技术，由奥迪发明，是直喷式汽油发动机领域的一项创新技术，可以在同等排量的情况下提高燃油经济性和动力表现。传统发动机的喷油器位于进气道，而直喷发动机是直接向气缸内喷射燃油，会获得较好的动力表现和燃油经济性。2000 年，大众推出了第一款搭载直喷汽油发动机的 LUPO FSI，百千米平均油耗为 4.9L，比传统的同等排量车型耗油量减少 30% 左右。大众十分重视 FSI（燃油分层喷射）技术在集团内车型上的推广。FSI 技术是 1.4L LUPO 发动机的标准技术，随后在第五代高尔夫和捷达、第六代帕萨特上广泛应用，2007 年途观采用了带涡轮增压或双增压的 FSI 发动机（见图 3-108）。

大众集团是柴油发动机领域的先驱。早在 1976 年，奥迪就着手研发提高柴油的接受程度，改造柴油发动机的形象。1989 年，奥迪研发出 2.5L 5 缸 TDI 发动

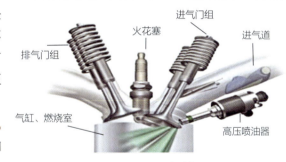

图 3-108 FSI 发动机

资料来源：百度百科

机（直喷涡轮增压柴油发动机），是世界上第一个系列生产的全电子控制的柴油发动机，为柴油技术开创了新的发展趋势（见图 3-109）。1991 年奥迪率先开启了 TDI 时代，1.9L、66kW 的 TDI 发动机首先被用于奥迪 80（这款发动机随后也被用于帕萨特）。1995 年，奥迪 A6 2.5 TDI quattro 是世界上第一款采用直喷式柴油发动机和 quattro 驱动（全时四轮驱动）的中高档轿车，103kW 的柴油发动机每 100km 仅消耗柴油 6.5L。随着 1999 年在 LUPO 3L TDI 中首次出现的高压泵喷射系统的发展，大众强化了其在节油柴油技术领域的领导地位。新的喷射系统降低了 15% 的油耗，同时提高了转矩和性能。2000 年，大众集团更新了 TDI 发动机的泵/喷嘴总成概念。2002 年大众途锐搭载的 V10 TDI 发动机，313PS、750 N·m 转矩让其成为当时世界上顶级的乘用车柴油发动机。2004 年大众将等离子体涂层技术用于 5 缸

TDI 和 V10 TDI 柴油发动机的生产上，由于减少了摩擦，从而降低了油耗和排放水平。2007 年新的共轨喷射系统让 TDI 发动机在牵引平滑和噪声方面有了显著的改善。

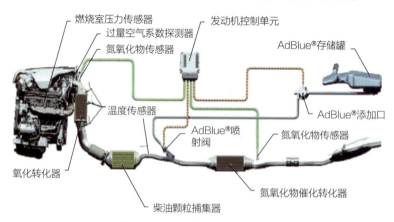

图 3-109　TDI 柴油发动机结构
资料来源：百度百科

TSI 技术是大众集团研发的双增压技术，延续 downsizing 策略。TSI 技术基于 TDI 发动机概念上发展，指同时配备了机械增压器和涡轮增压器的汽油直喷发动机。1.4TSI 发动机是大众集团在这一领域的里程碑，2005 年在高尔夫 GT TSI 上首次亮相。尽管只有 1.4L 的容量，这款发动机仍然具有强大的动力，功率 125kW，转矩 240N·m，平均油耗量为 7.2L/100km。在即使是在 1250r/min 的低转速下，单机械增压器就能保证 200N·m 的转矩。一旦转速达到更高时，涡轮增压器开始工作。无论是单独还是共同工作，机械增压器和涡轮增压器都带来了油耗性能的提升，可减少 20% 的油耗水平。

7.4.2　向电动化转型

在日益严峻的能源和环保压力下，随着电池技术日渐成熟、成本降低，电动汽车的热潮再次兴起。在全球汽车行业都在加速布局电动汽车的背景下，大众也不例外。大众 1976 年在城市出租车上进行过电动汽车的研究，配有电动机，可以在城市环境下运行，而在郊区则由内燃机驱动。2010 年零排放"米兰出租车"的概念车体现了大众追求的环保目标，该汽车是由一个最大输出 85kW 的电动机驱动，能量由锂离子电池提供，汽车最高续驶里程达 300km。大众认为，从长远来看，汽车零排放将由电动汽车和燃料电池动力汽车来实现。

大众在电池研发方面与多方进行了战略联盟。电池是电动汽车的核心，其存储容量是决定汽车行驶里程的决定性因素。2007 年，大众的研究部门开发了一种更小更便宜的高温燃料电池，电极的使用可以允许更高的操作温度。2008 年，大众集团与日本电子集团三洋合作，为高尔夫 twinDRIVE、途锐混合动力版本开发系统。大众与日本电子集团东芝在电子模块和电力牵引组件上长期合作，与明斯特大学物理化学研究所合作研究锂电池的电极材料。2010 年大众集团与多家专业电池制造商合作，系统地推进混合动力和电动汽车的高压动力蓄电池系统的开发，与合作伙伴瓦尔塔微电池公司，成立了合资公司，研发适用于汽车的电池以及相关的生产技术。大众电动化转型过程中的重要车型见表 3-9。

表 3-9 大众电动化转型过程中的重要车型

时间	车型	特点
2007 年	奥迪 quattro A1	标志奥迪进入了微型车领域。作为一款混合动力汽车，30kW 的电动机布置在后桥
2008 年	概念车 Space Up! Blue	完全由动力蓄电池驱动，这款微面是概念车"新小型车家族"系列的成员
2010 年	新途锐混合动力	欧洲第一款混合动力 SUV
2011 年	概念车 XL1	插电式混合动力系统，每 km 仅产生 24g 的二氧化碳，每 100km 消耗燃料 0.9L，成为世界上最省油的混合动力汽车
2011 年	e-Up!	大众开发的首款纯电动汽车，标志着大众电动汽车时代的到来
2013 年	奥迪 A3 e-tron、高尔夫 GTE、帕萨特 GTE	基于 MQB 平台的插电式混合动力汽车
2014 年	e-Golf	高尔夫的纯电版

资料来源：大众公司

概念车 Space Up! Blue 安装了 12 块锂电池，45kW 的电机放置在汽车后座（见图 3-110）。如果单独由动力蓄电池驱动，车辆可以行驶 100km；动力蓄电池耗尽时可以充电。高温燃料电池安放在前机舱盖下，它可以将 3.3kg 氢气转化成电能，没有任何排放。能源的一部分来自一个 150kW 的车顶上的太阳能模块。在太阳能电池和燃料电池结合的情况下，汽车可以行驶 350km，最高时速 120km/h（见图 3-111）。

图 3-110 概念车 Space Up! Blue
资料来源：维基百科

图 3-111 奥迪 A3 e-tron
资料来源：维基百科

7.5 销量利润双双爆发

得益于降成本措施的实施、豪华品牌的收购以及新的细分市场的拓展，大众的盈利在 2010 年前后迎来了爆发。1992~2017 年大众推出的主要新车型见表 3-10。

表 3-10 1992~2017 年大众推出的主要新车型

时间	车型
1994 年	奥迪 A4
1999 年	宝来
2001 年	辉腾
2002 年	途锐
2007 年	途观
2008 年	朗逸和新宝来
2017 年	Atlas/途昂

资料来源：大众公司

受益于中国市场的发展，这一阶段大众的销量和营收稳步增长，成为世界级的企业（见图3-112，图3-113）。1993年的亏损主要由经济危机导致的销量下滑、西亚特的亏损和北美地区经营所致。净利润分别在2000年和2012年出现了两次大幅增长，2000年由于德国税改取消了一次性支出，税收的减少提高了净利。2012年MQB平台的实施极大地促进了利润的增长。由于2015年的柴油门事件，大众近3年的净利润受到了影响（见图3-114，图3-115）。

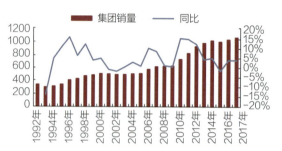

图3-112　1992~2017年大众集团销量（万辆）及同比
资料来源：大众公司

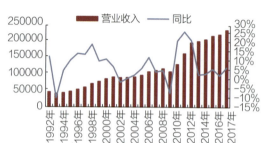

图3-113　1992~2017年大众集团营业收入（百万欧元）及同比
资料来源：大众公司

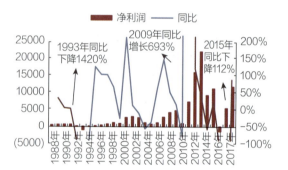

图3-114　1988~2017年大众集团净利润（百万欧元）及同比
资料来源：大众公司

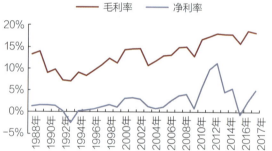

图3-115　1988~2017年大众集团毛利率和净利率
资料来源：大众公司

由于收购了几大豪华品牌，大众品牌乘用车牌增加了SUV和D级车领域的新车型，这一阶段大众集团的单车收入稳步增长，单车毛利整体也呈现了增长态势，大众的产品结构趋势是在向上延伸（见图3-116，图3-117）。

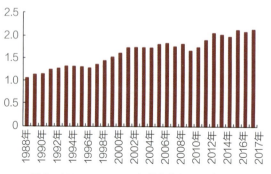

图3-116　1988~2017年单车收入（万欧元）
资料来源：大众公司

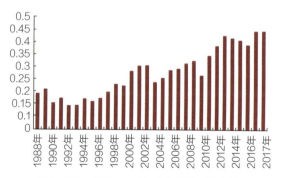

图3-117　1988~2017年单车毛利（万欧元）
资料来源：大众公司

8 汽车金融服务的发展

8.1 金融服务推动汽车销售

大众金融在 1949 年成立，成立之初主要业务是为零售客户和经销商提供贷款，旨在促进大众汽车的销售。 1949~1954 年，一年期贷款从 168 笔增加到 14831 笔，融资额从 55.1 万德国马克增加到 4870 万德国马克。1960 年以后，国内销量的增加和交货期的缩短推动了信贷业务的增长。

1990 年起大众金融进入直接银行业务，与传统的经销商和客户融资业务并行。 在德国推出了领先的信用卡、欧洲卡和 Visa 卡的套餐。后来产品组合扩展到为外部客户提供分期付款计划，分期付款计划在合同结束时有几种选择：归还车辆、支付最后的合同款项或续期。1999 年，大众银行通过提供抵押贷款和投资基金服务进一步拓展业务，提供的产品和服务的范围远远超出了汽车行业，是一家在德国拥有完整牌照的银行。

通过收购保险公司 VVD，大众金融服务进一步扩大了业务范围，开始提供保险服务。 2005 年成立了自己的再保险公司"大众再保险股份有限公司"，为个人客户提供量身定制的服务以满足需求。例如，大众提供了一种汽车保险，其保险费部分取决于车辆的安全设备水平。

2000 年在大众收购 Europcar100% 股权后，大众金融整合了 Europcar 集团的短期租车业务。2006 年出售 Europcar 股权后，大众金融的业务只包含金融服务业务线，包括大众汽车金融服务股份有限公司、大众银行和大众租赁。

经过近 60 年的发展，大众金融已成为欧洲最大的汽车金融服务公司，提供经销商和客户融资、汽车的长期租赁、保险及车队管理业务，促进和支持集团汽车产品的销售，并巩固客户对集团品牌的忠诚度，是大众集团业务的重要组成板块，大众金融服务业务范围见表 3-11。

表 3-11 大众金融服务业务范围

业务条线	金融服务	Europcar（2000~2006 年）
业务范围	经销商和零售客户融资 汽车的长期租赁 保险 车队管理	短期租车

资料来源：大众公司

8.2 业务稳步扩张

业务规模扩大，员工人数增长。大众金融的存量合同数量（包括融资、租赁及保险）虽然在 2000 年出现过 45% 的高增长，但下一年增速迅速回落，在 2011 年前以个位数的增速稳健发展。2011~2016 年大众金融进入了快速发展时期（见图 3-118）。应收账款和直接银行存款同样在 2010 年前后开始快速扩张。通过增加与品牌和经销商的合作，增加了生息业务，大众在汽车价值链中占有更大的份额（见图 3-119~图 3-121）。

图 3-118　大众金融存量合同数量（千份）及同比
资料来源：大众公司

图 3-119　大众金融服务应收账款（百万欧元）及同比
资料来源：大众公司

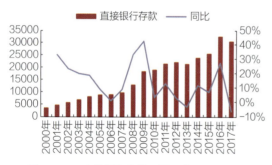

图 3-120　直接银行存款（百万欧元）及同比
资料来源：大众公司

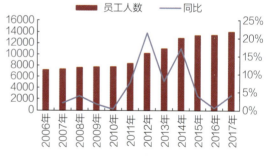

图 3-121　员工人数（人）及同比
资料来源：大众公司

从存量合同的业务结构上看，服务/保险业务的占比逐步提升，由 2004 年的 28% 提高到 2017 年的 44%（见图 3-122）；反之，融资业务的占比逐渐收缩至 50% 以下；租赁业务占比稳定在 20% 上下。从应收账款的业务结构上看，一半以上都来自零售客户融资，且在 2009 年后业务加快发展；租赁的占比逐渐下滑但 2017 年出现逆转，占比达到了 34%；经销商融资占比在 20% 左右，比较稳定（见图 3-123）。

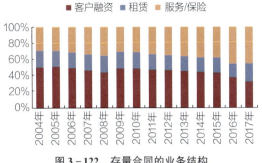

图 3-122　存量合同的业务结构
资料来源：大众公司

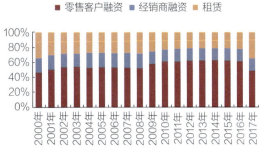

图 3-123　应收账款的业务结构
资料来源：大众公司

8.3　集团盈利的重要来源

金融服务盈利稳定增长，营业利润率高于汽车业务。汽车的营业利润波幅较大，金融服务业务的营业利润稳步增长，对集团营业利润的贡献逐渐增强（见图 3-124～图 3-127）。

图 3-124　大众集团资产结构
资料来源：大众公司

图 3-125　分板块营业收入结构
资料来源：大众公司

图 3-126　分版块营业利润（百万欧元）
资料来源：大众公司

图 3-127　金融服务与汽车板块营业利润率对比
资料来源：大众公司

9 奥迪的豪华品牌之路

9.1 奥迪公司的前世今生

奥迪汽车公司的历史悠久，它由德国汽车行业的先驱奥古斯特·霍希创立于 1909 年，这是他创立的第二家公司，第一家则是 1902 年的霍希公司。

汽车联盟成立，四环标志象征四家公司的合并。1932 年奥迪、DKW、霍希和漫游者四家汽车公司合并成立汽车联盟股份公司，奥迪品牌延续至今的四环车标即象征着这四家公司的合并。汽车联盟保留了奥迪、DKW、霍希和漫游者四个品牌，并采取了多品牌战略，为每个品牌在公司内部划分了不同的细分市场：DKW 主要销售摩托车和小型轿车，漫游者从事中级车的生产（价格区间为 3875~8250 德国马克），奥迪的定位是豪华中级车，而霍希则专注于顶级豪华车。

汽车联盟主要销售 DKW 的车型。在汽车联盟成立后，DKW 的产品占据了公司主销产品的地位。DKW 的摩托车和二冲程发动机轿车，主要定位是在低端市场（价格在 345~3400 德国马克区间），销量较高。第二次世界大战后新汽车联盟在英戈尔斯塔特重新启程，这一时期主要生产配备了二冲程发动机 DKW 车型。由于战后经济形势比较艰难，价格低廉、配置基础但性能稳健可靠的轿车和摩托车收获了广泛市场。

戴姆勒-奔驰出售股权，大众汽车收购汽车联盟。1958 年，戴姆勒-奔驰公司收购汽车联盟 88% 的股份；次年，汽车联盟成为戴姆勒-奔驰的全资子公司。在 20 世纪 60 年代，四冲程发动机汽车渐渐兴起，汽车联盟生产的二冲程发动机 DKW 汽车销售惨淡，库存积压，导致了汽车联盟财务上的连续亏损。为了摆脱汽车联盟对戴姆勒集团整体的拖累，戴姆勒-奔驰公司于 1965 年分三次将汽车联盟的股份全部转让给大众汽车公司。

汽车联盟面临失去独立品牌的危机。由于公司连续亏损，自身生产的二冲程发动机轿车销量下滑，汽车联盟的闲置产能被大众汽车公司用于生产甲壳虫汽车。大众汽车公司的决策者诺德霍夫下令停止汽车联盟的一切研发活动，专注于生产大众的甲壳虫汽车，汽车联盟面临着一场失去独立品牌地位，沦为大众汽车公司的工厂的危机。

汽车联盟坚持技术上不妥协，保留独立品牌地位。尽管缺乏来自大众集团的支持，汽车联盟的技术总监克劳斯仍然坚持进行地下研发，他的 F104 项目即 1968 年亮相的奥迪 100，是奥迪承上启下的重要车型。而由于 1965 年 9 月推出的由 DKW F102 改造而来的"奥迪 72"销量好于预期，重建了大众集团对汽车联盟的信心，大众对汽车联盟研发活动的支持得以继续，汽车联盟凭借此捍卫了独立品牌地位。

1969 年汽车联盟与 NSU 合并成立了"奥迪 NSU 汽车联盟"，在 1985 年正式更名为"奥迪公司"。

9.2 成为豪华品牌

9.2.1 为升级豪华品牌的前提条件

一个品牌通往高端化的过程需要长时间的积累和沉淀，不可能一蹴而就。在加入大众集团后，奥迪在很长一段时间内作为中级车定位而存在，这一点从奥迪 80/90 与大众帕萨特共享一个平台可以体现。

从品牌发展来看，奥迪高端化之路的起点是在 1983 年，大众集团开始尝试在奥迪 200 基础之上开发一款更高端的奥迪汽车，同时研发 8 缸发动机。这是奥迪高端化进程的第一步，还处于学习摸索阶段。

奥迪迈出这一步的前提条件：

1）奥迪已经在技术上做好了充分的准备。1977 年推出了 5 缸发动机，在该领域技术居于领先地位；1980 年推出了四轮驱动方案，这个独特卖点支撑了奥迪管理层进入高端市场的信心。

2）销量是品牌走向高端化的支撑。在高端化之前奥迪作为一个大众集团内的独立品牌已经有近 20 年的发展，为其进入高端市场夯实了基础。在研发、生产以及供应商方面进行高额的前期投资必不可少，而初期新产品产量小导致成本劣势，以及品牌价值不足导致新产品的价格水平也会受限，亏损是必然的。奥迪 100/200 第一代产品于 1968 年推出，是奥迪的主力车型，产销量较大，在它的基础上开发高端车型可以节省成本（见图 3-128）。

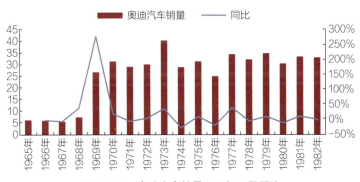

图 3-128　奥迪汽车销量（万辆）及同比

资料来源：大众公司

奥迪的产品突出了轻型结构和对铝材料的应用，奥迪和美国铝业公司在这个领域合作多年，在车身和生产设施上不计成本地投入。因为在这一阶段，奥迪与梅赛德斯-奔驰和宝马这样的竞争对手相比，缺乏固定的客户群，这是奥迪的竞争劣势。很多品牌在进入高端市场的过程中中途折戟，原因就是难以获得稳定的客户群。这一点需要品牌推出有吸引力的产品特性和设计才能实现，而不是仅仅简单地推出更高配置就进入高档车市场，这条路很漫长，不仅要有高质量的产量还要有关键的核心技术。这一点从奥迪品牌的崛起之路得到了证明。

奥迪的豪华品牌之路走了很多年，它是如何打破高档车市场壁垒获得稳定的客户群，并发展成为与梅赛德斯-奔驰、宝马并驾齐驱的三大豪华车品牌之一。以下从奥迪的技术突破以及与大众品牌的差异化策略两方面进行分析。

9.2.2 技术立身

戴姆勒-奔驰对汽车联盟的技术支持。收购之初，时任汽车联盟技术总监的路德维希·克劳斯是前戴姆勒-奔驰的工程师，被戴姆勒派往汽车联盟指导公司进行四冲程4缸发动机的改革。这款新的发动机被戴姆勒公司连同汽车联盟打包出售给大众，并且戴姆勒在过渡时期提供支持，帮助这款发动机实现量产，被运用在奥迪72车型上（见图3-129）。

图3-129 奥迪技术发展里程碑

奥迪的5缸发动机动力性能优异。这款发动机最早在1976年的奥迪100上推出，搭载了2.1L的5缸发动机（见图3-130）。20世纪80年代，奥迪和沃尔沃是内联5缸2.1/2.2L发动机的冠军。但真正让奥迪的5缸发动机名声大噪的是其在拉力赛车比赛中的表现。在1980年，2.1L直列5缸发动机被用于拉力赛赛车，改装后提供了408PS，具有强大的动力性。2009~2015年，奥迪的2.5T 5缸发动机连续6年获得了沃德十佳发动机大奖（见图3-131）。

图3-130 奥迪100
资料来源：汽车之家

图3-131 奥迪200
资料来源：维基百科

全时四轮驱动是奥迪的独特卖点。奥迪在轿车领域首先推出全时四轮驱动技术（quattro），成为其区别于其他品牌的独特卖点。与竞争对手梅赛德斯-奔驰和宝马的产品主要是传统后轮驱动不同，奥迪的车型大多采用了前轮驱动或全轮驱动。奥迪在美国的大多数车型采用了全轮驱动标配（只有入门级的A4和A6配备了前轮驱动），而梅赛德斯-奔驰和宝马只能选装全轮驱动。直到在2010年的宝马7系和2011年的宝马5系上，宝马才在其V8动力汽车上提供全轮驱动，而奥迪A8自20世纪90年代以来全轮驱动就是标准配置。

全镀锌车身，提高车身耐久性。镀锌汽车是保时捷在1975年首次推出，保时捷将镀锌钢板的技术共享给奥迪后，1982年奥迪推出了全镀锌奥迪100，奥迪是第一家面向大众汽车市场这样做的品牌。全镀锌涂层可以有效地防锈，将奥迪车型的防腐年限从此前的3~4年提升至10年。后来车身的耐久性甚至超过了奥迪自己的预期，将原来的10年防腐保修期延长到12年。在当时奥迪是豪华车阵营里唯一使用全镀锌车身的品牌。

奥迪首先批量应用TDI技术。1991年奥迪推出了第一款1.9L、66kW的直喷涡轮增压柴油发动机，这款发动机首先被用于奥迪80。奥迪是首先将涡轮增压直喷（TDI）技术发动机批量推向市场的品牌。TDI即涡轮增压直喷柴油发动机，涡轮增压装置增加了进气压力，在转速较低的情况下也能达到较大转矩，且由于燃烧更充分，排放的有害物质也大大降低。

奥迪重视轻型结构的发展——铝车身。奥迪在铝材料的应用上居于领先，并与世界上最大的铝业公司美国铝业公司合作。在美国本土市场上，因为油耗（包括减少汽车自重）没有引起美国汽车厂商的重视，美国铝业的产品也就没有引起他们的兴趣。奥迪在1994年推出铝制车身的奥迪A8，引入了铝空间框架技术（称为奥迪空间框架或ASF），与传统钢框架相比，可以减轻车身重量。因而，在全尺寸全轮驱动的豪华车中，奥迪A8车身重量最轻。其他车型如奥迪A2、奥迪TT、奥迪R8也采用铝空间框架设计。铝框架的缺点是维修昂贵。

9.2.3　奥迪与大众品牌的差异化策略

与保时捷合作，奥迪进入美国市场。1969年，大众汽车同保时捷一起成立了一个全球性的销售公司，大众汽车-保时捷销售股份有限公司，双方各持股50%，该公司负责保时捷的全球销售。"美国保时捷奥迪"公司则负责奥迪在美国市场的销售，与在美国的大众经销商分开管理，独立经营。1985年这一结盟解散，北美地区的保时捷和奥迪的销售被分开。

拆分奥迪与大众的销售组织，独立管理。在拆分奥迪与大众的销售前，大众和奥迪的车型在同一个经销商展厅销售，在价格和风格上存在替代性，尤其是共享一个平台的奥迪80与帕萨特之间。在奥迪开启高端品牌计划后，首先大众与奥迪经销商将各自品牌的展厅和销售人员分开，展厅的设计风格体现各自品牌特点，奥迪的展厅更具设计与运动时尚感。美国的大众汽车公司制定了营销策略以加强大众和奥迪的各自品牌认同，同时重组销售和服务组织，新设了大众部门和奥迪部门专门负责各自汽车的销售（见图3-132，图3-133）。

图3-132　美国市场销量（万辆）及同比

资料来源：carsalesbase

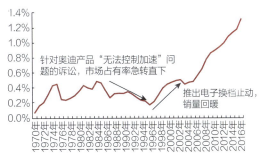

图3-133　奥迪在美国市场占有率

资料来源：carsalesbase、Wind

奥迪与帕萨特拆分平台。1973 年，大众以奥迪平台和车身为基础推出了大众帕萨特。直到 20 世纪 80 年代，奥迪 80/90 和大众帕萨特都共享一个平台生产。但自奥迪高端品牌发展计划以来，奥迪与大众的车型不再共用一个平台，让汽车消费者形成对奥迪与大众品牌之间差异化的认识。将帕萨特和奥迪 80/90 分开，也为两个品牌的技术人员创造了自由，可以灵活地进行创新设计。这并没有造成重大的成本损失，因为大众增加了高尔夫和帕萨特之间的共用零件数量。奥迪因此塑造了更高级别的形象。

奥迪与大众的发动机布局不同。奥迪保留纵置的发动机设计，而大众品牌的车型（如帕萨特、高尔夫和 POLO）主要采用横置发动机。奥迪的纵置发动机代表有 V6 和 V8 发动机。大众研发的 VR6 型发动机于 1991 年批量用于帕萨特和高尔夫，也是 V 型发动机，适合横向安装在大众汽车上。

9.3 与辉腾的对比分析

9.3.1 辉腾的诞生

辉腾是大众汽车在 2002 年推出的顶级豪华车，竞品是奔驰 S 级、宝马 7 系、奥迪 A8 等，辉腾与竞品入门款参数对比见表 3-12。辉腾虽然经过几次改款，但销量表现始终不佳，已于 2016 年停产。

辉腾的诞生背景。20 世纪 90 年代中后期，奔驰和宝马开始了产品范围向中低端扩张的计划，直接与大众汽车的高尔夫和帕萨特产生竞争。大众集团监事会主席皮耶希面对这一趋势，决定生产一款与奔驰 S 级、宝马 7 系能够竞争的顶级豪华轿车。于是 VW611 项目在 1996 年开始启动，而这个项目的成果就是辉腾。

辉腾是一款亮点很多的优秀产品。对比辉腾与竞品，同为入门款，从动力性能看，辉腾搭载的 3.2L 排量 V6 发动机，在最大马力、功率和转矩上都优于其他三款；辉腾自身还有许多亮点：入门款即安装了自适应空气悬架系统，舒适性很高；汽车是全手工工艺打造，在同级别车型中绝无仅有；无直吹风空调系统，也做到了同级别中的唯一。

表 3-12 辉腾与竞品入门款参数对比

车款信息	大众（进口）辉腾 2004 款 3.2 V6 豪华型	奥迪（进口）A8 L2004 款 2.8 quattro（自动四驱）	奔驰（进口）S 级 2004 款 S280	宝马（进口）7 系 2004 款 730Li
厂商指导价	96.0 万元人民币	98.5 万元人民币	102.5 万元人民币	101.83 万元人民币
级别	大型/豪华车	大型/豪华车	大型/豪华车	大型/豪华车
车体结构	4 门 5 座三厢轿车	4 门 5 座三厢轿车	4 门 5 座三厢轿车	4 门 5 座三厢轿车
(长×宽×高)/mm	5175×1903×1450	5051×1894×1444	5038×1855×1444	5169×1902×1484
变速器	6 档手自一体	5 档自动	5 档自动	6 档自动
动力类型	汽油机	汽油机	汽油机	汽油机

(续)

车款信息	大众（进口）辉腾2004款 3.2 V6 豪华型	奥迪（进口）A8 L2004款 2.8 quattro（自动四驱）	奔驰（进口）S级 2004款 S280	宝马（进口）7系 2004款 730Li
官方最高车速/(km/h)	239	—	230	—
官方0~100km/h加速/s	9.7	10.1	9.7	8.1
保修政策	整车2年/6万km	整车2年/不限里程	整车2年	整车2年
轴距/mm	3001	2880	2965	3130
发动机	3.2L 241PS V6	2.8L 193PS V6	2.8L 204PS V6	3.0L 231PS V6
排量/L	3.2	2.8	2.8	3
气缸容积/ml	3189	2771	2799	2979
工作方式	自然吸气	自然吸气	自然吸气	自然吸气
气缸数/个	6	6	6	6
气缸排列形式	V型	V型	V型	直列
最大功率（kW）	177.0/6200r/min	142	150.0/5700r/min	170.0/5900r/min
最大转矩（N·m）	315.0/12400r/min	280	270.0/5000r/min	300.0/3500r/min
升功率（kW/L）	55.3	50.7	53.6	56.7

资料来源：搜狐汽车

大众在推出辉腾时，对其期望销量是年销量2万辆，但在辉腾的生命周期里，没有达成目标。与竞争对手相比，辉腾仅仅是奔驰S级销量的约十分之一（见图3-134）。

图3-134 辉腾与竞品年销量比较（万辆）

资料来源：Marklines

9.3.2 失败原因总结

关键是品牌溢价能力不足。在辉腾这个级别的领域里，一款车的成功不完全是由技术和做工决定的，更关键的在于品牌号召力。大众品牌的溢价能力相比奔驰和宝马差距较大，且大众汽车在豪华车上的服务也不及在这个领域经营了多年的豪华品牌。

辉腾性能优异，销量差不是技术问题造成。笔者在前面分析奥迪成为豪华品牌的成功原因在于其技术创新与突破，但大众辉腾的失败原因不在于此。皮耶希对辉腾的技术要求非常高，大众为了开发辉腾，一共注册了100多项专利，包括V10 TDI和W12系列发动机、全新开发的6速自动变速器、无直吹风四区域空调系统、空气悬架、4Motion四驱系统等（见图3-135）。

与奥迪不同，辉腾是从零开始。奥迪是在原有车型奥迪200基础上开始生产高端车型，这样可以减少初期成本。而辉腾是由对技术方面要求极高的皮耶希力推，竞争对手直接定在了奔驰的S级，要达到这一目标，大众需要投入巨资研发新技术，并且大众为生产辉腾新建了德累斯顿玻璃工厂，投资总额达11亿欧元。

辉腾的销售依赖大众品牌的销售组织。笔者在前面分析到奥迪高端化成功的原因之一在于拆分了其与大众品牌的销售组织，从而塑造了更高级别的品牌形象。为了辉腾一款产品，大众不可能为其专门组建销售网络和拆分展厅，加之其与帕萨特外形上的相似性，不利于辉腾作为豪华车的销售。

图3-135 辉腾
资料来源：搜狐汽车

辉腾只改款不换代。从2002年下线到2016年停产的这13年里，在2007年和2010年分别有两次改款。而对比竞争对手奔驰S级，在2006年、2014年有两次产品换代。这样的结果是，在帕萨特经过3次换代后，辉腾与帕萨特的外观相似度很高（见图3-136）。

图3-136 第八代帕萨特
资料来源：搜狐汽车

辉腾与奥迪A8的市场定位有重合。大众集团已经有一个全尺寸的豪华车奥迪A8，辉腾的定位与A8有所重叠，而大众的品牌与奥迪相比有劣势，故销量不及奥迪A8。类似的情况也出现在途锐和奥迪Q7上，这两款车是基于同一平台生产，定位也都是中型豪华跨界SUV。在Q7推出后，途锐的销量明显下滑。2017年ALTAS（在中国名叫途昂）在美国上市后，途锐已于美国停售（见图3-137，图3-138）。

图3-137 2004~2017年大众途锐年销量（万辆）及同比
资料来源：Marklines

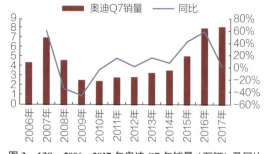

图3-138 2006~2017年奥迪Q7年销量（万辆）及同比
资料来源：Marklines

辉腾在皮耶希卸任后失去领导者的推动。辉腾在推出时，大众集团内部有许多反对的声音存在，认为辉腾会与奥迪A8产生直接竞争，但皮耶希力排众议执意要推出辉腾。在辉腾上市后皮耶希从CEO的位子上退居幕后，辉腾失去了领导者的支持。

10 平台化、模块化战略

10.1 大众集团的平台演进

美国车企首先运用平台概念，但大众运用得当。 在大众之前，美国的汽车企业率先使用了平台，虽然在不同车型上采用了相同零件共用的策略降低了成本，但造成了汽车外形相似的问题，并且车身方面的零件共用容易破坏汽车形象的美感。这种简单平台的概念容易使车企陷入平台化就是只改车身外壳而不变革技术的误区，对企业的长期发展不利。20世纪80年代，欧洲一些汽车集团下的不同品牌的车型拥有相同的底盘，平台概念从同一品牌下的不同车型延伸到同一集团的不同品牌。大众对平台化的运用是提高与汽车外观无关的零部件（如车轮、底板、制动系统、动力系统、悬架等）的共用率。

大众集团真正的平台化战略从奥迪开始。 早在20世纪70年代，大众诞生了最早的平台雏形，以A0级、A级、B级、C级、D级分别来区分小型车、紧凑型车、中型车、中大型车和大型车，区分的重要标准是轴距。只能在某一个级别的车上面拓展车身形式，不能跨车型拓展。80年代末，奥迪80（B级）和奥迪100（C级）开始了部分零部件共用，单车生产成本分别节省了500德国马克和1500德国马克。这标志着平台化时代的开启。奥迪通过增加对两款车型平台部分零件统一的设计，提高了两款车型的零件共用率。大众平台战略演进的节点见表3-13（见图3-139）。

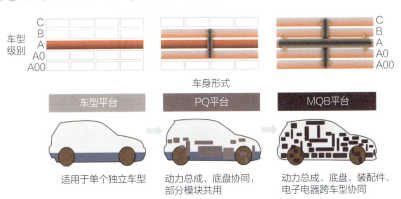

图3-139 大众集团平台的演进过程体现了模块化程度的提高

表3-13 大众平台战略演进的节点

时间	平台	意义
70年代	A0级/A级/B级/C级/D级	平台雏形
80年代末至90年代	PQ/PL平台	平台化时代开始
2000年	PQ/PL平台（增加相同零部件的共享）	向模块化的过渡

(续)

时间	平台	意义
2007 年	奥迪的 MLB 平台	模块化战略开始
2012 年	MQB 平台	更广泛的模块化平台

资料来源：维基百科

注：PQ 为横向前置发动机平台；PL 为纵向前置发动机平台。

10.2 传统平台时代

平台的兼容性逐渐增强。 最初平台在车型、品牌间的兼容性较低，后来发展到大众、奥迪、西亚特和斯柯达4个品牌间实现底盘、动力总成等重要零部件的共享，不断增加了新的车型，满足了各细分市场的需要。以 PQ34 平台为例，该平台开发出了 12 款车型，有高尔夫、捷达、宝来、朗逸、新甲壳虫、奥迪 A3、奥迪 TT、斯柯达明锐、西亚特 LEON 等。一个平台生产销售的车型数量越多，则单车分摊的成本越低。到了 PQ35 阶段，大众的 A 级车平台不仅能生产紧凑型轿车，还可以生产大众途安这样的 MPV 以及斯柯达 YETI、奥迪 Q3 等 SUV 车型，平台的带宽进一步拓展（见图 3-140）。

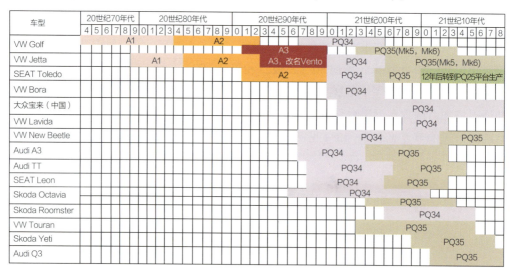

图 3-140 大众 A 级车平台主要车型

资料来源：维基百科

零部件共用不仅体现在同一级别上还可以跨级别。 第四代高尔夫推出的时候，A 级车平台的零部件共用率在 55%~65% 之间（奥迪 TT 更低一些，在 45%），可共用的零部件包括底盘、后轴、油箱、发动机等。有的零部件还可以跨级别共用。例如外后视镜的电子调节装置从 A0 级的 POLO 到 D 级的辉腾都可以共用，但不会影响到各个车型间的外形差异。仅这一个部件的需求量每年就达到了约 1000 万件，加大了采购量可有效降低成本。以减振器为例，A0 级 POLO 最大排量车型上的减振器可以被用在 A 级车高尔夫的中等排量发动机和 B 级车帕萨特的基础版发动机上，三款发动机功率相同但匹配了不同的变速器、离合器和线束。发动机的种类减少了 2~3 种，改善了大众集团内部的工序流程（见图 3-141）。

车型	20世纪70年代	20世纪80年代	20世纪90年代	21世纪00年代	21世纪10年代
	4 5 6 7 8 9	0 1 2 3 4 5 6 7 8 9	0 1 2 3 4 5 6 7 8 9	0 1 2 3 4 5 6 7 8 9	0 1 2 3 4 5 6 7 8
Audi 50	A01				
VW Polo	A01	A02	A03	PQ24	PQ25 PQ26
VW Derby		A01 A02			
SEAT Ibiza			A03 (Mk2)	PQ24	PQ25
SEAT Cordoba			A03		
Skoda Fabia				PQ24(Mk1&2)	PQ26
Audi A2				PQ24	
VW Fox				PQ24	
VW Gol					PQ24(Mk5)
Audi A1					PQ25
SEAT Toledo					PQ25(Mk4)
VW Santana (中国)					PQ25
VW Jetta (中国)					PQ25
Skoda Kamiq (中国)					PQ25

图 3–141　POLO 与西亚特、斯柯达品牌共享 A0 级平台
资料来源：维基百科

加大相同零件采购，压低供应商价格。 1992 年，由于零部件的采购量大大增加，大众集团向供应商提出减价要求，零部件成本减少了 15%，但产品的质量并没有下降。A 级车平台共享后轴后，高尔夫后轴的订货量由 33 万个增加到 200 万个，仅在这一个部件上节约了约 40% 的成本，规模效应带来的经济性十分明显。经过设计改造，一些 A 级车零部件符合了 B 级车及以上的要求后，单一部件的采购总量还可以进一步提高，从而使 A 级车在其他级别车型的采购中受益。例如暖风空调内部的核心部分在各级别车型上基本相同，A 级车在 200 万个的采购数量上可以获得最优价格，而加入 B 级车的采购总量接近 300 万个，价格会进一步降低。

品牌间的共享与差异。 大众集团为品牌间充分共享平台提供了基础，集团在产品战略和财务控制上进行协调，同时强调各品牌的独立性。在品牌定位和形象上突出差异和特色：西亚特具有地中海风格，斯柯达带有斯拉夫民族的烙印，大众主攻主流汽车市场，而奥迪则向豪华车领域迈进。PQ24 平台的技术首先运用在斯柯达 FABIA 和奥迪 A2 上，在 2001 年的第四代 POLO 之后又推出了西亚特 LBIZA 第三代和 CORDOBA 第二代（见图 3–142，图 3–143）。通过与大众品牌共享平台，西亚特和斯柯达的竞争力得到了增强，更好地适应了市场增长的需求。尽管基于同一平台生产，但 LBIZA 与 CORDOBA 的设计上各有特点，外观上不会让人无法区分。同时，与西亚特等品牌的平台共享也反哺了大众品牌，POLO 的利润率提高至 8%。

图 3–142　西亚特 LBIZA 第三代
资料来源：维基百科

图 3–143　西亚特 CORDOBA 第二代
资料来源：维基百科

平台化提高了生产的灵活性。在平台共享前，各品牌的车间只生产自己品牌的汽车。统一平台后，销售部门可以估算出次年某一个级别的汽车总销量，根据该销量规划生产，虽然无法明确每一款车型的具体销量和占比，但不同的车型和车间之间的生产可以灵活互换。以推出第四代高尔夫的 PQ34 平台为例，12 种不同车身的汽车可以互换生产，当某一款车型出现供不应求的情况时，大众集团可以迅速地在全球的生产基地之间进行调整，以满足市场的需求变化。

10.3 模块化策略

10.3.1 实行模块化的前提条件

大众为实行模块化在生产和组织上做了以下准备。大众集团主要模块化平台见表 3-14。

形成统一的生产标准。大众在很大程度上实现了标准化生产，开发出产品概念、生产工艺和设备的标准，形成了一个统一的生产系统的基础。

零部件供应形成跨车型和品牌的标准化。作为物流计划的一部分，大众优化了从供应商到装配线的整个过程链的零部件供应，利用集团内的杠杆协同作用，形成跨工厂和品牌的标准化。

从集中生产组织调整为模块化生产单位。集中性的生产组织转换为自主、独立运营的工厂模块，使工厂可以在某种程度上面向制造过程分为模块化生产单位，每个单位都有自己独立的责任。各生产单位完成车辆的模块生产，如驾驶舱或前端。

推动集团技术的网络化和共享。为了实现整个集团的模块化策略，大众将各生产点的技术发展形成网络，方便集团下所有子公司和品牌学习。**推出"模块化手册"**，记录了集团所使用的组件，并不断完善发展。

建立集中性的数据管理中心。拓展车型的系列范围和增强产品的开发能力除了需要高效率，也需要对产品的数据管理采用新方法。大众建立了集中性的核心数据管理中心，将产品开发领域不断增长的复杂性保持在一个可控水平上。大众的战略发展伙伴和供应商也可以集成在这个系统中，以减少耗时的数据准备。

表 3-14 大众集团主要模块化平台

模块化平台	生产类型
MQB	小型至中型的横向发动机的车型
MLB	中型和大型的前置纵向发动机的车型
MEB	纯电动汽车

资料来源：大众公司

10.3.2 MLB 平台

真正的模块化平台始于奥迪。PQ/PL 平台还是未能满足大众集团对共享化程度的追求。奥迪率先在 2007 年推出真正的模块化平台 MLB，可以生产奥迪品牌从 B 级到 D 级的车型。不同于 PL 平台时代奥迪 A8 在专属平台上生产，A4 到 A8 可以共享 MLB 平台的动力系统和底盘技术，而且在宾利、保时捷的 D 级车上也发挥效应。奥迪建立自己的模块化系统也是为了将自身与大众品牌定位上进行区分，是走向高端化的措施之一。奥迪只有少量几款 A 级车（奥迪 A3、TT、Q3）与大众共享平台生产（见图 3-144）。

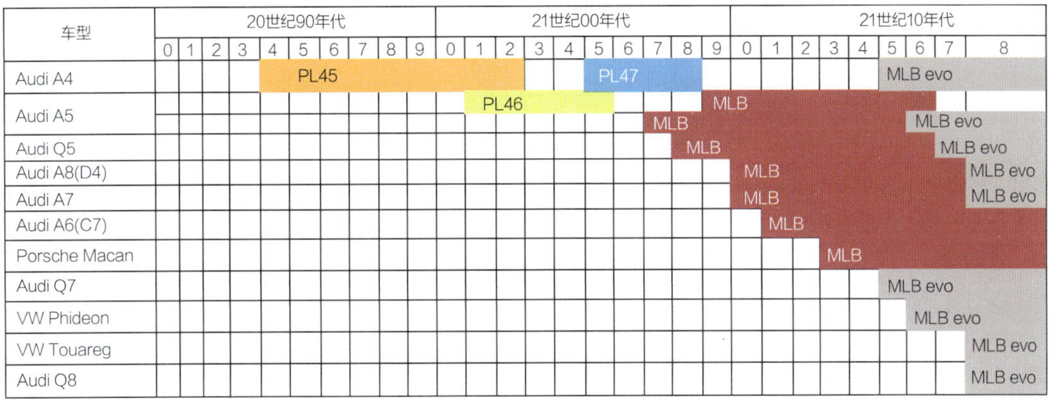

车型	20世纪90年代										21世纪00年代										21世纪10年代									
	0	1	2	3	4	5	6	7	8	9	0	1	2	3	4	5	6	7	8	9	0	1	2	3	4	5	6	7	8
Audi A4					PL45									PL47							MLB evo								
Audi A5													PL46				MLB		MLB		MLB evo								
Audi Q5																		MLB			MLB evo								
Audi A8(D4)																			MLB		MLB evo								
Audi A7																			MLB		MLB evo								
Audi A6(C7)																				MLB									
Porsche Macan																					MLB								
Audi Q7																					MLB evo								
VW Phideon																					MLB evo								
VW Touareg																					MLB evo								
Audi Q8																					MLB evo								

图 3-144　MLB 平台上生产的主要车型
资料来源：维基百科

MLB evo 平台覆盖了大众集团的高端车型。2015 年，MLB 平台升级为 MLB evo 平台，而从图 3-144 可以看：到大众集团的途锐、奥迪 Q7、奥迪 Q8 等几款顶级 SUV 车型都基于 MLB evo 平台。可以看出大众集团是想把 MLB evo 平台打造成集团的高端车型专属平台，与生产主流车型的 MQB 平台区分开来。

10.3.3　MQB 平台

MQB 平台的诞生。2010 年 10 月在沃尔夫斯堡工厂，第一个集团范围的 MQB 平台焊接在一个大型车身系列生产设备上。MQB 作为模块化策略的扩展，使得大众乘用车、大众商用车、奥迪、西亚特和斯柯达品牌之间的车辆能够实现高度协同性。2011 年 9 月，基于 MQB 的生产开始。2012 年，MQB 平台首次被奥迪和大众乘用车品牌用于新推出的第三代奥迪 A3 和第七代高尔夫上。

MPB 平台是 MQB 平台启动的组成部分。MPB 将模块化的概念转向生产，涵盖了从冲压车间到装配车间的整个生产过程，并为制造设备制定标准。通过在全球生产点的设施中安装相同的部件，大众能够使生产在数量和车辆类型方面比以前更加灵活。当基于 MQB 的车型被推出时，MPB 的使用将带来额外的效率提高。

MQB 平台是对 PQ 平台的整合。MQB 平台逐步取代了原有的 PQ25/PQ26/PQ35/PQ46 平台，小到 POLO 大到途昂均可以基于 MQB 生产，兼容性得到最大化的拓展。MQB 平台覆盖了大众、奥迪、斯柯达、西亚特等品牌，平台具有通用性。MQB 平台为大众集团节约了大量研发生产成本（见图 3-145，图 3-146）。

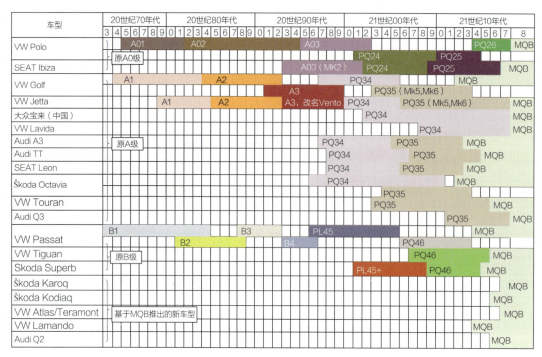

图 3-145　MQB 平台涵盖了 PQ25~PQ46 的车型

资料来源：维基百科

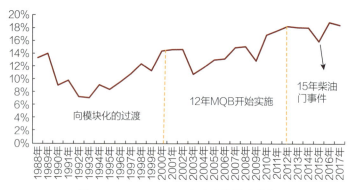

图 3-146　1988~2017 年大众集团毛利率

资料来源：大众公司

MQB 平台的带宽拓展具有很强的灵活性。 MQB 平台的所有车型共享相同的发动机位置，以及前轴和脚踏板的间距固定，确保了车前有一个统一的系统。但可以在轴距、轮距和外形尺寸上具有灵活性。通过调整前悬架、后悬架、前后轮距以及轴距，实现带宽的拓展（见图 3-147）。

MQB 将发动机模块化，涵盖多种动力类型。 作为 MQB 平台的核心，发动机模块的位置和安装倾角是相同的，因此发动机悬置位置是固定的，发动机的规格可以系列化，发动机和变速器的种类大大减少。模块化的发动机可以涵盖所有动力类型。除了传统的汽油发动机和柴油发动机，MQB 还可以集成替代传动系统，例如天然气、混合动力或电动驱动。高尔夫 GTE、奥迪 A3 跑车 e-tron 和 PASSAT GTE 是基于 MQB 的插电混合动力车（见图 3-148）。

图 3-147　MQB 平台调节示意图
资料来源：新浪汽车

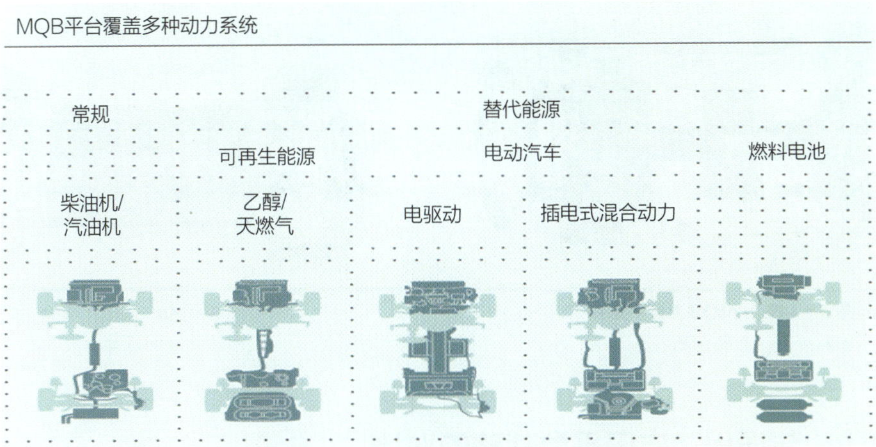

图 3-148　MQB 平台覆盖多种动力系统
资料来源：大众公司

MQB 平台的轻量化表现出色。MQB 将轻质材料特别是铝集成到模块中。大众开发的电阻元件焊接技术用于将不同的材料焊接在钢上，可大大降低车身重量。例如，MQB 平台的第一款产品 A3 比其前款轻 90kg，最高速度为 200km/h。基于 MQB 的新 GOLF 和朗逸，比前一代产品重量减轻了 100 多 kg。

10.3.4　MEB 平台

虽然 MQB 平台可以覆盖所有的动力总成类型，但大众集团还是推出了专为纯电动汽车打造的 MEB 平台，计划于 2019~2025 年开始生产。与 MQB 一样，MEB 平台可做到跨品牌、跨车型的拓展。MEB 平台基本架构见表 3-15。

表 3-15　MEB 平台基本架构

架构	内容
驱动	标配后置后驱电机，可选装前驱
后桥	包括五连杆后悬架、后驱总成（电机、减速器）、DC/DC 变换器

(续)

架构	内容
电池包	容量可选 50kW·h~83kW·h
前机舱	全新开发的麦弗逊悬架以及冷却、转向、制动系统等

与 MQB BEV 不同，MEB 围绕电池包设计。与 MEB 平台不同的是，MQB 的 BEV 配备了前驱电机，异形高压电池包位于座椅及中央通道下方，它是基于燃油车型基础上设计的架构。而 MEB 是全新打造的 BEV 平台，围绕位于中央的高压电池包设计，电池包不再是异形而是像巧克力板一样的规则形状，方便增大电池容量。由于电机体积减小，乘客舱空间变大（见图 3-149，图 3-150）。

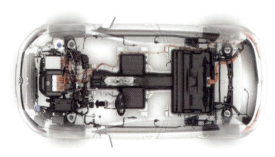

图 3-149　MQB BEV 架构
资料来源：公开资料

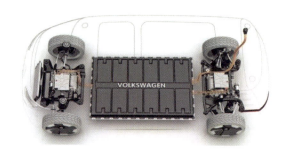

图 3-150　MEB 平台
资料来源：公开资料

10.4　与通用、丰田平台战略的对比

10.4.1　通用汽车的平台化思路

通用汽车早期的平台化造成了产品的雷同，大众与通用汽车在平台上的理念不同。通用汽车早在 1926 年开始了平台化的生产。大众集团虽然实行了平台化，但大众认为平台概念不应包含车身外观有关的东西在内，平台化的实施不损害旗下各品牌的鲜明特点，而通用汽车平台化的产品即使是在车身上面也存在雷同情况。其二，通用汽车将生产技术完全集中化，直到 2003 年才允许凯迪拉克进行独立的技术开发，这种技术完全集中化虽然节约了成本，却影响了技术人员的积极性。相比之下，大众集团内部对于新车研发存在激烈的竞争，可以促进技术的进步，焕发品牌的活力。

通用汽车在平台的拓展思路是粗放式的，平台的兼容性较差。通用汽车的车型众多，没有能够对已有平台实现很好的利用，推出一款新车型时，经常会使用一个新的平台；有些情况下，同一款车还会有国内平台和国际平台，造成了平台数量的冗杂。而大众则是基于平台和经典车型衍生出新车型，新车型的推出并不会导致平台数量的增加。与大众 20 世纪 90 年代 A 平台可以生产高尔夫等 12 款车型相比，通用汽车每一个平台能够兼容生产的车型较少，平台的兼容性较差（见图 3-151）。

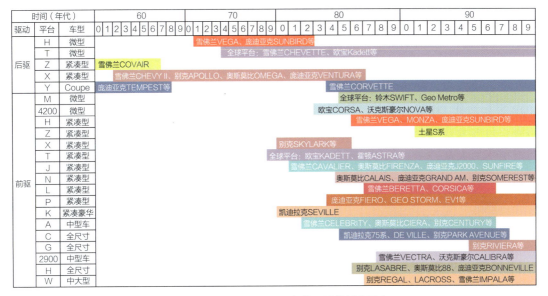

图 3-151　20 世纪 60~90 年代通用的轿车平台

资料来源：维基百科

10.4.2　丰田的平台化思路

丰田平台化的进展迅速。 直到 20 世纪 90 年代丰田引入了现在人们普遍理解的平台：分别是小型车的 NBC 和 B 平台（后者取代了前者）、紧凑型的 MC 和新 MC 平台、中型车的 K 平台以及生产豪华车的 N 和新 N 平台（表 3-16）。在 2012 年，丰田启动了新的 TNGA 全球架构战略（表 3-17），并在 2015 年推出了基于 TNGA 的第一款车型第四代 PRIUS，逐步替代原有的 B、MC、K 和 N 平台。对于丰田而言，未来前驱和后驱汽车，横向发动机和纵向发动机汽车不用再区分平台，可以在统一的 TNGA 架构上得以实现。

表 3-16　丰田的主要平台

平台	驱动	发动机布局	级别	开始时间	代表车型
NBC	前驱/四驱	横向	小型车	1999 年	VITZ
B	前驱/四驱	横向		2005 年	
MC 和新 MC	前驱/四驱	横向	紧凑型	1997 年	COROLLA
K	前驱/四驱	横向	中型车	2001 年	CAMRY
N 和新 N	后驱/四驱	纵向	中级豪华车	1991 年	CROWN

资料来源：维基百科

表 3-17　TNGA 架构涵盖所有驱动类型和发动机布局

平台		驱动	发动机布局	第一代产品	时间
TNGA	TNGA-C	前驱/后驱/四驱	横向/纵向	PRIUS	2015 年
	TNGA-K			CAMRY	2017 年
	TNGA-N			CROWN	2018 年
	TNGA-L			LEXUS LC	2017 年

资料来源：维基百科

平台数量上做减法，平台兼容性上做加法。这一点与大众的拓展思路类似。20世纪90年代，丰田依据对车型级别的划分推出了相应的平台，各平台都有相关的代表车型，新车型往往基于代表车型衍生而来，同一平台涵盖了轿车、MPV、SUV多个种类，有一定程度的带宽（见图3－152～图3－154）。而TNGA架构推出后，与大众MQB平台取代PQ平台类似，也将逐步取代原有的旧平台，可以实现跨级别、跨品牌拓展。目前大众已经实现大部分主力车型的平台替换，丰田目前在车型的广泛性和时间上稍落后大众一步。

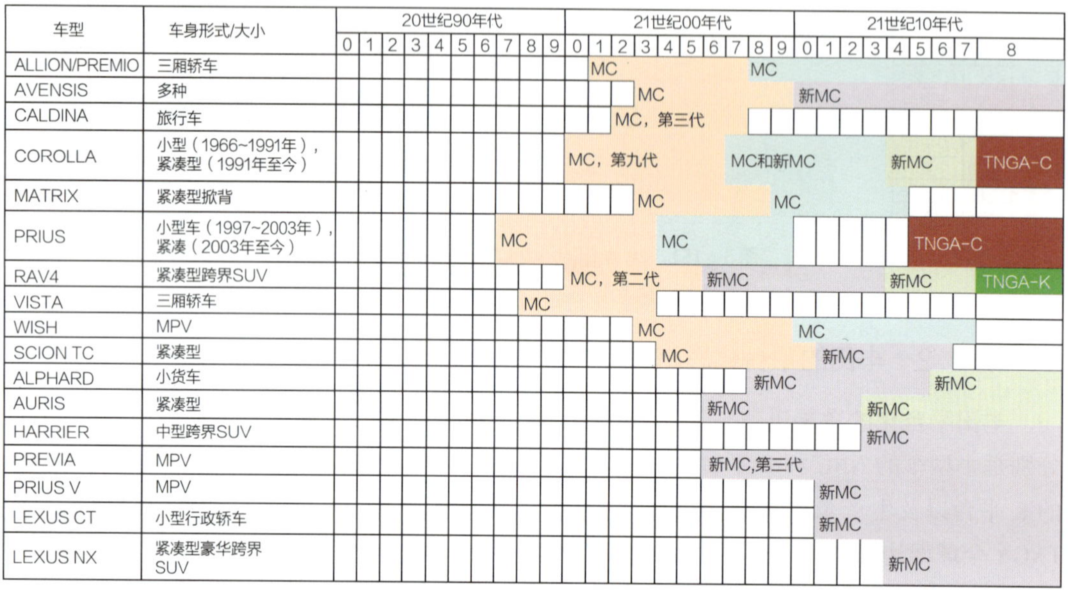
车型
车身形式/大小
20世纪90年代
21世纪00年代
21世纪10年代
0 1 2 3 4 5 6 7 8 9 0 1 2 3 4 5 6 7 8 9 0 1 2 3 4 5 6 7 8
ALLION/PREMIO 三厢轿车 MC MC
AVENSIS 多种 MC 新MC
CALDINA 旅行车 MC，第三代
COROLLA 小型（1966~1991年），紧凑型（1991年至今） MC，第九代 MC和新MC 新MC TNGA-C
MATRIX 紧凑型掀背 MC MC
PRIUS 小型车（1997~2003年），紧凑（2003年至今） MC MC TNGA-C
RAV4 紧凑型跨界SUV MC，第二代 新MC 新MC TNGA-K
VISTA 三厢轿车 MC
WISH MPV MC MC
SCION TC 紧凑型 MC 新MC
ALPHARD 小货车 新MC 新MC
AURIS 紧凑型 新MC 新MC
HARRIER 中型跨界SUV 新MC
PREVIA MPV 新MC,第三代
PRIUS V MPV 新MC
LEXUS CT 小型行政轿车 新MC
LEXUS NX 紧凑型豪华跨界SUV 新MC

图3－152　MC和新MC平台主要车型

资料来源：维基百科

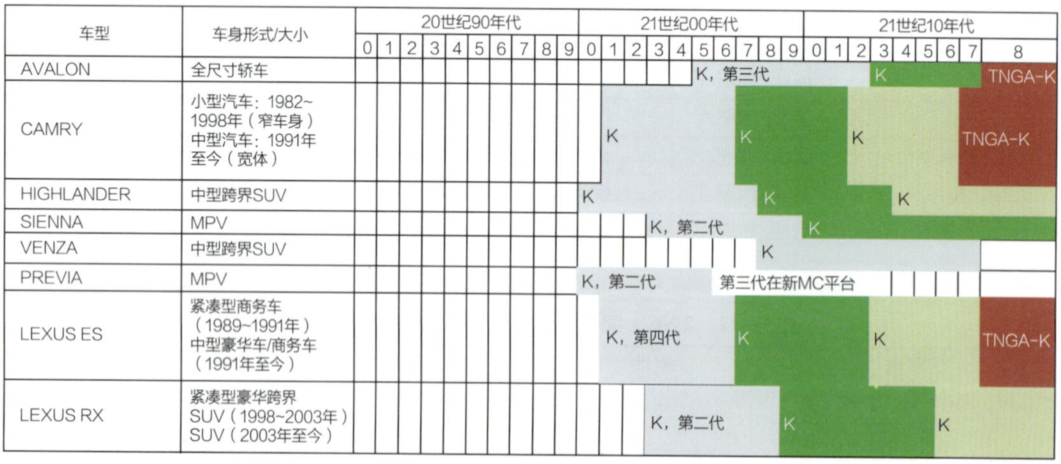
车型
车身形式/大小
20世纪90年代
21世纪00年代
21世纪10年代
0 1 2 3 4 5 6 7 8 9 0 1 2 3 4 5 6 7 8 9 0 1 2 3 4 5 6 7 8
AVALON 全尺寸轿车 K，第三代 K TNGA-K
CAMRY 小型汽车：1982~1998年（窄车身）中型汽车：1991年至今（宽体） K K K TNGA-K
HIGHLANDER 中型跨界SUV K K K
SIENNA MPV K，第二代 K
VENZA 中型跨界SUV K
PREVIA MPV K，第二代 第三代在新MC平台
LEXUS ES 紧凑型商务车（1989~1991年）中型豪华车/商务车（1991年至今） K，第四代 K K TNGA-K
LEXUS RX 紧凑型豪华跨界SUV（1998~2003年）SUV（2003年至今） K，第二代 K K

图3－153　K平台主要车型

资料来源：维基百科

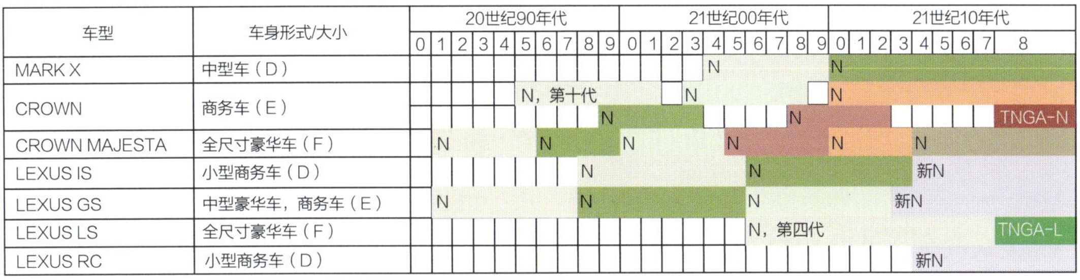

车型	车身形式/大小	20世纪90年代	21世纪00年代	21世纪10年代
MARK X	中型车（D）		N	N
CROWN	商务车（E）	N，第十代	N	N / TNGA-N
CROWN MAJESTA	全尺寸豪华车（F）	N / N	N	N
LEXUS IS	小型商务车（D）	N	N	新N
LEXUS GS	中型豪华车，商务车（E）	N / N	N	新N
LEXUS LS	全尺寸豪华车（F）		N，第四代	TNGA-L
LEXUS RC	小型商务车（D）			新N

图 3-154 N 和新 N 平台主要车型

资料来源：维基百科

10.4.3 模块化成为共识

大众和丰田的平台数量远远少于通用。通用汽车仅轿车平台数量由 1970 年的 8 个增长到了 1995 年的 21 个，这是通用轿车平台数量的巅峰，从 1996 年以后通用开始减少平台数量，提高零部件的通用率，从而实现降低开发成本的目标（大众分阶段平台数量见表 3-18）。而对比通用汽车与在平台化方面做得较好的大众和丰田，大众与丰田的平台数量最多时也没有超过 10 个。近年来模块化的推行进一步减少了平台数量，丰田与大众基本上会逐步过渡到集团的所有车型都将在一个或两个核心平台上生产。

减少平台数量、提高零部件的共用率以及模块化如今已发展成为主流车企的共识。

表 3-18 大众分阶段平台数量

阶段	平台数量
平台雏形阶段（20 世纪 70~80 年代）	7
PL/PQ 阶段（20 世纪 90 年代~21 世纪 00 年代）	7
模块化阶段（2012 年后）	2

资料来源：维基百科

11 经营策略

大众汽车公司于 1937 年成立,从最初的平民汽车品牌发展成为了如今的国际汽车集团,它的发展历程大致分为几个阶段:

1)1904~1945 年和 1945~1949 年两个阶段属于大众的初创时期,诞生了经典车型甲壳虫,在英国管理时期建立了服务体系,开始进行出口。

2)1950~1960 年,大众将国际化战略、大规模生产和劳动力建设三者结合起来,形成其长期战略。由于甲壳虫大受欢迎,大众通过大规模生产甲壳虫,不仅确立了国内市场的领先地位,而且打入了欧洲、美国和南美市场。

3)1961~1972 年,甲壳虫经历了辉煌,危机也开始浮现。20 世纪 60 年代初,大众延续了此前的大规模生产和出口政策,成为欧洲领先的汽车制造商,1966 年末德国进入经济衰退,面临国内需求下滑、出口竞争加剧、甲壳虫销量增长后继乏力的情况,大众开始着手研发新一代产品。

4)1973~1981 年,大众推出了多款经典车型,标志着大众一个新的时代的开始。大众不仅推出了能接替甲壳虫地位的高尔夫,而且产品策略也从单一化向多产品条线转变。这一阶段经济型汽车需求上升,大众的新一代产品恰好迎合了这一趋势,帮助大众顺利度过两次石油危机。但大众的两大重要海外市场美国和巴西出现了问题:由于汇率、成本等问题导致大众在美国市场份额逐渐被日系车企侵蚀,巴西的经济危机造成大众巴西子公司巨额亏损。

5)1982~1991 年,大众通过收购新品牌和打入新市场的一系列组合拳,逐渐发展成为一个多品牌与全球生产的集团。面对美国市场下滑,大众选择将目光转向欧洲与亚洲市场,收缩北美市场布局。1983~1993 年,大众加强了在欧洲、南美和中国的投资,西亚特和斯柯达的加入不仅巩固了大众在整个欧洲的市场地位,而且帮助大众降低了生产成本,同时推进了大众的多品牌战略。在中国成立的两家合资企业,奠定了大众在中国市场长期的领先地位,并为大众成为全球销量冠军打下基础。

6)1992~2017 年,大众开始注重对成本的控制,并收购多家豪华品牌。80 年代大众执行的是国际化和规模扩张的策略,进入 90 年代则更加注重控制成本、提高盈利能力,一方面提高生产效率,削减成本,平台化和模块化策略在其中起到了至关重要的作用;另一方面强调产品的多样性,收购多家豪华品牌,产品结构向上延伸。

笔者认为,大众取得成功包括以下几项关键因素:

了解市场需求,推出爆款车型。大众早期推出的甲壳虫是爆款车型,后来推出的高尔夫也是世界级的经典车型,并衍生出捷达,推出深受市场欢迎的帕萨特后,进一步衍生出桑塔纳。能够多次推出世界级爆款，充分说明公司了解市场的需求，同时说明公司产品开发能力强。在已经成功的车型基础之上推出新的车型，不仅更加容易获得成功，同时有利于降低开发成本和生产成本。平台化和模块化战略更是将这一思路发挥到了极致。

选择合适的市场，把握欧洲和亚洲的机会。20世纪80年代到90年代初，大众通过收购西亚特和斯柯达，成功开拓了西欧和中欧市场，使大众从一家德国企业成为一家欧洲级的企业。开拓西欧和中欧市场，不仅增加了大众集团的销量，而且大众通过在当地生产，降低了生产成本。如果西欧和中、东欧的市场地位被竞争对手占据，大众的情况会相当被动。大众重点布局中国市场，在中国成立了两家合资公司，进入21世纪，中国汽车行业增长领跑全球，并成为全球最大的汽车市场，大众在中国的销量占到了大众集团的40%左右。在中国的成功，使大众真正意义上成为世界级的企业。20世纪80年代美国汽车行业竞争激烈，大众在美国战略收缩，选择了更有潜力的中国市场。

对多品牌战略的成功运用，科学的定价策略。大众集团以大众品牌为主力，向下有斯柯达和西亚特品牌，向上有奥迪、保时捷等豪华品牌，使得大众可以对各个细分市场实现全面的覆盖。品牌之间定位清晰，相互协同，而且可以做到技术共享，降低集团的成本，推动集团的发展。大众避免采取激进的促销策略，而是在提高产品质量的基础上维护品牌价值，保证公司的盈利。

注重研发。优秀的研发能力，是大众能够推出市场认可产品的前提。20世纪70年代，推出一批产品，在油耗、维修、安全性和空间实用性等方面都有明显的进步，这离不开其研发能力。其次，拥有优秀的研发能力，奥迪采用了多项领先于市场的技术，帮助奥迪成功跻身豪华品牌。

成本管控能力好，及时结束非主业经营。大众先后通过在中欧生产、实施精益生产等方式降本增效。70～80年代多元化经营盛行的背景下，大众曾收购了打字机厂等与汽车不相关的业务，对公司造成拖累。后来将不盈利的非主营业务剥离，专注于汽车业务。反观美国车企，在80年代进行了多元化经营，分散了公司的资源和管理层的注意力，作为主业的汽车被竞争对手赶超。

未来，中国车企也将不断提升品牌形象，奥迪成为豪华品牌的过程也值得笔者研究和思考。

笔者认为，奥迪的成功有以下关键因素：首先在技术上准备充分。比如奥迪推出了四轮驱动方案，全镀锌车身，率先批量应用TDI技术。**其次，与大众品牌实行差异化策略**。销售上，拆分奥迪品牌与大众品牌的销售组织，对奥迪实行独立管理，产品设计上，奥迪保留纵置发动机，而大众品牌的车型（如帕萨特、高尔夫和POLO）主要采用横置发动机。**第三，在已有车型上开发高端车型**。发展豪华品牌，在研发、生产以及供应商方面进行高额的前期投资必不可少，而初期新产品产量小导致成本劣势，以及品牌价值不足导致新产品的价格水平也会受限，亏损是必然的。在已有车型的基础上开发高端车型，可以节省成本。

大众从平台战略逐步想模块化战略演变，助力集团发展。大众最初的平台在车型、品牌间的兼容性较低，后来发展到多个品牌间实现底盘、动力总成等重要零部件的共享，满足了各细分市场的需要。到模块化阶段，动力总成、底盘、装配件和电子电器等部件实行模块化，实现了跨车型的协同，车身形式得到最大程度的拓展。模块化可以使车企生产更灵活，而且可以降低采购成本。笔者认为，模块化是未来汽车行业发展的趋势。

汽车行业竞争日益激烈，优秀的企业应该注重研发，不断推出高附加值的产品；可以对品牌和价格进行科学的管理，而且应专注主业，成功的并购可以带给公司很好的回报，也应注意风险；选择更有潜力的市场，也许可以事半功倍。

第 4 章
丰田汽车：弯道超车，成本制胜

章首语

丰田集团通过一个多世纪的发展成为世界顶尖的汽车制造商，其间无论外部环境如何变迁，丰田始终坚守低成本、高质量的经营方式，采取顺应时代的措施灵活应对。

丰田汽车自纺织业起家，20世纪30年代便开始涉足汽车工业。经过第二次世界大战期间的短暂蛰伏，丰田于战后不久开发了日本第一款真正的乘用车皇冠（TOYOPET CROWN），在汽车行业崭露头角。50年代，日本实现经济腾飞，丰田顺势扩大产能，实现了规模化生产。60年代后期，日本机动化浪潮翻涌，丰田推出了定位大众市场的乘用车卡罗拉（COROLLA），掀起了海内外的销售热潮，帮助丰田汽车一举登上国际舞台。70年代，石油危机、减排新规、交通安全等事件对全球车企形成艰巨考验，丰田汽车凭借其高性价比高燃油效率等特点取得竞争优势，进一步扩大了全球市场份额。

进入80年代，美日贸易摩擦不断加剧。为了应对自愿出口限制，丰田在北美地区开展本地化生产，继续推进海外扩张。80年代后期，日元大幅升值，加剧了出口的困难，丰田采取应对措施保障产品竞争力。90年代，日本经济泡沫破裂，汽车市场陷入停滞，丰田在尽力刺激国内需求的同时重点加速其全球化步伐。在世界各地大力推进产品、生产、销售全方位的本地化，成为真正的全球汽车制造商。21世纪，丰田先后遭遇了金融危机、东日本大地震、泰国洪水等困难，这促使公司调整经营。新时期丰田将新兴市场的开发作为重点，将业务内容的多样化作为前进方向，将高新技术开发作为关键手段，推动企业自身乃至整个汽车工业不断向前发展。

在丰田汽车的百年征程之中，丰田生产方式和丰田质量控制始终是支撑其核心竞争力的关键。在二者的共同作用下，丰田得以在供应链的各个环节上降低成本、提高效率，同时保证产品质量的稳定，凭借价格和质量优势在汽车市场上占据一席之地。此外，雷克萨斯的成功则代表了丰田集团在研发、生产、质量和品牌等领域的全面升级，是打造豪华品牌的经典范例。

1 纺织业务不断发展,"自动化"理念萌芽(1907~1933年)

本节主要介绍丰田佐吉创办丰田纺织公司的历程以及"自动化"的起源。

1.1 创办丰田纺织公司,奠定丰田集团的基础

丰田佐吉创办丰田纺织公司,奠定了丰田集团的基础。 丰田佐吉是丰田纺织公司的创始人,也是丰田汽车公司创始人丰田喜一郎的父亲。丰田佐吉一生中共获得了45项工业产权,其中包括40项专利和5项实用新型专利,他的发明大部分是手动织机和动力织机。丰田佐吉于1894年开始经商,在名古屋市创办了丰田商店,主要销售纱线卷绕机。1918年,丰田纺织公司成立。1926年,丰田佐吉在丰田纺织公司的基础上又成立了丰田自动织机公司(TALW)。丰田家族在纺织业上的从业经历奠定了丰田集团的基础,此后相继推动了丰田汽车株式会社和爱知钢铁厂有限公司的成立,最终形成了丰田集团。丰田纺织业务的发展历程见表4-1。

表4-1 丰田纺织业务的发展历程

时间	机构名称	概述
1894年	Toyota Shoten 丰田商店	1894年丰田佐吉发明了一台纱线卷绕机,申请专利后在名古屋市旭町建立了一家销售该机器的丰田商店;1897年和1906年丰田佐吉分别在名古屋市武平町和岛崎町建设工厂,其间丰田商店改名为丰田商会
1907年	Toyoda Loom Company 丰田织机公司	丰田织机公司于1907年2月在名古屋市岛崎町成立,资本金100万日元。总裁是谷口房藏,丰田佐吉被任命为董事总经理和总工程师
1912年	Toyoda Jido Shokufu Plant 丰田自动纺织工厂	丰田佐吉于1910年从丰田织机公司辞职并开始对欧美的访问,于1911年10月在爱知郡开始建造丰田自动纺织工厂。该工厂于1912年建成,1914年丰田佐吉新建立的另一家工厂也改名为丰田自动纺织工厂
1918年	Toyoda Boshoku Corporation 丰田纺织公司	1918年1月30日,丰田自动纺织工厂改制为股份制公司,成立为丰田纺织公司

(续)

时间	机构名称	概述
1918 年	Kikui Boshoku Corporation 菊井纺织公司	1918 年 3 月丰田佐吉、藤野康介和小田一郎出资成立了菊井纺织公司。在大萧条时期,菊井纺织公司被丰田纺织公司吸收
1926 年	Toyoda Automatic Loom Works, Ltd.(TALW)丰田自动织机公司	在 G 型自动织机推出之后,丰田喜一郎提议在刈谷建造一座新工厂,1926 年 4 月丰田自动织机公司在刈谷成立

资料来源:丰田集团

1.2 从织机制动装置中诞生的"自动化"理念

丰田佐吉的设计理念,是丰田生产方式中"自动化"的起源。1897 年,日本第一台动力织机——丰田动力织机完工,该机器采用了纬纱制动装置,可以在梭机中的纬纱损坏或耗尽时自动停止作业,从而减少可能发生的故障,降低经纱断裂造成织物受损的可能性。这一发明意味着机器不再一直需要人工看管,一个操作员可以同时运行多台织布机。1924 年,丰田喜一郎在父亲丰田佐吉的指导下成功研发可以出自动换梭的 G 型自动织机。丰田佐吉的设计理念成为丰田生产方式中"自动化"的起源。

在丰田喜一郎的父亲丰田佐吉的努力下,丰田的纺织业务不断发展壮大,为丰田进入汽车业务奠定了良好的资本和技术基础。这一时期丰田动力织机的制动装置成为丰田生产方式中"自动化"的灵感来源。

2 开启汽车行业征途，克服艰难摸索前进（1933~1949年）

本节主要介绍丰田从进入汽车行业到战后重建的过程，包括三个阶段：

战前发展期（1933~1937年）：丰田成立丰田汽车株式会社，建立了研发、生产和销售体系，推出了多款发动机和原型车。

第二次世界大战停滞期（1938~1945年）：战时统制经济时期，丰田的发展受到影响，不过依然坚持进行技术研发。

战后重建期（1945~1949年）：日本经济和企业环境不断恶化，丰田遭遇经营危机，其间销售部门独立为丰田汽车销售公司。

2.1 进入汽车行业，初步建立研发生产和销售体系

2.1.1 跨越早期发展的障碍，成立丰田汽车株式会社

关东大地震后日本的汽车需求激增，福特和通用几乎垄断了日本汽车市场。 1923年发生了关东大地震，铁路系统被大地震摧毁。在地震后的救援和重建过程中，汽车发挥了非常重要的作用，这次事件让很多人认识到以前被视为奢侈品的汽车可以为公共交通带来便利。与欧洲汽车制造商相比，美国汽车制造商的大规模生产系统使其具备明显的成本优势，美国汽车的价格比欧洲汽车便宜20%~30%；此外，美国制造商的汽车交付时间为3个月，而欧洲制造商的交付时间为6个月，因此美国汽车很快占领了日本市场。20世纪20年代中期，通用与福特相继在日本成立子公司并开始组装生产。30年代初，这两家公司几乎垄断了日本的汽车销售，给日本国内的汽车制造业带来了巨大压力。

汽车工业的早期发展为丰田打下了人力资源基础，日本政府给予相关政策支持。 1907年，第一辆日本制造的汽油发动机汽车完成。此后的20年，日本为汽车生产做了很多努力。然而，当时日本工业技术水平整体较低，条件尚不成熟，不适合建立全面的汽车产业，因此日本国内的汽车制造商未能成功。但是，这个阶段的努力为日本汽车发展培养了很多人才，也为丰田发展汽车业务奠定了人力资源基础。1935年，日本内阁通过了一项关于扶持汽车工业的决议，建立了汽车行业许可证制度，要求持有许可证资格的公司多数股份为日本公民所有。1936年，日本颁布了《汽车制造业法》，特许丰田自动织机公司和日产汽车建设工厂，进行汽车的大规模生产（1941年，东京汽车工业株式会社成为第三家获得特许的公司）。同时，进口零部件的关税大幅增加，其中发动机的关税从35%提高到了60%。日本福特和日本通用的组装生产难以维持，不得不在

1939 年停产。

丰田汽车株式会社成立，公司招聘有从业经验的员工，积极建立研发、生产和销售体系。1933 年，丰田自动织机公司成立了汽车生产部门，由丰田喜一郎领导。由于汽车业务需要进一步扩大发展，公司将汽车事业部拆分出来，于 1937 年成立了丰田汽车株式会社。初期公司在汽车领域没有经验，因此招聘了许多具备相关经验的人员帮助公司发展，包括著名的前日本通用员工神谷正太郎。同时，公司还积极建立研发、生产和销售体系。

2.1.2 开展相关技术的研发，设计制造发动机和原型车

（1）建立研发机构，实现零部件自制

丰田认为只有不断进行研究，培养创新的动力，才能使民族工业独立。1936 年丰田在东京芝浦建立了一个研究实验室。1937 年它成为丰田汽车株式会社的研究部，研究的内容包括材料和工艺，如齿轮、散热器、曲轴、冲压和钢板以及发动机性能。同时，丰田在金属材料、有机材料和电气部件领域开展了大量研究工作。

为了生产出符合要求的材料，丰田在铸造和锻造技术上投入大量资金并持续开展研究工作。当时汽车业务发展的最大问题是缺乏适合制造汽车的钢铁材料。高质量钢铁已经用于船舶和飞机，但尚未开发出适合大规模生产汽车的钢材。尽管丰田向钢铁制造公司提出了开发要求，但由于消费量有限，没有公司愿意承担这项工作。1934 年，丰田汽车自动织机公司成立了炼钢部，目标是制造适合汽车批量生产的钢材。同时，炼钢部下设锻造厂，负责锻造部件的制造。1940 年炼钢部成为丰田钢铁厂有限公司，1945 年更名为爱知钢铁厂。

丰田实现有机材料和电器部件的自主生产。1932 年丰田成立了 Shonaigawa Rayon Company，负责有机化学的研究。当时，汽车使用有机材料的零部件包括轮胎、管道、风扇带、发动机安装和悬架部件的防震橡胶支架以及制动液。1942 年，橡胶部件试生产完成，开始全面生产。丰田于 1937 年生产出内部开发的电气部件，包括发电机、散热器、点火线圈等。1949 年，电气零部件工厂被剥离，成为日本电装株式会社。

（2）部分采用进口车部件，制造发动机和原型车

建造零部件工厂，部分采用进口车部件，制造发动机和原型车。1934 年，汽车部门的模型工厂投入运行，模型工厂包括钣金和装配厂、机器加工和精加工工厂、仓库以及材料测试和研究办公室。1934 年，公司造出了第一台 A 型发动机原型。公司内部生产的部件仅限于铸造部件，包括气缸盖、气缸体和活塞，而曲轴、凸轮轴、阀门、插头和电气部件则使用进口雪佛兰的部件。1935 年公司完成了 A1 型乘用车和 G1 型货车的开发，两款车均使用 A 型发动机（见图 4-1，图 4-2）。A1 型乘用车同样大量采用了雪佛兰的部件，内部生产的仅限锻造和铸造部件。

图4-1 A1型乘用车
资料来源：丰田集团

图4-2 G1型卡车
资料来源：丰田集团

设计新款B型发动机，提升新款车型质量。 A型发动机的设计采用英制尺寸，以确保与雪佛兰发动机零部件的兼容性。由于丰田通过了Koromo工厂的建设计划，消除了对零部件供应与维修的担忧，公司决定在设计新款B型发动机时改为采用米制单位。1937年，B型发动机设计完成，并于次年开始大规模生产（见图4-3）。B型发动机用于GB型卡车、AA型乘用车、AC型乘用车、KB型货车和BM型货车等车型，直到1956年底被F型发动机取代后才停产。GB型货车于1939年在日本全国范围内销售，其零部件精度、车架的刚度都优于GA型货车（见图4-4）。

图4-3 15 B型发动机
资料来源：丰田集团

图4-4 GB型货车
资料来源：丰田集团

2.1.3 建立生产和销售体系，奠定汽车行业从业基础

建造拳母工厂，提出JIT理念。 丰田逐步扩大汽车制造能力：首先建造了一个样机工厂，主要用于生产A1型客车和G1型货车的样机；然后建造了一个汽车装配厂（后来的刘谷工厂），以扩大客车和货车生产；最后于1938年建成了完整的汽车生产厂——拳母工厂。拳母工厂是一个综合生产工厂，拥有汽车生产需要的所有工艺，包括铸造和锻造毛坯工艺、机械加工、机械装配、冲压、车身装配、涂装和整体组装，各道工序之间紧密联系。拳母工厂为丰田之后的工厂建设打下了基础。丰田喜一郎在拳母工厂开始运营时提出了Just-In-Time的生产设想，这是丰田生产方式（Toyota Production System）的开始。丰田喜一郎认为：生产最重要的是要既不短缺、也不过剩，即确保在指定时刻提供生产所需

的人力或物力资源。没有等待的时间，就意味着零库存和减少浪费。对于 JIT，每个部分都"及时"到位是提高效率的首要原则。

建立销售系统，销售范围覆盖全日本并初涉海外。1935 年丰田成立销售部，初期的销售系统以日本通用的销售系统为基础，主要由通用汽车经销商，特别是雪佛兰经销商组成。1935 年，爱知丰田销售处放弃了对通用汽车的经销权，转而销售丰田自动织机公司生产的汽车，成为首家丰田经销商。之后大约一年的时间里，7 家丰田经销商相继成立。到 1939 年底，丰田的销售网点几乎覆盖了全日本。1941 年，丰田销售在海外成立了五家分公司：萨哈林丰田汽车销售有限公司、韩国汽车销售有限公司、首尔丰田汽车销售有限公司、西韩国丰田汽车销售有限公司和台湾科库桑汽车有限公司。

2.2 第二次世界大战时期发展缓慢，坚持进行技术研发

受战时经济的影响，丰田汽车在成立之初便遭遇了极其严重的材料短缺，难以扩大生产。1938 年日本颁布了《国家总动员法》，开始实行全面的经济控制，乘用车的生产也受到限制，1939 年丰田放弃了所有私人需求乘用车的生产。1944 年丰田汽车被指定为军需品公司，由军需品部门控制。

采购的零部件从进口产品转为国内产品。1936 年 AA 型乘用车和 GA 型货车上市时，日本零部件行业尚未成熟，因此使用了进口的电气设备、化油器、速度计、火花塞等零部件。工商部认为提高零部件质量是提高汽车质量和性能的关键。为了支持汽车零部件制造业的发展，工商部于 1938 年通过了《优质汽车零部件和汽车材料认证法规》，获得汽车生产指定许可的丰田也被要求使用国内零部件。随着日本零部件行业的发展，丰田汽车生产使用的零部件逐步从进口产品转向国内产品。

战时汽车销售受到控制，军事需求占汽车销售的大部分。1942 年，由丰田汽车株式会社、日产汽车公司和 Diesel 汽车工业公司投资的日本汽车分销公司成立。它拥有各汽车制造商产品的独家销售权，优先向军方交货，其余车辆提供给私营组织。尽管如此，由于备件和燃料的短缺，加之常被军方征用，私人用车需求极低，丰田的乘用车生产一度受阻。

第二次世界大战时期，日本统制经济影响了整体汽车行业的发展，随着相关法案的颁布，丰田的钢铁厂、机械厂、橡胶厂、货车车身制造等部门相继被剥离并成为独立的公司，公司拆分历程见表 4-2。

表 4-2 公司拆分历程

年份	公司名称	简要
1940 年	丰田制钢有限公司	丰田钢铁厂于 1934 年开始运行，并于 1940 年从 TALW 剥离后，同年成立丰田制钢有限公司。1945 年 11 月，丰田制钢厂更名为爱知钢铁厂

(续)

年份	公司名称	简要
1941 年	丰田机械有限公司	1937 年机械工厂建立,随后从 TALW 被剥离出来并于 1941 年 5 月 1 日成立了丰田机械有限公司
1942 年	中央纺绩公司	由于战时棉花贸易暂停,1942 年 3 月 11 日,丰田纺织和丰田押切纺织公司与东洋棉花公司的中央纺织、内海纺织、协和纺织合并成立中央纺绩公司
1943 年	国华工业名古屋工厂	1942 年,刈谷工厂的胶制品制造部更名为刈谷橡胶科。由于战时橡胶工业恶化,1943 年 5 月刈谷橡胶科与被丰田收购的国华工业合并,建立国华工业名古屋工厂。1949 年再次从国华工业剥离,成立名古屋橡胶株式会社,随后合并到丰田合成株式会社
1945 年	丰田车身工业株式会社	1945 年,丰田汽车拆分货车车身部门,丰田车身工业株式会社成为丰田汽车的全资子公司。该公司是第一个附属于丰田汽车有限公司的汽车车身制造商,后来在众多其他汽车车身制造商的参与中发挥了主导作用,是现在的丰田车身公司的前身之一

资料来源:丰田集团

对替代燃料和替代钢材的研究取得成果,坚持开展车辆研发。随着石油战略地位的提升,丰田积极探索可能取代汽油的燃料,并对汽车蓄电池和柴油发动机进行了研究。1939 年,东京芝浦实验室成立电池研究实验室,开始了对电动汽车蓄电池的研究,1940 年,丰田在电池研究实验室的基础上成立了丰田理化研究所,完成了代替钢材的研究,在商业产品以及专利方面取得了丰硕的成果。第二次世界大战的爆发使得全球镍的供应极为紧张,对日本的出口也因此中断,当务之急是寻求镍钢可能的代替品。丰田对每种钢材进行了研究,于 1941 年完成了从镍铬钢到铬钼钢的转换,之后又完成了铬钼钢到铬钢的转换。为了应对钢材的短缺,1943 年丰田新设计的 KC 货车使用的钢材比以前的货车节省了约 30%(130~150kg)。尽管战时乘用车的生产受到限制,丰田依旧坚持开展研发工作。

2.3 战后迅速开展重建,经营状况一度恶化

战后丰田迅速开展重建工作。丰田的重建工作主要从四个方面着手:

1)设立临时重建办公室,修理和更新过度使用或遭到损坏的机械设备,全面促进工厂设备的恢复。战后拳母工厂迅速修复并扩大了设备规模,于 1947 年开始恢复生产。

2)调整公司的零部件制造政策,建立和发展具有独立产能的专业零部件工厂。丰田对配备专业技术能力的军事供应工厂进行改造,以满足民用需求。丰田汽车下属的东海飞机后更名为爱知工业公司,由生产飞机发动机转为生产汽车零部件。

3)对车辆进行改进,保障模型零部件的稳定供应。战争结束后,丰田立即开始设计

新的卡车模型。设计改变后，为了能够稳定提供模型零部件用于维修，由爱知工业进行专门的零部件生产。

4）建立更能充分反映用户愿望、要求及意见的销售制度。丰田汽车株式会社努力重建销售组织，包括继续经营现有的区域配给公司和建立新的销售公司，并在日本每个都道府县设立了丰田下属的销售公司。1946 年，由 46 家成员公司组成的丰田汽车销售协会成立。

多种原因导致丰田经营情况恶化，销售部门独立为丰田汽车销售公司。1949 年，"道奇线"政策推出，主要目的是减少货币供应以抑制通货膨胀。但是，货币供应的减少使日本工业发展陷入严重的资金短缺，导致了失业和经济衰退，丰田的运营也受到了很大影响。同年 10 月，日本的汽车生产和销售实现了自由化，卖方市场变成了买方市场，分期付款的购买方式变得更加普遍。然而，大量贷款的违约使得丰田遭受了巨大损失，不得不采取措施弥补赤字。为了获得 1.9 亿日元的贷款，丰田汽车有限公司同意制定业务重建计划，将公司的销售部门划分出去。1950 年，丰田汽车销售有限公司成立，神谷正太郎被任命为总裁。然而，随后持续恶化的经营状况迫使丰田宣布裁员，总裁丰田喜一郎引咎辞职。

丰田在进入汽车行业之初发展坎坷，丰田汽车株式会社成立后不久第二次世界大战爆发，战时的统制经济限制了丰田乘用车的发展。战后由于日本经济萧条，丰田财政赤字扩大，面临企业经营危机。但战时丰田对上游技术与汽车原型研发的不断推进，为下一阶段的快速扩张提供了技术支撑。

3 领军乘用车市场，实现规模化生产（1950～1965年）

1950～1965年，日本经济逐渐恢复并进入高速增长时期。乘用车市场的迅速扩张给日本汽车制造商带来了新的机遇。在此期间，丰田迎合市场需求，开发了以CROWN（皇冠）为代表的一系列乘用车。丰田一方面推动规模化生产、扩大销售网络，大幅提高了产销量；另一方面开始对海外市场进行探索，寻求新的发展机会（见图4-5～图4-7）。

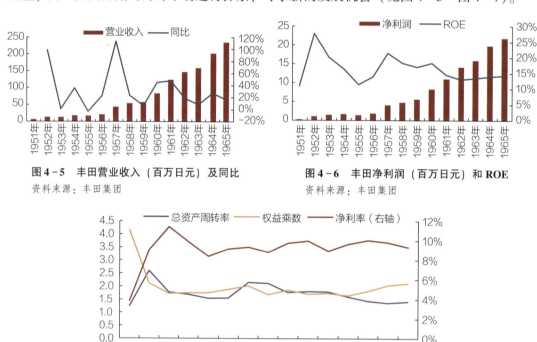

图4-5 丰田营业收入（百万日元）及同比
资料来源：丰田集团

图4-6 丰田净利润（百万日元）和ROE
资料来源：丰田集团

图4-7 1951～1965丰田杜邦财务分析指标
资料来源：丰田集团

3.1 抓住时代机遇，恢复和发展

经济的增长、人口的增加和道路基础设施的改善使日本国内汽车市场迅速回暖。1955～1970年，日本经济实现了前所未有的高速发展，国内生产总值年均增长超过15%（见图4-8）。到1969年，日本已经成长为资本主义国家中仅次于美国的经济大国。战后日本迎来"婴儿潮"，人口总量迅速上升，新出生的一代人开始成为汽车消费的主力军。此外，日本还实施了一系列道路基础设施改善计划，并陆续开通了多条高速公路。个人消费的迅速扩张、人口的增加和道路条件的大幅改善导致日本国内的汽车需求激增。1955年，日本的汽车总销量不到10万辆,至1970年,已经达到410万辆,年均增长33.7%(见图4-9)。除了传统的家庭用车,对时尚跑车和高性能运动型汽车的需求也有所增加。

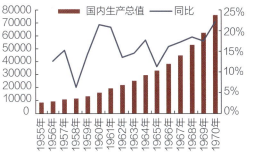

图4-8 日本国内生产总值(十亿日元)及同比
资料来源:CEIC

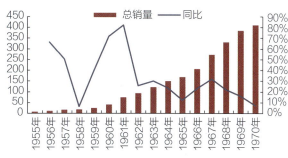

图4-9 日本汽车市场总销量(万辆)及同比
资料来源:CEIC

逐步开放整车进口,贸易自由化推动了日本汽车工业的发展。战时统制经济结束后,日本逐渐重返国际经济共同体,于1952年加入了国际货币基金组织,次年又获得了关税及贸易总协定的临时成员资格。汽车工业方面,作为更加开放的经济体系的重要部分,日本于1961年放开了货车和公共汽车的整车进口,又于1965年放开了乘用车的整车进口。贸易的自由化极大地推动了日本汽车工业的发展。

资本自由化趋势明显,日本汽车产业面临挑战。日本在加入经济合作与发展组织后,享有了很多贸易利好,但同时也有义务放开本国资本交易。同时,美国和欧洲汽车制造商将日本视为目标市场,强烈要求日本外资自由化。面对即将到来的挑战,日本制造商努力建立批量生产结构,增加自有资本,提高技术开发能力。此外,竞争的加剧还推动了合作联盟的建立和部分企业的重组。

通过一系列特殊订单,日本汽车在海外市场显露头角。第二次世界大战结束后,作为战争赔偿的一部分,日本向东南亚国家交付了大批车辆。1950年朝鲜战争的爆发给日本汽车制造商带来了高额的货车订单。1956年下半年起,一些亚洲国家根据和美国签订的《共同防御协助协定》,开始大量采购日本车辆。通过这一系列的特殊订单,日本汽车获得了在海外市场显露头角的机会,为日本汽车制造商走向世界奠定了基础。

3.2 迎合市场需求,开发乘用车

3.2.1 越野车 TOYOTA LAND CRUISER 获得国际认可

1951年,丰田开发出越野吉普车 TOYOTA LAND CRUISER(陆地巡洋舰),获得了国际认可。1950年,应美国武装部队要求,丰田开始着手开发1/4t四轮驱动卡车。凭借战前为日军生产四轮驱动汽车积累的经验,丰田仅用5个月的时间就完成了符合要求的丰田 BJ(吉普车型)的原型开发,这一车型系列后正式更名为 TOYOTA LAND CRUISER(见图4-10)。1955年,丰田在 BJ 型越野车的基础上重新设计,推出了可供公众广泛使用的 BJ25 和配备 F 发动机的 FJ25 车型。改进后的 TOYOTA LAND CRUISER 以其一贯的高越野性能和更高的舒适度，在许多山地和沙漠国家得到了认可。因此，丰田的出口目的地国家数目和车辆数量都有所增加。到 1957 年，丰田已将车出口到 47 个国家，其中包括 2502 辆越野车（见图 4-11）。除陆地巡洋舰以外，丰田还开发了 3/4t BQ 型四轮驱动货车和 2.5t FQS 型六轮驱动货车。

图 4-10　TOYOTA LAND CRUISER 陆地巡洋舰（BJ）

资料来源：丰田集团

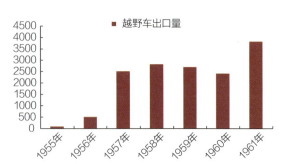

图 4-11　1955~1961 年丰田越野车出口量（辆）

资料来源：丰田集团

3.2.2　第一款真正的乘用车 TOYOPET CROWN 诞生

不同于依赖外国技术的其他日本汽车制造商，丰田决定独立开发一辆纯日本产乘用车。进入 20 世纪 50 年代，经济的复苏使得日本市场对乘用车的需求不断上升，乘用车的生产活动限制刚刚取消，而整车进口又尚未开放，发展乘用车成为日本汽车制造商的当务之急。由于缺乏相关经验，当时多数日本汽车企业选择与外国制造商构建乘用车生产技术联盟，例如三菱重工与美国 Kaizer Frazer 公司、日产汽车有限公司与英国奥斯汀公司的联盟等。丰田汽车株式会社一度将乘用车车身的设计和制造外包给车身制造商，因此无法对产品的销售价格和质量负责。为了改善这一状况，建立统一的系统，丰田决心独立开发一辆仅依靠日本技术的乘用车。

日本首款真正的乘用车 TOYOPET CROWN 诞生（见图 4-12），赢得市场的高度赞誉。新乘用车的开发始于 1952 年。通过对大众市场以及当时的主要客户出租车行业进行调查，丰田制定了低底盘、大尺寸、驾驶舒适、性能卓越的设计目标。丰田曾参考美国标准制造过相对大型的 AA 型乘用车，新款 RS 型乘用车正是在这款车的基础上设计的。新车配备了 R 型方形高速发动机，钻孔和冲程尺寸几乎相同，性能和质量都很稳定。变速器内有三个前进的齿轮，通过在第一和第二齿轮间使用同步啮合的螺旋齿轮，提供了比滑动啮合齿轮更为顺畅的啮合。为了匹配日本的实际路况，提高可靠性和耐用性，丰田首次采用了独立的前轮悬架；后轮悬架采用了新的三叶弹簧

图 4-12　TOYOPET CROWN（RS 型）

资料来源：丰田集团

模型，提高了乘坐的舒适度。此外，RS 还通过采用双曲面齿轮降低了整体高度，增加了最小离地间隙，从而更好地适应恶劣的路面条件。

1955 年，丰田自主研发的、日本首款真正的乘用车——TOYOPET CROWN 诞生。这款车既拥有国际标准的设计和性能，又充分考虑了日本的道路条件，赢得了市场的高度赞誉。它不仅成为丰田乘用车的基准，也对日本国内的乘用车发展产生了很大影响。除了 RS 型 CROWN，丰田还同步推出了专为出租车行业设计的 RR 型乘用车 TOYOPET MASTER。尽管该车型在推出一年后即停产，但它为第一代 TOYOPET CORONA（ST10）提供了车身的原型。

尽管 TOYOPET CROWN 推出后饱受好评，但销量却不及预期。 1955 年 TOYOPET CROWN 的月平均产量为 229 辆，未能完成每月 1000 辆的生产计划（见图 4-13）。于是，公司推出了定位私人市场的 TOYOPET CROWN DELUXE（RSD），同时开始将 RS 出售给商业市场。1956 年，CROWN 的产量迅速增加，月平均产量达到 771 辆。同年，为了宣传新车，朝日新闻的记者和摄影师乘坐 CROWN DELUXE 从伦敦出发，途径 50000km，跨越山路和沙漠，抵达东京。这一活动在全球范围内树立了丰田高性能的品牌形象，为海外业务的发展打下了基础。

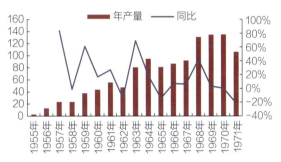

图 4-13　1955~1971 年 CROWN 车型年产量（千辆）及同比
资料来源：丰田集团

为了保持销量的稳步增长、进一步拓宽产品线，丰田陆续推出了第二、第三代 TOYOPET CROWN。 1962 年，丰田对 RS 车型进行全面改造，发布了第二代 TOYOPET CROWN。作为一款豪华紧凑型汽车，RS40 凭借更为优越的车身设计、更高的舒适度和更快的响应力，在世界各地受到广泛欢迎。1967 年发布的第三代 CROWN 造型优雅，版本选择众多，吸引了大量个人消费者。得益于适时的更新换代，皇冠车型系列的产销量一直保持着相对稳定的增长。CROWN 车型发展见表 4-3。

表 4-3　CROWN 车型发展

代际	图片	描述
1955~1962 年 第一代		1955 年 1 月，CROWN 首次亮相，为日本汽车制造的机动化带来了曙光。它由丰田独立开发，在设计和性能方面不输给欧美车型
1962~1967 年 第二代		1962 年 10 月推出的第二代 CROWN 非常现代，以当时美国流行的造型受到海外市场的欢迎。车身尺寸非常长，类型包括四门轿车、旅行车和商用车。发动机的选择最初只包括在第一代模型中使用的 1.9L 90PS 4 缸 OHV 型 4R 和新开发的 6 缸 SOHC（M 型），随后又推出了两种 6 缸 M 发动机可供选择，包括 105PS 的豪华级车型和 125PS 的 S 级运动车型

(续)

代际	图片	描述
1967～1971年 第三代		1967年9月发布的第三代皇冠的设计主题是"日本之美",它以优雅的造型吸引了大量个人消费者。有 Owner Deluxe 版本,配备了价格合理的精选配件以及专为个人使用的双门硬顶。发动机可从四个2L 6缸 M 型发动机和一个2L 4缸 5R 型发动机中选择

资料来源:丰田集团

3.2.3 紧凑型乘用车

1961年,为打开大众市场,丰田推出了"人民的汽车"PUBLICA。 1955年 CROWN 的推出为日本汽车行业指明了新方向,其中之一即"人民的汽车"。根据《人民汽车制造纲要》,"人民的汽车"最高时速应达100km/h,座位容量为4座,配备350～500ml 的发动机,油耗在30km/L 以下,零售价须低于25万日元。丰田在这一概念的基础上开发了一款经济型汽车,该车于东京车展上首次展出并公开征集车名。1961年,这款车以 PUBLICA UP10 的名义被推出(见图4-14)。然而,由于该产品过分强调低价和"可支付性",外形较为简陋,没能引起大众抢购热潮。针对这一问题,丰田随即推出了该车的豪华版,并于1962年成功在家用车市场获得了72%的份额(见图4-15)。

图4-14 PUBLICA UP10
资料来源:丰田集团

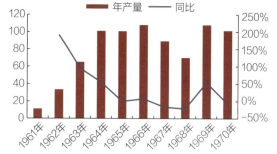

图4-15 1961~1970年 PUBLICA 车型年产量(千辆)及同比
资料来源:丰田集团

除了针对大众市场的 PUBLICA,丰田还开发了相对豪华的乘用车 CORONA,并通过适时的更新换代实现了销量的增长。

丰田充分利用已有部件,开发出第一代 CORONA。 1957年,第一代 TOYOPET CORONA(ST10)正式推出。这款4座紧凑型乘用车,在设计时充分利用了已有的部件:S型发动机;RS 型 CROWN 的悬架、动力总成、制动器和转向;RR 型 MASTER 的车身。可以说第一代 CORONA 是 RR 型汽车的一个较小的、经过修改的版本,因此它也在一定程度上弥补了 MASTER 停产造成的产品带缺失。

第二代 CORONA 生产出现问题,经过多次改进,月销量终达预期。 1960年,第二代 CORONA(PT20)上市。新的 CORONA 被定位为家庭车,一经推出就吸引了市场的目光,凭借多个方面的突破性创新一度获得高度评价。然而，开发时间的不足、原型制造的延误给生产带来了各种问题，对车辆销售也产生了负面影响。次年，丰田吸取教训，改进 PT20 模型，采用出口到美国的 R 型发动机，推出了 TOYOPET CORONA1500（RT20-B）和 CORONA 1500 DELUXE（RT20-D），并停产 PT20。经过一系列的改进，该车型的月销售额终于超过了预期的 5000 辆。

第三代 CORONA 质量水平大幅提高，月销量在业内遥遥领先。 1964 年，第三代 CORONA（RT40）诞生（见图 4-16）。该车外观设计大胆前卫、燃油效率高、性能好、更耐用且有多个版本，充分具备了参与海内外竞争所需的质量水平。新的 CORONA 上市后一直保持着稳定的销量增长，从 1965 年 4 月起连续 33 个月一直是日本销量最高的汽车，充分说明了市场对其质量水平的肯定（见图 4-17）。

图 4-16　第三代 CORONA（RT40）

资料来源：丰田集团

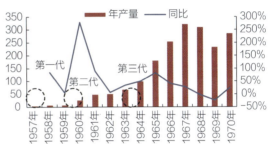

图 4-17　1957~1970 年 CORONA 车型年产量（千辆）及同比

资料来源：丰田集团

3.3　逐步实现规模化生产，产量大幅提升

20 世纪 50 年代日本国内汽车市场迅速扩张，对海外市场的探索也取得了初步进展。为了满足快速增长的市场需求，丰田一方面扩大产能，优化生产结构；另一方面采用新技术，努力提高生产效率。1950~1965 年，丰田逐步实现了规模化生产，产量提高了 20 倍以上（见图 4-18）。

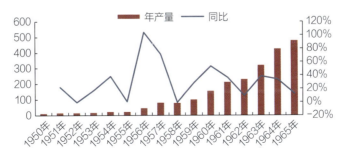

图 4-18　1950~1965 年丰田日本年产量（千辆）及同比

资料来源：丰田集团

3.3.1 扩大产能，优化生产结构

丰田以扩大产能、提高产量为目的，先后实施了"生产设施现代化五年计划"和"生产设施强化计划"，修复和更新了现有生产设施，精简了运输工作，逐步建立连续的自动化生产流程。此外，丰田还建立了专门生产乘用车的元町工厂和日本首家发动机工厂上乡工厂，不仅实现了产能翻番，还优化了生产结构（见图4-19）。

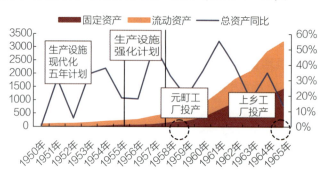

图4-19 1950~1965年丰田资产变化及同比（亿日元）
资料来源：丰田集团

1951~1956年，丰田实施了"生产设施现代化五年计划"。公司总共投资约46亿日元，不仅修复和更新了现有设备，为R型发动机和RS型乘用车建立了新的生产设施，还通过精简运输工作提高了运输效率。到1956年末，丰田的月产量达到5000辆，远超每月3000辆的目标产量。

1956~1958年，丰田实施了"生产设施强化计划"。该计划以建立自动化机械设备及连续的生产线流程为目标，改进了铸造和锻造工艺，提高了冲压作业的效率，实现了加工和装配工程的自动化。通过这一计划，丰田得以全面扩大产能，提高生产效率。

1959年7月，专门生产乘用车的元町工厂开始运营。随着日本汽车市场的日益增长，拳母工厂已无法满足乘用车生产的需要。因此，丰田在爱知县元町建立了新工厂，专门生产CROWN和新一代CORONA，月产量可达5000辆。元町工厂的建立使丰田实现了产能翻番，达到行业领先水平。1959年12月，丰田总产量为10453辆，打破了每月10000辆的生产门槛。此后，公司进一步扩大元町工厂的生产线，建造新的配套设施，不断提高产量。

1965年9月，日本首家发动机工厂上乡工厂竣工投产。为了建立批量生产体系，达到月产量50000辆的目标，丰田采取了将本社工厂用于卡车生产、元町工厂用于乘用车生产的基本方针。为了配合这一政策，为后续新车型的生产做好准备，丰田建造了从事综合发动机生产的上乡工厂，专门为其提供发动机和变速器。

3.3.2 采用新技术，提高生产效率

除了扩大产能，丰田还采用了一系列新技术，推动生产自动化，全面提高生产效率。**引入"超市法"，开发生产控制系统**。丰田从美国Lockheed飞机工厂的组装超市法中

得到灵感，并将这一概念应用于装配过程。根据这种方法，机械装配厂能够提前按需从机器加工厂取走部件，按计划组装所需的车辆模型；加工厂也采用同样的方法从装配厂回收零件。这一系统的发明使丰田摆脱了"月底追赶生产"的困境，提高了零部件从加工到装配的运输效率。此后，丰田在"超市法"的基础上先后发明了 kanban 系统和 JIT 系统，进一步提高了生产效率。

开发日本国产传送机，提高机床自动化水平。在"五年计划"的基础上，丰田为了进一步推动生产的自动化，再次对机床设计进行修改，引入了传送机。1956 年，日本国产发动机传送机 TR1 于拳母工厂投入使用，为精简设备和增加产量做出了重大贡献（见图 4-20）。

图 4-20　日本国产发动机传送机 TR1
资料来源：丰田集团

大规模使用计算机，推进办公自动化，加快技术研发。20 世纪 50 年代，丰田的销售业绩改善，业务迅速拓展，为了提高行政工作的效率，公司全面推进办公自动化。丰田于 1959 年首次引进计算机，此后不断升级计算机型号、扩大使用规模，在收付款、零部件订单处理、运输及库存控制上都实现了自动化。1960 年起，丰田开始在研发领域使用计算机，进行复杂的计算和微分方程分析。

3.4　完善并扩大国内销售网，初步涉足国际业务

3.4.1　完善国内销售系统，扩充经销商网络

东京 Toyopet 汽车销售有限公司成立，东京地区销售情况得到改善。由于团队员工缺乏销售经验，自东京丰田成立以来，丰田在东京的乘用车市场份额一直很低。进入 20 世纪 50 年代，日本乘用车市场迅速扩张，尽管丰田应市场需求，推出了饱受好评的 TOYOPET CROWN，但是东京地区由于销售系统不完善，市场份额上升仍不明显。为了彻底改变这一情况，1953 年，丰田汽车销售有限公司建立东京 Toyopet 销售公司作为直管经销商，给予乘用车的销售权。

为了适应销售结构的变化，丰田对其经销商网络进行扩充。50 年代丰田陆续推出了

多款乘用车和轻型货车，使得日本市场相关车型的销量大幅上涨，销售份额迅速超过了大型货车（见图4-21）。由于丰田已有的经销商网络无法适应销售结构的变化，公司决定采用多个经销商网络。随着国内市场的扩大，经销商数量迅速增加。1957年第一代CORONA推出时，经销商数量已达109家，包括49家丰田经销商，51家Toyopet经销商和9家丰田柴油经销商。

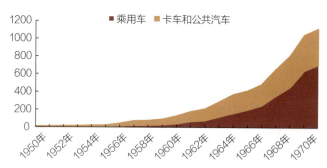

图4-21　1950~1970年丰田日本国内销量（千辆）
资料来源：丰田集团

3.4.2　初步涉足海外市场业务，寻求新发展

1949年底，日本私营企业恢复正常出口，丰田开始探索海外市场，但直到20世纪50年代末丰田启动北美和欧洲的业务，丰田的海外销量才真正有所起色。1962年丰田汽车株式会社成立了出口部，丰田汽车销售有限公司成立了出口集团，旨在进一步加强出口。1955年，丰田的海外出口总量不到300辆，到1965年已经升至63474辆，丰田终于在海外市场打开了一些局面（见图4-22）。

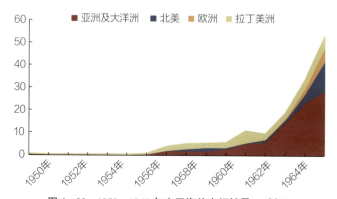

图4-22　1950~1965年丰田海外市场销量（千辆）
资料来源：丰田集团
注：不包括特殊订单。

重视亚洲地区出口，通过一系列特殊订单打开局面。 1955年以前，丰田将出口的重心放在亚洲，主要目的地是冲绳（回归前）、中国台湾和泰国。1957年，冲绳进口了大批TOYOPET CROWN DELUXE，将其用作首辆右舵的日本国产出租车；在泰国曼谷，丰田汽车销售设立分公司作为直接管理的分支机构，积极展开销售活动，业绩稳步提升。除正常

出口外，1950年朝鲜战争给丰田带来了大笔军需订单，帮助其改善了经营业绩；1956年由于APA的特殊需求，丰田向东南亚国家提供了大量车辆，建立了稳固的声誉；次年，作为战争赔偿的一部分，丰田又向包括缅甸、菲律宾在内的许多亚洲国家交付了总共2500辆车，这些车辆在当地市场发挥了先导作用。

克服早期质量问题、调整管理结构，美国业务取得进展。基于CROWN系列在日本的好评如潮和通过"伦敦—东京"一行积累的国际声誉，丰田开始满怀信心地向美国市场进军。然而，由于没有对当地汽车法律法规和汽车市场条件等进行充分的调查，丰田在美国的出口遇到了许多困难。首先，CROWN的性能和质量一直饱受争议，包括高速行驶时缺少动力输出、极端噪声和异常振动等。1960年，丰田停止CROWN的出口，并开始以Tiara的名义销售新型CORONA（RT20L），然而，这款车却与CROWN出现了类似的质量问题。其次，美国汽车制造商从1959年开始陆续推出了几款紧凑型汽车，致使进口车的销量大跌。种种情况，使丰田在美国市场一度严重亏损。60年代，丰田调整管理结构，将销售重点转移到LAND CRUISER，随后又推出了符合美国市场需求的第三代CORONA（RT40）和RT43L，在美业绩有所起色，经销商数量也迅速增加。

利用陆地巡洋舰打入拉美市场，努力打破贸易壁垒、寻求新机遇。50年代中后期，丰田因TOYOPET LAND CRUISER的适销在拉丁美洲打开了局面。1957年，仅委内瑞拉一国进口的LAND CRUISER就达到了795辆。然而，随着市场的发展，一些拉丁美洲国家由于政治和经济的不稳定，例如哥伦比亚的政变、墨西哥和巴西的国内汽车生产政策等，出现了贸易壁垒。尽管如此，丰田仍坚持同当地政府和企业进行协调，继续在该地区寻求新的发展机会，进入60年代，丰田在拉丁美洲的出口终于有了比较明显的提升。

20世纪50年代起，日本经济进入了长达20年的高速增长时期，汽车市场的需求激增。为了迎合海外军需订单和国内机动化萌芽的需求，丰田开发了以越野吉普LAND CRUISER和第一辆乘用车CROWN为代表的一系列车型。与此同时，丰田大幅提高产能，实现规模化生产；拓展经销商网络，逐步完善销售系统。此外，丰田还同步开始了国际化进程，北美业务启动后，海外市场销量大幅上升。

4 突破重重危机,成为世界级汽车制造商(1966~1980年)

　　1966~1980年,丰田开启了国际化的征程,这个阶段为其成为世界级汽车生产商奠定了基础。推出明星产品COROLLA后,丰田在全球的销量快速增长。公司通过技术创新、生产规模调整、结构改进等多个方面的措施,顺利应对了石油危机、排放标准提高及交通安全等多重考验。同时,丰田加强了海外销售体系,扩大在欧美市场的销量,就此登上了国际舞台(见图4-23~图4-25)。

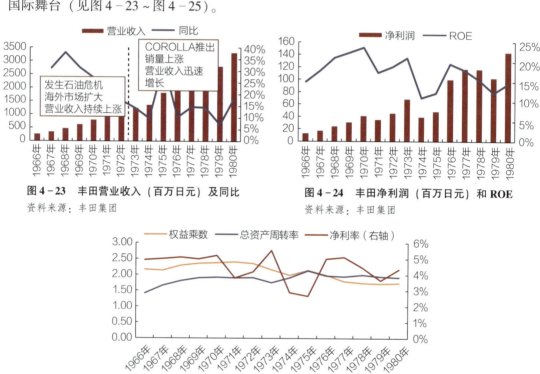

图4-23 丰田营业收入(百万日元)及同比
资料来源:丰田集团

图4-24 丰田净利润(百万日元)和ROE
资料来源:丰田集团

图4-25 1966~1980丰田杜邦财务分析指标
资料来源:丰田集团

4.1 丰田推出乘用车COROLLA,实现跨越式发展

4.1.1 私人汽车市场兴起,COROLLA引发购买热潮

　　COROLLA诞生于日本私人汽车市场兴起的时代。研究表明,当汽车售价和人均国内生产总值达到1.4:1的时候,私人汽车市场将会兴起。20世纪60年代,日本经济已经恢复并进入高速增长,1965年人均国内生产总值达到33万日元,符合私人市场需求的1L的车辆价格下降到人均收入的1.4倍(见图4-26)。在这种背景下,1966年定位私人市场的乘用车COROLLA诞生了,机动化热潮也随之到来。

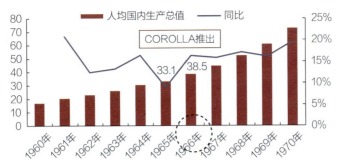

图 4-26　1960~1970 年日本人均国内生产总值（万日元）及同比
资料来源：CEIC

COROLLA 在日本市场的销量迅速增长，成为主打产品。COROLLA 自推出以后，在日本的销量持续上升。1973 年，COROLLA 的销量达到 40.5 万辆。石油危机期间，物价的普遍上涨导致了购买力的下降，丰田收缩其他产品线，将开发和销售的重点放在经济型车系上，因此这段时间的 COROLLA 的销量几乎没有下降，维持危机前的水平（见图 4-27，图 4-28）。

COROLLA 帮助丰田在海外市场打开局面，成为世界级汽车制造商。1966~1971 年，丰田的海外销售总量增长了 7 倍，这很大程度上是 COROLLA 的功劳。石油危机期间，日本国内汽车市场不景气，丰田凭借经济适用的紧凑型乘用车 COROLLA，进一步扩大海外市场，使得这一时期的经营业绩保持良好。在 COROLLA 的帮助下，丰田在海外市场打开了局面，成为真正的国际品牌。

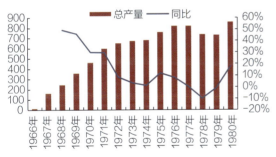

图 4-27　COROLLA 车型总产量（千辆）及同比
资料来源：丰田集团

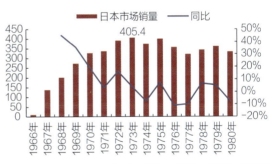

图 4-28　COROLLA 车型日本市场销量（千辆）及同比
资料来源：丰田集团

4.1.2　多方面共同提升成就 COROLLA

COROLLA 的成功主要基于三个因素：产品定位方面，丰田精准定位家用车市场，提出高性价比的产品理念；产品设计方面，丰田对 COROLLA 进行技术升级，改善产品外观，提高驾驶的舒适度和空间感；产品销售方面，丰田巧用公关宣传手段，引发全民购车热潮。1966~1980 年 COROLLA 车系的演进见表 4-4。

精准产品定位，提出全新设计理念。早在 1961 年，丰田就推出了针对大众市场的车型 PUBLICA，然而过低的定价使丰田不得不压低成本。因此，即使 PUBLICA 在功能性和实际操作性上相对同类车型已达到较强水平，但其简陋的外形没能满足消费者的需求。在

表 4-4　1966～1980 年 COROLLA 车系的演进

年份	图片	概述
1966～1970 年 第一代		第一代 COROLLA 长宽高为 3845mm × 1485mm × 1380mm，轴距为 2285mm，是一款 1L 紧凑型 5 座轿车。COROLLA 最突出的是它半直背式的运动形象。新开发的水冷式 4 缸发动机排量为 1.1L。同时，COROLLA 不再采用传统的前排座椅和 3 速立柱变速器，而是采用独立的前排座椅和 4 速地板变速器。COROLLA 也是日本第一款采用麦弗逊式前悬架的乘用车
1970～1974 年 第二代		第二代 COROLLA 长宽高为 3945mm × 1505mm × 1375mm，轴距为 2335mm。它继承了其前代车型的直列 4 缸 OHV 1.2L 发动机（3K），在其车型中添加了 T 型发动机（OHV 1.4L／1.6L 和 DOHC 1.6L）的选项，最终共有三种排量和六种动力的发动机可供选择。其他机械部件也继承自之前的型号，不同之处在于前悬架采用了没有横向板簧的普通麦弗逊式支柱系统
1974～1979 年 第三代		第三代 COROLLA 长宽高为 3995mm × 1570mm × 1375mm，轴距为 2370mm。它将轴距扩大了 35mm，前后踏板增加了 40mm，部分用于容纳设备以满足排放要求和碰撞安全标准。车身选择最初包括双门／四门轿车［SD］、双门硬顶［HT］，双门／四门厢式货车、三门后挡板［LB］和一个双门快背式轿跑车［Fastback coupé］，共计五个可用的车身类别。第三代 COROLLA 采用减振保险杠和带紧急锁定牵引器（ELR）的安全带，用以保护车身

资料来源：丰田集团

COROLLA 的开发过程中，丰田吸取 PUBLICA 失败的教训，充分理解目标客户的真正需求，精准产品定位：一款针对家用车细分市场的新型豪华经济车。此外，丰田还为 COROLLA 提出了全新的设计理念，不再单纯以价格为导向，而是更加注重品质与价格的平衡，在有限的成本里做到产品优良性能的极限。

产品的核心竞争力是推动 COROLLA 发展的关键。与之前推出的中型车相比，COROLLA 作为一款经济型汽车，更能满足大众的需求。尽管中型车可以提供近乎完美的性能和舒适度，然而它的价格和维修成本却让普通用户负担不起。相比之下，经济型汽车既能在各个方面都达到良好，又能具备某一方面优秀的独特技术或特殊功能。第一代 COROLLA 配备新开发的 K 型发动机，拥有 1.1L 的排量，位于 0.8L 的 PUBLICA 和 1.5L 的 CORONA 之间，避免了与已有产品定位的冲突。它使用半直背式的运动形象，以出众的外形抢占市场。此外，丰田还引进了许多新技术：配备支柱型前悬架和 4 速变速器，提升了驾驶的舒适性和空间感；采用了许多免维护设备，如无需润滑的底盘，更为耐用的发动机机油和滤清器等，为消费者节约了后续支出。通过一系列技术上的革新，COROLLA

成为当时最成功的经济型汽车之一，开始在家用车市场上大放异彩。

成功的公关宣传引发购买热潮。 机动化热潮来临之际，丰田并不是日本唯一一家想靠开发新车型打入大众市场的汽车制造商。就在 COROLLA 推出的几个月前，日产已经先行推出了定位相同、设计类似的 SUNNY。丰田 COROLLA 和日产 SUNNY 的参数对比见表 4-5。为了在竞争中取得胜利，丰田临时修改了 COROLLA 原本的设计，将发动机的排量从和 SUNNY 相同的 1L 提升至 1.1L，并将其作为公关宣传的关键。1966 年 10 月，第一代 COROLLA 在东京车展推出，同时启动活动也在日本各地举行。尽管定价比 SUNNY 略高一些，但丰田大力宣传的"额外的 100mL"得到了消费者的认可。靠着成功的公关手段，COROLLA 打败了竞品，引发了购买热潮，将私人乘车推到了汽车市场的中心。

表 4-5 丰田 COROLLA 和日产 SUNNY 的参数对比

制造商	品牌	推出时间	售价	排量	尺寸
丰田	COROLLA	1966 年 11 月	标准版 43.2 万日元/豪华版 49.5 万日元	1077ml	3848mm × 1491mm × 1379mm
日产	SUNNY	1966 年 4 月	标准版 41 万日元/豪华版 46 万日元	988ml	3820mm × 1445mm × 1295mm

资料来源：丰田集团

4.2 丰田进一步扩大生产规模，提高销售能力

4.2.1 合作联盟取得多方面成果

20 世纪 60 年代后半期，丰田先后与日野、大发结成合作联盟，全面提高了生产销售等各方面能力。 日本在加入经济合作与发展组织后，享有了很多贸易利好，但同时也有义务放开本国资本交易。同时，美国和欧洲汽车制造商将日本视为目标市场，强烈要求日本外资自由化。面对即将到来的资本自由化，许多日本制造商选择通过结成合作联盟扩大规模，以抵御外来资本的冲击。丰田为加强自身的国际竞争力，先后与日野、大发建立联盟，在生产、销售等多方面取得了合作成果。1966 年，丰田汽车和日野汽车发表联合声明并签署了有关合作联盟的备忘录。此后，两家公司在生产和销售方面互相协助，以合作方式进行技术研发和新产品规划，精简零部件与材料的采购，共同扩大出口。该联盟不仅使丰田获得了很多具体实际的好处，更是让日野大幅提高了市场份额，跻身日本顶尖汽车制造商。1967 年，丰田汽车和大发汽车组建合作联盟交换了备忘录，并举行了签约仪式。这意味着大发虽然成为以丰田为中心的汽车集团的一员，但双方将继续独立管理自己的公司，发挥各自的优势。随后，两家公司在从新车开发到生产分包的许多领域达成了合作。丰田此前没有小型车部门，通过与大发建立共同战略，丰田成长为一个全方位的企业集团，提供从大型货车到小型迷你车的所有车型。一系列合作联盟的成立使丰田进一步占据日本汽车市场上的领先地位。

4.2.2 规模化生产实现长足发展

建设专门的乘用车工厂高冈工厂，实现月产 10 万辆的目标。 为了达到每月 10 万辆的生产目标，丰田于 1965 年建立了专门的乘用车工厂高冈工厂，用于生产即将推出的大众汽车 COROLLA。这个全新的综合工厂拥有从冲压到装配的所有工艺，月生产能力可达 2 万辆。1966 年，高冈工厂安装了一个在线控制系统，能够从沿线安装的终端获得生产指令信息，并进行组装工作。该工厂还采用了许多焊接压力机、最先进的自动涂装设备和基于计算机的生产控制系统，全面提高了生产效率。1966 年 COROLLA 推出后，销量迅速上涨，生产难以跟上。于是，丰田在元町和高冈工厂附近新建了一个专用的加工工厂，进一步加强了乘用车工厂的生产系统，提高了生产率。为了避免产能不足带来的损失，丰田于 1968 年在第一装配厂南侧建造了第二装配厂，负责主体线之外的车身焊接、油漆及装配工艺。此外，还对现有冲压工厂和车身制造线进行了扩建。1968 年，丰田实现了月产 10 万辆的目标。

建设堤工厂，达到年产 200 万辆的生产目标。 上一阶段的目标达成后，丰田决定进一步扩大生产规模，以应对资本自由化。为了与欧美先进汽车制造商在同一水平上开展业务，丰田确立年产 200 万辆的新的生产目标。当时，全世界只有通用、福特两家汽车公司达到了这一生产水平。为了达到目标并满足乘用车市场需求的多样化，丰田于 1969 年建立了其继元町工厂和高冈工厂之后的第三家专用乘用车工厂——堤工厂。新工厂建成后，丰田将此前外包的座椅生产放在内部进行，加强了座椅设计、简化了生产。当时为了使汽车更轻，丰田广泛采用了塑料部件，因此，堤工厂还被给予了注塑成型、强化塑料纤维和进行塑料加工的能力。除了建设新工厂，丰田还积极扩大现有工厂。为了适应新发动机和变速器的开发和生产，丰田不断为上乡工厂扩充产能、建造新的厂房。1972 年，丰田的年产量为 208.7 万辆，超出了上一阶段 200 万辆的目标。

建立多座新工厂扩大产能，创新作业方法提高生产效率，达到年产 300 万辆的目标。 尽管受石油危机影响，丰田产能扩张的步伐有所放缓，但仍然确立了下一阶段每年 300 万辆的生产目标。1977 年，丰田建造了下山市第二工厂，用于新开发的发动机的生产。在对其生产设施进行审查的过程中，丰田发现现有的机器车间和设备不足以支撑既定的生产目标。于是丰田于 1978 年建立了新工厂，为发动机、变速器和其他部件提供了充足的生产设施，使其顺利过渡到前轮驱动的新产品。该工厂对标准作业和运输工作进行了创新，仔细考虑了工作环境方面的审议，消除了人工作业的"孤岛"。1979 年，丰田的第十座工厂田原工厂竣工并正式投产。该工厂是一座主要生产出口车辆的现代化工厂，最多可支持超过 300 万辆的年产量。工厂在现场建立出口基地，以提供每年 150 万辆的出口。这是丰田首次在距离总部地区较远的地方建立完整的车辆装配厂，促使公司实现了运输上的创新。此外，该工厂还引入了节能新方法，并使工人的工作环境得到了改善。1979 年，丰田总产量 307.5 万辆，这一阶段的生产目标也顺利达成（见图 4-29）。

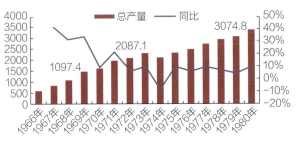

图 4-29 丰田日本总产量（千辆）及同比
资料来源：丰田集团

4.2.3 本土销售能力得到全面增强

1966～1980 年，丰田精简日本的经销商组织，努力扩大销售网络、提高销售水平。 20 世纪 60 年代后半期，丰田推出人气车型 COROLLA，销量因此迅速上涨；进入 70 年代，丰田成功应对石油危机，仍将销量保持在一个较高的水平上（见图 4-30）。为了与市场情况相匹配，丰田在这一时期采取多种措施，全面增强了销售能力。首先，丰田向全国的经销商提供支持，帮助他们建立精益组织，将人员逐步从行政管理部门转移到销售及售后服务部门。其次，丰田进行大规模的销售网络扩张，一方面扩大招聘以增加销售人员的数量；另一方面向经销商提供融资以建立新的销售网点。通过这一计划，1978 年，丰田经销商的销售人员超过了 30000 人，新车销售网点接近 3000 个，销售能力得到了很大提升。最后，丰田建立了培训中心，开展更为全面的销售培训，努力丰富培训项目、提高培训质量。

总体而言，1966～1980 年丰田在日本的销量迅速增长、市场占有率明显提高（见图 4-31）。这既是因为它推出了经典产品 COROLLA，又离不开丰田为扩大生产规模、提高销售能力做出的努力。

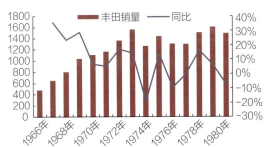

图 4-30 1966-1980 年丰田汽车日本总销量（千辆）及同比
资料来源：丰田集团

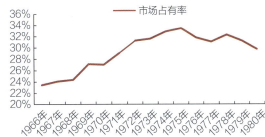

图 4-31 丰田汽车日本市场占有率
资料来源：CEIC

4.3 合理应对石油危机，保持增长

4.3.1 石油危机发生，世界经济陷入停滞

20 世纪 70 年代世界上连续发生了两场重大的石油危机，经济滞胀在全球范围内蔓延，对各国汽车制造商都形成了异常艰巨的考验。

1973年，石油生产国削减了石油供应，大幅提高了油价，原油价格一年内从每桶3.3美元飙升至11.6美元（见图4-32）。石油供应的减少和价格的上涨刺激了当时各种生活必需品的短缺，造成了物价的普遍上涨。1974~1975年间，几乎所有发达工业国家都出现了高通胀和国内生产总值的下降（见图4-33）。尽管日本政府出台了石油相关的法律来限制消费和控制混乱，但经济发展仍然遭遇迟滞。因此，石油危机发生后，日本汽车行业出现了大幅下滑，1974年汽车总销量同比下降了22.2%。

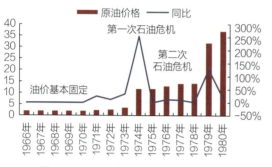

图4-32　原油价格（美元/桶）及同比
资料来源：BP

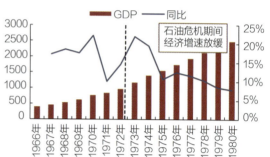

图4-33　日本国内生产总值（千亿日元）（GDP）及同比
资料来源：CEIC

1979年，世界第二大产油国伊朗政局发生动荡，油价再次快速上涨，导致了第二次石油危机。第二次石油危机期间，油价又翻了一倍以上，从1978年的每桶14.0美元上升至31.6美元。全球经济再次陷入停滞，通货膨胀卷土重来（见图4-34，图4-35）。

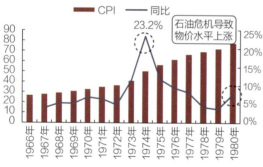

图4-34　日本居民消费指数（CPI）及同比
资料来源：CEIC

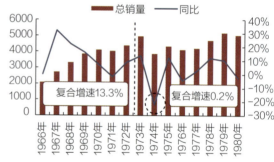

图4-35　日本汽车市场总销量（千辆）及同比
资料来源：CEIC

4.3.2　多管齐下，丰田顺利摆脱困境

及时调整生产规模和经销商库存。受石油危机影响，日本汽车生产所需的零部件供应出现短缺，原材料价格大幅上涨。尽管丰田努力削减成本、限制支出，但仍然被迫对所有车系的价格进行了上调。燃油短缺和价格上涨使得丰田许多车系的销量大幅下跌，1973年12月，丰田的月销量同比下降了10%以上。销售的疲软推高了经销商库存，于是丰田及时对生产规模进行了调整：1974年1月至3月期间逐步降低产量，完成经销商的库存调整；4月起开始回调，产量增加主要集中在经济型乘用车COROLLA上（见图4-36）。经过生产规模的调整和配套销售策略的实施，9月起丰田的汽车销量恢复增长。

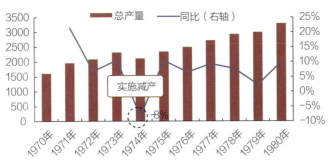

图 4-36 1970~1980 年丰田总年产量（千辆）及同比
资料来源：丰田集团

采取节能措施，降低公司运营支出。在能源供应不足、资源价格普遍上涨的情况下，为了保障公司的运转，维持良好的经营业绩，丰田在全公司范围内采取了节能措施。制造、工程、生产工程、采购等部门各司其职，改进生产技术、提高资源利用率。从长远的角度实现了资源与能源的节约。

进行成本管理活动，保障产品利润率。在材料价格上涨、销量下跌的时期，成本管理活动也需要采取新的应对措施。因此，公司为当时最畅销的车系 COROLLA 成立了跨部门的成本改进委员会，成员来自设计、制造、采购、运营等部门。经过各部门的共同努力，丰田成功在 6 个月内将每辆 COROLLA 的成本降低了一万日元以上。此外，公司还为 CORONA、CROWN、HILUX 和 LITEACE 都设立了成本改进委员会，进行了全面的精简和降本。

优化公司结构，不再依赖生产数量。20 世纪 50 年代以来，丰田一直处于快速增长的阶段，公司倾向于通过扩大体量来解决所有问题。第一次石油危机发生之后，日本经济增长放缓，汽车行业整体下滑，丰田开始着手改善公司结构，以求在不依赖大规模生产的情况下维持经营业绩。此外，公司还实施了为期两年的"管理能力改进计划"，向部门和科级的管理人员提供管理技能的培训，希望提高行政部门的工作效率。

提高经营效率，降低财务杠杆。石油危机期间，丰田意识到经济下行的整体趋势，收缩投资规模，提高经营效率，资产周转率得到提升（见图 4-37）。此外，丰田控制长期负债的规模和比例，以降低利息支出和财务费用（见图 4-38）。通过一系列稳健的财务举措，丰田放缓了公司扩张的步伐，降低市场的不利行情对公司经营情况的影响，成功保障了经营业绩。

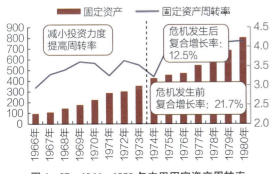

图 4-37 1966~1980 年丰田固定资产周转率
资料来源：丰田集团

图 4-38 1966~1980 年丰田长期负债占总资产比重
资料来源：丰田集团

推动产品演进,扩大海外出口。 石油危机期间,丰田根据市场需求的变化,不仅对其已有车型进行了更新换代,还推出了很多符合市场需求的新车型。1978 年,轻量化经济型乘用车 TERCEL 和 CORSA 诞生(见图 4-39,图 4-40)。在这两款车上,丰田首次采用了前轮驱动的形式,努力减少空气阻力以及各种部件的重量以提高燃油效率。然而,由于过于重视降低油耗,这两款车的车身略显狭窄、车型设计不佳,导致日本市场反应冷淡。在日本以外的国家推出时,丰田考虑到消费者的体格,增加了车厢的总长度。因此,这两款车在美国凭借高燃油效率和宽敞的内部空间获得了良好的市场反响,出口量逐年增加。1977 年,丰田着手开发前轮驱动的 CAMRY 和 VISTA。公司计划将 CAMRY 打造成下一代领先的出口产品,可以与通用汽车的紧凑型前轮驱动汽车竞争(见图 4-41,图 4-42)。

图 4-39 TERCEL 模型(AL10-Z)
资料来源:丰田集团

图 4-40 CORSA 模型(AL10-L)
资料来源:丰田集团

图 4-41 1966~1980 年丰田各主要车系产量(千辆)
资料来源:丰田集团

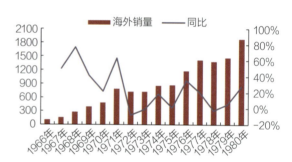

图 4-42 1966~1980 年丰田汽车海外销量(千辆)及同比
资料来源:丰田集团

4.4 日本排放标准出台,丰田大力发展减排技术

4.4.1 大气污染问题引起重视,日本建立严格的排放标准

大气污染问题引起重视,美国和日本推出控制排放的法律法规,建立起具体的排放标准。 早在 20 世纪 60 年代,美国便开始逐步加强对大气污染物的控制,许多国家级的法律法规陆续出台。1970 年底批准生效的《穆斯克法案》要求汽车制造商们在 5 年内把尾气中特定污染物的排放量降低到 1970 年的 1/10。美国相关法案的推出也对日本社会产生了影响。进入 70 年代,在以东京为代表的大城市,大气污染问题愈演愈烈,成为社会焦点。

因此日本对汽车尾气排放的监管也逐渐加强，最终确立了和美国完全相同的减排目标，并分成两个阶段执行：截至1975年财政年度，将二氧化碳和碳氢化合物的排放降至原来的1/10；截至1976年财政年度，将氮氧化物的排放降至原来的1/10。日本建立了全世界最为严格的排放标准，迫使日本汽车制造商全力以赴发展减排技术。美国和日本治理大气污染的相关法案见表4-6。

表4-6 美国和日本治理大气污染的相关法案

国家	年份	法案	主要内容
美国	1963年	《清洁空气法》	加强对大气污染物的控制
	1968年	《国家排放法规》	
	1970年	《Muskie法》	订立将污染物排放量降低至1970年的1/10的目标
日本	1967年	《污染对策基本法》	
	1968年	《防止空气污染法》	提出将一氧化碳的排放量减少至尾气的3%以下
	1970年	《汽车排放对策基本计划》	提出1972年及1973年的排放标准
	1972年	日本《Muskie法》	决定施行同美国相同的排放标准并确立最后期限

资料来源：丰田集团

4.4.2 大力发展减排技术，实现各项指标的综合提升

丰田大力发展减排技术，开发内部技术与引进外部技术并举。丰田公司对减排项目投入了大量的人力、物力、财力，1970～1974年，资金和人员的投入快速增长（见图4-43，图4-44）。为了在规定时间内达到排放标准，丰田首先尝试探索催化式排气净化器技术。尽管缺乏化学方面的专家，公司仍然坚持进行内部开发。这一方面是因为专业开发催化剂的企业可能不熟悉汽车相关的知识，培训将耗费大量时间；另一方面是因为丰田希望独立掌握核心技术，在任何情况下不致陷入被动。在进行技术研发的过程中，丰田不仅致力于降低排放，还综合考虑了燃料的经济性、驾乘的性能表现、服务力及成本等因素。然而，丰田作为日本领先的汽车制造商，旗下车型众多，想在短时间内取得技术进展并将其泛用于所有车型并非易事。于是丰田在继续开发催化剂技术的同时，探索稀薄燃烧系统等一切其他的可能性，并从本田引进了复合涡控燃烧技术。

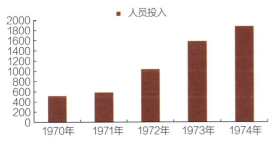

图4-43 发展减排技术的人员投入（人）
资料来源：丰田集团

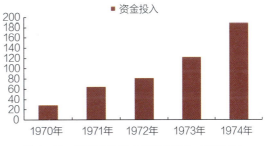

图4-44 发展减排技术的资金投入（亿日元）
资料来源：丰田集团

丰田综合利用多种技术，既满足了日本的排放要求，又达到了燃油效率、性能和成本的总平衡。 1975 年，日本环境署听取了汽车制造商们的意见，将氮氧化物排放标准的最后期限延至 1978 年，并为 1976 年选取了一个更为现实的中间值作为考察标准。利用"氧化催化转化器"和 CVCC 发动机，丰田最终达到了 1975 年和 1976 年的排放标准。1977 年，丰田的技术研发取得了突破性进展。它开发出一种三元的催化式排气净化器，同时对发动机各部件进行了配套的评估和改进。在实际应用中，丰田综合利用三元催化净化器、还原催化剂等多种不同的技术，针对每个具体的模型采用最合适的方法，既满足了 1978 年的排放要求，又达到了燃油效率、性能和成本的总平衡。丰田因此成为整个行业中第一个在截止日期前使旗下所有汽车都符合 1978 年排放标准的企业。

丰田集团在应对排放法规的过程中，从未放弃其汽车原本具有的价格实惠、油耗低、性能佳的优势。公司克服重重困难，获得了广泛的技术知识，使车辆的各项性能指标都有了很大的提高。这也成为 20 世纪 70 年代丰田汽车能够在日本市场取得领先并在国际市场拥有一席之地的重要原因。

4.5 安全问题引发广泛关注，丰田兼顾技术进步和社会效应

4.5.1 交通安全成为社会焦点，日本订立机动车安全标准

20 世纪 60 年代开始，日本社会的机动化进程迅速加快，汽车在促进经济发展和改善人民生活方式上发挥着重要作用。随着汽车保有量的迅速增加，道路拥堵、交通事故等相关问题也开始显现。1970 年日本因交通事故而死亡的人数达到了 16765 人，交通安全成为日本社会关注的焦点。

1968 年，美国联邦机动车安全标准 FMVSS 开始生效。这一标准要求所有出口到美国的车辆都必须配备 20 件物品，如所有乘客的安全带、吸能转向柱等；同时，对仪表板、座椅靠背、内部减振垫等的材料也做出了限制。日本在美国 FMVSS 的基础上，于 70 年代前后多次对道路运输安全标准进行修订，逐步确立了具体条例。

丰田积极采取措施，满足社会需求：一方面大力发展汽车安全技术，维持产品的竞争力；另一方面主动承担改善交通环境的社会责任，树立良好的品牌形象。

4.5.2 取得众多安全技术成果，顺利完成国际合作开发项目

车辆安全分为两种类型：一是主动安全（预防性安全），旨在于预防事故；二是被动安全（碰撞安全），旨在在重大碰撞发生时保护驾乘人员。 丰田围绕这两个方面，积极开发汽车安全技术，取得了丰硕的成果。主动安全方面：首先，丰田在 CORONA 和 COROLLA 系列的部分车型上配备了串联的主气缸，提高了制动系统运行的可靠性；其次，在日本高速公路网络迅速铺开的背景下，丰田从 CROWN 和 COROLLA 开始，逐步给旗下车型装上了运动规格的盘式制动器，从而保证车辆在高速行驶的情况下安全制动；最后，

丰田设计出了电子滑行控制系统（ESC）并将其作为 CROWN 车型（MS60/MS70）消费者的选择之一，这一系统也成为防滑系统的前身。被动安全方面：在日本市场的车型中，丰田引入了一系列新的自动化安全措施，例如防止方向盘在碰撞期间被推入乘员舱的措施等。此外，公司还采用了一种新的玻璃镶嵌技术，能够防止车祸时驾乘人员从车体中飞出。在美国，早在 1967 年 FMVSS 尚未正式生效之时，丰田重新设计的 CROWN（MS50）便已经达到其列举的全部 20 条标准。1973 年，丰田在其出口到美国的车辆上安装了紧急锁定安全带，正常使用过程中允许自由伸缩，一旦发生碰撞立即锁定，保证驾乘人员安全。

丰田顺利完成实验安全车的开发，并将由此收获的安全技术与其批量生产的车型相结合。在美国政府的倡导下，美、日、德三大汽车生产国共同参与了实验安全车（ESV）的开发。根据协议，美国将开发一辆 4000Lb 的 ESV，而日本和其他国家将合作开发一辆 2000Lb 重量级的 ESV（见图 4-45）。1971 年，在日本政府的招募下，丰田申请加入该项目。公司一方面希望为事故预防做出积极贡献；另一方面也想获得应对未来安全标准变化的技术能力。丰田用三年的时间完成了 ESV 的设计制造，性能测试显示所有指标均已达成：在 80km/h 的速度下发生碰撞时，车辆应当具备充分的减振能力，确保乘员舱内的存活空间，避免二次碰撞带来的伤害，从而保护所有驾乘人员的生命。虽然 ESV 是作为测试车辆完成的，开发过程中没有考虑到成本和生产率。然而，丰田在可能的情况下，主动将获得的安全技术融入其批量生产的车辆中（见图 4-46）。

图 4-45　接受性能测试中的丰田 ESV
资料来源：丰田集团

图 4-46　CORONA RT100
资料来源：丰田集团

4.5.3　主动承担社会责任，参与改善交通环境的活动

丰田成立交通环境委员会，致力于改进与车辆使用环境有关的一系列问题。面对愈发重视交通安全的社会趋势，丰田主动承担起社会责任，于 1968 年成立了交通环境委员会。为了改善道路拥堵情况，该委员会进行了许多捐赠活动。例如，向东京警察局捐赠了银座地区的广域交通控制系统，使交通管制从传统的点控升级为广域控制，不仅能有效缓解交通拥堵，同时还能减少事故和污染。此外，丰田还对交通相关问题开展广泛的研究，向政府有关部门提供参考材料，争取在各方的共同努力下尽早在日本建立起发

达的运输系统。

丰田参与汽车交通管制技术开发项目，积累了电子和计算机领域的相关知识。1973年，丰田参与了日本政府主导的汽车交通管制技术开发项目。该系统在指定车辆上安装发射器，使其能与中央控制室的计算机进行通信，提供道路交通数据；经过对数据的收集与分析，系统会发布指示给装有接收器的汽车，引导它们选取最佳行驶路线。丰田之所以申请参与该项目，一方面是因为它将交通环境有关问题视为公司社会责任的一部分；另一方面是因为丰田一贯重视新知识的获取，特别是在汽车电子和计算机系统领域。尽管该系统最后没有得到大规模的推行，但研发过程中积累的相关知识成为丰田的宝贵财富，为汽车电话等移动通信技术的后续发展奠定了基础。

通过开发安全技术、参与改善交通环境，丰田不仅达到了美日汽车安全标准，树立起负责任的企业形象，还在产品设计上获得了优势。其中1973年发布的CORONA（RT100）具备多种新的安全功能，赢得了市场的赞誉，并连续35个月成为最畅销的紧凑型汽车。

4.6 建立更加成熟的海外销售体系，走向国际化

20世纪70年代前后，丰田建立起更加成熟的销售体系，海外销量快速提升，逐渐走向了国际化。60年代，日本汽车制造商开始积极开展海外业务。60年代末，丰田在此前初步探索的成果之上，不断完善海外销售体系、扩大出口，其中以COROLLA、CELICA、CORONA为首的乘用车和以HILUX为首的商用车，增幅十分明显。1966年，丰田海外销售总量为10.5万辆，1971年迅速增长至78.6万辆，到1980年已经达到187.3万辆。与过去相比，美国、欧洲等机动化程度较高的市场的销量增长明显，成为丰田国际化之路的主要动力（见图4-47）。

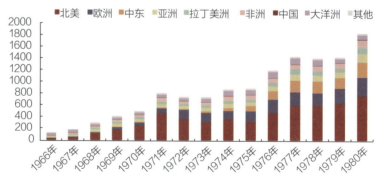

图4-47 1966~1980年丰田海外各地区销量（千辆）
资料来源：丰田集团

4.6.1 美国市场销量上涨，大力提升销售能力

20世纪60年代后半期，丰田在COROLLA的带动下实现了美国销量的大幅上涨；石

油危机期间，油价的快速上涨和消费者对小型车需求的增加放大了日系车的优势，日系车的市场占有率提升，丰田美国销量继续上涨（见图4-48）。

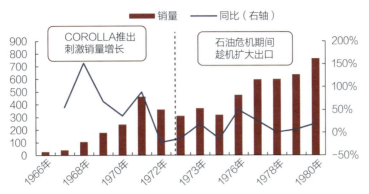

图4-48　1966~1980年丰田汽车在美国市场的销量（千辆）及同比
资料来源：丰田集团

COROLLA的推出带动美国市场的销量实现腾飞。1966年，随着CORONA（RT43L）在美国的推广，丰田对美国的出口从单一的越野皮卡转向以乘用车为主的多种类型。乘用车出口的迅速增长使美国从1966年开始成为丰田最大的出口目的地。在此基础上，1968年，丰田开始了COROLLA的出口，真正带动美国市场的销量实现了腾飞。1968年丰田在美国的总销量为10.7万辆，到1971年已经达到了46.2万辆，丰田也成为仅次于德国大众的美国第二大进口品牌。

石油危机期间，日本汽车的市场份额上升，丰田顺势扩大出口。石油危机期间，受石油价格上涨的影响，美国市场上紧凑型汽车的市场份额快速增长（见图4-49）。由于美国汽车制造商的主要产品都是油耗很高的大型车，其竞争力逐渐下降。相反，日本汽车得益于其高质量和高燃油效率的美誉，市场占有率持续上升。尽管美国汽车制造三巨头尝试进入小型车市场，但其产品在价格和质量上都无法与日本汽车竞争（见图4-50）。在这种情况下，丰田利用自身优势，进一步提高燃油效率，推出更多紧凑型汽车，扩大在美国的销量（见图4-51）。1975年，丰田在美国市场整体萎缩的情况下售出31.8万辆车，位居进口品牌的第一位（见图4-52）。

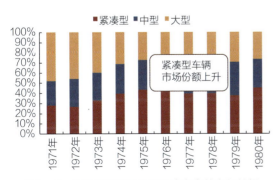

图4-49　石油危机前后美国三类汽车的市场份额
资料来源：Ward's Automotive Yearbook

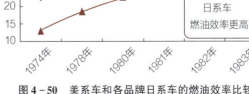

图4-50　美系车和各品牌日系车的燃油效率比较
资料来源：通用汽车

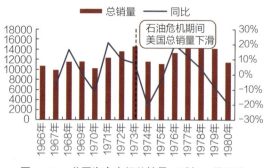

图 4-51 美国汽车市场总销量（千辆）及同比
资料来源：Wind

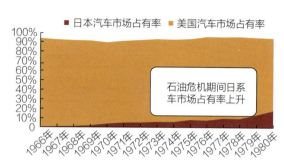

图 4-52 美系车和日系车在美国市场的市场占有率
资料来源：Wind

面对持续性的销量上涨，丰田全面改进了美国的销售体系，调整产品策略，扩大销售网络，完善物流系统。

产品策略方面。20 世纪 70 年代，丰田对其在美国市场的产品政策进行了审查，根据用户需求确定销售重心。此前，美国市场上 CORONA 和 LAND CRUISER 一直是优先销售的车型。基于最新的市场调查结果，丰田决定将优先车型改为 COROLLA、CELICA 和 HILUX。1975 年，丰田开展了以这三款车为重点的广告销售活动。此后，丰田逐渐调整三个车型的尺寸，逐步推出尺寸更大更符合美国市场需要的新产品。COROLLA、CELICA 和 HILUX 各代产品的尺寸比较见 4-7。产品政策调整后，这三个车型在大众市场表现优异，销量不断上升。

表 4-7 COROLLA、CELICA 和 HILUX 各代产品的尺寸比较（mm）

车型	第一代	第二代	第三代	第四代
COROLLA	3845×1485×1380	3945×2505×1375	3995×1570×1375	4225×1610×1385
CELICA	4445×1645×1390	4400×1695×1395	4520×1690×1395	4600×1695×1395
HILUX	4215×1580×1570	4275×1580×1590	4300×1610×1565	4300×1610×1565

资料来源：丰田集团

销售网络方面。面对这一阶段的销量上涨，丰田增加了对美国汽车销售公司（TMS）的投资，扩大了销售网络并加强了管理。20 世纪 60 年代末，丰田在已有的两家分销商的基础上建立了三家新的分销商，由此将销售网络从最初的西海岸扩大到整个国家。进入 70 年代，为了进一步加强销售组织、提升销售业绩，丰田将与经销商签订的协议由一年延长至三年。另外，通过采用新的管理制度、进行经销商培训以及扩大零部件供应，丰田完善了服务系统，提高了服务水平。石油危机爆发后，美国汽车市场整体萧条，丰田为了实现和经销商的互利共赢，减轻了经销商对库存车辆的利息负担。与此同时，丰田继续扩大经销商网络，到 1976 年，丰田汽车在美国的经销商数量已经超过 1000 个。

物流系统方面。为了完善在美国的物流系统，丰田建立了 9 处港口设施，并开始雇用专业的汽车承运人进行车辆运输。通过建设位于芝加哥的汽车运送中心，丰田加快了向美国中部和北部地区运送车辆的速度。除此之外，丰田还采用与经销商相连的计算机网络，在卸货前明确车辆运送地点。

4.6.2 完善全球销售体系，丰田海外市场全面开花

（1）欧洲市场

丰田顺利渡过困难时期，不断扩大欧洲市场，销量取得明显提升。20 世纪 60 年代后期，丰田开始在竞争激烈的欧洲市场开展业务。尽管运费和关税使得进口车在当地处于价格劣势，但因为质量高、故障少、后续维修费用低，丰田汽车在欧洲的口碑逐渐上升。进入 70 年代，英国、法国以及前联邦德国等汽车代理商先后调整销售框架，扩展销售渠道，丰田对欧洲的出口量开始稳步增加，平均增速在 50% 左右。1973 年石油危机爆发后，欧洲汽车工业发生了重大变化，包括英国利兰汽车公司国有化、大众汽车在西德遭受重大损失等。在这种情况下，丰田在欧洲刚刚建立起的销售系统也遭遇了诸多困难。1974 年，丰田在欧洲的整体销量下降了 15.2%，部分经销商出现了财务危机。公司努力克服困难，加大对经销商的扶持力度，继续完善销售系统，取得了明显成效。1975 年，丰田在欧洲的销售开始回暖，销量达到 18.6 万辆，超过了危机前的水平。在市场复苏过程中，丰田采取了更积极的销售政策，扩大经销商网络、积极推出新产品、开展广告和宣传活动，丰田销量的增速超过了整个欧洲市场的平均速度（见图 4-53）。

图 4-53　1966~1980 年丰田欧洲市场销量（千辆）及同比
资料来源：丰田集团

（2）中东市场

20 世纪 70 年代，中东市场欣欣向荣，销量增长迅猛，重要程度大幅提高。和世界其他地区的情况不同，石油危机期间，油价的上涨给中东地区带来了可观的收入，汽车需求迅速增长。1973 年，丰田在中东的销量为 2.4 万辆，仅占其出口总额的 3.3%；短短两年后，销量就达到了 8.7 万辆，占丰田出口总额的 10%。70 年代中东地区迅速成长为丰田的重要市场之一（见图 4-54）。

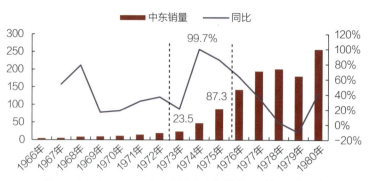

图 4-54　1966~1980 年丰田中东市场销量（千辆）及同比
资料来源：丰田集团

（3）亚太、非洲及拉丁美洲市场

丰田扩大拆散式出口，在部分市场提高当地生产比例。 20 世纪 60 年代，根据部分进口国（如墨西哥、南非、澳大利亚、泰国等）的国内生产政策，丰田对这些国家进行了拆散式出口。经过几年的发展，丰田拆散式出口的目的地国家数目增加，当地组装能力扩大，拆散式出口量稳步上升。进入 70 年代，为了促进工业的发展，许多国家通过了加强国内生产的条例。丰田及时调整生产和销售策略，通过一系列的收购与合作项目，大幅提高了当地生产的比例，满足各出口国法律条例的同时，降低了成本、提高了销量（见图 4-55）。

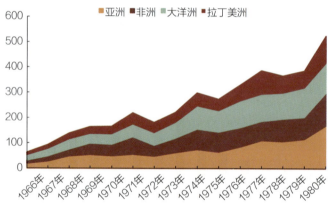

图 4-55　1966~1980 年亚非拉市场销量（千辆）
资料来源：丰田集团

20 世纪 60 年代后半期，机动化浪潮席卷日本，丰田应时而动推出乘用车 COROLLA，掀起了海内外销售热潮。为了配合市场需求的增长，丰田进一步扩大生产规模，提高销售能力。进入 70 年代，石油危机、环境问题和安全问题先后出现，丰田积极采取应对措施，顺利克服困难实现突破。此外，随着热门车型的推出和国际环境的改变，丰田的国际化进程取得了跨越式发展，成长为一个世界级的汽车制造商。

5 贸易摩擦加剧，全面开展本地化生产（1981~1990年）

20世纪80年代初开始，日本与多国发生贸易摩擦，汽车出口受到很大程度的限制。为了继续推进其海外业务，丰田在美国、加拿大及欧洲等地全面开展本地化生产，逐步建立起全球生产体系。为了更好地开展海内外各种业务，加快决策速度、提高资源利用率，公司于1981年促成了丰田汽车和丰田销售的合并，建立了新丰田。80年代后半期，日元的迅速升值，一度加剧了日本汽车出口的困难。此后，日本政府采取了宽松的财政和货币政策加以应对，造成了日本国内的泡沫经济。汽车市场大幅扩张，丰田的国内销售也取得了相当的进步。

总体而言，80年代是丰田继续在全球确认领先地位的时代，面对不断变化的外部环境，公司始终坚持市场为导向产品为根本，不断加强生产和销售体系（见图4-56~图4-59）。

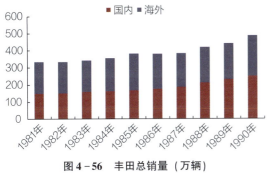

图4-56 丰田总销量（万辆）
资料来源：丰田集团

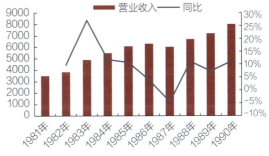

图4-57 丰田营业收入（十亿日元）及同比
资料来源：丰田集团

图4-58 丰田净利润（十亿日元）和ROE
资料来源：丰田集团

图4-59 丰田杜邦财务分析指标
资料来源：丰田集团

5.1 丰田汽车与丰田销售合并

5.1.1 国内外面临挑战，新丰田诞生

20世纪80年代日本国内外市场面临挑战，加速丰田汽车和丰田销售的合并。1979年第二次石油危机后，全球经济进入低增长阶段。日本国内对新车的需求逐渐减少，销售竞争日益激烈。1979年起丰田在日本市场的占有率连续3年下降，令公司产生了危机感（见图4-60）。在海外市场，经济的不景气导致全球贸易摩擦加剧（见图4-61）。1981年起，日本对出口到美国等国的乘用车数量实行自愿限制。要想继续拓展海外市场，丰田就必然面临在发达市场本土生产的局面。在这样的背景下，为了应对内外各种挑战，丰田需要更迅速地做出决策和更有效地利用资源。1950年，作为业务重建的条件之一，丰田的生产和销售职能被迫分离，此后丰田汽车与丰田销售一直作为独立的实体存在。此刻，恢复成一个统一的商业实体被提上日程。

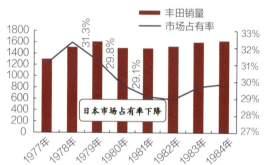

图4-60 丰田日本市场销量（千辆）及市场占有率
资料来源：丰田集团、CEIC

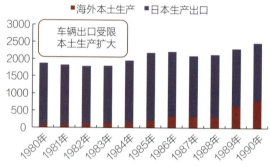

图4-61 丰田海外市场销量（千辆）
资料来源：丰田集团

丰田汽车与丰田销售于1982年正式合并。经过一系列调研、评估及磋商，1982年，丰田汽车株式会社与丰田汽车销售有限公司正式合并。在新丰田的框架下，丰田汽车株式会社的交易名称将更改为丰田汽车公司（TOYOTA MOTOR CORPORATION），股份增加20亿股，达到60亿股（总价值3000亿日元）。原丰田汽车销售有限公司的股份将按照0.75:1的比例换取新丰田汽车公司的股份。丰田建立了统一的制度，不仅提高了人力、资金等资源的使用效率，也推动了海内外经营战略的实施。

调整组织结构，建立起新的管理制度。为了尽快从合并中获益，丰田立即进行了组织结构的调整：新丰田由8个职能小组组成，共包括148个司和595个科，从前丰田汽车与丰田销售公用的26个部门合并为18个。新公司建立的同时，双方工会也实现了统一。合并后丰田宣布建立新的管理制度，在新的制度框架下，丰田将通过举行一系列执行会议加强从技术到生产销售的所有领域的高管之间的互动，以达到加快决策、提高资源利用率的目的。

5.1.2 新丰田的诞生带来了多种效益

新丰田实行加强销售系统的措施，促进了日本销量的增长和市场占有率的提高。合并的目标之一是使丰田在日本的年销量达到 200 万辆，为此丰田制定了一系列加强销售系统的措施。首先，为了加强经销商的业务能力，提高管理水平，丰田延长了付款期限，提高了边际利润，同时为经销商发放低息贷款，供其建设销售基地或增加销售人员。其次，丰田开展了经销商和高级管理层的非正式会议，耐心听取经销商的意见和要求，使经销商和新的丰田公司联系更加紧密。最后，为了进一步建立丰田和经销商之间的互信关系，丰田将对经销商的访问计划增加了一倍。这些措施效果明显，自 1983 年起，丰田在日本市场的销量加速增长，市场占有率持续上升。1988 年丰田 200 万辆的销售目标已经达成，到 1990 年丰田的日本销量已经超过 250 万辆，市场占有率达到 32.2%（见图 4-62）。

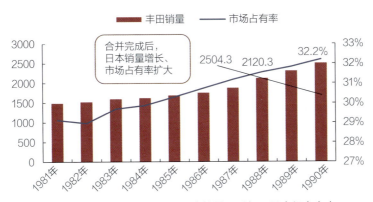

图 4-62　1981~1990 年丰田日本销量（千辆）及市场占有率
资料来源：丰田集团、CEIC

加强质量控制活动在销售部门的推广。丰田还在经销商中积极开展质量控制活动，改进管理系统。到 1983 年，包括零部件经销商等在内的约 90% 的经销商采用了不同形式的质量控制。为了全面提高质量控制水平，丰田新成立的质量控制促进部还建立了相关奖励制度，获奖的经销商将在"丰田经销商国家质量控制大会"上展示他们的质控系统并领奖。将原本用于制造部门的质量控制方法推广到销售部门，是丰田的一个创新。它对质量的不懈追求提高了消费者的信赖度，给销售部门带来了重大效益。

建立新的控制和物流系统，在改进服务和消除重复作业的同时缩短交货时间。物流是合并后在合理化和提高效率方面获益最大的领域。这是因为两家公司在合并前，一直分开处理汽车和零部件的运输，无法取得更大的规模效益，使得运输成本较高。两家公司合并后，丰田建立了一个新的控制和物流系统。新系统在加强质量控制的前提下取消了丰田汽车销售有限公司的整车检验流程，将成品车辆的存放量减少到最低限度，使内部和外部人员编制水平和车场面积减少了大约 30%，大幅节约了成本。同时，海外物流方面，为减少产品库存天数，对海运出口车辆和零部件的流程进行了审查。建立新的出口基地，将作业集中在一处，避免多余的运输和重复执行的检查程序。丰田的物流改革进展迅速，合并后大约3年内，丰田完成了物流环节的目标，即在改进服务和消除重复作业的同时缩短交货时间。

5.2 为应对贸易摩擦，开展本地化生产

5.2.1 美日贸易摩擦加剧，日本对美国等国实施出口自愿限制

日系车在美国市场的竞争力不断加强，美日贸易摩擦加剧。经过两次石油危机，日本汽车以其高燃油效率和合理定价愈发赢得全球消费者的青睐。1980年，日本汽车的海外销量首次超过日本国内，总产量超过1000万辆，使日本超过美国，成为世界上最大的汽车生产国。丰田在当年的乘用车出口首次达到100万辆，出口占总销量比重达到54%，创历史新高。1980年，美国经济正经历衰退，汽车需求大幅下降，然而日本汽车的销量和市场份额仍在扩大。美国制造商无法在紧凑型乘用车领域与日本车型竞争，纷纷陷入亏损，这也迫使它们采取了裁员的举措，导致了失业率的上升。一系列后果引发了工会和美国国会部分议员的强烈不满，尽管丰田在美国的子公司TMS努力从中斡旋，但美日贸易摩擦仍然不断升级（见图4-63）。

日本实施对美国乘用车出口的自愿限制，极大地限制了日本汽车制造商在美国的发展。在美国逐步施加的压力之下，1981年日美双方在东京进行谈判并签署了自愿限制日本汽车出口美国的协议。自1981年开始的3年期间，日本将自愿限制日本制造的乘用车出口到美国，第一年的出口上限为168万辆汽车。事实上，1980年日本出口到美国的汽车已经达到182万辆，然而贸易管制严重限制了日本汽车制造商在美国的发展。日本汽车出口的自愿限制制度，尽管后来限额有所上调，但直到1994年才被最终废除（见图4-64）。

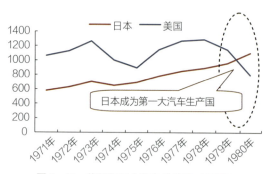

图4-63 美国和日本汽车总产量（万辆）
资料来源：CEIC

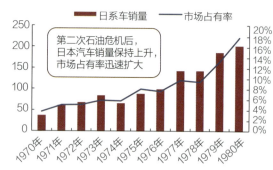

图4-64 美国市场日本汽车销量相关情况（万辆）
资料来源：CEIC

加拿大与欧洲各国也采取了不同程度的贸易限制。受美国影响，加拿大也对日本制造车辆的涌入提高了警惕。1981年第一季度，日本对加拿大的乘用车出口增长了近90%，促使政府采取了限制措施，规定1981年日本对加拿大的汽车出口不得高于17.4万辆（同比增长10%）。在欧洲，1981年欧洲共同体议会通过一项决议，表示将制定保护与日本汽

车竞争的欧洲汽车的共同政策。此后，日本和每个相关国家进行了单独的谈判。最终，其中一些国家采取了和美国类似的配额限制，另一些国家制定了促进国内制造的条例，还有一些国家对购买本国产品给予了税收优惠。如此一来，欧洲只剩下瑞士和四个北欧国家存在真正自由开放的市场。

对美国出口的自愿限制在加拿大和欧洲产生了连锁反应，20世纪80年代初日本汽车向发达经济体的出口受到了很大影响。为了应对这一不利因素，日本汽车制造商纷纷在当地建厂来避开限制。其中丰田汽车以稳健的姿态，先成立合资企业、后独资建厂，逐步在美国站稳了脚跟。

5.2.2 与美国制造商福特的谈判未果

丰田与福特联合生产的尝试，由于双方无法就具体车型达成一致，最终失败。早在出口限制正式推出前，日本汽车制造商就已经意识到贸易摩擦的加剧，开始推进美国本土生产活动。1980年，本田宣布将在美国俄亥俄州生产乘用车，日产也制定了在田纳西州建造小型货车工厂的计划。经过对当地生产的各种可能进行调研评估，丰田决定采取更为稳健的推进方式，与福特汽车公司联合生产乘用车。然而，这一合作计划却遭遇了各种阻碍。首先，丰田提出的利用福特的工厂生产新车CAMRY遭到了拒绝，原因是该车与福特正在开发的车型形成了竞争。随后，双方在丰田面包车TOWNACE的基础上共同开发新的乘用车的方案也因为市场的一些负面评价就此作罢。此外，福特在进行谈判的同时向美国国际贸易委员提出了针对日本汽车的倾销申诉，使丰田对这一合作计划的信心大打折扣。1981年，由于始终无法就联合生产的车型达成一致，丰田只好宣布放弃该计划。然而此时，自愿限制已经开始生效，丰田必须迅速调整策略，尽快找到应对危机的新方向。

5.2.3 与通用建立合资公司NUMMI，成功复制丰田生产方式

丰田与通用共同建立合资公司NUMMI，实现双赢。通用作为全球最大的汽车制造商，在紧凑型汽车方面一直存在困难，由于缺乏相应的知识和经验，通用的紧凑型乘用车的内部开发进展缓慢，而且尽管通用有业务合作伙伴五十铃和铃木向它供应紧凑型汽车，但产量远远不足。在丰田和福特这两个世界第二、第三大制造商谈判的过程中，通用一直担心自己的领先地位岌岌可危。因此，1981年，丰田在与福特的谈判破裂后不久，就收到了来自通用的结盟建议。如果说丰田与福特的谈判失败在事先没有确认联盟带给双方的利益，那么丰田与通用的结盟则让双方都从中获益。一方面，丰田在当地生产不可避免的情况下，可以先以较少的投资进入北美，了解当地情况，为今后生产规模的扩大打下基础；另一方面，通用可以通过与丰田联合生产获得更高的产量及紧凑型汽车相关的专业知识。经过关于合作细节的谨慎商讨，1984年，丰田和通用各出资2亿美元成立了联合汽车制造公司（NUMMI）。该公司由丰田方面负责运营，主要生产以COROLLA为原型的乘用车，产品以丰田和通用各自的品牌进行销售。合资公司的建立是丰田成为跨国生产的全球性企业坚实的一步。

NUMMI 克服各种困难，成功复制丰田生产方式（TPS）。NUMMI 建立后面临的主要问题即如何在美国有效复制"丰田生产方式"（TPS）以达到高生产率低成本的目标。首先，劳动管理问题使丰田的生产体系难以引进。在美国，工人的职责范围严格由美国汽车工人联合会（UAW）规定，与丰田的生产体系不相容。丰田在与 UAW 谈判的过程中，不断强调丰田制造的基本原理——"基于客户的视角，以长期稳定地改善工作条件为基础，建立稳定的劳资关系"，逐渐获得了工会的理解。劳动管理协议达成后，NUMMI 能够根据丰田的政策需要调整员工的作业规范，建立支持 TPS 的人事制度。此外，公司还引入了"母厂制度"，由日本的高冈工厂向 NUMMI 提供质量控制等领域的基础教育和在职培训。其次，NUMMI 与通用汽车合作进行零部件订购，但在零部件制造商的选择和质量控制方面，丰田的方法与当地的程序存在较大差异。在日本，丰田与合作公司之间沟通密切，时常对包括图样和质量目标在内的技术信息进行审查，以求双方达成一致。在美国，双方在合同谈判时就已交换和转让技术信息，明确各自的责任范围。这一问题通过采取国际上普遍采用的做法得到了解决。1986 年，丰田完成了大规模生产系统的准备工作并正式投产。

5.2.4　在美国和加拿大独资建厂，不断提高当地采购率

基于建立 NUMMI 时积累的经验，丰田在美国和加拿大独资建厂，进一步扩大了北美地区本土生产的规模。

在 NUMMI 开始生产的同时，丰田也开始探讨扩大北美生产的可能性。当时，由于自愿出口的限制，丰田在北美的供应一直短缺，建立独资公司进行生产既能增加供应，又能促进当地经济和就业，是最佳的选择。此外，在合资建立 NUMMI 的过程中，丰田获得了包括劳资关系、人力资源开发、设施的引进和运营、物流系统的创建等各个方面的经验，这能帮助丰田更为顺利地完成新工厂的建设。

1985 年，丰田正式决定在美国和加拿大建立自己的独资工厂并为此成立了北美业务筹备处。根据从各州和各省收到的材料，筹备处通过分析和评估零部件采购、物流、电力供应、劳动力、公共安全以及政府相关政策等各种因素，对生产地点进行编制和筛选。1986年，丰田美国汽车制造公司（TMM）和丰田加拿大汽车制造公司（TMMC）分别在美国肯塔基州和加拿大安大略省成立。由于这是肯塔基州的第一家汽车工厂，除了丰田的管理人员外，其他员工均没有相关经验，因此丰田在职工教育的过程中更加注重基础知识的普及。两家新工厂同样采用了"母厂制度"，主要生产 CAMRY 的 TMM 以堤工厂为母厂，主要生产 COROLLA 的 TMMC 以高冈工厂为母厂，接受了一系列的培训。

新工厂的运行过程中，丰田努力确保产品质量，不断提高当地采购率。

新工厂的建设和生产过程中，丰田为了确保产品质量做出了许多努力。两家工厂主要生产的 CAMRY 和 COROLLA 一开始都是从日本进口的，如果当地生产的车辆不能与日本进口的车辆在质量上匹敌，那么工厂就很难继续运营下去。为此，丰田在海外建立了第一家塑料模塑厂，希望能同时提高生产率和质量水平。TMM 还采用了全新的工厂布局，焊

接、喷漆和装配的最后工序的地理位置集中，一旦有人发现了质量缺陷，可以立即与相关人员见面进行修改。这一创新后来成为日本海外建厂的基本概念。此外，TMM 还设立了一个测试科和一个审计科，在当地建立起质量控制的制度。

20 世纪 80 年代末，美国对日本的贸易逆差持续扩大，仅与汽车行业相关的贸易逆差就在 1982 年的基础上扩大了 3 倍，达到 361 亿美元之多。为了缓和贸易冲突，丰田决定提高当地的采购率，以促进当地经济发展、创造就业。在与供应商举行的第一次会议上，丰田宣布了开放的采购政策，即向任何能够满足其质量、成本、准时交货率、开发能力等条件的供应商进行采购。后来，丰田在当地的采购率与美国制造商相当，收到了良好的反响。

为了实现 75% 的零部件当地采购的目标，TMM 建立了第一个完整的海外动力总成工厂。基于盈利能力和效率的考虑，丰田决定在该工厂安装具有高加工能力的转移机，以达到 20 万辆以上的年产量。作为解决贸易摩擦的方案之一，丰田承诺进口更多的海外零部件到日本。因此，TMM 生产的发动机，除去美国本土生产需要的部分，超出的产量将悉数出口到日本。随着动力总成工厂的投产，1991 年 TMM 生产的 CAMRY 在当地的采购率上升到了 75%。

5.2.5 本土生产是丰田推进全球战略的重要里程碑

本土生产帮助丰田有效应对贸易壁垒和汇率风险，是丰田推进全球战略的重要里程碑。

自 1981 年日本实施自愿出口限制以来，丰田在美国的销量增长放缓，市场占有率有所下滑（见图 4-65）。作为当时世界第三大汽车制造商的丰田也终于走上了在美国本土生产的道路。和其他日本汽车制造商相比，丰田开启当地生产的时间较晚，态度也更为谨慎。

丰田首先与美国汽车巨头通用共同成立合资公司 NUMMI，以相对较少的投入先对美国生产的各方面条件做一定了解，而后逐步建立独资企业。事实上，

图 4-65 丰田美国销量（万辆）和市场占有率
资料来源：Wind

由于 NUMMI 生产的汽车一部分属于通用汽车，到丰田建立起属于自己的工厂之前，丰田在本土生产的比例仍然不高。1986 年《广场协议》签订后，日元迅速升值，使得日本汽车的出口雪上加霜。1987~1988 年，丰田的市场占有率再次下滑，扩大本土生产的产量成为丰田海外业务的当务之急。

1988 年，丰田在北美的两家独资工厂 TMM 和 TMMC 陆续投产。得益于之前建立合资企业积累的经验，这两家工厂的建设工作进行得非常顺利，不仅成功移植了丰田引以为豪

的 TPS，还迅速建立了和当地供货商之间的良好关系。至此，包括 NUMMI 在内，丰田在北美已经拥有了三个生产基地，产量从之前的 7 万辆左右急剧提升到 25 万辆左右。到 1990 年，丰田在北美地区销售的车辆中，本土生产的比例已经达到 38.4%（见图 4-66）。本土生产的战略不仅使丰田避免受到贸易壁垒的限制，还降低了汇率变动对丰田的影响，取得了很好的成效。此后，丰田继续推进海外生产，逐渐成长为全球性的汽车企业。

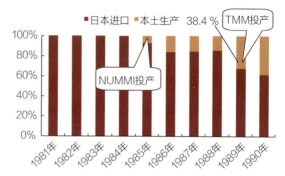

图 4-66 北美地区丰田车辆日本进口和本土生产比例
资料来源：丰田集团

5.2.6 亚非拉及欧洲地区业务的发展

20 世纪 80 年代，丰田同样积极拓展北美以外的全球市场。1982 年丰田汽车股份有限公司与丰田汽车销售有限公司合并后，组织的整合和决策的加速推动了丰田海外业务的发展。

丰田在亚太地区深化和当地企业的合作，积极推进海外业务。在中国台湾，丰田成立合资公司，主要生产乘用车 COROLLA 和商用车 ZACE，加速了台湾地区汽车产业的发展。在澳大利亚，新丰田在当地建立子公司，将当地生产的比例提高到了 85%，同时引进了 TPS 和 TQC 降低成本提高利润率。1988 年，在澳大利亚精简汽车工业的政策下，丰田与通用成立了澳大利亚联合汽车工业公司（UAAI），该公司于 1996 年解散。在东南亚，80 年代中期开始，东盟成员国积极推动新的部件厂和车辆装配厂的建立，鼓励外来投资；同时降低了零部件的关税，减少了贸易壁垒。于是，丰田进一步扩大了对相关国家的投资和出口。在中国，为加强 CROWN 在中国的售后服务，丰田于 1980 年推行了丰田授权服务站（TASS）计划，为当地的丰田授权服务站提供技术指导和认证。此外，丰田还与中国当地汽车制造商签订"技术支持协议"，帮助它们生产自己的乘用车。

丰田逐步在欧洲推行本土生产，于 1998 年成为欧洲最大的日本汽车制造商。80 年代，欧洲对日本乘用车的进口加以限制，导致乘用车整车出口的环境十分不利。1987 年，丰田与大众签订协议，委托生产和销售 HILUX 小型货车。尽管联合生产于 1997 年终止，但该项目对丰田加强对欧洲零部件制造商和劳工条件的了解具有重要意义。1989 年，丰田在北美的全面生产站稳脚跟后，决定在英国成立 TMUK，负责开展当地生产。丰田在英国建立了一座综合装配厂及一座发动机工厂，二者于 1992 年投产，产能可达每年 20 万辆。此后，丰田不断扩张在欧洲的当地生产。1998 年，全面的本地生产和加强销售组织的效果开始显现，丰田终于超越日产，成为欧洲市场份额最大的日本制造商。

拉丁美洲国家贸易逐步自由化，丰田采取积极措施灵活应对。20 世纪 80 年代，许多拉丁美洲国家采取鼓励国产汽车生产的政策，禁止进口完全组装好的车辆，对当地生产的比例要求较高。因此，丰田在拉美各国成立了多个子公司，对 LAND CRUISER 等车辆进行了小规模的全拆卸生产。进入 90 年代，该地区国家的贸易管制有所放松，取消了整车进口的禁令，但仍加收高额的关税。此外，部分国家开始建立区域经济联盟，逐步加快贸易自由化的步伐。面对商业环境的变化，丰田一边尝试向该地区出口整车，一边扩大当地的生产规模，采取灵活的应对措施。抓住时代机遇，丰田在南非市场取得领先地位。1998 年丰田在南非的总销量达到 200 万辆。南非一直是非洲最大的汽车市场，但一度遭受国际社会的经济制裁。1991 年，制裁被取消，南非重返国际舞台，丰田趁机积极在南非开展促销活动（见图 4-67）。

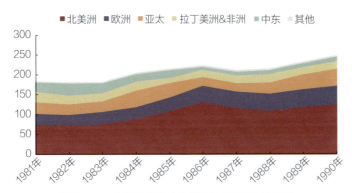

图 4-67　丰田各海外市场销量变化情况（万辆）
资料来源：丰田集团

5.3　日元走强带来不利因素，丰田克服困难保持业绩

5.3.1　日元大幅升值，造成出口和财务表现上的困难

《广场协议》签订后，日元大幅升值，给日本汽车制造商造成产品出口和财务业绩两方面的打击。 20 世纪 80 年代，美国财政赤字严重，对外贸易逆差大幅增长。为了改善国际收支不平衡的状况、增加产品出口的竞争力，美国采取措施促使美元有序贬值。1985 年的 G5 峰会上，各国共同签署了《广场协议》。此前，日元兑美元的汇率一直保持在 240JPY/USD，协议签订后，日元迅速升值，1986 年就已经达到 160JPY/USD 左右。日元的走强给日本的汽车制造商造成了两方面的打击：首先，它迫使日本汽车制造商提高出口汽车的价格，导致这些车辆在主要海外市场竞争力大幅下降；其次，汇率的上升还使得财务业绩表现不佳。

日元汇率上涨给丰田造成了一定困难，丰田积极采取措施加以应对。 1986 年丰田因汇率变动而削减的利润高达 2900 万日元，出现了自 1982 年公司合并以来的首次利润下降（见图 4-68）。80 年代后半期，受贸易限制、汇率等多种因素影响，丰田的出口量有所下滑。为此，丰田采取了及时有效的应对措施：一方面，丰田为了保持其出口产品在国际上的竞争力，进行了全面的降本活动，推动组织结构的"扁平化"；另一方面，丰田大力推进海外市场本土生产，逐步建立全球生产系统，尽可能降低汇率和贸易壁垒产生的影响（见图4-69）。

图4-68　日元兑美元汇率走势（JPY/USD）
资料来源：CEIC

图4-69　丰田海外总销量（万辆）
资料来源：丰田集团

5.3.2　采取有效应对措施，保障盈利能力和产品竞争力

丰田各部门通力合作，开展全面降本活动。面对日元升值的情况，丰田首先开展了全面降低成本的活动。1986年，丰田实施"挑战50"倡议，目标是将办公室工作流程的步骤数目、准备时间、文件数量和会议时间均减少50%。为此，丰田引入了电子信息技术，积极推动办公自动化。此外，公司还成立了"紧急利润改善委员会"，所有高管均参与其中，各部门从人力、物力、财力三方面重新评估降本的可能。采购部门通过与供应商合作，进一步加强了价值分析和价值评估工作，并从1986年起开始为每个车型进行全面的成本规划；生产部门加强了与材料有关的降本活动，并再次确保丰田生产方式的全面实施，杜绝浪费；生产技术部门致力于通过开发和引进新技术及新的加工方法来进行技术改进和降低成本，例如减少冲压过程所需的步骤，使用焊接机器人等。

丰田对原有的金字塔组织结构进行改革，大力推进"组织扁平化"运动。

随着丰田的企业规模逐渐扩大，公司组织结构逐渐出现膨胀和缺乏灵活性等问题。此前丰田一直采用基于部、科、系的金字塔形组织结构，其检查功能能够防止错误，垂直型的关系有利于培养下属。然而，随着市场的发展，消费者需求逐渐多样化，更多的工作需要发挥创造力和进行跨部门合作，传统的金字塔结构难以适应这样的变化。1985年，丰田的员工总数较合并前增加了20%，达到61700人，整个组织由于被分成较小的单位而变得膨胀。在这种情况下，丰田决定对其组织与人事制度进行彻底的改革，推进"组织扁平化"。

全新的扁平化组织结构取消了系，将多个科合并为一个室，建立起由部和室组成的简单的两级结构。它削减了增加组织层数目的职位，如取消了副部长和副科长职务，将非管理职务如项目经理等重新界定为普通职工职位等。相应地，公司对职业资格制度进行了修订，使职工的职称与其原本的职位相符。进入20世纪90年代，丰田继续深化改革，不仅在车间推行新的人事制度，按照专业熟练度进行人事划分，还建立了丰田技能发展制度，促进员工自我发展，提升工作的成就感。

通过降低成本，丰田能够在汇率走强的不利影响下保障公司的盈利能力，1987年以后，公司的净利润和净资产收益率持续增长。扁平化的组织结构使丰田能够根据市场的动向更加灵活地调整产品线并进行创新，在汇率不利于价格竞争的情况下，尽可能增加产品的辨识度，保持市场竞争力。

5.4 丰田全面提高生产和销售能力

5.4.1 新丰田诞生前后

1980年前后，日本汽车市场逐渐成熟，丰田在日本的销量持续上升。为了使生产能够跟上销售的需要，丰田一方面进行了新工厂的建设和现有设施的扩建，进一步扩充产能；另一方面通过开发新的生产技术，建立更加灵活的生产结构，提高了生产效率。产能扩张方面，发动机工厂下山市第三工厂于1981年建成，与上乡工厂一起负责新开发的发动机的生产。1982年，田原第二工厂投产，该工厂具备生产多种车型的能力和适应生产需求波动的灵活性。此外，丰田还建设了专业的机床工厂贞宝工厂，用于生产机械和模具等生产设备。该工厂发挥着提高丰田机械的生产效率、促进工厂设施的自动化的作用。技术创新方面，为了应对新车型的推出和现有车型的变化，生产技术部门致力于开发更为柔性的生产线。1985年，全新的柔性车身生产线在堤工厂正式投入运行。此前，同一条生产线上只能组装2~3种车型，且切换需要组装的车型需要2~4周的准备时间。经过技术创新，新的生产线理论上可以处理任意数量的车型，并大大缩短了切换需要的准备时间。这一技术后来被美国的独资工厂TMM引入，成为丰田海外生产网络的核心技术之一。除了柔性生产，丰田还大力推进电子产品技术的内部化，这不仅使丰田能进行部分电子产品的内部生产，还提高了丰田外部采购的专业程度，使丰田得以购入性价比更高的产品。

为达到既定销售目标，丰田建立了新的销售渠道，采取了提高业务效率的措施。随着出口环境日益严峻，日本市场显得愈发重要。1980年前后，由于激烈的市场竞争，丰田在日本的市场份额出现下滑，丰田订立了每年销售200万辆汽车、占据40%市场份额的目标。为此，丰田建立了第五个销售渠道VISTA。其创新性的"周日照常营业"模式颇具吸引力，后来成为丰田的所有网点的常规。1980年，VISTA各网点的总销量为51000辆，销售额高达丰田订单总额的1/4。此外，丰田还采取措施提高销售网点的业务效率。丰田在经销商中推广"c80"计算机系统，起初作为销售和服务部门业务的辅助工具，后来又增加了库存管理等功能。1983年，日本新车首次车辆检查时间从购买后的2年延长至3年。为了缓和这一变化给经销商服务部门造成的影响，丰田一方面为服务车间引进新设备，提高销售网点的技术能力；另一方面将关键部件的保修期延长，赢得客户的信任。20世纪80年代，丰田扭转颓势，在日本市场的销量恢复增长，市场占有率重新上升。

5.4.2 泡沫经济时期

泡沫经济期间，日本经济呈现虚假繁荣，汽车市场迅速扩张。 为了应对日元升值引发的经济衰退，20世纪80年代后半期，日本政府实施宽松的货币政策及财政政策，导致了"泡沫经济"（见图4-70）。汽车行业方面，日本政府取消了之前加诸在汽车上的高额商品税，并以很低的消费税替代，大大减轻了购车者的税收负担。此外，货币的流动性过剩导致了个人支出的扩张，令更多的日本人产生了购车计划。在1988~1990年短短两年时间内，日本汽车市场的总销量增加了100多万辆，其中，进口车豪华车等高价车的增长尤为迅速（见图4-71）。

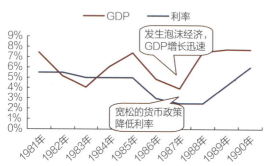

图4-70　日本国内生产总值（GDP）增速与利率
资料来源：CEIC

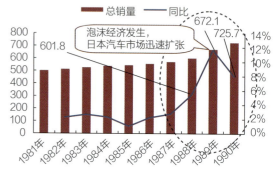

图4-71　日本汽车市场总销量（万辆）及同比
资料来源：CEIC

受汽车行业整体形势影响，丰田在日本的销量迅速上升。 泡沫经济推动日本汽车市场快速扩张，1988年丰田的日本销量为212万辆，比其预期的提前两年达到了200万辆的销售目标。于是丰田销售部门制定了新的"K250"计划，目标是在1993年实现250万辆汽车的销售。随着泡沫的扩大，1990年，日本汽车市场的规模扩张到700万辆以上，丰田的销量也达到250.4万辆，再次提前达成了目标。

销量的急剧增长导致销售能力的不足和服务水平的下降，丰田采取多种措施提升客户满意度。 泡沫经济时期，销量的急剧增长给销售带来了各种问题，包括销售人员不足、车辆交付不及时等。根据1987年的调查结果，丰田的客户评分已经从日本第一跌至第四，于是丰田开始着力提升客户满意度（CS）。首先，为了向丰田的全体员工和供应商灌输顾客至上的理念，丰田采取了各种措施，如制定口号和标语、在公司内部的报纸上刊载CS专栏等。其次，丰田在所有相关实体内推广"增强客户黏性计划"，加强对经销商的支持，努力提升销售和服务活动的水平。然后，为了加强对销售人员的培训，丰田启动了开发人力资源的"梯级计划"。该计划将销售人员入职后的10年分为三个阶段，并为每个阶段制定了相应的与客户满意度挂钩的发展目标。最后，为了提高消费者对丰田汽车的认知度，丰田还建造了许多非销售的新概念展厅。其中Amlux东京大型展厅作为各类汽车相关信息的传播中心，成为当地的一个热门景点。

为了满足市场需求，丰田在福冈和北海道建设新工厂，以更低的人力成本扩充产能。

随着日本汽车市场的需求节节攀升,丰田不断提高其日本产量。1990年,丰田的日本产量达到421.2万辆,所有工厂的生产能力都已经达到极限,建造新工厂已经成为一个紧迫的问题。泡沫经济时期,劳动力短缺十分严重,且社会持续呼吁减少工时。于是,丰田于1990年决定在相对偏远的北海道建设零部件工厂,在福冈建设汽车装配厂。这样不仅能降低人力成本,还能为地区的振兴做贡献。1991年,丰田汽车九州公司和丰田汽车北海道公司分别在福冈和北海道成立。丰田将公司划分为不同的法人实体,希望新公司做出符合当地情况的决策,培养和当地的融合感。1992年,丰田九州的宫田工厂和丰田北海道工厂陆续竣工投产。为了配合公司向九州和北海道的扩张,TMC设计了一种新的陆海联运系统,为其遥远的生产基地提供零部件(见图4-72,图4-73)。

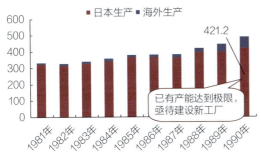

图4-72 丰田汽车海内外生产产量(万辆)
资料来源:丰田集团

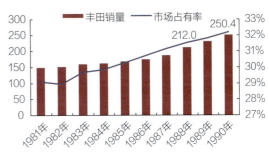

图4-73 丰田日本市场销量及市场占有率(万辆)
资料来源:丰田集团、CEIC

丰田为新建的宫田工厂引进新概念装配线,提高生产率的同时保障员工的工作热情。丰田汽车九州的宫田工厂是继田原工厂以后丰田在日本建造的又一家装配厂,产能达到每年20万辆。该工厂引进了一条新概念的装配线,具备"根据人、汽车和社会环境不断进化和改进的能力"。新工厂具有"自主、分散、功能齐全"的特点,不仅减少了残次品、提高了生产率,还增强了员工对于制造的责任感。丰田重视自动化与人工操作的并存,不是一味提高自动化比例,而是将自动化当作改善工作环境、减轻员工身体压力的工具,极大地保障了员工的工作热情。1997年,丰田九州开始生产雷克萨斯RX300,随后发展成为一个主要生产豪华车的基地。

5.5 富有吸引力的产品是丰田不断发展的根本

机动化的浪潮在日本愈演愈烈,到1980年,日本的千人汽车保有量已经超过了300辆,汽车市场开始成熟。年轻用户的价值变化、路况的改善以及女性司机人数的增加,使得汽车的需求逐渐多样化。在这样的背景下,日本汽车制造商的研发与生产也发生了改变。首先是自动变速汽车型的普及以及更为节能的前轮驱动汽车的兴起。1980年,日本注册的自动变速车型的比例为27%。同时,随着日本社会更加繁荣,人们开始将汽车作为自我表达的一种形式,以双凸轮轴发动机和涡轮增压器等尖端技术为特色的高性能汽车越来越受欢迎。

5.5.1 CAMRY系列车型的演进

CAMRY车型是丰田为了进一步开拓北美市场而设计的。第一代CAMRY在第二次石油危机发生后推出，满足了当时市场对高燃油效率的需求。1982年推出的重新设计的第二代CAMRY，其轴距和排量均位于CORONA与相对高端的CROWN之间，弥补了产品带的空缺，完善了丰田乘用车的产品体系。一直以来，北美市场都偏好造型大气、马力强劲的车辆，这也成为美系车的主打特色。然而自石油危机以来，美国经济发生下滑，市场开始渐渐强调性价比的重要性。CAMRY一方面考虑到市场偏好，在之前的乘用车的基础上提高了轴距和排量；另一方面仍然保留着日系车高性价比的优势，成为20世纪80年代以后丰田进一步打开北美市场的关键（见图4-74）。

1980年，第一代CAMRY作为CELICA CAMRY推出并取得了不俗的销量，促使丰田正式开始发展这一车型系列。1982年，第二代CAMRY首次作为独立的CAMRY车型发布，受到了市场的高度欢迎。此后，CAMRY的销量迅速攀升，在美国市场的销量从1983年的5.3万辆迅速增长至1990年的28.5万辆，极大地推动了丰田在北美乃至全球海外市场的发展（见图4-75）。

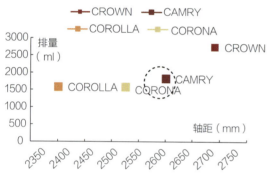

图4-74 1982年丰田主要乘用车参数分布
资料来源：丰田集团

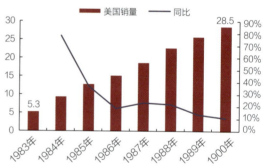

图4-75 CAMRY美国市场销量（万辆）及同比
资料来源：carsalesbase

作为CELICA的四门轿车版本，CELICA CAMRY于1980年1月推出。它的独特之处包括非标准形状的矩形前照灯和带有T形条图案的前格栅。这款车采用了后轮驱动、前置发动机的布局。最初有1.6L 4缸OHV发动机（12T）和1.8L发动机（13T）两个选择，并于1981年8月加入了1.8L电控燃油喷射发动机、2L 4缸SOHC发动机和4缸DOHC发动机（专用于高性能2000GT车型）三个选择。标准悬架是一个支柱和刚性轴四连杆系统，而2000GT版本使用了四轮独立悬架，后部采用半拖曳臂布置（Semi-Trailing Arm Arrangement）。

1982年3月，丰田对CELICA CAMRY进行了全面的重新设计，并作为第二代CAMRY重新发布（在日本国内以Vista的名字发布）。这是丰田首次采用前轮驱动、横向前置发动机的布局。第二代CAMRY是一款四门斜背轿车，采用2600mm长的轴距，使这款中档车的外形甚至比一些高档车更宽敞。除了最初提供的配有化油器的 1.8L 4 缸发动机和 5 档手动变速器的组合之外，7 月还推出了有超速档的 4 档自动变速器，随后 8 月又相继推出配备了 4 缸 SOHC EFI 发动机和电子控制的 4 速 ECT – S 自动变速器的版本。1983 年 8 月增加了 1.8L 涡轮增压柴油发动机（1985 年排量扩大到 2L），1984 年 6 月又增加了运动双凸轮 160 马力发动机。

第三代 CAMRY 于 1986 年 8 月发布，同样是前轮驱动、前置发动机的布局，不过外观造型更加圆润、更符合空气动力学。发动机的选择包括运动双凸轮发动机、新型 2L "High-Mecha" 双凸轮发动机、1.8L SOHC 发动机和 2L 涡轮柴油发动机。1987 年 4 月，搭载 2L V6 发动机的 CARMY PROMINET 加入高等级的车型阵容，该车还配备了木纹面板、动力座椅控制装置和电子仪表板。1987 年 10 月增加了一个带有 5 速手动变速器的全时四轮驱动版本，次年又增加了 4 速自动变速器版本。

1988 年 8 月，V6 CAMRY PROMINENT 增加了四门硬顶选择（四门硬顶车型已经运用于日本发售的 VISTA）。与此同时，该车的 1.8L 发动机升级了为 "High-Mecha" 双凸轮发动机。1981~1990 年 CAMRY 车型演进见表 4 – 8。

表 4 – 8　1981~1990 年 CAMRY 车型演进

代际	图片	轴距/mm	尺寸/mm	排量/ml
1980~1982 年 第一代 CELICA CAMRY		2500	4445 × 1645 × 1390	1770/1588
1982~1986 年 第二代 CAMRY		2600	4400 × 1690 × 1395	1832
1986~1990 年 第三代 CAMRY		2600	4520 × 1690 × 1395	1997/1832
1988 年 第一代 CAMRY HARDTOP		2600	4650 × 1690 × 1370	1992

资料来源：丰田集团

5.5.2 推出多款广受欢迎的新车型

1983 年,在日本注册的除了迷你车以外的所有车辆中,丰田汽车 9 年来首次占据了 40% 以上的份额。1984 年和 1985 年,公司实现了有史以来最高的销量,在日本汽车制造商中确立了无可争议的领先地位。1988 年,丰田汽车在日本的销量超过 200 万辆,实现了 10 年来的目标。这些成就一定程度上得益于有利的外部环境,但根本上是因为丰田在 20 世纪 80 年代积极推出了许多有吸引力的新车型。

1981 年,丰田推出了当时技术领先的豪华特种汽车 SOARER。在开发过程中,丰田专注于节油发动机和空气动力学设计,并为车辆配备了最新的电子技术。特别值得注意的是该车搭载的 5M-GEU 发动机(2759ml,170PS),它是丰田多年来对双凸轮发动机的研究成果。1982 年,丰田在休闲车细分市场推出了四轮驱动 SPRINTER CARIB。此外,丰田完全重新设计了其最初的前轮驱动乘用车 TERCEL 和 CORSA,并在其车型阵容中增加了 COROLLAⅡ。1983 年,丰田生产了 SPRINTER 和 COROLLA 的前轮驱动版本,其中一个亮点是新开发的 3A-LU 发动机(1452ml,83PS)。这款发动机采用了装有涡流控制阀的螺旋端口,实现了高产量和高燃油效率的双重目标,极大地促进了前轮驱动 COROLLA 的普及。1984 年,丰田发布了一款后轮驱动的、中置发动机的跑车——MR2。同年,还发布了被称为"白 MarkⅡ"的第五代 MarkⅡ,引发了上流社会对豪华车的追求。

80 年代末,丰田开始进军美国豪华车市场。一方面是因为丰田在北美的当地生产已初具规模,自愿限制的出口配额中还有一定空间可供豪华车出口;另一方面是因为一直以来由于丰田没有豪华车,那些原本忠实于品牌的客户一旦升级至高端汽车,就不得不转而购买德国车,导致了客户的流失。基于长时间的市场调查,丰田开始开发第一代旗舰模型 IS400。1989 年,丰田的第一款豪华车 Lexus 雷克萨斯在美国、日本和其他各地陆续推出并广受欢迎。

为了应对国内汽车市场的增长和海外贸易摩擦,1982 年丰田销售和丰田汽车合并,新丰田成立。20 世纪 80 年代初开始,日本同以美国为代表的多个国家发生贸易摩擦,汽车行业实施自愿出口限制。为了应对贸易摩擦,丰田在这些国家开展本地化生产,摆脱了出口配额的束缚,进一步扩大了海外销量。80 年代后半期,日元大幅升值造成了出口和财务表现上的困难,丰田采取一系列措施加以应对。除此之外,80 年代丰田推出了以 CAMRY 为代表的多款畅销新车型,并全面提高了生产和销售能力。

6 加快全球化步伐，调整未来发展方向
（1991～2007 年）

2000 年前后，由于房地产泡沫的破裂，日本经济发展放缓，日本汽车市场发展相对萧条。这一时期，丰田放眼全球，在各个海外市场推行全面的本地化，海外业绩大幅提升。为了给全球化的推进提供坚实的基础，丰田在企业内部进行了涵盖产品、生产、销售、采购、人力资源等多领域的改革，利用技术创新提高经营效率。此外，丰田还根据 21 世纪的新趋势调整发展方向，加大在环境保护、安全设计、信息技术等方面的投入，并取得了多项进展（见图 4-76～图 4-79）。

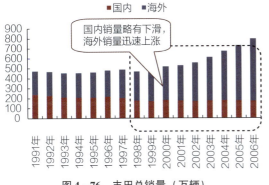

图 4-76 丰田总销量（万辆）

资料来源：丰田集团

图 4-77 丰田营业收入（十亿日元）及同比

资料来源：丰田集团

注：1995 年由于会计准则改变只有 9 个月的财务数据统计。

图 4-78 丰田净利润（十亿日元）和 ROE

资料来源：丰田集团

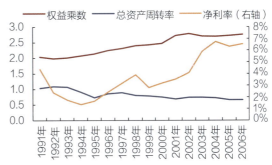

图 4-79 丰田杜邦财务分析指标

资料来源：丰田集团

6.1 日本市场相对萧条，丰田努力保障业绩

6.1.1 经济泡沫破裂，日本汽车市场发生转折

经济泡沫破裂，日本汽车市场开始萎缩。 1991年，日本政府收紧房地产信贷的举措引起连锁反应，泡沫经济迅速崩溃，日本经济陷入长期停滞。许多曾经参与投机的企业一时间债台高筑，不得不采取裁员等措施，日本就业形势严峻。居民消费能力的下降导致汽车市场的整体需求明显下滑，1990~1993年，日本的汽车总销量减少了100万辆以上，这对所有汽车制造商来说均是一个沉重的打击（见图4-80）。尽管日本市场在1995~1996年恢复增长，但由于1997年4月政府将消费税从3%提高至5%，整体消费迅速降温，汽车销量再次下滑（见图4-81）。

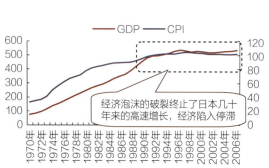

图4-80 日本国内生产总值GDP，（万亿日元）及居民消费指数（CPI）
资料来源：CEIC

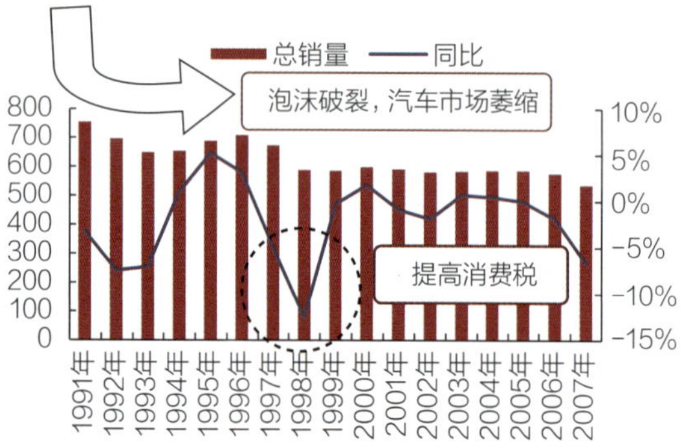

图4-81 日本汽车市场总销量（万辆）及同比
资料来源：CEIC

除了规模的收缩，日本汽车市场的偏好也随之发生变化。泡沫经济时期，豪华车和大型车的人气到达顶峰，轿车占据了乘用车市场的70%。自1991年开始，休闲车、旅行车和小型面包车等非轿车车型的销量迅速扩张，一度引发热潮。此外，性价比较高的紧凑型车和微型车的需求也有所增加。

在这样的环境背景和市场偏好下，丰田一方面大力开发新品类新车型吸引市场；另一方面在新的战略思想的指导下，不断加强生产和销售系统，努力维持本国经营业绩。

6.1.2 基于汽车市场新风向，全面更新产品阵容

丰田推出运动型车和小型面包车，扩充其休闲车产品阵容。 经济泡沫破灭之后，以小型货车HIACE和面包车ESTIMA为代表的丰田休闲车成为带动丰田销量的主力军。然而，随着休闲车市场的重要性不断提高，丰田的这一车型阵容显得缺乏多样性，不足以获得市场的青睐。于是，1991~2006年丰田推出了一系列面包车、运动型通用车辆等扩充其产品线。1994年，丰田推出了第一代RAV4，创造了一种新的车辆类别，不仅可以越野驾驶

也适合在城市里进行时尚巡航。HARRIER 是 1997 年推出的一款 SUV，它既拥有中型乘用车的基本性能，又具备动力充足、驾驶舱宽敞和操作安静等特点，开辟了一个新的类型（见图 4-82）。1996 年，丰田发布 IPSUM 小型面包车并取得了不俗的销量。2000 年，经过完全重新设计的 ESTIMA 被推出，其全新的运动版本 AERAS 受到了消费者的广泛欢迎（见图 4-83）。2001 年，丰田推出行业第一辆混合动力小型面包车，与本田汽车的 ODYSSEY 一起，在日本小型面包车市场形成了"双巨头时代"。在最高级别的小型面包车市场，丰田于 2002 年推出了 ALPHARD，与日产汽车的 ELGRAND 共同占据这一细分市场。

图 4-82　1997 年 HARRIER 3.0
资料来源：丰田集团

图 4-83　2000 年全新 ESTIMA 媒体发布会
资料来源：丰田集团

丰田加强紧凑型汽车产品阵容，推出广受好评的商用车。面对紧凑型汽车日益增长的需求，1999 年丰田在日本推出了新的掀背式汽车 VITZ。这款车的设计目标其一是与日本国内外同类车辆相比，在环境、安全、驾驶性能以及骑行舒适性方面具备优势；其二是实现性价比的最大化。VITZ 推出的第一个月销量就超过了 2 万辆，成为新销售渠道的核心车型。进入 21 世纪，紧凑型掀背式汽车市场开始扩张和多元化，丰田进一步加强其产品阵容，先后推出了更为豪华的 IST 和轮廓高大价格适中的 PORTE。此外，丰田还于 2000 年对其销量最高的车型 COROLLA 进行了全面的重新设计并发布了第九代车型"新世纪价值 COROLLA"。在商用车市场，丰田于 2002 年推出了紧凑车型 PROBOX 和中型车 SUCCEED。这些车型凭借其堪比乘用车的舒适性、高度的安全性和卓越的环保性，受到了企业客户的广泛好评。

尽管推出了一系列新产品，丰田 20 世纪 90 年代的销量和市场占有率仍然发生了下滑。后泡沫经济时代，随着日本汽车市场的整体萎缩，丰田的日本销量和市场占有率都发生了比较明显的下滑。尽管公司在这一时期调整了产品体系，推出了多款顺应时代需求的休闲车，但由于激烈的竞争，丰田在该细分市场的增长幅度较小，不足以弥补轿车市场销量的大幅度下滑。21 世纪，经过持续的努力，丰田将其在日本汽车市场的份额维持在 30% 左右。然而，由于市场整体起色并不明显，其实际销量仍然只有 170 万辆左右。可以看出，日本汽车市场的萎缩不是暂时性的，丰田要想维持汽车制造商中的领先地位，不仅需要调整整体思路、加强盈利能力、开发新的销售途径，更需要大力发展海外市场，使丰田不至于局限在相对萧条的日本市场中（见图 4-84）。

图 4-84　丰田在日本销量（万辆）及市场份额
资料来源：丰田集团、CEIC

6.1.3　确立新时期的发展方向，推进公司制度改革

面对相对萧条的日本汽车市场和加速全球化的海外市场，丰田确立了与时俱进的经营理念，提出了对 21 世纪丰田的展望。 1997 年，公司对《丰田基本理念》进行了部分修订：

1）更加尊重各国的法律法规和文化习俗。

2）更加积极地承担社会责任，促进经济发展，增加就业，加强环境保护与资源节约。

3）更加致力于先进技术的开发，为消费者提供优秀的产品和服务。

4）更加注重企业文化的培养，与合作伙伴实现互利共赢。

另外，丰田还在企业理念的基础上制定了长期愿景。20 世纪 90 年代末，IT 技术迅速发展，汽车行业不断发生全球范围内的重组，竞争越来越激烈。基于商业环境的变化，丰田于 1999 年提出了"创新中的未来" 2010 年全球愿景——建立一个以自主制造和技术创新为基础的更加繁荣的社会。

丰田推行"业务改革结构"，减少工作流程，提高了公司的运营效率。 90 年代，为了应对泡沫经济崩溃带来的国内经济衰退和日元升值带来的出口收入下降，加强跨部门合作、提高业务处理效率越来越必要。1993 年丰田推行了"业务改革（BR）结构"，即在一定的时间内，将有经验的人员战略性地安排到行政部门，更有效地利用现有人力资源处理改革业务。这一结构至 1994 年已经扩展至除生产以外的所有部门。它能够精简支持人员，动态地提高工作效率，在处理各个领域的业务上都十分有效。此外，丰田还设定了将现有的工作流程减少 30% 的目标。减少工作流程后，约 20% 的人员被安排在 BR 职位上，其余 80% 的人员自行完成精简后的流程。由此产生的剩余资源既可用于新的或重要的任务，又可用于减少工作时间，大大提高了公司的运营效率。

丰田推进"Pro21"人力资源改革，从晋升机制、薪酬机制及培训机制等方面着手，建立符合 21 世纪需要的人力资源系统。 1996 年，公司推行了"Pro21"人力资源改革，旨在发展能够满足 21 世纪需要的、自主的、有竞争力的人员和组织结构。公司首先采用了"挑战方案",使职位晋升与实际业绩而非工作年限挂钩,极大地激发了员工的工作积极性。其次,丰田修订了薪酬制度,引入了根据年度评估结果动态改变员工薪酬的系统,将薪酬的级别分类由曾经的"部长级、次长级、科长级"替换为更加中立的"高级一级、高级二级、高级三级"。最后,作为"Pro21"改革的一部分,丰田于 1999 年启动了"专业人力资源开发方案",为每个员工选择一个核心领域开发专业技能,培养更多推动公司发展的专业人才。

6.1.4 重组销售渠道,引入雷克萨斯品牌

对销售和营销集团进行重组,成立了五个渠道运营组。 随着日本汽车市场的重心从首次购车转变为替换需求,丰田的销售重点逐渐从传统的新车销售转变为分期付款、保险、二手车及售后服务等业务。1997 年,日本销售与营销集团进行了一次重大重组。以前按新车、二手车等类别划分的各种销售职能,按经销商渠道进行合并,重组为渠道运营组 1~5 号。然而,这种运营组内部存在两个部门,不利于公司向综合销售风格转变。例如,制定销售政策的 1 号销售部门和管理丰田经销商的渠道运营部门都在第 1 渠道运营组中平行存在。因此,为了规范每个渠道的销售政策,2000 年"日本销售三年计划"启动的同时,丰田取消了"双部门"制度。

丰田推进"GNT"产品及销售渠道改革,市场份额得到较大提升。 2003 年,丰田宣布实施"GNT"基本改革措施。它有三个主要目标:

1) 将雷克萨斯品牌引入日本市场,为 21 世纪打造新的全球优质品牌。
2) 将 NETZ 和 VISTA 合并,为拥有新价值的客户量身定制新渠道 NETZ。
3) 加强丰田经销商和 COROLLA 经销商的认证,重新评估他们的产品阵容。

为了将已经在美国确立稳固地位的雷克萨斯品牌引入日本,丰田于 2003 年成立了雷克萨斯日本销售和营销部。在创建销售网络的过程中,丰田增加了两个新经销商,同时给了所有现有经销商参与的机会。日本雷克萨斯渠道于 2005 年开始运营,共有 143 家经销商。此外,丰田品牌自 1980 年 VISTA 渠道成立以来存在的五个渠道重组为四个渠道。新的 NETZ 渠道主要针对年轻家庭和女性客户,口号是"21 世纪渠道"。2004 年重组完成后,由大约 1600 家经销商组成的 NETZ 销售网络重新开始推广具有独特造型和功能的产品。"GNT"政策的实施使得丰田的日本市场份额(微型车除外)于 2006 年首次攀升至 45% 以上。

为应对日本市场正在发生的结构性变化,丰田一方面加强新产品开发,提高品牌核心竞争力;另一方面明确新时期的发展方向,果断推进业务模式、销售渠道及人力资源等方面的改革。这成为丰田此后能够保持较大市场份额的根本推动力。

6.2 全面推进本地化，北美业务不断扩张

6.2.1 继续扩大北美业务，销量和市场份额不断提升

丰田在北美市场加速扩张，销量和市场份额不断提升。20世纪90年代，随着整体经济的扩张，美国汽车市场稳步增长，总销量在2000年超过1700万辆。尽管2001年IT泡沫的破裂和油价的上涨导致经济下滑，市场有所收缩，但截至2007年，汽车年销量一直稳定在1600万辆左右。这一时期，丰田采取了积极的举措，发布适合美国市场的新车型、扩大本地生产、发展销售网络，使得销量和市场份额都有了显著增长。销量从1991年的123.6万辆扩张到2007年的291.7万辆，同时市场占有率也从8.2%上涨到16%。2006年，丰田的市场份额超过了克莱斯勒，2007年又超过了福特，居于美国市场第二位，仅次于通用（见图4-85）。

随着美国经济的增长，加拿大经济自90年代后半期以来也表现强劲。丰田在加拿大的销量持续增长，1997年达到10万辆，2002年达到15万辆。旨在实现10%市场份额的"GT-10"（全球团队强化-10）项目于2002年在丰田加拿大公司启动，并于2003年达到目标。此后丰田继续在加拿大稳步扩张，2006年，丰田的年销量为19万辆，市场份额达到12%（见图4-86）。

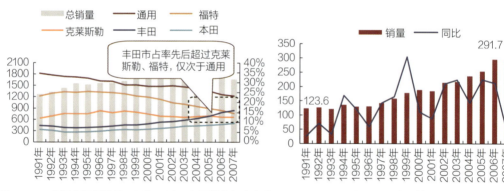

图4-85 美国市场总销量（万辆）及五大品牌市场占有率
资料来源：Wind

图4-86 丰田北美市场销量（万辆）及同比
资料来源：丰田集团

6.2.2 实施产品本地化策略，逐步调整品牌形象

直到20世纪80年代，丰田在北美的品牌形象一直集中于紧凑型和中型乘用车，如CAMRY和COROLLA，以及小型皮卡，如HILUX。从90年代开始，公司一方面继续更新其原有轿车车型，使其更加本地化；另一方面陆续推出以SUV为主的一系列新车型，对品牌形象进行调整。

更新其原有轿车车型，使其更加本地化。1996年第六代CAMRY GRACIA推出。这是一款专为北美市场设计的轿车，之后经过改装以适应日本市场。其车身尺寸为

4760mm×1785mm×1420mm，发动机排量有 2496ml 和 2163ml 两种选择。这款车拥有更高的安全性能，符合 GOA 碰撞测试标准，所有车型均配备 ABS、双 SRS 安全气囊，所有五座车型均配备三点式安全带，另有 SRS 侧面安全气囊作为可选项。像对 CAMRY 一样，90 年代丰田在北美对其所有轿车车型都进行了本地化的更新换代，轿车销量进一步上升（见图 4-87）。

丰田分四步调整品牌形象，扩充其车型系列。

1989 年，丰田迈出了进军豪华车市场的第一步，建立了雷克萨斯（Lexus）品牌。凭借超越德国竞争对手的性价比和高质量的客户服务，雷克萨斯赢得了美国客户的高度认可。2000 年，雷克萨斯品牌以 20.6 万辆的销量创下豪华车市场的最高纪录，并在 2007 年将销量进一步扩大至 32.9 万辆（见图 4-88）。

图 4-87 丰田美国轿车销量（千辆）

资料来源：carsalesbase

图 4-88 丰田美国雷克萨斯（Lexus）品牌销量（千辆）及同比

资料来源：carsalesbase

从 20 世纪 90 年代开始，SUV、小型货车和皮卡开始受到美国消费者的欢迎，因此丰田的第二步即全面进入这些新市场。1996 年，丰田发布了一款跨界 SUV——RAV4，随后又在 1997 年推出了 SIENNA 微型面包车。此外，公司还进入了此前被美国三大汽车巨头垄断的大型皮卡市场，推出了专为美国市场设计的 TUNDRA、TACOMA 和 T100 皮卡。丰田的轻型货车销量在这一阶段大幅度上涨，轻型货车与乘用车销量之比从 1988 年的 29.9% 提升至 2007 年的 42.6%，丰田在北美的形象已不再只是一个乘用车品牌（见图 4-89，图 4-90）。

图 4-89 丰田美国 SUV 销量（千辆）

资料来源：carsalesbase

图 4-90 丰田美国皮卡和面包车销量（千辆）

资料来源：carsalesbase

进入 21 世纪，环境保护与资源节约逐渐成为时代的主题，丰田的第三步即发布 **PRIUS 混合动力汽车，加强注重环保的品牌形象**。此外，丰田还发布了其已有车型（如 CAMRY、Lexus 品牌系列，甚至 SUV）的混合动力汽车版本。丰田混合动力汽车的年销量从 2000 年的 5500 辆迅速增长至 2007 年的 27.7 万辆，占据该细分市场接近 40% 的市场份额。

丰田转变品牌形象的第四步是在 2003 年建立面向年轻用户的 Scion 品牌。丰田将新世纪的目标对准了"Y 世代"（1975~1989 年出生的人），这是一个此前相对缺乏渗透率的群体。公司尝试新的广告和销售渠道，进行互联网推广，建立了 Scion.com 网站。该品牌的第一批车型 xA 和 xB 销量稳定，2004 年推出的 tC 则专供美国市场。

总体而言，21 世纪前后，丰田一方面更新原有核心车型（如 COROLLA、CAMRY 和 HILUX），提高其市场份额；另一方面通过扩大产品线来调整品牌形象，推出豪华车和年轻一代的汽车、增加轻型卡车的供给、大力推进混合动力技术。本地化产品体系的建立帮助丰田进一步打开了北美市场，在日本市场乏力的情况下，维持了其世界级制造商的地位。

6.2.3 扩大本地生产规模，进一步提高当地采购比例

丰田在北美扩建已有生产线并建设新工厂，扩大了本地化生产的规模。1991~2007 年丰田北美本地生产扩张大事记见表 4-9。20 世纪 80 年代后半期开始，通过合资公司（NUMMI）、丰田汽车制造公司（TMMK）和丰田加拿大汽车公司（TMMC），丰田在北美有序开展本地生产。从 1990 年开始，美国市场的汽车需求逐步增长。为了增加供应，丰田扩建了 TMMK 并将其改造成专用的乘用车工厂，加强了以 CAMRY 为主的乘用车生产。另外，丰田先后在印第安纳州和得克萨斯州成立了 TMMI 和 TMMTX 并建设了新工厂。两座工厂均主要负责丰田的新重点车型皮卡、SUV 和面包车的生产，年产量总共可达 35 万辆（见图 4-91）。加拿大方面，TMMC 新建了北工厂，负责生产新款 COROLLA 并向美国供货。2005 年，丰田开始在安大略省建造新工厂以应对 SUV 市场的增长，新工厂于 2008 年开始生产 RAV4。

表 4-9 1991~2007 年丰田北美本地生产扩张大事记

国家	时间	事件
美国	1994 年	TMMK 进行产能扩建
	1996 年	印第安纳州丰田汽车制造公司（TMMI）成立 西弗吉尼亚州丰田汽车制造公司（TMMWV）成立
	1999 年	TMMWV 进行产能扩建
	2001 年	阿拉巴马州丰田汽车制造公司（TMMAL）成立 TMMWV 开始生产自动变速器
	2003 年	得克萨斯州丰田汽车制造公司（TMMTX）成立

(续)

国家	时间	事件
加拿大	1994 年	建造专用发动机工厂
	1997 年	TMMC 新工厂北工厂投入使用
	2003 年	TMMC 成为日本以外第一家生产雷克萨斯品牌的工厂
	2008 年	安大略省的新工厂开始生产 RAV4

丰田在北美建设新的发动机工厂，进一步提高当地采购比例。 20 世纪 90 年代，日元的持续升值和北美全区域自由贸易的实现为丰田开展发动机的当地生产提供了必要性和可能性。1994 年，由于政府取消了部分生产部件的关税，TMMC 在加拿大建造了一座发动机工厂，并于 1995 年开始组装 COROLLA 发动机。1996 年，丰田在西弗吉尼亚成立了 TMMWV 并开始生产 ZZ 型发动机。此前，这款发动机一直由丰田在日本的下山市工厂供应。1999 年 TMMWV 扩建后年产能增加到 50 万台，并开始为 AVALON 车型生产 MZ 发动机。2001 年，TMMWV 开始生产变速器，这是丰田首次在日本以外地区生产自动变速器。同年，丰田还在阿拉巴马州成立了 TMMAL，负责卡车发动机的生产。2003 年，TMMAL 开始生产用于 TUNDRA 皮卡的 V8 发动机，这是丰田首次在日本境外生产这款发动机。随着发动机生产的稳步扩大，丰田进一步提高了当地采购比例，全面超过了北美自由贸易协定 62.5% 的标准（见图 4-92）。

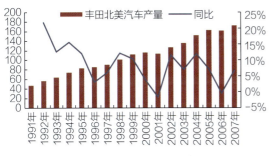

图 4-91 丰田北美汽车产量（万辆）及同比
资料来源：丰田集团

图 4-92 丰田北美发动机及变速器产量（万台）
资料来源：丰田集团

6.2.4 推进管理和研发的本地化，贴近当地市场

随着北美本地生产的扩大，丰田从 20 世纪 90 年代中期开始积极推进管理和研发的本地化。

1996 年，丰田在肯塔基州成立了北美丰田汽车制造公司（TMMNA），对在此之前由日本总公司直接控制的所有制造业务部分进行本地化管理，包括生产准备、采购、制造和分销。同年，丰田汽车北美公司（TMA）成立，承担了公共关系及市场调研职能。90 年代末，丰田任命当地人才担任北美子公司的最高职位，开始了管理人员的本地化。2001 年，之前在福特有过工作经历的 Gary Convis，作为 NUMMI 创业团队的一员，执掌了 TMMK。2006 年，James Press 当选为 TMA 的首位美国负责人。

通过加强 Calty 设计研究公司和 TTC 的功能，丰田在开发方面推进了本地化。成果之一是丰田于 1994 年推出的首款专为北美市场设计的车辆 AVALON。这是一款"生于美国长于美国"的车，由 TTC 负责技术工程、Calty 负责设计。这两个本地研发基地的贡献还包括 1996 年的新型 CAMRY、1998 年的第一代 SOLARA 和 1999 年的第二代 AVALON。2006 年推出的第二代 TUNDRA 的口号是"美国制造的美国卡车"。该车型的开发始于 2004 年，是一个当地主导的大型项目，涉及工程、设计和制造单位之间的合作。Calty 在 TTC 的 Ann Arbor 里设立了 Calty 设计研究中心，双方密切合作，共同设计 TUNDRA 的外观和内饰。

6.3　加快全球化步伐，因地制宜开展海外业务

6.3.1　完善本地生产与销售，欧洲业绩迅速提升

进入 21 世纪，丰田在欧洲的销量和市场份额迅速提升。 20 世纪 90 年代，由于海湾战争、前南斯拉夫战争和欧洲货币危机，欧洲经济变得低迷，汽车市场迅速萎缩。1993 年欧洲新车销量下降到 1460 万辆，西欧核心市场下降到 1250 万辆，为 20 年来的最低水平。日本汽车在欧洲的销售在 1999 年以前存在自愿出口的限制，90 年代中期又一度受到日元升值影响，因此汽车销量增长缓慢。尽管如此，丰田努力优化产品，完善本地生产和销售系统，于 1998 年超越日产成为欧洲市场最畅销的日本汽车品牌。进入 21 世纪，由于以俄罗斯市场为代表的东欧市场迅速崛起，欧洲市场整体销量开始回升，在 2007 年达到了 2240 万辆。丰田销量和市场份额持续增长，到 2007 年销量已经接近 100 万辆，市场占有率达 5.7%（见图 4-93）。

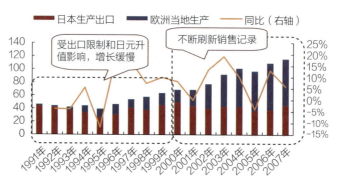

图 4-93　丰田欧洲销量（万辆）及同比
资料来源：丰田集团

丰田在欧洲多国成立制造公司，全面开展本地生产。 20 世纪 90 年代前后，为了应对 80 年代末以来实施的自愿出口限制和日元的升值，丰田在美国经验的基础上，开始在欧洲开展当地生产。1989 年，丰田开始与大众汽车合作，在前联邦德国生产 HILUX。1992 年，丰田在英国建造了欧洲的第一个生产基地 TMUK，90 年代末，该工厂产能扩张至 20 万辆，发动机产量也增加到 20 万台。1998 年，在法国政府的邀请下，丰田成立了法国丰田汽车制造公司（TMMF），主要负责 YARIS 的生产。它一方面靠近 YARIS 的主要市场南

欧；另一方面在采购方面有其优点。2000 年，丰田将其在土耳其的一家合资企业转化为丰田汽车制造土耳其公司（TMMT）。该工厂拥有丰田海外生产基地中最好的制造质量，作为欧洲市场的供应基地占据了关键地位。1998 年货币危机后，俄罗斯经济实现了稳健增长，丰田汽车的销量提高，达到了与五个主要西欧国家相同的水平。考虑到俄罗斯政府可能提高整车的进口税，降低零部件的关税，丰田开始着手俄罗斯的当地生产。2005 年，丰田汽车制造俄罗斯公司（TMMR）成立，2007 年底开始在当地生产凯美瑞，年产 5 万辆。

丰田逐步完善销售系统，建立起更为完整的管理架构。这一时期，丰田在欧洲市场的销售总部丰田汽车销售欧洲公司（TMME）一直致力于加强销售。20 世纪 90 年代，TMME 通过参股或增加股权持有，将西欧国家的主要经销商纳入子公司，并在中欧和东欧建立了一些经销商。从 2001 年起，TMME 直接在各个国家开设了零部件仓库和综合零部件物流基地，使经销商摆脱了零部件运营，能专注于营销活动。为了应对 2000 年开始汽车市场从中欧向东欧和苏联扩张的情况，TMME 于 2001 年和 2004 年先后在俄罗斯和乌克兰建立了经销商。波兰和捷克的经销商成为全资子公司。随着整个欧洲生产基地的增加，丰田汽车欧洲 NV/SA（TME）于 2002 年成立。它除了是 TMME 和 TMEM 的控股公司，还被赋予了管理规划、公共关系、法律事务和环境对策有关的职能。TMME 定位为一个销售公司，TMEM 是一个研发和制造公司，TME 是一个管理公司，由此明确了每个公司的作用和责任。

丰田将其为日本和美国市场开发的产品加以修改，引入欧洲市场。TMUK 生产的 AVENSIS（前身为 CARINAE）在 2003 年重新设计时，被开发成了专门针对欧洲的模型。此外，丰田对其日本车型 VITZ 进行了针对欧洲市场的优化，于 1999 年以 YARIS 之名发行。这款小型汽车在技术、安全、操作和环保方面均具有充分的竞争力，可以与来自日本和欧洲的竞争对手抗衡。此外，公司还在当地进行了积极的营销，使 YARIS 的销量大大超出了预期（见图 4-94）。1999 年，YARIS 被评为"2000 年欧洲年度汽车"，成为第一款在欧洲获奖的丰田汽车。相比之下，当 LEXUS 于 1990 年进入欧洲市场时，由于高档轿车市场销量下降、柴油动力无法适应市场等原因，销售情况并不乐观。作为应对这一情况，于 2005~2007 年实施了"雷克萨斯挑战计划"，内容包括加强销售网络、提高品牌认知度和提高客户满意度。计划实施后，雷克萨斯的品牌认知度从 2004 年的 3% 跃升至 2006 年的 6%，销量从 2005 年的 2.3 万辆飙升至 2006 年的 4 万辆（见图 4-95）。

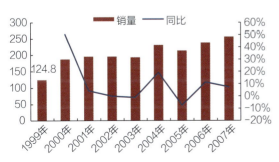

图 4-94　YARIS 欧洲销量（千辆）及同比

资料来源：carsalesbase

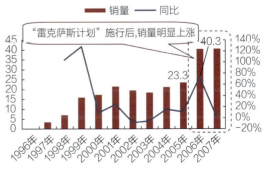

图 4-95　LEXUS 品牌欧洲销量（千辆）及同比

资料来源：carsalesbase

6.3.2 启动 IMV 项目，建设亚洲出口基地

1997 年泰铢暴跌引发的亚洲货币危机迅速扩散，各国经济开始萎缩，东盟成员国汽车市场大幅下滑。进入 21 世纪，各国经济逐渐复苏，泰国、印度尼西亚、马来西亚和菲律宾的总需求在 2002 年达到 168 万辆，超过了危机前 144 万辆的峰值。这一阶段，丰田加快开发和推出符合亚洲人品味的乘用车，并加大了包括泛亚促销活动在内的销售推广力度，在亚洲各国都实现了不同程度的发展。

丰田全面推进亚太业务，因地制宜制定发展策略。在中国台湾，迈入成熟期的市场持续下行，然而丰田汽车的销量依然强劲，市场份额不断提高。**在印度**，丰田与基洛斯卡集团合资成立了丰田基洛斯卡汽车公司，并开始在当地生产。随着经济的快速发展，印度汽车市场壮大，丰田在印度的销量不断提高。**在越南**，丰田成立了丰田汽车越南公司，负责组织当地生产并发展销售网络。此后，丰田的销量和市场份额不断提升，自 1998 年起一直保持着第一的位置。**在韩国**，日本汽车进口禁令取消后，丰田成立了丰田汽车韩国公司作为总进口商和销售代理。先是雷克萨斯品牌受到广泛欢迎，随后又开始了丰田品牌在当地的销售。**在澳大利亚**，由于 1985 年澳元急剧贬值，丰田汽车的销售疲软，直到 20 世纪末才恢复到之前的水平。此后，由于经济的增长和关税的降低，丰田的澳洲销量稳步增长（见图 4-96）。

图 4-96　丰田亚洲销量（万辆）及同比
资料来源：丰田集团

丰田启动 IMV 项目，扩大亚太地区生产规模，确立其出口基地的地位。 1997 年的货币危机使亚洲国家的生产遭受了暂时的挫折，但同时也提供了扩大区域内互惠供应体系的机会。2002 年，丰田启动了 IMV 项目。该项目是一个互惠供应系统，旨在实现 100% 的本地采购，覆盖的车型包括三种类型的皮卡、小型货车和基于共同平台的 SUV。通过这一项目，丰田在全球范围内建立了更高效的供应体系，能够在更短的时间内以更实惠的价格向世界各地的客户供货。

在泰国，1996 年 TMT 建立了 Gateway 工厂并将其专门用于乘用车生产，而此前的 Samrong 工厂则转而生产商用车。丰田首先在新工厂生产了其专为亚洲市场设计的第一款汽车 SOLUNA，但这款车因推出时间恰逢货币危机，销量不尽人意（见图 4-97）。此后，

丰田又在泰国陆续生产了 COROLLA ALTIS、CAMRY HYBRID 以及 PRIUS 等车型。20 世纪 90 年代后半期开始，泰国的生产和出口逐渐扩大。TMT 在 2010 年的累计产量达到了 500 万辆，其中 IMV 的累计出口量达到了 100 万辆，使得 TMT 成为丰田全球框架内的关键参与者。**在印尼**，丰田新建了 Karawang 工厂并于 1998 年投产。2003 年，为了使印尼成为 IMV 车型的主要供应基地，丰田阿斯特拉汽车公司（TAM）将销售职能剥离，更名为印度尼西亚丰田制造公司（TMMIN），负责制造业务。2004 年，该公司开始生产小型面包车 KIJANG INNOVA 和 AVANZA。**在菲律宾**，丰田汽车菲律宾公司（TMP）建造圣罗莎工厂，作为专门的乘用车工厂。2003 年，基于最新修订的税务规定，丰田将菲律宾的生产集中在两个系列 VIOS 和 INNOVA 上，其他车型则从泰国进口。总部位于菲律宾的零部件生产商 TAP 被定位为 IMV 项目汽车变速器的供应基地。2006 年 TAP 共生产变速器 18 万台，其中 17 万台出口到包括泰国和印度尼西亚在内的 10 个国家和地区。**在马来西亚**，丰田从 2005 年开始将 AVANZA 的生产外包给当地公司 Perodua 和 ASSB。同年丰田成立了丰田汽车车身马来西亚公司（TABM），并于 2006 年开始为 IMV 小型货车和 U-IMV 车辆生产保险杠、仪表板等零部件。**在印度**，TKM 在班加罗尔的工厂陆续进行了 QUALIS、COROLLA 和 INNOVA 的生产。2002 年，丰田与科罗斯卡合资建立了零部件制造公司 TKAP，开始生产和出口 IMV 变速器。**在澳大利亚**，丰田与通用的合资企业 UAAI 于 1992 年开始建设新的阿尔托纳工厂。新工厂于 1994 年开始生产 COROLLA、CAMRY 等车型，年产量可达 10 万辆。1996 年，UAAI 被解散，丰田汽车澳大利亚有限公司（TMCA）重新成为一家由丰田汽车澳大利亚销售公司全资拥有的子公司。TMCA 加强了出口，开始向中东出口 CAMRY，2007 年出口总量超过 10 万辆。

图 4-97　第一款专为亚洲市场设计的车 SOLUNA（1997 年）
资料来源：丰田集团

全面加强亚洲生产、销售和研发系统。20 世纪 90 年代后半期开始，全球化进程迅速推进，生产领域的人力资源开发成为一项紧迫任务。为了应对这些发展问题，TMC 在丰田市的元町工厂建立了全球生产中心（GPC）并在全球主要地区建立了分支机构。其中由在泰国丰田汽车公司（TMT）内建立的亚太全球生产中心（AP-GPC）负责进行全亚洲的员工培训。2001 年，丰田成立丰田汽车亚太有限公司（TMAP），负责提供销售、市场营销和售后服务方面的支持,以及对各国经销商的培训和进出口业务。在研发领域,丰田亚太技术中心有限公司(泰国)(TTCAP-TH)于 2003 年成立,是继美国和欧洲之后丰田在海外的第三个研发基地。它建立了符合当地需求的开发体系,设计了反映亚洲市场偏好的车身和独特规格。2007 年,TMAP-TH 与 TTCAP-TH 合并成立丰田汽车亚太工程制造有限公司(TMAP-EM)。新公司负责整合从开发到生产、采购和物流的所有亚洲业务,加强子公司的生产,并支持进一步本地化。

6.3.3 建立合资公司,拓展中国业务

丰田与中国多个汽车制造商开展合作,扩大在中国的生产规模。1994 年,中国政府宣布了最新的汽车产业政策,要求将汽车产业发展成为包括零部件制造在内的核心产业。同时,在引进外资方面采取了严格的规定,禁止外国公司与不同的中国伙伴建立两家以上的汽车制造合资企业。由于集团子公司大发汽车已经与天津汽车工业集团有限公司建立了技术合作关系,该公司成为丰田在中国结盟的最优选择。此后,丰田先后与天津汽车工业集团、四川旅游客车集团、中国第一汽车集团和广州汽车集团开展多种形式的合作,不断拓展中国业务。丰田与中国汽车企业开展合作的历程见表 4-10。

表 4-10 丰田与中国汽车企业开展合作的历程

年份	合作伙伴	合作内容
1995~1997 年	天津汽车工业集团	先后成立四家合资企业,负责生产主要零部件
1998 年	四川旅游客车有限公司	合资建立四川丰田汽车有限公司,生产专为中国市场设计的 Coaster
2002 年	中国第一汽车集团	签署发展战略和长期合作的基本协议,与天津汽车工业集团和四川旅游客车公司成为合作伙伴关系
2003 年	中国第一汽车集团	天津丰田汽车重组为天津一汽丰田汽车有限公司(TFTM)
2004 年	广州汽车集团有限公司	广汽丰田汽车有限公司(GTMC)和广汽丰田发动机有限公司(GTE)成立,此后开始逐步开展汽车与发动机的生产
2005 年	中国第一汽车集团	四川旅游客车股份有限公司将四川丰田汽车股份转让给一汽后,四川丰田汽车更名为四川一汽丰田汽车有限公司(SFTM)

资料来源:丰田官网

丰田加强在中国的销售、物流及人力资源系统。20 世纪 90 年代,丰田在中国的业务主要是出口日本制造的整车。天津丰田汽车投产前一年,丰田汽车中国投资有限公司(TMCI)在北京成立,负责天津丰田汽车公司生产的汽车的销售。随着丰田与一汽的结盟和联合生产的全面开启,一汽丰田汽车销售有限公司(FTMS)于 2003 年建立,开始销售

一汽丰田联合生产的车辆。后来，广汽丰田汽车于 2006 年开始生产并建立了配套的销售系统，中国生产的汽车至此有了一个双渠道销售网络。随着中国市场的快速增长和联合生产的全面开展，丰田汽车在中国的产量急剧增加。由于一汽丰田和广汽丰田通过不同的网络进行配送，效率低下、成本高、交货周期长等物流相关问题日益突出。为了解决这些问题，一汽、广汽和丰田于 2007 年共同投资成立了同方环球物流有限公司（TFGL），借鉴一汽和广汽在物流方面的专业知识，建立起一套符合中国国情的，集中管理、高效运作的先进物流体系。早在 1988 年，丰田就与沈阳金杯汽车工业有限公司签署了一份关于提供HIACE 相关技术援助的协议。此后丰田利用这一机会，开展了汽车领域的交流和企业社会责任活动，例如人力资源开发等。中国汽车工业丰田金杯技术培训中心于 1990 年成立，自成立之日起就被政府指定为重点技术培训中心。通过培养专业的技术人员，丰田为中国汽车工业的发展做出了贡献（见图 4-98）。

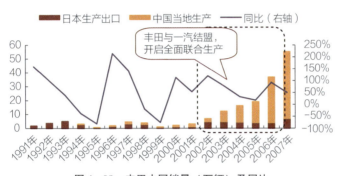

图 4-98　丰田中国销量（万辆）及同比
资料来源：丰田集团

6.3.4　拉美非洲及中东的销售提升和生产扩张

拉丁美洲市场一体化逐渐加强，丰田在各国市场取得普遍进展。进入 21 世纪，拉丁美洲国家经济发展迅速，南方共同市场（Mercosur）、安第斯国家共同体（CAN）等区域经济联盟扩大，促使拉美汽车市场快速增长。丰田于 2003 年成立了"丰田南方共同市场"虚拟组织，主要管理丰田巴西公司 TDA（TDB）和丰田阿根廷公司（TSA）。该组织成立的目的是建立一个系统，通过集中管理采购、制造、销售等业务，在拉丁美洲实现更灵活的运营。此外，为了加强区域营销，丰田还举办培训，邀请经验丰富的经销商前来授课，并于 2003 年设立了一个教育小组委员会。

巴西作为拉丁美洲最大的市场，由于当时国际金融环境的不稳定，在 90 年代末经历了经济停滞，对汽车的需求增长缓慢。进入 21 世纪，得益于工业产品和农产品出口强劲，巴西的汽车销售恢复增长。2000 年，丰田在巴西的销量超过 2 万辆，2004 年超过 5 万辆，2007 年超过 7.2 万辆。与巴西相反，**阿根廷**经济于新世纪初陷入危机，政府于 2001 年停止偿还外债，汽车市场大幅萎缩。这一状况持续大约 5 年后，全球粮食价格上涨等因素帮助阿根廷实现了经济复苏，汽车需求重获动力。2007 年，阿根廷汽车市场创下年销量57.3 万辆的历史新高，其中丰田的销量也达到创纪录的 2.9 万辆。**委内瑞拉**汽车市场受到原油价格波动的影响,从 90 年代末期起交替萎缩和扩张,直到 2004 年才开始稳定增长。于是,丰田在委内瑞拉的销量从 2003 年的 6 千辆增加到 2007 年的 5.4 万辆。自 1964 年停止在墨西哥的业务以来,丰田在当地已经缺席了近 40 年。2001 年,丰田在墨西哥成立 TMEX,恢复了该国的销售与服务。此后,丰田先后进口了北美制造的 COROLLA 和 CAMRY,阿根廷制造的 HILUX 和亚洲制造的 IMV 汽车。随着 2005 年日本和墨西哥经济伙伴关系的确立,丰田增加了从日本进口的车辆数量,加强了在墨西哥市场的产品阵容。2007 年,丰田在墨西哥的销量达到 6.6 万辆。

在非洲和中东市场的销售业绩取得明显进步。进入 21 世纪,丰田在非洲的销量从 2000 年的 12.2 万辆增加到 2007 年的 31.4 万辆。**在南非,**本地生产的 HILUX、COROLLA 和 CAMRY 销售情况良好,帮助丰田在 2004 年突破年销量 10 万辆大关。此外,由于南非取消了进口汽车的关税,丰田在当地推出了许多新车型,包括 2005 年的 QUANTUM 和 YARIS,以及 2006 年的 AVANZA 和 AVENSIS。得益于加强雷克萨斯品牌销售等一系列举措,2007 年丰田在南非的销量超过了 15 万辆。**在中东,**随着原油价格的上涨,汽车市场的需求急剧扩大。丰田在当地采取了积极的促销手段,加之各国经销商增强了展厅和零部件服务中心等各种设施,丰田的销量从 2000 年的 1.6 万辆增加到了 2008 年的 59 万辆(见图 4 - 99)。

图 4 - 99　丰田在拉丁美洲、非洲及中东的销量(万辆)
资料来源:丰田集团

丰田扩大在拉美和非洲各国的生产基地。在巴西,丰田于 2002 年重新设计了 COROLLA,从全拆卸生产转变为全面的本地生产。丰田建造了一个新的冲压工厂,扩大了零部件供应,并显著提高了当地的采购率。由于巴西制造的第二代 COROLLA 在拉美国家受到广泛欢迎,TDB 提高了年产能,使巴西成为拉美国家出口乘用车的基地。2001 年,**阿根廷**发生了经济危机,在恶劣的经济环境下,丰田宣布启动 IMV 项目,赢得了阿根廷政府和客户的信任。这些 IMV 车辆出口到包括墨西哥和加勒比地区在内的 20 个拉丁美洲国家,为阿根廷经济的复苏做出了贡献。随着生产和出口的加快,TASA 于 2006 年新建了冲压厂,又于 2007 年新建了保险杠涂装厂,将年产能提高至 7 万辆。**在委内瑞拉,**为了响应委内瑞拉政府 1999 年宣布的"家庭车辆计划",丰田委内瑞拉公司(TDV)与大发汽车合作,于 2001 年开始了 TERIOS 的全拆卸生产。作为 IMV 项目的一部分,TDV 于 2005 年开始组装 HILUX，并将其出口到哥伦比亚和厄瓜多尔等国家。**墨西哥**既是一个具有巨大增长潜力的北美市场，又是为北美自由贸易协定区内的生产企业提供补充生产的重要生产基地。2002 年，经墨西哥政府批准，丰田建立了巴哈加利福尼亚丰田汽车制造公司（TMMBC）。TMMBC 于 2004 年开始向 NUMMI 供应零部件，同时生产完整的 TACOMA 汽车并出口到美国。**在南非**，丰田加强了丰田南非汽车有限公司（TSAM）的生产、销售和出口功能，使其发展成为全球出口基地。TSAM 稳步扩大其出口业务，于 2003 年开始为澳大利亚生产 COROLLA HATCHBACK，于 2005 年为非洲和欧洲生产 IMV，于 2007 年开始为非洲和欧洲生产 COROLLA。在此过程中，TSAM 以确保全球质量为目标，着手加强设施并实现现代化，例如将 Global Body Line 引入其车身制造过程中（见图 4 - 100，图 4 - 101）。

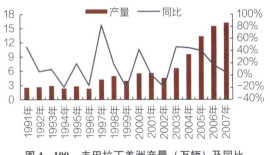

图 4 - 100　丰田拉丁美洲产量（万辆）及同比

资料来源：丰田集团

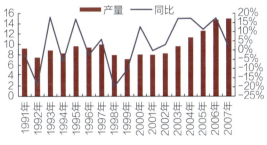

图 4 - 101　丰田非洲产量（万辆）及同比

资料来源：丰田集团

6.4　进行企业内部改革创新，坚实全球化的基础

为了在竞争愈发激烈的汽车行业中保持优势地位，为进一步发展全球化打下坚实基础，丰田一方面深化与集团内外部企业的合作；另一方面从研发、生产、人力资源等多个层面进行企业内部的改革创新，提高企业运转的效率。

6.4.1　汽车行业重组浪潮下，丰田深化与各方的合作

全球汽车行业掀起重组浪潮，丰田进一步深化与集团内外企业的合作。20 世纪 90 年代末，全球竞争日益激烈，发展环境技术所需的巨额投资加重了汽车企业的负担。于是全球汽车行业在这一时期掀起了重组的浪潮。1998 年，德国戴姆勒 - 奔驰公司与美国克莱斯勒合并，成立了戴姆勒克莱斯勒股份有限公司。1999 年，法国雷诺与日本日产结成资本联盟。2000 年，日本富士重工和三菱分别接受了通用和戴姆勒克莱斯勒的注资。大型汽车集团的建立带领汽车行业进入了大规模竞争时代，在这样的背景下，丰田将"增强集团综合实力，瞄准世界一流水平"作为全公司的最高优先事项，进一步强化了集团公司之间的联盟关系。丰田将其在大发和日野的持股比例先后提高至 50% 以上，使它们成为它的合并子公司。此外，丰田还与集团以外的汽车制造商——富士重工和五十铃汽车株式会社建立了运营和资本联盟。丰田于 2005 年收购了富士重工 8.7% 的股份，将 CAMRY 车型的生产委托给富士重工的美国工厂，并共同开发跑车车型。丰田与五十铃汽车共同开发柴油发动

机，并在 2006 年持有了该公司 5.9% 的股份。

6.4.2 实施多项公司计划，增强产品竞争力

丰田启动"CCC21"成本削减计划，旨在制造更具竞争力的车辆。21 世纪开始，汽车企业间的竞争越来越激烈。面对严峻的竞争环境，丰田于 2000 年启动了"CCC21"成本削减计划，旨在制造更具竞争力的车辆。这是一项全公司层面的计划，需要研发、生产技术、制造采购和供应商四位一体的合作。公司首先确定了车辆的质量和价格目标，并对实现这些目标所需的部件的功能、质量以及成本水平进行了评估。同时，为了取得更大的规模效益，降低单个零部件的成本，公司对每个部件进行跨车型研究，以确定哪些部件可以在多个车型中通用。

丰田开展"BT2"项目，推进生产改革，提高产品质量，实现自我突破。从 20 世纪 90 年代中期开始，随着美国销量的增长和海外业务的全方位扩张，丰田的业绩飙升。为了避免强劲的业绩导致过度自满乃至思维的固化，丰田于 2002 年开展了"BT2"项目，代表着"突破丰田"。该项目成员由各部门总经理组成，他们将公司职能与竞争对手进行对比，确定需要解决的问题并联手解决。**首先**，生产工程部门、制造部门、采购部门和会计部门通力合作，进行了旨在"加强内部生产的竞争力"的改革。公司采取内部生产成本可视化、精简设施等措施，着手开发革命性的生产工程形式。**其次**，这一计划还着手整合生产系统和物流运营，促进生产线的"聚集"，提高生产和运输效率。**最后**，"BT2"研究还揭示了产品质量方面的问题。于是丰田在 2001 年设立了 BR-MB 部门，旨在建立防止有缺陷产品进入市场的制度，提高产品质量水平。

6.4.3 发展研发及生产技术，提高生产效率和资源利用率

开发视觉及虚拟通信系统 V-comm，引入数字工程技术。信息技术的快速发展影响了汽车工业，为数字工程技术的发展铺平了道路。1996 年，丰田的生产部门开发了视觉及虚拟通信系统（V-comm），并开始引进数字工程。V-comm 程序利用从供应商处收到的零件数据和车辆设计数据，通过计算机虚拟 3D 进行新模型的设计。该系统可用于研究可加工性、零件之间的干扰、质量和外观等问题。与以前基于实体原型的评估方法相比，在早期阶段缩短了生产所需的时间，同时降低了成本。该系统还允许公司与海外工厂进行实时的视觉沟通，使新车型在全球范围内的同时生产成为可能。此外，丰田还将数字工程的适用范围扩大到包括发动机和变速器在内的主要部件的生产，不断取得技术进展。

利用信息数字工程技术进行产品开发，减少了开发时长，提高了各类资源的利用效率。2001 年，丰田启动了 BR-ad 项目，旨在利用信息数字工程技术开发有吸引力的产品，不仅能提高质量、降低开发和制造成本，还可以缩短整体开发周期，将节省的资源用于产品规划和设计等领域。该项目作为全公司 BR 举措的一部分，覆盖了技术、生产技术、制造、采购和信息等各个领域。为了简化产品开发流程，该项目收集分散在公司各类文件中的"谨慎制造（Monozukuri）"相关知识与经验，创建了一个正式的"设计模板"系统。

在该项目的帮助下，尽管这一阶段丰田增加了新车型的开发，但从产品设计到批量生产所需的时间明显减少，Prius 的开发与生产就是最佳的证明。

推出柔性车身生产线、全球车身线和集件供应系统，提高生产效率、降低成本。丰田于 1985 年推出了柔性车身生产线（FBL）。它允许多个车型同时沿着线路传送，缩短了切换车型时更换夹具所需的时间，显著提高了生产率和精度。然而，这种方法适合大规模生产的工厂，在产量较小的工厂没有收益。因此，丰田开始开发用于车身焊接的全球车身线（GBL），用于日本境外的工厂。它能够处理任何规模的生产，更灵活地应对生产基地的扩大和需求的波动。该生产线的开发采用了 3D 数字技术，与开发 FBL 所花的四年时间相比，开发周期缩短至两年。GBL 于 1996 年在丰田位于越南的小批量生产线上进行了测试，1997 年又在日本第一代 PRIUS 的生产线上进行了测试。1999 年，全球车身线全面应用于日本以外的工厂。此外，作为"BT2"倡议的一部分，丰田从 2002 年开始对集件供应系统（SPS）进行测试，旨在简化组装过程、降低工厂的内部生产成本。该系统将零件的选择和装配过程分开，先将每辆车所需的部件选择并聚集到与装配线分开的区域中，再将零部件发送至生产线操作人员处。这种方法使生产线操作员能够专注于装配过程、在更短的时间内掌握所需的流程，因此确保了车型转换过程中的质量水平和稳定输出率。SPS 于 2005 年首次在翻新的堤工厂生产线上推出，并从 2006 年起在日本国内外建造新工厂或改造现有工厂时引入。

6.4.4　采取创新举措，提高人力资源水平

向全球员工传递企业的理念与核心价值观。由于 20 世纪 90 年代后半期开始的全球快速扩张，丰田合并后的雇员人数在 1999 年超过了 20 万人，在 2007 年超过了 30 万人。随着丰田人力资源的日益多样化，系统地开发海外人力资源变得至关重要。这些人员不仅将共享丰田的核心管理价值观和行为守则，还将肩负推动丰田未来发展的重任。因此，1998 年，丰田在 BR 全球人力资源部内设立了项目专门的秘书处，着手编制《丰田之路》。该作品汇集了作为隐性知识传递的管理理念和价值观，并以易于理解的系统和视觉方式提供这些知识。《丰田之路》根据"持续改进"和"人与人间的尊重"这两个主要原则，解释了"挑战""持续改进""现地现物""尊重""团队工作"这五个关键概念，并以小册子形式分发给日本境内外的所有丰田子公司。

丰田建立"全球生产中心"，提高员工培训的效率。随着丰田进一步扩大海外生产，从 2001 年开始，全球产量以每年 50 万辆的速度迅速增长，对海外生产人员缺乏支持的问题逐渐尖锐。因此，丰田于 2003 在元町工厂内建立了"全球生产中心（GPC）"。GPC 的任务是通过培训生产现场经理和主管，解决丰田的海外业务相关的问题，它对加强现有生产基地的生产和有效启动新工厂至关重要。传统上，在日本以外建立新的生产基地时，会由日本一家生产同样型号的工厂充当"母厂"，向新生产基地的核心人员提供培训。然而，母厂也存在人员短缺的问题，且各母厂使用的培训方法存在差异。因此，GPC 为每个生产流程选择了最优秀的丰田方法作为"最佳实践"，并开发了一个视觉手册，利用视频剪辑

捕捉实际动作和计算机图形，使学员能够通过直接观察并有效地掌握技能和诀窍。在 GPC 接受课程教育的人实际上是来自日本境内外生产基地的培训员，他们在课程结束后，会带着有关材料和方法回到自家工厂的生产车间，开展人力资源培训。与传统方法相比，采用这种方法将掌握必要技能所需的培训时间缩短了一半。后来，丰田还将 GPC 的功能传播到其他国家，于 2005 年在泰国设立了"亚太全球生产中心"，并于 2006 年在英国设立了欧洲全球生产中心、在美国设立了北美生产支持中心。

6.5 面向 21 世纪，探索新的发展方向

6.5.1 减少二氧化碳和污染物的排放

为了减少二氧化碳排放量，丰田一方面发展提高燃油效率的技术，开发更加环保的新产品；另一方面在各个部门采取节能措施，应对全球变暖。

丰田制定分阶段的"丰田环境行动计划"，逐步降低二氧化碳排放量。为了提高燃油效率，丰田制定了多个阶段的"丰田环境行动计划"。

在第一阶段（1994～1996 年）和第二阶段（1996～2000 年），丰田首先确定了"实现世界领先的燃油效率水平"的行动方向。根据日本政府制定的燃油效率标准，到 2000 年所有汽车制造商的燃油效率须在 1990 年的基础上提高 8.5%。

在第三阶段（2001～2005 年）和第四阶段（2006～2010 年），丰田的行动方向是"在每个国家和地区实现最佳燃油效率"。第三阶段的具体目标是使 2005 年的总排放量在 1990 年的基础上减少 5%。这一阶段的行动效果大大超过了既定目标，二氧化碳排放量减少了 19%。因此，在第四阶段，除了丰田原本设立的 2010 年的减排目标外，还制定了一个新的全球目标，即与 2001 年相比，每一单位净收入的碳排放要降低 20%。在后来的第五阶段（2012～2016 年）中，丰田设立的最新目标是将 2015 年的燃油效率在 2005 年的基础上提高 25%。

为了实现计划目标，丰田提高燃油经济性，降低生产过程的碳排放。 在提高燃油效率方面，丰田建立了一个全公司范围的系统来执行相关任务，如提出燃油效率的目标值，制定技术和产品开发的战略等。此外，为了配合"丰田环境行动计划"，生产工程部门也开展了一系列活动，如加强热电联产系统的使用。这一系统改用天然气作为燃料，且具有较高的节能性，对环境的影响相对较低。

丰田采取多种措施，减少环境污染物质的排放。 关于挥发性有机化合物（VOC）和其他大气污染物，20 世纪 90 年代后半期世界各国采用了污染物释放和转移登记册系统（PRTR），日本也在 1999 年颁布了相关立法。从"丰田环境行动计划"第二阶段开始，丰田在推动进一步减少涂装过程中的挥发性有机化合物（VOC）排放的同时，还在相关立法颁布前进行了信息披露。从第三阶段开始，丰田着手减少 PRTR 物质的总量和每单位车身表面涂装的 VOC 排放量，在制定产品策略的过程中，将相关目标纳入了考量。此外，丰田在全球开展工作，减少了产品中含有的四种令人关切的物质：铅、镉、汞和六价铬。

2006 年，日本所有生产基地都淘汰了这四种物质，到 2007 年底，海外主要工厂也对其实现了完全淘汰。

6.5.2 采用多种新设计，加强汽车安全

逐步扩大四轮防抱死制动系统和安全气囊的使用。由于 20 世纪 80 年代后半期新车市场的扩大，1988 年日本交通事故死亡人数 13 年来首次超过 1 万人，使得在安全方面采取行动成为汽车行业的一项紧迫任务。90 年代前后，电子技术的发展使得汽车安全技术取得了突破性的进展，包括主动安全技术中四轮防抱死制动系统（ABS）的出现和被动安全技术中安全气囊的引进。ABS 是一种保证车辆在湿滑路面上制动的技术，到 1990 年底，已被丰田所有乘用车系列采用。此外，作为补充安全带的约束系统，安全气囊于 1989 年首次被安装在皇冠车型上，并在此后两年内完成了对所有车辆系列的安装。1992 年，丰田将安全气囊的使用范围从驾驶座扩大到所有前排乘客座椅。1998 年，丰田在驾驶员和前排乘客侧面安装了世界第一款窗帘防护安全气囊。在发生侧向碰撞时，它可以减少外力对乘客头部的冲击。

采用 GOA 技术，强化车体提高被动安全性能。丰田开发了强化车身的技术并将其命名为"全球杰出评估"（GOA），显示了丰田追求世界领先的安全绩效水平的决心。该技术通过采用坚固的底盘和前机舱有效地耗散碰撞能量，最大限度地减少乘员舱变形，保护驾乘人员。GOA 的研发过程中，丰田通过实验模拟"偏移碰撞"，这是事故研究得出的最可能实际发生的情况。为了配合装有 GOA 的车型系列的推出，丰田进行了名为"给我 GOA"的推广活动，成功吸引了消费者，提高了销售业绩。随后，丰田还在 GOA 中增加了一系列额外的评估方法，并在多个方面实现了提升，例如最大限度地减少了重型车辆和轻型车辆碰撞时对双方的损坏。

6.5.3 加速混合动力车型的开发和生产

丰田将混合动力系统定位为代表 21 世纪的关键环境技术，逐步将此类系统应用于燃料电池和其他车辆。1997 年，丰田推出了世界上第一辆量产的混合动力乘用车 PRIUS，开启了汽车环境技术的新时代。PRIUS 车型演进见表 4 – 11。1993 年，丰田启动了 G21 项目，努力寻找实现燃油效率突破性改善的途径，开发"21 世纪的汽车"。1995 年秋，丰田完成了一个模型，采用混合动力系统并使用电容器作为电力存储设备。1996 年，为了加快混合动力系统的开发，公司整合了负责控制系统、电力驱动等部件开发的部门，建立了跨职能的 BR 结构。1997 年，丰田宣布完成丰田混合动力系统（THS）。该系统采用了与功率分离装置相连的集成电路和发电机，形成了串联和并联混合的动力系统。随后，高冈工厂建立了生产系统，在当年年底即准备好上市。2000 年，在进行了旨在提高燃料效率的部分重新设计之后，第一代 PRIUS 在美国和欧洲发布。开发第一代 PRIUS 的过程是前所未有的，因为在正式投入开发仅仅两年后，一项此前基本未知的技术就完成了大规模生产。随后，丰田于 2003 年推出了以 THS Ⅱ 为特色的第二代 PRIUS。THS Ⅱ 使用高压电源电路，大幅提高了电动机输出，将驾驶和环保性能都提升到一个新的水平。

表 4-11　PRIUS 车型演进

代际	图片	轴距（mm）	排量（ml）	描述
1997~2003 年 第一代		2550	1496	作为世界上第一款混合动力车型，PRIUS 配备了专门设计的 VVT-i 1.5L 汽油发动机和一个电动机。这种混合动力系统可以最佳地平衡这些装置的功率，以适应驾驶条件。行星齿轮组动力分配器作为一种连续变速传动装置，同时还有效地将发动机动力分配到动力传动系统和发电机。PRIUS 通过怠速停车机制和减速制动时将动能转化为电能的再生制动系统，显著降低了能量损失。前置发动机、前轮驱动布局可容纳 5 名乘客，并采用独特的比例设计，包括相对较高的车身，大型驾驶室和位于中央的仪表板
2003~2009 年 第二代		2700	1496	第二代 PRIUS 于 2003 年 9 月发布，轴距、车身长度和宽度分别延长了 150mm、135mm 和 30mm，扩大了内部空间。先前型号中使用的丰田混合动力系统（THS）升级为 THS II，而发动机（1NZ-FXE）提高了转速，电机（3CM）将其输出功率提高了 50% 到 50kW。燃油效率水平提高到 35.5 km／L，是当时世界上最领先的。PRIUS 还配备了多项世界首创技术，包括智能停车辅助系统，半自动路边停车，转向辅助车辆稳定控制系统（S-VSC），统一防滑、动力转向控制系统和电动逆变器控制的自动空调，即使在发动机怠速模式时也能保持运行

资料来源：丰田集团

丰田加速混合动力车型的开发，并开始在海外基地生产相关车型。随着 PRIUS 的推出，丰田也加速了其他混合动力车型的开发：2001 年 ESTIMA 混合动力小型面包车和简单结构的 CROWN MILD 混合动力汽车推出；2003 年发布了柴油 DYNA 和 TOYOACE 的混合动力版本，随后在 2005 年发布了 HARRIER 混合动力 SUV。随着混合动力汽车的种类越来越多，丰田开始在海外生产基地进行相关车型的生产。2005 年，四川一汽丰田汽车有限公司开始了 PRIUS 的拆卸式生产，这是丰田首款海外生产的混合动力汽车。2006 年，专供在日本境外销售的 CAMRY 混合动力汽车在肯塔基州丰田汽车制造公司投产（见图 4-102）。

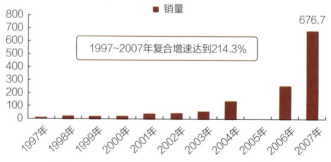

图 4-102　丰田混合动力汽车全球销量（千辆）

资料来源：丰田集团

注：2005 年数据缺失。

6.5.4 基于电子信息技术的系统升级

发展智能交通系统。20世纪90年代,公众持续呼吁对交通事故、交通拥堵及环境污染等问题采取行动,加之电子技术快速发展,智能交通系统(ITS)应运而生。1994年,车辆、道路和交通情报协会(Vertis)成立,丰田董事长被任命为协会主席。丰田成立了ITS规划司,由规划、技术和公共关系三个小组组成。此后,该司与相关政府机构合作,为车辆导航的发展做出了贡献。车辆导航作为最重要的智能交通系统,是信息和通信、电子收费、紧急报警等车辆相关系统的基础。此外,丰田还开发了智能多模运输系统(IMTS)。该系统允许车队以类似货车的方式自动运作,在专用道路上行驶的成员车辆之间没有机械连接,而是通过使用嵌入道路上的电信和磁轨标记。

不断升级车载信息和通信系统。为了推动智能车辆系统而引进的车辆远程信息处理技术也进入了一个新的阶段。1997年,丰田建立了通过专用终端和互联网提供各种汽车相关信息的系统Gazoo,并推出了Monet车辆远程信息处理服务。2002年,丰田结合了Monet和Gazoo技术,开发了新的汽车远程信息处理服务G-BOOK。该服务不仅能提供包括停车、休闲设施、天气预报等在内的驾驶信息,还拥有电子邮件、在线留言板、汽车故障通知服务等其他功能。2003年起,G-BOOK被安装在一系列扩展的车型系列上,兼容的导航系统数量也有所增加。与此同时,随着雷克萨斯品牌在日本的推出,G-link车辆远程信息系统于2005年推出。它能够对客户的询问和要求提供一站式的运营商响应,因而赢得了广泛赞誉。2007年,G-BOOK升级为G-BOOK mX,新功能包括按需自动更新导航系统地图,以及提供更准确的交通信息。

提出综合安全管理概念。随着信息技术和智能交通系统的进步,丰田提出综合安全管理概念,希望实现车辆无事故。根据这一概念,丰田对车辆上的各个安全系统进行协调,并利用通信系统提供适合驾驶条件的支持,以最大限度地保证所有驾驶阶段的安全。2006年在日本推出的雷克萨斯LS460轿车采用了广泛的驾驶支持技术,包括先进的防追尾系统和从静止到100km/h都能实现跟踪的巡航控制系统。2006~2007年,丰田使用了100辆装有驾驶记录仪的车辆,对基于ITS技术的车辆基础设施合作系统进行了公共道路测试。此外,丰田还参加了2008~2009年在东京台场地区与相关政府机构、汽车制造商、电器制造商和其他实体联合进行的ITS安全2010核查测试。为了使这些项目能够在综合安全管理概念的推动下向前发展,丰田在测试中收集了包括车辆对车辆和车辆对系统有关的驾驶数据。

20世纪末到21世纪初是奠定丰田在全球汽车市场中的领先地位的时期。从国内市场来看,经济泡沫的破裂终结了日本市场的虚假繁荣,丰田根据市场情况的改变及时改变经营策略,对产品阵容、公司制度、销售渠道等多个方面进行了调整。从海外市场来看,丰田不断深入本地化进程,实现从研发、生产到销售全方位的本地化。这一时期,丰田汽车的海外销售已经遍布世界各地,公司对外加强企业之间的合作,对内进行改革创新,为全球化打下坚实的基础。除此以外,丰田还积极探索汽车工业未来的发展方向,在节能减排、汽车安全、电子信息技术等多个方面取得了进展。

7 提出新时期集团战略，实现创新与发展（2008~2018年）

2010年前后，丰田陆续经历了金融危机、召回事件及多起自然灾害，对公司的生产和销售产生了不同程度的影响。在这样的环境背景下，丰田在具体问题具体分析的同时，着眼于公司内部，不仅提出了新时期的经营理念、制定了具体策略与目标，还进行了组织架构改革、优化了生产流程。21世纪是一个创新和发展的时代，丰田一方面加快在新兴市场的发展，推进业务多样化；另一方面利用AI、大数据等新技术，构筑未来汽车社会（见图4-103~图4-106）。

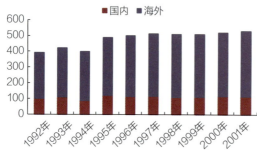

图4-103　丰田总销量（万辆）
资料来源：丰田集团

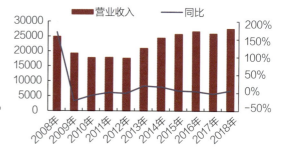

图4-104　丰田营业收入（十亿日元）及同比
资料来源：丰田集团

图4-105　丰田净利润（十亿日元）和ROE
资料来源：丰田集团

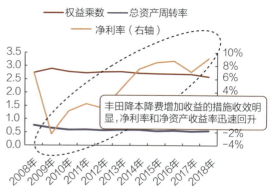

图4-106　丰田杜邦财务分析指标
资料来源：丰田集团

7.1 经历持续试炼，克服种种困难

7.1.1 金融危机造成亏损，采取措施扭亏为盈

美国金融危机波及全球，汽车工业遭受严重挫折。2007年，美国主要信用评级机构宣布降低捆绑次级贷款的金融产品的评级。由于这些贷款被证券化并作为金融产品出售给世界各地的金融机构和投资者，这一事件导致了次贷危机（见图4-107）。2008年初，美国房地产泡沫破灭，深入参与次级贷款的大型投资银行雷曼兄弟倒闭。这场源自美国信贷市场的混乱很快扩散为全球性的金融危机，波及了许多国家的股价（见图4-108）。金融危机的发生对全球汽车工业造成了严重的影响，由于世界各国对汽车贷款的把控更加严格等因素，新车市场迅速降温。

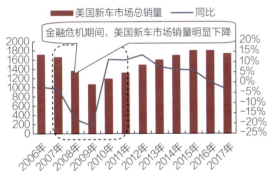

图4-107 美国新车市场总销量（万辆）及同比
资料来源：Wind

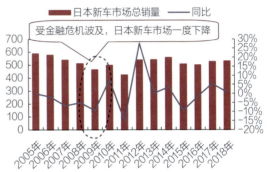

图4-108 日本新车市场总销量（万辆）及同比
资料来源：CEIC

丰田产销量大幅下降，出现运营亏损。面对这种情况，丰田采取了各种措施，希望通过减少总开支和实现收入最大化来解决收益恶化的问题。然而，全球经济的放缓大大超过了市场预期，不利的环境仍然造成了丰田的亏损。丰田从2008年秋季开始大幅减产，2009年丰田的全球综合产量下降了21.7%，为723.4万辆。由于全球新车市场的萎缩，汽车制造商从2008年起销量全面下降（见图4-109）。2009年丰田的全球销量同比下降12.9%，为781.3万辆，但与同行业竞争企业相比下降幅度相对较小。因此在经济危机期间，丰田在以美国为代表的发达国家的市场份额反而有所上升。财务数据上看，2009年丰田的营业收入同比下降了21.9%，为20.5万亿日元，导致经营亏损4610亿日元，净亏损4370亿日元，从上一财政年度创纪录的收益骤然转向创纪录的亏损（见图4-110）。

丰田采取多种措施应对金融危机带来的严峻市场环境。通过这些，丰田的总成本快速下降、收入水平相对改善，加之日本汽车市场因政府补贴和对节能型车辆的减税而很快复苏，丰田的经营业绩快速改善。

丰田宣布"全球企业政策"，致力于制造"更好的汽车"。面对严峻的市场情况，丰田于2009年宣布了"全球企业政策"，确立了三个核心主题：1）强化公司根基，减少受

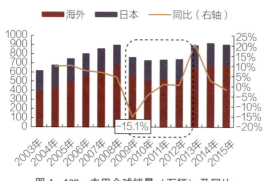

图 4-109 丰田全球销量（万辆）及同比
资料来源：丰田集团

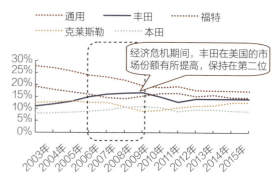

图 4-110 美国汽车市场各大品牌市场份额
资料来源：Wind

到时代变化的影响；2）采取措施解决眼前的问题；3）坚持客户至上、溯本求源和优质产品以应对需求结构变化。在"全球企业政策"发布的同时，公司还再次强调了丰田经营的重中之重——"更好的汽车"。在这一核心理念的指导下，2009 年，丰田限量发售了 100 辆 IQ GAZOO 赛车，这款车无论在赛道上还是在普通道路上都能给用户带来无穷乐趣。同年，丰田还限量发售了 500 部雷克萨斯 LFA。它配备了 4.8L V10 发动机，最大输出功率为 560 马力，最高时速可达 325km/h，被认为是丰田高端跑车的巅峰之作。为了培育"更好的汽车"的企业文化，公司还设立了"丰田奖"，一个针对汽车和技术的新的内部表彰制度。此外，为了应对全球需求结构的变化，丰田采取了"以地区为中心"的政策，推出符合各地区市场特点的产品。2010 年，公司成立了丰田日本营销（TMJ）和丰田田汽车营销（TMSM）两家新公司，以加强营销职能。

为了恢复盈利，丰田实施了多种政策，也进行了一些取舍。 2009 年，全球汽车行业经历了动荡，许多世界一流的汽车制造商都踏上了重组的道路。丰田组建了新的管理团队，实施多种政策，以求在尽快恢复盈利能力的基础上，实现中长期增长。例如，在中国广汽丰田汽车有限公司，一个全新的"销售物流综合管理系统"（SLIM）全面投入运营。它利用先进的信息技术，管理从生产、物流到销售和售后服务的所有运营阶段。在实施这些政策的同时，为了恢复盈利，丰田也被迫做出了一些艰难的决定，比如从 2009 年起退出 F1 赛车比赛，从 2010 年起终止与通用的合资公司 NUMMI 的生产等。

7.1.2 自然灾害频频发生，采取措施恢复生产

东日本大地震发生，给丰田的生产和销售造成了巨大损失。 2011 年 3 月，日本宫城县沿海发生了 9.0 级大地震，继而引发了一系列巨大海啸，周边地区遭到严重破坏。由于地震和海啸造成的电力损失，东京电力公司福岛第一核电站内的应急核心冷却系统停止运行。随后，一系列氢爆炸的发生导致放射物释放，造成了日本有史以来最严重的核事故。这次严重的自然灾害对丰田的生产基地造成了破坏，宫城工厂、关东汽车厂、丰田汽车东北公司遭受了不同程度的损失。此外，约 450 家经销商在灾难中受损，12 个经销商被完全破坏，停放于港口的 1791 辆新车被海啸摧毁。

丰田及时采取应对措施，积极参与救灾工作。 灾难发生后，丰田在第一时间召开了危机应对会议，并迅速成立了全公司的对策总部。公司确立的优先次序如下：1）保护人民生命安全，向受害者提供救济；2）帮助灾区迅速重建；3）恢复生产。丰田暂停了日本的所有工厂和汽车制造子公司的运营，将确保所有员工（包括其制造子公司和供应商的员工）的安全作为最高优先事项。丰田还与供应商、经销商及伙伴公司合作，向受灾地区运送紧急救灾物资，并派遣了60名雇员组成紧急救灾小组赶赴救灾一线。

通过不懈努力，丰田以超出预期的速度恢复了原有的生产水平。 第一阶段的紧急救助工作结束后，丰田开始着手恢复生产。采购部门和生产部门合作组成了一个当地采购调查组，开始了对大约200个当地供应商的访问。根据调查结果，零部件和材料行业遭受了大规模的破坏，供应链被切断。包括二级及以上的供应商在内，共有659个供应商遭受了损失。丰田工厂内损坏的生产设施高达1260件，影响了80%的全球生产车辆。因此，丰田开始着手恢复供应商，并将生产转移到其他工厂。此外，丰田还开发替代部件，并对生产基地进行了快速的质量评估。通过采取各项措施，丰田恢复生产的速度超出了预期，日本工厂于当年7月初恢复正常运营，随后包括海外工厂在内的所有基地的生产在9月完全正常化。

丰田在受灾的东北地区建立其第三个生产中心，专门生产紧凑型车辆。 2008年金融危机之后，丰田已经开始着手重组其制造结构。灾难发生后，丰田决定在受灾的东北地区建立继中部地区和九州地区之后的第三个生产中心，帮助当地重建经济。该地区的工厂将专门生产紧凑型车辆，作为一个半自主单位，独立处理从研发到生产的整个制造流程，以及与发动机等重要部件有关的采购和生产。新丰田汽车东日本公司于2012年成立（见图4-111）。

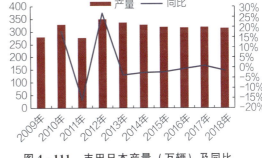

图4-111　丰田日本产量（万辆）及同比
资料来源：丰田集团

泰国洪灾使丰田再次遭受打击，恢复和重建工作有序进行。 2011年，正当丰田的生产刚刚从东日本大地震中恢复，开始弥补全球的生产损失时，严重的洪灾困扰泰国数月，严重损害了当地的零部件产业。尽管丰田在泰国的三家工厂，当地的生产和销售公司都逃过一劫。然而，许多地区的工业园区被淹，零部件公司被迫停止生产，丰田在泰国的供应链被切断，TMT不得不停止运营。随后，洪灾对生产的影响开始蔓延至其他东南亚国家，甚至日本、北美和南非。丰田的生产基地由于零件短缺导致产量下降。面对自然灾害的又一次打击，丰田仍然与供应商和同行业的其他公司合作，进行了坚韧的恢复工作。到2011年末，丰田在日本和北美的工厂，及泰国TMT的工厂陆续恢复了原有的生产水平。尽管泰国发生了严重的自然灾害，丰田仍然没有改变将其打造为重要出口基地的想法，之后继续加大对泰国公司的投资，扩大TMT的产能。

灾后恢复工作收效明显，丰田汲取经验，提高灾害发生时保护生命和维持生产的能力。虽然最初估计这两场灾难的影响将使全球产量减少约 100 万辆，但通过全公司的共同努力，丰田恢复了其中 60 万辆，使产量仅下降了 39 万辆。总结从应对自然灾害中得到的经验教训，丰田修改了其业务连续性计划（BCP），以加强在发生灾害时保护生命和维持生产的能力。此外，针对灾难可能造成的供应链中断的问题，丰田对包括三、四级供应商在内的供应链进行了“可视化”分析，并采取了一些措施，例如分散风险部件的资源、将其转换为通用设计等（见图 4－112）。

产量
同比
100
90
80
70
60
50
40
30
20
10
0
80%
60%
40%
20%
0%
-20%
-40%
2009年
2010年
2011年
2012年
2013年
2014年
2015年
2016年
2017年
2018年

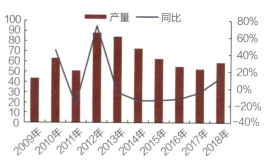

图 4－112　丰田泰国产量（万辆）及同比

资料来源：丰田集团

7.2　着眼于公司内部，制定策略改进架构

7.2.1　发表“丰田全球愿景”，提出理念、策略及目标

2011 年丰田发表了“全球愿景”，致力于为客户提供的“更好的汽车”及“更丰富的社区生活”，同时制定了行动策略和目标（截止到 2015 年，见图 4－113）。

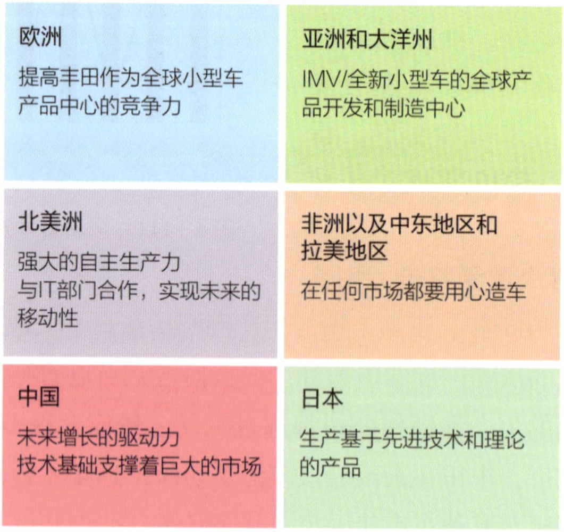

欧洲
提高丰田作为全球小型车产品中心的竞争力
亚洲和大洋洲
IMV/全新小型车的全球产品开发和制造中心
北美洲
强大的自主生产力
与IT部门合作，实现未来的移动性
非洲以及中东地区和拉美地区
在任何市场都要用心造车
中国
未来增长的驱动力
技术基础支撑着巨大的市场
日本
生产基于先进技术和理论的产品

图 4－113　“丰田全球愿景”各地区战略要点

资料来源：丰田集团

下放权力，改革管理结构，推进决策本土化。丰田将稳步实施以区域实体为基础的经营战略，强化质量最大化、成本最小化、人力资源开发三大核心功能，夯实质量与成本相平衡的经营基础。为了早日实现这些目标，公司进行了管理制度的改革，把总部的

权力移交给地区实体,以提高地方一级的决策效率。丰田精简高层管理人员,减少董事人数,削减了一些决策层;将子公司业务交由海外人士管理,推进决策本地化;同时,聘请外部专家以获得客观反馈,并设立执行总裁职位来促进当地管理。

积极参与新兴市场的发展,加强当地的生产和销售。丰田将积极参与新兴市场,努力将新兴国家和老牌工业国家的全球销售比例从4:6提高到5:5,从而建立一个更平衡的业务结构(见图4-114)。为了改善品牌形象,丰田在中国等新兴国家大力推广环保汽车,努力实现交通多样化。在亚洲和大洋洲,丰田不断推出满足市场需求的新产品,如国际多用途汽车(IMV)和新开发的紧凑型汽车。公司将通过深入本土化和提高生产率,在亚太地区建立高效生产的全球基地;根据区域内外不断扩大的市场,推进供应战略。此外,丰田还为中东、非洲和拉丁美洲的客户提供各地区所需的汽车。丰田一方面扩大在新兴市场的生产能力,依照这些市场的扩张速度修改模型进行生产;另一方面优化和重建生产结构,使其具有灵活性、效率和抵御汇率波动的能力。

In 2011, emerging markets accounted for 45% of Toyota's global vehicle sales

Toyota Vehicle Sales   Thousands of units

Year	2000	2001	2002	2003	2004	2005	2006	2007	2008	2009	2010	2011
Global	5154	5262	5519	6070	6708	7268	7922	8429	7996	6980	7528	7097
Emerging Markets	960	987	1142	1417	1695	2027	2246	2658	2849	2646	3145	3193
Composition Ratio	18.6%	18.8%	20.7%	23.3%	25.3%	27.9%	28.4%	31.5%	35.6%	37.9%	41.8%	45.0%

图4-114 丰田全球销量解读(万辆)
资料来源:丰田集团

完善产品体系,发展创新技术,打造未来汽车。丰田将创建一个由当地实体自主参与的汽车制造结构,广泛改善产品的设计和质量。第一步,在全球范围内发展雷克萨斯品牌。雷克萨斯作为一个附加值高、实力强的全球高端品牌,充分体现了丰田的原创性。第二步,扩大其环保汽车阵容,推出约10款新的混合动力车型,同时开发各种类型的下一代环境友好型汽车,包括混合动力车型、电动汽车和燃料电池汽车等。第三步,利用智能网联打造未来汽车社会。丰田通过IT技术和AI技术将环保汽车与其他智能设备相连接,创建智能网联、打造智能社区、建设可持续发展的社会。

提出销量及财务指标的目标,努力在任何条件下保障其实现。"丰田全球愿景"的目标是集团合并销售(丰田和雷克萨斯)750万辆车。在日元对美元的汇率为85日元,对欧元的汇率为110日元的前提下,实现合并净收入占营业收入的5%的目标(见图4-115)。5%的运营利润率是可持续增长所必需的最低限度,因此丰田希望通过建立能够产生盈利的运营结构,即使在恶劣的环境下,也能达到上述目标(见图4-116)。

图4-115 日元汇率（JPY/USD，JPY/EUR）
资料来源：丰田集团

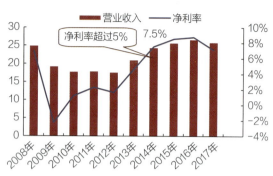

图4-116 丰田营业收入（万亿）和净利率
资料来源：丰田集团

7.2.2 引入丰田新全球架构，改进生产流程

引入TNGA，实施结构创新，打造更好的汽车。 丰田于2012年引入了丰田新全球架构（TNGA），在全球汽车制造业务中实施结构创新。TNGA为分组开发提供了基础，它支持跨模型的零部件标准化，在降低成本的同时提高开发过程的效率。TNGA的引入和随后的零部件标准化使得丰田汽车实现了性能、设计、成本和质量方面的优化，有助于打造"更好的汽车"（见图4-117）。

在TNGA架构下进行生产，兼顾整体优化和本地优化。 为了满足全球各个市场的不同需求，丰田通过平衡整体优化和本地优化来使产品更具吸引力。在TNGA架构中，丰田的汽车生产将分为两个部分：基础部分包括动力总成、平台等，旨在通过智能共享实现汽车的整体优化；差异化部分包括汽车的外观和内饰，根据顾客的偏好量身定做，以实现汽车的本地优化。因此，TNGA既能够使丰田和雷克萨斯品牌多个车型共享组件，又给予每个车型在设计和驾驶体验上的差异。丰田计划在2016～2021年期间通过TNGA架构推出由19种型号的汽车衍生出的37种变体车型，以满足不同的驾驶需求（见图4-118）。

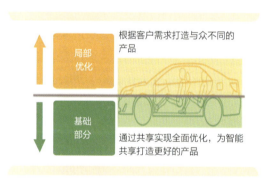

图4-117 TNGA生产架构
资料来源：丰田集团

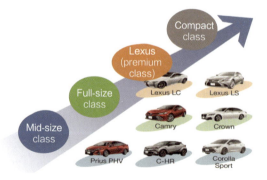

图4-118 TNGA产品阵容
资料来源：丰田集团

从多个环节入手，改进公司业务流程。开发环节：进行分组开发，根据预先确定的产品阵容同时规划和开发多款车型，提前规划生产，减少资源浪费；实施零部件标准化，提高开发效率，节省开发成本；在销售、采购和生产环节节省人力资源，投入于开发环节。**生产环节**：推进生产改革，整合供应商和本公司相关部门，搭建更简单的生产流程，确保生产质量；推进零部件全球生产标准化，使丰田生产的部件与全球汽车制造商使用的标准能够兼容；同平台车型采用大量的通用零部件，一方面简化生产线、降低生产成本，另一方面使得世界各地的工厂进行标准化生产，保证产品质量。**采购环节**：采购部门将对分组开发中使用的通用部件和主要部件进行全球批量订购，降低采购成本。

此外，TNGA还致力于五个方面的产品性能优化：

1）通过开发新动力系统，提高10%的动力总成。

2）通过改进发动机性能，将燃油效率提高20%。

3）通过统一设计发动机气缸满足发动机的不同要求，使开发的发动机类型减少40%。

4）利用激光焊接技术，将整体刚性提高30%~65%，加强车辆的安全性与可操控性。

5）推进底盘、悬架等零部件的共用，将汽车生产成本降低20%。

7.2.3 进行组织结构调整，提高决策效率

2010~2018年，丰田进行过三次较大的组织架构改革。

2011年，为了使管理层能够及时地接收信息、做出管理决策并检查可行性，丰田修改了管理结构，进行了五项调整：

1）精简董事会，从27人减至11人。

2）简化决策制度，将由执行副总裁、首席官和集团事务负责人员组成的三级决策系统简化为由执行副总裁和首席官组成的两级系统；将高管从77人减少至60人，从高管中灵活任命首席官。

3）区域公司结构调整，区域公司的职能部门从日本转移至各区域，区域公司负责人原则上驻扎在各区域，海外高管从13人增加至15人。

4）建立外部信息反馈机制，在北美、欧洲和亚洲建立区域咨询委员会。

5）扩大执行总经理的非执行职责，负责与工作场所关系密切的领域，例如担任车辆开发的总负责人、技术总经理和工厂总经理等职位。

2013年，丰田再次实施了行政、组织和人事变动，旨在进一步加强管理，提升综合竞争力，实现可持续增长。新的组织架构经过了三项调整：

1）调整业务架构，明确运营和盈利责任，提高决策效率。在新的业务架构下，丰田的汽车业务分为：雷克萨斯国际，负责全球雷克萨斯相关业务；丰田一号，负责北美、欧洲和日本的丰田相关业务；丰田二号，负责中国、亚洲、中东、东亚、大洋洲、非洲、拉

丁美洲和加勒比地区的丰田相关业务；零部件中心，负责发动机、变速器和其他相关的工作。

2）重组区域集团，改善新兴市场的产品和服务，亚洲和大洋洲业务集团与中东、非洲和拉丁美洲业务集团将重组为东亚和大洋洲地区、亚洲和中东地区、非洲地区以及拉丁美洲和加勒比地区。加上原有的中国地区、北美地区、欧洲地区和日本地区，新的区域集团共有八个业务地区。

3）创建 TNGA 业务规划部门，将业务规划从产品部门中独立出来。该部门将负责为包括汽车和单元组件在内的技术型中长期产品制定产品战略。

2016 年，丰田加强跨职能协调，以产品为基础对公司结构进行了重大调整。尽管经过了 2011 年和 2013 年的调整，丰田的结构划分仍然基于组织职能，跨职能协调需要大量的时间。新的组织架构将研发与制造等工作流程联系起来，使各个业务部门能够更快速独立地做出决策，加强中长期目标和战略的规划。首先，在总公司建立前沿研究中心，积极寻求外部研究组织和丰田集团成员的意见，从社会角度开发新技术和商业模式；其次，重组个别非集团部门，如企业战略部，它具有中长期战略规划职能，负责确定未来的战略方向并优化运营资源；最后，创建 7 家以产品为基础的内部业务公司来负责短期产品的战略和发展，维护和加强丰田一号和二号两个区域性业务部门。

7.3 推动新兴市场发展，完善全球供应系统

丰田的海外业务经历了三个阶段：日本制造出口、本地化生产、全球生产和供应的阶段。作为全球顶级汽车制造商，丰田清楚地意识到当前各地区处于不同的经济发展阶段，丰田的市场竞争地位也各不相同。因此，泛用的产品策略遭到淘汰，丰田需要针对各个市场不同的用户需求设计本地化的产品。新阶段丰田制定了新的全球战略：在成熟汽车市场保持市场份额，于稳健中求发展；制定新兴市场战略，大力发展以中国为代表的新兴市场业务；加大对 IMV 项目的投入，将新兴国家进一步打造成现阶段供应体系的支柱。

7.3.1 推进新阶段全球战略，进一步渗透新兴市场

根据各个国家及地区的市场情况，丰田在成熟汽车市场于稳健中求发展。在北美、欧洲及日本等成熟汽车市场，金融危机的打击使丰田一度陷入衰退。丰田凭借其历史上多次应对市场波动的经验，采取合理措施降本创收。随着发达国家经济的逐步复苏，丰田在成熟市场的销量也回归强劲。其中，北美市场由于体量较大盈利能力较强，是丰田业绩的重要基础。在欧洲市场，面对大众、宝马等当地品牌的强力竞争，丰田充分利用其在电动汽车领域的基础，大力发展相关技术，推出更多具有吸引力的产品。在日本市场，丰田专注于发展新概念、新模型和新的生产方法，巩固已有的生产设施，创建更为灵活高效的生产结构，为海外业务提供援助（见图 4-119）。

加大对新兴市场业务的投入，制定三部分的新兴市场战略。随着发展中国家的崛起，

丰田在新兴市场的销量逐渐扩大，到 2018 年已经接近了丰田全球总销量的一半。其中，亚洲市场的销量从 2009 年的 153.6 万辆增长到了 2018 年的 285.5 万辆，占据了新兴市场增量的绝大部分。新阶段丰田在新兴市场的战略可以分为三个部分：其一，打造亚洲的第二个家。丰田将在 IMV 项目的基础上，加强在亚洲的紧凑型汽车的生产和供应，全面推进本地化采购，提高成本竞争力。其二，实施紧凑型汽车新策略。新兴汽车市场随着各国经济的发展不断扩张，紧凑型汽车的销量随之出现了显著增长。这一新策略强调满足新兴市场消费者的需求，扩充紧凑型汽车阵容。从 2012 年印度的 ETIOS 开始，丰田将陆续推出专为新兴市场设计的 8 款紧凑型汽车。此外，公司计划扩大新兴市场紧凑型汽车的生产，每年向 100 多个国家的客户提供总共 100 万辆以上的汽车。其三，继续推进全面本地化。丰田将彻底的本地化视为确保成本竞争力、在区域内外加强出口的必要条件。因此，公司一方面最大限度地推进本地研发；另一方面努力尽早实现 100% 的本地采购率（见图 4-120）。

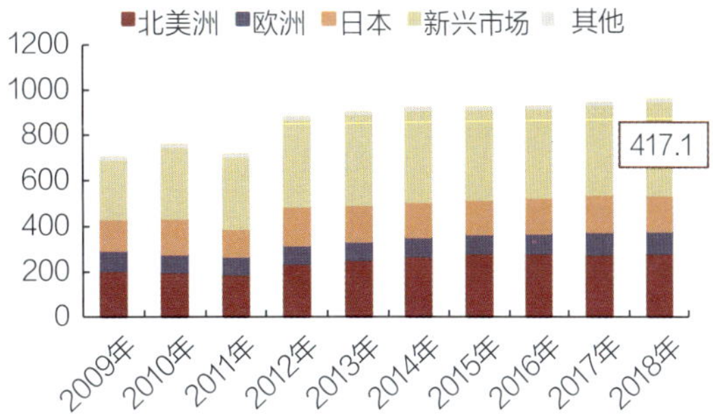

图 4-119　丰田全球销量（万辆）
资料来源：丰田集团

图 4-120　丰田新兴市场销量（万辆）
资料来源：丰田集团

7.3.2　深入开展中国业务，努力提升服务质量

中国是全球最大的汽车市场，在发展新兴市场的道路上，中国无疑是丰田最大的战略要地。在中国，丰田与一汽和广汽两家主要合作伙伴建立了合资企业，并不断深化业务合作。

丰田扩建中国生产基地，加强电动汽车的生产。生产方面，进入 21 世纪丰田深化和中国汽车制造商的合作，建设新工厂、扩大产能、加强电动汽车的生产。21 世纪以来丰田中国生产大事记见表 4-12。这一阶段，丰田在中国的产量从 2009 年的不满 60 万辆急剧增加至 2018 年的 131.7 万辆，实现了产能翻番。

表 4-12　21 世纪丰田中国生产大事记

国家	时间	事件
一汽丰田	2002 年	与中国一汽集团成立合资公司
	2007 年	天津新厂投产，年产 20 万辆
	2012 年	长春新厂投产，年产 10 万辆
	2015 年	提高四川工厂的产能，增加 PRADO 的产量

(续)

国家	时间	事件
广汽丰田	2004 年	与广州汽车集团有限公司成立合资企业
	2014 年	在江苏开设了日本以外的首家 CVT 工厂
	2015 年	电池工厂和混合动力工厂投入运营

资料来源：丰田集团

扩大销售网络，推进"价值链"业务。销售方面，丰田不断扩大一汽丰田和广汽丰田的分销网络，并推进以雷克萨斯品牌为主的进口汽车销售网络扩张。丰田计划增加经销商数量，扩大本地生产和进口汽车的产品阵容，以提高销量（见图4-121）。此外，随着中国市场的发展，丰田计划推进二手车、服务、融资和保险等"价值链"业务。丰田中国市场的年销量从2009年的71.6万辆扩大到148.7万辆，已经占据整个亚洲的一半以上（见图4-122）。

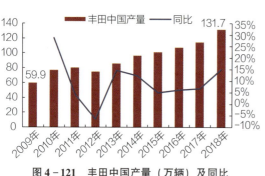

图 4-121 丰田中国产量（万辆）及同比
资料来源：丰田集团

图 4-122 丰田中国与亚洲其他国家销量（万辆）
资料来源：丰田集团

广汽丰田一直致力于为中国客户提供标准化高水平的服务，其行动主要集中在两个领域：第一是业务运作的标准化；第二是加强人力资源培训。

丰田逐步建立起从分销商、经销商到客户的完整的业务系统。首先，利用 e-CRB 系统加强与客户的联系。e-CRB（evolution Customer Relationship Building）是一套以先进客户管理系统为核心的 IT 系统，为中国市场的服务标准化做出了重要贡献（见图4-123）。它支持潜在客户的持续触及以及现有客户的定期反馈，按照标准化的流程处理订单，提供集成管理。其次，建立 i-CROP 核心系统。i-CROP 作为 e-CRB 的核心，连接了展示厅、呼叫中心，服务台和后勤办公室多个区域的系统。它利用客户信息来协调客户支持、售后及车辆更换服务，为每位客户提供完整的高质量的购车体验。再次，开发交互式信息服务系统 G-BOOK。为了给中国客户提供更高质量的服务，丰田利用车载远程信息终端，开发了交互式信息服务系统。该系统通过无线网络连接到 e-CRB，定期收集有关车辆运行情况的信息，并确定车辆的速度和位置。G-BOOK 被安装在部分 CAMRY 和 CROWN，以及几乎所有的雷克萨斯汽车上，作为一项高端服务，越来越受欢迎。从次，使用 SLIM 销售物流集成管理系统。这款 IT 系统由最先进的专门组件构成，能够实时显示生产、库存、分销和销售的状态。它扩展了丰田的看板系统，在库存过剩或不足的时候发出警告，提示使用者及时改变生产和库存分配。2008年全球金融危机期间,该管理系统提供的实时信息反映出较高的库存水平,帮助丰田实施紧急措施及时调整生产。最后,发展整体订单支持系统TOSS。这一系统在SLIM的基础上进一步优化了经销商的订单接收和处理流程,根据经销商销售业绩等因素确定理想订单数量,提高库存周转率,减少积压。同时,消费者可以从经销商现有的库存中选择他们想要的汽车,购买并直接提车,满足了中国客户缩短交货时间的需求(见图4-124)。

Customer experience after purchase is categorized into five experiences: "Purchase Experience" "Delivery Experience," "Owner Experience," "Contact Experience," and "Servie-in Experience." In each experience, e-CRB provides customes with exclusive and sophisticated experience.

*1 e-CRB(evolutionary Customer Relation ship Buiding)
*2 TCV(Toyota Car Viewer)
*3 SPM(Sales Process Management)
*4 i-CROP(Intelligent Customer Relationship Optimization Program)
*5 SMB(Service Management Board)
*6 SLIM(Sales Logistics Integrated Management)
*7 TOSS(Total Order Support System)

图4-123 高端客户关系构筑系统(e-CRB)运转机制
资料来源:丰田集团

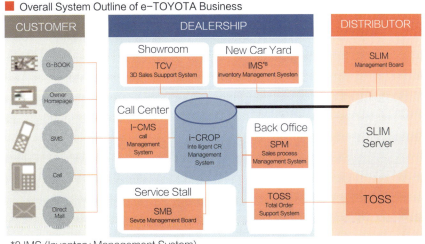

图4-124 丰田业务系统示意图
资料来源:丰田集团

开展人力资源培训,努力改变工作人员的思维方式。不论SLIM和e-CRB系统有多高效,如果忽略了将用户数据注册到这些系统中,它们将无法有效工作。为了保障IT系统的顺利运行,须由销售人员在提供服务的过程中,进行及时准确的数据收集。因此,GTMC将人力资源培训作为e-CRB稳定运营的重点,着重加强对经销商的教育。

7.3.3 继续推进 IMV 项目，完善全球供应系统

于危机中发现机遇，从国家范围内的生产转变为全区域生产。 1997 年亚洲的货币危机对东盟国家的经济造成了严重打击，影响了汽车市场的发展，但同时也给发展 IMV 项目提供了机遇。当时，由于东盟货币崩溃，丰田减少了从日本进口的零部件数量，提升了当地采购比例，利用当地货币的低汇率加强出口。当地政府的合作与支持、以及售后服务的零部件业务的加强，使丰田在此期间建立起了盈利的结构，亚洲汽车工业的基础得到了明显的发展。

持续推进 IMV 项目，建立以新兴市场为支柱的全球供应系统。 IMV 是新兴市场的一项重要战略，于 2004 年启动，旨在创造一个高效的生产和分销结构。该项目起初重在开发最适合新兴市场的产品，后转变为一个以泰国和印度尼西亚的出口产品为基础的全球供应结构（见图 4-125）。丰田不断推动 IMV 项目在新兴市场的发展（见图 4-126）。首先，在汽车零部件供应的集中地泰国增加投资，将其打造为全球供应基地。其次，扩大在印度尼西亚的发动机生产，为包括 HILUX、INNOVA 和 FORTUNER 在内的 IMV 系列汽车提供发动机。最后，拓展 IMV 项目的概念，推广紧凑型汽车。丰田将推出 8 款基于 ETIOS 的紧凑型汽车，并设定了在新兴市场销售 100 万辆以上相关产品的目标。此外，丰田还将通过建立本地零部件分销网络和供应链，增加在新兴市场的市场份额（见图 4-127）。

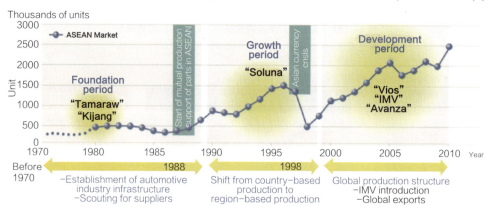

图 4-125　亚洲新兴市场汽车工业的发展

资料来源：丰田集团

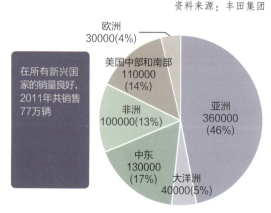

图 4-126　IMV 系列汽车各地区销量（2012 年）

资料来源：丰田集团

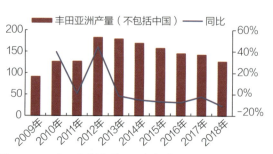

图 4-127　丰田亚洲产量（不包括中国）（万辆）及同比

资料来源：丰田集团

7.4 发展汽车以外的业务,推进业务多样化

21世纪持续的试炼让丰田意识到,单一市场的波动有时是无法避免的,只有发展多样化的业务才能分散风险、增强公司的抗打击能力。于是,公司一方面有序推进金融业务,兼顾其他金融业务;另一方面充分利用创新技术,探索新时代更多业务可能。

7.4.1 有序推进融资业务,兼顾其他金融业务

丰田金融业务主要由丰田金融服务公司(TFS)负责,通过旗下的金融服务子公司为全球34个国家和地区的客户提供汽车购买和租赁的金融服务。丰田主要金融服务子公司见表4-13。

表4-13 丰田主要金融服务子公司

丰田金融服务公司(TFS)	日本丰田金融公司
	丰田汽车信贷公司(美国)
	加拿大丰田信贷公司
	丰田金融澳大利亚有限公司
	德国丰田Kreditbank股份有限公司
	丰田金融服务(英国)有限公司
	丰田租赁(泰国)有限公司
	丰田汽车金融(中国)有限公司
	丰田金融服务印度有限公司

资料来源:丰田集团

提供广泛深入的金融服务,进行有效的风险控制。丰田和雷克萨斯在金融服务覆盖地区新车销售的融资比例较高,部分地区应收贷款余额持续增长。除了中长期融资以外,TFS还通过资产抵押商业票据(ABCP)和资产抵押证券(ABS)等多种融资机制,为客户和经销商提供稳定的金融服务。与此同时,丰田致力于不断加强其在信贷和剩余价值风险方面的管理。通过详细的信用评估、监控坏账等,将信贷损失比例保持在较低水平(见图4-128)。

图4-128 丰田合并应收金融净账款(十亿日元)及同比
资料来源:丰田集团

在新兴市场扩大金融服务范围，在主要市场提高金融服务质量。TFS 迅速扩大它在俄罗斯和中国的金融服务业务。丰田在越来越多的中国城市建立了服务基地，并由沿海城市逐渐向内陆发展。在欧洲和美国等主要市场，TFS 积极加强内部控制和业务基础设施，以建立资讯科技平台、开发人力资源、改善业务流程为工作重点，进一步完善集团内的合规及风险管理架构。

发展保险、住房贷款、信托等业务。除了融资业务，丰田还通过丰田汽车信贷公司的全资子公司丰田汽车保险服务公司（TMIS）开展保险业务，主要活动包括销售、承保和索赔管理。丰田在日本及其他国家和地区的经销商也从事汽车保险销售，TMIS 通过丰田经销商向客户提供车辆服务协议和合同责任协议。另外，TFS 还为个人客户提供信用卡、住房贷款、债券、投资信托等投资产品，以实现为客户提供全方位金融支持的目标。

从财务数据来看，金融业务的利润率相对汽车业务来说明显更高。从营业收入来看，丰田金融业务部门的收入远远不及汽车业务部门（见图 4-129）。然而，由于金融业务的成本极低，该部门在公司营业利润中的占比就显得重要得多。尤其是在金融危机期间，丰田汽车业务部门的利润连续五年都非常微薄，甚至一度亏损；反观金融业务部门，从 2010 年起即迅速恢复盈利，在一段时间内为丰田做出了更明显的利润贡献（见图 4-130）。

图 4-129　各领域业务收入（十亿日元）

资料来源：丰田集团

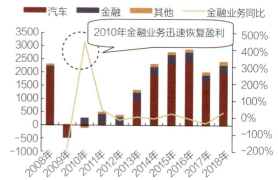

图 4-130　各领域业务营业利润（十亿日元）

资料来源：丰田集团

7.4.2　充分利用创新技术，探索更多业务可能

丰田参与了智能交通系统（ITS）产品和服务的开发。ITS 连接了机动车和交通基础设施，有利于可持续经济的发展。丰田致力于创建加强安全驾驶的基础设施合作系统，以更有效地预防未来的交通事故。2009 年，丰田开发了 DSRC 单元，为驾驶员提供前方道路上障碍物的信息。这种技术后来被引入到道路基础设施中，部分车辆上已安装了相关装置。同年，丰田开发了一种车载通信设备，主要用于高速公路，以配合其现场服务。2011 年，丰田将驾驶安全支持系统（DSSS）合法化，并陆续增加配备该车载导航系统的车型。2012 年，丰田开始了和谐移动网络（Ha:mo）的测试。Ha:mo 是一个交通支持系统，旨在通过私家车和公共交通设施的理想结合，帮助人们实现舒适出行。这一系统提供两项核心服务。首先，Ha:mo NAVI。它基于道路条件以及公共交通设施的可用性，选择最佳的移

动方式和路线，同时满足减少一氧化碳排放和出行舒适度的需要。另一个核心服务Ha:mo RIDE，是一个汽车共享系统，提供迷你车的共享驾乘。

丰田与电信服务商合作，开展信息技术及电信业务，提高驾乘的舒适度和便利性。 2009年起，丰田与综合电信服务商KDDI合作，着手整合汽车和手机电信服务。例如，为了提高驾乘的舒适度和便利性，丰田采用蓝牙技术，允许从手机上下载音乐并在车载音响上播放；通过汽车导航技术，允许用户在手机上输入一个目的地并由车载导航系统获取。丰田经销商在日本各地7000多个销售网点建立了KDDI公司提供的、点对点电信服务的销售点。2012年，公司在新款PRIUS PHV上推出了eCONNECT和"丰田朋友"服务。随着智能电网的开发逐渐深入，丰田的信息技术和电信业务发挥着越来越重要的作用。

发展"大数据交通信息服务"，帮助调节交通流量、提供地图信息服务、协助救灾行动。 丰田提供的"大数据交通信息服务"利用远程信息收集和交通信息存储，建立大型数据库；根据这些数据，为地方政府和企业提供交通相关信息，帮助调节交通流量、提供地图信息服务、协助救灾措施。与此同时，丰田利用该数据库升级了现有的智能手机G-BOOK，向私人用户提供"大数据交通信息服务"。升级后的系统不仅能提供从驾驶到步行一系列移动方式的相关信息，而且可以通过"T-Probe"对包括道路拥挤在内交通信息进行计算，定制最佳路线。此外，灾难发生时，关于仍然开放的道路、疏散地点、避难所和其他设施的信息可以在任何时候免费获得。

7.5 大力发展高新技术，创造未来汽车社会

21世纪，科技的进步从各个角度改变着人们的生活。要想不落后于时代，发展高新技术是每个汽车制造商的必然选择。金融危机过后，丰田逐渐加大对研发的投资力度，在智能网联、自动驾驶、电动汽车等多个方面取得了进展（见图4-131）。

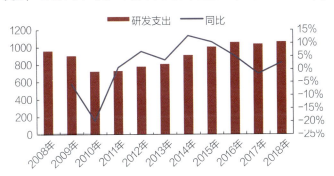

图4-131 丰田合并研发支出（十亿日元）及同比
资料来源：丰田集团

7.5.1 发展智能网联，建立移动服务平台

随着物联网的发展，汽车与信息网络的连接日益紧密，消费者可以享受到各种各样的新服务。通过为汽车创造新的角色和使用模式，互联技术具有了创造新价值和提供新服务

的潜力。尤其是将联网汽车收集到的大数据广泛应用于服务和商业领域后，包含信息基础设施的互联平台将成为汽车制造商极其重要的业务平台（见图4-132）。

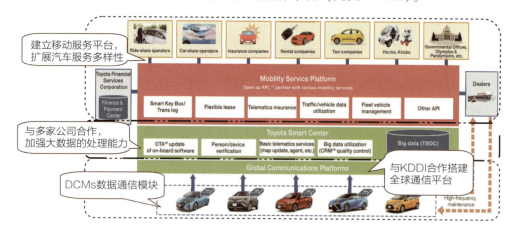

图4-132　丰田智能中心与移动服务平台（2017年）
资料来源：丰田集团

为了全面迎接互联汽车的到来，丰田于2016年成立了互联汽车公司。丰田的互联战略主要包括三个主要方面：1）建立一个连接平台，作为信息基础设施，连接所有丰田和雷克萨斯汽车；2）通过这一平台收集汽车的大数据，为客户和社会做贡献的同时彻底改革自身业务；3）在此平台的基础上，与不同行业的公司协调，提供新的移动服务，创造价值链。

丰田建立连接平台的关键，即搭建连接所有车辆的数据通信模块（DCMs）。早在2002年，丰田已经将其DCMs商业化，并为部分丰田汽车推出了G-BOOK服务。丰田随后在日本推出了G-LINK服务，并逐步将其扩展到北美和中国。作为连接所有汽车的第一步，丰田计划在2019年之前为其全球DCMs采用共同标准，在2020年之前为其在日本和美国销售的所有乘用车配备DCMs，并在全球主要市场稳步为更多的汽车配备DCMs。通过推广联网汽车，丰田正在扩大其与世界各地客户的接触，努力提供更好的服务。

在实现汽车互联并建立信息基础设施后，丰田通过对其中的大数据进行分析，一方面革新丰田自身业务，另一方面为客户和社会做贡献。

首先，联网将改变汽车与用户和社会互动的方式。丰田每年将创造数百万个与世界各地客户和社会的新接触点，从而推出各种新的服务和业务。其次，丰田还将大数据分析反馈给设计和质量控制部门，帮助它们快速识别和应对市场上的汽车问题，使它们能够生产出更好的汽车。最后，丰田还推出了e-Care服务，该服务通过汽车数据分析，预测故障或服务需求，鼓励客户在问题出现之前将汽车送到经销商处。

在革新自身业务的同时，丰田还努力为客户和社会做贡献。丰田通过从配备DCMs的联网汽车上收集的大数据，提供覆盖全日本的实时交通信息。这些信息起初是在东日本大地震和熊本地震后的应急响应和恢复行动中使用的。

为了建立与完善智能网联平台，加强大数据分析能力，丰田开展了与多家公司的合

作。DCMs 与丰田智能中心之间的通信通过与 KDDI 公司合作搭建的全球通信平台进行。该平台基于汽车定位数据，自动与每个国家或地区选定的电信运营商连接，全面管理通信。同时，在北美，丰田网联北美公司 TOYOTA Connected North American 与微软公司合作成立了丰田大数据运营中心（TBDC），整合汽车采集的大数据进行研究。此外，丰田还与专注于人工智能的丰田研究机构展开了密切合作。随着联网汽车和联网服务的增长，TBDC 需要处理的数据量将显著增加。因此，丰田致力于开发下一代智能中心技术，以处理日益庞大的数据。2017 年，丰田与日本电报电话公司就互联汽车的 ICT 平台研发进行合作。同年，丰田还与美国福特汽车公司合作开发智能设备连接（SDL），使用户可以通过车辆控制界面控制智能手机上的应用程序。丰田和福特成立了 SmartDeviceLink 财团，在全球范围内促进 SDL 的标准化。

丰田智能中心为移动服务平台（MSPF）提供了动力。丰田在智能中心的基础上，与多家公司合作，创建了新型移动服务平台。利用这一平台，丰田在全球范围内开发新的服务和市场，为未来社会的汽车移动服务的多样性提供了可能。丰田的第一个主要举措是在北美开发远程信息汽车保险服务，为多家保险公司提供大数据用于生成投保人的分数，并据此提供保险。此外，丰田还就汽车共享和拼车服务与出租车运营商合作，在全球范围内进行试点测试，加速新移动服务的创建和商业化。

7.5.2 利用创新技术，研发自动驾驶系统

丰田自 20 世纪 90 年代起展开了自动驾驶技术的研究，先开发出了"自动公路驾驶辅助系统"，后来又在"移动伙伴"这一创新概念的指导下，开发出了基于监护人模式和司机模式两种模式的自动驾驶系统。

开发和测试针对高速公路的"自动公路驾驶辅助系统"（AHDA）。自 20 世纪 90 年代以来，丰田一直在研究自动驾驶技术，并在美国的公共道路上进行了多年的测试。在日本，丰田开发了针对高速公路的"自动公路驾驶辅助系统"（AHDA），并于 2011 年开始在公共道路上对其进行测试。AHDA 的功能包括自适应巡航控制，可以与前方车辆保持安全距离以及进行无线车道跟踪，帮助驾驶员驾驶车辆沿着最优路径行驶。丰田的目标是开发一种系统，补充驾驶员所不具备的经验，使他们可以在各种驾驶条件下做出最佳选择，保证安全驾驶，最终实现零交通伤亡。

提出"移动伙伴"新概念，开发基于两种模式的自动驾驶系统。2015 年，丰田宣布了其独创的自动驾驶新概念——"移动伙伴"。它使人与车有相同的目标，像同伴一样相互支持，从而建立一个人人都能安全、舒适、自由出行的社会。此外，"移动伙伴"的概念还蕴含着丰田"为所有人提供珍贵的汽车"的追求，包括那些热爱但不擅长驾驶的人、老年人和视力有问题的人。在这一概念的指引下，丰田正在开发基于两种模式的自动驾驶系统：监护人模式和驾驶员模式（见图 4-133）。监护人模式是一种独特的丰田模式，它假定人来驾驶汽车，而自动驾驶系统作为辅助运行，在需要时提供支持，例如当汽车有碰撞危险时保护乘客。驾驶员模式指的是美国机构 SAE International 所定义的四级或五级自

动驾驶,不需要人工驾驶。按照这种方法设计的系统,能够使车辆在没有人工介入的前提下安全地改变车道以避开前方道路上的障碍物,即使在相邻车道上有其他车辆以同样的速度行驶的情况下也可以实现。"移动伙伴"概念的目标是给人们提供自由的选择,让他们在享受自动驾驶技术的同时能够安全地、愉快地、自由地驾驶(见图4-134)。驾驶员可以在高速公路和长途旅行等情况下选择司机模式,在低速和短途旅行等情况下选择监护人模式。

Guardian	Chauffeur
Provides driving support when needed, such as when the car is in danger of collision, to protect the car's passengers; assumes a human driver	Achieves automated driving at level four or five autonomy as defined by the U.S. non-profit SAE International; does not assume a human driver

The same sensors and cameras will be used for both approaches

图4-133 丰田自动驾驶系统的两种模式
资料来源:丰田集团

	Launch target	Features
Highway Teammate	2020	The Highway Teammate will enable driver-supervised automated driving on expressways that includes merging onto and exiting expressways, maintaining and changing lanes, and maintaining appropriate distance from other vehicles
Urban Teammate	Early 2020s	The Urban Teammate will enable the use of the Highway Teammate's functions on regular roads. In addition to detecting people and bicycles around the vehicle, it will use map data and visual data from intersections and traffic lights to obey local traffic rules.

图4-134 丰田自动驾驶系统的两位"移动伙伴"
资料来源:丰田集团

除了高速公路之外,丰田还致力于在普通道路上实现比高速公路更为困难的自动驾驶。通过Monosukuri(用心制造)的理念与AI、大数据等先进技术相结合,打造一个可持续的智能移动社会。

利用AI技术,推动自动驾驶的发展。先进的AI技术不仅可以推动自动驾驶的发展,更是未来工业化的方向。为了进一步加强AI技术的研究,丰田成立了丰田美国研究所(TRI)。目前,TRI正从四个方面推进AI技术的发展:1)提高汽车的安全性能,最终创造出零事故的汽车;2)为因故无法开车的人群,例如老年人和有特殊需求的人,提供使用汽车的可能;3)将丰田在户外移动产品方面的专业知识转化为室内移动产品;4)通过人工智能和机器学习加快科学技术发展。

开展大数据研究，加速自动驾驶技术的发展。在自动驾驶技术的发展过程中，在全球不同的道路条件下行驶的联网汽车的驾驶数据，是加速 AI 学习的关键。通过对海量行驶数据进行分析，汲取全世界已发事故的经验教训，参考全球交通条件，进行自动驾驶技术的研发。为了进一步开展大数据的研究，丰田与微软公司合作成立了丰田互联北美公司（Formerly Toyota Connected, Inc）。由它负责经营丰田大数据中心，将收集到的数据进行整合，并从事旨在将大数据应用于各种服务的研发。此外，移动服务（MaaS）市场正在扩大，移动服务平台的建立将使海量数据的收集成为可能，加速自动化驾驶技术的发展。

7.5.3 发展电动汽车，实施电气化计划

丰田提出"丰田 2050 环境挑战"，大力发展电动汽车。丰田在 2015 年提出了"丰田 2050 环境挑战"，旨在不仅消除二氧化碳排放，而且对整个地球环境产生积极的影响。为此，丰田进行了多类型环保汽车的开发，包括混合动力汽车（HVs）、插电式混合动力汽车（PHVs）、燃料电池电动汽车（FCVs）和纯电动汽车（EVs）等。

丰田成立相关组织部门和合作联盟，促进电动汽车的发展。2016 年，丰田成立了电动汽车业务规划部，旨在根据各个国家和地区的市场特点，创建和发布电动汽车。新部门在丰田集团内外收集资源和技术经验，以加速电动汽车的市场化。2017 年，丰田与马自达汽车公司建立了商业和资本联盟，目标之一是联合开发电动汽车技术。在电动汽车的需求与期望同时增长的环境下，双方将结合各自优势、共享知识储备，灵活有效地应对困难。马自达、电装和丰田还签署了一项联合技术开发协议，并成立了 EV C. A. Spirit 公司来促进开发。

丰田确立了进一步普及电动汽车的发展方向，并制定了中间目标。为了实现"丰田 2050 环境挑战"，公司制定了有关进一步普及电动汽车的发展方向：到 2030 年，在丰田所有销售的汽车中，电动汽车应占 50% 以上，其中超过 10% 是蓄电池电动汽车（BEVs）或燃料电池电动汽车（FCEVs）。为此，丰田制定了三个中间目标：第一，从 2020 年开始，全面推进 BEVs 的生产。丰田将在 2020 年推出专为中国市场开发的大众 BEVs，然后将销售扩大至日本、印度、美国、欧洲及周边地区。第二，在扩大 PRIUS 和 MIRAI 等电动汽车产品线的同时，为其他车型提供电动版本，争取到 2025 年前后为消费者提供丰富的电动汽车选择。第三，到 2030 年，每年销售超过 550 万辆电动汽车，其中 BEVs、FCEVs 或其他零排放的车辆超过 100 万辆。

为了实现上述目标，丰田需要实施完整的电气化计划，包括产品、生产设施和技术等方面。

产品方面，当前市场需求迅速多元化，相应地，实现电动汽车的多元化将是其发展的关键。在蓄电池电动汽车（BEVs）领域，除了紧凑型、中型和全尺寸乘用车，丰田还将其拓展至公共汽车和货车。在燃料电池电动汽车（FCEVs）领域，丰田将在 2020 年扩大

乘用车和商用车的产品线，并与集团公司合作开发燃料电池在工业领域的应用。此外，在混合动力汽车领域（HVs），丰田除了在燃油经济性、成本和驾驶性能方面进一步提升丰田现有的混合动力技术外，还将开发一系列新型混合动力汽车。例如具有更快的加速度的运动型模型，能拖动露营者的大功率模型，或者像雷克萨斯 LS 一样配备多级混合动力系统的模型。

生产设施方面，丰田将在现有生产平台的基础上，发展更大更先进的生产网络。 丰田已经建立了全球大规模生产平台，可方便地用于生产多种类型的电动汽车，年产能超过 150 万辆。丰田新时期的目标是建立一个比现有的生产网络更大、更先进的生产网络。

技术方面，丰田加快推动电池技术的发展。 目前市场上用于 BEVs 的蓄电池的容量已经是用于 HEVs 的几十倍，但如果要使它们的巡航距离与 HEVs 相当，就还需要显著提高其蓄电池容量。为了解决这个问题，2017 年，丰田开始了与松下公司合作的汽车棱镜棱柱电池业务的可行性研究。此外，丰田正在开发固态电池，预期在 2020 年将这项技术商业化。与传统电池相比，固态电池更小、更安全，性能也有显著提高。为实现性能、成本和供应能力的改善，达到 2030 年 550 万辆的销售目标，丰田将投资约 1.5 万亿日元，支持与电池相关的研发。

自 2008 年开始的十年，丰田历经金融危机、东日本大地震、泰国洪水等事件的连续打击，一度形成亏损。这也使它意识到业务全球化、多样化、尖端化的重要性。丰田首先着眼于公司内部，制定策略、改进架构，为新时期的新发展提供支撑；其次建立全球供应系统，进一步开发新兴市场；然后开展汽车以外的业务，推进业务多样化；最后大力发展高新技术，包括智能网联、创新技术和电动汽车等方向，构筑未来汽车社会。

8 丰田生产方式，成本控制的典范

不论是在第二次世界大战后艰难起步的时期、日本经济超高速发展的时期还是全球经济低增长时期，丰田一直秉承其一贯的经营思路：保持稳定的持续增长，严格控制成本。成本的降低可以创造利润，公司既而能够用自己的资金增加设备，偿还债务。这便是丰田成为世界领先汽车制造商的首要秘诀。本节内容将首先探讨丰田生产方式（TPS）的内涵，了解其杜绝浪费的基本思想及"准时化""自动化"两大支柱；其次，通过分析丰田与供应商及经销商之间的关系，理解丰田生产方式在全供应链上的延展；然后解读 TPS 在其诞生、发展和成熟不同历史时期对丰田的意义；最后从必要性及可能性两方面说明这种精益生产方式诞生于丰田而非其他汽车制造商的先决条件。

8.1 丰田生产方式的内部运作

TPS（Toyota Production System），顾名思义即为丰田生产方式，其本质是工业工程（Industrial Engineering）与日本丰田文化和管理模式相结合的产物。它不仅吸纳了通用的"多品种少批量生产的理念"，还借鉴了福特公司"彻底的合理化和降低成本"思想。丰田生产方式的目的在于降低成本、提高生产效率，它具备"杜绝浪费"的基本思想和"准时化""自动化"两大支柱。为了达到其目的，丰田发明了多种创造性的生产和管理方式，例如 kanban 管理方法、均衡化生产、目视化管理等（见图 4-135）。

8.1.1 基本思想与两大支柱

"杜绝浪费"是丰田生产方式的基本思想。丰田认为，工厂的生产能力分为工作和无效劳动两个部分，只有使无效劳动（即浪费）成为零，而使工作的比例接近100%，才能真正提高生产效率。丰田生产方式追求按需生产，因此，在减少无效劳动的同时，要将人员减少，使得生产能力与所需要的生产量相吻合。丰田在其生产过程中，着力减少四类浪费现象：过量生产的浪费、等待的浪费、搬运的浪费及加工的浪费。更高层面来讲，消除无效劳动对企业来说也是一种社会责任。例如，就"过量生产"来说，在资源有限的经济低速发展时期，这种无效劳动或浪费不仅是企业的损失，更是对社会资源的浪费。丰田"杜绝浪费"基本思想见表 4-14。

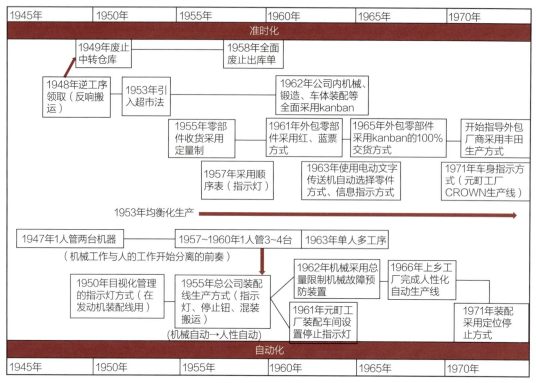

图 4-135 丰田生产方式沿革图

资料来源:《丰田生产方式》

表 4-14 丰田"杜绝浪费"基本思想

丰田产能公式	浪费现象一览
现在的生产能力 = 工作 + 无效劳动（浪费）	过量生产的无效劳动
	窝工时间的浪费
	搬运的无效劳动
	加工本身的无效劳动
	库存的浪费
	动作上的无效劳动
	制造次品的无效劳动和浪费

资料来源：丰田集团

"准时化"（Just-In-Time）和"自动化"（Visual Control）是贯穿丰田生产方式的两大支柱。

所谓"准时化"即在通过流水作业装配一辆汽车的过程中，所需要的零部件在需要的时候，以需要的数量，及时准确地送到生产线旁边。"准时化"是丰田汽车工业公司的创业者丰田喜一郎提出的，由他的继承者将其发展成完整的生产体系。它的关键是不仅要适时，而且要适量。"准时化"的实现可以从根本上解决"库存"给经营管理造成的负担，消除生产现场中的无效劳动和浪费，改善生产不均衡的状态和管理不到位的现象。

TPS 的另一个支柱则是"自动化"。比起单纯的自动化，它更强调将人的因素包含在内。随着时代的发展，机器的产能不断提高，一旦出现异常情况，就会产生大量的残次品。因此，丰田将人力因素与机器结合。丰田的所有工厂都装有自动停止装置，当机器正常运转的时候用不到人，人只是在机器发生异常状况、停止运转的时候前去处理即可。在丰田生产方式下，一个人可以管理多台机器，随着人员的减少，生产效率大幅提高。

"准时化"与"自动化"既分别强调了生产的不同环节（自动化是提高各道工序自身的生产率，准时化是则加强每一道工序之间的配合协作），又相辅相成共同促进了成本的下降和生产效率的提高。

8.1.2 杜绝浪费，提高生产效率

丰田生产方式的核心，即为通过杜绝浪费来提高劳动生产率。生产现场中的浪费，会导致不必要的成本增加。不论是人员、设备还是产品，一旦超过需求量，就会增加成本，且这种浪费还可能会造成二次浪费。因此，杜绝浪费首先要确定需求，由需求量决定生产量。在此基础上，合理规划生产，尽量减少人员和库存。

需求决定生产。在丰田生产方式的指导下，丰田汽车各厂都按照"需求量"进行生产。丰田汽车销售每天接到从日本全国零售店送来的订单。通过计算机处理，按照车种、车型、发动机排量、级别、变速方式、颜色等项目对订单加以分类，然后送到丰田汽车工业公司，生产现场再根据该需求量组织生产。在汽车市场繁荣需求扩张的时候，仅靠提高效率增加产量或许就可以取得收益。但当市场萎缩需求下降的时候，就需要在提高效率的基础上，根据所需产量的变化减少人力物力的投入。盲目扩大产量，只会造成材料和劳务费上的浪费，导致库存积压，形成二次浪费。

从"省力化"到"省人化"，再到"少人化"。引进高性能的大型机器，能够提高生产效率，减少人的劳动强度，实现"省力化"。然而，对企业来说，只有利用机器减少相关人员并将他们调配到有需要的部门，才能降低人力成本。从"省力化"到"省人化"的跨越，是制造企业将技术转化为可见利润的必不可少的一步。在此基础上，丰田生产方式还提出了新目标，即"少人化"（见图4-136）。在"自动化"的背景下，生产线需要的人员同生产设施的规模有关，因此较为固定，不能应需而变。因此，在经济低速发展，汽车制造商普遍减产的时期，丰田致力于打破"定员制"，组织一种能适应生产量的变化，可由更少的人进行生产的生产线，这便是所谓的"少人化"。

提高库存周转率，避免二次浪费。大部分制造商都会陷入一个计算法上的误区，认为只要大批量生产就能降低产

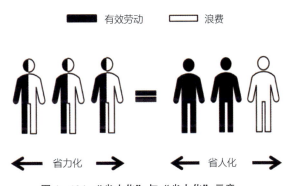

图4-136 "省力化"与"省人化"示意
资料来源：丰田集团

品的单价。这是因为企业在资产负债表中,会将成品的附加价值计算在内,将库存也看作财产。事实上,大量的库存不仅谈不上附加价值,而且常常是不必要的。库存一旦积压,就会从各个方面造成成本的上升:仓库建设或租赁、物流运输、库存管理等多种费用。很多企业仍然保留着储备相当的原料、半成品和成品,以应不时之需的习惯。事实上,它是造成低增长时期生产过剩、不良库存堆积,导致巨大经营损失的重要原因。在丰田生产方式中,减少库存、提高周转率是不可或缺的。

8.1.3 增强不同工序间的协作——准时化

"准时化"是丰田生产方式的支柱之一。在这一系统下,公司将生产计划下达给最后一道生产工序总装配线,指示交货的数量和时间等信息。以总装配线为起点,自下而上提出生产计划;生产线上的零部件的运送方式,也从过去的由前一道工序向后一道工序运送,改为由后一道工序在需要时到前一道工序去领取,而前一道工序只按被领取的数量生产。这种管理方法逆着生产工序向上推进,一直追溯到原材料供应部门。为了更好地实现"准时化",丰田采用了 kanban、"交接棒区"、"均衡化生产"等多种管理办法,优化了丰田生产方式。

在丰田的生产过程中,用于领取零部件或传达生产指令的即 kanban。丰田从自选超市中汲取灵感,将前一道工序视为自选超市,后一道工序视为顾客,"顾客"在需要的时间去"超市"自行选购需要数量的零部件,而"超市"则要立即生产补足"顾客"取走的部分。kanban 最常用的形式是装在长方形塑胶套中的一张纸卡,上面显示"取货指令"或"生产指令",起到传递情报和指示的作用。如果后一道工序到前一道工序去取件,那么看板就作为一种"取货指令"将工序间联系起来;如果前一道工序为了补充被取走的零部件开展生产,则 kanban 就是一种"生产指令"。两种 kanban 相互呼应,在丰田各工序间及丰田和协作企业间来回传递。通过 kanban,丰田生产方式可以完全杜绝"过量生产"的现象,不再需要超出需求量的库存。丰田用 10 多年的时间在公司内部施行 kanban,直到 1962 年才被完全吸收。从 1963 年开始,丰田将"逆序领件"逐步推广到以零部件订货商为主的外部协作企业。

严格遵守 kanban 的使用规则,方能发挥其效用。为了正确熟练地使用 kanban,丰田从生产实践中总结出了它的作用和相应的使用规则。kanban 作为管理生产现场和降低生产成本的工具,只有在遵守其使用规则的情况下,才能发挥其本来的效用价值。kanban 的作用及使用规则见表 4-15。

表 4-15 kanban 的作用及使用规则

作用	使用规则
①取货指令或运货指令	按照 kanban 后一道工序到前一道工序去领产品
②生产指令	前一道工序根据 kanban 种类和数量生产
③防止过量生产和过量运送	kanban 没有时不运送、不生产

(续)

作用	使用规则
④说明必须作业的事项	kanban 一定挂在作业的相关实物上
⑤防止生产次品	必须生产百分之百的合格品（与自动化有关）
⑥指出问题、管理库存	逐步减少 kanban 数量

资料来源：《丰田生产方式》

丰田建立生产现场的"交接棒区"，保持强有力的团队协作。 丰田生产方式从田径运动中的"交接棒区"中汲取灵感，负责不同工序的工人通过团结协作、互相帮助提高生产效率。丰田在生产现场建立"交接棒区"，产品和零部件即为传递的"接力棒"。如果后一道工序的人员因为某种原因延迟未归，前一道工序的人员需要替他取出机器上的物品，待该作业人员返回工作岗位后，再将物品交还并回到自己的岗位上。"交接棒"的生产方式既能解决突发性的作业能力不均的问题，又能加强团队协作，防止出现"生产孤岛"。

要建立"准时化"的生产系统，就需要使前一道工序之中保有一定量可供后一道工序领取的零部件。因此，一旦后一道工序一次领取大量相同的零部件，就会使前一道工序产生混乱。为了避免这一问题，丰田生产方式提出了"均衡化生产"的理念。为了避免发生恶性循环，丰田从最后的装配线开始实行均衡生产，尽量缩小同一品种的生产批量，增加生产批次，使需求更加平稳。然而，要做到缩小批量，就不能长时间用同一个模具连续冲压，必须根据不同的产品频繁更换模具。因此，实现"均衡化"生产的关键即缩短更换模具的时间，不仅要从技术上实现快速变换程序，还要训练作业人员进行准确熟练的操作。丰田生产方式经过多年的发展进步，变换程序的速度大幅提高。1950 年，丰田冲压机的程序变换尚且需要 2~3h；1960 年，这一过程缩短到 1h 以内；1975 年又进一步缩短到仅仅需要 3min。

8.1.4 提高各道工序的生产效率——自动化

丰田生产方式的另一个支柱是将机器的自动化和人力因素相结合的"自动化"。 随着机器的自动化程度和生产效率不断提高，一旦机器发生异常现象又没有得到及时的处理，不合格的产品在很短的时间内就会堆积如山。为了防止这一情况的出现，丰田在其所有的生产设备上装了自动停止装置，一旦发生异常情况，机器首先会自动停止，避免生产物料的浪费；随后，作业人员会在第一时间前去检修，尽快恢复正常生产。这样一来，一个人可以同时管理多台机器，随着人员的减少，成本降低，生产效率得到了提高。想要保障"自动化"的实现，作业人员必须在第一时间发现机器的异常之处，并能进行准确专业的操作解决问题并预防其再次发生。为此，丰田制定"标准作业表"，进行"目视化管理"，安装"质量保险装置"，采取了一系列管理办法。

制定标准作业表。 丰田标准作业表三要素见表 4-16。保持高效生产的基础即为标准作业。标准作业将物品、机器和人的作用有机结合，形成一套切实有效的流程，实现各种条件下的高效生产。丰田的标准作业表由生产现场的员工亲自订立，记载了标准作业的三个要素：周期时间、作业顺序和存量标准。周期时间又叫单位时间，指生产单个零部件或产品需要的时间，由一天的劳动时间除以一天的需求量所得。为了使生产量适时满足需求，生产现场的监督人员需要对作业人员进行指导，作业人员间也需要建立"互助"关系。这一方面可以完成周期内的标准作业，另一方面可以培养"人和精神"。作业顺序，是指按照时间顺序排列出作业人员加工工件的操作步骤，例如运送工件、操纵机器、等候等操作。标准存量是指为了能够反复以相同的顺序作业而在工序内持有的在制品的最少数量。只有按照上述的标准作业表作业，才能在提高生产效率，适时达成需要的生产量的同时尽可能减少库存和其他浪费。

表4-16 丰田标准作业表三要素

标准作业表
①指明制造一台或一件产品所需的时间
②按时间先后安排的"作业顺序"
③持续作业所需的工序内最少的准备加工工件，即"标准存量"

资料来源：《丰田生产方式》

彻底实行"目视化管理"。"自动化"要求在生产过程中，如果发生异常情况，生产线和机床就需要立刻停产整修。为了迅速察觉不正常的部分并恢复生产，就要让整个生产状况一目了然，使问题表面化。在丰田的各工厂及丰田协作企业的生产现场，都彻底地实行了"目视化管理"。生产现场的柱子上明确地贴着标准作业表。被称为"工作指示灯"的生产线停止公示板位于生产现场非常显眼的位置，保证作业人员能在第一时间察觉并尽快解决异常情况。此外，在运送生产线的零部件箱的侧面，贴着象征TPS的kanban，上面明确标明了需要的零部件、交货的时间及数量，可以随时对实际加工的工序做出指示。

安装质量保险装置。为了生产出100%的合格品，丰田对附件和安装工具进行了多方面的改进，尽可能防止残次品的出产。这些装置被称为"质量保险装置"（Fool Proof）。这类装置结构各异，功能主要有六种，见表4-17。

表4-17 质量保险装置的主要功能

质量保险装置（FP）
①操作出现差错时，即刻使物品和锻冶工具脱离
②物品如果不合适，机器立即停止加工
③操作如果有差错，机器立即停止加工
④自动修正操作差错后再进行加工
⑤后一道工序检查前一道工序不合适的地方，制止不良状况
⑥前一道工序忘记操作就不开始后一道工序

资料来源：《丰田生产方式》

8.2 丰田生产方式在全供应链上的延展

8.2.1 与上游供应商互利共生

丰田将 TPS 延展至上游供应商，建立稳固且有活力的供应体系。丰田将供应商按其职能划分成不同的级别，赋予每一级制造商不同的责任。一级供应商是新产品开发团队中的重要成员之一，丰田将大部分部件的设计制造全权委托给一级制造商，只需满足整车对各个部件的性能要求即可。二级制造商虽不具备设计的专业知识，但能凭借纯熟的工艺保质保量完成生产。丰田既不希望将供应链上的企业垂直整合成庞大的官僚体系，也不希望各企业之间形成完全分散的竞争关系，因此丰田集团内的企业通过交叉持股的方式，建立起一个稳固且有活力的供应体系。此外，丰田鼓励供应商承担对外业务，因此它们都是独立的利润中心，对持股股东丰田而言也是收入的来源之一（见图 4-137）。

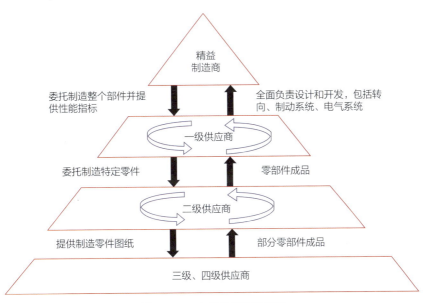

图 4-137　丰田供应链解析图

为了将丰田生产方式拓展至上游供应商，丰田采取一系列举措，使双方成为命运共同体。首先，丰田采取了确定价格和共同分析成本的系统。总装厂先确定车辆的目标价格，然后与供应商一起研究在这一价格下，如何使双方都获得合理的利润。这种方法可以称作"市场价格减法"，而不是"供应商成本加法"。其次，丰田能够在一款车型的生命周期内不断降低零部件的采购价格。这是因为，受生产的学习曲线影响，随着工艺的逐渐成熟，供应商的生产成本会有所降低。此外，丰田承诺，通过总装厂和供应商共同实现的成本降低，利润由双方共享；而通过供应商自身努力实现的成本下降，利润则全部归属供应商。丰田通过这种方式，和供应商建立了相互合作共同进步的良性循环。

然后，在丰田生产方式下，总装厂是不备库存的，因此供应商普遍采用直接将零部件送到总装线上的方式，每天数次。而从总装厂返回供应商的零部件空箱就是生产更多零部件的信号，也可以说一种 kanban 的变体。此外，丰田实施"均衡化生产"，确保了供应商产量的稳定，使他们能够更有效地利用人力和设备，实现成本的下降。最后，在丰田生产方式下，公司将"零缺陷"作为生产目标的一部分。由于没有库存，且不对送达生产线的零部件做过多的检查，一旦总装厂使用了不合格的零部件，就很可能导致生产线骤然停工的严重后果。因此，供应商总是竭尽全力避免出现质量问题。一旦偶尔发现不良品，总装厂就会按照丰田的认知方式，提出"5 个为什么"，与供应商一起找出问题的根源，落实解决问题的办法。

建立供应商协会，分享零部件制造技术的新发现，促进供应体系的共同进步。在丰田生产方式下，一个总装厂的所有一级供应商会建立供应商协会，分享零部件制造技术的新发现。1986 年，丰田有三个区域供应商协会——关东协会、东海协会和关西协会，它们分别有 62 家、136 家和 25 家一级供应商会员。这些协会在传播新概念方面，例如 20 世纪 50 年代末的统计过程控制和全面质量控制，60 年代后期的价值分析和价值工程，80 年代的计算机辅助设计等，起到了非常重要的作用。在部分大的一级供应商下，还会成立二级供应商协会，进一步拓展分享发现的范围。

8.2.2　独具特色的经销商系统

丰田的分销渠道是全国范围内的，通常为总装厂所拥有，每个渠道经销丰田产品系列中的一部分。这些渠道各自经销不同的车型，服务不同的消费群体，它们的主要目的是建立生产厂商和客户之间的直接联系。各分销渠道会集中组织所有培训，为经销商提供人员上的支持和全方位的服务，使得每个经销商都和丰田保持着长期的紧密关系。

丰田采用主动的经销方式，使得开发、生产和销售成为一个互相促进的整体。在丰田的分销渠道下，销售人员会收集到周边地区汽车需求的相关信息，并系统地反馈给产品开发部门，使得产品的开发更能满足客户的需求。一旦客户决定购买，就会通过销售人员向工厂传达定制的订单；接到订单后，总装厂据此对生产计划进行调整。为了实现"均衡化生产"，工厂会对市场需求做出合理预测，事前制定生产计划，并将其提供给零部件供应商。在丰田生产方式下，由于分销系统能够快速反馈客户信息，生产计划通常较为准确；此外，每隔 10 天，工厂就会对生产计划进行调整，保证其准确度。由于丰田实行准时化生产，几乎没有库存，生产计划的调整也相对容易和迅速。

新时期的丰田经销店和欧美经销店仍然存在许多实质性的差别。进入 21 世纪，越来越多的客户倾向于亲自到展厅选购产品，且新雇佣的销售人员以女性居多。但是，典型的现代丰田经销店仍然与欧美的经销店存在很多实质性的差别。首先，由于多数汽车按订单制造，经销店除了三四辆展示车外，没有多余的汽车库存；其次，销售人员作为一个团队统一计算佣金，因此团队成员不会争抢顾客，而是共同合作为顾客提供更优质的服务；最后，丰田经销店的核心是服务区域，其主要用途不是排除故障或例行保养，而是汽车检验。

综上所述，在丰田生产方式下，厂商与客户的交往方式与大批量生产的厂商的方式是截然不同的。第一，丰田的经销系统是主动而非被动的，与开发和生产过程形成了一个有机整体；第二，丰田的经销系统是精益的，经销店几乎没有库存，因此需要生产系统具有很高的灵活性；第三，丰田非常注重客户关系的建立，因此拥有相当高的客户忠诚度。

8.3 TPS 帮助丰田增强各个时期的竞争力

得益于丰田生产方式，和其他汽车制造商相比，丰田一直拥有更多的可支配现金流和更低的资本负债率。不论在战后恢复时期，经济低增长时期，还是21世纪新时期，TPS始终是帮助丰田取得竞争优势的利器（见图4-138）。

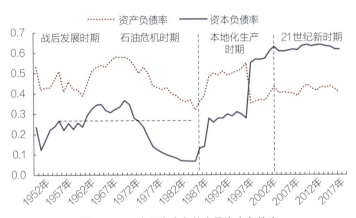

图4-138　丰田资产负债率及资本负债率
资料来源：丰田集团

8.3.1 诞生符合时代需要，助力公司发展壮大

日本汽车工业萌芽时期市场需求很低，美国式的大批量生产体系不适用。第二次世界大战之后，日本经济开始复苏，丰田的汽车生产也随之起步。然而，不同于已经初具规模的美国汽车市场，当时日本汽车市场的需求仍非常有限。1949年全日本生产的汽车，除了军需订单以外，只有622辆货车和1008辆轿车。当时日本汽车工业刚刚兴起，制造商们主要通过前往美国参观学习汲取生产经验，因而大多希望靠大批量生产来降低成本。大批量生产的确能够降低机器的人工成本和折旧费，但它是以大量需求为前提的，否则会造成大量的浪费。在当时的日本，这种有计划的大量生产体系并不适用。

丰田生产方式的诞生符合时代需要，为丰田之后的发展打下了基础。丰田清楚地意识到日本市场条件的不同，不随波逐流，开始发展独具日本特色的生产系统。当时市场的需求总量较少但种类很多,因此丰田组织"多品种少批量的生产";当时没有通过大批量生产降低单位成本的条件,于是丰田尽可能减少无效劳动,通过杜绝浪费提高利润。丰田生产方式的诞生符合时代需要,使得丰田在市场规模较小的情况下仍能创造利润,帮助丰田顺利渡过日本汽车工业的萌芽期,为其随后的发展提供了基础。

8.3.2 经济低增长期间,降低成本抗萧条

石油危机后经济出现低增长,丰田生产方式受到全世界瞩目。20世纪50～70年代,日本经济高速增长,汽车工业蓬勃发展,日本汽车在海外市场也打开了局面。在这样市场足够繁荣的时期,丰田生产方式的优势并不明显,尚未引起全球制造商的重视。然而,经济发展总会周期性地出现停滞甚至倒退。石油危机后,全球许多国家都进入了经济低增长时期,丰田生产方式因其更强的抗萧条能力开始受到全世界的瞩目(见图4-139)。

图4-139 日本国内生产总值(GDP)同比增速
资料来源:CEIC

丰田生产方式造就了突出的抗萧条能力,使丰田于整体困局中脱颖而出。20世纪70年代开始,日本国内汽车市场需求经过高速膨胀的阶段,逐渐进入饱和状态;此外,石油价格的急剧上涨打击了日本汽车市场增长的势头,使其进一步降温。尽管这一阶段,日系车因其更实惠的价格和更高的燃油经济性,在海外市场取得了更大的进展,但由于随后出台的自愿出口限制和日元升值等原因,日本汽车的国际化之路阻碍重重。石油危机发生后,整个日本产业界都出现停滞不前甚至减产的情况,收益骤然下跌。丰田汽车的产量自1955年起一直保持快速增长,但在1974年也被迫减产。尽管如此,相比于其他汽车企业,丰田在一时期的经营状况明显更好,企业利润维持在相对稳定的水平。经济低增长、市场需求波动的情况下,正是其独特的生产系统使丰田从众多汽车制造商中脱颖而出。丰田生产方式是一种动态的经营方式,能够适应不同的生产需求,尤其是在减产发生时能够依靠高效生产和零浪费来降低成本保障利润。丰田汽车优秀的抗萧条能力使其能够顺利克服诸多困难,适应周期性出现的经济低增长(见图4-140～图4-143)。

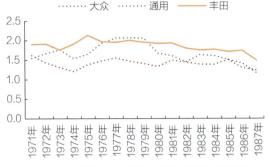

图 4-140 关键汽车制造商总资产周转率比较

资料来源：大众汽车、通用汽车、丰田汽车

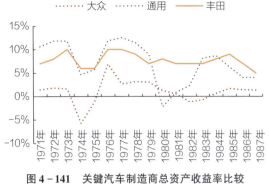

图 4-141 关键汽车制造商总资产收益率比较

资料来源：大众汽车、通用汽车、丰田汽车

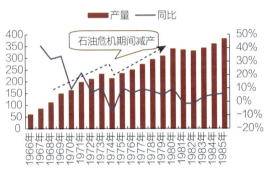

图 4-142 丰田汽车产量（万辆）及同比

资料来源：丰田集团

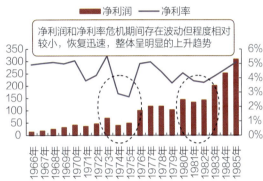

图 4-143 丰田汽车净利润（十亿日元）及净利率

资料来源：丰田集团

8.3.3 适应新时期的产品多样化和市场多变性

到了 20 世纪末 21 世纪初，随着经济和科技的发展，客户的需求越来越多样化，市场的需求量和需求结构也在不断更新。丰田生产方式灵活，符合新时期产品多样化和市场多变性的需求。

丰田的小批量生产方式更加灵活，符合产品多样化的需求。现代社会的重要标志即人们价值观的多样化，这也直接表现为汽车选择的多样化。实际上，多样化是影响汽车行业中批量生产效果的主要原因。随着产品多样化的程度不断加深，汽车制造商很难维持大批量生产，然而在这种生产体系下，减小生产的批量就意味着浪费的增加、成本的上涨和生产效率的降低。丰田生产方式诞生于第二次世界大战后需求不足的日本汽车市场，是一种在"多品种少批量"的基础上发展完善的生产体系。因此，从一开始就对多样化具有很强的适应能力。事实上，从适应多样化的情况来看，相较于美国福特式计划生产的量产体系，丰田生产方式的效率要高得多。

丰田自下而上的生产调节方式更富弹性，符合市场多变性的需求。全球化的发展加速了世界市场的一体化，科技的创新不断塑造着新时期的客户需求。在这样的时代背景下，市场需求的波动和市场结构的变化越来越频繁和剧烈。通常来说，汽车制造以生产管理部门为核心，由它制定计划，发出指令。但是，随着形势和条件的变化，计划必须应时而变，过于死板地一味贯彻计划将会使企业和环境脱节。丰田生产方式具有非常好的计划弹性，其生产计划根据每日统计的销售订单情况随时进行调整。因此，在生产管理部门制定的年度和月度整体生产计划的指导基础上，生产现场能够自行对具体计划进行微调，无需生产管理部门发布正式的改动计划指令。

8.4 精益生产诞生于丰田的主要因素

与美国和欧洲相比，日本的汽车工业起步较晚，既不像美国具有相当大的市场规模，也不像欧洲具有渊缘的汽车发展史和坚实的技术基础。然而，石油危机以来吸引了全世界制造企业目光的 TPS 正是由丰田这样一个日本汽车制造商发明的。有限的市场需求、"前松后紧"的生产状况和强烈的变革需求给 TPS 的诞生提供了必要性，而日式的工会体制、科学严谨的态度和领导人的启迪则使其成为可能。

8.4.1 必要性

诞生于市场需求不足的时代，有"多品种少批量"生产的必要。第二次世界大战后，美国的汽车市场逐渐扩大，到 1955 年，汽车市场的总销量已经达到 848 万辆，美国汽车制造商采用"大批量少品种"的汽车生产方式，通过取得规模效应降低单位成本。然而，在当时的日本，汽车工业刚刚萌芽，日本汽车市场的规模非常小（见图 4-144）。1955 年，日本汽车的总销量仅为 6.5 万辆，不足美国市场销量的百分之一。此外，市场的不发达及标志性产品的缺乏使得日本汽车的产品种类呈现多样化分布。因此，当时日本普遍采取"多品种少批量"的生产方式（见图 4-145）。丰田生产方式（TPS）也是在这样的背景环境下应运而生的。

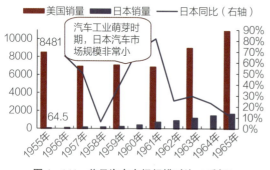

图 4-144 美日汽车市场规模对比（千辆）
资料来源：CEIC、Wind

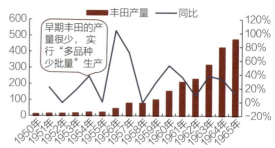

图 4-145 丰田汽车年产量（千辆）及同比
资料来源：丰田集团

生产节奏"前松后紧"的问题造成了资源的浪费，亟待解决。20 世纪 50 年代前后，原材料和零部件都很稀缺。由于丰田的零部件协作企业的设备和人力不足，零部件的供应不够及时，时常导致作业的延误。在每月的前半段，工厂往往无法开工，作业人员无所事事；到了后半段，零部件陆续抵达，作业人员不得不在月底集中装配突击赶工。这样的生产节奏既会造成生产资源的浪费，又使生产质量得不到保障，改变迫在眉睫。于是，丰田先从公司内部开始，尽可能把"前松后紧"的生产转变成均衡化的生产；其次，与合作企业进行协调，采取积极主动的态度，听取对方的要求，从人力、物力、财力各方面予以配合，保障供应。

"杜绝浪费"的强烈需求催生了丰田生产方式。 第二次世界大战后不久，丰田汽车的创始人丰田喜一郎就提出了追赶美国的口号，这也成为丰田全体员工的愿望。几乎所有制造企业的利润都是通过降低成本获得的。当时的市场条件下，丰田想要和美国车企一样靠批量生产降低成本无疑是不现实的。要想赶上美国，就必须减少零部件堆积、杜绝浪费。在"发明杜绝浪费的新操作方法"这一强烈需求的驱动下，生产部门诞生了"后一道工序去前一道工序领取零部件"的构思，并在此基础上发明和完善了丰田生产方式。

8.4.2　可能性

日本人的价值观和日本独特的工人联合会体制，为作业人员由单一工种过渡到多工种提供了可能。 日本和欧美国家在历史文化上存在差异，在此基础上诞生的与欧美不同的工人联合会体制为丰田生产方式的推行提供了可能。在日本人的价值观里，对作业人员来说，掌握多方面的生产技能、融入生产现场的各个环节，能够体现他们的劳动价值，提高他们工作的积极性。欧美的工人联合会按不同的工种成立，是发生横向社会联系的团体，流动性较大；而日本按不同的企业成立工人联合会，工人联合会内部的社会关系纵向延展，因而流动性较小。如此一来，日本企业的制造人员要从单一工种过渡到多工种，虽然也有阻力，但相对小得多。在美国，车工始终是车工、焊工永远是焊工；而在日本的生产现场，工人既能操纵车床，也能操作铣床还能操纵钻床，可以同时掌握多种技术。

科学严谨的基本态度和追根溯源的求索精神，是发明丰田生产方式的根基。 在组织生产的过程中，丰田一直秉持着科学严谨的基本态度和追根溯源的求索精神。正是在不断发现问题、认识问题、解决问题的过程中，丰田生产方式才得以发明和精进。在生产现场，既要重视数据，更要重视事实。发生问题时，如果原因追查不彻底，解决办法也不会奏效。为此，丰田提出了科学认知的方法"5个为什么"，它也是丰田科学态度的基本内涵。生产过程中，当有问题发生，不能仅仅解决眼前的问题，而是要追踪问题发生的根源，从根本上药到病除。例如，如果提出"为什么会出现生产过量的浪费呢？"这个问题，经过层层追问，会得出"因为没有控制过量生产的技能"的答案。据此展开便会产生"目视化管理"的设想，进而引发 kanban 的创意。由此可见，科学严谨的态度对发明丰田生产方式来说尤其重要。

丰田佐吉和丰田喜一郎的设想为丰田生产方式的框架打下了基础，历任领导人对 TPS 的推行给予了坚定不移的支持。 "自动化"与"准时化"是支撑丰田生产方式的两大支柱。这两大设想的诞生与丰田历史早期的两位杰出的领导人——丰田佐吉和丰田喜一郎是分不开的。早在丰田从事纺织业的时代，领导人丰田佐吉就发明了丰田式自动纺织机，它不仅速度快，还能在有一根经纬线断掉或者用完的时候自动停止。"自动化"的构想便是从这一发明中汲取灵感的，它使人们认识到只有赋予机器人的智慧，才能使其真正变成服务于人的工具。第二次世界大战以后，丰田佐吉访问美国的经历使他产生了从事汽车制造的想法，他的儿子丰田喜一郎则使这一想法生根发芽。喜一郎曾对高效生产表达过这样的想法："在制造汽车这类综合性工业中，汽车的组装作业最好是各种零部件非常及时地集中到生产线上来。"正是经过对这一思想的不断发展完善，才有了后来的"准时化"丰田生产方式。此外，在丰田生产方式的普及过程中，尽管改造行动可能会撼动整个生产体系的根本，丰田的历任领导人仍然对其给予了坚定不移的支持。

丰田生产方式与欧美的大规模生产方式相比，成本更低、质量更稳定、灵活度更高，是丰田成为世界顶尖汽车制造商的关键。丰田所具备的特殊的环境背景，独特的体制条件和坚定的探求精神孕育了这种精益生产的方式。它以"杜绝浪费"为基本思想，以"自动化"和"准时化"为主要支柱，从内部生产开始，逐步向供应链的上下游延展。不论在战后恢复时期，经济低增长时期，还是21世纪新时期，丰田生产方式始终是帮助丰田取得竞争优势的利器。

9 丰田质量控制，为企业成长保驾护航

9.1 丰田质量控制系统的诞生与演进

除了丰田生产方式（TPS），丰田质量控制系统（TQC）也是丰田能够成为世界顶尖汽车制造商的重要原因之一。早在20世纪30年代，丰田刚刚涉足汽车制造业，便已经开始强调质量的重要性，并提出了一系列加强产品质量的举措。然而，第二次世界大战的爆发使得这一阶段质量控制并没有得到完整的落实。战后，丰田组织恢复生产，建立专门的质量控制部门，引入了统计技术，质量控制取得进一步进展。从60年代起，丰田开始全面推广质量控制，相关制度逐渐完善，产品质量得到提高，海内外销量均有所上涨。70~80年代，丰田将TQC的范围延展至全供应链，设立多个奖项，鼓励供应商和经销商推行质量控制。21世纪，丰田建立产品质量检测制度和全工作流程质量管控系统，质量控制更加成熟化（见图4-146）。

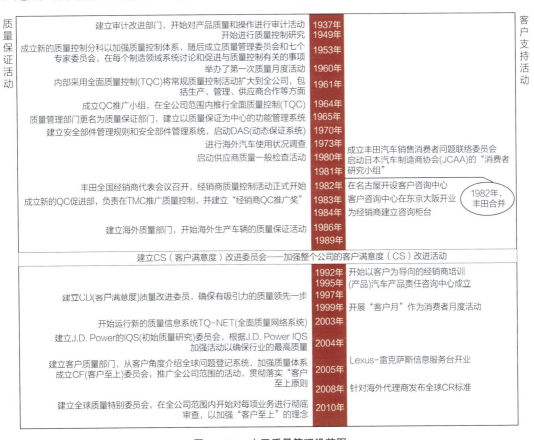

图4-146 丰田质量管理沿革图

资料来源：丰田集团

质量控制思想的诞生和早期的工作进展。 丰田对质量的管控可以追溯到 20 世纪 30 年代。早在 1938 年拳母工厂建成时，丰田便制定了一系列的措施来提高质量，包括利用统计技术进行控制、对特征点进行质量检查等。然而，与同一时期的 JIT 生产方式一样，在战争期间数量优先的原则下，这些措施未能得到贯彻实施。此外，由于汽车行业的产品质量受原材料和部件质量的影响极大，丰田还提出了建立更广泛的质量控制体系的设想。第二次世界大战结束后，丰田积极恢复生产，质量控制也取得了进一步的进展。公司正式将统计技术应用于基本业务中，采用 P 图表处理机器车间零件的材料缺陷，采用管理控制图处理加工缺陷。这一时期的质量控制工作主要由检查司（质量控制司的前身）负责，它成立了质量管理委员会和 7 个专家委员会，其中质量管理委员负责规划管理整个系统，如推进质量控制教育；而专家委员会则在每个制造领域系统讨论和促进质量控制。

全面推广质量控制（TQC），提升产品质量，扩大市场份额和出口量。 元町工厂的投产使得丰田的产量和员工人数迅速增加。由于员工培训的不到位和质量控制的不全面，质量问题逐渐突出，于是丰田于 1961 年引入了全面的质量控制（TQC）。TQC 的目标是通过员工的全面参与来改善企业管理，它遵循以下三大政策：1）提高对质量和成本的认识，完善每个功能的管理体系；2）加强计划，确保新产品生产的顺利启动；3）与丰田汽车销售有限公司及供应商建立紧密的合作关系。元町工厂建成后的 5 年间，丰田发布了 4 款乘用车。新车从开发到生产的全过程都有项目小组进行监测管理，每个工厂都举行了工艺规划会议，以保障生产过程中所有阶段的作业质量。丰田质量控制的推行取得了明显的成果，产品质量逐渐提高。第三代 CORONA 于 1964 年上市，次年销量便超过了日产的明星产品 BLUEBIRD，此后一直保持着稳定的增长，曾连续 33 个月蝉联日本最畅销车型（见图 4－147）。这一代 CORONA 能够取得如此亮眼的销售成果与其质量的提升是分不开的。全面质量控制的成果不仅体现在产品质量上，这一时期丰田在日本乘用车市场的份额和出口量均有所增加（见图 4－148）。

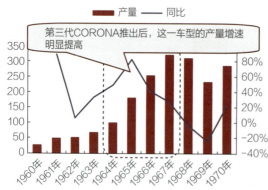

图 4－147　CORONA 车型的产量（千辆）及同比
资料来源：丰田集团

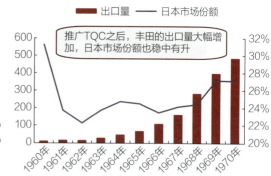

图 4－148　丰田汽车的出口量（千辆）及日本市场份额
资料来源：丰田集团、CEIC

将企业内部的质量控制延伸至供应链的上下游企业，全面的质量管控给丰田带来了效益。 在汽车工业中，产品质量的提升和供应链上下游合作企业的配合是分不开的。为了扩大质量控制的覆盖面，使其在上游供应商中扎根，丰田于 1969 年设立了"丰田质量控制奖"。通过普及和发扬 TQC 的精神，进一步推动所有丰田相关实体的质量控制。"丰田质量控制奖"起到了强化丰田集团的作用。它不仅使丰田取得了质量保证、成本控制等多个领域的实质性进展，而且通过强化企业精神使管理层和所有员工之间的关系更为和谐。20 世纪 80 年代，丰田汽车和丰田销售合并前后，公司在经销商中积极推行质量控制活动。1983 年，包括零部件经销商等在内的约 90% 的经销商采用了某种形式的质量控制。同年，丰田设立了"经销商质量控制推广奖"。到 1997 年，约 60% 的丰田日本经销商获得了该奖，反映出丰田销售的质量水平得到了全面的提高。将当时被视为专属于制造部门的质量控制方法推广到销售部门，丰田这一创造性的举动引起了行业的关注，也给销售部门带来了重大效益。

21 世纪丰田进一步加强质量控制，建立产品质量检测制度和全工作流程质量管控系统。2001 年，作为公司业务改革的一部分，丰田设立了 BR-MB 部门，目标是通过建立有效的制度来防止有缺陷的产品进入市场。2002 年，该部门被长期化并改名为 MB 推广部，将一系列加强质量控制的举措从丰田内部扩展至全体供应商。2000 年以来，丰田的产量激增，为了加强应对，丰田于 2005 年成立了"客户至上"活动促进委员会，要求公司全体员工从客户角度出发，增强质量意识，提升工作实力。作为"客户至上"活动的一部分，丰田开始着手建立一个确保所有工作流程质量的系统。这一系统不仅涉及生产和工程部门等常见的质量控制相关部门，而且覆盖了各地区管理部门和供应商。

9.2 召回事件激励丰田进一步提升质量

随着机动化程度逐渐成熟，人们对于以安全性为主的汽车质量提出了更高的要求。在丰田的发展历史上，曾经经历过多次的召回事件。一方面，丰田积极面对问题，第一时间做出回应，主动承担相应责任；另一方面，丰田从事件中汲取教训，全面检查质量控制系统，进一步提升产品质量。

9.2.1 70 年代从召回问题中汲取教训改进质量

丰田等汽车制造商私下召回缺陷车辆引发不满，日本出台召回行动透明化的有关规定。20 世纪 60~70 年代，随着机动化的推进，汽车已成为普通人生活的一部分，交通事故的上升、交通拥堵的出现和环境的恶化使得人们对汽车的设计制造提出了更高的要求。1969 年，《纽约时报》发表了一篇报道，以丰田 CORONA 的制动失灵和日产 BLUEBIRD 的燃料泄漏为例，称日本和欧洲制造商正在美国以未公开宣布的方式，召回和修理缺陷车辆。此后，日本的《朝日新闻》也报道了这一事件，并引起了日本国内外的广泛关注。在日本交通运输部的要求下，丰田和日产两家公司向其报告了缺陷车辆的相关情况和召回方式的细节，随后在报纸上公开发表了召回相关车辆的启示。事件发生后，交通部修订了车辆因设计或生产而产生缺陷的处理程序的有关规定，要求汽车制造商在召回车辆时保证公开透明。

迅速回应召回问题，全面检查供应链中的所有流程，以安全为第一要素，加强产品质

量。召回问题发生后，丰田在第一时间做出了响应。当时的总裁丰田英二亲自发表演讲，呼吁员工从召回问题中汲取教训，重新审视丰田的基本质量理念。公司还新成立了特别召回委员会，发布了《汽车安全特别指示》。根据指示，公司对包括供应商在内的所有丰田相关实体都进行了全面检查，检查内容非常广泛，从核查市场信息、检查生产过程中的违规行为到过程控制等。经过对检查结果的评估分析，丰田创建和实施了一系列旨在提高质量的措施：扩大了安全相关零件的定义，用"S"标记所有与安全相关的部件图样，优先确保其质量；提高了生产过程中的工艺水平，尽可能实施"Poka-Yoke（防错）"措施；针对与安全相关的关键作业流程，采用了工人登记制度，制定了作业和其他质量标准；此外，采购小组检查改进了供应商中与安全相关的工作，并加强了对二级供应商的指导。

在从召回问题中汲取教训的基础上，采取了提升质量的新行动，并取得了明显的成效。1970年，丰田将其工作重点放在"零缺陷"活动上，尤其注意消除和防止安全缺陷的出现。这一活动的覆盖范围包括了丰田体系内的所有业务：销售、采购、质量控制、生产及生产工程。丰田还增加了"质量控制圈"需要解决的问题数目，将它变成了消除缺陷的核心力量。此外，丰田的"动态保证系统"（DAS）开始运行。它利用日本和海外的索赔数据自动计算处理费用，从技术角度评估质量问题，并在此基础上实施有效的质量保证活动。至此，丰田的质量保证体系取得了长足的进步。同年，日本科学家和工程师联盟（JUSE）创建了日本质量奖章，专门颁发给质量优秀的公司。该奖项的评审小组对丰田的各工厂和部门进行了检查，听取了丰田关于其质量保证体系和针对安全和环保方面的质量控制措施的报告。丰田随后被评为"日本质量奖章"的第一个获奖者，这充分表明这一阶段公司在保持和提高产品质量方面取得了明显的成果。

9.2.2 新世纪的召回事件与质量强化措施

丰田车辆陆续出现质量问题，公司实施了全球范围内的大规模召回。2009年夏天，在美国，一辆外租车雷克萨斯ES350在高速公路上失控并导致3人丧生。事故原因确认为使用了未加固定的地垫，导致加速踏板被固定在完全打开的位置。事故发生后，丰田积极回应，召回了北美地区包括雷克萨斯ES350、CAMRY和PRIUS在内的8款汽车，共计610万辆。公司为这些汽车更换了地垫，修改了加速踏板的结构，并在一些型号上改变了地板表面的形状。同年年末，一些美国汽车出现一个新问题，即加速踏板黏滞。凝结的水导致某些加速踏板部件相互粘连，使踏板无法正常工作。于是，丰田又于2010年在全球范围内召回包括COROLLA、RAV4、CAMRY在内的8款车型，共计444万辆。此外，由于第三代PRIUS的制动器在某些路面使用时有异常感，丰田再次在全球召回了PRIUS、SAI混合动力汽车和雷克萨斯HS 250h 3款汽车，共计44万辆。一系列的召回事件使得美国媒体对丰田电子节气门控制系统可能存在缺陷的猜测愈演愈烈，引发了人们对丰田汽车质量的质疑。

召开新闻发布会参加公开听证会，第一时间正面回应召回事件。作为召回事件的回应，丰田召开新闻发布会，宣布建立全球质量特别委员会，重点是在全球范围内核查和加强丰田汽车的质量。与此同时，美国国会决定举行公开听证会，从丰田、联邦汽车安全官员和事故相关人员处收集证词。听证会期间，与会人员对包括电子节气门控制系统在内的部分提出了一系列尖锐的问题和批评。出席会议的丰田总裁则尽最大努力解释了事实并提供了应对措施。此外，丰田总裁还在中国和欧洲举行了新闻发布会，对给客户造成的顾虑和不便表示歉意。2010年末，美国运输部宣布了对饱受争议的丰田电子节气门控制系统的调查结果：没有任何证据表明该系统具有可能导致意外加速的缺陷。至此，外界对丰田汽车这一方面的揣测终于告一段落。

召开系列会议，发表全球企业计划，确认加强质量的具体措施。 为了进一步对召回事件做出回应，恢复客户对丰田汽车的信心，公司于2010年在丰田总部举行了全丰田会议，丰田高管、各部门主管，以及丰田经销商、供应集团，集团公司和工会代表均出席了会议。这次会议上，与会代表重申质量在所有丰田相关实体中的重要性，所有讨论均对媒体开放。同年，全球质量特别委员会召开第一次会议，会议的第一部分也向新闻界开放。委员会集中讨论了如何从客户的角度采取加强质量的措施，并决定从以下五个领域着手开展工作：1）采取召回措施；2）加强信息收集；3）及时准确地披露信息；4）增强产品的安全性；5）开发人力资源。2010年，丰田还宣布了截至2011财年的全球企业计划，提出了"所有员工共同致力于恢复客户信心"的主题。丰田总裁在会议上发表了"笔者的态度"，它以丰田公司的指导原则为基础，由十个项目组成：顾客至上、挑战、持续改善、溯本求源、朴实坚韧、团队合作、责任感、谦虚与欣赏、诚实和对公司的忠诚。

改进质量保障体系，重建客户信心。 全球企业计划拟定后，丰田及其世界各地的子公司即刻开始行动，改进其质量保障体系，恢复客户信心。在此之前，丰田的质量标准包括遵守法律法规和高技术水平。改进后的标准在原来的基础上增加了消除客户顾虑的部分。在加强信息收集方面，美国市场反应分析小组迅速开展活动，从客户和经销商处收集安全信息。作为信息收集地的技术办事处在日本得到了极大的扩展，并在海外新设了办事处，团队成员通常包括来此服务、开发和质量管理领域的专家。通过这些措施，丰田加强了对安全相关问题的快速调查分析的能力。在增强产品安全性方面，丰田成立技术行政组以加强产品安全、确保顾客安心。该小组负责在设计过程中及时准确地反映客户的意见，提高设计图样的质量。丰田还将车辆的研发周期在现有的基础上增加了四周，以便进行进一步的车辆测试，令客户放心。在人力资源开发方面，丰田在日本、北美、欧洲、大洋洲和中国地区建立了以客户为中心的培训中心。这些培训中心根据当地的独特需求创建特定项目，提供基础和高级培训。基础培训以质量和顾客至上的理念为核心，而高级培训则包括以质量案例研究为主的实践课程。

丰田质量控制（TQC）是丰田成为世界级汽车制造商的又一关键因素。一方面，在丰田生产方式和丰田质量控制的共同作用下，生产过程才得以杜绝浪费降低成本；另一方面，更高的性价比和更稳定的质量是丰田在消费者心中占据一席之地的关键。早在丰田刚刚涉足汽车行业之时，就已经提出了质量控制的思想。20世纪60年代，丰田开始全面推广TQC，并逐渐将其延展至整个供应链。尽管采取了严格的质量控制，丰田历史上还是经历了多次召回事件。这些问题既考验了丰田的应急公关能力，又督促丰田全面检查其质量控制体系，进一步提高产品质量。

10 豪华车品牌雷克萨斯的成功之道

从历史进程来看,丰田汽车在大部分的时间里都保持着相当稳健的商业模式。丰田品牌定位在大众市场,凭借其优越的性价比和稳定的质量水平在市场中雄踞一方。1989年,丰田推出了豪华汽车品牌雷克萨斯,此后它不仅成为丰田利润最高的部门,而且是日本利润最高的出口品牌之一。1993年,丰田的营业利润率为1.8%,到2007年已经上升至9.3%(见图4-149)。

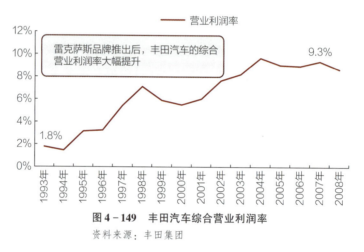

图4-149 丰田汽车综合营业利润率
资料来源:丰田集团

本节内容首先考虑公司内外部多种因素,探索雷克萨斯品牌成功打入美国市场的原因;其次从产品角度分析帮助公司取得跨越式发展的标志性车型系列;最后基于日本、欧洲等主要市场,了解雷克萨斯品牌的全球化进程。

10.1 内外因素的共同作用催生了雷克萨斯

雷克萨斯品牌的诞生受到诸多因素的影响。从环境因素来看,美日贸易摩擦、婴儿潮一代消费升级及日本的"泡沫经济"都使得豪华车成为当时丰田产品策略的关键点。从企业自身条件来看,丰田的市场基础牢固,各方面条件成熟,足以进入高端市场。

10.1.1 外部因素——不断升级的贸易摩擦和市场需求的变化

不断升级的美日贸易摩擦促使日本汽车制造商寻找在有限进口配额下实现更高利润的方法。 Lexus诞生于美日贸易摩擦不断加剧的时代。20世纪70年代石油危机以后,美国汽车市场发生整体性衰退,美国制造商的销量大幅下降。相反,日本汽车凭借其相对较低的价格，稳定的质量和更高的燃油效率，不断扩大在美国的市场份额。在这样的情况下，贸易保护主义慢慢滋生。1981 年，美日双方签订协议，确定从 1981 年开始的 3 年间，日本自愿限制乘用车对美国的出口。这一制度期满后继续存在，直到 1993 年才彻底废除。随着 1989 年柏林墙倒塌和冷战的结束，世界经济体系变得愈来愈国际化。90 年代初期，美国新车市场连续 3 年发生下滑，致使贸易摩擦进一步加剧。在美国汽车进口壁垒不断增强的背景下，日本汽车制造商纷纷在美国推出了自己的高端品牌，在有限的进口配额中尽可能销售利润更丰厚的产品。丰田要想与日本竞争对手并驾齐驱，保障收入和市场份额，就必定要向美国高端汽车市场进军。此外，当时丰田在美国的本土化生产已经初具规模，大量的本土供应也为豪华汽车的进口腾出了一定的配额。

婴儿潮一代消费升级，为了不流失这部分关键消费者，丰田须尽快进入美国高端车市场。 第二次世界大战后，美国经历了长达 20 年的婴儿潮，这部分人口大多于 20 世纪 60 ～ 70 年代大学毕业迈入社会。在收入有限的情况下，高性价比、低调朴素、环保节能的丰田汽车成为这一代年轻人的最佳选择，这使丰田拥有了一大批忠实的消费者。90 年代前后，婴儿潮一代陆续进入事业发展的黄金时期，随着收入水平的提高，他们开始考虑换购更豪华的汽车。然而，丰田甚至都不生产旅行车，更不用说入门级的豪华车了。产品带的缺失使得丰田在美国的核心客户群不断流失，造成了潜在的巨大损失。为了满足这部分消费者的需求，丰田必须尽快进入高端汽车市场。

日本出现"泡沫经济"，居民消费能力明显提高，市场对豪华车的需求大幅增加。 20 世纪 80 年代后半期，日元汇率的飙升迫使日本政府实施宽松的财政和货币政策，直接导致了"泡沫经济"。人们的可支配收入增加，消费能力明显增强，市场出现虚假繁荣。这一时期，日本汽车市场不仅销量迅速增长，还发生了结构性变化——高端汽车市场的重要性大幅提高。于是，当时的日本汽车制造商纷纷推出了符合市场需求的豪华车型，并取得了可观的销售业绩。为了顺应时代的需要，在高端汽车市场中占据一席之地，丰田需要在日本市场推出更多的豪华车。除了对其已有的车型系列，如 CROWN、COROLLA、SOARER 等进行了产品升级之外，丰田还于 1989 年全新推出了超越皇冠的豪华车 CELSIOR。事实上，这款车正是雷克萨斯 LS 系列在日本的姊妹款。

10.1.2　内部因素——成熟的自身条件与潜在的风险

丰田拥有牢固的市场基础，公司各方面条件较为成熟，足以打入高端汽车市场。 早在 20 世纪前半叶，丰田便已经开始生产汽车，因而有着非常坚实的开发、生产和营销基础。80 年代后期，丰田的全球市场份额已经达到 8% 左右，在日本的汽车制造商中遥遥领先。通过丰田生产方式（TPS）和丰田质量控制（TQC），公司在减少浪费、降低成本及提高生产效率方面建立了优势。丰田一直秉持较为保守的经营理念，因此债务率很低，有大量可供使用的现金流。此外，从日本独特的文化中孕育出的细致周到的丰田服务理念，使得该品牌汽车一直有着非常高的客户满意度。这样的条件足以支撑丰田开辟新的品牌，以一流的质量和服务打入高端汽车市场。

作为曾经专供大众市场的制造商，首次进入高端汽车市场，丰田面临诸多风险与挑战。 尽管拥有坚实的企业基础，与美国高端汽车市场的主要竞争对手奔驰、宝马、奥迪等制造商相比，丰田在硬件技术和外形设计方面仍然存在劣势。如果不能在某一方面取得最佳的竞争力，那么即便有相对较低的定价，也很可能无法与老牌高端品牌匹敌；另一方面，一直以来丰田汽车的品牌形象都是主打性价比的大众车辆，即便以另一个品牌名字进行销售，消费者是否愿意为丰田制造的汽车支付高价仍然是个未知数。况且，一旦丰田和雷克萨斯两个品牌出现产品带重合、产品定位模糊不清的情况，就很可能会侵蚀丰田品牌原有的品牌力，对销售造成损失。

10.2 不断扩充产品线，占领美国豪华车市场

丰田汽车于1989年在美国建立了豪华汽车品牌雷克萨斯（LEXUS），并陆续推出了多款轿车和SUV。该品牌一经面世，在美国的市场份额便迅速超过了其他豪华车品牌，此后一直占据头把交椅。在雷克萨斯所有的车型系列中，LS是第一个推出的车系，帮助丰田顺利打入豪华车市场，奠定了从研发、生产到销售各个方面的基础；ES系列是该品牌20世纪90年代最受欢迎的车系，推动雷克萨斯的销量迅速增长；进入21世纪，以RX系列为首的豪华SUV使雷克萨斯实现了新突破，市场份额进一步提升（见图4-150，图4-151）。

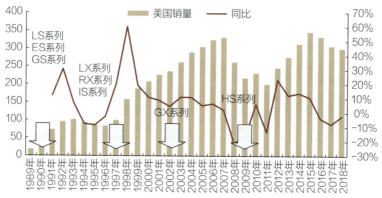

图4-150 雷克萨斯美国销量（千辆）、各主要车系推出时间及同比
资料来源：carsalesbase

图4-151 美国各豪华汽车品牌市场份额
资料来源：carsalesbase

10.2.1 LS系列帮助雷克萨斯顺利打入豪华车市场

丰田建立豪华品牌雷克萨斯并推出第一款车型LS400。该车不仅拥有超过大部分竞争对手的优越性能，而且舒适度更高、价格也更加亲民。 1989年，丰田推出了雷克萨斯旗下的第一款车型LS400。凭借兼顾速度和燃油效率，舒适且隔绝噪声等特点，这款轿车赢得了市场的广泛赞誉。丰田在这一项目上不吝投入，力求在动力和外形上不输竞争对手的同时，具备更安静、更省油、更实惠等优势。经过工程师团队的共同努力，最终成果全面达到了既定目标：LS400发动机结合了双顶置凸轮轴和32个气门，由电控燃油喷射和连续可变气门供油，在不增加燃料消耗和排放或损害转矩的情况下提供了更多的动力。该汽车的最高速度可达155mile/h（250km/h），相比之下，包括凯迪拉克、林肯和捷豹在内的其他一些豪华车的速度甚至不到130mile/h（209km/h）。利用空气动力学，LS的Cd被控制在0.3以下，而当时大多数普通轿车在0.35左右，宝马735i和奔驰420SE则分别为0.32和0.37（见图4-152）。通过减少空气阻力和使用内部隔音材料，团队减少了LS 400乘员舱内的道路噪声和风噪声。不论在低速还是高速行驶的过程中，LS 400的噪声分贝始终低于宝马735i和奔驰420SE。为了确保达到燃油效率方面的目标，需要严格控制车辆的总重量。这辆车的总重量为3759lb（1705kg），远低于铃木的4000lb（1814kg）和日产新款Q45的4020lb（1823kg），使得LS400的平均燃油效率提高到了23.5mpg，从而避免了燃油税。雷克萨斯LS系列的市场定位对标宝马和奔驰的高端车系（宝马的5系和7系及奔驰的E级和S级），在性能相当的同时，LS拥有相当明显的价格优势。

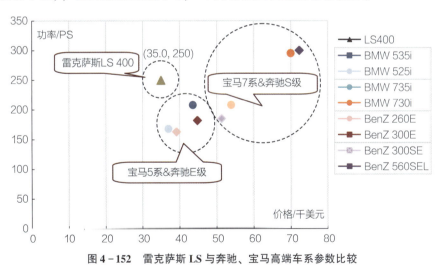

图4-152　雷克萨斯LS与奔驰、宝马高端车系参数比较

资料来源：维基百科、公开资料

通过有效的广告宣传使雷克萨斯品牌及其产品特点深入人心，销售业绩一度非常亮眼。 20世纪80年代丰田在美国轻卡市场的份额不断扩大，为了塑造全新的高端市场形象，新品牌在销售过程中须尽量避免与丰田原本的"蓝领"形象挂钩。公司以一个自创的新词"Lexus"作为新品牌的名字，将变体的字母"L"包裹在一个不完美的椭圆中作为其标志。雷克萨斯将营销策略的重点放在产品本身，通过一系列公关活动向消费者介绍

LS400，展示其性能特点，突出品牌的具体优势。仅第一年推出阶段，雷克萨斯就在广告宣传上投入了5亿~6亿美元的资金，其中最为成功的一支广告被称为"弹跳"。广告中，一台LS 400发动机正以140mile/h的速度运转，发动机的盖子上堆放着的由15个香槟杯搭成的金字塔却纹丝不动。原本部分偏好汽车运动性的消费者将LS没有发动机轰鸣声视为一个缺点，经过这一广告的宣传，这种安静反而成了技术进步的体现。经过一系列广告宣传活动，雷克萨斯品牌及其产品特点渐渐深入人心，丰田一举敲开了美国高端车市场的大门。90年代前后，雷克萨斯LS系列呈上升之势，年销量一度超过了同一产品代的竞品宝马5系和奔驰E级（见图4-153）。

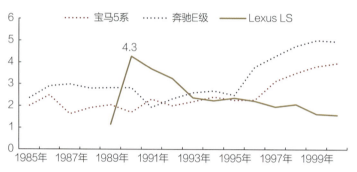

图4-153　Lexus LS系列、宝马5系及奔驰E系销量比较（万辆）
资料来源：carsalesbase

建立专门的销售渠道，提高雷克萨斯汽车的销售和服务质量。为了帮助新品牌顺利打入美国高端汽车市场，丰田为LS400和ES250建立了专门的销售渠道。雷克萨斯通过在行业刊物上刊登广告接受经销申请。公司设立严格的选拔标准，包括客户服务指标排名、高附加值产品运营经验、个性化服务水平等，并最终从超过1500家候选中选择了100家经销商。为了提高销售和服务的质量，雷克萨斯编写了一份运营手册并分发给所有经销商，手册中包含许多基本信息，比如跟进销售的频率、建立反馈小组的方法等。雷克萨斯为其产品提供全面的保修，每辆车都有类似于病历卡的完整的维修历史记录，供经销商随时查阅。此外，雷克萨斯还对经销商提供免费热线服务，在经销商无法为顾客提供准确意见的时候，第一时间给予帮助。

10.2.2　ES系列推动雷克萨斯90年代销量不断攀升

雷克萨斯为了丰富其车型系列于品牌建立同年推出"入门级"豪华车ES 250，成功在这一细分市场中占据一席之地。"入门级"豪华车市场是培养长期客户忠诚度的关键地带。于是，在LS 400推出的同年，雷克萨斯还推出了定位"入门级"豪华车市场的ES 250，对标奔驰的C-Class和宝马的3系轿车。第一代ES是从丰田品牌的畅销款乘用车CAMRY演变而来的，二者有相同的轴距和相差无几的车身尺寸。雷克萨斯ES 250和丰田CAMRY参数比较见表4-18。不同的是，雷克萨斯ES 250对发动机性能进行了升级，配备2.5L 6缸DOHC发动机，而CAMRY则搭载的是2L的4缸DOHC发动机或1.8L的4缸OHC发动机。由于性能配备相对较低，且使用的多是CAMRY原有的零部件，ES 250的定价比竞争对手奔驰 190 系列和宝马 3 系低了近 1 万美元。事实上，比起高级豪华车，"入门级"豪华车市场的消费者对价格更敏感。ES 系列定位在豪华车市场相对空白的地带，凭借较低的价格吸纳了许多原本属于大众市场的消费者。1990 年，雷克萨斯 ES 系列的销量为 20718 辆，超过奔驰 190（C-Class 的前身）的 14344 辆，并直逼宝马 3 系的 22825 辆（见图 4-154）。

表 4-18 雷克萨斯 ES 250 和丰田 CAMRY 参数比较

品牌	型号	长宽高/mm	轴距/mm	排量/ml
雷克萨斯	ES 250	4651×1699×1349	2601	2500
丰田	CAMRY	4520×1690×1395	2600	1998/1832

资料来源：丰田集团

推出更适应美国市场需求的 ES 300，使 ES 系列成为雷克萨斯在美国最畅销的车型。 1991 年，ES 250 由于动力和外形欠佳导致后续竞争力不足，雷克萨斯推出 ES 300 对其进行了替代。ES 300 搭载 3L 发动机，车身长度和宽度分别在 ES 250 的基础上增加了 3in 和 5in。它的动力更足，外形更加豪华大气，定价也有所提高，第一代和第二代 ES 系列的参数比较见表 4-19。与竞争对手宝马 3 系和奔驰 C 级（190 的替代）轿车相比，这款车的性能仍然不算突出，但价格优势始终存在。即便 1994 年日元的急剧升值使得雷克萨斯将 ES 300 的价格提升至 3 万美元以上，这一数字仍然比宝马和奔驰的竞品车型要低（见图 4-155）。1992 年，ES 300 在美国售出了 39652 辆，不仅高于宝马 3 系和奔驰 C 级轿车，更是首次超过同品牌 LS 系列的销量。1992~1998 年，ES 系列一直是雷克萨斯在美国最畅销的车型（见图 4-156）。

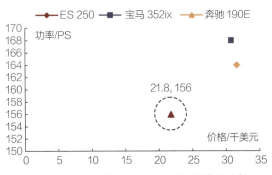

图 4-154 雷克萨斯 ES 250 与竞品的参数比较
资料来源：维基百科、公开资料
注：以 1989 年的价格为标准。

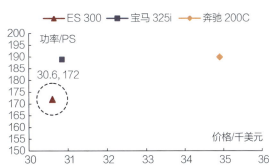

图 4-155 雷克萨斯 ES 300 与竞品的参数比较
资料来源：维基百科、公开资料
注：以 1994 年的价格为标准。

表 4-19 第一代和第二代 ES 系列的参数比较

型号	价格/美元	长宽高/mm	轴距/mm	排量/L
ES 250	21800/30600	4651×1699×1349	2601	2.5
ES 300	26150	4770×1778×1349	2619	3

资料来源：丰田集团

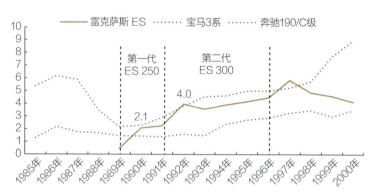

图 4-156　雷克萨斯 ES 系列与竞品的销量比较（万辆）
资料来源：carsalesbase
注：奔驰 C 级在 1993 年作为 190 的替代被引入。

10.2.3　RX 系列奠定雷克萨斯在豪华车市场的领先地位

RX 系列开辟了跨界豪华 SUV 新类型，成为雷克萨斯旗下最具代表性的 SUV 车系。 从 20 世纪 90 年代后半期开始，兼备运动性和功能性的 SUV 逐渐成为汽车市场的新宠。雷克萨斯在其轿车系列的基础上发展出相应的豪华 SUV 车型，成为当时美国市场上唯一一个同时拥有三款成熟 SUV 车型（LX、GX 和 RX 系列）的豪华车品牌。在雷克萨斯的所有豪华 SUV 车系中，RX 系列是成就雷克萨斯霸主地位的经典之作。1998 年，RX 系列的第一代产品 RX300 推出。当时的市场调查显示，潜在客户需要一款在公路上行驶的 SUV。因此，工程师们突破惯常的设计思路，决定强调多数路况下的平稳行驶，而非极端驾驶条件下的可操作性。与大多数基于卡车设计的 SUV 不同，这款车采用了和轿车相同的全轮驱动系统，拥有完整的车身底盘。它结合轿车和 SUV 的属性，能够为客户提供更加舒适的驾乘体验。

RX 系列凭借舒适的驾乘体验和较低的定价，超越竞争对手领跑中型豪华 SUV 市场。 RX300 刚刚推出时，与这款车同在中级豪华 SUV 市场竞争的产品包括宝马 X5 系列，奔驰 M 级以及后来用于替代 M 级的奔驰 GLE。尽管 RX 300 与同一时期奔驰宝马的竞品相比排量较低，但凭借更加舒适平稳的驾乘体验和更实惠的价格，这款车推出后销量迅速超越竞争对手。雷克萨斯 RX 系列从此一骑绝尘领跑中型豪华 SUV 市场（见图 4-157）。

RX300 成为雷克萨斯品牌最畅销的车型，为品牌未来的发展奠定了消费者基础。 1999 年，RX 300 在美国的销量达到 73498 辆，远超 ES 系列的 45860 辆。这款车的销量已经超越雷克萨斯其他所有车型，成为美国市场上最畅销的豪华进口车之一（见图 4-158）。在 RX 300 的购买者中，女性比例高达 62%，富裕的女性客户从此成为雷克萨斯最重要的消费群体之一。此外，RX 系列的诞生为雷克萨斯吸引了大批新客户，为品牌未来的发展奠定了良好的客户基础（见图 4-159，图 4-160）。

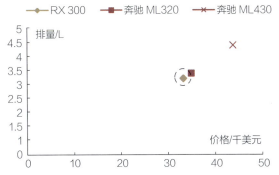

图4-157 雷克萨斯 RX 300 与竞品的参数比较
资料来源：维基百科、公开资料

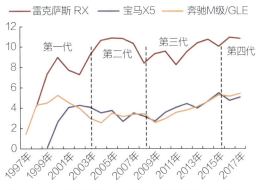

图4-158 雷克萨斯 RX 系列与竞品销量比较（万辆）
资料来源：carsalesbase
注：奔驰 GLE 于 2015 年替代奔驰 M 级。

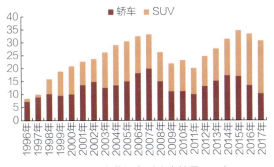

图4-159 雷克萨斯车型分类销量（万辆）
资料来源：carsalesbase

图4-160 雷克萨斯 SUV 类型不同车系销量（万辆）
资料来源：carsalesbase

RX 系列进行了多次更新换代，始终维持较高的销量水平。尽管 RX 300 系列取得了巨大的成功，随着时间的推移，该车型速度较慢、内部空间狭窄等问题逐渐突出。因此雷克萨斯于 2003 年推出了第二代 RX，采用了更强大的发动机和更长的轴距，同时适当提高了车辆的燃油经济性。RX330 的推出掀起了销售的又一波高潮。此后，雷克萨斯根据市场需求的变化对 RX 系列进行了进一步的升级，陆续推出了第三和第四代 RX，同时提供该车的混合动力版本供客户选择。第一代到第四代 RX 的变迁见表 4-20。

表4-20　第一代到第四代 RX 的变迁

时间	代际	车型图片	概述
1998~2003 年	第一代 RX		第一代 RX 有三种发动机可选：2.2L（5S-FE）I4、2.4L（2AZ-FE）I4 和 3.0L（1MZ-FE）V6，其中配备 3.0L 发动机的 RX 300 是主力车型，额定功率为 220hp。4 速自动变速器提供了"降雪"模式，该模式使车辆以二档起动，以便在恶劣天气条件下获得更好的牵引。2001 年，RX 300 进行了翻新，增加了前照灯和尾灯，以及高强度放电（HID）前照灯选项

(续)

时间	代际	车型图片	概述
2003~2008 年	第二代 RX		配备 3.3L (3MZ-FE) V6 发动机，额定功率为 230hp，RX 330 系列拥有 5 速自动变速器，并提供前轮驱动和全轮驱动。新技术功能包括带有旋转前照灯的自适应前照灯系统（AFS），全轮驱动车型上的高度可调节空气悬架、动态激光巡航控制系统和雨量感应刮水器。北美的所有型号最初都在日本制造，直到 2003 年 9 月 RX 330 在加拿大的安大略省的剑桥开始生产
2008~2015 年	第三代 RX		继 2009 年 1 月发布带有 V6 3.5L 发动机（2GR-FE）的 RX 350 之后，4 月推出了配备 V6 3.5L 发动机（2GR-FXE）的 RX 450h 混合动力车型，随后 2010 年 8 月推出了 RX 270，搭载一台排量为 2700ml 直列 4 缸发动机（1AR-FE）。RX 350 和 RX 450h 提供全轮驱动或前轮驱动、前轮驱动（FF）布局的选择，而 RX 270 只提供 FF 配置。这三款车的车身尺寸相同，长度为 4770mm，宽度为 1885mm，高度为 1690mm，轴距为 2740mm
2015 年至今	第四代 RX		第四代 RX 配备 3.5L V6 发动机，最大功率 295hp，与 8 速自动变速器配合使用。拥有汽油发动机和电动机的 RX 450h 混合动力车型达到了 308hp 的组合功率。该车型比上一代更大，轴距增加了 50.8mm，从而提供了更大的内部空间。2017 年 11 月，雷克萨斯宣布推出新的 3 排 7 人行 RX 型号，称为 RX 350 L 和 RX 450h L，它们比两排车型长 110mm，但轴距相同

资料来源：丰田集团、维基百科

10.3 21 世纪雷克萨斯加速全球化进程

20 世纪 90 年代，雷克萨斯在美国的市场份额不断提升，逐渐成为北美最畅销的豪华车品牌之一。进入 21 世纪，雷克萨斯加快其国际化进程，不断扩大在日本、欧洲、亚洲等地区的销量，发展成为一个全球性的知名豪华品牌（见图 4 – 161）。

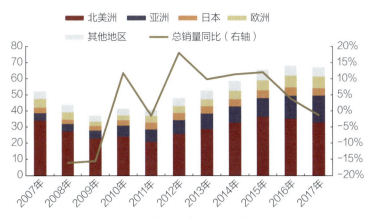

图 4-161 雷克萨斯全球各地区总销量（万辆）
资料来源：丰田集团
注：亚洲不含日本，含中国。

10.3.1 丰田"姊妹车"停售，雷克萨斯被正式引入日本

20 世纪 90 年代雷克萨斯初创阶段，在日本以丰田品牌旗下的姊妹车型进行发售。雷克萨斯品牌在美国创立之时，日本正处于泡沫经济时期，对豪华车的需求与日俱增。然而，当时丰田在日本的经销商系统由五个渠道组成，错综复杂的分销网络不利于新品牌的引入。为了满足日本消费者对豪华车的需求，丰田将雷克萨斯品牌旗下的车辆重新命名，作为丰田品牌的高端系列进行发售。例如，雷克萨斯最初推出的 LS 系列在日本被称作 CELSIOR，广受欢迎的 ES 系列被称作 WINDOM，而 GS 系列被称作 ARISTO。虽然丰田在日本的经销商没有获得销售雷克萨斯品牌汽车的官方授权，但部分经销店为顾客提供由第三方生产的雷克萨斯品牌套件，其中包括雷克萨斯前格栅的徽章和雷克萨斯后甲板的车型名称等。

"换汤不换药"的销售方式给予部分经销商套利空间，东南亚地区出现"灰色市场"。然而，这种"换汤不换药"的销售方式却引发了一些问题。雷克萨斯汽车在日本的姊妹车（右舵版），售价远低于同款车在美国的售价。以 IS300 为例，这款车在美国的售价为 30500 美元；但在日本，它被称为 TOYOTA ALTEZZA，售价仅为 13500 美元。东南亚的大部分国家均采用右舵，于是当地经销商从日本进口 CELSIOR 和 HARRIER 车型的以及雷克萨斯的品牌套件，改装成雷克萨斯汽车进行销售，从中谋取暴利。为了尽快整顿市场上的乱象，雷克萨斯急需加快国际化进程。

21 世纪丰田正式将雷克萨斯品牌引入日本，促进了丰田汽车综合市场份额的提升。21 世纪前后，日本经济回暖，进口豪华汽车在日本的销量大幅上升，促使丰田决定整理销售网络，正式引入雷克萨斯品牌。公司于 2003 年成立了雷克萨斯日本销售和营销部，并着手创建销售渠道。丰田在现有经销商自愿参与的基础上，增加了两个新的经销商。2005 年，由 143 家经销商组成的日本雷克萨斯销售渠道正式投入运营。经过对销售网络的整理和雷克萨斯品牌的引入，丰田在日本市场的综合市场份额于 2006 年首次攀升至 45% 以上。

此外，雷克萨斯品牌在日本正式登陆也使得许多以前的"姊妹车"停止销售，套利空间随之消失。此后，丰田汽车在日本同时发展丰田和雷克萨斯两个品牌，产品系列更加丰富，覆盖的细分市场更多，市场占有率始终保持在较高水平。

10.3.2 加强在欧洲和亚洲的销售，雷克萨斯成为全球品牌

雷克萨斯品牌引入欧洲后销量一直不尽人意。通过分析具体原因，丰田针对性地采取了一系列营销举措。 早在 20 世纪 90 年代，丰田便将雷克萨斯品牌引入了欧洲。然而与美国的情形不同，雷克萨斯在欧洲销量一直不尽人意。自 1998 年欧洲取消进口配额以来，丰田品牌旗下车型的销量飙升，但雷克萨斯却没有出现类似的情况。2002 年，雷克萨斯的欧洲总销量同比下降 11%，仅为 21156 辆，其中一半的销量来自英国。在欧洲最大的汽车市场德国，豪华车销量占总销量的 19%，然而只有约 5% 的德国人认识雷克萨斯。这一方面是因为美国人喜欢雷克萨斯的舒适性和可靠性，而欧洲人则更注重操控性、性能和传统，这些正是雷克萨斯汽车的薄弱点；另一方面，与其在美国的独立的特许经营体系不同，在欧洲，雷克萨斯汽车被放在丰田品牌的展厅出售，这使得它在欧洲这片身份意识浓厚的土地上很难成为有力的竞争者。为了解决上述问题，丰田采取了一系列创新性的营销举措，例如提供为期 6 年的保修（大多数欧洲豪华车品牌只提供两年保修），用具有豪华车销售经验的零售商取代 1/4 的经销商，为部分车型推出柴油发动机版本等。

雷克萨斯在亚洲地区的销量急剧增长，已经成为该品牌仅次于北美的第二大市场。 为了打击雷克萨斯引入日本前在东南亚地区兴起的"灰色市场"、扩大雷克萨斯汽车的官方销量，丰田于 2001 年在新加坡设立了雷克萨斯亚太总部。2004 年在韩国，雷克萨斯超越奔驰，以 5362 辆的年销量在进口豪华品牌中排名第二，仅次于于宝马的 5509 辆。2005 年起，雷克萨斯开始进军全球增长最快的中国汽车市场。此外，丰田还对东南亚地区重新发起攻势，加速追赶在当地组装的德国豪华车品牌。在快速增长的中国市场的推动下，雷克萨斯的亚洲销量连年增长，从 2007 年的 4.6 万辆增加至 2018 年的 20 万辆，使亚洲成为雷克萨斯仅次于北美的第二大市场。

20 世纪 80 年代末，美日之间的贸易摩擦持续升级，日本在美国开展大规模的本地生产。在配额有限的情况下，出口利润更高的豪华车将会给丰田带来更大的收益。此外，日本当时正处在泡沫经济时期，市场对豪华车的需求不断上升。于是，丰田在美国创立了豪华汽车品牌雷克萨斯，陆续推出了以 LS 系列、ES 系列、RX 系列等为代表的乘用车，其丰田品牌旗下的姊妹车在日本国内同步发售。进入 21 世纪，雷克萨斯加速全球化进程，不仅正式进驻日本替代了原来的同款姊妹车，还加强了在欧洲和亚洲的销售，成为真正的全球豪华车品牌。

11 经营策略

丰田公司成立于20世纪初,自纺织业起家,后转向当时刚刚兴起的汽车工业。经过多年发展,丰田不仅成为日本最大的汽车制造商,也是世界顶尖的汽车制造商。丰田汽车拥有独特的生产和质量控制系统,凭借高性价比和稳定的质量获得了消费者的认可。公司旗下拥有定位大众市场的丰田品牌和定位豪华市场的雷克萨斯品牌,生产基地和销售市场遍布全球。丰田的发展历程如下:

1907~1933年:丰田佐吉创办丰田纺织公司,奠定了丰田集团的基础。从织机的制动装置中获得灵感,"自动化"理念萌芽。

1933~1949年:丰田进入汽车行业,尽管第二次世界大战的爆发制约了企业的发展,这一阶段的研发成果仍为后续的快速扩张提供了技术支撑。丰田汽车株式会社成立后不久第二次世界大战爆发,战时的统制经济和战后的萧条状况制约了企业的发展。但是,这一阶段丰田持续推进对上游技术与汽车原型的开发,为后续的快速扩张提供了技术支撑。

1950~1965年:开发日本第一辆乘用车,实现规模化生产,开始探索海外市场。50年代日本经济进入高速增长时期。为了迎合海外订单和国内机动化起步的需求,丰田开发了以越野吉普LAND CRUISER和第一辆乘用车CROWN为代表的一系列车型。这一阶段,丰田一方面推动规模化生产、扩大销售网络,大幅提高了产销量;另一方面开始对海外市场进行探索,寻求新的发展机遇。

1966~1980年:推出明星产品COROLLA,顺利应对石油危机、排放标准提高、交通安全问题等多重考验,全球化进程取得跨越式发展。丰田推出明星产品COROLLA后,在全球的销量快速增长。通过技术创新、生产规模调整、公司结构改进等多个方面的措施,丰田成功应对了石油危机、排放标准提高及交通安全问题等多重考验。同时,公司加强了海外销售体系,扩大在欧美市场的销量,从此登上了国际舞台。

1981~1990年:丰田销售与丰田汽车合并,在贸易摩擦的驱使下开展本地化生产,采取措施应对日元升值,推出CAMRY等多款新车。丰田销售和丰田汽车合并成立了新丰田。日本与以美国为代表的多国发生贸易摩擦,汽车出口受到很大限制。为了继续推进其海外业务,丰田在美国、加拿大、欧洲等地全面开展本地化生产,逐步建立起全球生产体系。20世纪80年代后半期,日元大幅升值造成了出口和财务表现上的困难,丰田采取一系列措施加以应对。除此之外,这一阶段丰田推出了以CAMRY为代表的多款畅销新车型,并全面提高了生产和销售能力。

1991~2007年:日本经济泡沫破裂后调整经营,在海外市场推进全面的本地化,实施企业内部多个领域的改革,探索新世纪的新发展方向。经济泡沫的破裂终结了日本市场的虚假繁荣,丰田根据市场情况的改变及时调整经营。放眼全球,丰田在海外市场推行全面的本地化，海外业绩大幅提升。为了给全球化的推进提供坚实的基础，丰田在企业内部进行了多个领域的改革，利用技术创新提高经营效率。此外，丰田还根据21世纪的新趋势调整发展方向，在环境保护、安全设计、信息技术等方面取得了进展。

2008年~2018年：因金融危机出现亏损，改善内部经营，开发新兴市场，推进业务多样化，大力发展高新技术。历经金融危机、东日本大地震、泰国洪水等事件的连续打击，丰田出现亏损。在这样的环境背景下，公司在具体问题具体分析的同时，着眼于内部，不仅提出了新时期的经营理念、制定了具体策略与目标，还进行了组织架构改革、优化了生产流程。21世纪是一个创新和发展的时代，丰田一方面加快在新兴市场的发展，推进业务多样化；另一方面利用AI、大数据等新技术，构筑未来汽车社会。

丰田独特的生产方式是其成功的基础。丰田生产方式以"杜绝浪费"为基本思想，以"自动化"和"准时化"为主要支柱，从内部生产开始，逐步向上下游延展。不论在战后恢复时期，经济低增长时期，还是21世纪新时期，丰田生产方式始终是帮助丰田取得竞争优势的利器。

严格的质量控制是丰田取得成功的另一关键因素。早在丰田刚刚涉足汽车行业之时，就已经提出了质量控制的思想。20世纪60年代，丰田开始全面推广TQC，并逐渐将其延伸至供应链的各个环节。尽管采取了严格的质量控制，丰田历史上还是经历了多次召回事件。这些问题既考验了丰田的应急公关能力，又督促丰田全面检查其质量控制体系，进一步提高产品质量。

雷克萨斯的成功，代表了丰田集团在研发、生产、质量和品牌等领域的全面升级，是打造豪华品牌的典范。

优秀的成本和质量控制能力是赢得消费者信赖的基础，也是企业持续发展的根本动力。从雷克萨斯的成功之道中可以看出，打造豪华品牌不仅需要抓住合适的市场机遇，更需要在技术、产品、质量等领域具备深厚的积淀。未来汽车行业增速放缓，消费者对产品品质追求逐步提高，企业对成本和产品品质的重视程度应进一步提高。

第 5 章
戴姆勒：汽车行业的先驱，跨越世纪的高端

章首语

戴姆勒-奔驰不仅是汽车行业的先驱，也是汽车行业高端品牌的优秀代表。一百多年来，公司在产品设计、品牌塑造和经营管理等方面均值得其他企业学习，公司所经历的战略失误同样值得其他企业思考。

19 世纪末期，卡尔·本茨和戈特利布·戴姆勒将汽车推到了世界历史舞台上，他们分别成立了 Benz&Cie 和 Daimler-Motoren-Gesellschaft 公司，两家公司合并成为 Daimler-Benz AG。合并后的戴姆勒-奔驰很快推出了多款优秀的产品，不仅打造了品牌优势，树立了行业地位，而且在技术方面和资金方面快速积累。虽然第二次世界大战打乱了戴姆勒-奔驰的发展节奏，但是战后公司基于 170V 快速恢复，之后公司推出多款乘用车，完善产品阵容，同时实现了清晰的产品分级，并通过跑车和顶级车重新树立了高端品牌形象。20 世纪 70 年代至 80 年代早期，戴姆勒-奔驰凭借柴油车型和紧凑车型妥善应对了石油危机，在安全和排放领域，更是一直走在行业的前列。80 年代中后期至 90 年代中期，公司横向多元化扩张以开展非汽车业务。但是非核心业务经营效率不佳，给公司带来了损失。战略失误后的重整过程为戴姆勒注入新的基因，公司回归核心业务。之后公司通过纵向品牌和产品线扩张以开辟新的细分市场，合并克莱斯勒进入大众市场，产品线大幅扩张，推动销量快速增长。但是与克莱斯勒的合并使公司遭受了严重损失，同时公司又遭遇了质量问题，此后戴姆勒将重点放在提升产品质量和巩固品牌形象上。金融危机之后，公司通过多款 SUV 和在华的卓越表现，进入销量增长的新阶段。

公司很好地平衡了产品、销量和品牌之间的关系，公司的产品力、品牌力和销量均不断突破。

1 汽车先驱的诞生
（19世纪70年代~1926年）

19世纪末期，卡尔·本茨和戈特利布·戴姆勒将汽车推到了世界历史舞台上，他们分别成立Benz&Cie和Daimler-Motoren-Gesellschaft公司，两家公司合并成为Daimler-Benz AG。本节主要回顾汽车工业的发展历程和Daimler-Benz AG诞生的过程。

1.1 汽车工业的诞生

第二次工业革命，石油、采矿、钢铁、化工和电气设备等行业蓬勃发展，为汽车工业的诞生奠定了基础。蒸汽机在船舶和铁路等领域的应用，也推动了交通工具的变革。

1867年奥托的新型燃气"奥托"发动机在巴黎博览会上获得了一等奖，获得了足够的订单，使其得以大规模生产，并成立Deutz Gas Engine Factory AG（多伊茨燃气发动机厂）。1872年多伊茨工厂聘请戈特利布·戴姆勒（Gottlieb Daimler）作为新技术总监。1873年迈巴赫加入Deutz公司。1878年四冲程发动机在巴黎世界博览会上亮相，再次引起市场的关注。戴姆勒与迈巴赫先后离开Deutz公司，他们共同设计和开发新的发动机，1883年他们获得了一项新的快速运行四冲程发动机的专利（见图5-1）。

1886年戴姆勒将高速发动机安装在马车上从而制造出第一辆四轮汽车。1890年底Daimler-Motoren-Gesellschaft AG成立。

1883年卡尔·本茨与合伙人共同成立了奔驰公司。本茨一开始就将发动机作为车辆整体设计的组成部分。1886年，本茨为一辆汽油驱动的三轮车申请专利（见图5-2）。

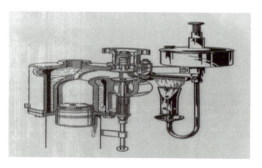

图5-1 戴姆勒发明的轻型高速汽油发动机
资料来源：戴姆勒公司

图5-2 本茨发明的汽油驱动的三轮车
资料来源：戴姆勒公司

1876~1886年这10年对汽车的发展具有重要意义。尼古拉·奥托的四冲程发动机已经证明了它对工业的价值，戴姆勒公司开发了一种适合汽车使用的高速运转发动机，奔驰公司建造了第一辆实用的发动机驱动的"摩托车"。罗伯特·博世在1886年成立了他的公司，发展奥托的磁点火固定式发动机。到 1898 年，所有的汽车发动机都使用这种效率更高的点火方式。

1.2 戴姆勒与奔驰推动汽车工业前进

19 世纪 90 年代赛车成为流行趋势，汽车设计也随之突飞猛进。由于飞机发动机技术与汽车发动机技术在一定程度上可以相互转移，飞机工业的发展也推动了汽车发动机技术的进步。而戴姆勒与奔驰在赛车领域和飞机发动机领域均表现卓越。

1.2.1 赛车促进汽车工业发展

戴姆勒与本茨持续提升汽车的动力、安全性和舒适性，一开始仅面向上层阶级或地位尊贵的人群。 1892 年戴姆勒制造出第一辆汽车并将其出售给摩洛哥国王，1899 年其"凤凰"车型价格是人均年薪的几倍。1893 年本茨推出首款奔驰三轮车 VELO 车型，配备 1.5PS 发动机，随后推出的 VIKTORIA 车型采用轴颈转向装置专利，配备 3PS 的发动机并安装橡胶轮胎，这一款车型成为世界上第一款批量生产的汽车从而标志着汽车市场的诞生。1896 年，本茨和戴姆勒分别在 VELO 车型和凤凰发动机的基础上制造出第一辆货车，到 1889 年戴姆勒公司已经推出不同功率和不同规格的货车和公交车。

奔驰在赛车领域成绩卓越，"梅赛德斯"诞生。 1900 年埃米尔·杰利内克（Emil Jellinek）向戴姆勒公司订购 36 辆按照其要求制造的汽车，并以其女儿的名字"梅赛德斯"命名。1901 年，梅赛德斯赛车在尼斯赛车周获得压倒性的胜利。新赛车在空气动力学设计上超前，重心降低，车架为钢制材料，配备轻型大功率发动机，并采用新型蜂窝冷却器，标志着汽车设计前进了一大步（见图 5-3）。此后梅赛德斯发展出多种不同车型，销量快速增长，基于梅赛德斯的 SIMPLEX 车型在 1904 年销量达到 698 台，1905 年达到了 863 辆。

图 5-3　1901 年梅赛德斯赛车
资料来源：戴姆勒公司

奔驰一开始不认同赛车趋势，后来提升车辆性能，产量快速提升。 奔驰起初对高速汽车并不感兴趣，导致其销量下滑，输给了竞争对手。但是奔驰无法忽视赛车胜利带来的公众效应，在 1899 年推出了 RENNWAGEN，并在赛车比赛中表现出优异的性能。1909 年推出 200PS 奔驰赛车，在 1911 年比赛中创造速度的世界纪录，"闪电奔驰"由此得名（见图 5-4）。奔驰的汽车产量和利润大幅增长，从 1911 年的 440 万帝国马克增加到

图 5-4　1909 年"闪电奔驰"
资料来源：戴姆勒公司

1913 年的 2200 万帝国马克，年产量达到 3600 辆。

在这一阶段赛车与汽车制造商的兴衰具有特殊的联系，竞争推动了汽车工业的发展。一方面，赛车对产品性能的更高要求推动了发动机技术和汽车空气动力学的发展，汽车制造商之间的竞争极大地提升了汽车的安全可靠性，满足了人们对于速度的追求；另一方面，赛车具有极强的公众效应，成为当时汽车制造商最好的广告，直接促进了销量的提升。

1.2.2 飞机工业促进汽车发动机进步

戴姆勒与奔驰公司均为当时德国航空业提供高性能发动机。1909 年，戴姆勒发动机公司设计出第一台飞机发动机。奔驰公司在乘用车发动机的基础上研发飞机发动机，在 1912 年制造出一台性能优良的 4 缸奔驰发动机。第一次世界大战期间，飞机发动机技术发展迅猛，戴姆勒与奔驰公司是前两大飞机发动机供应商，共占据德国 72% 份额。1914～1919 年德国前六大飞机发动机制造商见表 5－1。

表 5－1 1914～1919 年德国前六大飞机发动机制造商

供应商	产量/台	占总产量的比例
Daimler	19876	46%
Benz	11360	26%
Oberursel	2932	6.7%
Opel	2260	5.2%
Argus	1257	2.8%
Maybach	1123	2.4%

资料来源：Mercedes in peace and war

戴姆勒与奔驰公司早期在飞机发动机技术的积累使日后汽车技术研发获益。一是飞机发动机和汽车发动机的技术可相互转移。戴姆勒公司在第一次世界大战期间利用增压器技术制造飞机发动机，以提高发动机性能，这一技术后被转移到梅赛德斯乘用车和赛车中，大幅提升汽车功率。后来梅赛德斯发动机被拆除，其技术转让给劳斯莱斯航空发动机。二是飞机发动机大规模生产促进了产能的扩张，提升了工人的技能。飞机发动机与汽车发动机在基础设计和零部件生产方面有相似之处，飞机发动机技术要求更高，因此汽车制造商不必完全改造生产流程便可生产飞机发动机，在战后也可转换为汽车生产，此外生产流程的相似性也使工人获得了训练。1917 年成立的主要生产飞机发动机的戴姆勒发动机公司 Sindelfingen 工厂在战后转而专门从事乘用车和商用车车身的大规模生产。

1.3 戴姆勒与奔驰合并

自福特创立汽车装配流水线，美国开始大批量生产汽车促使大众汽车市场逐渐形成，

而德国制造商在经历战争洗礼后才发生根本性的变革。第一次世界大战结束前戴姆勒和奔驰公司仍然采用劳动密集型生产方式，通常为赛车比赛和富有人群生产定制产品。战争的重创使欧洲和美国的汽车工业差距更为显著，1926年美国生产了450万辆汽车，而同时期整个欧洲只有50万辆，德国占欧洲产量的1/10。

第一次世界大战后德国经济崩溃导致戴姆勒与奔驰公司陷入生存危机。一方面，德国国内通货膨胀高涨和燃料稀缺导致汽车需求大幅萎缩，1919年两家公司产量均不超过1000辆；另一方面，任何可以用于军事用途的产品禁止生产，飞机工业在一夜之间解体。在市场萎缩的情况下，德国汽车工业遭遇残酷洗牌，1924年到1927年，德国汽车制造商的数量从86个减少到19个。

战后严峻的形势迫使戴姆勒与奔驰合并，推动公司实行标准化管理。1924年，两家公司签署非竞争性条款实行资源共享，1926年，**两家公司正式合并创建戴姆勒－奔驰公司**，当时德国最大的汽车制造商诞生。德意志银行是这一决策的提议者，也是合并过程的监督者，后来成为该公司的主要股东，在公司后来的发展中起到了重要作用。

早期汽车工业的发展与先前的技术积累具有密切联系，汽车是技术、资源、社会需求多元因素共同作用产生的结果。赛车运动和飞机工业的发展促进了早期汽车工业的发展。赛车是汽车制造商的技术研发试验台，是最好的广告，乘用车普及之后，赛车依然发挥着研发先锋的作用。飞机发动机与汽车发动机之间发生技术转移，后来涌现的宝马、劳斯莱斯等汽车品牌都具有航空血统。

2 合并后快速发展,树立行业地位(1927~1938年)

两家公司合并后,在人力、财务和生产等方面均实施了多项措施,改善了公司的经营情况,公司推出了有竞争力的产品,企业快速发展。1933年的税收优惠政策促进德国汽车行业发展,结束了大萧条对德国汽车工业的负面影响,戴姆勒-奔驰也走向了新的高度。

2.1 公司改革措施效果显著

合并后的戴姆勒-奔驰公司采取多项措施,经营情况大幅好转,营业收入从1926年的6800万帝国马克攀升至1927年的1.21亿帝国马克,1928年和1929年均超过1.3亿帝国马克。

人力层面:精简员工规模。两家公司合并意味着存在两批员工,其中许多人将执行相同的任务,同时必须确定需要关闭哪些工厂,保留哪些工厂。1927年戴姆勒-奔驰有18124名员工;1932年公司用8850名员工生产了更多的汽车。

财务层面:发行债券,实施增资。合并后的戴姆勒-奔驰公司为了偿还银行贷款,公司发行利率为6%的债券,并将股本增加至5040万帝国马克以收购新工厂及设备。从财务指标来看,这一阶段股本和长期负债均相应提高,显示出公司获得长期融资来源,投资于长期性经营资产(见图5-5)。

生产层面:学习美国,改进生产方式。1928年Sindelfingen工厂开始批量生产车身,机械生产取代传统的制造技能,产能利用率从1926年的30%提升至1928年的58%(见图5-6)。车身制造从手工生产改成批量生产,车身大部件压制生产开始使用新型拉伸压力机。

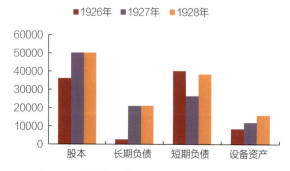

图5-5 戴姆勒-奔驰公司1926~1928年资产和权益(千帝国马克)

资料来源:Mercedes in peace and war

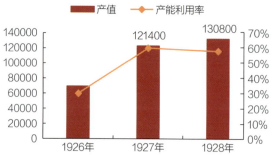

图5-6 戴姆勒-奔驰公司1926~1928年产值(千帝国马克)

资料来源:Mercedes in peace and war

2.2 政策与宏观经济影响公司发展

经济下行，德国汽车行业高赋税，行业竞争加剧。 1929年的金融危机造成了损失，经济复苏缓慢，1931年和1932年德国消费能力大幅下降。德国的驾车者承受较高的税赋，其缴纳的税款是法国的2倍，是美国的6倍。1929年通用收购欧宝，寻求在不断增长的欧洲市场占据一席之地，1932年，DKW、Horch、奥迪和Wanderer合并为Auto Union，汽车行业竞争进一步加剧。

1929年至1932年大萧条期间，戴姆勒-奔驰产销下滑，公司规模收缩。 1930年戴姆勒-奔驰生产的汽车有25%无法出售。1932年戴姆勒-奔驰的营业额相较1929年下滑一半，截至1932年底戴姆勒-奔驰累计亏损1340万帝国马克，相当于股本的近1/3。到1932年年底公司仅剩下9148名工人，相比于五年前几乎削减一半（见图5-7）。

政府出台税收优惠政策，戴姆勒-奔驰快速发展。 1933年德国政府为汽车行业出台了一系列税收优惠政策，1933~1937年期间，戴姆勒-奔驰的产销量快速提升，产值从1亿帝国马克（RM）提升到3.68亿帝国马克，产能利用率从60%提升至85%（见图5-8）。

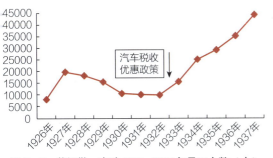

图5-7 戴姆勒-奔驰1926~1937年员工人数（人）
资料来源：Mercedes in peace and war

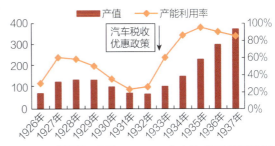

图5-8 戴姆勒-奔驰1926~1937年产值（百万帝国马克）
资料来源：Mercedes in peace and war

2.3 产品策略清晰，确立公司行业地位

两家公司合并后，戴姆勒-奔驰产品策略清晰，推出了多款经典车型，既有高端车型为公司塑造品牌，打造知名度，又有经典的走量车型170，为公司创造利润，同时奠定了在中型车市场的地位。

2.3.1 高端产品成功，树立品牌影响力

S系列车型在赛车领域屡获佳绩，成为品牌的最好宣传。 20世纪20年代末到30年代初戴姆勒-奔驰的影响力越来越大，这在很大程度上归功于传奇的S系列（1927~1933年）增压跑车的成功。1927年戴姆勒-奔驰推出了S系列车型，这款车引领了一种新型高性能跑车的时代（见图5-9）。之后又推出了性能更强的SS、SSK、SSKL车型。"S系列"在赛车领域获得了许多胜利：1927年、1928年和1931年的德国大奖赛，1931年和1932年的阿沃斯比赛，1931年的埃菲尔比赛，1931年的"Mille Miglia"，1930年和1931

年的欧洲爬坡锦标赛以及 1932 年的德国高山锦标赛等。虽然整个 S 系跑车产量不足 290 辆，但它在赛车中的惊人表现成为梅赛德斯最好的广告。

推出 380 和 500K/540K，延续卓越。1933 年戴姆勒-奔驰推出了"SS"和"SSK"的替代车型——380 车型（见图 5-10）。380 车型是时代变化的典型产物，配备升级版的独立悬架、带有螺旋弹簧的后摆轴，同时运用最新的前轴技术。由于部分客户认为 380 动力不足，戴姆勒-奔驰在 1934 年和 1936 年分别推出了动力更强的 500K 和 540K（带有增压器），排量分别为 5.0L 和 5.4L（见图 5-11）。这些车辆都严格按照客户的意愿和要求进行定制。500K 和 540K 是经典汽车中非常受欢迎的车型。

图 5-9　S 车型

资料来源：戴姆勒公司

图 5-10　380 车型

资料来源：戴姆勒公司

推出高端车型 770，获得市场认可。1930 年，公司在巴黎车展上发布了 770 车型（1930~1938 年），这代表戴姆勒-奔驰已重新涉足国际汽车工程的高端领域（见图 5-12）。这款 7.7L 8 缸直列发动机在自然吸气模式下的输出功率为 150PS，搭载增压器时可达 200PS。与"S"系列车型一样，770 也配备了双点火装置，每个气缸配备两个火花塞，一个通过高压电磁点火，另一个通过电池点火。尽管"梅赛德斯"的设计在技术上较为保守，但在许多国家迅速得到认可和接受，仅日本皇室就在 1932 年至 1935 年间订购了 6 辆"梅赛德斯"的样车。新的顶级梅赛德斯-奔驰（Mercedes-Benz）车型在工业家和高级金融家中也非常受欢迎，这些车辆都是制造商单独定制的。

图 5-11　500K

资料来源：戴姆勒公司

图 5-12　770 车型

资料来源：戴姆勒公司

2.3.2　在中型车市场占有一席之地

在 20 世纪 20 年代经济困难的时期，推出吸引人的、价格合理的汽车对于赢得中型车市场份额至关重要。1926 年的柏林车展上，新合并的戴姆勒-奔驰推出了 2L 车型斯图加特200，该车上市后立即取得了成功，1929年初又推出了斯图加特260。

推出价格合理的入门级中型车170，帮助公司渡过经济危机，树立中型车市场地位。
面对汽车行业的压力，1931年戴姆勒-奔驰推出了170车型，170价格合理，为4400帝国马克（见图5-13）。作为排量最小，价格最低的车辆，它占据了梅赛德斯-奔驰乘用车系列的最低位置。170型发动机在使戴姆勒-奔驰克服经济危机方面发挥了关键作用。在1932年总共制造了4438辆170车型，仅这个数字就高于所有梅赛德斯-奔驰乘用车车型1931年的总产量。170在1936年春季让位于170V，除了发动机排量外，170V与之前的

图5-13 170车型
资料来源：戴姆勒公司

版本没有任何共同之处。170V采用全新的技术设计，尽管轴距更长，但新车架比170中使用的车架轻了约50kg，而且更坚固。170V在1936年3月发布时有多种车型，包括两门轿车、四门轿车、敞篷轿车和两门敞篷旅行车等。虽然170V是梅赛德斯-奔驰乘用车系列的入门级车型，但它是一系列竞赛用车的基础。从1935年7月到1942年11月，170V乘用车的总产量达到71973辆。170V是梅赛德斯-奔驰战前最重要的乘用车车型，这使梅赛德斯-奔驰（Mercedes-Benz）品牌在中型车领域中名列前茅。

随着经济恢复，在170的基础上推出升级车型200和290。 梅赛德斯-奔驰170推出后仅一年半，公司又对乘用车进行了更新，并扩大产品范围。1933年公司推出了200（1933~1936年）、290（1933~1937年）和380三种新车型。相比于170，200的动力更强劲，而且更宽敞，其他的技术概念与170大致相同。200取代了斯图加特200，因为斯图加特200带有刚性车轴的底盘没有跟上时代的脚步。290后轴的设计与200相同，但290在差速器后面有一个补偿弹簧，并且该车有多种车身可供选择。200和290的推出代表了公司整个产品系列可以系统性的延续。

推出首款批量生产的柴油发动机乘用车260D。 柴油发动机具有耐用性和经济性的特点，在商用车中展示了其优点。在1936年的柏林车展上，戴姆勒-奔驰展示了搭载柴油发动机的乘用车260D（1936~1940年），260D是世界上第一批批量生产的柴油发动机乘用车（见图5-14）。最初的车型几乎全部用作出租车，这不仅是由于发动机的经济性，而且还归功于宽敞的六座车身。260D为柴油发动机乘用车的持久成功奠定了基础。

合并后公司推出了多项措施，使经营情况好转，公司稳健发展。政策的支持和宏观经济的恢复，为公司快速发展创造了良好的外部环境。公司正确的产品策略以及优秀的产品，在这一时期为公司树立了行业地位，并在技术方面和资金方面快速积累。

图5-14 260D
资料来源：戴姆勒公司

3 第二次世界大战打乱发展节奏，战后快速恢复（1939~1952年）

第二次世界大战的爆发打乱了戴姆勒-奔驰的发展节奏，同时给公司带来了比较大的创伤，本节主要分析第二次世界大战对公司的影响以及公司战后的恢复。

第二次世界大战影响了公司的发展（1939~1945年）：第二次世界大战期间，公司生产转向军备，乘用车发展受到影响，战争给公司带来了严重的创伤。

战后恢复（1946~1952年）：战后公司恢复生产，通过170和300等车型使经营逐步走向正轨。

3.1 第二次世界大战对公司造成重大创伤

第二次世界大战的爆发打乱了戴姆勒-奔驰的经营节奏。1939年9月，从战争一开始私人汽车的销售就被禁止，德国所有的汽车制造商都转向了军事生产。1941年戴姆勒-奔驰生产部门员工分配情况见表5-2。戴姆勒-奔驰需要生产货车、皮卡等，但是也越来越多地生产飞机发动机、舰艇发动机。由于人们开始收到征召文件，戴姆勒-奔驰失去了10%以上的劳动力，尽管工人人数减少，对产量扩张的需求却增加了。1944年戴姆勒-奔驰参加大型军用火箭的研制，战争结束时V2火箭已经基本研究成功，成为全世界第一艘成功制造的大型火箭。战后在V2火箭的基础上，人类制造出大型运载火箭。

表5-2 1941年戴姆勒-奔驰生产部门员工分配情况

工厂	部门	人数
第60厂（温特图尔凯姆工厂发动机设计部）	飞机发动机制造部	1234
	海军舰艇发动机制造部	1270
	飞机发动机修理部	155
第10厂（迈廷根厂）	飞机发动机部件制造部	1337
	鱼雷发射制造部	128
	探照灯发动机制造部	350
	机动车制造部	1289

资料来源：百年奔驰 DaimlerChrysler Chronik 1883~1998

1945年第二次世界大战结束，战争给戴姆勒-奔驰带来了重创，戴姆勒-奔驰损失了价值共计1.94亿帝国马克的资产，战后戴姆勒-奔驰面临诸多挑战：

生产资本几近摧毁。战后图尔凯姆、辛特尔芬和戈根瑙工厂被摧毁80%，柏林马林费尔德工厂被完全摧毁。只有曼海姆工厂的损坏较小，乘用车生产设施几乎完全摧毁，但辛特尔芬工厂的 170 车型设备幸存，在战后恢复中发挥了重要作用。

海外子公司和销售机构消失。国外和东德合计账面价值 1010 万帝国马克的工厂和设备已损失。戴姆勒 - 奔驰公司失去了其海外子公司，以及维也纳、苏黎世、巴黎、伦敦和布达佩斯的销售机构。

原材料和能源供应承压。一方面，战后德国工业整体面临困难，使得原材料如车身填充材料、油漆、玻璃和许多车身配件供应紧张；另一方面，战后德国对汽油、电力等限量供应，使生产遭遇瓶颈。

3.2 在废墟中重生

第二次世界大战后戴姆勒重新获得了汽车的生产资格，在中型车和高端车市场分别推出车型，同时稳步推进战后重建工作（见图 5 - 15）。1948 年的货币改革有助于戴姆勒 - 奔驰发展海外市场。1953 年戴姆勒 - 奔驰成为德国最大的乘用车和商用车制造商，而 1933 年戴姆勒 - 奔驰是德国第三大汽车制造商（见图 5 - 16）。

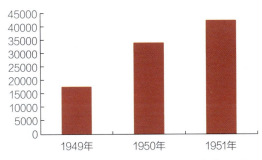

图 5 - 15　戴姆勒 - 奔驰 1949 ~ 1951 年乘用车产量（辆）
资料来源：戴姆勒公司、百年奔驰 DaimlerChrysler Chronik 1883 ~ 1998。

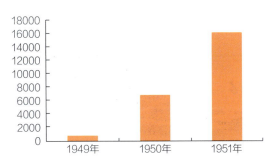

图 5 - 16　戴姆勒 - 奔驰 1949 ~ 1951 年出口销售收入（万德国马克）
资料来源：戴姆勒公司、百年奔驰 DaimlerChrysler Chronik 1883 ~ 1998。

战争结束后，戴姆勒 - 奔驰主要从两个方面恢复乘用车的生产：一方面是以 170V 为基础推出中端车型，获得销量提升；另一方面推出以 220 和 300 车型为代表的新系列高端车型，梳理品牌。

170 系列车型在戴姆勒 - 奔驰战后恢复过程中发挥了重要作用。由于 170V 的生产设备在战后保存了下来，1946 年戴姆勒 - 奔驰恢复乘用车生产，首先生产 170V 车型，包括送货车、救护车和警用巡逻车，1947 年 7 月恢复了四门轿车的生产。1949 年 5 月，戴姆勒 - 奔驰的新型乘用车 170D 和 170S 在汉诺威技术出口博览会上亮相。170D 配备了 1.7L 柴油发动机，这是战后第一款以柴油为动力的乘用车（见图 5 - 17）。与汽油车相比，170D 燃油消耗率明显更低。耐用和经济成为戴姆勒 - 奔驰柴油动力乘用车的代名词。1950 年和 1952 年公司对 170V 和 170D 进行升级，不仅优化了车辆的安全性，而且提升了舒适性。170S 在概念上和风格上都是基于战前 230 车型，与 170V 相比，170 S 拥有更强劲的发动机，改进的前轴以及更宽敞的车身。170车型系列一直生产到1955年，在公司战后恢复的过程中发挥了至关重要的作用。

重回高端车市场，300成为代表性汽车。在1951年的法兰克福国际汽车展上，戴姆勒－奔驰发布了220和300型乘用车。这两款车型均配备了全新6缸发动机。220车型主要基于170S，除了配备了2.2L/80hp的发动机外，底盘和车身与170S几乎完全相同，由于提高了发动机的功率，220车型的前轮配备了双制动器。220及其升级版的车型一直生产到了1955年。300车型是当时德国生产的最大、最快的汽车，很快便成为政治和工业界最具代表性的汽车（见图5-18）。在一定程度上，它是战前时代"大奔驰"的真正继承者。首批重要的客户包括总理康拉德·阿登纳尔、总统西奥多·休斯、财政部长路德维希·艾哈德等，其中阿登纳曾拥有六种不同的300车型。从技术上和概念上讲，300的起源可以追溯到1940年的260型。在第一个版本中，它的最大功率为115hp，最大速度为160km/h。1951年10月300S车型在巴黎车展亮相，该车定位为具有跑车特性的汽车，在行驶性和速度方面满足了最高要求，300S的技术主要来自300，但是它的轴距缩短了150mm。

图5-17　梅赛德斯－奔驰170D车型
资料来源：戴姆勒公司

图5-18　梅赛德斯－奔驰300车型
资料来源：戴姆勒公司

稳步推进工厂重建，积极开发海外市场。到1950年战后初步重建完成，与1943年的状况相比较，温特图尔凯姆工厂恢复了80%，曼海姆工厂和戈根瑙工厂恢复了97%，辛特尔芬工厂扩建了50%。1952年，戴姆勒－奔驰建立总检验部以保证产品质量。1948年货币改革之后，戴姆勒－奔驰迅速集中精力重新进入海外市场。1950年戴姆勒－奔驰与巴西签署一项贸易协议，最初供应1000辆未组装货车，随后又获得了另一份价值数百万美元的订单，包含2000辆货车、1500辆轿车和500辆公共汽车。经庇隆政府批准，阿根廷梅赛德斯－奔驰公司于1950年成立，戴姆勒商用车今日在南美的市场地位可追溯到此。到1952年，戴姆勒－奔驰的产品出口到80多个国家，出口销售收入达到2.3亿德国马克。

第二次世界大战打乱了戴姆勒－奔驰的发展节奏，战后公司基于170V发展，300的推出再次确立了公司在高端车的市场，同时公司重新打开海外市场。战后公司快速恢复，为后续的腾飞奠定了基础。

4 黄金发展时代，高端品牌稳固（1953~1971年）

战后德国经济高速发展，1955年德国政府明确其对汽车行业的支持态度，降低20%汽车税，以推进汽车在德国普及，德国汽车市场高速增长。戴姆勒-奔驰更以超过行业的速度快速发展。1954~1971年戴姆勒-奔驰公司营业收入年均复合增速达13.9%，1954年出口收入占其总营业收入的33.5%，至1971年出口收入占其总营业收入的56.5%。本节主要分析了戴姆勒-奔驰在20世纪五六十年代再次获得成功的原因（见图5-19）。

图5-19 戴姆勒-奔驰母公司营业收入（百万德国马克）
注：1960年营业收入数据缺失。

4.1 产品策略不断完善，品牌力提升

这个阶段戴姆勒-奔驰明确了乘用车主力产品的分级概念，通过跑车和顶级车型重新树立了品牌力，并不断提高商用车的竞争力。

4.1.1 乘用车主力产品走向成熟，明确产品分级理念

根据主力产品的设计理念不同，这一时期主要分为三个阶段："Ponton Mercedes"时代（1953~1958年），"Fintail Mercedes"时代（1959~1964年），车型分级时代（1965~1972年）。

(1)"Ponton Mercedes"时代（1953~1958年）：戴姆勒-奔驰车型主要采用Ponton车身

推出新型中级车，采用Ponton车身。 1953年8月，戴姆勒-奔驰推出了具有Ponton车身的180车型，这样的设计可以降低空气阻力和风噪，并使车内更宽敞（见图5-20）。180车型的设计概念在当时非常时尚，其驾驶性能比170S更好。1954年1月180D车型推出；1956年3月190车型推出，该车基于180车型，其更强大的发动机可以达到75hp，并采用了跑车190SL出色的转向系统；1958年190的柴油版本190D推出；1959~1962年之

间 180 和 190 先后进行了几次升级,但是仍然保持了"Ponton"车身的特点。

推出具有现代概念的高级车,车身概念基于中型车 180。 1954 年 3 月,戴姆勒-奔驰推出了具有现代整体概念的新型 220a 车型,该车基于 180 车型,采用了"Ponton"车身(见图 5-21)。虽然 220a 的 6 缸发动机是从其前代车型继承而来,但是发动机有更高的压缩比和功率,同时刹车系统明显改善。1956 年 219 和 220S 上市,其中 220S 是 220a 的后继车型,1958 年 220SE 上市,与 220S 相比,采用了博世汽油喷射系统。219 是 190 和 220a 的组合,它采用了 220 的发动机,但是配置有所降低,是一款配备较少但价格便宜的 6 缸车型。

图 5-20 梅赛德斯-奔驰 180 车型
资料来源:戴姆勒公司

图 5-21 梅赛德斯-奔驰 200a 车型
资料来源:戴姆勒公司

(2)"Fintail Mercedes"时代(1959~1964 年):戴姆勒-奔驰的车型主要采用 Fintail 车身

高级车采用 Fintail 车身,车型配置逐步提高。 1959 年 8 月戴姆勒-奔驰推出了 3 款新车型 220b、220Sb 和 220SEb 以代替 219、220S 和 220SE,3 款新车之间的主要区别是发动机排量不同。这 3 款车型均具有宽敞、优雅的车身,采用 Fintail 车身主要是受美国人的影响,是对当时时尚的一种让步。1961 年推出的 300SE 与 220SEb 非常相似,但许多技术专长已作为标准配备,基本设备不仅包括 4 速自动变速器和新开发的助力转向系统,还包括空气悬架,这是首次在梅赛德斯-奔驰上使用,并将运动操控性和乘坐舒适性最大限度结合。

新的中级车与高级车采用相同车身,产品区分度减小。 1961 年 8 月推出了搭载 4 缸发动机的 190c 和 190Dc,新车与 6 缸车型一样采用了 Fintail 车身("尾翼主体")。随着新 4 缸车型的推出,戴姆勒战后的模块化组织系统达到了新的高度,中级和顶级产品线的汽车不仅使用相同的组件,而且装配了几乎相同的车身,这在公司历史上从未出现过(见图 5-22)。随着 Ponton 车型系列在 1962 年停产,所有大规模生产的梅赛德斯-奔驰乘用车车型都具有统一的车身。

图 5-22 梅赛德斯-奔驰 190c 车型
资料来源:戴姆勒公司

这样做的最大优势在于可以节约开发、制造和库存的成本，中级汽车的驾驶员也能享受到宽敞的内部空间。但是也导致了两个严重问题：一方面，4缸车的总长度增加了230mm，在停车位较小的时候会出现问题；另一方面，一些顶级车型的拥有者更希望与不太知名的车型保持更大的差异。

（3）车型分级时代（1965～1972年）：中级车和中级以上车型做了明显的区分

为了解决中级车和高级车相似度过高引起的问题，1965年在推出新的高级车时，公司重新调整了设计理念，通过提高车身的差异化以增强不同级别车型的区分度。

高级别车采用新车身，产品配置持续提升。1965年8月戴姆勒-奔驰推出250S、250SE和300SE型取代Fintail型的220Sb、220SEb和300SE（见图5-23）。这3款车型都采用了简洁的形式，避免了所有时尚细节。除了新的车身外，将2.2L发动机升级到了2.5L。新的300 SE使用了6活塞泵而不是2活塞泵，而且它不再装有空气悬架。但是，与两个2.5L车型一样，它在后轴上装配了液压

图5-23　梅赛德斯-奔驰220Sb车型
资料来源：戴姆勒公司

气动补偿弹簧，而不是以前的螺旋弹簧，该螺旋弹簧使车身的水平面保持恒定，而与负载无关。1966年推出了轴距更长的300SEL，后排的腿部空间得到增加。1968～1972年期间，该系列先后推出多款升级版本的车型，包括280SE 3.5、280SEL 3.5和用于出口的280SE 4.5、280SEL 4.5、300SEL 4.5等。

中级车外形与之前不同，进一步丰富产品阵容。1968年推出了6种型号的中型车，其中顶级型号250的外形与其他车型不同，是唯一一款在前部装有双保险杠的车型。200和220采用了4缸发动机，而230和250采用了6缸发动机。与以前的车型相比，这批车型显著提升了驾驶性能（见图5-24，图5-25）。1969～1973年之间，戴姆勒-奔驰推出了多款升级版本的中型车，新推出的车型完善了公司的产品线，除了供私人用车，一些版本车型也供出租车服务及旅行社、航空承运人、使馆和政府使用。双门轿跑车250C和250CE的推出使中级产品线中首次出现了独家轿跑车车型。

图5-24　梅赛德斯-奔驰200D车型
资料来源：戴姆勒公司

图5-25　梅赛德斯-奔驰250S车型
资料来源：戴姆勒公司

4.1.2 跑车打开美国市场,顶级车型树立公司形象

传奇跑车300SL深受美国认可,跑车190SL畅销美国市场。1954年2月,跑车300SL和跑车190SL于纽约"国际汽车运动展览会"上亮相。鸥翼双门跑车300SL是战后戴姆勒-奔驰开发的第一款真正的跑车,也是戴姆勒-奔驰首次在连体汽车中使用了燃油喷射,与化油器赛车相比,增加了40PS,其最高速度可达到235~260km/h,从1954年8月到1957年5月,辛德尔芬根工厂生产了1400辆。1957年推出了一款敞篷跑车,是鸥翼车型的继承者。公司还为美国跑车锦标赛制造了特殊版本的车型——300 SLS,该车以巨大的优势赢得了美国跑车锦标赛(见图5-26)。2座GT跑车190SL是基于180车型而开发,搭载了当时新型的1.9L 4缸发动机,在1955年实现量产(见图5-27)。190SL有多个不同版本,包括敞篷跑车、带有可移动硬顶的双门跑车等。产量数据证明了190SL在当时的成功程度:从1955年5月至1963年2月,辛德尔芬根工厂制造了25881辆190SL,其中大多数发往了美国市场。1963年300SL和190SL停止了生产。

图5-26 梅赛德斯-奔驰300SL Coupé 车型
资料来源:戴姆勒公司

图5-27 梅赛德斯-奔驰190SL车型
资料来源:戴姆勒公司

Pagoda SL系列跑车进一步扩大美国市场销量。1963年戴姆勒-奔驰推出230SL新型跑车以取代190SL和300SL(见图5-28)。230SL是一辆舒适的两座GT车,拥有出色的行驶性能和行驶安全性。230SL的技术概念主要基于220SE,因此与190SL和300SL有较大不同。1967年和1968年公司先后推出了升级版的跑车250SL和280SL,每一代跑车的更新都与当时对应的顶级轿车有较大关系,1971年3月280SL的生产结束。8年中SL车型共生产了48912辆,由于车顶的特殊形状,跑车230SL、250SL和280SL现在通常被称为"Pagoda SL"。

图5-28 梅赛德斯-奔驰230SL车型
资料来源:戴姆勒公司

顶级车型600是安全、舒适的象征,进一步提升品牌形象。1963年在法兰克福国际车展上出现的600引起了轰动,新的顶级车型600被设计为旨在满足最高需求的独家代表车型,因此它采用了很多在当时是最高标准的技术。这是戴姆勒-奔驰首次使用V8喷射发

动机，该发动机排量为6.3L，最大功率为250 hp，该车搭载了标准自动变速器，具备跑车所特有的驾驶性能，600 重约 2.5t，最高速度为 205km/h，可在 10s 内从 0 加速到 100km/h。该车转向柱上的减振器和四个车轮上的盘式制动器都提高了车辆的安全性。其空气悬架、中央门锁系统、电子加热和通风系统以及独特的液压系统极大地提高了乘坐的舒适性，其前排座椅可以水平和垂直调节，座椅靠背可倾斜控制，并带有滑动天窗。600 除了具有 3200mm 轴距的 5 座和 6 座轿车外，还有 3 种 3900mm 轴距的 7 座和 8 座 Pullman 版本（见图 5-29）。戴姆勒 - 奔驰在 1965 年制造了战后第一款防弹车，在 1971 年 5 月至 1980 年 11 月之间共制造了 43 种有特殊安全功能的 600。600 一直生产到 1981 年 6 月，17 年间总共生产了 2677 辆（见图 5-30）。

图 5-29　梅赛德斯 - 奔驰 600 Pullman-Landaulet 车型

资料来源：戴姆勒公司

图 5-30　戴姆勒 - 奔驰母公司 1954～1971 年乘用车产量及同比（辆）

资料来源：戴姆勒公司

注：1960 年产量数据缺失。

这一阶段，戴姆勒 - 奔驰的两个策略对其品牌塑造起到重要作用：第一，以先进技术为内核，戴姆勒 - 奔驰为产品创建性能、舒适性、安全性的标签。在性能方面，戴姆勒 - 奔驰凭借其在发动机和底盘设计领域的技术积累，将一系列创新技术引入乘用车，如将 1958 年在飞机发动机和赛车领域得到验证的燃油喷射技术引入 220 型乘用车，大幅提高发动机的效率和车辆的平稳运行特性。在舒适性领域，除优越的发动机提供安静和流畅的驾驶性能外，戴姆勒 - 奔驰通过扩大乘客空间、提供更高标准的内部设备等提升车辆的舒适性。在安全性领域，早期研发成果大量引入乘用车，其中刚性乘客舱和碰撞区最具有开创性。第二，扩大细分市场，确定车型分级理念。梅赛德斯 - 奔驰车型数量从 1954 年不到 8 款增至 1971 年的 20 款，占据更广泛的细分市场，注重开发中高端级别车型。以英国市场为例，在超过 2000 英镑的价格类别市场中，梅赛德斯 - 奔驰占据近 13% 的份额，位居英国 Leyland 之后的第二位，并领先于劳斯莱斯，詹森和阿斯顿马丁等知名品牌，超过 2000 英镑的价格领域竞争加剧，梅赛德斯 - 奔驰选择通过进入超过 3000 英镑的细分市场来应对这一挑战。高端车型与较低端车型之间更为明确的区分度有利于戴姆勒 – 奔驰维护其高端品牌价值。这一阶段的中级车和中高级车后期演化为 E 级和 S 级。

4.1.3 商用车产品种类齐全，经济性佳

戴姆勒 – 奔驰公司在商用车领域竞争力非常突出。20 世纪 60 年代，戴姆勒 – 奔驰公司成为世界上最大的柴油卡车制造商，卡车产品包括从小型运输货车到 35t 的货车，其巴士产品包括从 10 座的小型豪华巴士到可搭载 112 名乘客的城际巴士。

互换零件系统将定制化需求与批量生产相结合，提高经济性。60 年代早期戴姆勒 – 奔驰提出了互换零件系统的概念：尽可能使用相同零部件。戴姆勒 – 奔驰以 12 个基本车型为基础，可以生产出超过 100 个不同版本的车型，以满足工业和商业用途。到了 1970 年，戴姆勒 – 奔驰的技术更加成熟，拥有 32 种基本车型和大约 500 种车型。这种可互换的零件系统和大规模的系列化生产，将定制化需求与批量生产相结合，为企业带来更大的经济优势。这种开发理念的优势不仅体现在生产环节，也使运输公司更加受益。戴姆勒 – 奔驰通过这种方式为每个市场量身定做产品，运输公司可以在戴姆勒 – 奔驰的车型中选择需要的有效载荷，而且维护更方便。这样的设计理念使得戴姆勒 – 奔驰卡车在竞争激烈的欧洲市场上获得了成功（见图 5 – 31）。

图 5 – 31 戴姆勒 – 奔驰母公司 1954 ~ 1971 年商用车在德产量及同比（辆）
资料来源：戴姆勒公司
注：1960 年产量数据缺失。

低油耗提升经济性，产品性能强。戴姆勒 – 奔驰将直喷系统和预燃室的优势相结合，进一步提升了产品的竞争力，所有戴姆勒 – 奔驰商用车都实现了高性能品质：低油耗、快速冷起动、平稳运行、灵活性好、载荷能力高。产品优秀的质量更降低了用户维修的成本。

提供咨询系统，为用户提高经济性。1972 年初戴姆勒 – 奔驰为商用车客户提供运输咨询系统，以帮助运输承包商减少车辆使用效率不足、运输安排不合理和产品选择失误等问题，以提高车辆整体的经济性。戴姆勒 – 奔驰还可从中获取有关各个车型损坏类型和频率的信息以进一步研发更符合需求的产品。

4.2 技术进步和品质提升铸造产品竞争力

戴姆勒-奔驰在产品领域的持续突破,离不开其先进技术的支持和产品品质的提升。

优秀的燃油喷射技术,提升产品竞争力。戴姆勒-奔驰的 300 SL 和 SE 系列车型都使用了燃油喷射发动机。300 SL 赢得了世界汽车锦标赛,SE 系列车型凭借其出色的效率、平稳的运行特性和低转速下的良好牵引力而享有盛誉。第二次世界大战以前燃油喷射技术已经应用于飞机发动机,20 世纪 50 年代之后燃油喷射技术在公路车辆上得到应用。梅赛德斯-奔驰喷射发动机的特点主要包括:优秀的燃油经济性(比平均油耗大约低 15%),具有良好的冷起动性能,降低了废气排放中破坏性物质的组分。

质量和安全是戴姆勒-奔驰设计者的首要原则。戴姆勒-奔驰认为汽车工程的质量和安全在很大程度上决定汽车在高速公路上的性能,因此在车辆质量分布、底盘刚度、精确的车轮导向和车轮抓地性能等方面加大研发投入,旨在通过各种措施提高车辆的安全性。戴姆勒-奔驰 1949~1970 年安全领域主要创新见表 5-3。

表 5-3 戴姆勒-奔驰 1949~1970 年安全领域主要创新

年份	类型	研发成果
1949 年	A	用于防止路线严重偏离的前向防倾杆进入批量生产
	P	安全门锁
1951 年	A	正向双工伺服制动器被引入批量生产
	P	获得安全车身专利,其前后有刚性乘客舱/冲击吸收区
1952 年	A	转向减振器进入批量生产,显著改进转向稳定性
1953/54	P	自支撑 Ponton 形车身使车身刚性提高 100%
1954 年	A	自动调节再循环球式转向系统进入标准生产;引入单关节摆动轴;带有径向散热片和真空助力器的轻金属制动鼓进入批量生产阶段
1958 年	A	双作用充气式伸缩减振器被引入批量生产中
1959 年	A	新车型 220/S/SE 的摆动轴配有补偿弹簧(有效的双侧弹簧作用)
1961 年	A	前盘式制动器进入批量生产
1962 年	A	300SE 车型搭载后桥上的自动调平空气悬架和制动转矩补偿
1963 年	A	所有标准生产乘用车配备双回路伺服制动系统
1965 年	A	引入液位控制:液压气动补偿弹簧引入 6 缸汽车的批量生产,并按需引入 4 缸汽车
1967 年	P	方向盘下方的组合信号杆,安全转向柱,方向盘下的冲击吸收器等设备改善内部安全性
1968 年	A	引入对角摆动轴与前后防倾倒几何结构(作为 200 D/250 CE 车型标配)
	P	引入安全头枕

(续)

年份	类型	研发成果
1970 年	A	从 1968 年 300 SEL 6.3 车型开始,在大型 V 8 和 6 缸汽车中引入了内部通风盘式制动器,以及有助于冷却的带涡轮翅片轮辋
	A	防抱死制动系统准备投产

资料来源:戴姆勒公司

注:"A"表示主动安全,"P"表示被动安全。

梅赛德斯-奔驰产品卓越的质量品质不是偶然,对员工的培训、对技术的研究和对产品的测试是其产品质量的保证。公司通过多年的研究和无数次的测试,形成了一个巧妙的质量控制系统,该系统充分利用了员工的技能,10 名工人搭配 1 名检查员,这些重要的技术工人共同铸造了梅赛德斯-奔驰的产品品质。戴姆勒-奔驰为保留这些优秀的员工做出了巨大努力,戴姆勒-奔驰成立了学徒学校以培养员工,学徒期为 3~3.5 年。

4.3 扩大海外出口,提升服务质量

戴姆勒-奔驰在这一阶段实现了海外市场的快速渗透,出口收入大幅增长。1955 年戴姆勒-奔驰出口收入为 5.1 亿德国马克,到 1965 年其出口收入已增长至 16.5 亿德国马克,到 1971 年出口收入增至 35 亿德国马克,产品出口至超 160 个国家。

通过跑车获得美国市场认可,产品设计导向美国市场。20 世纪 50 年代戴姆勒-奔驰首先通过跑车 300 SL 和 190 SL 获得了美国市场的认可,之后为迎合美国消费者的喜好,推出了尾翼设计的车身。1954~1971 年戴姆勒-奔驰在美国的销量快速增长,在 1959 年之前美国已成为戴姆勒-奔驰最大的出口国家,1964 年戴姆勒-奔驰在美国出口销售额占其出口销售额的 19.4%。在美国设立全资销售公司,进一步推动在美销量增长。随着美国市场梅赛德斯-奔驰乘用车需求的增长,戴姆勒-奔驰在美国寻找合作伙伴支持其分销业务。1957 年戴姆勒-奔驰与美国柯蒂斯·莱特公司签订合约,由斯图特贝克-派克公司负责梅赛德斯-奔驰乘用车和柴油发动机在美国的销售业务。尽管该公司在全美拥有 2500 家经销商,但是市场份额正在下降,对梅赛德斯-奔驰产品销售缺乏行之有效的策略。1965 年戴姆勒-奔驰解除与斯图特贝克-派克公司的代理合同,重组该公司的经销商,设立全资子公司梅赛德斯-奔驰北美公司,此后,戴姆勒-奔驰在美销量打开新一轮的增长空间(见图 5-32)。

商用车全球化发展,采用本地建厂策略。戴姆勒-奔驰商用车业务在全球快速扩展,到 1968 年戴姆勒-奔驰商用车出口份额已达到 50%,全球化有利于降低单一市场的经济波动带给公司的影响,本地化生产是戴姆勒-奔驰进行全球化的重要策略。戴姆勒-奔驰自 50 年代开始在海外建厂,到 1973 年戴姆勒-奔驰在海外 7 家工厂生产商用车和柴油发动机:在巴西和阿根廷由全资子公司建厂,在西班牙、南斯拉夫、南非、土耳其和伊朗与

图 5-32 戴姆勒-奔驰 1952~1971 年美国销量（千辆）及同比
资料来源：carsalesbase

合作伙伴共同建厂。在印度，戴姆勒-奔驰与塔塔集团合作，印度成为其重要出口市场之一。到 1973 年，巴西梅赛德斯-奔驰公司成为南美领先的公共汽车和柴油卡车生产商，月产量达 1300 辆。戴姆勒-奔驰 1973 年主要商用车海外工厂见表 5-4。

表 5-4 戴姆勒-奔驰 1973 年主要商用车海外工厂

国家	方式	业务
巴西	全资子公司	巴西梅赛德斯-奔驰有限公司，制造梅赛德斯-奔驰卡车和公共汽车
阿根廷	全资子公司	1950 年设立阿根廷梅赛德斯-奔驰有限公司，制造梅赛德斯-奔驰卡车和公共汽车
西班牙	合作	1969 年成立西班牙梅赛德斯-奔驰产品推销公司（CISPALSA），生产和销售梅赛德斯-奔驰柴油发动机、迷你巴士和运输车
土耳其	合作	1966 年购买 Otobüs ve Motorlu Araclar Sanayi 公司 36% 股份，生产公共汽车部件，并进行整车组装
伊朗	合作	1969 年伊朗柴油发动机制造公司成立，戴姆勒-奔驰参股 1970 年伊朗柴油发动机制造公司开始装配商用车柴油发动机
南非	合作	1966 年收购南非联合汽车和柴油分销商（UCDD）26.7% 股权，开展商用车和乘用车的组装业务

资料来源：戴姆勒公司

戴姆勒-奔驰认为在同质产品情况下，以优质服务为后盾的产品更可能胜出，从此理念出发，戴姆勒-奔驰注重销售与服务之间的互动，1950~1971 年戴姆勒-奔驰销售和服务网络在全球迅速增长，1950 年戴姆勒-奔驰公司在国内外拥有的销售和服务网点分别为 343 个和 750 个。到 1971 年其国内外销售和服务网点数增长到 878 和 3482 个。以英国市场为例，戴姆勒-奔驰开创服务代理商模式，寻找以服务盈利而不具有销售业务的合作伙伴，与其签约并提供培训，从而扩大产品服务范围。其次，戴姆勒-奔驰在重要出口国建立自有分销子公司，形成国内外自有分销机构和经销商结合的销售网络，从而强化其市场影响力。1967 年，戴姆勒－奔驰在国内拥有 53 家自有分销机构和 828 家授权经销商，在美国、法国等国家设立自有销售公司。此外，乘用车业务和商用车业务的销售和服务在基本同质的组织中进行，有利于其降低物流和人力成本（见图 5-33）。

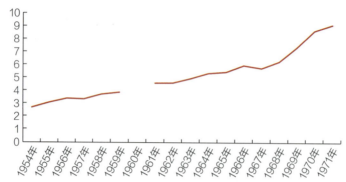

图 5-33　戴姆勒－奔驰母公司 1954~1971 年人均营业收入（千德国马克）
资料来源：戴姆勒公司
注：1960 年数据缺失。

扩大产能，提升生产效率。只有充足的产能才能满足市场需求，戴姆勒－奔驰扩大产能的方式主要包括投资新建工厂、与其他企业合作以及收购现有设备三种方式，公司认为这样的策略可以提高实际的投资效率。20 世纪 50 年代戴姆勒－奔驰开始引入自动化生产，公司在提高生产效率的同时，采取了多种措施避免裁员。

4.4　出售汽车联盟

对汽车联盟的收购不达预期，将其出售。汽车联盟成立于 1932 年，由奥迪、霍希（Horch）、DKW 和流浪者（Wanderer）合并而成。第二次世界大战后汽车联盟的生产设施几乎不复存在，1949 年在英戈尔施塔特重新成立。1958 年戴姆勒－奔驰购买汽车联盟 88% 股权，汽车联盟保持生产和管理的完全独立。1959 年戴姆勒－奔驰收购汽车联盟剩余股份，两公司合并。1962~1963 年冬季，大量汽车联盟汽车发动机故障造成严重的负面影响。戴姆勒－奔驰于 1965 年初开始剥离汽车联盟。大众收购汽车联盟的多数股权，并在 1966 年年底完成收购。汽车联盟重新启用"奥迪"品牌名称，在大众的帮助下焕发生机。戴姆勒－奔驰将出售汽车联盟的收益建造沃尔特工厂，进一步扩大了商用车产能。

这个阶段戴姆勒－奔驰的乘用车产品实现了清晰的分级，通过跑车和顶级车重新树立了品牌形象。技术水平和生产能力提高，销售体系进一步完善，销量迅速增加，扩大对外出口快速发展，行业地位不断提高。

5 应对挑战与变革（1972~1984年）

20世纪七八十年代，石油危机、安全法规和排放法规的推出，深刻地影响了全球汽车行业的发展。这个阶段，德国制造业也面临人力成本上升和德国马克升值的压力。戴姆勒-奔驰在此阶段妥善处理了各种挑战，仍然稳健发展（见图5-34，图5-35）。

图5-34 戴姆勒-奔驰1970~1984母公司营业收入（百万德国马克）

资料来源：戴姆勒公司

图5-35 戴姆勒-奔驰1970~1984年母公司净利润（百万德国马克）

资料来源：戴姆勒公司

5.1 石油危机：柴油车和紧凑车型战略制胜

两次石油危机带动燃油价格强劲上涨，全球经济波动加剧，德国国内经济低迷，全球汽车市场受到冲击。 1973~1974年的第一次石油危机期间，原油价格从3.3美元/桶突增至11.6美元/桶，增幅达252.0%；1979年开始的第二次石油危机，原油价格从14.0元/桶增至31.6元/桶，上涨125.5%（见图5-36）。两次危机期间全球汽车产量显著下滑，1971~1984年全球乘用车产量年均增速1.3%，全球商用车产量年均增速3.8%（见图5-37）。

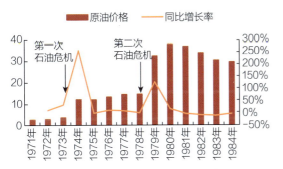

图5-36 1971~1984年原油价格经历两轮上涨（美元/桶）

资料来源：戴姆勒公司

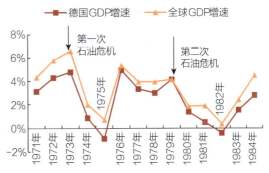

图5-37 1971~1984年两次石油危机冲击全球经济

资料来源：戴姆勒公司

在乘用车市场戴姆勒-奔驰逆势增长。 1971~1984 年期间戴姆勒-奔驰乘用车年均增速 4.1%，除 1978 年受工人罢工影响外产量均实现增长，占德国总产量份额在危机期间显著增长（见图 5-38）。在商用车市场戴姆勒-奔驰受市场整体趋势影响较大，1971~1984 年戴姆勒-奔驰商用车产量年均增速 0.9%，销量主要在 1980 年之后开始下滑（见图 5-39）。

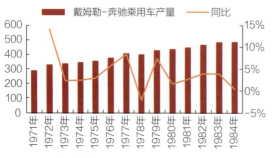

图 5-38 戴姆勒-奔驰 1971~1984 年乘用车产量（千辆）及同比

资料来源：戴姆勒公司

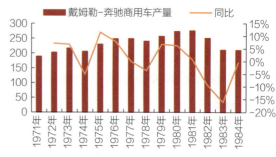

图 5-39 戴姆勒-奔驰 1971~1984 年商用车产量（千辆）及同比

资料来源：戴姆勒公司

在石油危机爆发后，戴姆勒-奔驰首先加大柴油车的投入，然后通过各种技术提高车辆的燃油经济性，继而推出紧凑型系列车型。公司多管齐下，使得产销量增速远好于行业平均水平（见图 5-40）。

增加柴油车车型，加大对柴油发动机研发投入。 柴油车具有更好的经济性，因此石油危机期间更受市场欢迎。戴姆勒-奔驰于 1973 年和 1974 年推出柴油车型 240 D 和 240 D 3.0，其中 240 D 3.0 配备 3L 5 缸发动机，是世界上第一款配备 5 缸发动机的乘用车。两款新车型加上原有的 200 D 和 220 D 丰富了柴油车的产品阵容。1975~1976 年推出的 9 款新型中档车型中有 4 款是柴油车车型。1973~1979 年公司柴油乘用车产量逐年增长，占乘用车总产量比重从 35% 增至 48%（见图 5-41）。中级车中柴油车占比超过 50%，柴油车是中级车增长的关键动力。1974 年戴姆勒-奔驰柴油车年产量增长 26.3%，其在美国柴油乘用车销量增长 61.7%，1976 年戴姆勒-奔驰美国柴油乘用车占其美国总销量份额达 73.8%。1976 年戴姆勒-奔驰开发出 C 111 实验车，C 111 实验车搭载改进的 5 缸柴油

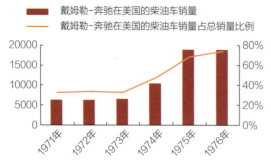

图 5-40 危机爆发后戴姆勒-奔驰在美国的柴油车需求激增（辆）

资料来源：戴姆勒公司

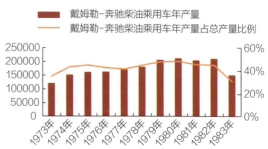

图 5-41 戴姆勒-奔驰柴油乘用车年产量及占总产量比例（辆）

资料来源：戴姆勒公司

发动机，配备勒特涡轮增压器和博世燃油喷射系统，创造 9 项世界速度纪录，打破此前由汽油汽车保持的纪录。C 111 实验车兼具性能与燃油经济性，当车辆达到超过 320km/h 的最高速度时，平均每 100km 柴油消耗量低于 16L。1978 年戴姆勒-奔驰推出 S 级首款柴油车 300 SD，该车不仅满足了美国市场对大型车的需求，也满足美国对燃油经济性和排放的要求。

提高发动机效率、优化车身设计，推出燃油经济性更好的车。 第一次石油危机爆发后，戴姆勒-奔驰非常重视降低汽车的燃料消耗，开发了多款燃油经济性更好的车，并在 1980 年前后推出。1980 年推出的新 S 级车型（开发始于 1974 年）搭载了新开发的轻合金发动机、轿车车身拥有优秀的空气动力学特性，使用了新开发的 4 速自动变速器和减重材料，燃油消耗降低了 10% 以上。1980 年推出的 4 缸汽油发动机引入了新的技术，燃油经济性提高了 13%。新推出的 300 TD Turbodiesel 旅行车的最大特点就是高性能和低油耗。

推出紧凑车型，打开新的增长空间。 1974 年戴姆勒-奔驰研发部门提交了开发紧凑车型的方案，董事会考虑到紧凑车型的推出可能会改变市场对梅赛德斯-奔驰产品理念的印象，因此这项提纲迟迟没有通过。随着市场对车辆燃油经济性的需求提高和美国燃油消耗新标准的推出，该提案在 1979 年通过。1982 年戴姆勒-奔驰推出紧凑车型 190 和 190E，次年推出柴油车 190 D 和运动型版本 190 E 2.3。新系列车型不仅尺寸更紧凑、重量更轻、经济性更高，而且运动性能和安全性卓越。梅赛德斯-奔驰紧凑车型获得市场的高度认可，德国超过一半客户将 190 作为第一辆梅赛德斯，在海外比例更高。1983 年梅赛德斯-奔驰紧凑车型占乘用车总产量比例达到 23.1%，到 1984 年突破了 40%（见图 5-42，图 5-43）。紧凑车型（后来的 C 级）是此前没有的车型系列，该系列与中车型（后来的 E 级）和 S 级共同组成了梅赛德斯-奔驰乘用车的三大产品线。

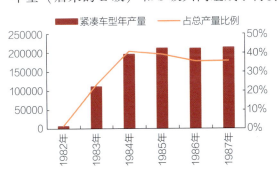

图 5-42　1982~1987 年戴姆勒-奔驰紧凑车型年产量及占总产量比例（辆）
资料来源：戴姆勒公司

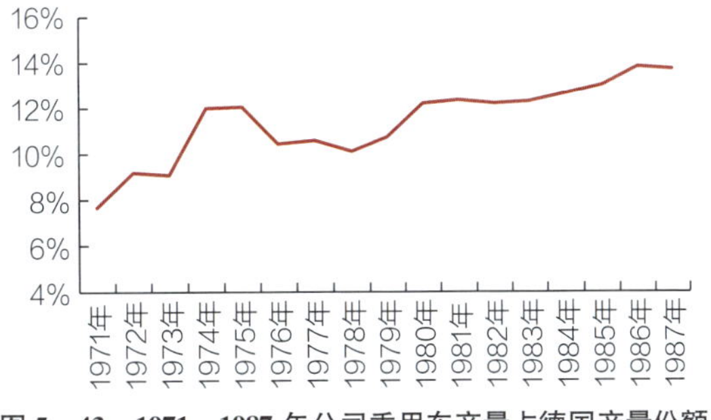

图 5-43　1971~1987 年公司乘用车产量占德国产量份额
资料来源：戴姆勒公司

戴姆勒-奔驰不仅非常重视燃油经济性，而且为客户提供成熟的整体设计，因此在其他领域也取得了进展，例如安全性、环境兼容性、实用价值、卓越的工艺、耐用性和高转售价值。公司为客户提供成熟的整体设计。这样的产品理念帮助戴姆勒-奔驰在市场竞争中进一步扩大优势。

5.2 监管法规：安全和排放两大领域突破

5.2.1 安全领域：开发安全实验车，汽车电子起步

戴姆勒-奔驰对于安全领域始终非常重视，在公司几十年的发展过程中，在汽车安全领域取得了很多突破，"安全"也成为戴姆勒-奔驰的重要标签。

为国际汽车安全项目提供合理性建议。20世纪70年代各国政府对汽车安全的重视度进一步提高，并推出了多项相关法案。1971年美国运输部和德意志联邦共和国交通部共同制定ESV项目规范，作为未来汽车安全法规修订的基础。戴姆勒-奔驰通过多项安全实验测试，综合考虑了安全性、经济性和使用的便利性，为ESV项目提供了合理性建议。

提升ABS技术，并在商用车中推广。戴姆勒-奔驰在早期就意识到，只有制动滑动的自动控制才能为制动系统带来决定性的改进。1970年戴姆勒-奔驰与海德堡TELDIX公司合作开发推出新一代防抱死制动系统（ABS），其制动系统实现显著进步。1978年戴姆勒-奔驰与博世共同开发第二代电控防抱死制动系统，该系统在紧急制动时也能保证操控性，并首先引入S级车型，上市初期就有25%的客户选择配备该系统。除了在乘用车上使用ABS，1981年公司将ABS成功地应用于重型货车和公共汽车上，之后又逐步向面包车和越野车推广应用。

开发安全气囊与安全带预紧器组合，所有车型均可搭载。1980年戴姆勒-奔驰开发了一种用于驾驶员的电子控制安全气囊和用于前排乘客座椅的安全带预紧器的组合，在较高的速度下，两种系统都进一步减少了乘员正面碰撞的后果。该安全带最初将作为S级轿车的可选设备，1981年之后所有车型均可搭载该设备。

开发雷达车辆间距系统研究。在政府的支持下，戴姆勒-奔驰与Standard Delektrik Lorenz公司合作开展雷达车辆间距系统研究，以减少潜在的交通碰撞事故。在雷达波束的帮助下，该设备测量车辆行驶的间隔距离和相对速度，并在一个危险计算器上处理测量变量，将此过程所需"安全"距离与实际距离进行比较，如果实际距离小于安全距离，则立即发出警告。该雷达车辆间距系统成本相当高，在当时不具备投产可能。

增加电子技术的使用，提升车辆性能。进入80年代，戴姆勒-奔驰加大对汽车电子的关注，开发了ABS（防抱死制动系统）和雷达车辆间距系统，同时将微电子技术应用于驾驶员路线导航和通信系统、液位和轮胎压力指示器等安全领域，还应用于催化转换器技术、多功能点火和空气燃料混合系统。除了在汽车上搭载了更多电子设备，戴姆勒-奔驰在产品开发和制造领域也加大了电子技术的应用。戴姆勒-奔驰1970~1987年主要安全领域成果见表5-5。

表 5-5 戴姆勒-奔驰 1970~1987 年主要安全领域成果

时间	安全领域成果
1970 年	与海德堡 TELDIX 公司合作开发推出新一代防抱死制动系统
1978 年	与博世共同研发的电控汽车防抱死制动系统，引入 S 级车型
1980 年	安全气囊和安全带预紧器首次在标准量产车中使用
1981 年	戴姆勒第一次将防抱死系统应用于商用车投入市场
1984 年	防抱死制动系统是所有 SETRA 公交车的标准设备
1987 年	商用车辆的第一个防滑调节系统（ASR）

资料来源：戴姆勒公司

5.2.2 排放领域：持续改进发动机，积极开展替代能源研究

20 世纪七八十年代，各国政府相继推出了更为严格的尾气排放法案。戴姆勒-奔驰的排放技术一直走在行业前列。1982 年其全系列柴油车已经达到欧洲经济委员会的新排放标准 R 15/04，自 1984 年 1 月起，公司所有汽车均符合 ECE 15/04 标准（该标准于 1986 年 10 月生效）。

优化发动机性能，应用三元催化转换器，提升排放技术。早期戴姆勒-奔驰主要通过开发化油器、燃油喷射和柴油发动机等技术实现更清洁的排放。针对 ECE 15/04 新排放标准，则通过使用催化转换器来满足。戴姆勒-奔驰开发的第二代催化转换器系统可以同时满足美国和欧洲的排放标准，该系统可以使用无铅燃料，针对缺乏无铅汽油的国家，推出"改装"（RUF）版本，该版本没有对铅敏感的催化剂和氧传感器。通过运用多项技术，戴姆勒-奔驰的柴油车和汽油车的排放效果均处于领先水平。

积极开展替代能源研究。60 年代末戴姆勒-奔驰开始参与由联邦研究和技术部发起的示范项目"道路交通的替代能源"。1969~1982 年戴姆勒-奔驰替代能源系统研究成果见表 5-6。戴姆勒-奔驰是唯一参与该项目所有分支（甲醇燃料，氢能技术，电力驱动和混合动力技术）的制造商。对燃料和动力系统的深入研究后，戴姆勒认为在可预见的未来，液体燃料和发动机仍是最好的技术。如果没有石油，则需要通过必要的设施和能源才能合成酒精燃料、液化气体和氢气。

表 5-6 1969~1982 年戴姆勒-奔驰替代能源系统研究成果

时间	替代能源系统研究
1969 年	第一辆电动公交车：梅赛德斯-奔驰 OE 302 采用混合动力驱动技术
1972 年	首款带可更换电池的电动测试车：梅赛德斯-奔驰 LE 306
1975 年	第一台氢试验车：梅赛德斯-奔驰 L 307 配有氢化物箱和内燃机
1979 年	首款采用柴油/电池组合运行的混合动力公交车：梅赛德斯-奔驰 OE 305
1979 年	开始为期 5 年的道路测试：13 辆混合动力公交车正常服务
1982 年	第一辆电动试验车：基于中型梅赛德斯-奔驰汽车的旅行车

资料来源：戴姆勒公司

5.3 稳健经营：财务政策合理，成本控制得当

5.3.1 投资审慎，财务健康

石油危机期间戴姆勒-奔驰投资分红较为审慎，财务状况稳健。一方面投资审慎，固定资产和金融资产占总资产比例下降至1976年的28.2%，并保持不超过31%的水平；另一方面，石油危机后公司降低分红率，从1975年的66.2%降至1977年的51.2%。这使得公司维持良好的财务状况：流动资产占总资产比例持续上升，1976~1984年维持超过70%的水平，较高的流动性增强公司抗风险能力。1970~1984年中长期负债率维持在20%~35%的区间内，财务风险可控（见图5-44~图5-46）。

图5-44 戴姆勒-奔驰1971~1984年PPE投资（百万德国马克）及同比
资料来源：戴姆勒公司

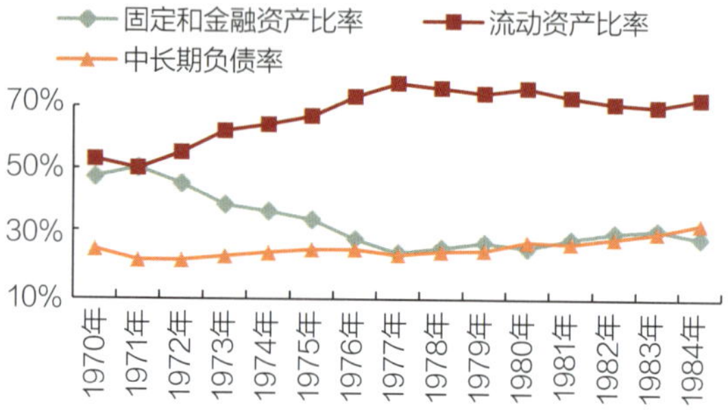

图5-45 戴姆勒-奔驰1970~1984年资产及负债比率
资料来源：戴姆勒公司

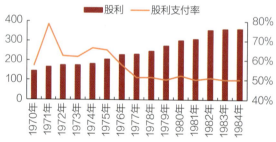

图5-46 戴姆勒-奔驰1970~1984年股利分配（百万德国马克）
资料来源：戴姆勒公司

5.3.2 劳动力成本控制得当

20世纪70年代戴姆勒-奔驰劳动力成本高企。德国汽车工业人均劳动力成本水平全球排名第一，戴姆勒-奔驰1970~1980年名义人均劳动力成本增长133.0%。1982年德国政府实施经济结构调整，控制劳动力成本增长。德国国内工会在1983年暂停提高名义工资，自1982年开始戴姆勒-奔驰人均劳动力成本增长开始放缓（见图5-47）。戴姆勒-奔驰1970~1984年职工薪酬与福利占营业收入比例维持在20%~30%区间内，从1970年的25.9%增至29.7%（见图5-48）。

图5-47 戴姆勒-奔驰母公司人均成本（德国马克）及同比

资料来源：戴姆勒公司

图5-48 戴姆勒-奔驰母公司职工薪酬与福利（百万德国马克）

资料来源：戴姆勒公司

在人力成本方面，戴姆勒-奔驰采取适应长期目标的人事政策以保持连续性，避免经常性基于产出和销售短期增长或减少而改变员工规模。措施如下：

实行浮动工时制以优化成本。1972年辛特尔芬根工厂成为戴姆勒-奔驰公司第一家实行浮动工时制的工厂，随后该制度向其他工厂普及。

通过培训提升员工能力，提高效率。1975~1985年戴姆勒-奔驰培训能力提高约45%，培训职位达到7700个，涉及36个技术职位和10个行政职业，为接受实际培训的德国和外国学生提供了200个空缺职位。戴姆勒-奔驰对其工厂和分支机构的培训设施进行大量投资。员工培训不仅能够提升产品质量标准，而且有利于精简员工队伍，使工人真正发挥效率。

5.3.3 供应链优化显著

1979年石油危机导致零部件等原材料价格强劲上涨，对戴姆勒-奔驰的供应链管理施加压力，戴姆勒-奔驰显著优化其供应链。戴姆勒-奔驰原材料成本占营业收入比重增长放缓，从1970年的54.9%降至1984年的49.6%，此外库存管理大幅优化，自1980年，名义原材料和制造用品存货价值与名义原材料成本脱钩，名义原材料和制造用品存货价值保持稳定（见图5-49）。

在供应链领域，戴姆勒-奔驰采取以下优化措施：

加强对采购市场的研究，深化与供应商的沟通。与具有竞争力的德国和外国公司发展合作，进一步利用国际采购机会。创造快速的信息处理和通信系统，1983年，戴姆勒-奔驰开始通过远程数据传输与供应商交换信息。

加强材料调度和库存管理，优化物流系统。通过精细的调度和管理系统，采用储存设施和辅助运输设备的标准化，戴姆勒-奔驰提升了库存管理的灵活性。例如，1982年戴姆勒-奔驰开始生产紧凑型190系列汽车，凭借数据通信系统，座椅供应商运营速度与汽车工厂同步。供应商可以按照组装所需的速度制造和交付座椅，从而降低座椅的库存（见图5-50）。

图 5-49 戴姆勒-奔驰母公司原材料名义成本（百万德国马克）及占营业收入比例

资料来源：戴姆勒公司

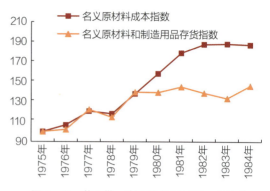

图 5-50 戴姆勒-奔驰母公司 1975~1984 年库存管理优化

资料来源：戴姆勒公司

危机期间戴姆勒-奔驰将成本控制和成本结构调整视为巩固竞争力的关键。一方面，石油危机爆发后德国国内零部件价格高涨；另一方面，德国汽车工业长期拥有高人力成本，但 1973~1984 年母公司销售净利率维持在 2%~2.5% 区间，表明其成本控制得当，经营稳健（见图 5-51）。

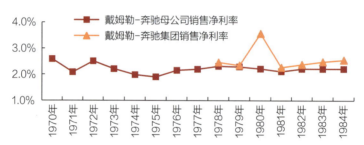

图 5-51 戴姆勒-奔驰 1970~1984 年母公司及集团销售净利率

资料来源：戴姆勒公司

5.4 扩大出口，全球化加速

1970~1980 年，德国马克持续升值，这给德国汽车出口带来了一定的压力，1980~1985 年德国马克贬值，德国汽车尤其是乘用车的出口明显好转（见图 5-52~图 5-54）。

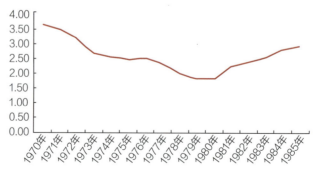

图 5-52 1971~1985 年美元对德国马克汇率

资料来源：CEIC

图 5-53 德国乘用车出口年均增速 0.3%（千辆）
资料来源：戴姆勒公司

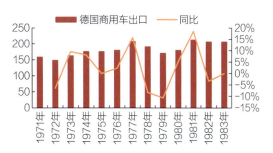

图 5-54 德国商用车出口年均增速 2.2%（千辆）
资料来源：戴姆勒公司

戴姆勒-奔驰出口表现出色，超出德国平均水平。1971～1984 年戴姆勒-奔驰乘用车出口年均增速为 5.1%，远超同期德国乘用车出口年均增速 0.3%，商用车出口年均增速为 3.1%，也高于德国行业平均水平（见图 5-55，图 5-56）。

图 5-55 戴姆勒-奔驰乘用车出口年均增速 5.1%（千辆）
资料来源：戴姆勒公司

图 5-56 戴姆勒-奔驰商用车出口年均增速 3.1%（千辆）
资料来源：戴姆勒公司

戴姆勒-奔驰积极推进商用车业务全球化，挖掘新兴市场潜力。受德国国内经济衰退影响，德国国内商用车销量增长乏力；由于 OPEC 国家购买力下滑，全球商用车需求萎缩，导致市场竞争加剧。戴姆勒-奔驰认为发展中国家商用车市场具有增长潜力，开始加速在海外建立装配和制造工厂。1981 年戴姆勒-奔驰商用车海外产量比 1971 年增长 66.1%，占戴姆勒-奔驰集团总产量比重从 1971 年的 15.1% 增至 1981 年的 26.5%（见图 5-57，图 5-58）。

图 5-57 德国国内商用车销量年均增速 -0.9%（千辆）
资料来源：戴姆勒公司

图 5-58 戴姆勒-奔驰商用车海外工厂产量激增（千辆）
资料来源：戴姆勒公司

收购美国重型卡车制造商 Freightliner，稳固美国市场地位。戴姆勒-奔驰占据美国 9~15t 级中级货车市场，重型货车市场在客户市场需求、整体业务模式、车辆设计和车辆许可证规定方面与中级货车市场有显著不同。为了进入在美国经济中至关重要的重型长途货车市场，1977 年戴姆勒-奔驰收购欧几里德公司，然而该公司盈利能力随后下滑，于 1984 年售出。1981 年戴姆勒-奔驰收购拥有 8%~10% 市场份额的美国重型货车制造商 Freightliner，从而获得立足点。1982 年，戴姆勒-奔驰北美控股公司成立，控制梅赛德斯-奔驰北美、Freightliner 和梅赛德斯-奔驰货车公司，同时梅赛德斯-奔驰北美还控制乘用车的进口和分销，此举强化戴姆勒-奔驰在美国的根基。

戴姆勒-奔驰凭借柴油车和紧凑车型妥善应对了石油危机，在安全和排放领域，更是一直走在行业的前列。面对成本压力和汇率压力，公司通过对劳动力成本合理的控制，完善对供应链管理体系，提高产品的性能和品质，进一步提升了公司的竞争力，在出口市场仍具有优势。面对商用车激烈的市场竞争，戴姆勒-奔驰积极推进全球化进程，成功提升全球地位。

6 多元化战略使公司遭受损失（1985～1997年）

进入20世纪80年代中期后，戴姆勒-奔驰定位综合科技公司，大举进入航天航空、铁路系统、电子产品、通信系统等非汽车业务领域。激进的多元化扩张及核心业务的下滑影响了公司的发展。之后戴姆勒-奔驰及时调整公司战略方向，精简业务，重新聚焦核心汽车业务（见图5-59）。

图5-59　戴姆勒-奔驰1980～1997年集团营业收入及同比（百万德国马克）
资料来源：戴姆勒公司

多元化扩张（1985～1992年）：1985年开始收购非汽车业务，1987年原负责戴姆勒-奔驰财务部门的罗伊特（Edzard Reuter）成为新管理委员会主席。次年公司定位于综合科技公司，公司规模大幅增长，但汽车业务逐渐下滑。

逐步回归核心业务（1993～1997年）：1993年公司盈利承压，以推出新一代C级车为信号公司开始纠正战略失误，汽车业务重新获得动力。1995年施朗普（Jürgen Schrempp）接替罗伊特成为新任管理委员会主席，戴姆勒-奔驰回归汽车核心业务。

6.1　转型综合科技公司，衍生财务风险

受技术变革和行业增长乏力预期影响，戴姆勒-奔驰多元化扩张寻求新增长点。戴姆勒-奔驰认为在工业化国家汽车替代需求将占主导地位，对技术先进的高质量车辆的需求将不断增长。汽车的传统技术概念已经发展成熟，汽车工业的未来将取决于其在产品中应用新技术的能力。多元化扩张可使公司减少对核心业务的依赖，缓冲汽车需求疲软带来的冲击，吸收新兴技术。

戴姆勒-奔驰定位综合科技公司，形成以戴姆勒-奔驰股份公司为控股公司，下设四大子公司的集团架构。1985年戴姆勒-奔驰全资收购原拥有50%股权的德国航空发动机

制造商 MTU 集团，收购德国飞机制造商 Dornier（后并入 DASA）多数股权，同时取得电子工程技术专家 AEG 24.9% 的股权并在次年增至 56%，从而获得对三家公司的控股地位。1989 年实施集团业务重组，正式转变为以汽车业务为主的综合科技集团：戴姆勒-奔驰股份公司作为控股公司负责管理控制和资源调配职能，下设梅赛德斯-奔驰股份公司、德意志航空股份公司（DASA）和 AEG 三大子公司。梅赛德斯-奔驰股份公司包括原戴姆勒-奔驰股份公司的乘用车和商用车部门，AEG 涵盖自动化技术、铁路运输系统、微电子等业务，DASA 集中戴姆勒-奔驰在航空航天领域所有业务以及 AEG 的国防技术。1990 年，设立戴姆勒-奔驰服务公司（Debis），开展软件服务、金融服务、保险等多项服务，集团架构扩展至四大业务部门（见图 5-60）。到 1993 年戴姆勒-奔驰集团旗下已拥有 35 个业务领域，涉及大量非汽车且技术门槛较高的领域。戴姆勒-奔驰 1993 年拥有的 19 个业务部门见表 5-7。

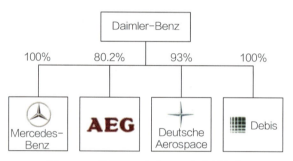

图 5-60　戴姆勒-奔驰 1990 年集团架构
资料来源：戴姆勒公司

表 5-7　戴姆勒-奔驰 1993 年拥有 19 个业务部门，涉及 35 个领域

梅赛德斯-奔驰	AEG	DASA	Debis
乘用车	铁路系统	飞机	通信
商用车	微电子	太空系统	金融服务
	柴油发动机	国防和民用系统	保险经纪
	自动化	推进系统	贸易
	能源系统技术	其他业务	营销服务
			移动通信服务
			房地产管理

资料来源：戴姆勒公司

大规模收购导致公司规模膨胀，公司营业收入快速增长，核心业务下滑。 1984~1995 年集团营业收入年均增长率高达 8.6%，而汽车业务营业收入年均增速 4.8%，甚至在 1992 年和 1993 年出现负增长（见图 5-61）。1985~1986 年由于 Dornier（后并入 DASA）和 AEG 两家公司相继并表，集团营业收入同比增长率分别达到 24.8% 和 25.3%。到 1994 年，由于非核心业务开始实施精简措施，同时核心业务获得动力，核心业务营业收入同比增速超过集团整体，重新取得企业增长的主导地位。

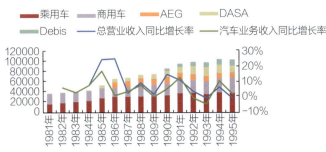

图 5-61 戴姆勒-奔驰集团 1981~1995 年营业收入（百万德国马克）
资料来源：戴姆勒公司

戴姆勒-奔驰业绩下滑反映公司战略失误，公司接连两次亏损，盈利能力大幅下滑。合并初期，净利润增长显著，但到 1993 年公司净利润为 6.2 亿德国马克，除去非经常性损益实际亏损 4.7 亿德国马克。1995 年公司再次亏损，亏损额达 57.3 亿德国马克，除去非经常性损益影响，实际亏损 18.5 亿德国马克，当年取消分红（见图 5-62）。

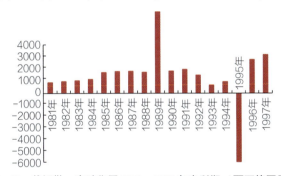

图 5-62 戴姆勒-奔驰集团 1981~1997 年净利润（百万德国马克）
资料来源：戴姆勒公司
注：1989 年净利润为 68.1 亿德国马克，其中包含一次性损益；1991 年包含非经常性损益 -5.4 亿德国马克，1993 年包含非经常性损益 26.0 亿德国马克，1995 年包含非经常性损益 -38.8 亿德国马克。

亏损主要集中在非核心业务，但核心业务也遭遇危机。对于非核心业务，自 1989 年，除以金融业务为核心业务的 Debis 获得微利，以电子工程为核心业务的 AEG 和以飞机制造为核心业务的 DASA 两家公司常年亏损，并在 1995 年产生巨额亏损。对于核心业务，核心业务是公司盈利的主要来源，但 1992 年核心业务净利润大幅缩减，1993 核心业务发生亏损（见图 5-63~图 5-66）。

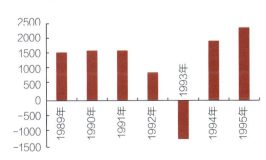

图 5-63 梅赛德斯-奔驰 1989~1995 年净利润（百万德国马克）

资料来源：戴姆勒公司

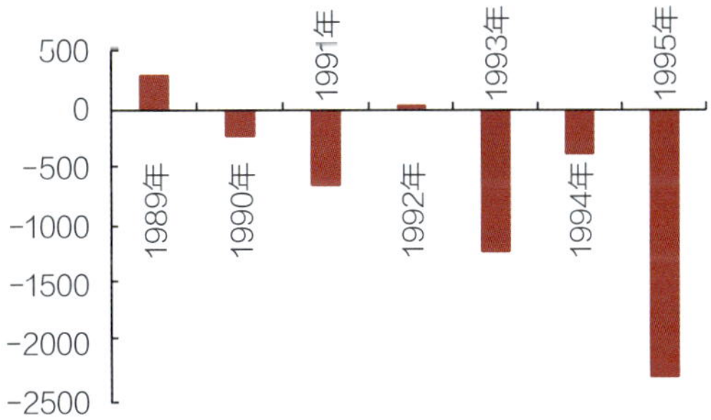

图 5-64 AEG 1989~1995 年净利润（百万德国马克）

资料来源：戴姆勒公司

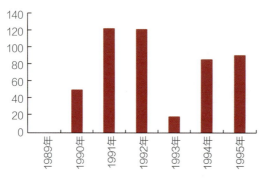

图 5-65 Debis 1989~1995 年净利润（百万德国马克）
资料来源：戴姆勒公司

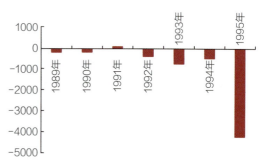

图 5-66 DASA 1989~1995 年净利润（百万德国马克）
资料来源：戴姆勒公司

戴姆勒-奔驰多元化的发展增加了资本开支与折旧摊销，为了支持巨额的资本开支，公司不得不通过借款等形式融资，增加了公司的财务成本，业务分散导致的经营效率下降进一步加速了公司业绩的下滑。

资本支出激增导致折旧与摊销增长。 自 1985 年收购进程开启，戴姆勒-奔驰 PPE 和无形资产投资快速增长，飞机制造、电子工程、国防技术等制造业业务对资本支出需求高涨（见图 5-67）。1987 年定位综合科技公司后，1988~1992 年 5 年间戴姆勒-奔驰集团 PPE 和无形资产投资处在高位，每年支出均超过 60 亿德国马克，1992 年 PPE 和无形资产投资相较于 1985 年增长 100.5%。自 1993 年戴姆勒-奔驰资本支出开始大幅回落，反映公司开始纠正战略失误。高资本支出带来高成本费用，自 1990 年起 PPE 折旧与无形资产摊销增速显著提升，1993 年 PPE 折旧与无形资产摊销较 1989 年增长 76.0%，是导致 1993 年扣非实际亏损的关键因素。

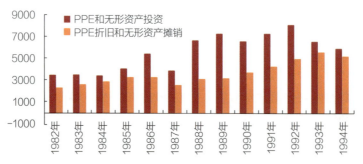

图 5-67 戴姆勒-奔驰 PPE 和无形资产投资及折旧摊销（百万德国马克）
资料来源：戴姆勒公司

扩张战略引起高成本费用，在短期难以快速取得经济效益，导致盈利承压。 自 1986 年起戴姆勒-奔驰销售净利率呈整体下滑趋势，从 1985 年的 3.1% 降至 1994 年的 0.9%，与前期对成本费用的精准控制时期形成鲜明对比，公司盈利能力到达低谷。从 1996 年开始，公司销售净利率开始回升，1996 年和 1997 年销售净利率均达到 2.6%（见图 5-68）。

戴姆勒-奔驰大举实施债务融资满足扩张需求，中长期负债率高企，财务稳健性下降。

20世纪70年代至80年代中期，戴姆勒－奔驰财务审慎，中长期负债率保持在20%～30%区间（见图5－69）。自1985年开启收购进程以来，公司中长期负债率激增，从1985年的31.3%迅速增至1987年的48.9%。1993年开始，伴随公司扩张进程开始减速，中长期负债率稳步下降，从1993年的40.8%降至1997年的31.9%，恢复到扩张前水平，公司财务稳健性提升。此外，90年代戴姆勒－奔驰加快了在全球资本市场的步伐。自1990年起戴姆勒－奔驰扩张至海外资本市场，到1995年短短5年间先后在日本、伦敦、维也纳、巴黎、纽约和新加坡六个国家/地区上市。

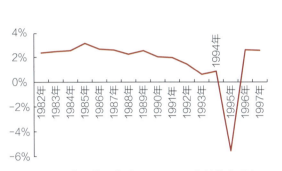

图5－68　戴姆勒－奔驰1982～1997年销售净利率

资料来源：戴姆勒公司

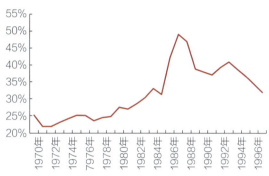

图5－69　戴姆勒－奔驰1970～1997年中长期负债率

资料来源：戴姆勒公司

由于产品力下滑且经营效率下降，业务获利能力不佳，难以带来充沛的现金流，多元化扩张战略难以为继。 1988～1993年戴姆勒－奔驰存货及应收账款周转率呈下滑趋势，存货周转率从1988年的6.1降至1993年的5.0，应收账款周转率从8.9降至7.0，反映公司经营效率下降（见图5－70）。由于公司变现能力下降，加之投资需求的增长，使公司现金及现金等价物规模下滑，到1993年公司现金及现金等价物/总资产仅为3.4%，财务风险大幅提升（见图5－71）。1994年戴姆勒－奔驰实施两次增资保障公司现金水平。随着新一代C级车的推出，公司产品力重现，1994年和1995年公司存货周转率和应收账款周转率回升。

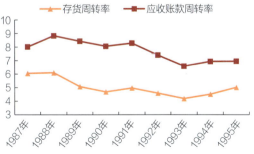

图5－70　戴姆勒－奔驰1987～1995年存货及
　　　　　应收账款周转率

资料来源：戴姆勒公司

图5－71　戴姆勒－奔驰1986～1995年现金及现金等价物（百万德国马克）

资料来源：戴姆勒公司

ROA 下滑反映公司整体经营效益不佳，ROA 从 1986 的 4.2% 降至 1995 年的 -6.3%，随着公司改革进程推进，1996 年公司资本使用效率显著提升，ROA 在 1996 年和 1997 年分别达到 2.5% 和 2.3%（见图 5-72）。1996 年后公司股价强势反弹，反映市场对其改革后公司前景的积极预期（见图 5-73）。

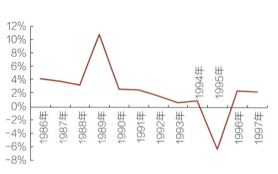

图 5-72　戴姆勒-奔驰 1986~1997 年 ROA
资料来源：戴姆勒公司

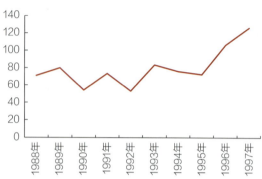

图 5-73　戴姆勒-奔驰 1988~1997 年 DAX 年末股价（德国马克）
资料来源：戴姆勒公司

6.2　多元化扩张：损害公司核心竞争力，剥离纠正决策失误

戴姆勒-奔驰同时进入多个非传统汽车且技术门槛高的新兴领域，必然对其战略定位和管理协调形成高要求，戴姆勒-奔驰采取措施强化研发协同。第一，强化中央统一管理，同领域业务集中化。1986 年公司建立新的管理架构，涵盖主席、财务和原材料、人事、研究与技术职能部门，以功能部门架构支持业务部门。同时，公司在 1986 年成立新的中央研究与技术部以强化研发协同效应，确定未来研发重点领域。为了进一步集中管理研发活动并强化知识转移，1989 年戴姆勒-奔驰将 AEG 的研究活动转移到戴姆勒-奔驰股份公司的中央研究与技术部门，将集团内所有信息处理和通信活动转移至 Debis，将所有航空航天业务集中至 DASA。第二，成立合资公司培育重点领域。1992 年，戴姆勒-奔驰合并 AEG 和 DASA 的微电子活动，成立合资公司 TEMIC TEIEFUNKEN microelectronic，集中公司在半导体、微系统和车辆设备领域的所有活动，提供汽车电子和航空航天领域的电子产品。此外还在 Debis 和梅赛德斯-奔驰之间成立 CharterWay 公司，提供商业车辆长期租赁服务，在梅赛德斯-奔驰、AEG 和 Debis 之间设立 Intertraffic，涵盖交通管理系统、运输系统和信息技术领域。

尽管戴姆勒-奔驰采取的研发协同项目产生了部分成果，但未能提出系统化的解决方案并转化为经济效益。其根本问题在于多元业务格局缺乏明确的战略性定位，导致资源大量分散且流向部分没有经济效益的领域。1993 年以前公司并没有明确其核心业务领域，直到 1993 年公司表示，其核心业务领域包括客运和货运交通工具、铁路系统、航天航空、推进系统、国防系统、自动化、能源系统技术和信息技术，在这多达 8 个领域中，戴姆勒-奔驰力争成为世界领导者。

以 1993 年戴姆勒-奔驰开始对内部研究活动进行内部审计为标志，戴姆勒-奔驰开始重新审视其庞大的业务体系。1993 年戴姆勒-奔驰组织人员研究现有和计划的产品、服务或组织原则是否具有前景，并组织国内外著名专家进行研究审计，测试研究活动的效率和质量。1995 年施朗普上任后，公司正式开启大规模业务重组进程，剥离无利可图和缺乏战略性的业务，聚焦的核心业务包括乘用车、商用车、航空航天、服务、铁路系统、微电子和柴油发动机。公司定位转变为技术先进的运输产品、交通系统和服务提供商。戴姆勒-奔驰开展的业务领域从 1993 年的 35 个精简至 1995 年的 28 个，到 1997 年仅剩 23 个，对非汽车业务的剥离进程一直持续到 2005 年。1996 年梅赛德斯-奔驰股份公司与戴姆勒-奔驰股份公司合并，标志着汽车业务核心地位的回归。戴姆勒-奔驰 1997 年拥有的五大核心业务板块及涉及的 23 个领域见表 5-8。

表 5-8　戴姆勒-奔驰 1997 年取消控股公司架构，拥有五大核心业务板块，涉及领域 23 个

乘用车	商用车	航天航空	服务	集团直接管控业务
梅赛德斯-奔驰	欧洲货车	民用和直升飞机	金融服务/保险	铁路系统
smart	北美自由贸易区商用车	国防和民用系统	IT 服务	汽车电子
	欧洲面包车	航空发动机	电信和媒体服务	MTU/柴油发动机
	欧洲传动系统	军用飞机	贸易	
	欧洲巴士	卫星	房地产管理	
	南美商用车	太空系统设施		
	Unimog			

资料来源：戴姆勒公司

6.2.1　AEG

戴姆勒-奔驰在早期就认识到微电子技术将为车辆配备"眼睛"和"耳朵"从而与交通系统连接，具有非凡的发展潜力。此外德国及欧洲微电子行业有利的发展趋势也吸引戴姆勒-奔驰进入该市场。1986 年戴姆勒-奔驰取得 AEG 控股地位，到 1993 年已拥有 AEG 80.2% 股权。初期 AEG 以电子技术系统和部件、自动化、家电为主要业务，三大业务营业收入占比超过 75%（见图 5-74）。1991 年 AEG 退出办公和通信系统业务。1993 年 AEG 开始实施业务重组，退出非核心战略业务家电系统，吸收集团内部不严格属于汽车或航空航天领域的业务，加入柴油发动机业务和能源系统技术业务。自 1993 年 AEG 定位于为戴姆勒-奔驰科技集团的核心运输业务提供有轨产品和系统，同时为集团和外部市场提供具有重要战略意义的微电子技术。尽管戴姆勒-奔驰始终强调微电子技术对公司的战略意义，但是微电子仅仅是 AEG 开展过的 8 项业务中的一项，且在 1993 年前营业收入占比不到 10%。

微电子业务在汽车电子领域对戴姆勒-奔驰的汽车业务发挥了一定的支持作用。1992 年与 DASA 成立的微电子合资公司 TEMIC 拥有从半导体芯片和微系统技术到 ABS 和安全气囊等完整系统解决方案的微电子加工链，与全球 30 家领先汽车制造商中的约半数建立

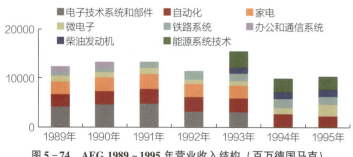

图 5-74 AEG 1989~1995 年营业收入结构（百万德国马克）
资料来源：戴姆勒公司

业务关系（见图 5-75，图 5-76）。TEMIC 与汽车业务共同研发的典型项目有加速度传感器、在乘用车上定位外后视镜的磁阻电动机的控制电路等。

图 5-75 戴姆勒-奔驰提供的乘用车安全气囊
资料来源：戴姆勒公司

图 5-76 AEG 与戴姆勒-奔驰共同开发车辆天窗太阳能发电机
资料来源：戴姆勒公司

AEG 业务发展不力一方面来源于短期大规模投资和收购，经营不善；另一方面也与外部环境有关。 如在铁路领域，1990 年两德统一，经历两年繁荣后德国国内经济迅速衰退，导致德国联邦铁路订单延迟产生过剩产能，同时欧洲的一体化加速使西欧竞争对手更有机会进入德国核心市场。

1996 年 AEG 再次实施重组，将能源系统技术及自动化技术等高资本投入业务资产出售，专注于铁路系统（Adtranz）、微电子（TEMIC）和柴油发动机（MTU Friedrichshafen）三大业务，由集团直接管控（见图 5-77）。TEMIC 专注于开发汽车电子领域的创新产品，主要领域包括安全气囊系统、电子稳定程序和应用于汽车的感应系统，戴姆勒-奔驰真正开始加速开发汽车电子技术。直到 1995 年，戴姆勒-奔驰才开发出过去 10 年间第一项重大开拓性技术电子稳定器（ESP）。

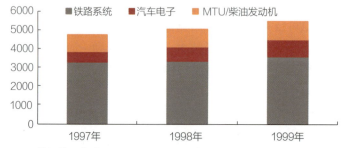

图 5-77 戴姆勒-奔驰 1997~1999 年直接管控业务营业收入结构（百万欧元）
资料来源：戴姆勒公司

三大业务此后陆续剥离。1999 年戴姆勒克莱斯勒收购 Adtranz 剩余 50% 股份，次年就遭遇经营困难，2001 年戴姆勒克莱斯勒将其出售给航空和铁路技术集团庞巴迪。戴姆勒克莱斯勒在 2001~2002 年期间将 TEMIC 股权出售给汽车零部件供应商德国大陆集团。2003 年后 MTU Friedrichshafen 业务也被剥离。

6.2.2 DASA

德国国内航天航空业规模小且市场集中度低，欧洲一体化的推进使外国竞争者易渗透德国国内市场，戴姆勒-奔驰认为必须做大规模。通过合并和私营化建立德国航天航空业的国际竞争力。自 1985 年戴姆勒-奔驰相继获取飞机制造商 Dornier、航空发动机制造商 MTU、飞机制造商 MBB 和国防技术领域的 TST 的控股地位，在 1989 年成立德意志航空股份公司（DASA）。1992 年 DASA 构建新的业务结构，将各种业务合并为以市场为导向的独立业务部门，其中飞机业务占据主体，1992~1995 年营业收入占比超过 50%。

DASA 业绩与政府采购密切相关，戴姆勒-奔驰未能准确判断政治经济发展趋势，时局变化导致 DASA 盈利能力下滑。一方面 20 世纪 90 年代初东西方冷战结束，各国实施裁军，缩减国防和空间技术开支，使 DASA 相关业务政府采购订单锐减。另一方面航天航空业面临结构性危机，全球行业整合加剧，在此背景下飞机制造业务也难以突破激烈竞争。1992~1995 年 DASA 营业收入逐年下滑，1995 年较 1992 年下降 24.8%（见图 5-78，图 5-79）。

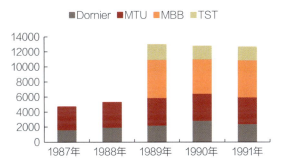

图 5-78　DASA 1987~1991 年营业收入结构（百万德国马克）

资料来源：戴姆勒公司

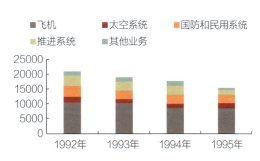

图 5-79　DASA 1992~1995 年营业收入结构（百万德国马克）

资料来源：戴姆勒公司

1996 年 DASA 停止对荷兰飞机制造商 Fokker 的财务支持，将 Dornier Luftfahrt GmbH 转让给美国公司，将其在 Dornier Medizintechnik 的多数股权转移到新加坡科技公司。一系列资产剥离措施使戴姆勒-奔驰航天航空业务规模显著下降，但是核心竞争力得以凸显，自 1997 年营业收入稳步增长（见图 5-80）。

1999 年戴姆勒克莱斯勒航空航天公司（DASA）、Aerospatiale-Matra 和 CASA 三方合并，成立世界第三大航空航天集团——EADS。2000 年 EADS 首次发行股票，在法兰克福、巴黎和马德里的证券交易所上市，戴姆勒克莱斯勒持有 EADS 约 33% 的股份，是最大股东。

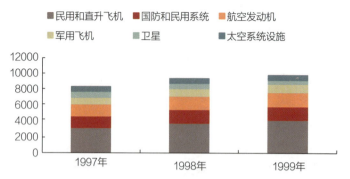

图 5-80 戴姆勒-奔驰 1997~1999 年航天航空业务营业收入结构（百万欧元）
资料来源：戴姆勒公司

6.2.3 Debis

Debis 以金融业务为主体，积极发展信息处理和移动通信业务。 1992 年 Debis 与凯捷索格蒂公司（Cap Gemini Sogeti）合作，从而在全欧洲范围内提供综合信息处理服务。1994 年收购德国国内移动通信行业第二名的博世电信服务，提高其在德国的市场份额。1996 年，戴姆勒-奔驰推出不属于公司核心竞争力范畴的营销服务业务，进一步发展 IT 服务和通信媒体服务。到 2004 年，戴姆勒克莱斯勒陆续将移动电话、IT 等业务以及商业房地产和基于资产的贷款组合出售（见图 5-81，图 5-82）。

图 5-81 Debis 1992~1995 年营业收入结构（百万德国马克）
资料来源：戴姆勒公司

图 5-82 Debis 1996~1997 年营业收入结构（百万欧元）
资料来源：戴姆勒公司

6.3 核心业务：产品力下滑，行业领先优势削弱

戴姆勒-奔驰此前已巩固市场地位的高端汽车业务在此阶段陷入危机。乘用车业务在 20 世纪 70 年代至 80 年代初石油危机阶段仍呈现稳步增长态势，仅在 1978 年出现负增长，80 年代中后期至 90 年代中期，公司乘用车产销量在 1988 年、1989 年、1993 年和 1995 年均出现负增长（1992 年数据口径变化，与 1991 年不可比），直到 1996 年销量开始显著回升（见图 5-83）。商用车业务产销量增长乏力，自 1994 年开始回升（见图 5-84）。

图 5-83　戴姆勒-奔驰 1980~1997 年乘用车产销量（千辆）及同比

资料来源：戴姆勒公司

注：1980~1991 年显示产量，1992~1997 年显示销量。

图 5-84　戴姆勒-奔驰 1980~1997 年商用车产销量（千辆）及同比

资料来源：戴姆勒公司

注：1980~1991 年显示产量，1992~1997 年显示销量。

1988~1993 年戴姆勒-奔驰乘用车产销的剧烈波动和负增长可归因于三方面：第一，产品质量内核显著下滑，损害品牌形象；第二，产品落后于需求趋势，缺乏创新；第三，竞争对手快速发展。

1984 年推出的新一代 C 级车出现质量缺陷，严重损害品牌形象。1984 年戴姆勒-奔驰推出 W124 系列 C 级车，其中 200 D 柴油车型驱动系统出现质量问题导致手动变速器的汽车在换档后产生制动，引发大量客户的不满。尽管质量问题在 1987 年初被解决，但是梅赛德斯-奔驰的品牌声誉受到损害。

1991 年推出新一代 S 级车创新不足，汽车设计落后于需求趋势。第五代 S 级车 140 系列早在推出十年前便开始设计，原计划于 1987 年推出，接替先前十分成功的第四代 S 级车 126 系列。时任梅赛德斯-奔驰主席的尼弗在查看宝马 7 系的样车后决定扩大车身尺寸。当新一代 S 级车于 1991 年推出时，德国国内时局发生翻天覆地的变化，两德统一使社会价值观念发生转变，炫耀性消费不再成为潮流，尽管该款车技术先进，但被冠以"设计过度"（over-engineered）之名，尺寸过大，特别是在两德统一后迅速到来的经济衰退中难以立足。

竞争对手快速发展，戴姆勒-奔驰领先优势削弱。1985~1993 年期间，相较于宝马销量稳步增长，戴姆勒-奔驰乘用车销量增长停滞，丧失部分高端汽车市场的份额（见图 5-85）。期间宝马销量阶段性超越戴姆勒-奔驰乘用车销量。宝马在汽车电子领域取得重大进展，注重产品的外观设计，推动市场对高端汽车的定义标准从耐用性和工程技术向电子性能和外观设计转变。1987 年宝马推出第二代 7 系车，不仅在工程、设备、技术和质量上与梅赛德斯-奔驰 S 级车并驾齐驱，而且在产品外观设计上取得积极的市场反应。新 7 系车还拥有集成电话和传真机、葡萄酒冷却器、电子可调后座和后排乘客的无线电控制等豪华配置。相比于宝马产品创新，戴姆勒-奔驰更显保守和停滞。

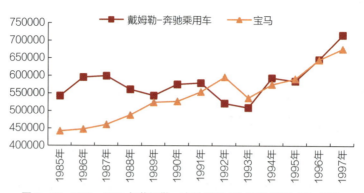

图 5-85　1985~1997 年戴姆勒－奔驰乘用车与宝马销量对比（辆）
资料来源：戴姆勒公司
注：戴姆勒－奔驰 1985~1991 年显示产量，1992~1997 年显示销量；宝马 1989 年及之后为集团数据，之前为母公司数据。

戴姆勒－奔驰对汽车业务研发投入滞缓是其产品创新不足的关键原因。自 1989 年起汽车业务研发支出增速显著放缓，1989~1993 年汽车业务研发支出增速不足 10%，1990~1994 年之间研发支出几乎没有增长。自 1993 年起随着产品更新换代加速，汽车业务研发支出增长加快（见图 5-86）。

图 5-86　戴姆勒－奔驰 1980~1997 年汽车业务研发支出（百万德国马克）及同比
资料来源：戴姆勒公司

6.4　革新内核，自我重生，公司注入新基因

多元化激进扩张与核心业务的下滑使公司反思并重新调整发展战略：

专注于核心竞争力，强化创新意识。在集团战略层面，戴姆勒－奔驰明确公司定位，业务重组执行到位。戴姆勒－奔驰将其定位从综合科技公司转变为技术先进的运输产品、交通系统和服务提供商，剥离不具有战略性和经济效益的业务和资产，从而大幅改善公司财务状况。

在产品端，扩大产品范围，通过全球化实现规模经济。自 1993 年起戴姆勒－奔驰产品更新换代更为密集和紧凑，产品推出节奏从过去每 10 年推出 3 款车型转变为每 3 年推出 10 款车型。在乘用车领域，1993 年公司推出新一代 C 级车，新 C 级提升汽车外观设计，标志着戴姆勒 – 奔驰产品策略的改变。1996~1998 年短短 3 年间，公司向上推出 SLK 敞篷跑车、CLK 轿跑车、C 级和 E 级新 T 型车、V 级轿车、M 级车，向下推出 A 级车和 smart 独立品牌，戴姆勒 – 奔驰得以打开广泛的市场空间。在商用车领域，戴姆勒 – 奔驰扩充重型货车和轻型面包车产品范围，如新款 ACTROS 重型货车以及 Vito 和 VARIO 面包车。1997 年公司计划将销量从 1996 年的 645000 辆增加到 2000 年的 100 万多辆。

在研发端，缩短产品研发周期，加强与各级供应商的合作，强调创新驱动增长。戴姆勒 – 奔驰供应商在早期就参与新一代产品开发，承担更多开发和生产整套系统的责任。到 1997 年戴姆勒 – 奔驰产品研发周期缩短约 15%，集团 80% 的收入来自于近 5 年推出的产品。

改革管理控制理念，注重价值管理。首先，针对业务部门，戴姆勒 – 奔驰为其设定业绩目标，以所用资本回报率（Return Of Capital Employed，ROCE）衡量业务部门的盈利能力，各业务部门业绩对标全球最佳竞争对手，1997 年戴姆勒 – 奔驰实现了公司整体 ROCE 不低于 12% 的目标。其次，针对员工，戴姆勒 – 奔驰引入基于绩效的薪酬制度，将员工纳入财务业绩评估，以营业利润作为衡量员工贡献的标准，同时扩展股权激励计划以强化管理层价值创造意识。

强调客户导向，接近客户和市场，从生产世界上最好的汽车转变为生产由客户定义的汽车。建立扁平的等级制度，精简集团架构。一方面，公司取消集团控股公司结构，将梅赛德斯 – 奔驰股份公司合并入戴姆勒 – 奔驰公司，使具有战略意义的三家合资公司纳入公司直接管控，减少层级，加速集团的决策过程。另一方面，公司精简部门管理层，将责任下放至接近运营的员工，释放员工的自主意识以便更快速地捕捉市场需求。到 1995 年，参与公司管理的员工人数从 500 多人减少到不足 300 人。突出营销重要性，加大对营销组织的投入。1995 年戴姆勒 – 奔驰创立营销部门以支持梅赛德斯 – 奔驰的产品战略，并加大其对营销领域的投资，扩展新兴市场的销售和服务组织，提供更加个性化和更高效的客户服务，戴姆勒 – 奔驰对营销部门的投资额从 1994 年的 1.35 亿德国马克增至 1995 年的 1.72 亿德国马克。

戴姆勒 – 奔驰此阶段的多元化扩张难以为继至少源于三方面原因：一是大规模进入高行业门槛且高资本投入的行业，消耗公司大量资源；二是行业竞争加剧加之自身经营能力有限导致业务获利能力不足；三是各项业务未能发挥协同作用，原来的核心业务也受到了不利影响。跨领域扩张对企业的管理能力要求极高，对新进入的领域要有清晰的判断和认知，同时原有主业的发展不能受到影响。此阶段戴姆勒 – 奔驰的战略失误削弱其在前期积累的行业优势，公司在 20 世纪 90 年代中期调整发展战略，重新聚焦核心业务，精简非核心业务，为公司之后的发展打下了基础。

7 多品牌战略有得有失，强化全球布局
（1998~2007年）

本节主要介绍1998~2007年戴姆勒-奔驰在品牌和市场上的扩张以及这段时期的产品策略和技术创新。

20世纪90年代后期戴姆勒-奔驰在经历前期战略失误后革新内核，调整战略方向：在每个细分市场占据领先地位，从而成为世界领先的汽车制造商。 戴姆勒克莱斯勒以品牌、产品、市场和技术创新四大维度突破，合并克莱斯勒和多个商用车品牌以横向扩展，扩充产品线以纵向扩张，将强大的品牌和产品组合推向更加广泛的全球市场，以技术创新支持产品渗透。然而，这一时期的增长战略未能以完全正确的产品策略和市场策略支撑，销量和业绩的增长未达预期。

7.1 开启多品牌战略，扩大全球布局

7.1.1 开启多品牌战略，增加北美与亚洲投入

戴姆勒克莱斯勒的诞生标志着公司多品牌扩张战略的开启，其战略目标是成为世界领先的汽车制造商。 乘用车方面，1996年戴姆勒-奔驰推出smart品牌，并于1998年量产销售，1998年与克莱斯勒合并，增加Chrysler、Jeep、Dodge三大品牌，2001年重启迈巴赫（Maybach）超豪华汽车品牌，实现了从小型车到豪华汽车产品线的全覆盖；商用车方面，1995年戴姆勒-奔驰收购德国高端客车品牌Setra，1997年收购北美福特公司的重型卡车业务推出Sterling品牌加以运营，Sterling成为美国市场仅次于梅赛德斯-奔驰和Freightliner的第三大商用车品牌。1998~2000年戴姆勒克莱斯勒相继收购美国高品质客车品牌Thomas、加拿大货车和客车制造商Western Star以及北美客车品牌Orion，加强其在北美中型和重型商用车市场的地位。2004年戴姆勒克莱斯勒实现对三菱扶桑卡车和客车公司（MFTBC）的控股，将三菱扶桑（FUSO）品牌纳入旗下。至此，戴姆勒-奔驰实现了乘用车和商用车两大领域的品牌扩张，形成了强大的品牌组合（见图5-87）。

实施市场扩张战略，加速北美地区收购，强化亚洲市场布局。 戴姆勒克莱斯勒集团在这个阶段重点加码了北美和亚洲两大市场。在北美市场，大规模收购北美商用车品牌，但是由于北美市场低迷而使商用车业务盈利承压，公司通过品牌重组等方式积极应对，保障了盈利能力，并提高了在北美中型和重型商用车的市场地位。在亚洲市场，与三菱合作，收购三菱扶桑卡车和客车公司（MFTBC），并与现代合资进一步扩大亚洲市场战略布局，同时通过与北京汽车合作加速布局中国汽车市场。通过对北美和亚洲两大市场一系列的投资和扩张，戴姆勒克莱斯勒进一步提高了在全球汽车市场的领先地位（见图5-88~图5-91）。

	1997年主要品牌	1997~2004年新增品牌	2006年主要品牌	2007年主要品牌
乘用车	Mercedes-Benz smart(1996年推出smart品牌，1998年投量产销售)	Maybach	Mercedes-Benz smart Maybach Chrysler Jeep Dodge	Mercedes-Benz smart Maybach
		Chrysler Jeep Dodge Plymouth(之后被剥离)		
商用车	Mercedes-Benz Freightliner Setra	Sterling Thomas Built Buses American Lafrance(于2005年被剥离) Orion Western Star Trucks FUSO	Mercedes-Benz Freightliner Setra Sterling Thomas Built Buses Orion Western Star Trucks FUSO Detroit Diesel	Mercedes-Benz Freightliner Setra Sterling Thomas Built Buses Orion Western Star Trucks FUSO Detroit Diesel
战略合作伙伴		Mitsubishi Motors HYUNDAI FUSO		
联盟伙伴		Mitsubishi Motors FUSO		
	1997年	1998年 1999年 2000年 2001年 2002年 2003年 2004年	2006年	2007年

图5-87 集团1997~2007年品牌的发展变化
资料来源：戴姆勒公司

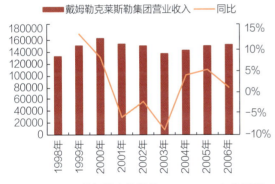

图5-88 戴姆勒克莱斯勒1998~2006年集团营业收入（百万欧元）及同比
资料来源：戴姆勒公司

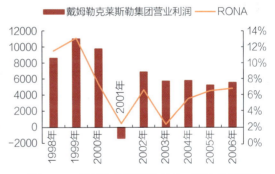

图5-89 戴姆勒克莱斯勒1998~2006年集团营业利润（百万欧元）
资料来源：戴姆勒公司

图5-90 戴姆勒克莱斯勒集团营业收入结构（百万欧元）
资料来源：戴姆勒公司

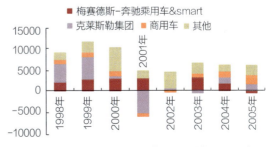

图5-91 戴姆勒克莱斯勒集团营业利润结构（百万欧元）
资料来源：戴姆勒公司

7.1.2 成立 EAC，统筹协调全球汽车业务

戴姆勒克莱斯勒多品牌管理理念的核心是明确品牌定位，维护规模经济与品牌独特性之间的平衡。 据此戴姆勒克莱斯勒成立执行汽车委员会（Executive Automotive Committee，EAC）以实施多品牌战略，推动跨部门决策。2001 年戴姆勒克莱斯勒成立 EAC，为汽车业务提供总体指导并将其作为战略实施平台，专注于四大业务支柱：全球化业务、强大的品牌、广泛的产品范围和领先的技术地位（见图 5-92）。自成立以来，EAC 通过实施一系列节省成本和技术交流的开创性举措，提高产品组合、技术、生产能力以及销售和营销活动管理效率，使戴姆勒克莱斯勒更加有效地开发和推出新产品，在实现集团成本改善的同时，保持品牌定位，推进和落实多品牌化管理。

图 5-92　戴姆勒克莱斯勒 2002 年 EAC 组织架构
资料来源：戴姆勒公司

通过 EAC 优化和加强戴姆勒克莱斯勒集团的整个汽车业务。EAC 利用戴姆勒-奔驰、克莱斯勒和商用车这三个汽车部门和合作伙伴三菱汽车的联合项目以及由此产生的规模经济，实现集团巨大的协同效应，从而大幅降低成本。在品牌战略方面，戴姆勒克莱斯勒集团品牌的多样性是其瞄准目标客户群并满足他们个人消费需求的基础，在这种情况下，EAC 的任务是维持并加强集团每个品牌的独特性。为实现这一目标，EAC 主要专注于以下几个工作领域：

1）协调和优化产品组合。
2）集团范围内新技术的应用与规划。
3）通过标准化流程和系统进一步开发车辆部件的模块化概念，挖掘跨部门协同潜力。
4）协调跨部门产品概念和产能规划，提升戴姆勒克莱斯勒集团的全球产能。
5）协调全球销售和营销活动。

为了高效完成各个工作领域的任务和目标，EAC 还采取了以下关键措施：

快速灵活的讨论与决策：EAC 每月会见一次，进行项目分析与决策，并定期反馈项目进展报告。得益于此，EAC 推进了许多成功项目，例如，在 EAC 中详细讨论的跨部门项目，使戴姆勒克莱斯勒在下一代车辆的竞争中取得了巨大优势。

产品组合与跨部门细分战略：为实现各产品之间的协同效应，EAC 积极实施产品组合

与跨部门细分战略，实现规模经济，大幅降低成本。例如，与三菱汽车共享设计、为克莱斯勒 Neon 和三菱 Lancer 开发通用平台。

定义长期创新日历：对于研发部门的联合项目，EAC 在制定创新计划的基础上，对创新项目进行优先排序和协调，形成长期创新日历，该日历能够具体详细地定义每个创新何时应用于哪个品牌和哪个产品，提高技术转化率，并重技术创新与品牌建设。

组件的标准化和交换：在 EAC 的领导下，开发工程师和采购经理的跨学科团队确定了许多可以大量购买或制造的标准化组件，这些包括电子控制单元、蓄电池和燃油泵，大大降低了生产成本。

协调销售和营销活动：EAC 通过制定跨部门的区域战略，调查实现区域标准化的可能性，同时确定哪些区域必须保持独特性，以保证品牌独特和客户利益。

EAC 取得巨大成就，降低成本，提高质量，协调多品牌运营。2002 年，戴姆勒克莱斯勒将 EAC 作为其战略实施的核心平台，该战略鼓励集团内部的技术、创新、组件和流程的密集交流，并通过这种方式，优化集团范围内的产品组合，从而提高产品对客户的吸引力。在战略实施方面，EAC 通过推动部门间的合作和整合，进一步推进在实施战略方面取得的持续进展，从而确保集团范围内广泛的技术和组件共享。在战略成效方面，EAC 成功处理了多个跨部门项目，显著节约了成本。除此之外，EAC 还成功协调汽车品牌，完成三个汽车部门的所有汽车协调问题，确保集团品牌的特性，并加速实现协同效应。到了 2003、2004 年，EAC 的运作取得巨大成就，除了成功的品牌策略，其高质量的产品和规模优势也为汽车业务提供了决定性的竞争优势。得益于 EAC 的成功运行，戴姆勒克莱斯勒开始着手实施产品和组件标准化生产流程的长期计划，以便在降低成本的同时提高质量。随着模块化概念的发展和关键过程的标准化，EAC 还为各个部门共同使用发动机，为车辆部件和技术创新创造合适的条件，并通过各部门之间的合作促进新模式的发展。为了避免品牌的稀释，EAC 始终坚持部分共享的原则，确保每个品牌的独特性，在 EAC 的领导下，戴姆勒克莱斯勒集团从上到下形成了一个完全整合的组织。

7.2 与克莱斯勒合并效果不及预期，集团遭受损失

7.2.1 整合业务，实现协同

戴姆勒 - 奔驰和克莱斯勒合并。1998 年 5 月戴姆勒 - 奔驰和克莱斯勒宣布合并，因为两家公司共同认为戴姆勒 - 奔驰和克莱斯勒的产品系列具有互补关系，双方的联合能实现显著的协同效应。在之后不到 200 个工作日内完成合并，该交易成为人类工业史上最大的一次企业合并，同时产生了世界上第三大汽车企业。

整合各项业务，发挥协同效用。两家公司合并之后，对采购、销售和营销、研发、金融服务和相关职能部门都进行了整合，以发挥协同效用，提高效率。研发方面，将柴油发动机、电动汽车和燃料电池汽车的研发活动分为一个专门的团队，结合各自专业知识的同时，也消除业务的重叠。销售和营销方面，推出举措以进一步提升品牌形象，同时消除后

台功能和物流方面的重叠,例如,在全球范围将购买媒体广告集中在较少的代理商上以降低广告成本,共同利用尖端信息技术改善客户关系管理和经销商沟通系统;在采购与供应链方面,实施全球一体化,合并了之前的两个供应商计划,通过一个平台使公司能够与世界各地的优秀供应商长期合作;职能部门方面,对包括质保、财务、法律、通信和信息技术等业务进行合并整合;金融和服务方面,对克莱斯勒金融公司(Chrysler Financial Company L. L. C.)和戴姆勒-奔驰的金融服务(Debis)事业部进行整合,戴姆勒克莱斯勒把其全球金融服务业务整合到服务公司(Debis)旗下。1999年,即戴姆勒与克莱斯勒合并后的第一个完整年度,协同效应给公司带来了14亿欧元的效益。

推出改革计划,旨在降本增效。2000年之后美国汽车市场竞争进一步加剧,车企面临更高的营销成本、产品启动成本和再融资成本。为了应对激烈的竞争,克莱斯勒在2001年2月推出了改革计划。目标在于削减成本、增加收入、改善业绩和提高市场地位,并为未来持续增长奠定基础。

降低原材料成本。购买材料和服务的成本分两个阶段减少,第一阶段是从2001年开始将原材料价格降低5%,到2002年底进一步实现10%的成本削减。通过这种方式,克莱斯勒集团打算在2003年实现39亿欧元的成本节约。2001年成本已经减少10亿欧元。

降低厂房成本。为了将克莱斯勒集团的生产能力调整到与其销量匹配的程度,并保持较高的产能利用率,克莱斯勒集团将闲置或关闭6家工厂,减少4家工厂的轮班数量,并降低8家工厂的生产线速度。这些措施包括到2003年削减19500个制造业岗位。除了调整规模外,这些措施还将提高生产效率。公司预计2001年工厂成本将减少5亿欧元,2003年将减少6亿欧元,盈亏平衡所需的产能利用率将从113%减少至约83%。

降低固定成本。通过研发部门和总部的更高效流程以降低固定成本,总部工作的员工人数计划减少20%,研发人员的人数计划将减少10%。计划在2001年将固定成本减少7亿欧元,到2003年减少8亿欧元。

增加收入。计划通过增加出口,引入新的经销商激励措施、扩大车队和零部件业务提高公司收入。

重振产品。与戴姆勒-奔驰、三菱合作,发挥规模经济的作用,提高产品质量的同时实现严格的成本目标。

各项措施为克莱斯勒带来了积极的效果,提高了克莱斯勒的生产率,改善了企业的经营情况。同时,克莱斯勒加强了产品攻势,推出了300和300C等畅销车型。

7.2.2 遭遇亏损,剥离克莱斯勒

出售克莱斯勒,集团承受巨大亏损。由于美国汽车市场竞争加剧、油价上升和协同效用不及预期等因素。克莱斯勒不仅没有达到预期的收益,还由于亏损拖累了整个集团的业绩。2007年,集团转让了克莱斯勒的多数股权以及北美相关的金融服务业务,Cerberus占新克莱斯勒控股有限责任公司的80.1%,戴姆勒克莱斯勒保留19.9%的股权。戴姆勒克莱斯勒重新更名为戴姆勒股份公司。

笔者认为,戴姆勒与克莱斯勒合并,没有达到理想效果主要有以下因素:

企业文化有所差异,克莱斯勒部分高管离职。由于戴姆勒和克莱斯勒在企业文化和公司制度上存在一定差异,在合并之初并未达到理想的效果。从1996年开始,克莱斯勒在工程设计和生产制造领域的高层纷纷离职,这导致了克莱斯勒缺失了众多成本控制技术,削弱了企业的竞争力。

对高油耗车型和美国市场依赖度过高,油价和美国市场的波动严重影响公司经营。从克莱斯勒的产品看,SUV、轻型货车、面包车等高油耗车型销量占总销量比重的70%~80%,对高油耗产品依赖过重。2004年之后油价持续上涨,对其销量和盈利都造成了严重的压力(见图5-93)。从销售市场结构看,克莱斯勒80%的销量都集中在美国市场,对美国市场依赖度过高,美国汽车市场的波动和竞争加剧给公司的经营带来了巨大压力(见图5-94)。

图5-93 克莱斯勒按车型分类销量(千辆)及同比
资料来源:戴姆勒公司

图5-94 克莱斯勒按地区分类销量(千辆)
资料来源:戴姆勒公司

美国三巨头面临系统性风险,单一企业的改革难以应对。美国的三家车企都面临现有养老金计划和医疗义务的压力,同时面临日系车持续的竞争。在金融危机前后,克莱斯勒和通用先后破产重组,福特虽然通过一系列措施和出售资产避免了破产,但是也承受了巨大的损失。因此,美国三巨头所面临的压力和风险是系统性的,单纯通过戴姆勒和克莱斯勒的协同效应等举措难以抗衡这样的系统性风险(见图5-95~图5-98)。

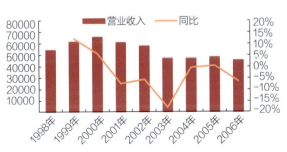

图5-95 克莱斯勒营业收入(百万欧元)及同比
资料来源:戴姆勒公司

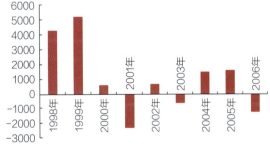

图5-96 克莱斯勒营业利润(百万欧元)
资料来源:戴姆勒公司

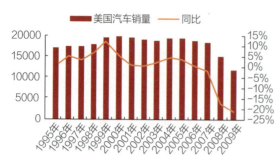

图 5-97 美国汽车行业销量（千辆）及同比
资料来源：Wind

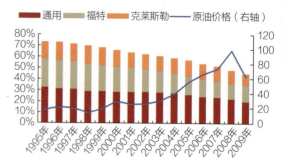

图 5-98 美国三巨头在美国的市场占有率及原油价格（美元/桶）
资料来源：Wind、BP

7.3 乘用车：开辟细分市场，提升产品质量

这一时期梅赛德斯-奔驰乘用车产品策略发生调整，从前期深耕高端汽车市场转变成为所有细分市场提供最好的产品，公司不仅开辟多个细分市场，而且加快了车型推出的速度。 产品策略主要基于以下因素：首先，消费需求的个性化趋势将使市场进一步细分。在竞争激烈的市场中产品的质量为基本要求，客户对产品的造型、性能以及产品所代表的地位和生活方式等提出了更高的个性化要求，需求的个性化趋势将使市场进一步细分，品牌意识强化将推动所有细分市场对高端汽车的需求。其次，消费需求趋势的快速变化将使产品生命周期缩短。公司认为速度是形成竞争优势的关键，必须不断更新品牌和产品系列，并以比竞争对手更快的速度向市场推出创新的高品质产品，才能扩大客户群并提升利润水平。

这个阶段主要分成两轮产品攻势，第一轮产品攻势主要开辟了新的细分市场，销量快速增长；第二轮产品攻势主要是夯实和提升了产品的质量，巩固并提升了产品形象（见图 5-99）。经过此阶段的发展，乘用车形成了梅赛德斯-奔驰、smart 和迈巴赫三个品牌，其中梅赛德斯-奔驰产品从 A 级到 S 级，覆盖了轿车、跑车和 SUV 等领域，产品阵容进一步完善（见图 5-100，图 5-101）。

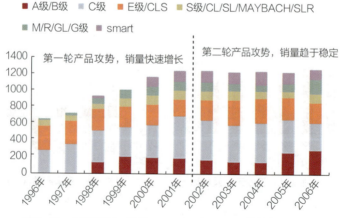

图 5-99 梅赛德斯-奔驰 &smart 1996~2006 年销量（千辆）
资料来源：戴姆勒公司

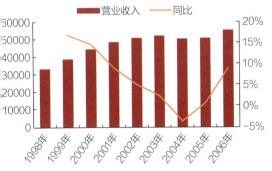

图5-100 梅赛德斯-奔驰&smart 营业收入
（百万欧元）及同比

资料来源：戴姆勒公司

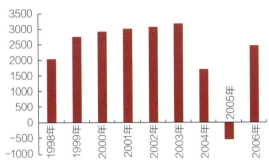

图5-101 梅赛德斯-奔驰&smart 营业利润
（百万欧元）

资料来源：戴姆勒公司

产品阵容的扩张带来了PPE投资和研发支出增加。自1993年起梅赛德斯-奔驰&smart PPE投资和研发支出均逐年增长，在1997年达到峰值，随后回归。并于2002年再次增长（见图5-102，图5-103）。

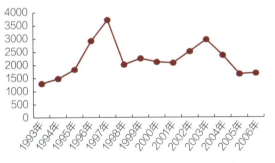

图5-102 梅赛德斯-奔驰&smart PPE投资
（百万欧元）

资料来源：戴姆勒公司

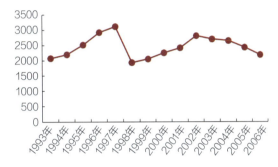

图5-103 梅赛德斯-奔驰&smart 研发支出
（百万欧元）

资料来源：戴姆勒公司

7.3.1 第一轮产品攻势：开拓细分市场，销量快速增长

第一轮产品攻势（1993~2001年）：公司推出多款新车型，开辟细分市场，销量快速增长。1996~1997年，梅赛德斯-奔驰先后推出紧凑型A级车、SUV车型M级、C级跑车SLK和CLK。2001年梅赛德斯-奔驰&smart共销售乘用车123万辆，比1996年增加了58.5万辆，增幅为90.7%。其中，新增车型A级车、M级车和smart分别贡献增量19.1万辆、10.2万辆和11.6万辆，C级车贡献增量22.6万辆，SLK和CLK对提升C级车销量起到了关键作用，S级销量增长了3.9万辆达到10.7万辆，E级车由于产品周期的缘故，销量为20.1万辆，比1996年下降了9.1万辆。1996~2001年梅赛德斯-奔驰&smart主要产品更新换代概览见表5-9，1996~2001年梅赛德斯-奔驰&smart全新车型概览见表5-10。

表 5-9　1996~2001 年梅赛德斯-奔驰 &smart 主要产品更新换代概览

1996 年	1997 年	1998 年	1999 年	2000 年	2001 年
140 CL 级 170 SLK 级	168 A 级 202 C 级 208 CLK 级 163 M 级	220 S 级 129 SL 级 smart	208 CLK 级 210 E 级 215 CL 级	203 C 级 170 SLK	168 A 级 230 SL 级

资料来源：戴姆勒公司

注：标灰表示产品开辟全新细分市场，加下划线表示新款车型，其余为改型。

表 5-10　1996~2001 年梅赛德斯-奔驰 &smart 全新车型概览

车型	细分市场	车型特点	车型外观
A 级	紧凑型轿车	1993 年推出"Vision A 93"概念车，采用尺寸紧凑但扩大内部空间的车辆设计。历时 4 年，梅赛德斯-奔驰于 1997 年推出 A 级车。A 级车提供 20 多项技术创新，凭借独特的夹层原理，A 级轿车提供了中档轿车的空间舒适度和安全标准	
M 级	SUV	M 级车目标市场定位于美国大型 SUV 市场。1996 年推出全轮驱动多功能车"AAVision"。1997 年梅赛德斯-奔驰开始生产 M 级车。M 级车采用创新的底盘和独立悬架设计，搭载永久全轮驱动传动系统，提供高水平的行驶稳定性和操控安全性	
SLK	小型运动跑车	SLK 作为 SL 跑车的补充于 1996 年上市，快速在该细分市场获得领先地位。SLK 跑车通过其设计精巧的折叠式车顶装置扩大吸引力，封闭式轿跑车可快速变为敞篷跑车。SLK 采用轻量化和空气动力学设计，同时在外观设计方面更显运动性	
CLK	轿跑车/敞篷车	基于 C 级平台，同时基于 E 级的设计与部件，后期被划分为 E 级轿跑车/敞篷车的后续车型。轿跑车和敞篷车均提供"Sport"和"Elegance"两种版本，搭载驾驶授权系统 ELCODE 系统和制动辅助系统 BAS 等创新技术，在发动机舱和乘客舱内的控制元件之间实现快速可靠的通信	
smart	微型紧凑型轿车	1994 年梅赛德斯-奔驰与 Swatch Group 合作设立合资公司 MCC（Micro Compact Car AG），共同开发 smart 微型汽车，从而创造了一种创新的城市出行方式。smart 配备梅赛德斯-奔驰常见的安全设备，在保持独特性的同时仍然具备舒适性、操控性和安全性。1998 年戴姆勒克莱斯勒收购 Swatch Group 持有股份，实现对 smart 品牌的全资控股	

资料来源：戴姆勒公司

7.3.2 第二轮产品攻势：提升产品质量，提高品牌形象

第二轮产品攻势（2004~2006年）：公司推出多款迈巴赫、CLS、SLR和R级等车型以提升品牌形象，并提高对产品质量的把控。

迈巴赫回归，与迈凯轮和Mercedes-Benz AMG合作，提升品牌形象。2002年迈巴赫品牌重新回归，迈巴赫由辛德芬根工厂的专用生产设备生产，将高科技制造工艺与手工制作的奢侈品相结合。1999年和2000年戴姆勒克莱斯勒相继战略投资AMG和TAG Mclaren，梅赛德斯-奔驰与AMG合作在C级、E级、S级和CLK级等各个产品级别推出AMG版本车型。AMG版本车型强调高性能概念，为各产品线开创顶级车型，满足了客户对于产品运动性能的需求。梅赛德斯-奔驰与迈凯轮的合作孕育了Mercedes-Benz SLR McLaren超级跑车，该车型限量生产，到2009年梅赛德斯-奔驰总共生产了约2000辆Mercedes-Benz SLR McLaren，帮助梅赛德斯-奔驰进一步强化其高端品牌地位。

对品牌形象和产品质量的追求超过了对产品销量的追求。2004年梅赛德斯-奔驰制定了在产品质量领域重返领导地位的目标，开始在开发、生产和销售全周期领域大规模采取措施提高产品质量。这些质量提升措施消耗大量资本支出并产生成效，2005年梅赛德斯-奔驰在J. D. Power Initial Quality Study中上升五名，再次跻身前五大汽车品牌之列，在德国ADAC AutoMarxX品牌评级中也取得进步，到2007年梅赛德斯-奔驰在产品质量领域已恢复领先地位。2002~2006年梅赛德斯-奔驰&smart主要产品更新换代概览见表5-11，2002~2006年梅赛德斯-奔驰&smart全新车型概览见表5-12。

表5-11 2002~2006年梅赛德斯-奔驰&smart主要产品更新换代概览

2002年	2003年	2004年	2005年	2006年
<u>209 CLK级</u>		<u>169 A级</u>	245 B级	219 CLS级
<u>211 E级</u>		203 C级	164 M级	211 E级
215 CL级		219 CLS级	251 R级	<u>463 GL级</u>
220 S级		<u>171 SLK级</u>	<u>221 S级</u>	216 CL级
		199 SLR McLaren		230 SL级

资料来源：戴姆勒公司

注：标灰表示产品开辟全新细分市场，加下划线表示新款车型，其余为改型。

表5-12 2002~2006年梅赛德斯-奔驰&smart全新车型概览

车型	细分市场	车型特点	车型外观
CLS	四门轿跑车	CLS结合轿跑车的优雅和动感与轿车的舒适性和功能性。2005年该级别拥有CLS 350，CLS 500和CLS 5.5 AMG三款车型。CLS 350和CLS 500分别由新款V6发动机和强大的8缸发动机提供动力，均标配新款7速自动变速器。CLS搭载PRE-SAFE预期乘员保护系统和DISTRONIC自主智能巡航控制等设备，采用创新的空气悬架和车桥技术，从而提供更高的舒适性和驾驶乐趣	

(续)

车型	细分市场	车型特点	车型外观
SLR	高性能运动跑车	Mercedes-Benz SLR McLaren 融合了梅赛德斯-奔驰与其 F1 合作伙伴迈凯轮在赛车制造领域的专业能力和经验。该款双座车具有独特的鸥翼门和 F1 赛车风格元素。SLR 采用先进的轻量化和空气动力学技术,车身、车门和底盘等均由耐腐蚀碳纤维复合材料制成,配备 Mercedes-Benz AMG 开发的 8 缸发动机和变速器,同时搭载基于赛车专业知识的铝制底盘和 SBC Sensotronic 制动控制系统等部件,凸显了超级跑车的高性能特性	
B 级	紧凑型运动旅行车	B 级车结合了轿车概念与运动型轿车、旅行车、MPV 和 SUV 的功能,既可作为旅行车也可作为家庭和休闲车,填补紧凑型 A 级与中型 C 级之间的差距。B 级轿车采用了 A 级车的夹层底板原理构造,提供宽敞的内部空间和较强的负载能力。B 级车搭载包括机电动力转向系统和球形抛物线弹簧后轴的创新悬架技术,以及选择性阻尼系统等独特功能,提供了长途旅行中的舒适性和操控性	
R 级	大型运动旅行车	结合运动轿车、旅行车、MPV 和 SUV 多方位优势,强调尺寸、设计和动态风格(dimensions、design and dynamic flair)三大特性。R 级提供宽敞的内部空间,最多可容纳 6 名乘客,背部的四个座椅可单独折叠,具有强大的负载能力,因此满足家庭的运动和休闲活动需求。R 级提供短轴距和长轴距两种车型,后者主要针对北美市场。2006 年推出的梅赛德斯-奔驰 R 63 AMG 车型配备 AMG 6.2L V8 发动机,成为该级别的顶级车型	
GL 级	SUV	GL 级定位于豪华运动型 SUV 市场,提供更加宽敞的内部空间,可容纳 7 名乘客。GL 级配备先进的发动机系列以及 7 速自动变速器,结合整车结构、轻量化设计和空气动力学设计,提供了卓越的驾驶性能。AIRMATIC 空气悬架和 4MATIC 四轮驱动为 GL 级提供了越野性能	

资料来源:戴姆勒公司

7.4 商用车:北美地区加速收购,强化亚洲布局

戴姆勒克莱斯勒集团在 1997~2005 年对商用车增加投入,在北美和亚洲地区的扩张尤为明显。北美市场:主要通过收购的方式,提高北美市场地位,经历了北美市场需求萎缩之后,通过重组措施,恢复盈利能力。亚洲市场:通过与亚洲企业建立战略伙伴关系,借助合作伙伴的市场和品牌优势实现亚洲市场营业收入的快速增长,进一步加强全球市场地位(见图 5-104~图 5-107)。

图 5－104　戴姆勒 1999~2005 年商用车各地区工厂数量（个）

资料来源：戴姆勒公司

图 5－105　戴姆勒 1998~2005 年商用车各地区销量结构（千辆）

资料来源：戴姆勒公司

图 5－106　戴姆勒 1999~2005 年商用车营业收入（百万欧元）及同比

资料来源：戴姆勒公司

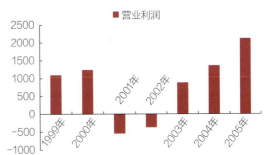

图 5－107　戴姆勒 1999~2005 年商用车营业利润（百万欧元）

资料来源：戴姆勒公司

7.4.1　扩大北美市场投资，提高市场地位

在北美市场，扩大商用车领域投资，提高北美市场地位。Freightliner 是戴姆勒克莱斯勒下属的北美长途运输货车领先制造商。1997 年戴姆勒克莱斯特为了加强北美自由贸易区的市场地位，收购了福特汽车公司重型货车部门，使该部门在新的 Sterling 品牌下销售，Sterling 补充了 Freightliner 的产品系列，并凭借其具有吸引力的产品线，将 Freightliner 在美国的 8 级货车市场中的市场份额扩大到近 40%，Sterling 品牌也迅速成为继 Freightliner 之后北美市场的第二支柱。在商用车市场中，戴姆勒克莱斯勒在全球范围内活跃，拥有梅赛德斯－奔驰、Setra、Freightliner 和 Sterling 等品牌。1998 年戴姆勒克莱斯勒收购了 Thomas Built Buses Corporation，一举成为北美重型商用车领域的领先制造商之一，加强了其在北美客车业务的市场竞争力（见图 5－108）。

遭遇北美市场需求萎缩，实施重组，恢复盈利能力，进一步实现销售增长。2000 年，由于北美市场需求减弱，戴姆勒克莱斯特在北美的销售出现大幅下滑，对北美市场领导者 Freightliner 造成重创，对此，戴姆勒克莱斯特采取了积极的应对措施：一是收购加拿大货车和客车制造商 Western Star，加强其在北美的重型货车和客车的高端市场地位；二是收购底特律柴油机公司（DDC），增加柴油发动机的产量，凭借规模经济实现成本的降低，巩固其作为柴油发动机领先制造商的全球地位。然而，由于 2001 年美国 GDP 下滑，再加上小型货车和轻型货车在北美市场竞争的持续加剧，北美重型货车需求的急剧萎缩，使得这两次收购在短期内并没有取得预期成效（见图 5-109）。因此，为确保长期盈利能力的恢复，戴姆勒克莱斯勒开始对 Freightliner、Sterling 和 Thomas Built Buses 实施重组计划，该计划在 2002 年取得了重大进展，超额完成了成本削减目标，提前实现了收支平衡。在此之后，为了进一步提高盈利水平，戴姆勒克莱斯勒将其战略重心从成为全球市场领导者地位转变为提高盈利能力，并通过实施各种有效措施，取得了显著成效，实现了 2004 年与 2005 年北美营业收入的持续大幅增长。该阶段戴姆勒克莱斯勒拓展海外市场（除亚洲）历程见表 5-13。

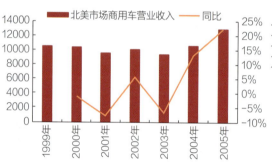

图 5-108 戴姆勒北美市场商用车营业收入（百万欧元）及同比

资料来源：戴姆勒公司

图 5-109 美国 1993~2009 年 GDP（不变价）（十亿美元）及同比

资料来源：戴姆勒公司

表 5-13 戴姆勒克莱斯勒拓展海外市场（除亚洲）历程

地区	时间	公司/事件
北美洲	1997 年	收购福特汽车公司的重型卡车部门，加强戴姆勒在北美自由贸易区的地位
	1998 年	收购 Thomas Built Buses Corporation，加强戴姆勒在全球公交业务中的地位
	2000 年	收购加拿大货车和客车制造商 Western Star，巩固戴姆勒在北美的重型货车和公共汽车高端市场的地位
	2000 年	收购底特律柴油公司（DDC）的剩余股份，戴姆勒力争成为世界领先的公路和非公路应用重型柴油发动机生产商
	2001 年	重组 Freightliner、Sterling 和 ThomasBuilt Buses，提升戴姆勒重型货车领域的盈利能力
	2005 年	向投资公司 Patriarch Partners，LLC 出售美国 LaFrance 消防和救援车辆业务
	2007 年	在美国查尔斯顿开设 Sprinter 装配厂
拉丁美洲	1999 年	推出 FleetBoard 车队远程管理系统优化车队管理，加强戴姆勒客户服务
欧洲	1988 年	发起的欧洲联合研究项目"Chauffeur"，为公路交通引入自动驾驶做准备
南非地区	1999 年	收购南非的 Atlantis Foundries，提升戴姆勒动力总成的世界竞争力

资料来源：戴姆勒公司

7.4.2 建立亚洲战略伙伴关系，设立亚洲新航线

公司的全球业务使其能够从世界增量市场中获利并抵消区域波动。亚洲市场作为对欧洲和美国市场的补充，与三菱汽车的联盟以及与现代的合资为戴姆勒提供了进入亚洲市场的渠道。

（1）与三菱合作，渗透亚洲新市场

与三菱汽车公司（MMC）建立战略伙伴关系，渗透亚洲新市场。为了进一步扩大全球市场地位并抓住快速增长的亚洲市场机会，2000年10月，戴姆勒收购了三菱汽车公司（MMC）34%的股份，此次联盟涵盖乘用车和轻型货车的设计、开发、生产和销售，共享资源和利用规模经济是达成联盟的关键要素。此后，戴姆勒的联盟合作伙伴三菱汽车通过节约成本和提高效率等措施，在重组计划方面取得了长足的进步。为在亚洲商用车市场建立强大的竞争地位，戴姆勒又收购了AB Volvo在三菱汽车3.3%的股权，拿下了三菱汽车扶桑货车和客车公司（MFTBC）与Volvo之间在商用车领域的合作业务。

对三菱汽车的股权进行两次减持，同时保持双方业务合作。对三菱汽车公司的收购与股份增持促进了戴姆勒克莱斯勒在亚洲市场的稳步前进，但是未使其达到成为领先汽车公司的最终目标。因此，戴姆勒克莱斯勒决定停止对三菱汽车（MMC）的增资计划，并在2004年、2005年相继将其对MMC的持股进行了两次减持，以致其对MMC的持股最终下跌至12.4%。两次减持的举动也使得戴姆勒克莱斯勒不再对MMC的业务和财务政策产生重大影响。而在双方的业务合作方面，戴姆勒克莱斯勒将继续保持与MMC在各个领域的业务合作，此前签订的共享项目将继续为双方的利益服务。

戴姆勒克莱斯勒对三菱汽车公司的收购，使其成功进入亚洲市场，并取得了有利的竞争地位，其业务布局概括起来主要包括以下两大部分：

收购三菱扶桑货车和客车公司（MFTBC），进一步发展亚洲战略伙伴关系，加强亚洲商用车领导地位。MFTBC是日本商用车市场的领导者，在日本的市场占有率约为30%，并在东南亚国家具有很强的市场影响力，因此，戴姆勒克莱斯勒制定了利用MFTBC强大的市场优势以及巨大的销售体量进行盈利的经营战略并积极实施，在2003年，以7.64亿欧元价格收购了MFTBC公司43%的股份，将MFTBC从MMC分拆出来，并在2004年将该公司的股份再次增持至65%，自此MFTBC经过一系列整合被并入戴姆勒克莱斯勒的总体业绩。与此同时，戴姆勒克莱斯勒此前对MFTBC的投资也逐渐取得了显著的业绩成效，MFTBC货车和巴士的销量高达118100辆，进一步加强了戴姆勒克莱斯勒作为全球商用车市场领导者的地位。到了2005年，MFTBC出现质量问题，戴姆勒克莱斯勒就相关费用与MMC达成和解，免费获得了MFTBC额外20%的股份，使其在MFTBC的股权增至85%。戴姆勒克莱斯勒此次对MFTBC的收购，巩固了戴姆勒克莱斯勒在亚洲的市场地位，使其凭借MFTBC的品牌和市场优势，引入新技术和产品，巩固和扩大了自身商用车部门的创新领导力，提高了具有高增长潜力的亚洲商用车市场占有率，成功实现了在全球商用车市场的销量增长。

与三菱汽车利用规模经济，降低成本，共享资源，联合开发新产品。在乘用车方面，克莱斯勒集团与三菱汽车的合作涵盖技术、零部件和车辆平台的联合开发和使用，其中，在开发共同的主要组成部件方面双方进行了密切合作，从 2005 年开始，超过一半的新三菱车型基于双方合作开发的产品平台进行生产。在产品方面，戴姆勒克莱斯勒与三菱汽车的战略合作包括联合开发和生产小型车，如欧洲三菱 COLT 和 smart forfour。与三菱在乘用车领域的合作，为克莱斯勒集团降低成本创造了空间，实现了巨大的成本优势，同时提高了其车辆的质量和设计水平。戴姆勒克莱斯勒对三菱汽车公司持股变化见表 5-14。

表 5-14 戴姆勒克莱斯勒对三菱汽车公司持股变化

时间	事件
2000 年	收购三菱汽车公司（MMC）大约 34% 的股份
2001 年	增持三菱汽车公司（MMC）股权至 37.3%
2003 年	以 7.64 亿欧元价格收购了 MFTBC 43% 的股份
2004 年	收购 MFTBC 另外 22% 的股份，对三菱 MFTBC 的股权比例从 43% 增加到 65%
2004 年	对 MMC 的股权下降至 19.7%
2005 年	获得 MFTBC 另外 20% 股份，持有 MFTBC 的股权增加至 85%
2005 年	以 9.7 亿欧元出售 MMC 的股份，MMC 的股权在 2005 年从 19.7% 下跌至 12.4%

资料来源：戴姆勒公司

加强与亚洲合作伙伴的合作，进一步挖掘市场潜力。为了发挥协同作用，2002 年，戴姆勒与合作伙伴三菱汽车公司和现代汽车公司共同成立了全球发动机联盟有限责任公司。这家新公司致力于开发新一代 4 缸汽油发动机，为戴姆勒公司带来了显著的规模经济效益。而戴姆勒克莱斯勒通过扩大其在亚洲的业务以及与亚洲合作伙伴的密切合作，极大地挖掘了亚洲市场的发展潜力。

（2）与现代合资，扩大亚洲市场战略布局

与现代汽车公司（HMC）成立合资企业，进入韩国市场。为了顺利进入韩国商用车市场，2000 年 9 月，戴姆勒克莱斯勒收购了韩国最畅销的汽车制造商现代汽车公司（HMC）9% 的股权，并建立 50:50 投资比例的合资企业"戴姆勒现代卡车公司"，就商用车柴油发动机生产展开进一步合作，从而迈出了进入韩国商用车市场的第一步，也是其在韩国和整个亚洲地区的重要一步。新成立的合资公司负责生产 900 系列梅赛德斯-奔驰柴油发动机和中型变速器，为戴姆勒克莱斯勒进入韩国市场提供了具有成本效益的生产基地。此后，戴姆勒克莱斯勒为进一步加强其在亚洲的商用车业务，再次收购了现代汽车商用车业务 50% 的股权，使其从现代汽车分拆出一家独立的公司，进一步扩大其商用车在亚洲的布局。

退出对现代汽车公司的投资，继续推进共享项目。由于戴姆勒克莱斯勒在 MFTBC 的多数股权以及在中国市场取得的进展，与现代汽车公司在商用车领域的合作对戴姆勒克莱斯勒失去了战略重要性。到了2004年，戴姆勒克莱斯勒出售了在HMC10.5%的股权。此次股权的出售意味着戴姆勒克莱斯勒与现代汽车战略联盟的重新聚焦。在共享项目的合作方面，戴姆勒克莱斯勒、HMC和MMC的世界发动机项目以及其他各种共享项目仍将继续进行。

（3）扩大中国市场，巩固亚洲市场竞争力

与北京汽车工业控股有限公司（BAIC）合作，加强在中国的市场地位。为了扩大中国市场，2004年，戴姆勒克莱斯勒股份公司与北京汽车工业控股有限公司（BAIC）合作成立了合资企业北京奔驰-戴姆勒克莱斯勒汽车有限公司，新公司的业务范围涵盖梅赛德斯奔驰C级和E级轿车。除此之外，戴姆勒克莱斯勒还启动了与北汽福田汽车有限公司（北汽控股）之间的合作，计划在中国生产中型和重型货车，从而确保其货车和公共汽车领域业务活动在中国市场的发展。此后，为了进一步挖掘亚洲市场的潜力，戴姆勒克莱斯勒与北京汽车联合开设了一个高度现代化的生产工厂，并积极培训新员工，扩大产能，以确保新工厂的生产达到戴姆勒克莱斯勒集团的高质量、高水平。同时，该工厂还负责梅赛德斯-奔驰、克莱斯勒和三菱的车辆组装，加强了戴姆勒克莱斯勒在中国汽车市场乃至整个东北亚经济区的市场竞争力。

推进中国商用车和金融服务业务计划，扩大在中国市场的销售，提高盈利能力。2005年，克莱斯勒集团制定了在中国生产克莱斯勒300C以及小型货车的计划。为了确保该计划的顺利实施，克莱斯勒在2005年成立乘用车和商用车融资公司，推进中国商用车和金融服务业务计划的扩展。与此同时，戴姆勒克莱斯勒服务公司也开始在中国开展业务，并通过自身的金融服务进一步支持集团品牌在中国的销售。通过采取这一系列的措施，戴姆勒克莱斯勒为扩大中国市场的销售创造了重要条件，进一步巩固其在中国的市场地位，其盈利能力也不断地提高。

建立采购办事处、东北亚区域管理组织，扩展亚洲的业务运营。戴姆勒克莱斯于2004年在北京开设了新的采购办事处。该采购办事处不仅负责亚洲各地区的采购，还具有提高亚洲采购市场透明度的职能。在业务运营方面，戴姆勒克莱斯勒于2005年成立了东北亚区域管理组织，该组织覆盖了中国内地、中国台湾地区以及韩国市场，更加有效地扩大了亚洲地区的业务运营。而戴姆勒克莱斯勒在东北亚的活动也成为接下来几年区域扩张的重点。

7.5 技术创新：提高产品竞争力

戴姆勒克莱斯勒将技术领先视为突破产品同质化竞争的关键因素。早期戴姆勒克莱斯勒致力于开发技术更为先进的汽车，但技术创新未能有效转化为产品力。后期公司强化技术研发的客户导向，为客户提供产品日常使用过程中真正具有附加价值的创新技术。此阶段公司在无排放交通和无事故驾驶领域开展密集的研发活动并取得了多项成果。

7.5.1 推进替代驱动系统和可再生燃料的应用

戴姆勒克莱斯勒正确判定未来汽车的需求趋势和研发方向,为电动汽车时代的发展铺路。戴姆勒克莱斯勒认为从中长期来看实现可持续交通愿景的关键在于替代驱动概念和可再生燃料的使用。2007年戴姆勒克莱斯勒指出,要实现人们日益增长的出行要求和环境的可持续发展目标之间的平衡,必须构建基于创新技术概念的可持续出行系统。其目标是始终如一地走可持续发展的道路,同时为客户提供量身定制的全面出行方案以满足客户的个性化需求。该目标涵盖三阶段措施:其一,进一步开发和优化内燃机及混合动力技术;其二,开发和提供高质量的传统和替代燃料;其三,开发燃料电池和电力驱动系统的推进装置。自1997年起,戴姆勒梅赛德斯-奔驰乘用车和商用车在替代驱动系统技术领域显著加速,技术路线集中于燃料电池和混合动力技术,技术应用顺序基本以商用车为先。梅赛德斯-奔驰乘用车和商用车1997~2007年无排放交通领域主要成果见表5-15。

表5-15 梅赛德斯-奔驰乘用车和商用车1997~2007年无排放交通领域主要成果

时间	无排放领域成果
1997年	推出第一辆燃料电池驱动的公共汽车:基于梅赛德斯-奔驰 O 405 的 NEBUS CDI 技术(共轨直喷)应用于梅赛德斯-奔驰 C 220 CDI
1998年	Orion 混合动力城市公交车在纽约进行试验
1999年	推出 NECAR 4:燃料电池驱动系统和氢气罐首次安装在梅赛德斯-奔驰 A 级夹层底板中
2003年	36 辆基于梅赛德斯-奔驰 CITARO 的燃料电池城市公交车开始运营 梅赛德斯-奔驰 F 500 MIND 概念车配备具有混合动力模块的柴油发动机
2004年	推出第一辆采用 BLUETEC 清洁柴油技术的货车 美国 Freightliner 混合动力驱动面包车进行试验 推出 60 辆梅赛德斯-奔驰 A 级 F-CELL
2005年	第一辆 BLUETEC Mercedes-Benz ACTROS 货车和 BLUETEC 半挂牵引车交付 推出首款采用 BLUETEC 技术的梅赛德斯-奔驰 CITARO 城市公交车
2006年	梅赛德斯-奔驰 CLS 350 CGI 采用经济型压电直喷和分层充气汽油燃烧技术 推出欧洲第一辆混合动力货车:梅赛德斯-奔驰 HYBRID SPRINTER 316 CDI 开始 FUSO CANTER ECO HYBRID 货车的批量生产
2007年	ORIONVII 混合动力公交车在纽约运营 smart fortwo 纯电动汽车在伦敦开始试验

资料来源:戴姆勒公司

燃料电池技术:推出燃料电池车型,加强与政府、商业伙伴的合作。自1994年推出首款燃料电池概念车 NECAR 1 起,公司开发并测试了梅赛德斯-奔驰 A 级、梅赛德斯-奔驰 SPRINTER 以及梅赛德斯-奔驰公共汽车 CITARO 等燃料电池车型。截至2006年,已有100辆梅赛德斯-奔驰燃料电池汽车投入日常运营,累计行驶280万km,运营时间

146800h。梅赛德斯-奔驰通过大量测试获取经验与成果，进而助推燃料电池技术的市场化进程。在政府合作领域，戴姆勒克莱斯勒参与欧洲清洁城市交通（CUTE）和生态城市交通系统（ECTOS）氢能项目等欧盟资助项目。在商业合作领域，1998年戴姆勒克莱斯勒与加拿大巴拉德设立合资企业共同推进燃料电池技术的市场化，2007年戴姆勒（50.1%）、福特（30%）和巴拉德（19.9%）成立合资公司Automotive Fuel Cell Cooperation（AFCC）共同开发汽车燃料电池。戴姆勒克莱斯勒还与柏林清洁能源伙伴关系（CEP）的其他八家合作伙伴公司在柏林建造世界上第一个完全集成的公共加氢站，为其燃料电池汽车提供氢燃料。

混合动力技术：从内燃机技术通往燃料电池技术的重要过渡步骤。自20世纪90年代初，公司开发并测试了包括乘用车、货车、面包车和公共汽车整个汽车系列的混合动力车，在该领域形成丰富的技术积累。2006年公司推出量产混合动力轻型货车三菱扶桑CANTER ECO HYBRID。该款车型采用并联式混合动力驱动系统，配备涡轮增压柴油发动机和电动机，具备低油耗和低排放特性。

BLUETEC技术：为清洁柴油车提供了有效的解决方案并获得积极的市场反应，显示戴姆勒在柴油车领域的领先地位。2006年戴姆勒克莱斯勒推出清洁柴油技术BLUETEC，并将其逐步应用到乘用车和商用车上。BLUETEC技术可有效减少柴油车辆的油耗和排放从而符合严格的排放标准，还可与混合动力技术结合进一步降低排放。2006年梅赛德斯-奔驰在美国和加拿大推出E 320 BLUETEC，其坚固且高转矩的柴油驱动系统排放量接近于汽油发动机，到2006年E320 BLUETEC已占美国E级车总销量的7%。随着BLUETEC在美国市场的成功，戴姆勒克莱斯勒在欧洲和日本相继推出BLUETEC车型。

7.5.2 增加辅助驾驶功能，提高车辆安全性能

芯片和计算机技术助推驾驶辅助系统研发，孕育未来自动驾驶技术。随着高功率微芯片和高效计算机架构的发展，驾驶辅助系统快速发展。长期以来安全性是戴姆勒克莱斯勒的一大产品标签，此阶段戴姆勒克莱斯勒进一步追求全面的产品安全理念，加强其在驾驶辅助系统领域的研发活动，多项创新技术得以涌现。梅赛德斯-奔驰乘用车和商用车1995~2007年无事故驾驶领域主要成果见表5-16。

表5-16 梅赛德斯-奔驰乘用车和商用车1995~2007年无事故驾驶领域主要成果

时间	无事故驾驶领域成果
1995年	推出电子稳定程序（ESP）
1996年	全球首款配备Brake Assist System（BAS）的汽车
1998年	S级配备自适应安全气囊，E级轿车配备Window Bags
1999年	ESP成为所有梅赛德斯-奔驰乘用车的标准配置
2000年	首个货车车道保持辅助系统（Lane Keeping Assist）
2001年	货车和公共汽车的智能稳定性控制系统（Telligent stability control）
2002年	推出应用于乘用车的预期乘员保护系统（PRE-SAFE）

(续)

时间	无事故驾驶领域成果
2003 年	ESP 成为所有客车的标准配置
2005 年	Brake Assist Plus 系统可对即将发生的碰撞实施警示 E 级车首次搭载 NECK-PRO 防撞式头枕 自适应制动指示灯成为 S 级标准配置
2006 年	梅赛德斯-奔驰卡车推出主动制动辅助系统（ABA） 推出采用自适应前照灯技术的智能照明系统 乘用车 PRE-SAFE 制动系统提供紧急情况下的自动部分制动功能
2007 年	公共汽车前碰撞防护装置（FCG）可避免与前方车辆发生碰撞

资料来源：戴姆勒公司

ESP（电子稳定程序）：ESP 电子稳定程序在危急情况下将制动器单独应用于车轮以防止车辆打滑，同时 ESP 有助于统一其他驾驶动态调节系统如防抱死制动系统（ABS）和加速防滑控制系统（ASR）的功能。1995 年梅赛德斯-奔驰推出 ESP，1999 年 ESP 成为所有梅赛德斯-奔驰乘用车的标准配置。各国统计数据表明 ESP 使驾驶员失误引起事故的比例从 21% 下降到 12%。

PRE-SAFE（预期乘员保护系统）/PRE-SAFE 制动系统：PRE-SAFE 乘员保护概念确保主动和被动安全系统之间的联系。2002 年梅赛德斯-奔驰推出应用于乘用车的预期乘员保护系统，该系统可在几毫秒内激活安全带张紧器和自动调节座椅等被动安全系统，从而降低危急情况下的事故风险。2006 年梅赛德斯-奔驰在 CL 和 S 级中引入 PRE-SAFE 制动系统，该系统在事故即将发生且驾驶员未对视觉和声音警告做出反应时自动启动部分制动操作，最多可产生最大制动力的 40%。如果驾驶员踩下制动踏板，系统可立即提供最大制动力。PRE-SAFE 制动系统可避免事故的发生或将事故的严重程度降低 40%。

BAS（制动辅助系统）：梅赛德斯-奔驰于 1996 年推出制动辅助系统，该系统自 1997 年成为所有梅赛德斯-奔驰乘用车的标准配置。制动辅助系统可显著降低紧急情况下的车辆制动距离。2006 年德国官方事故统计数表明，制动辅助系统有助于预防事故，凭借制动辅助系统，梅赛德斯-奔驰乘用车后端碰撞减少了 8%，涉及行人的严重事故数量下降了 13%。

梅赛德斯-奔驰在 1998~2007 年阶段，实现了品牌、产品、市场和技术创新四大维度的突破，成为世界领先的汽车制造商，但是由于对克莱斯勒的收购未达预期，拖累了整个集团的业绩，对此集团进行了业务的重新聚焦，剥离克莱斯勒，戴姆勒克莱斯勒重新更名为戴姆勒股份公司。

8 重塑自我，制胜未来（2008~2018年）

金融危机之后，全球汽车行业呈现两大趋势：一方面，新兴汽车市场快速发展，中国成为全球最大的汽车市场；另一方面，电动汽车、自动驾驶和数字网联等技术推动汽车工业发生颠覆性转变。公司准确地把握了中国市场发展的机会，并在新技术领域积极投入（见图5-110，图5-111）。

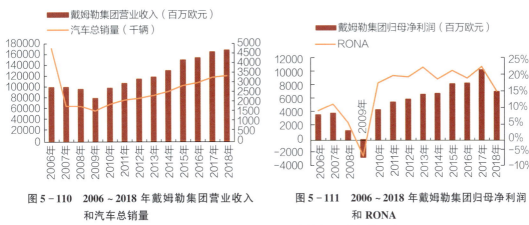

图5-110　2006~2018年戴姆勒集团营业收入和汽车总销量
资料来源：戴姆勒公司

图5-111　2006~2018年戴姆勒集团归母净利润和RONA
资料来源：戴姆勒公司

重整期（2005~2010年）：2005年蔡澈上任后，首先实施精益化经营方针，将战略核心定位于提升集团盈利能力，该战略为金融危机后启动新一轮增长奠定根基。金融危机对戴姆勒形成短期冲击，之后戴姆勒迅速恢复。

增长期（2011~2018年）：2011年戴姆勒明确其在各业务领域实现领导地位的增长目标，此阶段公司销量快速增长。2016年梅赛德斯-奔驰重新获得在高端乘用车市场销量第一的地位，同时启动以5C战略为核心的深远转型进程。

8.1 产品组合焕发活力，紧凑车型&SUV驱动增长

此阶段梅赛德斯-奔驰突破前期以开辟新细分市场为主导的数量增长产品策略，定位于质量增长战略，深耕产品线，提升产品质量内核。梅赛德斯-奔驰重拾产品力，品牌形象大幅提升，S级作为旗舰车型在与宝马和雷克萨斯的竞争中重新焕发活力。2011~2017年间梅赛德斯-奔驰销量年均复合增长率达9.6%，2018年梅赛德斯-奔驰销量达225.3万辆（见图5-112）。

从产品角度分析增长的驱动力，紧凑车型、SUV和跨界车显著推动销量增长，到2018年梅赛德斯-奔驰乘用车销量SUV占比达1/3，紧凑车型占比达1/4。

图 5-112　2006~2018 年梅赛德斯-奔驰乘用车销量（千辆）及同比
资料来源：戴姆勒公司

紧凑车型组合：金融危机后梅赛德斯-奔驰产品策略重点在于开发新一代紧凑车型。2011~2015 年间相继推出新款 B 级、新款 A 级、CLA、GLA 和 CLA Shooting Brake 车型，将紧凑车型组合从原本的 A 级和 B 级 2 款车型扩展为 5 款车型。新一代紧凑型车型获得市场成功，并且帮助品牌扩大其在年轻客户群体中的吸引力。2012~2014 年梅赛德斯-奔驰 A/B/CLA/GLA 级别车型销量增长率分别为 20.3%、66.2% 和 22.9%，成为梅赛德斯-奔驰销量增长的主要推动力。其中新款 A 级客户群平均年龄较前代车型低 10 年（见图 5-113，图 5-114）。

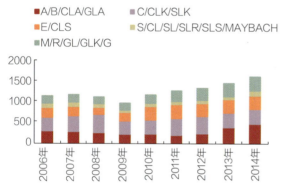

图 5-113　2006~2014 年梅赛德斯-奔驰分车型销量（千辆）
资料来源：戴姆勒公司

图 5-114　2014~2018 年梅赛德斯-奔驰分车型销量（千辆）
资料来源：戴姆勒公司

梅赛德斯-奔驰采取两大策略提升价格敏感型紧凑车型的成本优势，相比前代车型新一代紧凑车型具备更强的盈利能力，反映此阶段戴姆勒精益化经营理念：第一，采取平台化和模块化策略，5 款紧凑型车型共享同一模块化前轮驱动架构，因而梅赛德斯-奔驰可实现不同车型的共线生产，从而大幅降低固定成本；第二，在东欧和中国扩大紧凑车型生产网络，到 2015 年梅赛德斯-奔驰已建成包括德国拉施塔特、匈牙利凯奇凯梅特和北京奔驰三大工厂的紧凑车型生产网络，根据市场需求优化产能组合，进一步降低生产成本。梅赛德斯-奔驰 2011~2015 年新一代紧凑车型见表 5-17。

表 5-17 梅赛德斯-奔驰 2011~2015 年新一代紧凑车型

车型	车型特点	车型外观
第二代 B 级（2011 年）	新款 B 级轿车定位于面向年轻家庭的高级运动旅行车。新款 B 级配备四种高效发动机，提供卓越的驾驶体验，燃油消耗降低至每 100km 4.4L，配备防撞辅助警告系统从而显著提升车辆安全性。2012 年 B 级车全球销量达 45649 辆，比其 2006 年的销售记录高出 11% 以上	
第三代 A 级（2012 年）	新款 A 级以"新一代的脉搏"为产品理念，专注于年轻客户群体。第三代 A 级结合运动性能、效率和安全性，其先进设计凸显其高端汽车地位。该款车配备全新发动机，提供两款配备顶级性能发动机的运动型号。每千米排放 92g 二氧化碳，相比前代车型油耗降低 28%。继承高端级别车型的辅助系统作为标准设备，如基于雷达的防撞辅助系统。新 A 级可无缝接入 iphone 从而提升其对年轻群体的吸引力	
CL（2013 年）	全新 CLA 轿跑车基于 A 级和 B 级紧凑型轿车平台。CLA 外观设计凸显运动性，采用全球领先的空气动力学设计，Cd 值可达 0.23，CLA 180 Blue EFFICIENCY Cd 值可低至 0.22，为梅赛德斯-奔驰系列车型和所有其他量产车型树立了新的基准。自 2013 年 4 月开始交付至 2013 年年底，已售出 59200 辆，为销量增长带来强劲动力	
GL（2014 年）	GLA 定位于快速增长的高端紧凑型 SUV 市场，结合卓越的日常驾驶性能和越野性能。GLA 对标竞争对手 BMW X1 和 Audi Q3。GLA 级由一系列汽油和柴油 4 缸发动机提供动力，并采用前轮驱动或全轮驱动 4Matic	
CLA Shooting Brake（2015 年）	CLA Shooting Brake 是 CLA 轿车的五门旅行车版本。CLA Shooting Brake 结合运动性能和多用途功能，相比于轿车提供宽敞的后座空间和行李舱空间，同时采用独特的内饰设计，代表了一种全新的汽车概念	

资料来源：戴姆勒公司、维基百科

SUV 和跨界车细分市场：自 2015 年起梅赛德斯-奔驰大规模更新其在 SUV 和跨界车细分市场的产品组合。到 2018 年梅赛德斯-奔驰已形成覆盖各级别 SUV 车型的产品组合（GLA、GLC、GLC Coupe、GLE、GLE Coupe、GLS、G-Class），成为拥有最为广泛 SUV 车型组合的高端品牌。梅赛德斯-奔驰 2015~2018 年主要 SUV 车型见表 5-18。2019 年梅赛德斯-奔驰推出全新紧凑型 SUV 车型 GLB。梅赛德斯-奔驰 SUV 车型在中国、美国和德国市场获得成功，自 2010 年起销量持续增长，2018 年梅赛德斯-奔驰 SUV 车型销量较 2014 年增长 94.6%，SUV 是 2014~2018 年销量增长的关键驱动。

表 5-18 梅赛德斯-奔驰 2015~2018 年主要 SUV 车型

车型	车型特点	车型外观
GLB 级	2019 年梅赛德斯-奔驰推出 GLB 级 SUV。GLB 级采用紧凑型车型架构,可选前轮驱动和四轮驱动 4Matic,相比于 GLA 级更加注重宽敞性和坚固性,可从 5 座车型升级为 7 座车型。GLB 受益于梅赛德斯-奔驰当前紧凑型汽车的技术亮点,包括高效的 4 缸汽油和柴油发动机、高级驾驶辅助系统和信息娱乐系统 MBUX	
GLC 级	2015 年梅赛德斯-奔驰推出新款 GLC 中型 SUV 代替前代车型 GLK。新款 GLC 级结合驾驶舒适性与运动性能,全新驱动系统、空气动力学设计和轻量化工程使 GLC 的燃料消耗比前代车型低 19%。自 2008 年以来,GLC 及其前代车型 GLK 销量已超 150 万辆,成为梅赛德斯-奔驰最畅销的 SUV 车型。2020 年梅赛德斯-奔驰推出 GLC 改款	
GLE 级	2012 年梅赛德斯-奔驰推出第二代 M 级(W166),2015 年,M-Class(W166)改型与新款轿跑车变体 GLE-Class Coupe(C292)被纳入 GLE 级车型。2015 年新款 GLE 具备更具吸引力的外观设计,排放和驾驶系统升级。2019 年梅赛德斯-奔驰推出第四代 GLE	
GLS 级	2013 年梅赛德斯-奔驰推出第二代 GL 级 SUV 车型,2016 年将其改型命名为 GLS。GLS 7 座豪华 SUV 结合了令人印象深刻的舒适性、灵活的操控性和一流的安全性	

资料来源:戴姆勒公司、维基百科

8.2 新兴市场拓展加速,获益中国市场红利

传统三大市场西欧、美国、日本增长乏力,新兴市场增长性需求释放。戴姆勒提速渗透以金砖国家为首的新兴市场。新兴市场基础设施建设加快,同时汽车人均保有量较低,中产阶级规模快速增长,为汽车市场提供增长潜力。在中国和俄罗斯市场,戴姆勒通过持有当地合作伙伴一定数量的股权、与合作伙伴建立合资公司的策略,建立和发展当地的生产和销售业务。在巴西和印度市场,戴姆勒已经脱离合作伙伴并主要依靠自有品牌实现价值链的本地化。在乘用车领域,戴姆勒深耕中国市场,在中国市场的快速渗透成为此轮增长的基石。在商用车领域,戴姆勒重点开拓包括印度的亚洲市场,构建以印度为枢纽的亚洲商业模式(见图 5-115~图 5-117)。

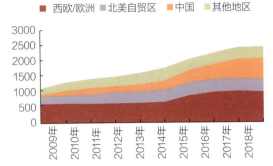

图 5-115　2009~2018年梅赛德斯-奔驰分地区销量（千辆）

资料来源：戴姆勒公司

注：2015年前列示西欧销量，自2015年列示欧洲销量。

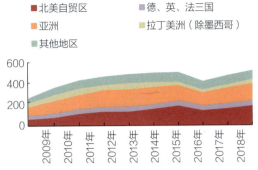

图 5-116　2009~2018年戴姆勒货车分地区销量（千辆）

资料来源：戴姆勒公司

与Sutlej巴士合作
- 2009年起为印度市场生产梅赛德斯-奔驰豪华客车
- 2012年起生产BharatBenz品牌轻型、中型和重型货车
- 2013年德国以外最大的戴姆勒研发中心投入运营

与俄罗斯领先的重型货车制造商Kamaz合作，持股15%
- 2012年开始生产和销售戴姆勒货车和客车

与俄罗斯商用车制造商GAZ合作
- 2013年开始生产梅赛德斯-奔驰面包车
- 2019年在俄罗斯开设梅赛德斯-奔驰乘用车厂

在巴西
- 2013年建设新的梅赛德斯-奔驰汽车工厂
- 2017年向巴西的商用车业务投资约6亿欧元

与北汽合资，持股12%
北京奔驰汽车有限公司
- 2013年首家海外梅赛德斯-奔驰乘用车发动机工厂建成
- 2014年北京梅赛德斯-奔驰研发中心投入运营
- 2015年第一家紧凑型乘用车工厂建成
- 2017年投资建立第二家梅赛德斯-奔驰乘用车工厂
- 2018年投资建立第二家中国研发技术中心

与福田汽车合资
北汽福田戴姆勒汽车有限公司
- 2010年开始生产梅赛德斯-奔驰面包车
- 2012年开始生产中型和重型欧曼品牌货车
- 2012年建设货车发动机工厂
- 2013年首家梅赛德斯-奔驰面包车海外研发中心投入运营

与比亚迪合资
深圳比亚迪戴姆勒新技术有限公司
- 2014年DENZA电动汽车上市

图 5-117　戴姆勒金砖国家布局概览

资料来源：戴姆勒公司

8.2.1　乘用车：中国市场销量增长是制胜关键

自2013年起随着梅赛德斯-奔驰乘用车在华布局提速，销量启动增长势头。 2013~2018年梅赛德斯-奔驰在华销量年均复合增速高达23.2%，成为中国市场增速领先的高端品牌（见图5-118）。自2015年起，中国跃升为梅赛德斯-奔驰乘用车最大的单一市场，2018年梅赛德斯-奔驰中国市场销量占全球销量的1/3。2015~2017年梅赛德斯-奔

驰乘用车在华销量增量占全球销量增量比例在40%~70%区间，是销量增长的主要来源之一。梅赛德斯-奔驰回归高端市场销量第一的地位，中国市场是关键动力源。

梅赛德斯-奔驰在中国的发展战略以 Built in China，for China 为核心，即提供符合中国客户需求的产品并在当地生产。梅赛德斯-奔驰在中国市场本地化生产是其成功的关键支柱（见图5-119）。到2018年梅赛德斯-奔驰国产车辆产量为48.5万辆，占其在华总销量的70%以上。梅赛德斯-奔驰乘用车国产化进程可划分为起步阶段、加速阶段和转型阶段。

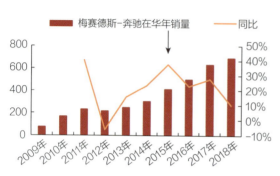

图5-118 2009~2018年梅赛德斯-奔驰在华年销量（千辆）及同比

资料来源：戴姆勒公司

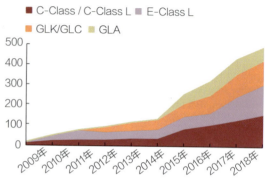

图5-119 梅赛德斯-奔驰本地化生产分车型销量（千辆）

资料来源：carsalebase

起步阶段（2003~2012年）：戴姆勒与北汽达成战略合作关系开启梅赛德斯-奔驰在华市场渗透进程。戴姆勒与北京汽车自2003年起建立长期战略合作关系，2005年合资公司北京奔驰正式成立，设立合资工厂，同年推出首批国产E级车，开启梅赛德斯-奔驰乘用车国产化进程，并开始为乘用车和商用车提供汽车金融服务。

加速阶段（2013~2016年）：戴姆勒与北汽在各领域深化合作充分利用中国市场增长潜力。在合作深化领域：2011年戴姆勒和北汽深化战略合作伙伴关系，北京奔驰获得约20亿欧元投资用以扩大产能。2013年，戴姆勒收购北汽12%的股权，成为第一家获得中国汽车公司股权的外国汽车制造商，以此为标志戴姆勒在中国市场布局全面加速。2014年戴姆勒在中国境内发行熊猫债券，为其在中国迅速扩大的业务活动提供了额外的融资来源。在产能扩张领域：2013年梅赛德斯-奔驰首家海外发动机工厂开始为国产乘用车生产4缸和6缸发动机，2015年北京奔驰产能大幅扩张，第一家乘用车工厂投入运营，并引入C级、GLA和GLC新款车型。在销售服务领域：2013年设立北京梅赛德斯-奔驰销售服务有限公司，自2013年起梅赛德斯-奔驰大规模扩张经销商网络，经销商数量从2013年的330多家增至2015年的500家。随着戴姆勒在华布局加速，梅赛德斯-奔驰在华销量增长全面提速，为量产车型A/B/C/E贡献增量，2015年由于引入多款新车型叠加产能翻倍，国产乘用车销量增速达93.8%，中国市场总销量增速达36.5%，从而使梅赛德斯-奔驰与竞争对手之间的差距大幅收敛（见图5-120）。

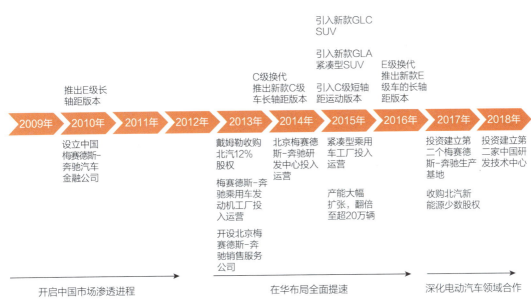

图 5-120 梅赛德斯-奔驰乘用车中国市场拓展进程概览
资料来源：戴姆勒公司

转型阶段（2017~2019年）：戴姆勒与北汽深化双方在电动汽车领域合作，北京奔驰成为其电动汽车和电池生产网络的重要节点。2017年，戴姆勒和北汽集团宣布共同投资6.5亿欧元在北京奔驰工厂生产国产梅赛德斯-奔驰电动汽车和电池。2017年，戴姆勒收购北汽集团子公司北京新能源汽车股份有限公司（BJEV）3.93%的股权，双方在电动汽车领域合作深化。2018年戴姆勒和北汽集团计划在北京建立第二个生产基地和第二个研发基地，梅赛德斯-奔驰电动汽车和电池国产化蓄势待发。2019年7月23日北汽集团通过子公司Investment Global收购戴姆勒公司约5%的股权从而实现交叉持股，戴姆勒与北汽合作关系进一步稳固。

8.2.2 商用车：以印度为枢纽打造亚洲商业模式

戴姆勒卡车的全球扩张策略在于利用平台战略为全球客户提供量身定制的系统和技术，为三大市场（西欧、北美、日本）提供创新的尖端技术，将传统和成熟的技术应用于金砖国家和部分亚非国家。在亚洲市场，戴姆勒卡车以印度市场为核心打造亚洲商业模式。

自2009年戴姆勒货车开始渗透印度市场，早期与Hero Group合作，后期建立自有品牌BharatBenz。 2009年，戴姆勒收购了其印度合作伙伴Hero Group在双方合资公司的股份，并成立印度戴姆勒商用车公司。2010年，戴姆勒将其在印度汽车集团塔塔汽车公司的全部股权出售。2012年，戴姆勒在印度建立自有货车品牌BharatBenz，并在钦奈开设新的生产基地为印度生产轻型、中型和重型货车。

戴姆勒货车亚洲商业模式本质在于基于平台化战略利用印度制造的低成本优势生产和销售经济型货车，从而提升盈利能力，再次体现此阶段戴姆勒精益化经营方针。

轻型和中型 BharatBenz 货车与戴姆勒旗下另一子品牌 FUSO 下的 Fuso Canter 和 Fuso Fighter 系列基于相同的戴姆勒货车平台，两者能够在同一工厂生产。自 2013 年起戴姆勒开始在钦奈工厂生产 FUSO 品牌的货车，将经济型的 FUSO 货车销往斯里兰卡、肯尼亚、印度尼西亚、泰国等增量市场，渗透亚洲和非洲的价格敏感市场。三菱扶桑货车、巴士公司（MFTBC）和戴姆勒印度商用车辆有限公司（DICV）的业务整合并入"戴姆勒卡车亚洲"旗下，并建立国际研发网络。"日本研发，印度制造"策略显著提升了戴姆勒货车在亚非出口市场的市场地位，扶桑货车在印度尼西亚等市场取得领先地位。2014 年，戴姆勒进入印度巴士市场，通过梅赛德斯 - 奔驰品牌和 BharatBenz 品牌下的量产巴士渗透印度高端巴士市场，并为中东、非洲和拉丁美洲出口市场定制校车和巴士（见图 5 - 121）。

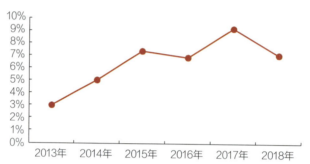

图 5 - 121　戴姆勒货车印度市场中型和重型货车市场占有率
资料来源：戴姆勒公司

8.3　卓越经营，提质增效，保障盈利增长

自 2005 年蔡澈上任后，戴姆勒专注于强化公司可持续的盈利能力，强调卓越经营与绩效文化。各业务向精简高效转型，聚焦核心流程，促进内部协同。该战略成为戴姆勒恢复竞争力的关键一步，为金融危机后启动新一轮增长奠定根基。第一，实施全新管理模式，新管理模式核心在于整合集团职能，减少业务重叠，降低管理费用。新管理模式整合包括财务、人力资源和战略的行政职能，缩短决策流程，将梅赛德斯 - 奔驰乘用车的研发部门与集团层面的研发部门合并，将商用车部门分拆为货车、面包车和公交车部门单独运营管理。新管理模式的实施导致集团 2006~2008 年期间行政部门职位减少 20%，管理职位减少 30%。第二，各部门启动效率改进计划，2005 年梅赛德斯 - 奔驰和商用车部门分别启动 CORE 计划和"全球卓越"计划，采取广泛措施提升核心业务竞争力（见图 5 - 122）。

2011 年戴姆勒明确其增长战略，目标是在所有业务领域取得领先地位。戴姆勒延续其对盈利增长的关注，将效率提升与卓越经营作为核心战略的组成部分。2011 年戴姆勒增长战略概览见表 5 - 19。2012 年起各部门发起效率改进计划作为增长计划的补充，到 2014 年年底通过一系列成本优化和效率提升措施实现了 40 亿欧元的盈利贡献。

具体措施主要包括模块化战略、结构性重组和跨部门协同，实施范围具有深度和广度（见图 5-123）。

效率计划	目标	主要措施	效果
梅赛德斯-奔驰 CORE 计划（2005~2007年）	-提高质量 -降低成本 -缩短产品生产周期 -2007年实现7%的销售净利率	-实现收益短期改善：减少原材料、人力、物流、能源和信息技术的支出；剥离无利可图的车辆和发动机项目 -实施结构性措施：标准化结构和流程；实施模块化战略，减少车辆架构；重组研发活动；减少员工规模	-每年成本节约和收入改善总额达71亿欧元 -2006年和2007年生产率分别提高12%和10% -2007年实现9.1%的销售净利率
商用车"全球卓越"计划（2005~2011年）	-提高盈利能力 -增强竞争力	-周期管理：减少业务对经济周期的敏感性，如在工厂引入工作时间账户，使工厂能根据需求波动缩减或增加产量 -卓越运营：降低原材料成本和固定成本，优化全球流程，强化生产灵活性，如扩大发动机、车轴和变速器的共享水平 -全球扩张：重点开拓高增长潜力的亚洲市场，关注中国和印度 -未来时代：开发新技术和产品来巩固和扩大创新领导力，如开发替代能源驱动系统	2009年经济危机后快速复苏

图 5-122　戴姆勒 2005~2011 年效率改进计划概览
资料来源：戴姆勒公司

表 5-19　2011 年戴姆勒增长战略概览

部门	增长目标	盈利目标
梅赛德斯-奔驰乘用车	在2020年前实现高端汽车市场的领先地位，在品牌形象、产品范围、销量和盈利能力方面领先于竞争对手。smart品牌进一步扩展其在城市交通领域的先锋作用	10%
戴姆勒货车	进一步巩固全球卡车业务中的领先地位，在2020年销量突破70万辆	8%
梅赛德斯-奔驰面包车	在细分市场之外实现进一步的盈利增长	9%
戴姆勒巴士	进一步加强其8t GVW以上车辆市场的领先地位	6%
戴姆勒金融服务	成为最佳金融服务提供商，与汽车业务齐头并进	17%（净资产收益率）

资料来源：戴姆勒公司
注：盈利目标指标为 EBIT/营业收入。

效率计划	目标	典型措施	盈利贡献
fit for leadership (Mercedes-Benz Cars)	- 短期：注重效率改善，降低原材料和固定成本 - 中期：注重长期的结构调整，优化研发、生产和销售结构	- 实施标准化和模块化战略 - 重组德国和中国的销售组织	20亿欧元
Daimler truck#1 (Mercedes-Benz Vans)	- 提高运营单位效率 - 跨部门合作加强协同效应	- 建立三大平台和相应的模块管理系统，在其产品中实现更高的共享部件率 - 调整研发组织，使研发活动与全球平台和模块战略协调 - 扩大零部件再制造业务 - 亚洲商业模式：三菱扶桑货车和戴姆勒印度商用车两家公司协同	16亿欧元
performance vans (Daimler Trucks)	- 组织整体的成本优化	- 更高效的生产流程 - 优化材料利用	1亿欧元
globe 2013 (Daimler Buses)	- 提升竞争优势，尤其在欧洲市场	- 加强欧洲生产网络之间的联系 - 停止在北美生产Orion公交车以应对需求下滑	2亿欧元

合计：40亿欧元

图5-123　2012~2014年戴姆勒各部门效率改进计划概览

资料来源：戴姆勒公司

戴姆勒与雷诺-日产建立战略合作伙伴关系以进一步提升效益。2010年，戴姆勒与雷诺-日产就广泛的战略合作达成协议，实施交叉持股，雷诺和日产各获得戴姆勒1.55%的股权，戴姆勒在雷诺和日产各获得3.1%的股权。双方合作项目覆盖车型到发动机，从共同研发到联合生产，从乘用车到商用车，借此分享双方在不同市场和领域的竞争优势，共同分摊研发和生产成本，优化产能利用率。2010~2014年，合作项目从3个扩大到12个。戴姆勒与雷诺-日产主要合作项目见表5-20。

表5-20　戴姆勒与雷诺-日产主要合作项目

合作时间	主要合作项目
2010年	联合开发TWINGO和smart的共享汽车架构，TWINGO和smart forfour在斯洛文尼亚的雷诺工厂生产 联合开发共享小型3缸和4缸发动机 在小型商用车领域开展合作 梅赛德斯奔驰向英菲尼迪供应大型汽油和柴油发动机
2012年	在美国田纳西州联合开发新一代4缸发动机和变速器
2014年	在墨西哥设立合资企业，投资10亿美元建设新工厂，联合研发、生产英菲尼迪和梅赛德斯-奔驰品牌汽车 日产向三菱扶桑供应面包车NV350 URVAN
2016年	新款smart电动车配备雷诺Cléon工厂生产的电机 联合开发第一辆梅赛德斯-奔驰皮卡，与日产NP300共享部分架构

资料来源：戴姆勒公司

持续实施的效率改进项目叠加与合作伙伴的成本分摊改善公司盈利能力。**成本改善效应主要体现在人力资源领域。**由于公司优化组织架构，缩减行政管理人员规模，控制管理费用，管理费用/营业收入从2009的4.2%持续降至2016年的2.2%（见图5-124）。公司精简业务流程与决策层级，工业4.0实施到位，人力成本控制得当，人力成本/营业收入呈下降趋势，从2006年的23.8%降至2018年的13.4%（见图5-125）。

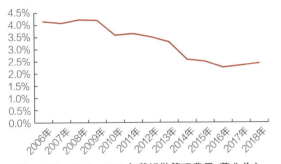

图5-124 2006~2018年戴姆勒管理费用/营业收入
资料来源：戴姆勒公司

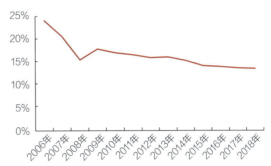

图5-125 2006~2018年戴姆勒人力成本/营业收入
资料来源：戴姆勒公司

从利润端分析，经济危机后四大业务板块盈利能力趋于稳定，接近盈利目标。排除经济危机影响，2006~2007年以及2012~2014年实施效率改进项目期间，各业务销售利润率（EBIT/营业收入）基本呈现上升态势（见图5-126，图5-127）。

图5-126 乘用车与货车业务息税前利润率
资料来源：戴姆勒公司

图5-127 面包车与巴士息税前利润率
资料来源：戴姆勒公司

8.4 四大领域突破，瞰思未来汽车

2016年戴姆勒提出"瞰思未来"战略（CASE），公司定位于领先的出行服务提供商，目标是在每个面向未来的CASE领域中取得领先地位，并通过这些领域的联系创造额外的协同效应，为客户提供出色的产品、服务和商业模式。CASE覆盖四大领域：智能网联（connected）、自动驾驶（autonomous）、共享出行（shared &services）和电动汽车（electric）。

8.4.1 智能网联

乘用车领域，2014年梅赛德斯-奔驰创建Mercedes me数字服务平台为客户提供多元服务。该平台集成所有网联、金融和其他服务，还提供有关梅赛德斯-奔驰品牌的信息和新闻,客户可在线连接其车辆。Mercedes me 数字服务平台涵盖主要服务见表 5-21。Mercedes me 同时在 44 个国家运营,涵盖世界上大多数主要的汽车市场。2018 年梅赛德斯-奔驰推出基于人工智能的车载信息娱乐系统 MBUX,MBUX 逐步成为梅赛德斯-奔驰 A 级车和梅赛德斯-奔驰电动车 EQC 的标配。

表 5-21 Mercedes me 数字服务平台涵盖主要服务

服务	主要内容
Mercedes me connect	维护和故障管理系统,紧急呼叫系统,远程诊断,实时交通信息服务(包括 car-to-X 通信),智能手机上存储的数字密钥,人工智能系统支持的"Hey Mercedes"自然语音识别、GPS 定位、远程锁定等
Mercedes me assist	全天候在线访问客户服务中心,自动预约功能
Mercedes me finance	提供定制汽车金融服务
Mercedes me move	连接 car2go、moovel、mytaxi 等其他出行服务程序
Mercedes me inspire	社区提供梅赛德斯-奔驰品牌的信息和新闻,以及来自生活和旅游等领域的大量创意和优惠
Mercedes me Charge	访问欧洲的充电站
Joyful Anticipation	在订购车辆的等待时间内,客户将获得与订购车辆相关的信息。价值链整体的网联化使得该服务能够实时访问生产数据
EQ Ready	记录和分析车辆行驶数据提供用户有关梅赛德斯-奔驰替代动力车型的建议

资料来源:戴姆勒公司

戴姆勒旗下商用车板块切入物流运输领域,在网联化领域发展超前。戴姆勒货车致力于为未来物流业提供全新的网联化解决方案。2016 年戴姆勒推出货车数据中心(Truck Data Center)硬件系统,该硬件不仅可安装在戴姆勒货车上,还可安装在非戴姆勒集团品牌的货车上。该模块接收所有货车数据,并通过蓝牙、3G 移动电话或 GPS 与基础设施、其他车辆和其他物流参与者通信。物流公司可以获得广泛的信息和相应的分析数据。梅赛德斯-奔驰货车致力于从货车制造商转变为货物和乘客运输的整体系统解决方案提供商。2016 年,梅赛德斯-奔驰货车推出 adVANce 计划和纯电动"Vision Van"概念货车。adVANce 计划可满足城市中外卖和快递运输等新兴业务需求。"Vision Van"概念货车可在城市和郊区环境中实现最后一英里交付,是全球第一辆将配送中心到收货人所有流程完全数字化连接的货车,此外还是第一辆拥有全自动货舱和集成式无人机的货车。

8.4.2 自动驾驶

戴姆勒将自动驾驶技术应用于乘用车、面包车、公共汽车和货车各种交通场景。戴姆勒已实现乘用车和货车 L2 的批量生产,同时与多家合作伙伴共同开发 L3~L5 的自动驾驶技术。预计 2020 年后 L3~L5 的自动驾驶技术将进入市场。戴姆勒继承前期在安全领域的技术积累,在此阶段加速开发驾驶辅助系统。

在自动驾驶技术开发领域,戴姆勒与博世、宝马等公司达成合作关系。戴姆勒与博世联合开发 L4 与 L5 自动驾驶技术，测试自动驾驶车辆共享服务。2017 年，戴姆勒与博世达成联合开发协议，目标是在下一个 10 年初在城市道路实现全自动（SAE 4 级）和无人驾驶（SAE 5 级）。2018 年 11 月戴姆勒与博世启动自动驾驶车辆共享服务项目测试，2019 年下半年在加州圣何塞试点。自动驾驶车辆共享服务指客户可通过智能手机订购自动驾驶共享车辆，车辆可自动来到指定接送地点，并自动驾驶至目的地。戴姆勒与宝马达成长期战略合作关系，共同开发 L4 自动驾驶技术并应用于乘用车。2019 年 7 月双方已启动自动驾驶技术开发长期合作，共同开发新一代驾驶辅助系统、高速公路上的高度自动驾驶以及自动泊车技术（SAE Level 4）。预计该技术将从 2024 年起投入量产。此外，双方计划讨论扩大合作，覆盖高速公路和城市地区的更高自动驾驶技术合作，为自动驾驶创建可扩展平台，探索与其他技术公司和汽车制造商建立合作伙伴关系的可能。

在数字地图领域：戴姆勒已推出高精度数字动态地图。 2015 年，戴姆勒联合奥迪和宝马公司收购了诺基亚数字地图业务 HERE，HERE 车载地图后被应用于梅赛德斯-奔驰 E 级、S 级和 A 级车型。2018 年戴姆勒与 HERE 共同推出高精度数字动态地图 HERE HD Live Map，该产品从包括戴姆勒在内的多家汽车制造商获得丰富的车辆传感器数据，能够实现实时地图更新，并利用车辆传感器检测的数据进行修正从而形成闭环。

8.4.3 共享出行

2009 年 3 月，戴姆勒基于 smart 品牌在斯图加特乌尔姆推出 car2go 汽车分时租赁业务。除 car2go 外，戴姆勒旗下拥有多项共享出行服务，全面覆盖多种出行场景。戴姆勒通过多项战略投资扩展其出行服务生态系统。截至 2018 年，戴姆勒共享出行服务已被全球 3100 万人使用。2018 年戴姆勒共享出行服务概览见表 5-22。

表 5-22 2018 年戴姆勒共享出行服务概览

共享出行服务	内容
Car2go	提供汽车分时租赁服务，汽车共享服务的注册用户数量已达 360 万
moovel	MaaS 平台使用户能够获得最佳的出行方案，预订和支付当地公共交通、car2go、mytaxi 等各种移动服务。截至 2018 年底，德国和美国的注册用户数量达到 620 万
mytaxi	欧洲基于应用程序的出租车服务市场的领先供应商之一，2018 年已扩展至 12 个欧洲国家，注册用户数量达 2130 万。此外，mytaxi 还推出了电动踏板车共享服务
ViaVan	提供基于应用程序的按需乘车共享服务，采用智能算法将出行路线相同或相似的不同乘客的出行需求组合成一辆车的单程旅行，从而创建动态的公共交通系统，于 2018 年 3 月在阿姆斯特丹推出，随后在伦敦和柏林推出

资料来源：戴姆勒公司

戴姆勒与宝马合并共享出行服务。 2019 年 1 月，戴姆勒与宝马将双方现有的汽车共享（CarSharing）、乘车（Ride-Hailing）、停车（Parking）、充电（Charging）和一站式出行服务（Multimodality）合并，双方各持有合资公司 50% 的股份。两家公司将共同投资超过 10 亿欧元用于进一步扩大其全球业务（见图 5-128）。

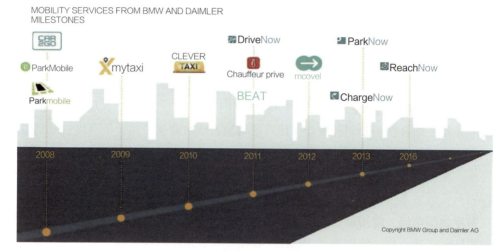

图 5-128　戴姆勒与宝马共享出行服务概览
资料来源：戴姆勒公司

戴姆勒与吉利合作在中国提供高端专车出行服务。戴姆勒与吉利成立合资企业提供专车出行业务。2018年10月，戴姆勒与吉利宣布计划在中国成立50:50合资企业，使用高级车辆在中国特定城市提供专车出行服务。初期车型将包括梅赛德斯-奔驰S级、E级和V级以及迈巴赫车型，并可由吉利旗下的高端电动车车型补充。

8.4.4　电动汽车

2016年，戴姆勒创建全新的梅赛德斯-奔驰电动车品牌EQ。EQ品牌不仅包括车辆，还包括围绕电动车的生态产品，包括智能服务、私人和商业客户的储能单元、感应充电等充电技术以及可持续回收。梅赛德斯-奔驰EQ品牌计划在位于德国、美国、法国和中国的六个地点建造电动汽车生产厂。2017年，梅赛德斯-奔驰乘用车计划到2022年使整个产品系列实现电气化，计划推出超过50款车型，其中包括十多款纯电动车型，电气化替代方案包括三大支柱48V电气系统（EQ Boost），插电式混合动力汽车（EQ Power）和由电池或燃料电池驱动的纯电动汽车（EQ）。预计到2025年，电动车型将占梅赛德斯-奔驰汽车总销量的15%～25%。2019年5月，戴姆勒提出Ambition 2039战略，目标是在接下来的20年里，发展碳中性汽车技术，并计划在2030年之前使插电式混合动力汽车和纯电动汽车占其汽车销量的50%以上。除了乘用车，戴姆勒还致力于实现货车、面包车和巴士的电气化、模块化开发使其各部门之间能够快速转移技术。

戴姆勒将自产电池视为电动汽车时代的一个重要成功因素，积极布局电动车生态系统。梅赛德斯-奔驰汽车的全球电池生产网络未来将由三大洲的9家工厂组成。戴姆勒电池生态系统布局概览见表5-23。未来戴姆勒将拥有覆盖私人家庭、高速公路、城市多种场景的充电设施。

表 5-23　戴姆勒电池生态系统布局概览

时间	事件
2008 年	收购赢创子公司 Li-Tec 49.9% 的股权
2009 年	与赢创成立合资公司 Deutsche ACCUmotive 开发和生产汽车电池和电池系统
2015 年	收购 Li-Te 和 Deutsche ACCUmotive 的剩余股权实现全资控股与 Deutsche ACCUmotive 共同进入固定电池储能业务
2016 年	在德国卡门茨建设第二家电池厂，计划在全球电池生产中投资超过 10 亿欧元与宝马集团、福特公司、大众集团车企成立合资企业 IONITY 建设泛欧高功率充电网络
2017 年	与北汽集团共同投资推进中国纯电动汽车和电池的国产化，在美国塔斯卡卢萨工厂建造新电池厂 投资美国充电解决方案提供商 ChargePoint
2018 年	采购超过 200 亿欧元的电池，可供应至 2030 年
2019 年	在波兰亚沃尔建立电池工厂 与 Sila Nanotechnologies 合作开发下一代锂离子电池材料 戴姆勒货车和客车公司与宁德时代签订全球动力电池采购协议

资料来源：戴姆勒公司

在短期内戴姆勒在电动汽车领域发展重点是纯电动汽车（BEV）和插电式混合动力汽车（PHEV），笔者主要探讨戴姆勒在这两大领域的扩展。在混合动力汽车（HEV）领域，戴姆勒将混合动力技术应用于商用车各车型，此外，48V 电气系统已经在 S 级车和 C 级车等车型应用。在燃料电池电动汽车（FCEV）领域，戴姆勒正在与多家合作伙伴共同开发燃料电池和基础设施。

（1）纯电动汽车（BEV）

在乘用车领域，纯电动车型覆盖 smart 到大型 SUV。

2009 年，推出第二代 smart fortwo 电动车，最初用于租赁业务和 car2go 共享出行服务，于 2012 年实现大规模量产。2019 年，戴姆勒与吉利成立合资企业共同开发 smart 电动车，新一代智能电动车型将在中国新建的专用电动车工厂组装并在全球销售。smart 将在 2020 年成为纯电动品牌。

2019 年中期，梅赛德斯-奔驰 EQC 作为 EQ 品牌推出的首款电动车，在不来梅和北京奔驰的生产线下线。该车型配备前桥和后桥上的两个电动机，总功率为 300kW，可实现高达 450km 的续驶里程。EQC 采用全新的驱动系统开发，每个车轴都配有紧凑型电动传动系统，为 EQC 提供了全轮驱动的驱动特性（见图 5-129）。

戴姆勒先后与特斯拉、比亚迪建立合作关系。戴姆勒于 2009 年收购了特斯拉 9.1% 的股权，后将其中 40% 的投资转移到了 Aabar Investments（戴姆勒公司股东之一）。特斯拉为梅赛德斯-奔驰 B 级电动车开发了完整的动力传动系统，并为其第一代和第二代 smart fortwo 电动车供应电池。2014 年，戴姆勒将其在特斯拉的股权售出。第三代 smart fortwo 电动车锂电子电池由戴姆勒子公司 Deutsche ACCUmotive 提供。2010 年戴姆勒与比亚迪成立 50:50 合资公司深圳比亚迪戴姆勒新技术有限公司。2014 第一款 DENZA 品牌电动车在中国上市。

图 5-129 梅赛德斯-奔驰 EQC 底盘
资料来源：戴姆勒公司

在商用车领域，戴姆勒纯电动车型覆盖货车、面包车和巴士。戴姆勒货车是全球首家在所有细分市场生产纯电动货车的制造商。梅赛德斯面包车计划从 eVito 开始将其所有商用车型系列电气化。在巴士领域，纯电动巴士 eCitaro 于 2018 年推出。

（2）插电式混合动力汽车（PHEV）

2014 年梅赛德斯-奔驰推出有史以来最经济的 S 级轿车 S500 PLUG-IN HYBRID，成为全球第一家在混合驱动系列生产的汽车中使用锂离子电池的汽车制造商。2014~2017 年，梅赛德斯-奔驰推出多款插电式混合动力车型，燃油消耗量从 GLE500e 4MATIC 的 3.3L/100km 到最高效型号 C350e 的 2.1L/100km。2018 年，戴姆勒推出从 C 级到 S 级车型的新型插电式混合动力车型。

8.5 调整组织架构，拥抱创业文化

2016 年，戴姆勒开启了公司历史上规模最大的转型。2018 年，戴姆勒将其战略重点总结为 5C 战略，以全新组织架构和战略开启新征程。

1）加强戴姆勒的全球核心业务（CORE）。

2）在未来的新领域占据领先位置（CASE）。

3）调整戴姆勒的企业文化（CULTURE）。

4）强化以客户和市场为导向的组织结构（COMPANY）。

5）客户（CUSTOMER）。无论如何变化，始终专注于客户，提供满足其需求的最佳产品，并为他们的出行提供最佳解决方案。

CUTURE 和 COMPANY 表明戴姆勒的转型得到文化和组织转型的支持。

CUTURE：迎接汽车产业转型的文化挑战。2016 年，戴姆勒发起 Leadership 2020 计划以实施内部文化转型，目标是将戴姆勒传统的效率文化与创业精神相融合，将全球公司的

实力与创业环境的灵活性相结合。为了启动该计划，来自 24 个国家不同等级的 144 名管理人员为戴姆勒的新管理文化制定提案，改变甚至打破已建立的结构以塑造新的管理文化，最终确定了八项主题和八项领导原则，这体现了从下而上的文化变革理念。基于新的管理文化，戴姆勒同时在薪酬制度、交流方式进行变革，并开展论坛、创意竞赛、研讨会培养数字文化，如支持移动办公和跨学科工作、发起 DigitalLife Days 系列活动、开展 Knowledge College 计划等。

COMPANY：集团组织架构重组，五大部门拆分为三大公司。2017 年，戴姆勒发起 Project Future 项目计划将部门拆分成独立实体。2019 年 5 月，年度股东大会批准实施新集团结构，新集团结构将于 2019 年 11 月 1 日生效，集团业务拆分成三大实体：梅赛德斯-奔驰公司（Mercedes-Benz AG）、戴姆勒货车公司（Daimler Truck AG）、戴姆勒移动出行公司（Daimler Mobility AG）。其中梅赛德斯-奔驰乘用车和梅赛德斯-奔驰面包车部门整合入梅赛德斯-奔驰公司，戴姆勒货车和戴姆勒巴士部门整合入戴姆勒货车公司，戴姆勒金融服务公司于 2019 年 7 月更名为戴姆勒移动出行公司（Daimler Mobility AG）。戴姆勒股份公司将继续作为母公司，负责履行公司治理，战略指导和控制的职能，并提供集团范围的服务。新的集团架构将使戴姆勒更加贴近市场以更快速准确地应对技术飞跃和市场波动，加快创新步伐。此外，新结构将提升集团各个部门的透明度，从而提升戴姆勒股份公司在资本市场的吸引力（见图 5–130）。

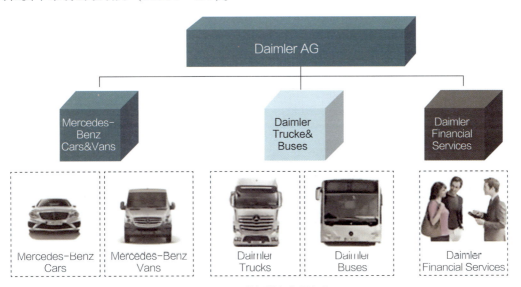

图 5–130　戴姆勒新集团架构

资料来源：戴姆勒公司

戴姆勒此阶段的增长驱动来自于两大动力，一是产品焕发活力，其中梅赛德斯-奔驰抓住了紧凑型车和 SUV 车型及跨界车的需求趋势；二是市场提供红利，其中梅赛德斯-奔驰在中国实现了快速渗透。分析此阶段销量增长的原因必须从这两方面入手。戴姆勒在此阶段继承了前期的价值管理理念，进一步升级为卓越经营策略，向精简高效转型，聚焦核心流程。

9 经营策略

9.1 高端汽车品牌如何诞生

消费者愿意为高端品牌支付品牌溢价，高端品牌的产品往往具备更高的盈利能力。戴姆勒-奔驰在发展初期建立了其高端汽车品牌地位，并且不断巩固其高端汽车品牌地位。笔者认为戴姆勒-奔驰高端品牌的确立和发展包括以下因素：

戴姆勒-奔驰具有高端品牌的天然属性。早期汽车携带奢侈品属性，其目标客户是富有或拥有权势的人，因此戴姆勒-奔驰在诞生之初就为富人造车。第一次世界大战后美国开始大批量生产汽车，而戴姆勒与奔驰仍然使用劳动密集型生产方式，为富人定制产品，这使其产品具有数倍于其他品牌的价格。这种高端品牌的天然属性形成其得天独厚的血统。

在不同时期都生产面向社会顶层群体顶奢车型以维护高端品牌形象。典型车型有大萧条时期的770和20世纪50年代的600车型等，S级车作为旗舰车型是梅赛德斯-奔驰品牌地位和产品力的象征。由于豪华车型以国家元首、顶级富豪和明星等社会顶层群体为目标客户，部分豪华车型实际没有经济效应，但社会精英与品牌的联系发挥了维护品牌高端形象的作用（见图5-131）。

770 "Grand Mercedes"（W150），1938~1943

300-300 d（W 186, W189），1951~1962

600 and 600 Pullman（W 100），1963~1981

Maybach 57/W 240 E 55 LA, since 2003

图5-131 戴姆勒豪华车典型车型
资料来源：戴姆勒公司

以技术和质量为内核，树立品牌核心价值。早期戴姆勒-奔驰的技术积累优势在赛车领域与飞机发动机领域可见一斑。赛车运动在培育高端品牌中发挥积极作用，梅赛德斯-奔驰在赛车运动中的成功塑造了品牌声望。赛车是最好的广告。早期赛车运动是流行趋势，富豪尤其爱好赛车运动。赛车的胜利带来强大的公众效应，比赛的胜出直接推动汽车销售。赛车是一种追求极致的精神。这种精神内涵与戴姆勒 the best or nothing 的品牌精神相互契合。品牌发展后期戴姆勒-奔驰车型政策以先进技术为核心竞争优势，卓越的工程技术是立身之本。

9.2 高端汽车品牌的发展路径

汽车先驱占据得天独厚优势,但其能够穿透周期续写百年篇章,源自其不断革新的机能。纵观其发展路径,破立兼具:

从两家公司合并至第二次世界大战前,公司推出了多款优秀产品,打造了品牌优势,树立了行业地位,并在技术方面和资金方面快速积累。

第二次世界大战打乱了戴姆勒-奔驰的发展节奏,战后公司基于170V发展,300的推出再次确立了公司在高端车市场的地位,同时公司重新打开海外市场。战后公司快速恢复,为后续的腾飞奠定了基础。

20世纪50~60年代是公司发展的黄金时期,公司的乘用车产品实现了清晰的分级,通过跑车和顶级车重新树立了品牌形象。

20世纪70年代至80年代早期,戴姆勒-奔驰凭借柴油车和紧凑车型妥善应对了石油危机,在安全和排放领域,更是一直走在行业的前列。公司通过对劳动力成本合理的控制,完善对供应链的管理体系,提高产品的性能和品质,进一步提升了公司的竞争力。

80年代中后期至90年代中期,公司横向多元化扩张以开展非汽车业务。非核心业务经营效率不佳,激进的多元化扩张及核心业务的下滑衍生财务风险和经营风险。战略失误后的重整过程为戴姆勒注入新的基因,公司回归核心业务。

90年代末至金融危机之前,公司通过纵向品牌和产品线扩张以开辟新的细分市场,合并克莱斯勒进入大众市场,产品线大幅扩张,推动销量快速增长。但是与克莱斯勒的合并使公司遭受了严重损失,同时公司又遭遇了质量问题,此后戴姆勒将重点放在提升产品质量和巩固品牌形象上。

金融危机之后,公司通过多款SUV和在华的卓越表现,进入销量增长的新阶段(见图5-132)。

在第二次石油危机之前戴姆勒乘用车主要生产E级和S级车型,第二次石油危机后戴姆勒乘用车逐步拓宽产品阵容,戴姆勒乘用车经历了三轮产品线扩张:第一次是石油危机促使戴姆勒生产C级紧凑车型,以满足油价高企催生的客户需求,同时应对日本制造商的竞争;第二次是戴姆勒克莱斯勒时期主动进入新的细分市场,推出A级、M级、smart品牌、Maybach品牌等车型,戴姆勒乘用车凭借技术优势和品牌溢价很快获得市场份额,品牌形象显著改变;第三次是在金融危机之后以客户需求为导向,以平台化模块化策略为基础开发紧凑型车型以及SUV和跨界车型,经过前期探索,此阶段产品策略已经成熟。第一轮产品扩张使其在石油危机中制胜,第二轮和第三轮产品扩张推动了公司销量增长。

相较于其他高端汽车品牌,梅赛德斯-奔驰在产品线扩张速度更快。2015年,梅赛德斯-奔驰在美国市场提供17款车型,宝马提供13款,奥迪提供11款,雷克萨斯提供10款。

图 5-132　戴姆勒-奔驰乘用车销量（千辆）

资料来源：戴姆勒公司

注：1954~1991 年列示乘用车产量，1991~2018 年列示乘用车销量，1960 年数据缺失。

以最高级车型与最低级车型之间的价格倍数简单衡量产品线扩张水平，纵向来看，1976 年梅赛德斯-奔驰在英国市场最顶级的 SLC 450 Coupe 价格是最低级 200 D 价格的 2.61 倍，而 2019 年梅赛德斯-奔驰在英国出售的顶级车型梅赛德斯-迈巴赫 S 级车价格是 A 级车价格的 7.7 倍，横向来看，梅赛德斯-奔驰车型覆盖的价格区间比宝马等其他高端汽车品牌更宽。

汽车行业天然具备规模经济的特点，而大规模销售对高端品牌的品牌力会有一定的稀释。戴姆勒-奔驰基于"在每个细分市场占据高端地位"的产品理念，较好地平衡了两者之间的关系。在汽车市场需求增长乏力的情况下，20 世纪 90 年代戴姆勒-奔驰转而进入非汽车业务但遭遇挫折，公司认识到戴姆勒-奔驰应当专注于核心竞争力。而要在汽车市场继续实现增长，必须实施进入不同细分市场并占据高端地位的战略，以扩大产品对标市场，规避豪华车市场萎缩的风险。戴姆勒-奔驰认识到高端并不在于汽车尺寸，而在于品牌、设计、风格。戴姆勒-奔驰定义的高端并不是整个市场中的某个层级，而是各细分市场的顶层。戴姆勒-奔驰对高端品牌的重新认识和定义，使公司较好地平衡了品牌与销量的关系。

对比梅赛德斯-奔驰历史同期竞争对手的不同发展路径，梅赛德斯-奔驰"在每个细分市场占据高端地位"的战略选择是其最终成长为全球品牌的关键因素。主要竞争对手中分化出三种发展路径：一是维持小众化发展路线，后归入大型汽车制造商旗下，这类豪华车品牌规模扩张有限，维持纯粹的豪华汽车品牌销量低利润高的特质，但往往财务基础薄弱，难以对抗石油危机等冲击，最后被资源雄厚的大型汽车制造商收购，如劳斯莱斯、阿斯顿马丁、捷豹；二是大型汽车制造商自主培育高端汽车品牌，如雷克萨斯；三是扩大产品线，覆盖更多细分市场，在每个细分市场占据高端地位，实现规模经济，如梅赛德斯-

奔驰、宝马。梅赛德斯-奔驰历史同期主要竞争对手发展路径见表5-24。梅赛德斯-奔驰和宝马的选择使其能够在保持高端汽车品牌地位的基础上实现规模经济，从而获得使其持续发展的坚实财务基础。

表5-24 梅赛德斯-奔驰历史同期主要竞争对手发展路径

竞争对手	发展历程
劳斯莱斯	1906年创立于英国，曾涉足飞机发动机制造领域，至今仍然使用大量手工制造工艺2003年劳斯莱斯汽车公司被宝马收购
阿斯顿马丁	1913年创立于英国，主要生产高端赛车和跑车，英国皇室用车品牌之一，自1987年被福特收购从小众化开始转向成熟生产
保时捷	1931年创立于斯图加特，在跑车领域是梅赛德斯-奔驰的竞争对手之一。20世纪80年代中期曾遭遇经营危机，2009年成为大众汽车集团旗下子品牌
捷豹	1922年创立于英国，20世纪30年代初开始研发跑车，2008年印度塔塔集团从福特手中购得捷豹
阿尔法罗密欧	1910年创立于意大利，具有优良的赛车血统，20世纪50年代放弃手工制造，专注于生产量产车，70~80年代陷入经营困境，于1986年被菲亚特收购
凯迪拉克	1902年创立于美国，后归入通用旗下，多年为美国政要定制大型豪华轿车和专用车型，2009年通用破产，凯迪拉克得以保留重整
宝马	1916年创立于德国慕尼黑，具有航空血统，目前拥有BMW、MINI和劳斯莱斯三个子品牌，纵跨从小型车到顶级豪华轿车各个细分市场
雷克萨斯	由日本丰田汽车创立于1983年
奥迪	1932年奥迪与三家汽车制造公司共同成立汽车联盟，1958年汽车联盟被戴姆勒-奔驰收购，20世纪60年代转让给大众集团，1985年奥迪品牌启用，从中级车品牌逐渐培育成与梅赛德斯-奔驰和宝马并驾齐驱的高端品牌

资料来源：维基百科

平衡规模与品牌的关系，既是一种能力，也是一种艺术。未来在选择投资标时，需要考虑到企业的品牌管理能力、成本的管理能力以及实现品牌与规模、成本的平衡的能力。

行业进入变革期，如果公司不能把握行业未来的发展趋势，有可能丧失原有的优势，造成重大损失；企业多元化扩张可能会造成资源分散，如果收购的业务超出了公司的管理边际，甚至会影响原有业务的发展；如果公司不能够有效的平衡品牌和规模的关系，有可能会造成品牌力被稀释或者企业经营成本提高。

第 6 章
宝马汽车：定义"终极驾驶"，重新诠释"豪华"

章首语

本文梳理了宝马从成立开始，经过一个多世纪的发展，成为世界领先汽车集团的过程。

宝马由飞机发动机业务起家，通过收购汽车工厂进入汽车行业。20世纪30年代，宝马推出的高性能车横扫德国各项赛事，在市场上树立了运动性能优秀的形象。但是第二次世界大战给宝马带来了比较大的创伤，其生产能力受到了严重的破坏。战后宝马先推出了价格高昂、性能卓越的车，不过销量有限，之后又推出了价格便宜的车，虽然达到了一定销量，但是利润微薄。由于产品定位失策，宝马濒临破产，1959年匡特家族收购了宝马的股份，给宝马注入了新的血液。60年代宝马调整市场战略，将中产阶级作为其最重要的目标客户，提出"夹缝理论"，推出"新级别"系列车型，新级别推出后，宝马的销量和利润迅速增长。70年代，宝马在新级别的基础上推出了3系、5系、7系等经典车型，三个系列分工明确，又相互协同，使宝马在之后的几十年持续增长。80年代开始，宝马在产品、品牌、技术研发、市场扩展、生产体系、物流系统等方面都实现了明显的进步。90年代初宝马在美国建厂，是其全球化的重要里程碑。通过一系列收购整合，宝马集团最终形成了宝马品牌、MINI品牌和劳斯莱斯品牌三大品牌组合，确定了高端市场的战略定位。2000年前后，宝马集团丰富了产品组合，其中宝马品牌推出了X系列，成功地进入SUV的高端市场，并实现了从1系到8系的全面布局。2000年之后，宝马加大对中国市场的投入，中国市场成为宝马新一轮增长的主要驱动力。宝马最终成为世界领先的汽车集团。

通过对宝马成长历程的梳理，笔者总结了技术、产品和品牌之间的关系。一款产品是否成功，不仅取决于其本身的性能和质量，更要考虑是否能够满足当时社会的需求，优秀的产品结合精准的市场定位才能将产品卖好。品牌力的提升是企业综合能力提升的体现，也是一个长期的过程。笔者认为，宝马成长的历程对中国企业有很大的借鉴意义。

1 宝马公司的诞生
（1916～1927 年）

本节主要介绍宝马汽车的诞生与起家。宝马公司（Bayerische Motoren Werke AG）创建于 1916 年，总部位于德国巴伐利亚州慕尼黑，从最初的一家飞机发动机生产制造厂逐步发展成为豪华汽车品牌公司，以高性能、高质量、高技术闻名于世界。

1.1 宝马起源于飞机工业

1911 年 3 月，尼古拉·奥托的儿子古斯塔夫·奥托（Gustav Otto）在位于德国南部慕尼黑郊外的工厂制造自己的小型飞机。奥托的飞机获得了成功，1914 年的第一次世界大战带来的战时需求使得奥托公司的订单激增。1916 年，奥托的公司改名为巴伐利亚飞机制造厂（Bayerische Flugzeug Werke，BFW）。

卡尔·斐德利希拉普（Karl Friedrich Rapp）于 1913 年创立了一家名为拉普发动机厂的飞机发动机制造公司。第一次世界大战爆发后，拉普工厂生产军用飞机发动机。1917 年，拉普公司拿到了为戴姆勒公司代工的协议，生产了 200 多台当时声誉极好的 V12 戴姆勒航空发动机。同年 7 月公司更名为巴伐利亚发动机制造厂（Byerische Motoren Werke，BMW）。BMW 在拉普Ⅲ发动机的基础上设计出了 BMW Ⅲa 发动机，此发动机配备了铝制较轻的冷水直列活塞式 6 缸发动机，解决了之前发动机振颤的问题。战后英国的测试显示，BMW Ⅲa 的额定功率评级为 230PS，而当时梅赛德斯-奔驰 D Ⅲa 发动机的评级只有 180PS，BMW"发动机的优秀性能"由此体现。

BFW 与 BMW 合并，新的宝马公司诞生。第一次世界大战结束后，德国战败签署了《凡尔赛条约》，其中规定德国不能拥有空军，航空发动机也被禁止生产。BMW 被迫彻底重组业务，不允许和军方有任何联系。因此，为了生存，BMW 开始生产火车制动器。1920～1922 年间，经过一系列整合，BFW 与 BMW（原拉普工厂）合并，1922 年新的宝马公司诞生，不过一般认为 BFW 的成立日期（1916 年 3 月 7 日）为宝马公司诞生的标志。

1.2 摩托车业务的启动

战后开发新业务。第一次世界大战结束后，由于战后条款对德国军事工业的限制，公司不得不考虑其他产品，所以宝马开始制造摩托车发动机。

1923 年首款宝马摩托车 R32 在巴黎车展上亮相。该摩托车配备了"Boxer"双缸对置式发动机结构，最大功率可达 8.5PS，最高时速为 95km/h。在大多摩托车制造商使用全损加油系统时，宝马新发动机采用了循环湿式集油槽注油系统。R32 的齿轮箱设计与传统摩托车不同，齿轮箱被安装在发动机后部，通过轴而非链条来驱动后轮。因为气缸完全暴露在气流中，所以发动机也会比大多数 V 型气缸布局的发动机散热更好。R32 良好的驾驶性和可靠性很快赢得了消费者的青睐，对宝马，以及整个行业都产生了深远的影响。首款摩托车的研发成功标志着系统化和专业化的研发成为公司的核心理念。

20 世纪 30 年代，宝马继续扩张其摩托车的型号。在 R32 面世取得成功后，宝马陆续推出了其他后续车型，为摩托车的发展打下良好的基础。1925 年宝马在 R32 的基础上研发了第一款赛车型摩托车 R37。1928 年，引入了 750ml 的 R62 和 R63。宝马在 1923～1928 年期间卖出了近 2.8 万辆摩托车，赢得了 500 多场比赛。于是，宝马摩托车的名声逐渐打响，市场对宝马摩托车和发动机的需求越来越多，这使得宝马在 1918 年停战后拥有了坚实的财务基础。

从飞机到摩托车，再到汽车，发动机一直是宝马核心优势所在。宝马在战时利用军需不断精进发动机技术，战后初期通过摩托车打开市场，将宝马品牌带入人们的视野。

2 宝马步入汽车行业（1928~1938年）

本节重点讨论宝马进入汽车领域的过程及其早期主要车型。第一次世界大战结束后，宝马不仅发展摩托车，也将目光投向汽车行业，依靠销售摩托车所积累的资金，宝马在1928年收购了埃森纳赫汽车厂，从而进入汽车行业。

2.1 宝马收购埃森纳赫工厂，进入汽车行业

1928年，宝马买下埃森纳赫工厂，进入汽车领域。埃森纳赫工厂成立于1896年，该工厂以制造各种各样的机动车起家，1903年推出了一款名为"DIXI"的汽车（见图6-1）。为了突出这款车的优越地位，跻身高端车型市场，第一批DIXI都采用了最好的材料。第一次世界大战结束后，德国的经济和消费水平早已不复当年，尽管DIXI的性能优越，但当时几乎没有德国人买得起新车，买得起新车的德国人也会更多地倾向于美国进口的便宜汽车。此时的埃森纳赫显然需要一辆小型车带它走出困境，英国的AUSTIN 7刚好符合其要求。AUSTIN 7小巧灵活、定价实惠，其设计思想与福特类似，旨在提供一辆"数百万人民的汽车"。埃森纳赫汽车厂取得生产德国版AUSTIN 7的许可证之后，推出了DIXI 3/15 DA-1，针对中低端市场。这款新车使得埃森纳赫汽车厂的总销量有所上升，但是其发展情况仍然不甚乐观，之前困境中所

图6-1　DIXI 3/15 DA-1
资料来源：维基百科

欠下的巨额负债还是拖累了它。1928年宝马花费1000万帝国马克买下了埃森纳赫工厂，进入了汽车领域。与埃森纳赫相结合，使宝马站在了一个较高的汽车行业起点。宝马的发动机技术为汽车的性能提供了保证，而埃森纳赫的汽车制造经验和人力资源节省了资本和时间。

宝马在完成收购埃森纳赫工厂后推出了一系列DIXI的车型。1929年宝马推出了DA-2，但与DA-1差别不大。1931年宝马推出了运动跑车3/15 DA-3，其发动机压缩比从5.6:1提高到了7.0:1，最高速度达到85km/h，大大超过了之前DA-1和DA-2的64km/h的速度。宝马最后一款基于AUSTIN 7设计的车型是1932年的DIXI DA-4。DA-4前悬架采用摆动轴式独立悬架，取代了早期汽车使用的刚性锻钢前轴。以前的刚性车轴在车身经过颠簸路面时容易

产生前轮振动，DA-4 的独立前端设计可以在一定程度上使得在崎岖道路上的驾驶体验得到提升。DA-3 和 DA-4 体现出宝马不想停留在利润率微薄的中低端市场的倾向。

终止与 Austin 的合同之后，宝马开始自己研发汽车。 1932 年宝马生产 AUSTIN 7 系列车型的许可证到期，在生产了近 1.6 万辆 DIXI 之后，开始转向内部研发。1933 年，宝马推出了一款完全由自己独立设计的新车 3/20 AM 系列，该系列拥有全新的底盘、改良版的独立悬架系统，以及比 DIXI 车型更复杂、更强大的发动机系统。3/20 AM 配备了由梅赛德斯－奔驰制造的更大车身，增加了内部空间，提高了舒适度。3/20 AM 放弃了 AUSTIN 7 的 A 形车架，转而采用了一种脊骨式车架，后悬架也改成了摆动轴式独立悬架。这款车标志着宝马将进入一个新时代，宝马的产品定位开始往上走。随后推出的 3 字系的新车型更是将把宝马推向一个更辉煌的高度。

2.2 推出宝马 3 字头车系，产品定位上移

1933 年对于德国工业，尤其是汽车业来说是一个转折点。 新任政府对于汽车行业的重视和喜爱促进了德国基础建设的发展，并首次提出了持续性高速驾驶概念。同时，政府为了积极推动汽车行业的发展降低了汽车税，为汽车行业的复苏打下了基础。

BMW 303 为宝马进军高端市场奠定了基础。 20 世纪 30 年代初，德国逐渐从第一次世界大战的阴影与衰退中走了出来，市场需求不再囿于经济实惠的小车型，宝马的客户们也开始追求更快、更舒适的驾驶体验。因此，宝马推出了高性能的轿车 BMW 303，该车配备了直列 6 缸发动机，采用了更加复杂的悬架结构、液压制动和齿条齿轮转向系统（见图 6-2）。双肾进气格栅也在这款车上首次出现，成为宝马的经典标志。然而，其笨重的车身使得当时的车主普遍反映该车驾驶感不佳。虽然 BMW 303 仍需改进，但不容置疑的是它为宝马进军高端市场奠定了基础。

图 6-2 BMW 303
资料来源：汽车之家

BMW 326 进入大型豪华车市场。 1936 年 BMW 326 在柏林车展面世，它是宝马首款 4 门轿车，配备了 1971ml 直列 6 缸发动机，最大功率可达 50PS，发动机升级的同时也增加了车身长度。BMW 326 是宝马第一款可以挑战梅赛德斯－奔驰的车型，到 1939 年末共生产 1.5 万辆，标志着宝马进入了大型豪华车市场（见图 6-3）。

图 6-3 BMW 326
资料来源：BIMMERIN.NET

BMW 328 是第二次世界大战前宝马汽车的巅峰，其工艺和造型都为宝马带来了极高的声誉。328 是宝马在 1936 年推出的新款跑车，紧凑的驾驶舱、流线的车身以及无把手的车门都是汽车设计界的新元素，有利于减少空气阻力，轻量化的车身架构让车辆在取得性能进步的同时也保证了轻巧灵活（见图 6-4）。328 拥有 2L 发动机和 80PS 的最高功率，最高速度可达 150km/h。优秀性能让 328

图 6-4　BMW 328 MILLE MIGLIA
资料来源：搜狐汽车

在战前几乎横扫德国各大赛车比赛，宝马也由此声名鹊起。但是 328 的定价非常昂贵，战前德国几乎没有多少人负担得起，到 1939 年宝马停止生产民用汽车时，总共才只制造了 462 辆。虽然 328 的销量较低，但是 328 对宝马，甚至整个行业来说都是一个重要的里程碑。它证明了跑车不一定要很大、很重、配备非常强劲的动力才可以成功。

　　1928 年宝马通过收购埃森纳赫工厂进入汽车市场，30 年代初期开始向高端汽车市场进军，在赛车比赛中取得的成绩，为宝马树立了高性能、运动性的品牌形象。

3 战后复苏失败,宝马濒临破产(1939~1959年)

本节重点讨论宝马在第二次世界大战期间的经营和战后的恢复,主要分为两个部分:

第二次世界大战期间(1939~1945年):第二次世界大战期间的宝马被迫转型为军工厂,但宝马并未停止汽车研发,且进一步提高了自身的零部件水平。

战后恢复(1946~1959年):战争使宝马损失惨重,虽然宝马在战后采取各种措施恢复生产,但错误的产品定位和混乱的经营模式使其濒临破产。

3.1 战争给宝马带来创伤

第二次世界大战期间,宝马的工程开发和制造工艺得到了迅速的提升。在战争期间,宝马与制造商Stoewer和Hanomag合作,共同生产了1.6万辆的325 KFz3(即为德国吉普)。虽然这款325并不是由宝马设计的,但它配备了由宝马生产的6缸发动机(原为BMW 326发动机),其精密的四轮驱动底盘为所有车轮都提供了独立的悬架和转向系统。虽然KFz3从未出现过宝马的标志徽章,但它的存在体现了宝马卓越的技术实力。因为战时需求,宝马被迫生产飞机发动机,如V12和BMW 801等。宝马成熟的飞机发动机技术为之后汽车发动机技术的提升奠定了基础。

战争后期宝马工厂被摧毁。1944年7月,宝马位于慕尼黑的发动机工厂遭受了炸弹的袭击。第二次世界大战结束后,宝马的资产被全部没收,宝马维也纳的分公司交由奥地利政府管理,宝马的埃森纳赫工厂被划入了苏军的控制区,慕尼黑地区的工厂则归入美军的控制区。宝马由一家举足轻重的大公司沦落为没有生产自主权的公司。

3.2 艰难的战后恢复

战后宝马汽车业务恢复缓慢,原因之一是战后条款不允许生产;二是汽车生产设备和设计图纸都留在了被苏军占领的埃森纳赫工厂;三是德国当时原材料非常匮乏。1951年,宝马终于推出了自己战后的第一款车,但是失败的产品定位使宝马在1959年面临破产危机。

3.2.1 推出多款高性能车,效果不达预期

战后第一款BMW 501销量未达预期。1951年宝马推出BMW 501,该车搭载了战前常见的6缸发动机,配备了齿轮齿条式转向系统和新型变速器(见图6-5)。501采取了钢锻制车身,比战前的BMW 326更长更宽,净重达到1430kg。由于较为笨重,501的部分性能受到了影响,最大功率只能达到65PS。这款车在当时的标价高于15000德国马克,相

当于德国人平均年薪的4倍,比竞争对手梅赛德斯-奔驰的220还高出了近4000德国马克。虽然宝马501的发动机技术和设计都略胜一筹,但是梅赛德斯-奔驰当时已经实现量产,这使得501竞争力大大降低。当时德国处于战争恢复期,并没有太多的消费者有资本去购置新车,更不用说是501这种如此昂贵的车。董事会曾预计每年销售3000辆501,但实际上在501销售的6年里,其年平均销量只有2000辆左右,错误的市场定位使宝马遭受了损失。

BMW 502搭载战后首款V8发动机,因售价过高销量不佳。1954年宝马在日内瓦车展上推出了BMW 502,虽然在外观上和501并没有太大区别,但其性能却完全不同(见图6-6)。升级后的3.2L全合金V8发动机,将最高功率从此前的65PS提升到120PS,使BMW 502成为当时速度最快的车之一,0~80km/h的加速时间只需要11s左右,比501快了5s。随后,502被改装成了救护车、轿跑车和敞篷车用来满足富豪们的需求。但是其高达17800德国马克的售价,让许多人望而却步,502在推出的第一年只售出了190辆。

图6-5　BMW 501
资料来源:BIMMERIN. NET

图6-6　BMW 502
资料来源:BIMMERIN. NET

设计精良的BMW 507,因把控成本失败未达到预期效果。整个欧洲的经济都因为第二次世界大战受到了不同程度的打击,本土市场需求有限,因此许多欧洲汽车制造商开始进军美国市场。在1954年的纽约车展上,梅赛德斯-奔驰发布的300 SL取得了喜人的销售成绩。宝马为了进军美国市场,在1955年推出了507,该车搭载了V8发动机,配备了叉骨前悬架和全新的更短的底盘,最高功率可达150PS,定位在梅赛德斯-奔驰300 SL和MG跑车之间(见图6-7)。由于采用了手工铝制车身,507的成本飙升,过高的定价导致最终销量仅为253辆。不过,这款车展现了宝马特有的"运动性",加深了消费者对宝马品牌的印象。

图6-7　BMW 507
资料来源:BIMMERIN. NET

3.2.2 进军小型车市场——ISETTA

宝马买下伊斯塔（ISETTA）的版权，开始生产小型经济车。20世纪50年代，对当时德国大多数购车者来说拥有一辆便宜的小型车才是现实的选择。然而，宝马却设计生产了一系列豪华高档的极其昂贵的车型。这些价格高昂的车并没有给宝马带来可观的利润回报。于是宝马开始逐渐把目光转向更贴合人民大众的小型经济车。1953年，位于意大利米兰的Iso公司设计出了一款微型汽车，宝马是获得许可生产它的几家公司之一。这款车最大的亮点是其前开门的设计。宝马于1955年推出的ISETTA200和ISETTA300搭载了R25摩托车的单缸250ml四冲程发动机，最大功率为13PS，最高速度为80km/h。ISETTA的经济性符合时代背景，满足了当时的市场需求，上市当年销量接近1.3万辆，之后持续增长（见图6-8）。

图6-8　宝马生产的小型车ISETTA
资料来源：BIMMERIN. NET

3.2.3 推出新品填补产品带空白

20世纪50年代末期，德国经济持续好转，人们不再满足于只提供最基本出行需求的ISETTA，开始追求更大更好的真正的汽车。于是为了弥补经济型轿车和豪华轿车之间的产品空白，宝马基于ISETTA的概念，设计了一款适合中产阶级的BMW 600（见图6-9）。这款车的轴距被加长，增加了侧门，采用了双缸水平对置发动机，最高功率可达19.5PS。宝马在1959年推出了BMW 700（见图6-10）。这款车采用了与大众甲壳虫相同的后置空冷水平对置发动机，最大功率为30PS，排量为700ml，是宝马首款采用一体式车架结构的汽车。在1959年法兰克福车展面世后，消费者立刻对这款风格新颖，线条清晰的汽车产生了兴趣，引发了一波提前订购的热潮。在1959~1965年，各种衍生的BMW 700车型累计产量188121辆。

图6-9　BMW 600
资料来源：BIMMERIN. NET

图6-10　BMW 700
资料来源：BIMMERIN. NET

3.2.4 匡特家族力挽狂澜

投资回报率过低，财务状况进一步恶化，宝马濒临破产。从 1951 年恢复业务以来，两极分化的产品策略让宝马还未能拥有一辆真正能赚钱的车。虽然 ISETTA 被证明是一个时代性的成功，然而其微薄的利润无法弥补宝马摩托车需求的减少，更不用说豪华汽车市场的持续亏损。直到 1956 年，宝马管理层为了公司的可持续发展进行重组，但为时已晚，当时巨大的资金缺口无法填补。《明镜报》对宝马当时的车型评价说宝马生产的是"只供临时工和总经理们使用"的产品。在 1959 年 12 月，宝马举行了董事会会议，巴伐利亚政府介入了拯救宝马的行动，他们希望将宝马出售给梅赛德斯 - 奔驰公司。然而这场收购没有实施（见图 6 - 11）。

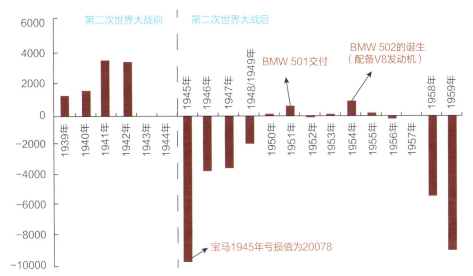

图 6 - 11　1939～1959 年宝马净利润（千帝国马克/千德国马克）
资料来源：宝马集团
注：从 1948/1949 开始，德国货币单位由帝国马克变为德国马克。

就在宝马风雨飘摇之际，德国近代历史上一个显赫的工业家族——匡特家族出手挽救了宝马。赫伯特·匡特（Herbert Quandt）收购了宝马的股份，给宝马注入了大量资金，要求立刻研发可靠大方且有价格优势的中端车型，并从其他工厂调了许多工程师和科研人员过来辅助宝马。匡特家族不仅在研发、财务、产品策略上对宝马有很大助益，其管理方式和行事作风也对宝马之后的发展都产生了极其深远的影响。

第二次世界大战期间宝马的技术虽然得到了提升，但是战后因缺乏资金，产能恢复缓慢，失败的产品定位和混乱的管理将宝马一步步地推入深渊。这说明，只有领先的技术无法使公司取得成功，优秀的产品和精准的市场定位是必不可少的。

4 调整市场战略，确定产品定位 (1960～1971年)

本节重点讨论了宝马在被收购后如何获得重生。宝马准确定位中产阶级的夹缝市场，针对人们对运动型汽车的需求和对宝马赛车的印象，采取了"新级别"产品战略，在保持价格竞争力的基础上坚持始终如一的宝马品质，成功获得市场认可。而后随着车型的扩展，宝马也开始了其扩张之路。

4.1 提出"夹缝理论"，推出"新级别"

提出"夹缝理论"，推出"新级别"产品系列，确立了运动型轿车的产品定位。 20世纪60年代，价格在6000德国马克的中低端汽车市场竞争激烈，价格在10000德国马克以上的市场上，梅赛德斯-奔驰和雪铁龙都推出了合适的车型。在这样的市场环境下，宝马高管赫尼曼提出了"夹缝理论"，赫伯特·匡特也指出："公司的前途，在于为日益重要的德国中产阶级制造其所需要的汽车。"相关调查显示，一提到宝马，大多数德国人脑海中首先浮现出的就是30年代那些行动敏捷的轿跑车形象，于是宝马为自己确定了产品定位——轻捷、运动型的轿车，宝马的"新级别"产品战略（Neue Klasse）应运而生。

4.1.1 宝马的里程碑车型——BMW 1500~2000

1500是宝马汽车历史上的里程碑，为整个公司的发展奠定了基础。 为了填补其汽车系列的空白，宝马开发了一款四门轿车，延续了20世纪30年代运动车型的传统。1961年9月，宝马在法兰克福举行的第40届国际汽车展上展示了一辆原型车——BMW 1500（见图6-12）。BMW 1500是一款以发动机排量命名的四门中型轿车，综合了各种性能，也创建了新的标准。新车拥有高性能发动机，兼具安全性、运动性和舒适性，能够给人带来惊喜的同时要便于驾驶，具有典型的宝马风格。BMW 1500是宝马新系列汽车中的第一款，它的设计为宝马现代系列车型的开发奠定了基础。

图6-12 宝马"新级别"车系：1500
资料来源：BIMMERIN.NET

外形设计新颖，动力性能佳。新的车型设计具有不同寻常的比例、高而通风的车厢、放低的腰线设计、平整的前机舱盖和 C 柱前端的特殊拐角等都成为宝马的经典元素。新的宝马配备了直列 4 缸发动机，具备设计先进的燃烧室，输出功率为 80PS，由于活塞冲程短，设计的曲轴具备五个轴承，这款高性能的发动机运行非常平稳。

针对中产阶级定价，价格策略合理。宝马预测只有销量增加才能提升利润，因此 1500 也不再继续以往的高价，定价为 9485 德国马克，专门针对中产阶级买家不断增长的市场。宝马在法兰克福车展的发布会上宣布这个价格包括了所有必要的设备，如盘式制动器、加热器、双速刮水器和风窗玻璃清洗器。虽然 9485 德国马克的价位仍不算低，但对于那些喜欢这款车的顾客来说，似乎也是可以接受的。消费者会说："我再也不开甲壳虫了——人人都有一辆甲壳虫。"后来，宝马成为那个时代的社会攀登者，在社会地位的阶梯上步步高升。宝马 1500 于 1961 年在法兰克福车展上首次展出并大获好评，但于 1962 年才开始正式生产，在生产之前宝马已经接到了 2 万份订单。

实施衍生车型策略，扩大市场。在确定 1500 型汽车已经达到了市场的最佳价位后，宝马开始实施自 20 世纪 30 年代发展而来的一种策略：在相同的零部件上做出一些改变，扩大产品范围。这样既可以巩固刚刚开拓的市场，又可以用衍生车型进一步打开市场。1500 车型在发动机空间设计上留足了位置，实现了同一车型可以搭载一系列不同发动机及配置的模块化汽车概念。在 1500 的成功之后，宝马随后在发动机排量和汽车其他细节性能方面做了改进和提升，先后推出了 1800、1600 和 2000。

在 1500 基础上改进而来的 1800，驾驶性能更佳，在比赛中和道路行驶中均具备吸引力。1800 于 1963 年推出，是"新级别"家族的第二位成员，搭载 1.8L 发动机，功率大幅提升至 90PS，并改进了 1500 系列一些小的工艺问题，更重要的是，它还为 110PS 的 1800ti 奠定了基础。ti 系列旨在吸引热情、热爱运动的车手。ti 的附加配置包括更硬的弹簧、5 速变速器、赛车制动衬套、105L 油箱，以及各种可以提高动力的发动机部件。宝马表示："1800ti 是一款专为那些为了驾驶乐趣而驾驶它的人设计的车。"很快，ti 又推出了一个更特别的版本，具有 130PS 的 1800ti/SA，只卖给拥有赛车执照的驾驶员。尽管售价高达 13500 德国马克，但 180km/h 的速度很快成为德国乃至整个欧洲车手的必备。ti/SA 成为宝马众多高性能轿车中首款在比赛中和道路行驶中都具备吸引力的车型。ti/SA 和后来的 tii 为后来 M 版本的车打下了基础。

增加衍生车型，1600 价格更加亲民，2000 产品定位更高。1600 于 1964 年推出，搭载 1.6L 发动机，伴随有 1600-2（后更名为 1602）双门车型，适当缩减了尺寸和豪华配置，使得汽车的操作更加灵活，价格也更加亲民。2000 于 1965 年推出，搭载 2L 发动机，伴随有衍生 2000 ti/tii/turbo 等系列车型，是 1800 的高档升级版，有着更独特优美的设计和更卓越的运动性能。其中顶级车型 2000tii 已经有 130PS，最高时速达到 185km。宝马"新级别"1500~2000 车型见表 6-1。在 1967 年的一次测试中，美国《Road & Track》杂志认为宝马 2000 轿车是"当今市场上性能最好的 2L 轿车，也是操控性和驾驶体验最好的轿车。"

表 6-1 宝马"新级别"1500～2000 车型

车型名称	生产时间	车型图片	概述
1500	1962～1964 年		宝马"新级别"车系的开端,定位中上档次车型,搭载定置 4 缸 1.5L 凸轮轴发动机,设计风格保守,但是运动性能十分优越
1800、1800ti、1800ti/SA	1963～1971 年		在 1500 基础上,搭载 1.8L 发动机,有 ti、SA 等衍生版本,是当时赛车手的首选车型
1600	1964～1971 年		在 1500 基础上,搭载 1.6L 发动机,适当缩减尺寸和配置,使得操作更加灵活,价格也更加亲民
2000、2000ti、2000ti Lux、2000tii、2000turbo	1966～1972 年		搭载 2L 发动机,有 ti、ti Lux、tii、turbo 等衍生版本,进一步提升外观设计和运动性能,为将来的赛跑车奠定基础

资料来源：宝马集团、BIMMERIN. NET

产品策略成功,扩大产品范围。宝马的产品定位和市场策略无疑是成功的。1962～1972 年 1500～2000 车型大约生产了 35 万辆。该系列取得成功后,宝马制定了宏伟的产品计划,向上和向下扩大产品范围：向上通过研发 6 缸发动机,对标奔驰,进军大型车领域；向下生产精简版的双门汽车,进而降低成本,实现产品下沉的目的。1966 年,更小的两门 02 系列在 1600 的基础上被开发出来,这是 1600 的第一个改款车型。这两款车建立起了紧凑型的运动轿车产品带,被称作宝马的利基市场。

4.1.2 成功推出小型车产品——02 系列

成功推出小型车产品,扩大产品价格带。1966 年,宝马在日内瓦国际车展上推出了 1600-2,它是针对小型车市场的全新产品。这款车采用了 4 缸 85PS 的直列发动机,这在当时只有跑车才有,较短的轴距使 1600-2 在转弯时更容易操作,提高其驾驶性能。1600-2 的制造成本比 1600 低,意味着宝马可以进入价格相对较低的汽车市场。一方面,这使得宝马产品的价格范围扩大；另一方面,这款车型也成为阿尔法·罗密欧等一些双门四座轿跑的有力竞争对手。

2002ti 在赛车领域获得成功,增加品牌声誉。宝马很快推出了更强大的版本 2002ti。这款车是市面上最令人兴奋的小型车,很快就引起了全世界的注意。宝马 2002ti 在 1968

年欧洲房车锦标赛中获得了冠军，增加了产品的声誉。对于追求快速驾驶的人而言，即使可以购买保时捷或者奔驰，也愿意购买 2002 ti。

衍生出多款车型，梳理产品标准。各种各样的衍生汽车从基本型号发展而来。除了发动机的变换，宝马当时已经推出了一些引人注目的车型，比如房车和敞篷车。从 20 世纪 60 年代中期开始，宝马 1600-2 和整个 02 系列树立了新的标准：在优雅且具备尖端技术的双门汽车中，有足够容纳四人的空间。随着技术发展，BMW 2002 推出了配备涡轮增压的版本，功率达到 170PS，不过该版本的产量并不大（见图 6-13）。

图 6-13 宝马 2002
资料来源：BIMMERIN. NET

60 时代，底特律的车驾驶起来很沉闷，而宝马小型车反应快速准确，受到了美国市场的认可。凭借这种紧凑、高性能的汽车，宝马满足了许多市场快速增长的需求。小型车的成功是公司崛起为世界品牌的基础。

4.1.3 推出新 6 缸发动机，在高端市场占有一席之地

推出大型轿车，重返高端市场。宝马在 1968 年 8 月推出一款大型车，根据发动机的排量不同有 2500 和 2800 两个版本。新的 6 缸发动机赋予了汽车独特的性能，它不仅延续了宝马战前发动机的传统——运行平稳、转速高，而且功率大，能够将大型汽车的舒适性和跑车的灵活性结合为一体。因此这两个版本的四门轿车不仅运动性能好而且宽敞舒适。这款发动机同时能够满足美国关于污染排放量的规定，头枕和四个盘式制动器是标配，在汽车安全领域树立了新的标杆。受到汇率的不利影响，这些车型在其主要目标市场北美反响较差，在许多地区没有达到预期的销售目标，导致了库存车辆的积压（见图 6-14，图 6-15）。

升级大型车，性能受到市场认可。1971 年夏天，宝马推出了 3.0L 发动机，发动机内径从 2.8L 的 86mm 增加到 89mm。这款发动机安装在一个变化不大的 2800CS 车型上，轿跑车作为赛车的潜力和作为公路车的效能都得到了提升。宝马同时推出了一个新的系列 BMW 3.0 S、3.0 Si 和 3.0 CS，这些车型都搭载大口径双化油器和全新的 6 缸发动机（宝马大型车概览见表 6-2）。涡轮增压和燃油喷射技术的使用使得这个系列车型同时满足了豪华和性能方面的需求。随后，该系列还生产了长轴距 L 型（3.0L、3.3Li 等），其灵敏

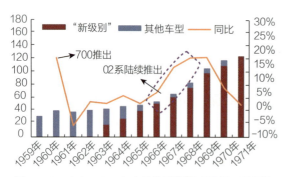

图6-14　1959~1971年宝马公司销量（千辆）及同比
资料来源：宝马集团
注：剔除GLAS影响。

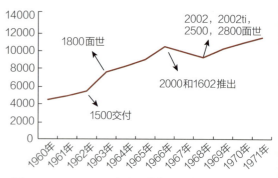

图6-15　1959~1971年宝马单车均价变化（德国马克）
资料来源：宝马集团
注：销售收入包括汽车和摩托车，故平均单车价格可能略有偏高。

表6-2　宝马大型车概览

车型名称	生产时间	车型图片	概述
2500	1968~1977年		在"新级别"车型基础上进一步加大扩宽，车身设计干净利落，为乘客提供更大的空间，提高舒适度。搭载2.5L 6缸发动机
2800	1968~1977年		与2500同期诞生，搭载2.8L 6缸发动机，最大功率170PS，0-100km/h加速时间为8.5s，最高速度206km/h
3.0 S、3.0 CS、3.0 CSi	1971~1976年		3.0系列车型搭载3.0L 6缸发动机，运动性能进一步提升，0-100km/h加速时间为8s，最高速度可达到221km/h

资料来源：BIMMERIN.NET

的操控性与当时的大型梅赛德斯-奔驰车型形成了鲜明的对比。凭借完全独立的悬架和四轮盘式制动器，这个系列以令人惊讶的速度和性能享誉世界。

从1968年开始，从6缸BMW 2500到广受赞誉的3.0Si，宝马站稳了高端市场。宝马大型车是宝马汽车技术的标杆，其声誉对整个产品系列有重要影响。

"新级别"产品战略为宝马开辟了一条以运动性能重新定义豪华车品牌的道路，该系列许多产品也是宝马经典车系的前身。20世纪50年代公司两极分化的产品战略，使得宝马的品牌定位极其模糊，于是宝马吸取教训，贯彻始终如一的品质理念，抓住人们对宝马的最初印象，切入运动型汽车市场，准确定位了自身品牌。60年代，宝马停产了ISETTA

和 700，为"新级别"车型让出产能。凭借"新级别"车型，宝马实现了重生。

4.2 提升市场营销水平

20 世纪 60 年代是宝马重塑品牌形象的关键时期，公司管理层要求所有人都把市场营销、品牌管理和产品研发放在同等重要的水平上。宝马认为产品设计应该来自于市场分析，应该通过对市场的研究来建立自己的产品系列，形成产品系列化和家族化的理念。

宝马在 60 年代的财务状况有了极大的改善。 宝马营业收入自 1962 年以来一直保持年均 20% 的增长率（见图 6-16）。净利润和净利率的变动情况则受新产品推出情况影响较大，1962 年推出的 1500 带动了 1962 年和 1963 年净利润的提升，2500 和 2800 推动了 1968 年和 1969 年净利润的增长（见图 6-17）。1962 年以后，由于宝马总资产周转率相对稳定，ROA 的变化主要受净利率影响（见图 6-18）。在 1963 年首次取得良好净利润收益的情况下，公司立刻就分发了股利，这也是宝马在第二次世界大战后第一次分发股利，随着经营情况的改善，宝马股利分配稳步增长（见图 6-19）。

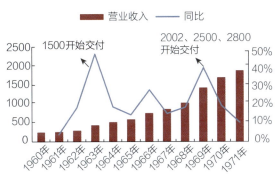

图 6-16　1960~1971 年宝马营业收入（百万德国马克）及同比
资料来源：宝马集团

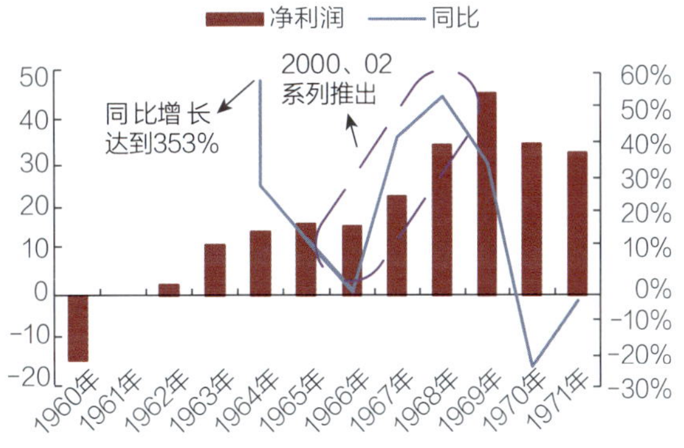

图 6-17　1960~1971 年宝马净利润（百万德国马克）及同比
资料来源：宝马集团

图 6-18　1960~1971 年宝马母公司 ROA 和长期负债率
资料来源：宝马集团
注：长期负债指 4 年及以上负债。

图 6-19　1960~1971 年宝马母公司经营效率
资料来源：宝马集团
注：销售净利率对应右轴指标。

完善的销售系统。 在1961年欧洲出口业务进一步复苏后,宝马长期致力于改善其国内和海外的销售系统,进行了必要的重组和扩展。截至1969年,除慕尼黑外,宝马在德国境内建立分别为柏林、汉堡、埃森、波恩和萨尔布吕肯的五个分公司。到1967年底,德国经销商总数超过1000家,其中514家专门服务宝马公司;宝马海外车间数量高达889个,在欧洲共有1541个服务站可供宝马客户使用。公司为了进一步扩大海外销售组织,1967年在保加利亚、南斯拉夫和匈牙利达成了与进口商的合作。宝马在此阶段还通过在法国、比利时、荷兰、和美国建立和扩大进口中心,扩大其海外市场份额。另外,宝马还进行了业务调整,将摩托车业务从原来的汽车业务线中剥离出来分配给宝马经销有限公司(BMW Vertiebs GmbH),以便公司更好地专注于增加汽车主线业务的生产和运输,以及促进整个制造工厂的现代化。

提升的服务质量。 宝马设立了车间培训课程,以提高工作人员的技术素质。创办了"服务金丝带",致力于建设值得信赖的客户关系。同时宝马还进行了备件供应的改进,确保每个批发商都配备了一个零配件仓库,以便及时地提供相对应的服务。

60年代,宝马的国内市场仍然占据主要地位,平均在60%以上,国外销售额占比则不到40%。先立足国内市场是宝马这时期的主要战略方向。宝马主要出口国家为欧洲共同体、自由贸易区国家以及美国,而且在60年代末和70年代初开始逐渐升高。这些都为日后宝马出口贸易的发展打下了坚实的基础(见图6-20,图6-21)。

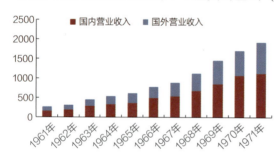

图6-20　1961~1971年宝马国内外营业收入
(百万德国马克)
资料来源:宝马集团

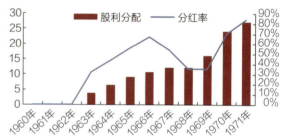

图6-21　1960~1971年宝马母公司股利分配
(百万德国马克)
资料来源:宝马集团

4.3　研发:重视汽车排放与安全

宝马在排放和安全领域上走在了前沿,为日后应对安全法规和排放标准打下了有利基础。 1970年在德国西部举办的关于环境保护、大气污染和汽车安全方面的研讨会使宝马深刻意识到了反污染和交通安全的重要性。

20世纪60年代末的宝马开始重视汽车减排,为日后应对排放法规进行了前期的技术积累。 1967年由于经济衰退,德国政府提高了矿物油税和车辆责任险,并提高了汽车排放的标准。这给予了当时排量能低于900ml的日本等其他海外汽车制造商抢占德国汽车市场的机会。而宝马的汽车排放问题导致了海内外销量下滑,因此宝马开始侧重研发并解决汽车排放问题。1968 年，宝马推出的新 6 缸发动机完美符合了美国排放法规，且在接下来的两年内仍然通过美国的排放量标准，使得宝马轻松地进入美国市场。

重视安全性能，走在行业前列。恶劣的道路状况和拥堵的交通使道路安全成为德国交通部的发展重心，而宝马长期以来一直致力于提高其安全性能。为了提高其机械配件和车身骨架测量的精准度，宝马建造了精密的测量室。从 1968 年起，宝马成为德国第一家所有车型都配备双制动系统的制造商，提高了宝马汽车的安全性。同时，大量的碰撞试验确保了宝马车身优秀的抗变形能力。得益于前期赛车技术的积累，宝马可以更好地将安全性和舒适性相结合，走在安全领域的最前沿。

4.4 扩大产能，重视供应链管理

20 世纪 60 年代是宝马开始急速扩张的时期。产品上的成功使得宝马销量大涨，但是许多时候宝马汽车都供不应求，最初"新级别" 1500 的交货期曾经长达 1 年之久。为了克服这种情况，宝马在国内外开始了扩张。此外，汇率导致的原材料价格波动使宝马更加重视供应商的品质和关系，确保产品的质量和数量。

4.4.1 扩大产能，提高生产能力

宝马接手 Borgward 公司的设备和人力，是"新级别"诞生的关键因素之一。匡特家族在收购宝马后就给出了明确的市场定位，并带了可观的资金推动其发展。20 世纪 60 年代初期的宝马仍处于建设期，产能和技术并不足以支持其上升的市场需求。恰逢当时在不来梅的汽车制造厂 Borgward 破产倒闭，宝马公司不仅接手了这家公司中优秀的工程师，同时也买下了他们的技术设备。接手 Borgward 公司帮助宝马实现崛起，为新级别的发展提供了人才储备，也提高了宝马的自身产能。

1966 年，宝马收购 Hans Glas 公司，获得专利，扩大产能，增加人才储备。Hans Glas 公司最初是一家农业机械制造商，后来发展成为摩托车生产商，之后是汽车生产商。Hans Glas 由于生产比保时捷还高档的高价车而处于破产边缘，此时是宝马收购它的最好时机。宝马收购这家公司的目的是：第一，获得 Hans Glas 的专利，他们是第一个在汽车应用中使用顶置凸轮轴配备同步带的公司；第二，扩大宝马不足的产能，Hans Glas 公司在丁格芬的工厂、地产和近 4000 多名高素质的工程师和工人成为宝马的目标。宝马把 Hans Glas 公司的丁格芬和兰茨斯特工厂改造成宝马的生产车间，用于骨件、轴类零件、替代备用品和 CKD 全散装组件等的生产。

60 年代末，宝马开始注重工厂的自动化和合理化改造。1968 年，慕尼黑的冲床厂在早先的基础上又增加了一条冲床生产线。宝马的总装车间、铸造厂、车身制造厂、发动机、工具和底座的生产厂都开始从慕尼黑转移到丁格芬工厂，以分担慕尼黑工厂的生产负荷。许多生产线和机械设备都得到了扩展及完善。宝马通过几年的调整和改革，其工厂的生产能力都有了很大的提高。

资本支出和固定资产折旧变化的幅度基本上与推出新产品的节奏相吻合。宝马通过几年的调整和改革，其慕尼黑、丁格芬和兰茨斯特工厂的生产能力都有了很大的提高，到1970年宝马汽车产量保持11%左右的增速，远高于德国汽车行业6%左右的平均产量增长（见图6-22，图6-23）。

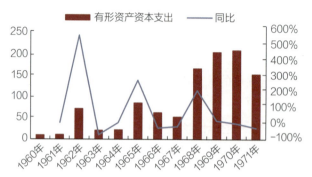

图6-22　1960~1971年宝马资本支出（百万德国马克）及同比
资料来源：宝马集团

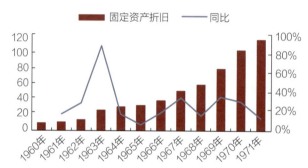

图6-23　1960~1971年宝马固定资产折旧（百万德国马克）及同比
资料来源：宝马集团

4.4.2　重视供应链管理

宝马重视与供应商的关系，确保产品质量。供应商不仅为宝马提供高质量的材料，而且能够在短时间内满足宝马的需求，双方在互相信任的基础上保证良好的合作关系。20世纪60年代末期宝马同约3600家不同领域的顶尖供应商进行合作，确保其产品的可靠性。在德国汇率不稳定期间，宝马愿意适量加大投资来确保原材料的质量和及时性，这也使宝马和其供应商之间的纽带更加紧密。在1971年金属工人罢工期间，虽然短暂地中断了生产，但在罢工结束后的不久就获得了充足的原材料，并未受到太大影响。

20世纪60年代是宝马至关重要的10年，这段时间内宝马迅速调整自己的战略和方向，确定"夹缝市场"策略，推出针对中产阶级的汽车。"新级别"确定了宝马产品的结构框架，为70年代经典车系的推出打下基础。通过宝马的复苏过程可以看出，生产满足市场实际需求的产品非常重要，同时品牌的树立离不开差异化的定位。

5 定调经典车型，应对石油危机（1972~1985年）

本节重点讨论宝马经典车系的推出与公司在石油危机大背景下的整体经营情况。20世纪70年代至80年代初，对于宝马而言是至关重要的一个时期，这期间宝马推出了令其骄傲的3系、5系、7系经典车型系列，并且妥善应对了石油危机，加强了海外市场的布局。

5.1 定调经典车型系列

20世纪70年代初期，仿佛一切都在更新换代，慕尼黑将于1972年举办奥运会，宝马位于慕尼黑的新四缸总部大楼也即将竣工。此时，距离宝马第一次推出"新级别"系列车型已经接近10年，该系列已经基本完成了其产品生命周期，于是此时的宝马开始将目光放在研究新车型系列上。宝马抓紧市场机会，恢复到战前的数字车型系列，以中档5系车型替代了之前的1500~2000系列；在02系基础上推出3系定位紧凑型市场；推出7系取代2500/2800等大型车系列，在大型车市场占据一席之地。从这时起，所有的宝马汽车都具备了该品牌的特色：先进的技术和卓越的操控性。

5.1.1 推出当家车型——5系

1972年推出的新中型车5系取代了1800和2000车型，历代宝马5系车型一览见表6-3。从5系开始，所有的宝马汽车都具有以下特点：高功率，技术先进，操控性卓越，运动性能好。5系开启了BMW以三位数命名汽车的历史：第一位数代表了车的模型，第二、三位数代表了发动机排量升数的1/10。末位的字母用来标注燃油的类型（汽油还是柴油）、发动机或变速器的细节或者是车身的风格。"i"一般是指燃油喷射技术（fuel-injection），"d"一般指柴油发动机（diesel），"td"代表涡轮增压柴油发动机（turbo diesel）。

（1）5系第一代E12：1972~1981年

第一代5系特点为运动性和安全性，石油危机爆发后推出耗油量低的518，灵活应对危机。1972年法兰克福车展上面世的5系520和520i配备了4缸发动机。5系比1800和2000更具运动感，一经上市就大受欢迎。精美的车身设计和更大的车内空间确保了汽车的舒适性和驾驶性，使其成为消费者们的理想旅游轿车。这是宝马第一次将计算机技术运用于车身的外形设计之中。在推出后一年，宝马新增了配备6缸发动机的525，使其可在10.1s内加速到62mile/h。在技术层面，前后轮盘式制动器增加了制动伺服作用，配备了更加稳定的转向柱，这一切都贯彻了宝马汽车的一贯核心——安全性。这也使得宝马5系成为当时最安全的汽车之一。1976年，宝马5系在外形上进行了改造，后置的加油口被移到了车的另一侧，尾灯被加宽，发动机舱盖被重新设计成了一个"动力膨胀（power bulge）"，更加突出宝马的肾形格栅。同时，移动了仪表板的通风位置以改善空气的流通性。1973年石油危机爆发之际，宝马顺应时代背景于1974年迅速推出了小型经济车518。事实证明，即使石油危机和周日禁行令影响了整个欧洲大陆，宝马通过提升燃油经济性，使得5系轿车仍然保持良好的销售业绩，尤其是燃油经济性最好的518，成为这代5系中最畅销的车型。

表6-3 历代宝马5系车型一览

代际	编号	时间	车型图片	概述
第一代	E12	1972~1981年		第一代5系是取代了宝马"新级别"中型轿车的汽车，是1500~2000的延续，具备了宝马特有的运动性和舒适性。在面临石油危机时，适当推出经济性汽车，为宝马日后的成功奠定了基础。最终总销量接近70万辆
第二代	E28	1981~1987年		1982年推出的第二代5系特点是高性能和低消耗。运用了最优效率的6缸发动机和ETA发动机。燃油经济性也通过对空气动力学的研究减轻车身重量实现。在安全方面，增添了可选择的ABS系统
第三代	E34	1988~1996年		1988年2月推出的第三代5系的车身刚性更大，前身更精简，是市场上最可靠的豪华车之一。运用了计算机辅助设计，确保了被动安全性、舒适性和操纵性。在1991年推出旅行车版本，增添了滑动车顶和四轮驱动技术
第四代	E39	1995~2004年		1995年推出的第四代5系，电控ASC+T成为标配，运用铝材料使车身减重约65kg。轴距比E34增加了2.7in（68mm），总长度增加了2.2in（55mm）
第五代	E60	2003~2010年		2003年的第五代5系在技术方面进行了升级，如iDrive、DSC、xDrive全轮驱动系统和远光灯辅助系统提高了汽车的安全性。这一代的5系为了成功进入中国市场，推出了符合中国消费者的Li长轴距系列，提高了后排乘客的舒适度
第六代	F10/F11/F07	2010~2019年		全新的第六代5系引入了全混合动力推进系统。车身重量通过运用超过30种复合材料减重130kg。结合时代背景，实现技术互联，通过Connected Drive系统增加用户对于汽车信息的掌握，并在2016年提供辅助避险系统，提高汽车的主动安全性

资料来源：宝马集团、BIMMERIN. NET

(2) 第二代 5 系 E28：1981～1987 年

第二代 5 系的特点是运动（推出了 M5 超级运动型轿车），环保（1983 年柴油发动机的运用，降低排放）和创新（低转速概念的出现使发动机达到效率最优化）。第二代的 5 系在 1981 年夏天首次亮相，宝马并未在风格和外观上对其进行巨大改动，而技术上的进步非常明显。因为能源成本的增加和环保意识的增强，宝马持续提高汽车质量的标准，确保新款车型结合先进的技术，实现燃料消耗的减少和低尾气排放。因此，宝马汽车更加符合空气动力学的设计，减少了 10% 的阻力，同时运用高质量的轻量化结构，使宝马车身自重比前一代减轻了 100kg。这些设计的更新使汽车的油耗降低了 15%。在技术的创新方面，新系列车型运用了电子发动机管理系统、汽车保养灯、车载计算机和制动防抱死系统（ABS）。

除了已有动力装置的改进外，这个系列首次使用了两种新款发动机——6 缸汽油发动机和柴油发动机。宝马于 1983 年推出了配备柴油发动机的 524td。这款车为宝马开发了新的市场，通过涡轮增压和柴油机的结合，兼具了舒适性和高性能。由于柴油的燃烧原理，有害物质的排放量特别低，524td 成为当时最经济的柴油发动机汽车。533i 和 528e 这两款汽车专门为美国消费者设计，前者成为当时美国最快的小轿车，后者则是低转速经济型汽车，为宝马打开了美国市场。525e 和 528e 两款低转速发动机通过减少摩擦和压力达到了效率最优化。而且宝马对进气歧管和燃烧室进行了优化，改善了燃油诱导，降低了内摩擦损失。由于整体效率的提高和发动机转速的降低，燃油消耗和噪声水平都显著降低，使这台发动机走在了时代的前沿。性能出色的 M5 超级运动型轿车也于 1985 年首次出现，为喜欢四门轿车的消费者提供了性能和操控性与跑车相同的装备。这款车配备了具有赛车特色的 24 气门发动机，最高时速可达 245km/h，证明了 5 系车的潜在赛车魅力，使宝马从一个小众的跑车制造商变成了高端汽车制造商（见图 6-24）。

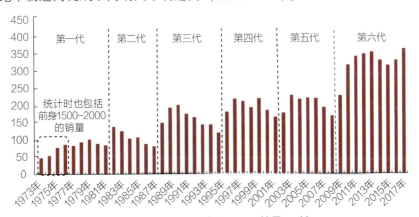

图 6-24　1973～2018 年宝马 5 系销量（千辆）

资料来源：宝马集团

5.1.2　推出销量担当车型——3 系

1975 年推出的宝马 3 系，取代了 BMW 1602～2002tii 车型系列，标志着宝马的车型系列发生重要的变化。3 系车型是全新开发的，新车提高了驾驶舒适性和安全性能，历代宝马 3 系车型一览见表 6-4。更新后的发动机包括：1.6L/90PS，优化器版本的 1.8L/

98PS 和 2.0L/109PS，燃油喷射系统版本的最大功率可达 125PS。车身、底盘传动系统都是完全重新设计的，车身内部是一个安全的车厢空间，可以抵抗来自任何方向的冲击，在发生碰撞时可以保护乘客。另外新车不仅使用了新的转向系统，驾驶更加灵活，而且采用了独立悬架，挡风玻璃是夹层安全玻璃，后窗具备加热功能。

表 6-4 历代宝马 3 系车型一览

代际	编号	时间	车型图片	概述
第一代	E21	1975~1982 年		E21 是宝马第一代 3 系。所有型号最初都使用 4 缸汽油发动机，在 1977 年添加 6 缸发动机，后来车身版型扩充了敞篷车的选择。车身的折痕线、双前大灯和双肾格栅在未来几代仍然存在。最终产量超过 130 万辆
第二代	E30	1982~1994 年		1982 年，第二代 3 系上市，推出了双门轿车、四门轿车、两门敞篷车、旅行车等衍生车型，并于 1986 年推出 M3 轿跑车车型，为消费者提供了更多的选择。于 1987 年配备车载计算机等电子设备，升级底盘悬架结构
第三代	E36	1990~2000 年		1990 年，第三代 3 系上市，销量继续攀升，提供了 8 款车型可供选择。于 1994 年新增三门掀背紧凑车型，这款车型尾部设计独特，意欲对抗高尔夫，比双门轿跑短 22.5cm，受到了广泛的关注，成为销量第三的车型
第四代	E46	1997~2006 年		1998 年，第四代 3 系上市，销量超过 300 万辆，成为最成功的 3 系车。这是首次宝马敞篷、紧凑型、双门轿跑车都拥有独立独特的车身风格特色。而且重新设计了车顶轮廓和风窗玻璃，为乘客提供更大的空间
第五代	F90/F91/F92/F93	2005~2013 年		第五代 5 系于 2005 年在日内瓦车展上面世，采用了新型多项钢材料，在不增加车身重量的情况下增加车身扭转的刚度。并在 2007 年加入高效动力系统，减少燃料消耗同时增加制动燃料再生和变速杆指示灯
第六代	F30/F31/F34	2011~2019 年		2011 年第六代 3 系面世，并在 2013 年开发 3 系的全混合动力驱动系统实现能源管理，提供插电式混合动力和高效混合动力发动机，并配备涡轮增压选择

资料来源：宝马集团

3 系定位紧凑型市场，是宝马车型中的销量担当。3 系是宝马最畅销的车系，在第一代 3 系推出后的 3 年间，其销售额几乎是宝马其他车系总销量的两倍（见图 6-25）。宝马的车身设计以紧凑型为主，技术则是 5 系研发的下沉，这确保了 3 系列的经济性和运动性，使 3 系在面世的几十年后，无论是在亚洲、北美还是在欧洲，在同类车型中依旧非常受欢迎。

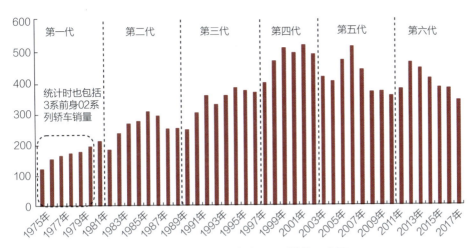

图 6-25 1975~2018 年宝马 3 系销量（千辆）
资料来源：宝马集团

5.1.3 技术与品牌力的代表——7 系

1977 年宝马推出 7 系车型，取代 2500/2800 等大型车系列。 1977 年推出的 733i 是世界上第一个配备电子点火和电控燃油喷射装置的汽车。7 系延续了宝马的风格，前大灯配有双肾格栅，车身线条清晰。1979 年，宝马 6 系和 7 系在欧洲主要客户国家的同类车型中销量达到最高，它们的推出使已经占据的市场地位得到了巩固和提高。7 系的旗舰车型 745i 于 1980 年推出，成为当时德国马力最大的豪华四门轿车，配备了涡轮增压版 3.3L 直列 6 缸发动机，最高功率可达 252PS，同时装备了 3 速自动变速器和防抱死制动系统。之后宝马更加重视安全性、驾驶性和燃油经济性，改进了发动机和变速器。1983 年推出了新款 745i，配备了 4 速自动变速器和重新校准后的涡轮增压发动机。历代宝马 7 系车型一览见表 6-5。

表 6-5 历代宝马 7 系车型一览

代际	编号	时间	车型图片	概述
第一代	E23	1977~1986 年		第一代 7 系是 2500/2800 豪华轿车的衍生品，正式对梅赛德斯-奔驰发起挑战。然而，这个系列的旗舰车型 745i 的失败使宝马在豪华轿车市场信誉受损。但经过发动机和电子技术的提升和更新，7 系重建荣誉，在系列结束前销量超过 28 万辆
第二代	E32	1986~1994 年		第二代 7 系在设备、技术和质量上都有了质的提升，可以和梅赛德斯-奔驰 S 级车并驾齐驱。于 1987 年推出的 750i 首次配备了 V12 发动机，使宝马在技术层面领先于梅赛德斯，对宝马品牌的提升有重要意义

(续)

代际	编号	时间	车型图片	概述
第三代	E38	1994~2001年		这是世界上第一辆配备卫星导航和直接喷射柴油发动机的汽车。在技术层面,首次配备窗帘安全气囊和内置电视,通过新的整体后桥车身,刚度比上一代提高了100%。通过重视节约资源和能源,宝马成为市面上唯一可以将85%的材料进行回收利用的制造商
第四代	E65/E66	2001~2008年		这是设计总监Chris Bangle团队的第一个产品,消除了笨重的形象,线条更加圆润,加宽了双肾格栅。760i是世界上第一个配备直接喷射的V12发动机的汽车,配备了iDrive等电子配件
第五代	F01/F02	2008~2015年		第五代7系运用了新研发的底盘,符合动力学原理又确保舒适性,车身线条更加圆润,首次引入混合动力传动系统(Active Hybrid 7)、8速自动变速器和涡轮增压V12发动机。同时更新iDrive和综合主动电子安全系统
第六代	G11/G12	2015至今		第六代7系采用碳纤维增强聚合物作为底盘结构部件使新车型减重130kg。更新了插电式混合动力汽车740e。同时M760Li xDrive的诞生成为7系第一个M版本车,使其最高车速达到305km/h

资料来源:宝马集团

7系是宝马先进技术的体现,并帮助公司树立品牌形象。 7系优秀的配置和卓越的性能确立了宝马在豪华汽车市场的地位。后来第二代7系的旗舰车750i配备了V12发动机,从发动机技术方面实现了对竞争对手的超越。虽然7系的销量无法与3系和5系相提并论,但是7系不仅完善了宝马的产品结构,更帮助宝马树立了豪华车的品牌形象(见图6-26)。

5.1.4 有效的产品投放策略保障销量增长

宝马车型系列换代时间一般为8~10年,宝马一直秉持着20世纪60年代赫尼曼的产品策略,每一年都会对车型做出一些调整更新,例如更换更大功率的发动机版本、四门之后推双门版本、轿车之后推敞篷车或旅游车版本等,以便在这样长的产品周期内给顾客带来持续不断的新鲜体验,保证自己的产品能持续活跃在市场上。每一次宝马推出新车型或改进车型后,销量都会随之上涨。于是,在某一车系销量下滑一段时间之后,宝马会尤为关注该车系的创新研究,并推出相应的新车型刺激市场。所以,在这样的策略下,宝马的

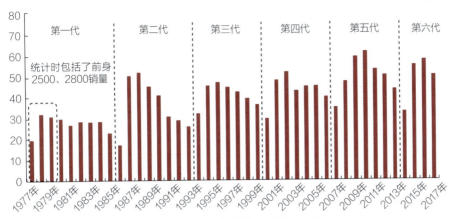

图 6-26　1977~2018 年宝马 7 系总销量（千辆）
资料来源：宝马集团

销量从 70 年代开始保持稳健增长。

产品投放策略佳，销量稳步上涨。在 1999 年推出 X 系之前，宝马的主要销量都由 3 系、5 系和 7 系贡献。1980~1999 年这 20 年的时间里，宝马 3 系一直处于主导地位，对公司总销量有绝对性的贡献。虽然由于产品处在不同的生命周期影响车型的销量，不过三个车型的销量都总体呈上涨趋势，而且产品换代的节奏控制得非常好，比如 3 系下降的时候，5 系销量上升；5 系销量下降的时候，3 系可以带动增长，这使得宝马总销量稳定上涨（见图 6-27）。

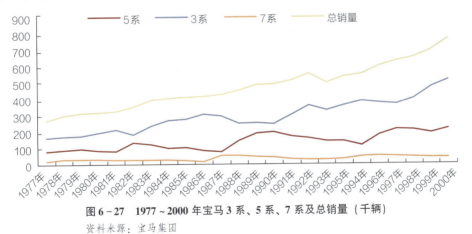

图 6-27　1977~2000 年宝马 3 系、5 系、7 系及总销量（千辆）
资料来源：宝马集团

5.2　扩大海外出口，重视培养经销商

1972~1985 年之间，宝马不仅提升产品质量和性能，而且不断提高经销商的服务水平。在国内需求相对疲软的时期，宝马加速在海外市场的布局，在海外重要市场成立子公司，完善整体的销售体系。截止到 1984 年，宝马授权经销商和服务车间达 4400 家。由于宝马在海外市场的卓越表现，其生产和出口指数都远远领先西德工业的平均水平（见图 6-28~图 6-31）。

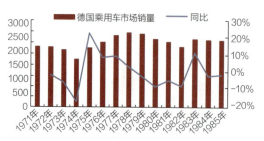

图 6-28　1971~1985 年德国乘用车市场销量（千辆）及同比
资料来源：戴姆勒公司

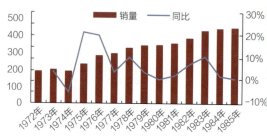

图 6-29　1972~1985 年宝马销量（千辆）及同比
资料来源：宝马集团

图 6-30　宝马和前联邦德国（西德）制造工业汽车产量指数（1970 年 =100）
资料来源：宝马集团

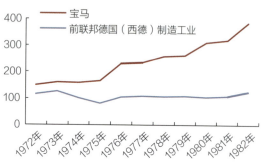

图 6-31　宝马和前联邦德国（西德）制造工业汽车出口指数（1970 年 =100）
资料来源：宝马集团

5.2.1　提升经销商能力，升级服务质量

提升经销商能力，升级服务质量。 20 世纪 70 年代，宝马不断发展国内的汽车销售组织，并对经销商进行培训，尤其是经销商的高管人员。同时，宝马还会组织一系列的区域销售会议，以便让销售人员在了解新的市场形势下向顾客提供正确建议。宝马还开发了一套新的培训系统，为装配工和汽车机械师提供培训，确保这些人员可以进行复杂的维修工作，包括各种组件，如发动机、变速器等。

经销商的服务质量与汽车技术共同提高。 1977 年，7 系上市，为确保宝马客户能够接受个性化和高水平的服务，宝马持续地举行培训课程，以提高维修等服务的质量。1977 年的一次客户调查显示，近 90% 的样本将宝马的服务质量描述为"好""满意""优秀"。同时，经销商对其服务的投资意愿显著上升。1977 年，95% 的国内新车销售是由独家经销商完成的。

5.2.2　向国外扩张，增加市场销量

实施海外出口战略，设立海外子公司，通过车展加强宣传。 宝马的成功，不仅依靠正确的车型策略，而且得益于长期以来出口战略。宝马通过自己的销售公司，不断开拓重要市场，将汽车出口到多个国家，不仅满足了各个国家对汽车的需求，也避免了需求波动带来的影响，达到分散风险的目的。比如，1973 年宝马在美国成立了子公司并在 1975 年接手了宝马汽车在美国的进口和销售业务；宝马公司收购了 Motag AG, zurich Dielsdorf 的所

有股份，在瑞士有了销售子公司。同时，宝马在许多车展上展示自己的车型系列，比如法兰克福、布鲁塞尔、阿姆斯特丹、日内瓦、贝尔格莱德、巴塞罗那、巴黎和伦敦等车展，以加强宣传（见图6-32，图6-33）。

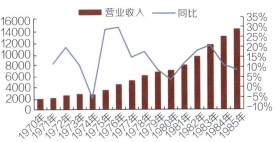

图6-32　1970~1985年宝马母公司营业收入（百万德国马克）及同比

资料来源：宝马集团

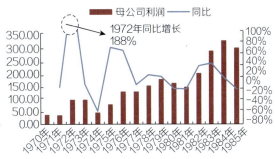

图6-33　1970~1985年宝马母公司净利润（百万德国马克）及同比

资料来源：宝马集团

完善海外销售体系，提升服务质量。 由于宝马的销量不断增长，拥有宝马汽车的客户也迅速增加，这就要求宝马经销商密度的进一步提高。在海外建立高效的经销者组织并对客户提供更好的服务，其难度与国内完全不同。宝马希望经销商尽可能地独家代理宝马品牌，对于部分地区，允许经销商同时代理其他品牌的汽车。1975年，宝马公司在国内外市场推出为期一年的完全保修，不受里程限制的服务。服务的质量与汽车产品定位息息相关，为了提高服务水平，公司每年都会回顾总结。为了提升经销商的服务质量，宝马在全球开设课程，讲解宝马车辆中使用的最新电子设备，并运用多语言的信息系统教学，使所有人都更方便理解。出于战略上的考虑，在个别供货紧张时候，宝马甚至会给国外市场优先交货。

及时给客户提供宝马原装零部件非常重要。 为确保国内外销售机构的物流支持畅通无阻，1978年宝马在丁格芬的货架仓库安装了新的计算机控制系统，1980年数据处理系统开始运营，这使得慕尼黑总部的零部件管理部门可以有效地处理零部件供应问题。

汇率的变化在一定程度上影响了宝马海外出口的节奏。 1972~1977年德国马克升值最快的阶段，宝马海外销售额占比从43%上升至47%；1979~1985年，德国马克进入贬值状态，宝马海外销售额占比从52%迅速提升至65%（见图6-34，图6-35）。

图6-34　1970~1985年宝马国外销售额及占总销售额比重

资料来源：宝马集团

图6-35　1960~1985年德国马克兑美元汇率年平均值

资料来源：世界银行、EPS数据平台

5.3 灵活应对石油危机带来的成本问题

1973年爆发的第一次石油危机,结束了20世纪60年代末70年代初的世界经济增长。 石油危机的爆发带来了全球原油和原材料价格的上涨,联邦德国从1971年起工业生产费用就已经开始不断上升,原因主要在于持续上涨的工资和通货膨胀。受到1971年年末巴登符登堡州由工资争议引发的罢工事件的影响,1972年新签订的《基本工资和薪金协定》要求基本工资线从4.98德国马克上涨到5.35德国马克,基本薪金线也大幅上涨(见图6-36)。另外,协定还决定逐步取消以前工资和薪金较低的所谓"农村类别",并对老年雇员实行最低工资和薪金限制(见图6-37)。成本上升是德国汽车行业面临的巨大挑战。

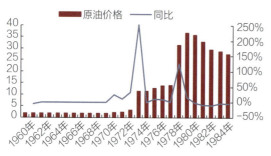

图6-36　1960~1985年原油价格(美元/桶)及其同比

资料来源:BP

图6-37　1960~1990年德国PPI、CPI、制造业小时工资率指数(2010年=100)

资料来源:世界银行、EPS数据平台

1970年原材料、工薪、社会福利等成本上扬,加之通货膨胀,对宝马财务构成了一定的负担。 宝马的原材料支出在石油危机之后一直保持高速增长(见图6-38)。由于70年代新车型的研发与扩大产能的需要,宝马的员工人数也在与日俱增,于是宝马的人力成本在该时期也一路高涨(见图6-39)。此外,由于罢工等劳动纠纷以及宝马自身的社会责任,公司的社会福利支出也在不断增加。

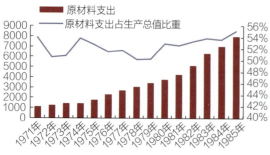

图6-38　1971~1985年宝马原材料支出(百万德国马克)

资料来源:宝马集团

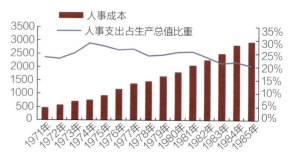

图6-39　1971~1985年宝马人事成本(百万德国马克)

资料来源:宝马集团

面对不断上升的成本压力,宝马的主要应对措施如下:

(1) 工厂自动化和合理化

宝马非常注重生产的自动化和能源的高效利用。1976年宝马丁格芬工厂一条生产线实现了全自动,促进了宝马产能的增加。同年,宝马为了解决工厂附近交通量加大的问题,自己投资通过扩宽道路和建设桥梁使丁格芬工厂和中心零部件仓库之间有相连接的道路,提高运输的有效性和及时性。1980年,慕尼黑工厂对周边土地进行整合利用,合理调度各项生产设备,引进了自动化机器人,计划减少工薪上升所带来的人力成本。到1982年,慕尼黑工厂已经为3系建造了一条全自动车身组装流水线,并使用机器人使得整个车身生产的自动化水平提高到90%以上。当时一共有大概300台机器人在慕尼黑和丁格芬工厂工作,使得产能大幅提升。宝马在丁格芬的中央行政大楼安装的热泵和慕尼黑工厂的热水加热过程中增加了对热泵的利用,从而节约了成本。尽管1980年产量增加,慕尼黑工厂的天然气消耗却减少了10%以上。

(2) 扩宽供应商选择,寻找材料替代品

石油危机开始,德国经济下滑,市场需求萎缩,国内供应商在罢工和成本压力下曾一度中断了供应,外国制造业供应商的吸引力越来越大。在国内供应商多次提价后,宝马一方面开始制定短期计划而不是签订年度合同;另一方面,宝马在1972年开始发展海外供应商,以降低成本。

能源价格的不断上涨,不仅对宝马,而且对整个德国经济乃至世界经济都产生了巨大影响。合成橡胶、塑料和钢材等需要原油生产的材料价格的上升导致宝马的成本高于世界平均水平,同时配额规定的产生大大限制了宝马的产能。因此,宝马在1980年决定通过寻找替代材料来减少成本上的支出。

(3) 提高经营效率

石油危机爆发之初,宝马就敏锐地从产销量的略微下降中察觉到了库存成本的压力,于是立刻对仓库和运输设施的合理化进行了投资,1978年丁格芬工厂新的全自动控制仓库建设完毕并投入使用,实现了对库存的严格控制。公司还通过改进从供应商到装配线的物流系统,提高库存周转率(见图6-40,图6-41)。

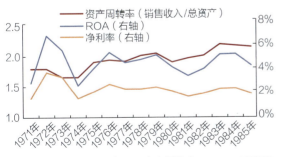

图6-40 1971~1985年宝马资产周转率、ROA、净利率

资料来源:宝马集团

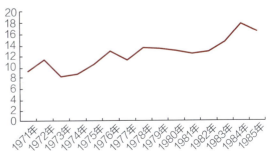

图6-41 1971~1985年宝马库存周转率(销售收入/库存)

资料来源:宝马集团

(4) 适当提高售价

尽管宝马采取了其他许多措施来控制成本,但是为了缓解成本压力,在 70 年代,宝马曾多次上调产品价格,起初是上调国内产品价格,后来又对海外市场产品的价格进行上调。

5.4 研发:提升燃油经济性、排放技术和安全技术

在 20 世纪 70 年代,石油危机和各国排放法案的推出,使得各个车企对燃油经济性和汽车排放技术都非常重视。60 年代宝马就已经开始关注汽车油耗和排放。石油危机期间,宝马为了提高车辆的燃油经济性,不仅提出了新的发动机技术,使用了新型小 6 缸发动机,而且改进了车身结构,降低了整车重量。

研制新发动机,降低重量,减小尺寸。1977 年,宝马推出新的小型 6 缸发动机,这是宝马的第三个发动机系列,与 4 缸发动机和大型 6 缸发动机并列。小型 6 缸发动机的特点是重量轻、尺寸紧凑,它的尺寸和重量都介于宝马 4 缸和大型 6 缸发动机之间。它拥有和大型 6 缸发动机一样的平稳性,并且满足所有法律规定的燃油经济性、污染物排放和噪声要求(见图 6-42,图 6-43)。该系列发动机供 3 个系列的车型使用。1978 年宝马 15 款车型中有 12 款配备 6 缸发动机,宝马 3 系生产的车辆中有 45% 是小型 6 缸发动机。1979 年,所有宝马 7 系都装有省油的喷射发动机,宝马 7 系的平均重量减轻了 70kg,燃油消耗量平均下降了 7% 以上。宝马持续优化其发动机,1980 年 3 系轿车的燃油消耗量平均减少了 5% 以上。

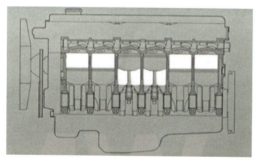

图 6-42 宝马传统 6 缸发动机
资料来源:宝马集团

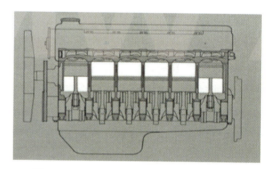

图 6-43 宝马 1977 年新的小型 6 缸发动机
资料来源:宝马集团

推出 ETA 汽油发动机和涡轮增压柴油发动机。1978 年,宝马提出了两个新的发动机概念,其一是 ETA 汽油发动机,通过提高压缩比、降低转速、减少机械摩擦等措施,可以节省约 15% 的燃油;其二是涡轮增压柴油发动机,可以比传统的汽油发动机减少 20% 的油耗。1981 年新一代 5 系配备了基于 ETA 概念效率最优化的 6 缸发动机,实现了高性能和低油耗。接下来的一年,宝马为美国和日本市场全面开发以 ETA 概念为基础的发动机,确保汽车在低等和中等转速下也能保持高转矩,提高发动

机的整体水平。

降低整车重量，改进车身结构。减轻车重也可以提高燃油经济性，因此宝马不断提高对车身研究的重视程度。宝马采用最先进的计算方法对车身结构进行了重量和刚度的优化，并进行了大量的道路测试。1979 年，宝马的空气动力学风洞和环境热力学风洞投入使用，使宝马新车型可以更加符合空气动力学，减少汽车油耗和空气阻力。由于越来越多的宝马汽车被出口到气候极端恶劣的国家，因此需要对汽车空调系统的加热、冷却功能严格把关。

应用催化剂和电子技术，降低污染物排放。为了降低污染物的排放，宝马不仅使用了催化剂技术，而且应用了电子技术。宝马从早期开始就在发动机中系统地使用电子技术，为提升排放技术奠定了基础。宝马在车辆的点火系统中安装了电子监控器，它根据发动机的负载范围控制点火时间，该系统可以减少30%的氮氧化物排放。宝马多年来在电子产品领域一直处于领先地位，通过增加电子产品的使用，不仅可以提高发动机的排量，而且可以降低油耗和污染物的排放。

提高车辆安全性。20 世纪 60 年代末，BMW 全部的车型都实现了双重制动系统（即便一个制动系统失灵了，另一个制动系统仍然可以在前轮发挥作用使车停下来），当时德国只有宝马可以做到。到 1970 年，宝马车系已经以性能、安全性、灵活性享誉市场。宝马进一步优化了"被动安全"的保护措施，比如设计减震保险杠、提高能见度、改善座椅与身体姿势的贴合度等。随着发动机技术的提升，宝马在 1974 年成功研发出了一种新的制动系统，可以防止车轮在全速制动时发生堵塞。在电子科学安全方面，宝马 7 系运用电子中控锁系统并与一个延迟系统相结合，确保在发生事故时该系统可以自动打车车门，或确保汽车可以从外部打开，提高汽车的安全性。1982 年，宝马对发动机、传动系统、底盘和车身进行了全面的改造，大大降低了噪声，驾驶安全性和舒适性再次得到了提高。

20 世纪 70 年代的宝马确立了自己经典产品的车型系列，在石油危机和经济萧条的情况下，宝马重视研发并推出符合时代背景和市场需求的新车型，并通过一系列措施降低成本，妥善应对石油危机。70 年代中后期，宝马更加重视海外市场并提升服务质量。

6 实力全面提升,成为世界领先企业
（1986~2000年）

自20世纪80年代中后期到2000年前后,宝马在产品、品牌、技术研发、市场扩展等方面都实现了明显的进步,国际影响力进一步提升。

1986~1990年：产品全面升级。7系、5系、3系先后换代,1986年推出的第二代7系提升了公司在豪华车领域的市场地位,换代后的3系为公司的销量增长提供了动力。

1991~1994年：进一步国际化。在美国建厂,同时完善销售系统、生产系统和物流系统,为销量提升奠定基础。

1994~1999年：公司实现品牌的扩张。收购罗孚集团后整合不达预期,将路虎、罗孚、MG出售,然后买下劳斯莱斯,最后形成了宝马、MINI和劳斯莱斯三大品牌组合。

6.1 产品全面升级,品牌力提升

20世纪80年代中后期至90年代末,宝马3系、5系、7系通过产品换代和技术升级实现了销量的提升,其中最为经典的是1986年推出的第二代7系,第二代7系不仅使7系的销量跨上了新的台阶,而且对于宝马品牌力的提升有非常重要的意义。

6.1.1 第二代7系提升宝马品牌形象

第二代7系受到市场的高度认可,对宝马品牌提升有重要意义。7系作为宝马技术与形象的标杆系列,其产品的升级换代对宝马品牌有着不一样的意义。1986年宝马推出了第二代7系,包括730i、735i和750i及其相应的长轴距版本,创新、运动和优雅是其主要特征。所有车型均将催化转化器作为标配,其技术特点和车型风格得到了2017年大众集团销量前八的车型占比的认可。来自欧洲、美国和日本的11家行业杂志的代表,因其优雅、实用和个性化的设计,授予了新7系"1987年汽车设计奖"。第二代7系推出后很快就成为欧洲顶级市场需求最大的车型。

在开发第二代7系轿车时,宝马的工程师们运用了他们所有的技术,努力创造出一款高档轿车。对于新发动机的应用是这代产品的重要亮点。

1986年推出的730i配备了高性能的6缸发动机。宝马大型6缸发动机配备了改进的电子控制系统,排量为3L,输出功率为188PS。通过全新设计的气缸盖和燃烧室,发动机的性能、动力和平稳性都得到了提高,在经济效率、可靠性和环境保护方面也取得了相当大的进展。

旗舰产品搭载V12发动机,超越奔驰同级别产品。1987年旗舰车型750i（含750Li）面世,这是宝马第一个搭载V12发动机的汽车。V12发动机体积小、运行平稳且性能优异,最高功率可达300PS。发动机运用了两套电子控制系统,使每排气缸都可以单独控制,确保了两排气缸第一次完全同步,这在当时是非常有挑战的创新,每个气缸上都配备了独立的燃油喷射、点火和催化系统。发动机缸体是铝合金,气缸表面运用了硅晶体,不仅使发动机的重量降低到了240kg,而且降低了摩擦。锻造曲柄上有12个平衡重块和7个轴承,这样的设计使发动机几乎毫无振动和噪声,让7系成为精致和舒适的典范。这款发动机不仅诠释了宝马的品牌特点:对技术的痴迷和"纯粹的驾驶乐趣",也使宝马品牌更加成功。宝马生产的30万多辆第二代7系中,约有1/6搭载了V12发动机。80年代宝马是为数不多的可以批量生产V12发动机的汽车制造商,而同期的梅赛德斯 – 奔驰的S级车型还在运用V8发动机。在1992年,梅赛德斯 – 奔驰试图将V12发动机运用到S级和SL跑车系列,由于配备了V12发动机,使本来车身已经较大的S级更显庞大,遭受市场诟病。

该车外观优雅,并有出色的空气动力学设计。低空气阻力系数没有增加横向风的敏感性,也没有降低进入车的便捷性。较高的车身刚度避免了车体的振动。虽然车型尺寸紧凑,但内部精准设计保证了舒适性。由于技术的全面提升,车身、传动系统和底盘的噪声都降低了,车辆整体噪声极低。车辆开发过程中应用了很多先进技术,比如计算机辅助设计(CAD)和计算机辅助制造(CAM)使开发数据可以直接用于原型车和工具的生产。

应用电子技术提升整车性能。电子控制的效率通过连接各个系统得到了提升,为宝马在汽车中增加电子产品的使用铺平了道路。第二代7系首次实现了发动机、自动变速器和底盘的电子控制系统的相互连接。通过防抱死制动系统(ABS)和自动稳定系统(ASC)防止驱动轮打滑提高安全性。在车身前部的保险杠系统中,不仅配备了减振器,而且还新增了易于更换的吸能盒,为驾驶安全方面设置了新的标准。旗舰车型750i是宝马第一个安装电子限速器的车型,拥有超声波停车距离控制系统,提高了汽车的主动安全。新开发的安全带系统提高了汽车的被动安全性。前排乘客和驾驶员的肩带高度可以通过乘员位置自动调整,后排乘客采用了新研发符合人体工程学的安全带系统,确保安全带可在任何时候都方便操作。由于第二代7系采用了更多的模块化结构,因此产品的组件数量明显减少,同时搭载了备用的电子诊断系统,使整车的性能和可靠性大幅提升。

第二代7系运用的众多新技术不仅引领了汽车技术的发展,更为重要的是,这标志着宝马开始推行一项新政策:每年都向市场推出一项重要的创新性技术(见图6-44)。

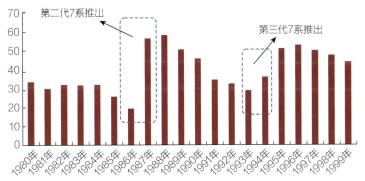

图6-44 1980~1999年宝马7系销量(千辆)

资料来源:宝马集团

第三代 7 系主要的技术创新体现在汽车安全、燃油经济性、环境保护和通信技术上。 第三代 7 系于 1994 年推出,搭载了 8 缸和 12 缸不同的发动机。但与第二代 7 系相比,第三代 7 系平均油耗降低了 10% 以上,85% 的材料可以回收利用。全新的设计提高了驾驶的舒适性,汽车的噪声和振动水平明显降低。所有 7 系均可配备先进的新型卫星辅助导航系统,表明了先进通信电子的可能性,这样的设计是为了应对未来信息和未来交通系统技术进步。车上各种安全元件相互连接,形成了一个有效的整体系统。这代表 7 系在通信技术的应用上取得了明显进步。

6.1.2 第三代 5 系销量取得突破性增长,第三代 3 系性能升级

宝马分别于 1988 年和 1995 年推出第三代和第四代 5 系,其中第三代 5 系的销量取得了突破性的增长,是 5 系市场地位提升的有力证明。

第三代 5 系(1988~1996 年):被称为强大视觉吸引力与技术实力相匹配的成功车型,开启了宝马 5 系的新时代,其累计销量相较于第二代 5 系几乎翻了一番,达到 130 万辆(见图 6-45)。第三代 5 系提供了多种不同型号的发动机,如 4 缸发动机,直列 6 缸发动机,V8 发动机和柴油发动机,给予了消费者更多的选择空间。6 缸发动机都装备了 4 气门和电控燃油喷射技术,这也是世界上首批采用可变气门正时系统的发动机。1991 年推出的 525ix 应用了全时四驱技术,提高了车辆的驱动性和操纵稳定性。电子技术的应用大大提高了安全性,所有的安全系统都结合了宝马的综合安全概念 F. I. R. S. T(完全道路集成安全技术)。该车延续此前头灯和双肾进气格栅的设计,但扩大了其双肾的面积,巧妙地将转向灯和前照灯融合在一起,使宝马增添了一丝现代气息,更新其车尾和车身线条的设计,使汽车整体造型更加圆润。1991 年宝马首次推出了一个旅游版本车身风格的车型,以满足欧美市场对于旅游版车型的需求,受到市场好评。第三代 5 系在中大型市场占据领先地位。

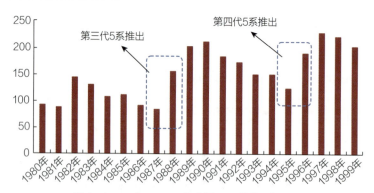

图 6-45 1980~1999 年宝马 5 系销量(千辆)
资料来源:宝马集团

第四代 5 系(1995~2004 年):电子技术应用增加,舒适性提高。新的电子技术增强了车辆的安全性,自动稳定及牵引力控制系统(ASC + T)、动态稳定控制系统

(DSC)、动态制动控制系统（DBC）和防抱死制动系统（ABS）共同确保了最高等级的驾驶安全性。搭载的新导航系统可以通过卫星探测将汽车位置控制在10m误差内，并将坐标精准的传递到车载导航系统中。车载电脑为驾驶员提供了更多的信息，如室外温度，当前时间，平均车速，油耗等。新一代5系的外观和内饰都有明显改进。前照灯采用了内嵌式设计，装备了独立灯罩和透镜，形成了日后具有宝马特色的"天使眼"，扩大的车身尺寸使其更具现代感，由于使用钢制车身和全铝悬架，整车重量并未出现明显增加，新车身的刚性是旧型号的两倍。内饰方面采用了大量圆润的线条，并在内饰用料方面极具讲究，营造出了一种极具冲击的豪华感。1996年，《汽车与运动》的读者评选第四代5系为世界上最好的中高档轿车。

第三代3系提高了舒适性、安全性和环保性能。宝马公司为这代3系开发了全新的车身和底盘，使其不仅拥有优秀的动力性能，且在安全性、可靠性和环保方面都有了进步。第三代3系的车身更大，尤其是扩大的乘客舱对后排乘客更有利，但是这款车的设计依然非常紧凑，让人能明显认出来这是"宝马的车"。电控三元催化器成为标准配备，新发动机不仅环保、运行平稳，而且性能很好（见图6-46）。

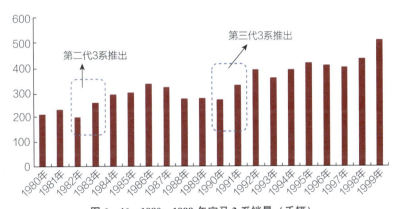

图6-46　1980~1999年宝马3系销量（千辆）
资料来源：宝马集团

6.2 研发：技术进步支撑产品升级

从20世纪80年代中后期开始，宝马所有车系的销量均出现明显增长，除了精准的产品定位，这也离不开公司对研发的投入和技术的进步，其中最重要的是提升发动机技术和增加电子技术的应用。

6.2.1 成立宝马研究与工程中心

1987年，宝马成立了研究与工程中心，将所有与开发过程密切相关的人聚集在一起工作。车型范围以及车身、驱动和发动机版本的扩张，增加了开发、生产计划和物流部门的工作量。随着全球汽车工业效率的提高，宝马将所有涉及汽车开发、生产计划和物流的部门集中在一个研究和工程中心，在开发的各个阶段，各方面的密切合作，提高效率，降低成本，对不断变化的市场状况做出更快的反应。到1998年为止，研究与工程中心约有6000名工程师、设计师和不同学科的科学家，将研究、开发、技术规划、生产技术、质量保证、价值分析与控制、采购与检验、专利和人员管理等工作集中在一起，供应商也加入开发团队，在早期阶段同步工程进度。宝马集团的国际化不仅体现在商业运行上，也体现在它的研究和开发上，来自世界各地的专家共同合作以确定各地的发展趋势和客户需求。研究与工程中心的成立是宝马汽车发展的一个里程碑。

在这个中心之外，一些独立的单位正在进行技术创新，这些创新与系列化生产的需求无关，比如宝马汽车运动有限公司专注于高性能发动机和汽车，宝马技术有限公司专注于新概念汽车。

6.2.2 发动机技术持续进步

发动机技术的提升是这个阶段宝马技术进步的重要体现，其中突破性进展是V12发动机的应用，是第二代7系成功的关键因素，提升了宝马的整体品牌形象。1986年在7系上使用的大型6缸发动机，配备了改进的电子发动机控制，提高了发动机的性能、动力和运行性，对于7系的胜利也功不可没。此外，宝马在其他发动机上的进步也是公司走向成功的基础。

3系引入新的4缸发动机，为其销量增长奠定基础。1987年，3系引入了新的4缸发动机。这款4缸发动机尽可能多的融入了12缸发动机的技术。这款紧凑的发动机排量为1.8L，重量132kg，功率为113PS。缸盖和活塞的几何特性与宝马12缸发动机相似，卓越的气体管道设计和精心设计的燃烧室使效率更高，电子电控技术确保最大的运行效率和可靠性。在低转速的情况下，依然有优异的性能、稳定可靠、油耗低，而且易于维修。同时，这款发动机符合当时世界上最严格的排放要求。

改进后的6缸发动机有不同的排量和功率输出。1994年，宝马推出的6缸发动机以其平稳、安静的特点而闻名，可以提供不同的排量，排量范围2.0～2.8L，功率范围110～142kW。开发的目的是在不改变发动机特性的情况下为客户提供更好的性能和操作。随着排量的增加，发动机在较低的转速下具有更高的转矩，铝制发动机缸体使发动机的重量减轻了约30kg。这款发动机符合欧盟排放最严格的标准。低燃油消耗、低重量和低排放结合宝马本身的典型特征，升华了宝马低油耗、轻量化、动力十足的形象。这款发动机最初应用于3系，后来在5系也有使用。

柴油发动机技术不断提升。1987年，宝马在6缸增压柴油发动机中应用了电子控制技术，取代了机械喷射控制。利用微控制器对柴油发动机精确控制，特别是在至关重要的工作条件下：冷起动、空转和突然加速。系统不仅考虑了工作环境，也考虑了发动机的使用年限。除了众多安全功能，这款发动机还有优异的尾气排放和燃油经济性。1994年，公司推出4缸增压柴油发动机，由于宝马拥有模块化的柴油发动机系统，不仅可以将大型发动机的技术集成到4缸发动机中，而且可以经济、灵活的生产。1997年，宝马8缸柴油机研制成功，这款发动机与12缸汽油发动机的地位相似，它的优点是运行平稳，油耗低，最先进的特点是共轨喷射。1998 宝马推出新的 6 缸柴油机，采用了最新的柴油技术，如共轨直喷、涡轮增压器、充气冷却和四阀结构。这款发动机在性能、转矩、经济性和舒适性方面树立了新的标准。

6.2.3 大量应用电子与通信技术

20 世纪 80 年代到 90 年代末，大量应用电子和通信技术是宝马的一大特点，也是宝马销量快速增长，品牌力得以提升的关键因素。 电子控制系统被越来越多地用于汽车，使车辆更环保、更安全、更舒适。宝马非常重视电子信息技术。1989 年宝马收购了 KONTRON GmbH，以加强集团在电子领域的发展。1990 年，宝马成立了新的技术实验室，旨在进一步提高了电子元器件的可靠性，宝马的要求非常严格，甚至超过了航空安全标准，以保证整个系统的可靠性。

运用电子技术提升发动机性能。 1987 年开始，宝马对所有的汽油和柴油发动机都应用了电子控制技术，电控系统根据环境条件、车辆的速度、负荷以及发动机的磨损程度控制点火和喷射的过程。使发动机在整个使用寿命中总能达到最佳的油耗和废气排放，并始终处于平稳运行的状态，同时提升了发动机的可靠性。

通过电子控制技术改进驱动系统。 1991 年宝马推出了 5 系的旅游版本，应用了四轮驱动技术，整个驱动系统由电子控制。在稳定的行驶条件下，64% 的动力分配给后轮，36% 分配给前轮。这样不仅有很大的附着力，而且不会明显影响转向。在不利的道路条件下，电磁控制的极限滑差可以改变功率分布，前后轴的调节范围在 0~100% 之间，以达到最大的附着力和驾驶的稳定性。

宝马通过应用电子技术，提高车辆的安全性和舒适性。 机械系统逐渐被电子解决方案补充或取代，以改善驾驶员的操控，提高安全性。包括防抱死制动系统和自动稳定控制，这些技术的运用防止后轮在打滑旋转，减少了发动机减速时的阻力。1988 年，宝马推出的电子阻尼器控制系统解决了舒适性与安全性之间的矛盾。多个传感器识别车身的运动和驾驶情况，如加速、制动、避碰和转弯，处理器利用传感器提供的信息来计算理想的阻尼设置，阻尼力根据不同的行驶状况自动调节。通过快速调整阻尼力减少了振动从不平路面到车身和驾驶员的传递，同时确保了车轮享有最佳的附着力。

升级车载交互系统，提升用户体验。 1993 年，宝马搭载的新型车辆交互系统，旨在不分散驾驶员注意力的前提下，提供更多的功能和信息（见图 6-47）。新的车载显示器是电子系统创新的重要一步，它可以显示各种各样的信息，并由车内的其他系统控制。一个重要的创新点是导航系统可以通过显示器上的文字和视觉指示引导驾驶员到达目的地。目的地可以通过输入地点来确定，也可以直接在地图上显示出来。存储在光盘上的地图还包含：酒店、餐馆和加油站等信息。为了尽可能准确地指示驾驶员的路线，汽车的确切位置是通过卫星全球定位系统（GPS）确定的。

图 6-47　宝马 1993 年车载计算机和导航系统
资料来源：宝马集团

提升车辆信息传输能力，丰富车辆功能。汽车上的电子系统需要通过"总线"进行快速可靠的数据传输。1993 年，宝马公司将新的信息技术应用到了汽车之中，在总线系统中，同一个连接可以实现对多个组件的控制，相同的控制元素可以用于不同的功能。因此每个功能的成本大大降低，更完整全面的数据可以被处理，车载总线的网络稳定可靠。整个系统的质量和安全性都得到了提高。

引入了电子防盗系统。凭借高效的车载网络，宝马能够在很短的时间内对客户对新防盗系统的需求做出反应。1993 年 5 月，宝马是第一家在其量产汽车中提供电子防盗装置的德国制造商。它们包括对最重要部件的电子监控，利用超声波技术对内部进行保护，以及用电子钥匙进行多次起动和中断。

除了车载电子产品的增加，宝马在研发和生产过程中推广电子计算机技术，以提升效率。在宝马新车开发的过程中，几乎每个阶段都应用了计算机辅助设计和测试方法，通过使用新的计算机辅助工具和组织技术提高产品开发的效率。计算机仿真技术越来越多地取代了对零部件和车辆进行冗长而昂贵的测试。因此，在产品开发过程中需要更少的昂贵原型，节约了时间和成本。

6.2.4　重视安全 & 轻量化

长期以来，宝马汽车的重要目标是降低驾驶员、过路人和其他道路使用者的交通事故风险，以及在碰撞中最大限度地保护汽车。1988 年，宝马优化安全设计，发动机舱和行李舱在受到冲击时以可控的方式溃缩，从而显著减少了对驾驶员和乘客的影响。驾驶员和乘客的约束系统，尤其是安全带系统，对被动安全也至关重要，宝马不仅在安全方面有了很大的改进，而且还提高了用户的舒适度，使安全带更容易佩戴和摘下。

高效轻质结构取得进步。在宝马，使用轻质金属和塑料来减轻重量，总是预先经过全面的成本效益分析。因此，铝合金首先用于发动机，然后在悬架和底盘，最后在车身。1996 年，宝马 5 系的悬架和底盘使用了铝合金，重量减少了 36%。为了适应市场的要求，宝马不断开发各种材料连接的新技术。因此，推出了一种激光焊接钢和铝的方法。

6.3 在美国建厂,加速国际化

20世纪80年代到90年代末,宝马持续地发展技术、改进产品,先进的技术和优秀的产品使宝马公司更有竞争力,在国内外市场不断取得好成绩。1980年宝马品牌总销量为33.9万辆,其中德国国内销量14.1万辆,海外出口19.8万辆;1998年宝马品牌总销量为69.9万辆,其中德国国内23.2万辆,海外出口46.7万辆,相比1980年分别增加了106.2%、65.2%和135.3%。宝马自70年代以来开始加快在海外市场的布局,80~90年代,随着销售、物流、生产体系的完善,宝马真正成为一家国际化的公司(见图6-48,图6-49)。

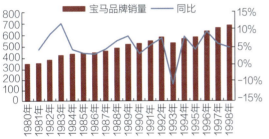

图6-48 1980~1998年宝马品牌销量(千辆)及同比
资料来源:宝马集团

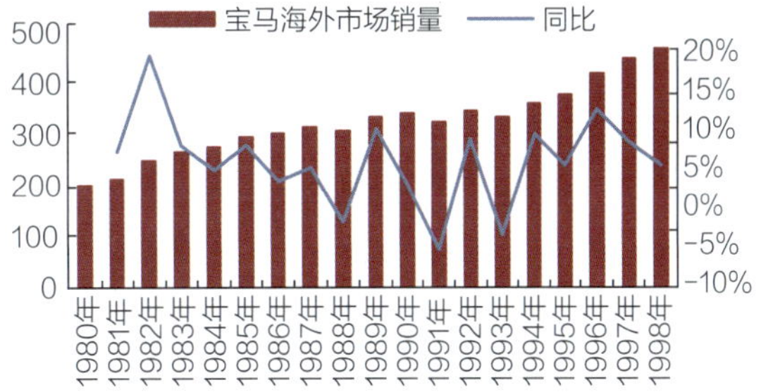

图6-49 1980~1998年宝马品牌海外市场销量(千辆)及同比
资料来源:宝马集团

6.3.1 欧洲市场

在欧洲市场加速布局,销量增长迅速。从宝马在海外设立子公司/销售公司的时间可以看出,20世纪70年代至90年代初,宝马在欧洲各个主要国家快速布局,是其在欧洲销量快速增长的基础(见图6-50)。1980年宝马在英国、法国、意大利的销量分别为1.3万辆/1.7万辆/3.6万辆,1998年宝马在这三个国家的销量分别为2.9万辆/6.4万辆/3.6万辆,从1985年开始英国就是宝马在欧洲最大的出口市场,也是在欧洲销量增加最多的国家。英、法、意以外的主要欧洲国家,销量从1.9万辆增长至7.8万辆(见图6-51)。

图6-50 1980~1998年宝马品牌欧洲主要国家销量(千辆)
资料来源:宝马集团

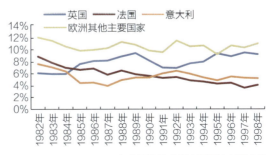

图6-51 1982~1998年宝马品牌欧洲主要国家销量占比
资料来源:宝马集团

精简欧洲销售组织，提高公司效率。1992年初，德国、荷兰、比利时、卢森堡、瑞士和奥地利的销售组织合并在一起，组织的扁平化使公司的决策过程更短，信息交流更迅速，效率更高。国际物流系统可以确保超过10万件宝马零部件高效、经济地送达宝马经销商和全球客户。比利时可以给荷兰提供零部件，斯特拉斯堡为德国西南部供应零部件，从瑞典宝马公司的供应中心给挪威供应零件。除了周边的几个地区，宝马在丁格芬中央仓库中的零部件可以通过其物流系统在24h内到达欧洲的经销商。宝马海外子公司/销售公司成立时间见表6-6。

表6-6 宝马海外子公司/销售公司成立时间

时间	海外公司国家
1973年	法国；比利时；意大利；美国；南非
1975年	瑞士
1980年	奥地利；日本；加拿大；英国；荷兰
1981年	西班牙
1984年	新西兰
1986年	新加坡
1987年	澳大利亚
1990年	爱尔兰（保险服务）
1991年	瑞典
1994年	墨西哥；挪威；芬兰
1995年	韩国；巴西
1996年	阿根廷
1997年	泰国
2000年	俄罗斯

资料来源：宝马集团

注：部分公司可能成立时间比列表所示时间更早。

6.3.2 美国市场

20世纪美国是世界上最大的单一汽车市场，宝马认为，汽车公司如果想要在全世界长期的成功，就必须在美国市场取得成功。因此宝马很早就开始在美国布局，1975年在美国成立了第一家外国销售公司。

宝马在美国销量主要受到产品周期和汇率影响。1980~1986年，德国马克相对比美元不断贬值，叠加宝马新产品周期，宝马在美国的销量从3.7万辆增加到9.7万辆；1986~1990年期间，德国马克对美元持续升值，从1美元兑换2.2德国马克变为1美元兑换16.2德国马克（见图6-52），此期间3系销量有所下滑，宝马在美国的销量从9.7万辆下降到6.3万辆；1991年初，美国对超过3万美元的汽车征收10%的税，继推出3系4缸发动机汽车后，宝马再次以2万美元左右的价格区间亮相，帮助宝马在美国实现销量增长，此外，1991~1998年期间德国马克与美元的汇率相对稳定，也对宝马销量增长有积极作用（见图6-53，图6-54）。从销量增速来看，1987~1991年宝马品牌在美国的增速低于了美国汽车行业销量的增速，该时期是第二代3系的末期叠加德国马克升值；其余时期宝马在美国销量均高于美国汽车行业销量（见图6-55）。因此，宝马在美国的销量不仅与本身产品周期和竞争力有关，也与汇率有较高的相关性。

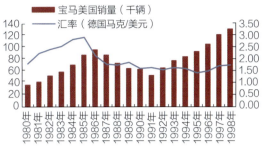

图6-52 1980～1998年宝马品牌在美国销量及德国马克/美元汇率

资料来源：宝马集团

注：汇率为期内平均"每美元兑换马克"。

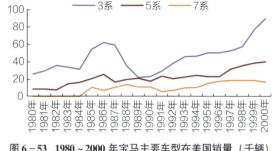

图6-53 1980～2000年宝马主要车型在美国销量（千辆）

资料来源：carsalesbase

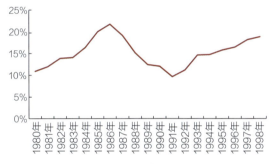

图6-54 1980～1998年宝马品牌在美国销量占总销量比重

资料来源：宝马集团

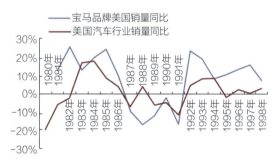

图6-55 宝马品牌美国销量同比与美国汽车行业销量同比

资料来源：Wind

在美国建造车厂，国际化之里程碑。宝马意识到如果仅仅靠在德国生产汽车向美国出口，很难维持宝马品牌在美国的市场地位，需要从一个进口商逐步成为美国商界和社会的成员，在美国的个人出行领域开辟新的机会。1992年中期，宝马决定在南卡罗来纳州格林维尔和斯帕坦堡之间建造宝马汽车工厂。斯帕坦堡工厂位于亚特兰大85号州际公路上，靠近一个国际机场，铁路也经过附近，查尔斯顿有一个深海港口，离工厂只有2h的路程。工厂于1992年9月30日进行了奠基仪式，1994年11月15日正式投产。1995年3月首批在美国生产的宝马汽车交付客户。

建立新的供应商网络，重视经销商网络，注重员工培养。宝马在美国建立了新的供应商网络，以宝马Z3为例，在北美有60家公司为其提供零部件。一些来自欧洲的供应商也需要在美国建立新的生产线。供应商被融合进了宝马的工作团队，并对其最终产品负责。宝马积极与美国优秀的供应商开展合作，提供优质的车辆。重视经销商网络，经销商是销售网络中最重要的组成部分，因为他们代表品牌与客户直接接触。宝马的经销商拥有与宝马品牌一样的特点，美国的经销商成功地将美国服务和欧洲设计相结合，经销商店结构清晰、透明，并配备了所有必要的技术基础设施，它们更像是商务休息室，而不是普通的汽车经销店。除了发展技术和经济，宝马也在发展其企业文化，使得来自不同文化的员工、新的供应商更好地相处和交流。宝马非常重视员工的选拔、培训和团队的协调，工程、采购和质量管理团队都从生产角度一起工作。最初，全美国约有 8 万人申请到宝马工作，平均每个岗位约有 40 名申请者。南卡罗莱纳州在选择和训练员工方面给宝马提供了宝贵的支持，宝马也通过培训补充了南卡罗莱纳州职业培训体系。

在美国建设工厂是宝马全球化的重要一步，提高了宝马竞争力。在美国的新工厂给宝马带来的远不止是额外的生产能力，还有更有利的成本结构、减小汇率波动和贸易壁垒的影响。这是宝马全球化发展的决定性一步，使其竞争力在长期内得到了加强。位于美国西海岸的宝马公司被认为是技术和生活方式的领跑者。宝马通过收购洛杉矶附近 Newbury Park 的 Design works/USA，BMW 在该地区建立了基地，为新产品和新材料的设计提供了元素。

6.3.3 亚太市场

从 20 世纪 80 年代到 90 年代，宝马开始加大对亚洲尤其是东亚的投入。1952 年宝马首次向马来西亚交付汽车后，系统地建立了销售合作伙伴网络。1981 年宝马在日本开设了一家销售公司，并建立了自己的进口汽车经销商组织，之后在日本市场的销量快速增长（见图 6-56）。1986 年初，在东南亚设立了代表处——BMW Asia Pte. Ltd，总部设在新加坡。从 1993 年起，宝马与菲律宾的一家公司合作组装汽车。

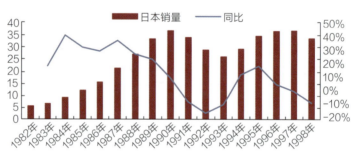

图 6-56　1982~1998 年宝马在日本销量（千辆）及同比
资料来源：宝马集团

6.4　增加资本开支，能力全面提升

第二次石油危机后，宝马的资本开支有三次明显的增长，分别为 1981~1982 年、1986~1990 年和 1994~1998 年，每次资本开支的增加都伴随着新品的推出和产能的提高。随着资本投入的增加，公司的生产系统、销售系统、采购系统和物流系统全面升级，这是宝马成为国际一流企业的基础（见图 6-57）。

1981~1982 年资本开支：1981 年的投资主要用于新产品（第二代 5 系）的

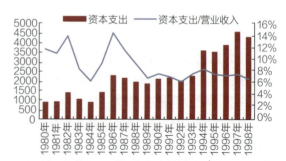

图 6-57　1980~1998 年宝马集团资本支出（百万德国马克）及占营业收入比重
资料来源：宝马集团

准备以及工厂的现代化、合理化改进；1982 年宝马集团资本支出为 13.6 亿德国马克（+53.4%），主要用于第二代 3 系的准备和产能的扩张。

1986~1990 年资本开支：此期间宝马共投资了 85 亿德国马克，用于扩建工厂、升级制造技术和物流系统，宝马汽车的整个系列已经完全更新。1986 年宝马的资本支出首次超过 22 亿德国马克（+62.5%），资本支出占营业收入比重达 14.4%，此后年资本支出基本上也在 20 亿德国马克左右，而资本支出占营业收入比重有所下降。雷根斯堡工厂于 1984 年开始建设，1986 年秋末按计划开始运行，第一阶段共投资了 8 亿德国马克；第二阶段为 5 亿德国马克。慕尼黑和丁格芬的工厂采用了新的制造技术，改进了生产机构，提高了产品质量和经济效益，并有利于环境保护。最新的生产技术保证了产品的高质量和对市场的适应性，设备具有较好的灵活度，几个不同版本的车辆可以在一个装配线上同时生产。关联工厂中的分工促进了工厂产能的统一利用，批量规模生产使公司更具成本优势。新车型方面，宝马在 1986~1990 年期间先后推出了第二代 7 系、第三代 5 系和第三代 3 系。

1994~1998 年资本开支：1994~1998 年宝马集团的资本开支在 35~45 亿德国马克之间，资本开支再创新高，主要是 1994 年收购罗孚所致，其中罗孚的资本开支从 9.2 亿德国马克逐渐上升到 16 亿德国马克。如果剔除罗孚影响，1991~1995 年宝马的资本支出基本上保持在 20~22 亿德国马克之间，只有 1994 年资本支出较高，为 26.2 亿德国马克，主要原因是美国工厂建设投资 4.6 亿德国马克，剔除该影响，资本支出为 21.6 亿德国马克（见图 6-58）。宝马汽车在 1991~1995 年资本支出非常稳定。1996~1998 年，宝马汽车的资本支出在 26~28 亿德国马克之间，相较于此前常规的扩大产能升级设备，每年的投资重点略有不同。1996 年和 1997 年的投资主要包括：第四代 3 系上市和生产，提升集团的品牌形象和服务质量，进一步发展宝马研究和工程中心。1998 年对宝马汽车部门的投资主要集中在南卡罗莱纳州的生产设施，为生产宝马 X5 做准备。1985~1998 年宝马工厂投产或升级时间表见表 6-7。

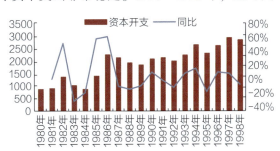

图 6-58　1980~1998 年宝马汽车（剔除罗孚）资本支出（百万德国马克）及同比

资料来源：宝马集团

表 6-7　1985~1998 年宝马工厂投产或升级时间表

时间	事件	国家
1987 年	雷根斯堡工厂 5 月正式启动	德国
1989 年	兰茨胡特轻金属制造厂投入使用	德国
1990 年	投资兰茨胡特工厂，新建高度机械化的塑料研究中心和报废汽车拆解试点工厂	德国
1992 年	决定在美国斯帕坦堡建立汽车厂（1994 年投入使用）	美国
	埃森纳赫冲压工厂	德国

(续)

时间	事件	国家
1993 年	汉诺威零部件供应中心开始运作	德国
1994 年	安特卫普港开设新的转运中心	比利时
	维罗纳开设了新的配件中心	意大利
1995 年	扩大位于斯太尔的宝马发动机工厂	奥地利
1996 年	在新加坡开设了物流中心	新加坡
1997 年	决定在 Hams Hall 新建一个发动机工厂	英国
1998 年	在巴西和戴姆勒克莱斯勒合作建立生产设施（提供 MINI 的发动机）	巴西

资料来源：宝马集团

生产系统：扩大产能，形成工厂联产系统。宝马的工厂联产系统在不断升级完善，跨厂合作、技术分享和员工交流成为主要特征，统一的生产标准进一步提高了产品的质量。宝马汽车在慕尼黑、丁格芬和雷根斯堡的工厂形成了一个高效的区域生产体系，该生产体系也包括了附近的零部件厂和位于奥地利斯太尔的发动机厂。集中生产零部件，不仅节约了成本，而且促使集团形成了统一的高质量标准。1997 年，宝马在美国斯帕坦堡和南非的海外工厂也完全融入全球生产结构。宝马通过更贴近市场地生产，与当地供应商紧密合作，强化了国际市场地位。

销售系统：公司致力于提高客户的服务水平，满足客户的个性化需求。伴随着宝马的国际化，宝马不断对销售系统的投资，包括店面、设备和人员，使其销售体系不断完善。除了德国宝马公司的培训中心，在中东和远东、中美和南美也有培训机构。经销商提供的服务范围包括新车和二手车销售、客户服务、零部件销售、租赁和贷款经纪以及其他咨询服务。宝马从 20 世纪 80 年代就开始用电脑处理数据，这对经销商有很大的帮助，不仅帮助经销商改善了内部信息的处理方式，也为客户提供了更好的服务。随着二手车和零部件销售越来越重要，宝马更加重视这个领域，公司通过与经销商的合作，提高了在该领域的效率，二手车潜在买家可以通过电脑系统获得德国宝马经销商的信息。

采购系统：优化采购体系，加深与供应商合作，降低成本，提高效率。随着车型的日益多样化和批量生产规模的不断缩小，复杂的汽车制造成本急剧上升。然而，日益激烈的竞争要求汽车既能满足个人需求，又能节省制造成本。宝马及其供应商在开发和生产中采用了新的结构，迎接了这一挑战。采购支出是公司最大的支出项目，因此宝马认为公司的竞争力很大程度上取决于与高效供应商的有效合作。从 20 世纪 80 年代中期开始，宝马的研究和工程中心提供了条件，让供应商可以在早期阶段参与到相关的项目过程中。由于产品和工艺的日益复杂，因此车企需要提高生产效率、压缩开发时间，系统采购、部件标准化和同步工程是比较有效的方法。"系统采购"是指从特别有效的供应商中购买完整的子配件，并根据需要将其交付给宝马装配线，在选择系统供应商时，宝马会特别考虑供应商的创新能力、过程控制的能力和质量控制体系；增加标准零件的使用，宝马汽车特殊性能所依赖的零部件是由宝马及其供应商专门开发的，其他零部件越来越多地从供应商已有的生产方案购买,并在必要时加以调整,以满足宝马汽车和摩托车的需求,与开发特定型号的零部件相比,直接从市场购买零部件节省了可观的成本;"同步工程"是指同时开发产品和生产过程,所有关于产品设计和生产技术的重大决定都必须提交到概念阶段,这一程序可将完成车身设计和开始批量生产之间的时间缩短至 3 年。此外,宝马采购越来越国际化,尤其是购买标准零件时充分利用了国际市场。

物流系统:提高物流效率,加强及时交货能力。作为一个国际汽车和汽车零部件制造商,灵活且及时的全球物流系统至关重要。宝马通过与一系列世界顶级电子科技公司合作后,于 1991 年为零部件供应部门开发了一个计算机版本的信息系统逐步取代了最初的缩微胶卷目录,大大提高了零部件供应系统的效率。整个供应链也通过优化运输路线,提高货运利用率和铁路运输进行改善,例如在欧洲大陆的"Alpentransit"集装箱火车铁路项目不仅有助于减少道路交通量,而且缩短了交货期。宝马零部件的供应效率也通过在 1993 年的成立汉诺威零部件供应中心和 1994 年开设的安特卫普港转运中心进行了升级,形成了全球化配件销售和转运体系,进一步推进国际化发展。1998 年的新车购买者调查结果证实宝马在准时交货和可接受完工时长方面遥遥领先。而为了进一步巩固领导者的地位,宝马于 1998 年推出了在线订购功能,并准备在其他欧洲国家和美国也进行推广,进一步简化和加快订单的订购过程,确保交付的可靠性和灵活性。

6.5 历史上寥寥无几的败笔:收购罗孚

宝马自从经历了 1959 年的绝地逢生之后,在市场方向、产品策略、品牌规划等方面都值得称赞。但是对罗孚集团的收购与整合,没有达到宝马集团的预期,造成了亏损。

6.5.1 收购罗孚集团,增加品牌和车型种类

世界经济不稳定,汽车行业竞争加剧。20 世纪 90 年代初期到中期,东欧剧变和海湾战争引发了全球形势的局部动荡,汽车工业行情也非常不景气,市场需求低迷。日本汽车制造商丰田、本田和日产汽车公司分别推出了雷克萨斯、讴歌和英菲尼迪等豪华品牌,在美国市场的销量不断提高,对宝马构成威胁,汽车行业竞争加剧。

拓展品牌和车型种类,有助于宝马开辟新市场。90 年代初,宝马公司旗下只有宝马一个品牌,车型以 3 系、5 系、7 系轿车为主,产品和品牌覆盖面均有一定局限性,增加品牌数量和车型种类有助于宝马开拓更广阔的市场。宝马曾考虑收购保时捷,但是保时捷报价 10 亿德国马克(1991 年折合约 6 亿美元),而宝马心理价位是 3.5 亿美元,巨大的价格差距使得宝马放弃收购保时捷。

整体收购罗孚集团。罗孚集团是英国最大的汽车制造商,包括四大业务板块:罗孚汽车(成立于 1904 年,历史悠久)、MG 跑车、陆虎越野车(四轮驱动越野车的代表)和 MINI 小型车。90 年代初,宝马原计划收购英国罗孚集团旗下的路虎品牌和 MINI 品牌,但被罗孚集团拒绝,罗孚要求整体出售。1994 年,宝马以 8 亿英镑的价格(1994 年折合约 16 亿美元)买下了罗孚集团。

6.5.2 整合罗孚集团

工艺设备老化、产品质量不稳定、开发费用昂贵、销售服务网络不完善、缺乏创新等问题制约了罗孚集团的发展。宝马集团在完成了收购后，开始对罗孚进行了全面的整合。

改进工厂管理模式，提高生产能力，保障产品质量。罗孚的生产线非常陈旧，效率低下，其生产线的效率比宝马低30%。宝马加大对固定资产的投入，通过引进新技术提高生产的灵活性和效率，例如1996年罗孚的固定资产投入为12亿德国马克。罗孚生产基地的旷工率为6%（汽车工业行业标准为1%），罗孚生产线开工不足的时间为15%（行业标准为5%）。宝马还制定非常严苛的管理制度来规范罗孚工人的工作，例如，不许他们在生产线上抽烟，不许将收音机带到生产线上，不许扎金属扣皮带上班（容易擦伤汽车表面的漆），等等。此外，慕尼黑的工程师和管理人员还会时不时突击罗孚的工厂进行检查，以确保工作效率，减少怠工现象。

提供研发支持，推出多款新产品。加强对罗孚的研发支持，投资约5000万德国马克在盖登建设新的设计和工程中心。该中心不仅整合罗孚集团的设计和开发资源，而且吸收了慕尼黑宝马研究与工程中心的经验和技术。罗孚、陆虎、MINI、MG陆续推出了多款新车型，以增强公司竞争力。

优化罗孚销售体系，扩大国际业务。收购罗孚后，宝马为罗孚在销售潜力大的地区设置独家经销商，并在其他地区设置品牌经销商，确保高效的分销网络；1995年集团通过罗孚和宝马已有的基础设施，提高罗孚的销售服务质量；1996年集团开始合并宝马和罗孚的海外销售业务，罗孚新进入了12个海外市场。

提升公司效率，控制各项成本。人力方面，尽可能控制罗孚员工的薪资涨幅，由于员工数量的上升并没有带给公司更好的业绩，宝马不得不进行各种人事调动和员工削减工作（见图6-59）。采购方面，宝马和罗孚的采购部门合作越来越紧密，通过优化采购流程，不断提高质量和降低成本。物流方面，宝马和罗孚集团开始更多地使用同一家货运公司，产生了协同效应，通过战略化的货运管理加快了零部件和车辆的交付速度，1998年的"集团化物流运输"集中了运输需求，降低了管理费用（见图6-60）。

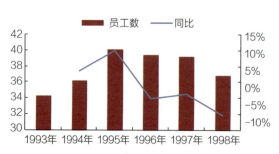

图6-59　1993~1998年罗孚集团员工数（千人）及同比

资料来源：宝马集团

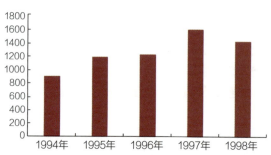

图6-60　1994~1998年宝马集团对罗孚集团投资金额（百万德国马克）

资料来源：宝马集团

6.5.3 拆分并出售罗孚集团

尽管宝马对罗孚集团进行了多方面的整合，但是罗孚的亏损在不断地扩大。1999 年，宝马为罗孚的重组以及其他可预见的风险计提了 31.5 亿欧元的准备金。2000 年，宝马将罗孚集团拆分，先后将路虎、罗孚和 MG 出售，只留下了 MINI 品牌。

宝马对罗孚整合失败，既有公司本身的原因，也有客观环境的原因：

罗孚原有痼疾缠身，整合难度超出宝马预期。宝马在收购之前对罗孚情况了解不完整，低估了整合的难度。1996 年（即在收购完成的 2 年后）麦肯锡咨询公司向宝马提交了对罗孚的分析报告。报告中显示罗孚的财务、盈利能力、生产效率、管理制度、质量监管等方面有比较严重的问题，消费者对罗孚集团的忠诚度较低。要全方位改进罗孚的经营情况，难度较高。

销量和品牌形象的提升不达预期。宝马接手罗孚之后，先后推出了 200、400、Rover 75 系列等新罗孚车型，以及自由人等陆虎新车型。但是新一代罗孚开发的成本超出预算，以至于罗孚新车型的推出被一再推迟。在罗孚最重要的本土市场——英国，消费者对罗孚品牌汽车的需求越来越低（见图 6-61）。罗孚集团通过宝马的国际销售渠道销售，在美国的销量仅有路虎效果较好。罗孚集团提高品牌形象的措施没有达到预期效果，销量和营业收入也没有突破性进展。

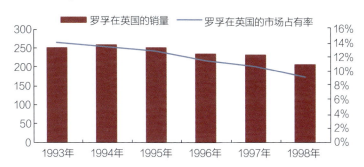

图 6-61　1993～1998 年罗孚集团在英国销量（千辆）及市场占有率
资料来源：宝马集团

英德之间存在文化差异，英国工厂管理难度高于德国。罗孚在英国的工厂作风非常散漫，故而生产效率极其低下，而宝马为了扭转这个态势，曾经出台一系列非常严格的工厂规定，而许多英国工厂的工人和中层管理者都从心里抗拒宝马带来的改变。而许多宝马派过去的德国工程师和管理者似乎也无法忍受英国人的低效，经常对他们进行批评苛责。

宝马集团对于罗孚事件的处理有分歧。在前期，宝马将罗孚视作独立的英国新公司，更多的是对其进行资金的注入，直接的管理有限。在后期发现罗孚存在较大问题后，宝马集团委任了最初罗孚收购案的反对者作为罗孚集团的领导人，在收购一年内辞职的董事人数高达 40 余人，反映了当时宝马集团管理层的问题。

此外，英镑的走强，不仅让宝马集团在对罗孚的投资中承受了更多的经济负担，而且使得罗孚在与其他国家车企竞争时，价格竞争力下降（见图 6-62～图 6-65）。

图 6-62　1993~1998 年汇率状况（1 英镑的本位货币）

资料来源：CEIC

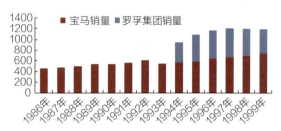

图 6-63　1986~1999 年宝马公司和罗孚集团销量（千辆）

资料来源：宝马集团

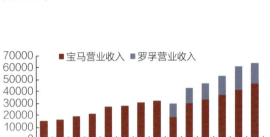

图 6-64　1985~1998 年宝马集团营业收入（百万德国马克）

资料来源：宝马集团

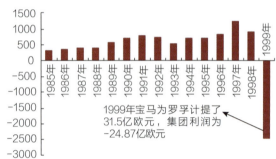

图 6-65　1985~1999 年宝马集团净利润（百万德国马克）

资料来源：宝马集团

注：1999 年的货币单位为欧元。

6.5.4　集团形成三大品牌

在小型车领域，MINI 品牌为宝马开创了一个全新的市场；1998 年，宝马集团以 4000 万英镑价格获得了劳斯莱斯汽车品牌的所有权，2003 年宝马集团推出了劳斯莱斯幻影，登上了豪华品牌的顶峰；宝马品牌的重点在具有众所周知的动力、灵活性和驾驶乐趣等典型宝马具备优势的细分市场上。宝马集团是唯一一家拥有三个非重叠高端品牌的汽车制造商，虽然三个品牌有所不同，但他们有一个共同点：客户总是能够期待从每一个品牌上获得他们出色的产品和服务的热情（见图 6-66）。宝马集团的策略是每个品牌都拓展相关的细分市场，推动销量增长，在高端市场上形成优势。

图 6-66　宝马集团三大品牌

资料来源：宝马集团

1985~1999 年对宝马集团的发展至关重要，在产品、技术、品牌、市场、生产体系和物流等领域全面提升。第二代 7 系的诞生使宝马在高端大型车领域地位明显提升，提高了品牌形象；在美国建厂进一步提高了公司在美国的市场地位和销量；通过一系列收购整合，最终拥有了 MINI、宝马和劳斯莱斯三大品牌，专注于高端市场，制定了开发细分市场的策略，为后一阶段销量的增长奠定了基础。

7 丰富产品组合,扩大亚洲市场(2000~2018年)

本节重点讨论宝马在 21 世纪的新产品与新市场,以及其转型发展之路。产品方面,宝马集团下的三个品牌都开发了新的细分领域;市场方面,宝马进一步国际化,增加在华投入,使中国市场成为带动宝马新一轮增长的主要动力。面对汽车行业的变化,宝马积极布局,推进集团转型。

7.1 丰富产品组合,开发细分市场

2000~2018 年,宝马集团旗下的宝马(BMW)、MINI 和劳斯莱斯(Rolls-Royce)三个品牌各自成功地开发了相关的细分市场。宝马集团的总销量从 2000 年的 82 万辆增长到 2018 年的 249 万辆,其中宝马品牌贡献了主要增量,MINI 品牌快速发展,增长较快(见图 6-67)。

图 6-67　2000~2018 年宝马集团三大品牌销量(千辆)
资料来源:宝马集团

7.1.1　BMW 品牌:推出 X 系列进军 SUV 市场,进一步完善轿车阵容

通过路虎进入 SUV 领域效果不及预期,研发宝马品牌 SUV 产品。20 世纪 90 年代美国 SUV 车型市场快速增长,包括日系豪华品牌在内的许多车企都相继进入了这个细分市场。宝马此前主要针对轿车市场,希望收购罗孚后借助路虎进入 SUV 领域。由于收购后的效果不及预期,宝马开始自己研发 SUV 车型。尽管从大多数方面来看,宝马对罗孚的收购是一件失败的举措,但是这次收购对 X5 的研发而言,是有一定帮助的。宝马与罗孚共享了研发与生产的技术,宝马的工程师们能够在 X5 的开发过程中观察和使用路虎的技术和零部件,比如 X5 的 Hill Descent Control 技术与路虎就有一定的渊源。

将驾驶性能与越野性能结合,X5 深受市场认可。宝马的指导哲学不是在一款 SUV 上直接贴上宝马的 logo,而是将宝马的精神融入每一辆新车。为了能让汽车有更好的越野功能,许多品牌在设计上就要为车预留很多潜在动力,使得他们的车在正常的公路上行驶时

有些颠簸，操控感觉不准确，而这些都与宝马的追求相悖。宝马认为尽管人们为了运动性能买下SUV，但是这些车的绝大多数时间仍是在城市公路上使用，因此宝马非常注意驾驶的乐趣与操控感。X5采用了5系的底盘系统和7系的动力系统，将宝马轿车的特点与越野车的性能相结合，拥有良好的运动性和舒适性。X5的发动机放置位置也比最初设想又下调了几毫米，使得车身重心变得更低，进一步提升了驾驶操控性。尽管X5是一款全轮驱动汽车，但宝马从一开始就选择将62%的发动机转矩转移到后轮上，这让X5的设置依旧还是一辆前置后驱拥有"标准驾驶性"（standard drive）的典型宝马车。X5精准的转向系统和车身控制力在SUV中领先，为了区别于驾驶感较低的SUV，宝马授予这款运动车型SAV（Sport Active Vehicle）的称号。1999年宝马X5在美国上市，得到了广大消费者的认可。2006年第二代X5推出，为了区别于定位中档运动型市场的X3，X5的车身和车内空间都进行了大幅度扩大，配备的新型发动机也使其动力得到增强。宝马X系列概览见表6-8。

表6-8 宝马X系列概览

车型	上市时间	车型图片	概述
X5	1999年		宝马X5是自1999年开始生产的一款中型越野版SUV，它是宝马第一辆SUV，全轮驱动设计和汽油直列6缸V8发动机或柴油动力系统是它最大的特征
X3	2003年		宝马X3是交叉紧凑型SUV，第一代是由宝马和SLG合作开发的，并在2014年更新推出第二代使车型风格更加和谐，并与X5区分开来
X6	2008年		宝马X6是世界上第一款豪华运动型四门跑车，是宝马针对运动型跑车市场而打造的一款车，它既结合了SUV的特质，又不乏跑车的属性
X1	2009年		宝马X1和X3一样是交叉紧凑型SUV，它的出现使宝马运动车系的阵容得到了扩大。其短悬挑和长轴距的外观完美展现了X系列的特点
X4	2014年		受到了X6成功的鼓舞和奥迪Q5的面世，X4的推出结合了X系列应有的运动性和经典轿车的优雅感
X2	2018年		宝马X2以独特的SAC设计概念，充满力量感的造型和轮廓，将越野风格与轿跑气质相融合
X7	2019年		宝马X7为全新旗舰SUV车型，于2018年11月的洛杉矶车展首发。配备了全新的8速Steptronic变速器，最快可在4.7s内完成0~100km/h加速

资料来源：宝马集团

X 系列成为宝马品牌增长的有力支撑。自 X5 后，宝马陆续推出了 X3、X6、X1 等车型，不断完善 SUV 产品系列（见图 6-68）。X 系列 2001 年销量为 8.3 万辆，在宝马品牌中的占比为 9.4%，2018 年销量 79.2 万辆，在宝马品牌中占比提升至 37.3%，对宝马销量增长做出了重要贡献。顺应节能与环保主题，2015 年宝马推出了混合动力版的 X 系列车型，并融合了智能互联等一系列先进技术（见图 6-69）。

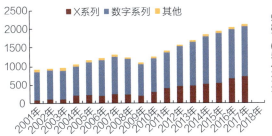

图 6-68　2001~2018 年宝马品牌主要车型销量（千辆）
资料来源：宝马集团

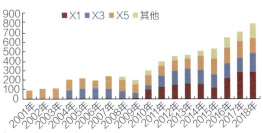

图 6-69　2001~2018 年 X 系列销量（千辆）
资料来源：宝马集团

进一步丰富数字系列产品，新产品是推动销量增长的主要动力。宝马不仅通过 X 系列成功打入 SUV 市场，在轿车领域，宝马推出了更多的数字系列产品，完善其产品阵容。2004 年宝马推出了 6 系（曾于 1991 年停产）和 1 系，1 系主要用作补充宝马紧凑型轿车产品带，作为入门级高端轿车，1 系上市后销量迅速增长。2014 年宝马推出的 2 系有双门轿跑、敞篷轿跑、旅行车和多功能旅行车，价格在 1 系和 3 系之间。1 系和 2 系成功地开辟了新的细分市场，是 2000 年之后宝马轿车销量增长的主要驱动力。2013 年推出的 4 系为跑车，定价在 3 系和 5 系之间，4 系的推出不仅丰富了产品组合，也更好地减小了 3 系和 5 系由于产品周期带来的销量波动（见图 6-70~图 6-73）。

图 6-70　2000~2018 年宝马集团数字车系销量（千辆）
资料来源：宝马集团

图 6-71　2000~2018 年宝马集团 1、2、3 系销量（千辆）
资料来源：宝马集团

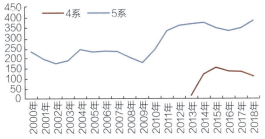

图 6-72　2000~2018 年宝马集团 4、5 系销量（千辆）
资料来源：宝马集团

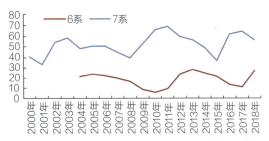

图 6-73　2000~2018 年宝马集团 6、7 系销量（千辆）
资料来源：宝马集团

7.1.2 MINI重获新生，劳斯莱斯定义奢华

MINI 在 2001 年重新推出，使宝马在高端小型车市场占据优势地位。技术的升级、产品的个性化设计、生产能力的提高共同造就了 MINI 的成功。

MINI 在融合宝马技术后产品实现升级，产品定位准确，满足了小型车市场对高端产品的需求。日益增长的燃油价格和城市拥挤程度使 MINI 在消费者心中占据一席之地，也是宝马留下它的主要原因。在融合宝马优越的技术并更新其标志设计后，MINI 于 2001 年作为宝马集团旗下的高档品牌重新出发，主要客户是年轻和现代消费者。MINI 高质量的车身和车内装饰材料的选择上阐释了其对高端的定义，而它的成功进一步细化汽车市场，并帮助宝马集团提高在全球小型车领域市场的占有率。汽车个性化设计增加吸引力，保障产品利润率。21 世纪的 MINI 保留了其经典卡丁车设计的元素，同时结合了现代的外形抛光和铝制车身。MINI 首次在小型车领域推出了车内量身定制的个性化程序，进一步增强了对年轻现代消费者的吸引力。这也消除了宝马金融分析师在利润率方面的质疑，在 MINI 购买狂潮之时，许多顾客都选择了个性化车辆，而增加的装饰和设备能使售价高出基本标价的 30%～40%，使该车型的盈利能力得到了保障。良好的生产能力保障产品质量和产能。宝马集团国际化的生产网络促进了产能的增长。在出售罗孚集团之际，集团保留下了位于英国牛津附近的 Cowley 工厂作为 MINI 的生产基地。在 2000 年 MINI 系列生产之前，宝马对大约 200 名在英员工进行了培训，确保员工们能够彻底熟悉宝马集团的生产方法，克服产能瓶颈问题。MINI 品牌为宝马集团开辟了新的市场，在选择 MINI 品牌的顾客中，超过 50% 为宝马集团的全新顾客。2002 年，在基于汽车个性化趋势和高端小型车消费者增速的考量下，宝马集团的目标则是巩固且进一步扩大 MINI 的市场，推出的每一款衍生车型都是为了适应日益变化的需求和驾驶习惯。截至 2018 年，MINI 品牌的销量突破 36 万辆，接近宝马经典车系 3 系的销量（见图 6-74）。

图 6-74 2001～2018 年 MINI 品牌销量（千辆）及同比
资料来源：宝马集团

宝马集团凭借 MINI 在小型车领域确立了高端概念。MINI 证明成为"高端"车型并不是汽车尺寸的问题，而是根本概念的问题。MINI 在美国也取得了成功，2004 年美国是 MINI 的第二大市场，仅次于 MINI 的母国英国。MINI 品牌是宝马开发新细分市场的典型成功案例。

<u>劳斯莱斯销量迈上新台阶。</u>2003 年，劳斯莱斯的生产销售权重归宝马。宝马接手劳斯莱斯之后，推出了 PHANTOM、GHOST 等车型，宝马保留了劳斯莱斯一贯的高端品牌工艺和服务风格，也传承了私人化定制化传统。比如车内的饰板，劳斯莱斯就至少提供 6 种选择：西非的华丽桃花新木、北美的伯尔胡桃木、枫木和黑鹅掌木、欧洲的橡木和榆木。同

时改进了设计，使之更富有时代与时尚气息（见图 6-75）。

7.2 中国市场驱动宝马新一轮增长

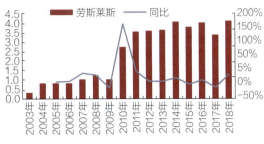

图 6-75 2003~2018 年劳斯莱斯品牌销量（千辆）及同比
资料来源：宝马集团

在中国市场的快速发展是宝马新一轮增长的主要动力。 2000~2018 年，宝马销量快速增长，从产品层面看，主要是 X 系推动；从市场角度看，亚洲市场是推动销量增长的主要动力。2018 年宝马集团销售汽车 249.1 万辆，比 2000 年增加 166.9 万辆，其中亚洲市场、欧洲市场、美洲市场分别贡献增量约 80 万辆、58.1 万辆、25.7 万辆（见图 6-76）。宝马集团最早通过进口商打开亚洲市场，1981 年宝马在日本开设销售子公司，韩国、泰国、印度尼西亚、菲律宾、马来西亚等国家紧随其后。2000 年之后宝马集团在亚洲建立了销售网络，并与马来西亚、越南、印度尼西亚和菲律宾的合作伙伴建立了装配厂，在泰国也有自己的装配厂（见图 6-77）。宝马通过增加在亚洲的生产活动，巩固其市场地位。2000 年之后亚洲市场销量增长主要依靠中国，2008 年宝马在中国的销量为 6.6 万辆，占其亚洲销量的 40%；2018 年，宝马在中国的销量达到 64.1 万台，占其亚洲销量的 73%。2013 年宝马在中国市场的销量超过了美国市场，自此以后，中国市场成为宝马最大的单一市场。

图 6-76 2000~2018 宝马集团主要大洲销量（千辆）
资料来源：宝马集团

图 6-77 2008~2018 年中国和其他亚洲地区销量（千辆）
资料来源：宝马集团

宝马采取 "in China, for China" 的战略，华晨宝马是宝马在中国市场取得成功的基石。 1994 年宝马设立了北京代表处，通过自营经销商出售宝马汽车，但是 20 世纪 90 年代宝马在中国的销量并不乐观。不过宝马集团在持续与潜在合作伙伴保持联系，2001 年中国加入世界贸易组织进一步开放了国内市场。从 2000 年开始，中国汽车行业全面进入了高增长阶段，宝马及时把握机会，2003 年与华晨汽车在沈阳成立了一家合资企业——华晨宝马，主要为中国市场生产 3 系和 5 系。这是宝马长期以来坚持"市场决定生产"战略的体现，在有前景的市场建立自己的生产工厂，在当地为公司树立良好的品牌形象。2005 年宝马中国汽车贸易有限公司成立，该公司直接负责销售宝马进口到中国的汽车，对华晨宝马进行补充（见图6-78，图6-79）。2006年，宝马专门为中国市场推出了长轴距版5系车型。2018年宝马集团计划将其在华晨宝马的股份从50%增至75%，双方签署了相关协议。2019年1月，股权转让交易获得华晨汽车股东大会的批准。此举显示了宝马对中国乘用车市场未来发展的信心。宝马在华发展概括见表6-9。

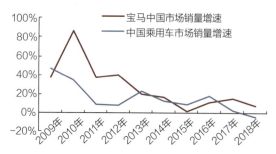

图6-78 宝马中国市场销量增速与中国乘用车市场销量增速
资料来源：宝马集团、中国汽车工业协会

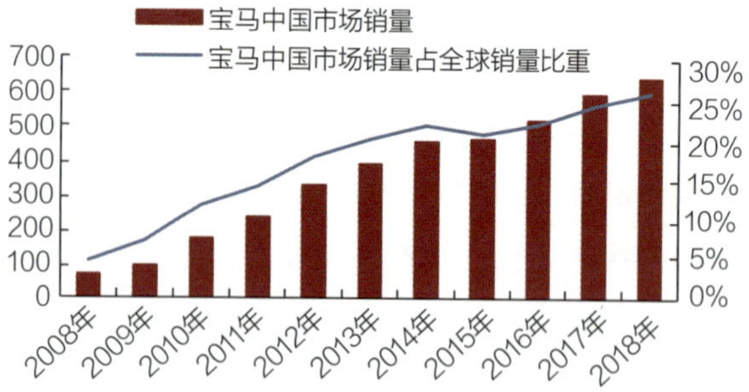

图6-79 宝马中国市场销量及占宝马全球销量比重（千辆）
资料来源：宝马集团

表6-9 宝马在华发展概括

时间	事件
2003年	成立了华晨宝马合资公司和大东工厂；生产3系5系轿车
2006年	专门为中国市场开发的长轴距版5系投入生产
2007年	建立第二个上海区域分销中心
2010年	长轴距版第六代5系在沈阳大东工厂投产
2012年	宝马中国工厂在沈阳铁西投产
2013年	在沈阳的研发中心投入运营；长轴距版3系轿车投产
2015年	X1（长轴距）和5系插电式混合动力汽车在铁西工厂投产
2016年	新建第二家铁西工厂；新一代3缸、4缸双动力涡轮汽油发动机在华生产
2017年	在铁西建立高压电池中心；第七代5系长轴距版和中国特供三厢1系加入生产线
2018年	在北京和上海设立研发中心；国产2系旅行车和X3投产

资料来源：宝马集团

7.3 提高企业经营效率，重视增长质量和盈利能力

2007年，宝马启动Number ONE战略为其长期发展制定路线图。Number ONE战略拥有四大支柱：增长（Growth）、塑造未来（Shaping the Future）、盈利能力（Profitability）和技术与客户导向（Access to Technologies and Customers）。

进入21世纪以后，宝马的金融服务业务快速发展，不仅有力地支持了宝马集团产品的销售，而且带动了集团收入的增长。 金融服务部门为私人和商业客户的出行需求提供个性化解决方案，除了传统的核心金融服务业务，宝马还积极发展外国品牌汽车的汽车融资、汽车相关保险和直接银行业务等。经过多年的发展，2011年宝马金融服务部门成为全球50多个国家销售机构的可靠合作伙伴。该部门主要涉足六种业务：为零售客户提供宝马集团车辆的租赁和信贷融资、为车队客户/车队管理提供租赁和信贷融资、多品牌融资、经销商融资、保险、银行（见图6-80，图6-81）。

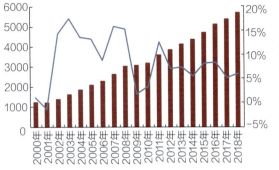

图6-80 金融合同总签约数（1000单位）及同比

资料来源：宝马集团

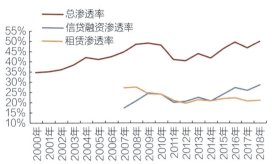

图6-81 2000~2018年宝马新车销售融资租赁渗透率

资料来源：宝马集团

注重盈利能力与资本效率。盈利能力和盈利质量是宝马集团重要的考虑要素，宝马专注于投资回报符合其预期的业务领域，包括引领未来和降低成本的技术领域。2008~2009年金融危机之后，宝马的税前利润率较金融危机之前有明显的提升，2002~2007年集团的税前利润率平均为7.7%，2011~2018年集团的平均税前利润率提升至10.4%。尽管2018年汽车业务的ROCE下降到49.8%（2018年为77.7%），不过仍高于汽车业务的最低目标26%，其主要原因是宝马在电动化、智能网联等新兴领域投资增加，叠加车型更新和产能扩张（见图6-82~图6-85）。

图6-82 2002~2018年宝马集团各部门营业收入（百万欧元）

资料来源：宝马集团

图6-83 2002~2018年宝马集团各部门税前利润（百万欧元）

资料来源：宝马集团

图6-84 2002~2018年宝马集团各部门税前利润率

资料来源：宝马集团

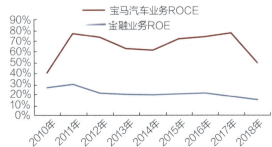

图6-85 2010~2018年宝马汽车业务ROCE和金融业务ROE

资料来源：宝马集团

2001年宝马的资本支出大幅增加，2001~2004年资本支出/营业收入都在9%~10%，这反映了宝马产品的攻势和市场的扩大，投资主要用于生产网络和销售网络的扩大和升级。2005~2011年，资本支出/营业收入的比重持续下降。2012~2018年，资本支出再次增加，除了传统的生产、销售和车型开发，新能源车、智能网联等新技术是公司重要的投资方向（见图6-86，图6-87）。

图6-86 2000~2018年宝马集团收入及净利润（百万欧元）

资料来源：宝马集团

图6-87 2000~2018宝马集团资本支出与固定资产折旧及资本支出/营业收入（百万欧元）

资料来源：宝马集团

以客户为导向进行生产和销售，运用互联网技术营销。 宝马持续推进以客户为导向的销售和生产过程（KOVP），物流和生产流程也被设计得尽可能高效和专注于客户。KOVP不仅可以为客户提供更快、更个性化的服务，而且通过缩短加工时间降低了成本，提高了质量。到2003年，宝马集团90%以上的销售额都是通过KOVP系统处理的。2000年底宝马开始实施电子商务战略，包括企业对企业（B2B）、企业对消费者（B2C）、企业对员工（B2E）和企业对经销商（B2D）。2007年宝马营销对新兴媒体的反应之一是建立宝马网站，使用在线视频平台，每周播放与品牌相关的报道和文章。

7.4 打造高端出行领域的领先科技公司

2016年，宝马宣布它从领先的高端汽车制造商发展成为领先的高端出行服务供应商，并启动面向未来的新战略Number ONE > NEXT。宝马认为新兴技术改变了汽车行业的价值链，价值创造正在从硬件转向软件和服务，传统汽车制造商面临来自行业外的竞争对手，这些科技对手拥有雄厚财力和创新的商业模式，外部竞争压力促使宝马加速转型。在Number ONE > NEXT战略中，传统业务仍发挥重要作用，一方面，宝马采取扩大高利润中高端细分市场产品组合的策略，如推出更多BMW X系和BMW M系的产品；另一方面，宝马注重内部效率的提升。宝马的目标是成为一家高端出行领域的领先科技公司。2016年，宝马重组研发部门，专注于两个关键领域：一是驱动技术，开发搭载48V系统的Efficient Dynamics ICE（内燃机）以及电动汽车；二是数字化，重点是网联化、人工智能和自动驾驶技术。

7.4.1 优化动力系统,积极布局新能源车

持续发展高效动力系统,降低成本与能耗。高效动力是降低燃料消耗和二氧化碳排放最有效的策略之一,为此宝马采用整体的能源管理系统,不断在各个领域进行研究和优化,使车辆具备更高的燃油经济性:自动起停功能在车辆停止时自动关闭发动机,进而节约燃料;制动能量回收技术利用制动和加速两个阶段为汽车的蓄电池充电,并减少对发动机的阻力;换档指示器根据能量效率告诉驾驶员换档的最佳力矩;主动空气动力技术的应用,使汽车前部的空气襟翼只在发动机需要外部空气冷却时打开,改善加热状态,降低空气阻力。2012 年,宝马推出了双引擎涡轮增压技术的 1.5L 3 缸发动机(包括汽油发动机和柴油发动机),这款发动机基于标准化的设计原则,使用了更多的通用部件,因此不同容量的 3 缸、4 缸和 6 缸发动机可以共享技术。

发布 i 系列,推出多款新能源车。2011 年,宝马推出了宝马 i 系列,包括 i3 和宝马 i8 概念车。i3 是一辆纯电动车,采用铝制底盘并使用碳纤维以减轻重量,较少的组件和优化的生产流程使其相比于同尺寸的汽车制造时间缩短一半。2013 年 11 月宝马 i3 在欧洲的销售率先启动,之后在美国、中国、日本等国家销售。上市首年,BMW i3 就跻身全球纯电动车销量前三,4/5 的 BMW i3 买家是宝马的新客户,从而奠定了宝马在电动汽车市场的有利地位。宝马 i8 于 2014 年夏天开始销售,该车结合了跑车的驾驶性能和紧凑车型油耗低的特点。宝马为 i8 开发的插电式混合动力系统在驱动动力学、效率、实用性和质量方面符合最高规格,凸显了宝马集团在驱动系统开发领域的技术领先地位。2014 年,宝马首次将 BMW i 品牌的技术集成至核心车型,并推出插电车型 BMW X5 xDrive40e,之后宝马在 iPerformance 品牌下推出多款插电式混合动力车型(见图 6-88)。

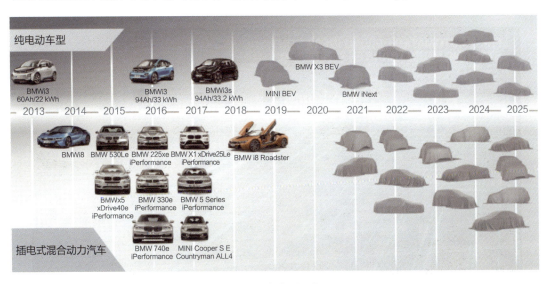

图 6-88 2018 年宝马电动汽车车型概览

资料来源:宝马集团

注:图 6-88 中显示的宝马到 2025 年前提供 25 款电动车车型的计划已提前到 2023 年实现。

加速布局电池领域。宝马认为无论是否自产电池,掌握电池领域的专业知识对宝马而言都非常重要。凭借其专业知识,宝马可以要求潜在供应商按照其规格生产电池。宝马全球电动汽车所需的电池来自德国丁格芬、美国斯帕坦堡和中国沈阳的三家电池厂,其中丁格芬工厂作为电力驱动系统技术中心在电池生产网络中发挥着主导作用。宝马专门建立电池技术中心以集成其在电池领域的所有内部专业知识,研究涵盖材料选择、电池设计、电池系统集成、可制造性和生产技术等整个价值链。2018年10月宝马集团、诺斯沃特和优美科成立联合技术联盟,为欧洲电动汽车工业化电池的持续发展构建完整和可持续的价值链(见图6-89,图6-90)。

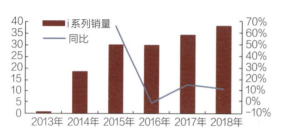

图6-89 2013~2018年宝马i系列销量(千辆)及同比
资料来源:宝马集团

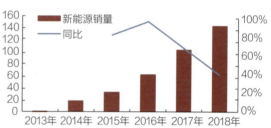

图6-90 2013~2018年宝马新能源销量(千辆)及同比
资料来源:宝马集团

7.4.2 打造高端出行领域的领先科技公司

2010年之后宝马集团更加重视ACES的发展:自动驾驶(Autonomous)、智能互联(Connected)、电动汽车(Electrified)、共享出行服务(Services)。宝马不仅致力于在这些领域取得领先地位,还注重各领域创新的集成。2021年宝马将推出创新先锋BMW iNEXT,iNEXT将结合宝马在ACES四大领域的关键技术,有望引领宝马进入新时代(见图6-91)。

图6-91 2006~2017年宝马自动驾驶技术发展里程碑
资料来源:宝马集团

与各大企业合作，深度布局自动驾驶。 2015年宝马集团联合奥迪公司和戴姆勒公司完成对高精度数字地图供应商HERE的收购。2016年奥迪股份公司、宝马集团、戴姆勒股份公司、爱立信、华为、英特尔、诺基亚和高通公司宣布成立"5G汽车联盟"，该联盟将开发、测试和推广车辆通信解决方案，以支持自动驾驶、车载信息娱乐功能和智能城市交通等应用，满足社会的网联化和道路安全需求。2018年4月，宝马位于慕尼黑的自动驾驶研发中心正式启用。2019年3月，宝马推出D3高性能数据平台，D3平台每日可收集超过1.500 TB的原始数据，存储容量超过230PB，拥有超过100000核和200多个GPU（图形处理单元）的计算能力，构成了高度全自动驾驶功能开发和验证的基础，以确保2021年BMW iNEXT中提供的3级自动驾驶系统的安全性和可靠性。计划于2021年推出的iNEXT将实现3级高度自动驾驶量产，同时，宝马还将使用iNEXT车队测试城市地区的4级和5级自动驾驶。

宝马为客户提供全方位的数字服务生态系统。 2014年，宝马推出的BMW 7系可提供联网服务，使宝马成为第一家提供汽车创新数字服务的汽车制造商，客户可从Connected Drive商店直接预订和支付服务，如实时交通信息和在线娱乐产品。2016年宝马推出BMW Connected应用程序，为客户提供行程管理和远程车辆控制等数字服务。2018年，宝马推出全新车载信息娱乐系统BMW iDrive 7.0，新的车载信息娱乐系统更迎合驾驶员的个性化需求，提供语音、触屏和手势控制等人机交互体验。2019年6月25日，宝马宣布未来将推出myBMW数字生态系统，集成所有宝马集团的出行服务和产品，产品和服务将分为"My Car""My Life""My Journey"类别，为客户提供丰富产品组合的单一入口。2021年，BMW iNEXT将搭载自然交互功能（BMW Natural Interaction），新系统将结合最先进的语音控制、手势控制和注视识别技术。

与软件公司合资提高数字服务能力，投资初创企业增加创新渠道。 2018年，宝马与CRITICAL Software扩大合作范围，设立合资公司Critical TechWorks，开展信息娱乐和数字服务相关领域的跨学科合作。Critical TechWorks将致力于开发车联网技术、云技术以及企业流程的数字化技术等领域。同时宝马还增加了全球IT和软件开发员工数量。2011年，宝马创立BMW i Ventures风险投资基金（见图6-92）。截至2019年6月，BMW i Ventures

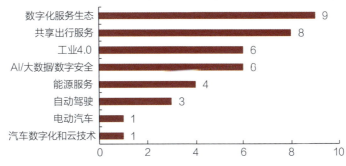

图6-92　BMW i Ventures风险投资基金投资领域概览

资料来源：BMW i Ventures、Crunchbase

注：图中包括已退出和IPO项目。

实施了 38 笔投资，其中 4 笔已退出，1 笔已 IPO。风险投资为宝马集团提供了外部创新渠道，有助于宝马快速识别和响应市场发展趋势，加快转型步伐。2016～2018 年，BMW i Ventures 在人工智能领域实施了 4 笔投资。投资标涵盖两个方向：一是在价值链前端产品研发端整合 AI 技术，推动自动驾驶技术进步；二是在价值链后端生产和销售端整合 AI 技术，推动工业 4.0 应用，强化对客户的理解。

宝马多维度布局共享出行，为城市交通搭建整体生态系统。 2011 年，宝马集团与汽车租赁公司 Sixt SE 设立合资公司 DriveNow，在欧洲推出高端汽车分时租赁服务。2012 年宝马在旧金山推出 DriveNow，DriveNow 快速扩展至欧洲和美国的其他城市。2015 年纯电动 BMW i3 加入 DriveNow 车队，该项战略将汽车分时租赁服务与电动汽车结合，帮助宝马提高电动汽车在市场的接受度，同时推进公共充电基础设施的建立。宝马集团于 2015 年成立城市交通研发中心，专门为城市开发可持续的出行解决方案。基于 DriveNow 商业模式的成功，2016 年宝马在美国推出 ReachNow 汽车共享服务，除分时租赁服务外，ReachNow 还提供网约车服务、连续多日租车服务和私人车辆共享租赁服务等个性化服务，与 Car2go、优步和 Lyft 展开竞争。截至 2017 年 12 月宝马集团共享出行服务 Now family 概览见表 6-10。2019 年 2 月，戴姆勒与宝马正式将双方旗下的汽车共享（CarSharing）、乘车（Ride-Hailing）、停车（Parking）、充电（Charging）和多式联运服务（Multimodality）合并，双方各持有合资公司 50% 的股份。两家公司将共同投资超过 10 亿欧元用于进一步扩大其全球业务。戴姆勒与宝马的 14 个品牌组建成一个无缝集成的可持续生态系统，形成五个合资项目，为客户提供最全面的出行解决方案。双方的愿景是在未来为客户提供电动自动驾驶车辆，车辆可以自动充电和停放，并与其他运输方式集成。

表 6-10　宝马集团共享出行服务 Now family 概览（截至 2017 年 12 月）

共享出行服务	内容
DriveNow	提供高端汽车分时租赁服务，DriveNow 覆盖欧洲 13 个城市，拥有超过 100 万注册用户，提供 6500 辆宝马和 MINI 车辆，其中包含 1000 多辆 BMW i3
ReachNow	提供汽车分时租赁和网约车等服务，覆盖美国西雅图和波特兰，注册用户超 10 万
ParkNow	在欧洲和美国为超过 1000 个城市的 2200 多万客户提供数字停车解决方案，用户可搜索、预订和线上支付车库和路边停车位
ChargeNow	提供数字化充电解决方案，公共充电站网络覆盖 29 个国家超 143000 个充电点

资料来源：宝马集团

此阶段宝马集团在产品开发、市场拓展方面都颇有建树，产品与市场战略成功的最直接体现是销量。产品方面，通过 X 系列在 SUV 的高端市场占据一席之地，SUV 也是为宝马集团贡献销量最多的产品；市场方面，加大在中国的投入，在华成立合资企业，在华销量的增长是推动宝马增长的重要动力。2010 年之后，宝马加大在新技术上的投资，推进集团转型。

8 经营策略

宝马从飞机发动机起家,经过了一个多世纪的发展,成为世界上领先的汽车集团,在高端汽车市场举足轻重。其发展历程大致如下(见图6-93):

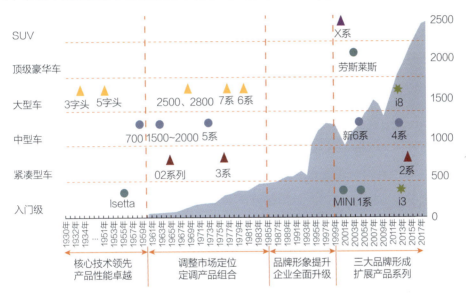

图6-93 宝马集团销量(千辆)与新车型推出时间
资料来源:宝马集团

1916~1938年:宝马公司成立,产品技术领先,树立运动性能的形象。宝马由飞机发动机业务起家,通过收购埃森纳赫工厂进入汽车行业。宝马在收购完成后,推出了3字头车系,其中BMW 328性能卓越,横扫了当时德国的各项赛事,宝马由此在市场上树立了运动性能优秀的形象。

1939~1959年:产品性能卓越,市场定位失策,宝马濒临破产。第二次世界大战给宝马带来了比较大的创伤,宝马的生产能力受到了严重的破坏。战后宝马推出了多款高性能车,加深了消费者对宝马运动性能的印象,但是在当时德国经济环境下,普通消费者难以承受高昂的价格。宝马因此开始生产经济小型车ISETTA,尽管该车销量快速增长,但是利润微薄。由于产品定位失策,宝马濒临破产,1959年匡特家族收购了宝马的股份,给宝马注入新的血液。

1960~1971年:调整市场战略,推出"新级别"系列车型,成功地定义产品。20世纪60年代宝马调整市场战略,将中产阶级作为其最重要的目标客户,提出"夹缝理论",推出"新级别"系列车型,推出了价格合适的中型车1500~2000系列(5系前身)、紧凑型车02系列(3系前身)和大型车2500、2800(7系前身),其中BMW 1500是新级别的第一款车，产品设计非常成功，为公司的发展奠定了基础，紧凑型车02系列价格更亲民，推出后销量迅速增长，搭载6缸发动机的大型车让宝马在高端车市场拥有一席之地。新级别推出后，宝马的销量和利润迅速增长。这个阶段对宝马至关重要，是宝马重新腾飞的基础，宝马后续的车型都是在此阶段的基础上发展起来的。

1972～1985年：定调经典车型，应对石油危机。20世纪70年代宝马推出了最令其骄傲的3系、5系和7系经典车型系列，三个产品系列均是在60年代新级别车型基础上升级改进。其中5系是宝马的中坚力量，3系是销量担当车型，7系则是宝马技术和品牌的代表，三个系列分工明确，又相互协同，使宝马在之后的几十年持续增长。此期间宝马妥善应对了石油危机，加强海外市场的布局，在欧美各国开设子公司。

1986～1999年：技术领先、产品升级、品牌力提升，成为世界级领先企业。此阶段，宝马在产品、品牌、技术研发、市场扩展、生产体系、物流系统等方面都实现了明显的进步。宝马推出第二代7系，旗舰车型搭载了V12发动机，并应用了先进的电子技术，7系销量大增，对宝马品牌形象的提升有重要意义。除了发动机技术的进步，宝马在车载电子技术上的进步是这个阶段宝马的特点。受益于技术的进步，5系和3系的销量也都创下了新高。90年代初宝马在美国建厂，是其全球化的重要历程。通过一系列收购整合，宝马集团最终形成了宝马品牌、MINI品牌和劳斯莱斯品牌三大品牌组合，确定了高端市场的战略定位。

2000～2018年：丰富产品组合，扩大亚洲市场。宝马集团丰富了三个品牌的产品组合，其中宝马品牌推出了X系列，成功地进入SUV高端市场，X系列也是这个阶段宝马销量增长的主要驱动力，同时宝马推出了多款新型轿车，实现了从1系到8系的全面布局。MINI和劳斯莱斯也各自推出了多款新产品，集团旗下三大品牌销量均大幅增长。销量的增长一方面受益于优秀的产品；另一方面离不开正确的市场策略，宝马在此阶段加大对中国市场的投入，中国市场成为宝马新一轮增长的主要驱动力。

纵观宝马的发展历程，可以看到宝马先后在技术研发、产品定义、市场策略、品牌塑造等方面的进步，宝马始终是一家在核心技术上领先的企业，具备打造出优秀产品的能力，在选择了合适的市场定位之后，企业迅速发展，最后成功地塑造了高端汽车品牌形象。

拥有领先的核心技术，是一个企业打造性能卓越产品的基础。在宝马发展的过程中，发动机一直是公司的核心优势。1919年宝马的第一项世界纪录是用飞机发动机创造的；10年后宝马摩托车成为世界上最快的摩托车。虽然宝马是通过收购汽车工厂进入汽车行业的，但是宝马拥有领先的发动机技术。发动机是燃油车时代汽车最核心的竞争力，宝马从进入汽车行业伊始，就是一家在核心技术上非常领先的企业。因此20世纪30年代，尽管宝马进入汽车行业不久，其产品就以卓越的性能而闻名。虽然第二次世界大战打乱了宝马的经营节奏，宝马的工厂也受到了破坏，但是宝马的技术依然领先，其核心竞争力和优秀的基因得到了保留，因此宝马可以在战后迅速推出性能卓越的5字头车。

一款产品是否成功，不仅取决于其本身的性能和质量，更要考虑是否能够满足当时社会的需求。50年代宝马5字头的车拥有共同的特点：性能好、定价高、销量差。过高的定价并不符合当时的经济环境，高定价、高性能的车并不能满足大众消费者的需求。因此宝马5字头的车没能达到预期效果。于是，宝马将注意力转向了经济小型车ISETTA，这似乎是另一个极端，因为这个车价格便宜，所以利润非常低。此时的宝马产品组合是昂贵的5字头车加极便宜的ISETTA，这样的产品分布非常不合理。宝马意识到这个问题后，先后推出了BMW 600和BMW 700以填补产品带的空白。但是时代没有给宝马机会，还没等BMW 700发挥作用，宝马已经面临破产了。

优秀的技术可以把产品做好，精准的市场定位才能将产品卖好。匡特家族收购宝马之后，不仅给宝马注入了资金，也引入了很多人才，带来更好的管理理念。宝马将中产阶级作为其最重要的客户群体，产品定价更合理。意识到消费者对宝马的印象依然是20世纪30年代轿跑车后，宝马也确定了自己的运动性和操控性的企业形象。这样的品牌形象不仅可以延续此前的声誉，更重要的是可以发挥宝马的优势——优秀的发动机技术。当卓越的技术、经典的产品设计和精准的市场定位三者相结合时，产品大受欢迎是必然的，这如同水到渠成。

持续的技术领先和质量可靠才能打造好产品，持续地打造优秀产品才能树立好品牌。品牌作为"顾客心中独特的感知"，从定义上来说是无形的。在产品丰富的时代，独特的品牌非常有价值，品牌决定了定位，传递了情感上的附加价值，这和产品的本质一样，对购买决策至关重要。因此强大的品牌拥有更多的忠实客户，可以实现更高的价格，是利润增长的动力。20世纪80年代中后期，宝马无论在发动机技术还是在车载电子系统上都处于行业领先地位，技术的领先不仅促进了宝马销量的增长，同时提升了宝马的品牌形象。顶级的品牌之所以受到认可，是因为产品的质量和性能遥遥领先于竞争对手。运动性和操控性是宝马产品的特点，宝马在车辆的操控性方面取得了非常多的突破，甚至为行业树立了标准。宝马也不断强调产品拥有强劲的动力，能够带来无与伦比的驾驶乐趣，因此"终极驾驶机器"是对宝马品牌最好的诠释。品牌的塑造是一个长期的过程，持续的技术领先和质量可靠才能打造好产品，持续地打造优秀产品才能树立好品牌。

强大的品牌有利于产品的推广。20世纪末，宝马高端品牌的形象已经受到了广泛的认可。2000年前后宝马推出X系列，X系列推出后销量非常好，这离不开X系列产品拥有的卓越性能以及广泛的市场需求，然而宝马强大的品牌加持，也是X系列可以成功的关键因素之一。MINI重新推出后大受欢迎，也在很大程度上受益于宝马集团的背书。因此，强大的品牌更有利于产品的推广。

技术、产品、品牌是企业成功的关键要素，正确的市场战略和高效的生产系统也至关重要。宝马认为，增长不仅意味着向市场推出新的、令人满意的产品，而且还意味着在正确的时间开发新的市场。宝马遵循"生产服从市场"的原则。首先宝马与进口商一起开发市场，然后它与自己的销售子公司一起进入市场，如果一个市场提供了相应的潜力，公司就在那里建立自己的生产设施。宝马集团于1974年在南非建立的工厂在全球生产网络中发挥着重要作用;在美国南卡罗来纳州斯帕坦堡的工厂一直是宝马战略成功的代表;在中国成立合资企业又推动了宝马在华销量的大幅增长。

拥有核心技术是企业成功的必要不充分条件,企业还需要选择合适的市场定位,打造符合市场需求的产品。当产能过剩,产品繁多的时候,拥有强大的品牌可以提高产品的辨识度,有助于产品销售。品牌的向上是一个长期的过程,也是公司综合实力提升的体现。未来投资过程中,如果企业的产品符合客户需求,市场定位清晰且精准,品牌也受到市场认可,这样的企业可以优先作为投资标的(见图6-94)。

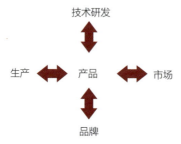

图6-94 产品为核心

选择合适的目标市场和产品定位非常重要,如果企业设定的目标市场与自己的产品特点脱节,大概率会失败;品牌塑造是一个长期的过程,品牌力向上也是一个公司综合实力提升的体现,如果急于求成,可能会导致失败;成功的收购整合,可以增强企业的实力,但如果不能对标的公司进行比较好的整合,收购可能会带来比较严重的负面影响。

第 7 章
福特汽车：汽车行业的推动者

章首语

本章报告回顾了福特汽车公司从创立到 2008 年的发展历程，复盘了其经营过程中的成功和失误决策。

从美国汽车行业诞生到 1907 年，亨利·福特抓住汽车行业萌芽的机遇，凭借自己的专业知识和技能创建了福特汽车公司，并树立了"生产面向大众市场的汽车"的理念，1908 年至 20 世纪 20 年代中期，得益于流水线的建立，福特公司的生产效率大幅提升，福特汽车产销量都明显提高。T 型车的推出使福特公司在美国汽车市场以及海外市场大获成功，福特公司迎来了发展最辉煌的阶段。20 年代中后期至第二次世界大战期间，由于消费观念的变化和福特公司管理层的错误决策，福特被通用赶超。虽然福特后续采取了扩大产品线、推出新车型等应对举措，但未能重新夺回市场。40 年代中期至 60 年代中期，亨利·福特二世接手了福特公司，进行了大规模多维度的改革，内容包括改革经营管理制度和推出新车型等。这些改革取得了成功，使福特成为一家现代化企业。70 年代之后日系车进入美国市场，在宏观环境、行业政策和人力成本等多方面因素的影响下，美国三巨头都面临比较大的经营压力，美系车企的市场份额仍然不断被日系车企抢占，虽然福特在三巨头表现相对亮眼，但是也很难改变时代的趋势。2008 年金融前后，福特通过多项改革措施，剥离了大部分非核心资产，重新聚焦福特和林肯品牌，避免了破产。

福特推出的 T 型车推动了汽车的普及，是汽车行业发展的推动者。笔者认为以 T 型车为例，来分析爆款产品的出现对相关产业发展的推动作用，将对分析新兴产业具有重要的参考价值。

1 历经波澜，福特公司诞生
（19世纪70年代~1907年）

19世纪末，汽车工业在欧洲萌芽，美国利用其已有的工业优势紧跟这一趋势。亨利·福特凭借自身技术进入汽车行业，经历两次创业失败后，确立了正确的发展理念，致力于生产大众车，成功创立福特汽车公司。在初期的发展中，福特在产品和制度方面不断进行完善，在行业中占据领先地位。

1.1 美国汽车工业崛起

欧洲汽车产业初步成形，美国积极尝试。1876年，奥托内燃机问世，这种装置以四冲程活塞系统作为工作基础，为汽车生产提供了基础。1886年，德国发明家卡尔·本茨发明了第一台汽油动力汽车（Benz Patent-Motorwagen），此后汽车工业在德国和法国开始兴起。同一时期，美国正处于高速发展的黄金时代，大量的企业家和工程技术人员开始致力于研发汽车，创立本国的汽车产业。

底特律具备发展汽车工业的天然优势。19世纪后半期，底特律作为美国新兴的工业城市发展迅速，成长为地方性工业中心。作为五大湖枢纽，底特律交通运输便利；各种矿产资源丰富，有良好的工业条件；钢铁制造和机械加工等产业不断发展和创新，拥有大批熟练的工人技师；企业家对汽车行业看好，愿意投资相关领域。

1.2 两次创业失败，最终取得成功

错误的经营理念导致两次创业失败。1896年6月4日，亨利·福特制造出自己的第一辆汽车。凭借自身掌握的先进技术，福特参与创立了底特律汽车公司。但底特律汽车公司推出的产品价格昂贵，且组装过程十分缓慢，导致没有顾客愿意购买，公司在成立第二年因为经营不善破产。不久之后，福特开始第二次创业，集中精力研究大功率赛车。这种车无法得到大众市场的认同，盈利能力差，最终福特在董事会的要求下离开公司，创业再次失败。

树立生产大众车的正确目标，福特公司成功创立。经历两次失败后，亨利·福特确立了生产低价可靠的汽车的经营理念。在这一理念指导下，1903年福特汽车公司成立，致力于生产大众市场愿意接受的车型。这一观点与20世纪初美国市场的主流态度相违背，社会普遍认为汽车不会进一步普及。而后续的发展证明福特的观点是正确的。

与道奇兄弟合作，A型车畅销。福特公司的初期生产模式是自行设计制造特色性的主要零部件，同时外购一些不需要定制的标准部件。公司和道奇兄弟的工厂进行合作，由道

奇兄弟工厂生产出基本成型的发动机，福特工厂进行发动机的进一步安装和整车加工。福特公司在 1903 年正式推出了第一款车型——A 型车。这款车重 1250lb，装有一个双气缸、8hp 的发动机，有两个前进档，可以通过脚踏板进行控制，操作相对比较简单。A 型车的定价为 750 美元，还有一个可选的附加部分是价值 100 美元的可拆卸后座，与其他公司的定价相比，这辆车的价格较低。A 型车推出后，受到市场的广泛欢迎，第一年就售出超过 600 辆。巨大的销量使福特赢得了丰厚的利润，也证明了福特的经营理念的正确性。

1.3 积极自我完善，树立领先地位

　　汽车业发展初期，许多公司都积极进入这一行业，激烈的竞争也使行业内的局面不断发生变化。1900 年和 1901 年，有 104 家汽车公司在美国创立。到 1903 年底，27 家汽车企业已经破产；1904 年，又有 37 家公司倒闭。在行业重组不断发生的情况下，福特始终保持高速的发展，优秀的产品和良好的企业管理发挥了重要作用。

1.3.1 坚持正确的产品理念

　　坚持发展价格低廉、用途广泛的小型车。同时期美国汽车市场流行趋势是高端化，各大生产商都在竞相生产高档汽车。公司管理层在研发方向上的意见并不完全相同，部分管理者认为福特应当生产豪华车以快速获得利益回报，因此这一阶段福特也推出了高端车 B 型车和超级豪华旅游车 K 型车这两款高档车型，定价分别为 2000 美元和 2800 美元，但销售情况并不理想。不过公司的主要精力放在小型车的研发和销售方面，因此在 1907 年美国经济大恐慌发生时，福特只受到轻微的影响，仍获得可观的销售收入。

　　对产品进行合理改进。在 A 型车取得成功之后，福特紧接着推出了 AC 型车和 C 型车。这两款车型是在 A 型车的基础上进行了改进和完善：AC 型车加强了动力系统，而 C 型车在外观上进行了改变。1905 年，福特陆续推出了 F 型车和 4 缸 N 型车，都属于轻型大众车，其中 N 型车采用了双管制动系统和改进的离合器，但其初始定价仅为 450 美元，即使后来价格上调到 600 美元，在汽车市场上也属于低价产品。1907 年，福特上市了 R 型车和 S 型车，在 N 型车的基础上改进了外观、底盘和附件等方面。

1.3.2 进行企业制度创新

　　福特重视企业现金流，预先收取定金。福特有先进的财务观念，更加重视企业的现金流而非利润。为了保证企业有充足的现金，福特进行了大胆的会计创新，以经销商预先付款作为允许其销售福特汽车的硬性要求：所有销售福特车的经销商必须对每一张订单预付 50% 的货款作为定金。在实施过程中，这一制度也产生了良好的效果。福特可以用预先收取的款项保证产品的不间断生产，同时还有多余资金供新车型研发和测试，为福特持续性盈利和进一步发展提供条件。客户也能够从这一制度中得到好处，预付账款使福特有能力按时按量交付产品，并且福特的价格总是低于其他厂商的类似产品，保障了销售活动的高

效进行。

对经销商要求严格，建设了良好的销售渠道。福特的销售策略是授权经销商提供优质服务，以吸引顾客并留住已有客户。为了建立高质量的销售渠道，福特公司进行了地区人口和销量的调查统计，估计了在部分城市能够得到的订单数量，在重点销售区域设立经销点。在经销商的选择方面，福特致力于组建一支信誉良好、热情进取的销售队伍。在这一理念下，公司设立了远高于同行其他企业的经销商考核标准，并严格执行。福特对经销商的要求是，对于福特车出现的问题，经销商必须能够迅速解决。因此福特汽车公司从不使用兼职经销商，经销商只能销售福特汽车，不能同时销售其他品牌的汽车，确保其能提供高质量的服务。而且经销商必须拥有齐全的设备，包括能够存储充足零部件的仓库、能够解决大多数问题的修理工厂、对福特汽车熟悉并能胜任修理活动的机械工人等。除此之外，公司还认为经销商们应当亲自拜访经营范围内的潜在顾客，向他们推销福特汽车。到1913年，福特汽车公司的经销商已经达到了7000家，并拥有大量的优秀推销员，良好销售渠道的建成对福特的公司发展起到了不可忽视的作用。

福特在两次创业失败后，确立了符合当时美国汽车市场的、成熟的经营理念——生产价格低廉、能被大众接受的汽车。在这一理念的指导下，福特公司在早期竞争激烈的市场上占据了领先地位。公司早期的研发和生产活动也培养出大批工程人才，积累了技术和生产经验。这些对福特后来的迅速发展产生了重要影响。

2 蓬勃发展，建立汽车帝国（1908~1918年）

这10年福特汽车公司高速发展，甩开了行业其他竞争者，引导了汽车行业走向。福特汽车公司实现了三个划时代的成就：生产价格低廉且实用的T型车，推动了汽车的普及；使用流水线进行生产，实现汽车制造的自动化；推行日薪5美元和8h工作制，使工人更加稳定地工作。这三项里程碑性质的改革都是在1908~1918年这一阶段实现的，这一阶段是福特公司发展历史上浓墨重彩的黄金时期，也是对世界汽车工业的后续发展产生了深远影响的时期。

2.1 T型车开创新时代

汽车在诞生的初期是专属于富人的奢侈品，而福特公司推出的T型车，凭借着低廉的价格和简易的操作让汽车走进了千家万户，开创了汽车工业的新时代。

2.1.1 进行多方面改进，生产大众汽车

汽车问世初期，只有少数富人才有能力购买。20世纪10年代，随着众多制造商涌入市场，汽车已经不再是罕见的新奇物品，报纸杂志上处处可以看到汽车广告。但是由于其价格昂贵，汽车依然是一种富人才能拥有的奢侈品。大多数汽车制造企业也顺应市场上这一需求，设计的主流产品也是装饰豪华的旅游车或功率大、速度快的赛车。而在消费市场中占多数的普通人当时并没有能力购买汽车，甚至美国平民因为对车祸和其他汽车带来变化的恐惧而对汽车怀有强烈敌意。

1908年，福特推出了面向大众、契合美国市场需求的大众汽车——T型车，推动汽车产业的理念变革。福特T型车生产于1908年10月1日至1927年5月26日，它被普遍认为是全球第一辆经济实惠的汽车，为普通的美国中产阶级开启了旅行的大门（见图7-1）。T型车改变了富人才能拥有汽车的状况，对于推动汽车从奢侈品转变为普通消费品做出了巨大贡献（见图7-2）。T型车发动机的生产直到1941年才结束，但是1927年

图7-1 福特T型车外型
资料来源：维基百科

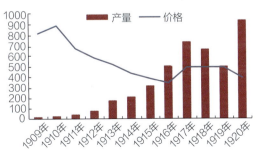

图7-2 T型车产量及价格
资料来源：维基百科

后的生产主要是为了替换和海上应用需要。

(1) 创新多种工艺

借鉴德国车企先进技术，采用新材料钒钢。 20 世纪初，德国汽车普遍比美国汽车重量轻，福特公司在对德国汽车进行研究后，发现其使用的钢材有更好的性能。这种新钢材是钒钢，是以钒为主要合金元素或起重要作用的合金钢。钒在钢中可以增强淬透性，并且能耐高温，有强烈的二次硬化作用，能够细化晶粒，稳定结构，可以提高钢的强度和延展性。这种材料当时被德国汽车使用，美国还没有研发出来。福特公司意识到这一问题后，决定为一家小型钢铁公司提供资金赞助，使其改进自身工艺和设备，为公司提供钒钢这种生产材料，在提高福特汽车强度和耐用度的同时减轻重量。

开发新款发动机，运用新型点火系统。 T 型车有一个前置 $177in^3$（2.9L）的直列 4 缸发动机，该发动机功率可以达 20hp（15kW）。T 型车的最高速度为 40~45mile/h（64~72km/h），其燃油经济性约为 13~21mpg。在 T 型车中使用的点火系统是一个不寻常的系统，飞轮中安装了一个低压磁电机，为驱动火花塞的振动线圈提供交流电。这种点火方式也使得 T 型车在使用燃料的质量和类型上更加灵活。该系统不需要起动电池，适当的手摇曲柄即可产生足够的电流起动。

T 型车制造流程成熟后只使用黑色涂料，提高效率、降低成本。 1908~1913 年，T 型车有灰色、绿色、蓝色和红色：绿色适用于旅游车、城市轿车、双门轿跑车和小轮车，灰色适用于城市汽车，红色适用于旅游车。1912 年，所有的汽车都被漆成深蓝色，带有黑色挡泥板。1914~1926 年，福特的 T 型车全部采用黑色款式，因为在那个时代，黑色涂料成本低、耐用、干燥耗时短，可以极大地降低生产成本并提高效率。

(2) 降低驾驶操作要求

福特的 T 型车改进了控制系统，使驾驶车辆更加简单。 T 型车使用的是行星齿轮式传动系统和制动系统，这是一种自动系统，只需要三个脚踏板就可以控制车辆的运行（见图 7-3）。三个踏板中，左踏板用于接合变速器。当地板操纵杆处于中间位置或完全向前并且踩下踏板并保持向前时，变速器进入低速档；当处于中间位置时，变速器处于空档；如果释放左踏板，变速器将进入高速档。操纵杆在任何其他位置时，踏板都只会向上移动到中间的空档位置。因此，汽车可以在不需要驾驶员踩下任何踏板的情况下进行巡航。简单的驾驶系统使"任何人都能够驾驶福特车"成为可能，从而迅速打开市场（见图 7-4）。

图 7-3　T 型车的三踏板控制
资料来源：维基百科

图 7-4　T 型车驾驶员控制室
资料来源：维基百科

（3）低价可靠的T型车广受欢迎

T型车定位为低价可靠的大众市场运输工具，设计简单。T型车的外观非常普通，车身通体黑色，车轮大，底盘离地比较高，车型有统一的轴距100in（2.54m），统一的车长134in（3.4m），重量在540~750kg范围内。这款车没有里程表、油量显示表、减振器、水泵、风窗玻璃这一系列装置，但是车身轻、耐用坚固，整体来说性能优越。T型车的设计构造使它能够在崎岖不平的道路上行驶，适应乡村的路况，可以满足大众日常生活的需求。在后续的20年中，福特公司对T型车的车身根据更加省成本的方法或者消费者需求进行了多次改进（见图7-5）。

1909年第一代　1915年第二代　1917年第三代　1923年第四代　1926年第五代

图7-5　福特T型车历代车身变化

资料来源：维基百科

T型车贯彻了企业的理念，在美国市场上取得了巨大的成功，推动了社会发展。福特的生产理念：为大众生产汽车，它可以满足家庭的日常需求，但只需要一个人就可以开动和维护；在现代工程可以做出最简单的设计之后，它会由最好的材料和最优秀的人才来建造；由于它的价格很低，工资不高的人也能买一辆，并与家人一起享受快乐的时光。在这种理念的指导下，T型车定价较低，仅为825美元，并且维护成本也比其他车辆低很多。这种性价比高的车辆很快就被美国的农民们接受，发布后的短短几天内，就收到了15000个订单。在1910年，福特T型车的总产量为1.2万辆。在后续几年中，福特不断降低T型车的售价，其销量迅速增长。T型车在一定程度上推动了社会发展进程。T型车改变了人们对汽车的观念，颠覆了只有富人才能买得起汽车的状况，将汽车从奢侈品变为普通人都有能力购买的生活用品；改变了人们的生活方式，让包括农民和妇女在内的更多人外出更加便利，拓宽了人们的活动范围，刺激了美国社会中消费主义的发展。

2.1.2　进军海外市场

福特公司在海外建设公司和工厂。早在1904年10月，福特就在加拿大建立了汽车公司，初步涉足海外市场。通过参加汽车耐力和可靠性比赛，福特车向世界证明了自己的优秀品质。随后福特于1911年在英格兰曼彻斯特建立海外装配工厂，负责组装业务，后来也开展制造业务。

T型车在国外市场销售火爆。T型车成功后，福特公司在伦敦和巴黎建立分支机构，并在全球20多个城市建立了代理处或分销点，包括俄国圣彼得堡、马来西亚吉隆坡等欧洲和亚洲城市。1913年，福特尝试在南美洲开设销售分支机构推广其产品，成为第一个在南美市场销售中取得成功的美国汽车公司。第一次世界大战期间由于欧洲各国退出了南美洲市场的竞争，这一市场几乎被福特垄断。1917年，南美大陆的每个国家都有福特的销售代表，为福特贡献了10000辆的订单，在阿根廷还建立了福特的装配厂。可以看出T型车不仅在美国市场广受欢迎，在国外的销售也取得了成功。

2.2 开启汽车流水线生产时代

早期的汽车工业由于条件和生产理念的限制，都采用手工安装的方法，生产效率较低。福特公司实施了小组化和流水线的生产方式，极大地提高了汽车的生产安装效率，开启了汽车自动化生产的时代。

2.2.1 进行流水线生产

早期汽车生产需要熟练技工完成整个零部件加工流程，生产效率低。汽车生产初期，制造商雇佣大批机械师和熟练工人从事制造活动。但随着市场的扩大和对汽车需求量的增加，制造工人数量逐渐难以满足企业需求。而且当时的生产方式是一个工人需要完成一个零件生产的全部工序，他们四处走动寻找零件和工具的工作都属于无效工作，这导致生产效率的底下。

公司内部实行小组化专业生产，每个小组只生产或装配一种零件。起初，所有工人在一座工厂中组装整辆汽车，后因开始制造零部件而实行小组化的工作方式，最后再把各部件组装成一个整体，这使高地公园工厂的小组数量从150飙升至500。随着产量的增长和部门数量的增加，制造汽车实质上变成了制造汽车零件。同时交通的便利推动了汽车工业的高度标准化、高度分工，所有的生产无需集中于一家大工厂。例如，铸造的每一个部件都由一个铸造小组根据生产计划需要的数目进行铸造，每个小组的生产机器设备只用来铸造一种零件。

流水线的工作原则是最大程度减少无用功。移动生产线是在生产过程中按照加工顺序安排工人和生产工具，让每个零部件走最短的距离，也减少生产人员的移动；通过使用传送带或其他传送工具，一个工人的操作结束后，产品被放在他最方便放置的地方，并自动被运送到下一位操作工人手中（见图7-6）。车间的每一件待组装产品都是依靠机械驱动的流水线传动的，它被挂在空中的链条上，按照需要的零件的顺序进行装配。不同零部件传送带的不同运行速度是通过反复实验确定的，以便实现生产效率的最大化。例如底盘装配线以1.83m（72in）/min的速度运行，前轴装配线以4.8m（189in）/min的速度运行。其他材料由微型福特车底盘带动的小卡车或拖车运送（见图7-7）。

图7-6 移动装配线
资料来源：维基百科

图7-7 福特工厂生产体系
资料来源：维基百科

2.2.2 流水线使装配效率大提升，生产成本下降

流水线首先应用到飞轮磁石电机的生产中，再逐渐扩大应用范围。1913年4月，福特公司建成了第一个生产流水线，用来进行飞轮磁石电机的生产。第一个工作是进行工序分割，将飞轮磁石电机生产过程分为29个工序，然后使用流水线将生产时间从20min缩短为13min10s。接下来，福特将流水线装配应用到曲轴箱、曲柄、凸轮轴、活塞和轴承盖等所有零部件生产中。最后一个改进程序是底盘组装流程，用一条绳子和绞车沿着一条76m（250ft）长的线拉动，6个装配者随着底盘一同走动，从沿着这条线放好的零件堆上取下零件装上。改进前每台底盘的平均最短生产时间是12h38min，流水线试验把底盘组装拆分成45个独立程序，第一道工序是在底盘框架上安装挡泥板架。发动机的安装在第10道工序上开始，这将组装时间缩短到5h50min。

在工厂中实现流水线全覆盖，并进行改良，大大缩短了车辆组装时间。1914年，工厂的所有车间都安装了自动生产流水线，并对生产线进一步改良：一条流水线离地67.9cm（26.75in），另一条流水线离地62.2cm（24.5in），分别适合身高不同的生产人员，以减少弯腰等无效动作。这一改进措施将飞轮磁石电机的生产时间进一步压缩到5min，底盘装配时间也减少到1h33min。按原来的生产方式组装一辆T型车需要12h8min，而流水生产线使这一时间大大缩短到1h33min。

福特工厂的生产率迅速提升，生产成本快速下降。流水线工作使汽车安装过程中对熟练技工的要求降低，工人工作不需要高超的技术。1914年开始，每年福特T型车的产量都比上年提高一倍。同时，移动生产线也让车辆的生产成本降低，使得T型车在接下来的几年中定价不断下调。行业内的竞争者在当时无法生产性价比如此高的汽车，流水线的生产对T型车的成功做出了巨大贡献，也为后来汽车产业的发展产生了深远影响。

2.3 工人薪酬改革

流水线也对生产带来了一些负面影响，它加大了工人的劳动强度，降低了劳动价值感，催生了工人的消极情绪。为应对这一情况，福特公司进行了工人薪酬改革，包括日薪 5 美元和 8h 工作制，这对公司和生产工人都产生了积极影响。

2.3.1 流水线生产也有负面作用

流水线的机械性工作带来高离职率和工人的不良情绪。流水线的出现使汽车工人们的劳动变得枯燥乏味，工序分解使他们无法获得自己亲手组装好一辆车的满足感，而重复机械的动作使工人们越来越感受不到自己的价值。以往人对机器的操作转化为机器对人的控制：流水线和高度机械化使工人们劳动强度提高，每时每刻都要集中精力进行单一重复动作，劳动强度极大提高。而在其他没有实行流水线生产的工厂工作对工人而言反而更加轻松，但工资水平没有很大的差别，因此那些熟练的技术工人都跳槽到其他的汽车制造企业中，留在福特公司的是那些技能最差、没有其他去处的员工。在 1913 年年末之前，福特公司每想增加 100 名工人都得进行 963 次招工工作，每年的员工周转率高达 380%。新招聘的工人必须通过培训才能够适应流水线生产，操作不熟练的工人会拉低生产效率，因此工人周转率高给企业带来了很大损失。由于劳动强度和收入水平不成正比，即使是留在福特工厂的工人们也有强烈的不满情绪，当时福特高地工厂每天的旷工率都高达 10%。

2.3.2 日薪 5 美元与 8h 工作制带来双赢

福特宣布将工人工资提高到每天 5 美元，并实行每天 8h 的工作制度。1914 年福特宣布进行工人工资和工时改革：一次性把工时从 9h 下调到 8h，工厂从原来的两班制转变为三班倒制度；向每名员工提供利润分成，22 岁及 22 岁以上的员工每天的最低收入为 5 美元。这个改革一经宣布，就在全国引起了轰动。当时美国汽车行业工人的平均工资约为 32 美分/h，而按照福特的薪酬政策，新工资标准为 62.5 美分/h，即福特的工人工资是汽车行业平均水平的两倍——同时也远高于采矿、炼钢等其他行业的工资水平。在失业率较高，各企业纷纷想办法降低工人工资以削减成本的情况下，福特公司反其道而行之，为工人提供了前所未有的丰厚回报。

日薪 5 美元极大改善了员工的生活质量。福特的工人享受到了远高于同行业的薪酬水平，甚至可以自己购买福特汽车——这是当时美国中产阶级的标志之一。员工在新政策下的受益也可以从另一侧面反映出来：在新工资政策正式生效日涌现了求职者大潮，多达 12000 人想在福特工厂求得一个职位；在任的福特职工也都积极工作，以守住自己的工作机会。

日薪 5 美元的这一决策极大提高了员工的工作热情和对公司的忠诚度，并削减了福特公司的成本。 福特将这一改革定义为利润分享计划而非单纯的提高工资。公司明确阐明，日薪 5 美元是一个试验，类似于将预期利润的一部分预支给工人，如果预期利润没有实现，那这一政策在第二年将会取消。工人们为了能够保持这样高的收入水平，都积极工作，提高自己的生产效率。计划实施后福特公司每日平均旷工率从 10% 骤降为不到 0.5%，员工周转率也大幅下降，从 1913 年 53000 次补替雇佣下降到 1915 年的 2000 次，其中还包括企业壮大员工队伍的因素。从公司整体来看，旷工率和员工周转率的降低也起到了提高公司生产效率和利润的作用。

福特公司还通过这一薪酬改革计划积极履行自己的社会责任。 薪酬政策中包含一系列限制性条款，例如员工必须履行自己对父母的赡养义务，必须保证私生活检点等。公司会对员工进行相关调查，如果调查结果不达标，员工无法获得公司承诺的薪资，这起到了约束员工不当行为的作用。

福特公司推出 T 型车，解决了汽车行业普及所需要的产品问题；创立流水线生产方式，解决了汽车行业的成本问题；通过薪酬改革，解决了劳资关系的问题。福特公司在这一阶段的三个创举，推动了汽车行业的发展。后人甚至用福特来命名它带来的新的工业生活模式——福特主义。1934 年，安东尼奥·葛兰西（Antonio Gramsci）提出了"福特主义"一词，这是一种新的制造体系，旨在生产标准化、低成本的商品，并为工人提供足够体面的工资来购买这些商品；亦可描述为以大规模生产为基础的经济扩张和技术进步模式：使用专用机械和非熟练劳动力大批量生产标准化产品。虽然福特主义是一种用于提高汽车工业生产率的方法，但这一原则适用于任何一种制造工艺。

3 内外交困，陷入发展危机（1919~1944年）

本阶段由于内外部多重因素的影响，福特公司在汽车市场上未能保持自己的竞争优势，被对手通用汽车公司赶超。后来福特公司虽然采取了包括研发新车型、收购林肯公司等一系列措施，但只能获得在短期内的有限成果，始终无法恢复自己领导者的市场地位。

失去领导者地位（1919~1929年）：福特公司没有适应市场的变化，被通用赶超，发展遭遇困境，采取了推出新车型和收购林肯公司等措施，但遭遇了经济大萧条，新举措带来的效果有限。

重新调整公司发展方向（1930~1944年）：扩大细分市场产品，填补产品价格空白区间，并针对海外市场推出新车型，但第二次世界大战再次打乱了公司的发展节奏。

3.1 公司面临诸多挑战

3.1.1 战后萧条导致购买力下降，供过于求

汽车制造商加紧生产，市场竞争激烈。由于第一次世界大战结束后，大量士兵复员，汽车制造商们预计市场会产生对汽车的强烈需求，汽车销量将大幅上升。因此1920年上半年，美国市场上的汽车公司多达200家，并且为抢占市场纷纷开展生产装备竞赛，加大对生产设施的投资。但通货膨胀使汽车的潜在用户持观望态度，等待汽车价格下降。因此供给端生产了远超市场需求的汽车数量，汽车市场竞争激烈。

1920年开始的美国经济衰退使大量目标客户破产，市场需求受影响。1920年下半年开始，美国发生了短时间的经济危机，物价迅速下跌，农产品价格下降明显。1920~1921年美国经济危机的相关经济数据见表7-1。通货紧缩造成人们的购买力下降，中产阶级消费降级，汽车行业进入寒冬。1920~1921年间，约450000个农场主破产，而农场主是福特汽车的主要目标客户群体，这在一定程度上阻碍了福特汽车销量的进一步增长。

表7-1 1920~1921年美国经济危机的相关经济数据

估算单位	产出	物价	物价/产出	年份	失业率
美国商务部	-6.9%	-18.0%	2.61	1919年	1.4%
Balke&Gordon	-3.5%	-13.0%	3.71	1920年	5.2%
Romer	-2.4%	-14.8%	6.17	1921年	11.7%
				1922年	6.7%
				1923年	2.4%

资料来源：维基百科

3.1.2 企业管理出现问题

管理层内部斗争使企业内耗严重。 首先表现为不同工厂之间的斗争：福特公司拥有高地公园和荣格工厂两个重要的制造工厂，荣格工厂由于场地更大、制造能力更强而在公司发展中起到了更大的作用，因此荣格工厂的管理者采取多种措施压制高地公园的高层，例如解雇对方手下的管理者，这些行为损害了企业的整体利益。同时，福特和其他的公司高层管理者也存在理念上的不一致，因此公司内经常产生意见冲突，分散了公司的精力。

管理制度不完善，高层缺乏制衡，形成独断的"一言堂"局面。 公司内部冲突后期进一步激化，频繁出现重要成员离职现象，其中包括对公司T型车销售起到关键作用的销售经理，参与研制福特第一款车及T型车的工程师，公司的副总裁兼财务主管，生产流水线的发明者以及负责工人福利工作的社会工作部部长等。这些高管离职后，原本属于他们的工作基本全部按照亨利·福特的意见展开，公司失去了内部制衡的机制。1921年，公司爆发了离职潮，有20多名中层管理人员被解雇，福特公司逐渐形成了"一言堂"的局面。

3.1.3 福特公司未紧跟市场消费观念

汽车市场消费观念转变。 1921年经济危机结束后，消费市场回暖，汽车逐渐变成许多家庭的必需品。汽车消费进入了新时代，消费者的诉求从经济实用转为追求美观舒适和性能优越等。高收入人群把拥有一辆好车作为身份和地位的象征，偏好购买高档车；中产阶级开始追求汽车的差异化和个性化；城市居民和农民们也想要购买更加美观舒适的车辆。消费者进行产品升级换代时，福特公司却没有能够满足他们需求的车型，因此客户纷纷转向其他品牌。

竞争对手做出积极反应，获得竞争优势。 1921年经济危机期间，通用汽车公司在美国汽车市场的市场占有率下滑到12%。通用意识到了危机，开始进行产品价格带、生产、分权、研发、制造、销售等方面的改革，布局多品牌战略和价格区间战略。其产品的最低价可以低至市场最低价格，最高价格的车型能够大规模生产；不同档次的产品之间保证了足够大的价格差，从而使产品线中的车型能够保持较高的数量，维持规模效应。1924年，通用的雪佛兰售价已降至510美元，且通用为消费者提供了更加强大的发动机、更便利的功能和更华丽的内外饰。

福特拘泥于低成本优势，未意识到市场变革。 20世纪中期，福特高效低成本的生产体系被美国的其他汽车制造商效仿，福特的优势开始被弱化。而福特执着于低成本战略，未意识到市场的变革。福特公司始终坚持"不断改进生产T型车的工艺，但绝不改变T型车"这一理念，通过提高生产率压缩成本，并在1925年提出10s生产一辆T型车的目标。为了保持成本领先，福特开始进行垂直合并，想要覆盖从原材料生产到车辆组装的整个业务流程，这与市场上其他企业进行的水平合并、扩大产品范围的有效举措背离。福特公司还采取了一系列措施降低成本，一方面是解雇一些员工并出售机器设备；另一方面，福特压榨它的经销商,将销售不畅的汽车强制卖给其经销商们,以获取现金流,这一措施使经销商处于困境,他们被迫向银行大量举债。这些行为恶化了福特公司与员工和经销商的关系(见图7-8)。

20世纪20年代末,福特被通用赶超。1923年通用设定了每年设计和生产一种新车型的目标。20年代中期,通用汽车采用产品细节多样化的策略,包括允许顾客自由选择车辆颜色。从1924年起,T型车销量明显下滑,雪佛兰逐渐占领美国市场,雪佛兰汽车的销量从1924年的28万辆迅速增长到1926年的73万辆。1927年,通用汽车公司超越福特,成为美国汽车行业领导者(见图7-9)。

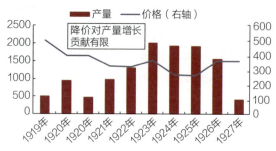

图7-8 福特T型车产量(千辆)及价格(美元)

资料来源:维基百科

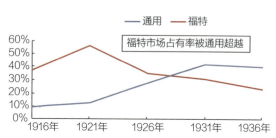

图7-9 通用与福特在美国市场占有率

资料来源:通用汽车公司

3.2 福特采取措施应对,效果有限

福特公司为了应对危机,对公司产品线进行了调整,收购了林肯品牌以进军高档车市场,同时在中低档市场推出了福特品牌的新车型A型车。

3.2.1 收购林肯公司,进军高端汽车市场

林肯汽车是20世纪20年代著名的高档汽车之一。林肯汽车的定位是动力强、驾驶舒适的豪华汽车,在福特T型车定价为350美元时,林肯汽车的最低定价为6100美元。林肯品牌汽车的零部件设备和性能也都更加优秀。最初林肯的L系列采用的是V8发动机,这一发动机的特点是紧凑和高马力,使用的合金也比其他汽车发动机使用的材料更加先进,而且发动机在安装到车辆上之前,需要进行严苛繁琐的检验过程,确保质量过关。发动机的平衡性和驱动装置的成熟性使林肯汽车能够实现"无振动"驾驶,极大提升驾驶者的体验感。

福特公司收购林肯作为独立品牌运营,进军高档车市场。福特公司认为想要取得进一步发展,就不能局限于廉价市场,应该拓展产品线,而收购林肯汽车公司可以加快这一进程。因此,福特在1922年收购了由于高通货膨胀和销量下滑陷入经济危机的林肯公司,以林肯汽车对标通用汽车公司旗下的豪华汽车品牌凯迪拉克。福特接管林肯后,没有改变林肯汽车的核心设计,保留了V8发动机和其他先进的技术革新,还邀请了一些车身制造商为汽车进行一些创新性设计,例如更紧凑的车型、流线型、长发动机舱盖以及散热器的

镀镍边框等（见图7-10）。福特还单独为林肯汽车开了新的销售渠道，独立于福特汽车的销售。例如从运输方式来看，T型车用板条箱运输，而林肯车的运输过程则更精细，成本也更高：汽车被盖上特殊纸材，用封闭车厢运输，在卸货之前还要小心清洗和检查损伤与瑕疵。这些措施都进一步强化了林肯汽车高端品牌的定位，使福特公司成功进军高端汽车市场。

图7-10 福特1922年第二代L型轿车

资料来源：维基百科

3.2.2 停止生产T型车，研发新车型

1927年，福特公司停止生产T型车，推出新A型车，从成本导向转变为消费者需求导向。 1927年，T型车停产，新A型车进入汽车市场。新A型车有多种不同的款式可供消费者选择，包括双门跑车（标准和豪华）、敞篷跑车（标准和豪华）、辉腾（标准和豪华）、市政车、维多利亚等（见图7-11）。因此，A型车的价格范围更广，从敞篷跑车的385美元到顶级城市跑车的1400美元不等，主要是为了迎合不同层次消费者的需求（见图7-12）。

图7-11 福特1928年A型敞篷驾驶室（跑车）皮卡车

资料来源：维基百科

图7-12 福特1930年A型豪华敞篷跑车

资料来源：维基百科

A型车的车内空间和重量更大，配置更高，技术更加先进。 新A型车与T型车相比，车内空间和质量更大，趋于现代标准车型。T型车与A型车参数对比见表7-2。新A型车的发动机为水冷式L型直列4缸发动机，排量为201in^3（3.3L），该发动机提供40hp（30kW、41PS）的动力。车辆的最高行驶速度约为65mile/h（105km/h），并装有不同步3速滑动齿轮手动与单速倒车变速器、四轮机械制动和滑动齿轮传动，技术更加先进。另

外，新A型车是福特第一个使用传统离合器、制动踏板、加速踏板和变速杆的标准驾驶员控制系统的车型。其油箱在发动机舱内，防火墙和仪表板之间。它还有一个目视燃油表，燃油通过重力流向化油器。在较冷的气候条件下，车主可以购买一个铸铁散热器，安装在排气歧管上，为驾驶室提供热量。A型车是第一辆在风窗上安装安全玻璃的汽车，1930年和1931年生产的型号还可提供不锈钢散热器整流罩和前照灯外壳。因此，A型车更加符合消费者的驾驶舒适性需求。

表7-2 T型车与A型车参数对比

车型	轴距	车长	功率	最高时速
T型车	2.54m	3.4m	20hp	72km/h
A型车	2.63m	4.19m	40hp	105km/h

资料来源：维基百科

福特公司为生产变革付出了巨大成本，收效也较为显著。因为福特工厂所有的安排都是为大批量生产T型车专门设计的，以便用最快的速度生产T型车，所以厂房中没有设备和车间能够生产其他车辆。为了进行A型车的生产，福特工厂需要重新安装机器并添置新机器，开辟新厂区，购入和生产新型零部件。A型车的推出被证实是成功的，到1929年10月21日，福特公司总共卖出了185.1万辆汽车，占当年美国汽车销售总数量的34%，远远超过通用汽车公司雪佛兰汽车的销售量。

3.2.3　遭受外部因素打击

高昂的汽车税和惩罚性税款使得A型车未能在欧洲市场取得成功。除了美国，福特还在加拿大、法国、德国、日本和英国等国家的工厂生产了A型车。在一些欧洲国家，汽车按发动机财政马力征税，财政马力以发动机气缸数和气缸直径为基础经过一系列计算得出。A型车承担了高于其他车辆的税收——A型车的真实输出为40hp，财政马力为24；相比而言，宾利的功率为85hp，财政马力仅为16。另外，英国每年征收1英镑/hp的惩罚性汽车税，因此，英国消费者拥有A型车所付出的代价很昂贵，A型车的批量销售使得成本不降反增，且制造略显粗糙的A型车无法与英国、德国市场上做工精致的豪华品牌竞争，A型车未能在欧洲市场取得成功。

经历1929年经济大萧条，福特遭受重创。福特公司在经济危机开始时对局势判断错误，态度过于乐观。虽然1929年福特的A型车销量比上一年增长了138%，达到了150万辆，超过雪佛兰的95万辆和其他各种品牌，但其存货数量达到了历史最高水平。这是大萧条时期所有公司面临的问题：过高的存货数量和产量导致许多工厂不得不停产，大量工人失业或工资被削减，市场上出现通货紧缩的状况，商品价格一路下跌却仍然滞销。1930年福特公司的汽车销量下降为100万辆，而1929年销量进一步下跌为50万辆。销量下跌不仅仅是由经济危机导致的，竞争对手也给福特带来较大的压力，1931年公司市场份额被雪佛兰反超，重新回到第二，A型车没有收获像原有的T型车一样长青不败的效果，在经济危机中福特公司受到了较重打击。

3.3 萧条过后进行调整，未达预期

福特公司在福特品牌和林肯品牌旗下都推出了新车型，包括福特 V8 车型、Y 型车和林肯的 ZEPHYR 和 CONTINENTAL 系列，另外还创建了新的水星品牌，努力从经济萧条中恢复。

3.3.1 推出福特 V8 车型，针对海外市场推出 Y 型车

V8 汽车采用了新型发动机，经过改进后销量好转。虽然在 1929 年生产的林肯汽车中就使用了高性能的 8 缸发动机，但这种发动机设计复杂、价格昂贵，无法在经济型的福特汽车中使用。福特公司经过进一步研究，制造出了可以用于平价福特汽车中的 V8 发动机。在推出这种发动机之前，普通消费者能负担得起的量产汽车都使用直列 4 缸和直列 6 缸发动机，多气缸 V 型发动机只在豪华模型使用。不过早期福特 V8 发动机也存在着一些缺陷：活塞运行到发动机下部时会磨损气缸，同时其耗油量较大，也存在没有足够的冷却系统、过度发热的问题。采用这一新款发动机的福特 V8 车型售价为 550 美元，价格低廉，但它和福特的新 B 型车外表基本相同，没有突破性的外观设计，不能吸引顾客的兴趣。1933 年，V8 汽车进行了重新设计，改进了格栅和风窗玻璃等外观部分的设计，使这一汽车的整体轮廓更加流畅，销量好转。

福特开发出 Y 型车，有效解决了海外市场经营状况恶化的问题。为了提升海外销量，福特在 1931 年开发了 Y 型车，该车的车辆外形和发动机都是针对海外市场的需要而设计的（见图 7-13）。在外形上，Y 型车的发动机舱盖向后一直延伸到风窗玻璃，风窗玻璃向后倾斜，同时车前格栅的斜度与发动机舱盖两侧狭槽的斜度相协调，使车身前端呈流线型。凭借 Y 型车，福特汽车英格兰有限公司成功挺过经济萧条，还提升了市场份额，前 5 年达格南工厂 Y 型车产量达到 13.5 万辆。Y 型车的生产从 1932 年开始持续到 1937 年 9 月结束。

图 7-13 福特 Y 型车
资料来源：维基百科

3.3.2 扩大林肯产品线，进一步细分市场

经济危机过后，在林肯品牌下进行新车型的研发。福特公司推出了林肯 ZEPHYR 和林肯 CONTINENTAL 系列车型，进一步对豪华车市场进行细分，为林肯品牌后来的发展打下了良好的基础。

推出林肯品牌低价系列 ZEPHYR，林肯品牌扭亏为盈。 1936 年林肯推出了子系列林肯 ZEPHYR，定位为林肯中型豪华车的低价系列（见图 7-14）。它的定价为 1250 美元，远低于林肯 K 型车的 4000 美元。林肯 ZEPHYR 生产于 1936~1940 年，旨在填补福特 V8 豪华车系列与林肯 K 系列豪华车之间的差距，并与凯迪拉克 LASALLE 和克莱斯勒 AIRSTREAM 竞争。1936 年的林肯 ZEPHYR 拥有全新的车身和底盘，采用全钢车顶，配备 110hp 的 12 缸发动机和 3 速变速器。林肯 ZEPHYR 的销售取得了成功，使林肯品牌从亏损转为盈利。1940 年，林肯 ZEPHYR 品牌被停用，变为林肯品牌的 ZEPHYR 系列。随后，所有的林肯车型都基于林肯 ZEPHYR 设计。1942 年 2 月林肯停止生产 ZEPHYR。

推出林肯品牌 CONTINENTAL，针对个人豪华车市场。 在设计方面，林肯 CONTINENTAL 车型使用 LINCOLN-ZEPHYR 敞篷车底盘，原型车采用传统的风窗玻璃，比标准林肯车低近 17.78cm（7in）。这款车型的 V12 发动机位于前机舱盖下方，乘客舱向后移动，与经典时代的"长罩，短甲板"车身配置有更多共通之处，而不是严格遵循现代流线型的设计趋势。CONTINENTAL 在 1939 年和 1940 年的产量分别为 24 辆和 400 辆，均由手工锤击车身面板制造，大多为敞篷车型，轿跑车型较少。林肯 CONTINENTAL 是全新的汽车细分市场中个人豪华车市场的先驱（见图 7-15）。该车型在 1942~1945 年由于美国加入第二次世界大战停产，直至 1946 年恢复生产。第二次世界大战后，该细分市场发展成比跑车和豪华旅行车更大的双门轿跑车和敞篷车，着重于功能、款式以及性能和操作的舒适性。

图 7-14 林肯 1936 年 ZEPHYR V12 4 门轿车
资料来源：维基百科

图 7-15 林肯 1942 年 CONTINENTAL 敞篷车
资料来源：维基百科

3.3.3 创立水星品牌，进一步占领细分市场

为了填补在福特品牌和林肯品牌之间的中等产品价格带空白，1938 年，福特创立了 **Mercury（水星）品牌**。福特公司意识到仅凭借福特和林肯两个品牌无法覆盖全部市场，

因此为了填补空白价格带创建了水星品牌。1939 年，与品牌同名的车型 MERCURY 轿车首次亮相（见图 7-16），采用 2.95m 的轴距。为了简化生产，MERCURY 没有使用专属的发动机，而是配备了平顶 V8 发动机。这款水星汽车的标价为 900 美元，位于 V8 和林肯 ZEPHYR 之间，当年度销量约 7 万辆。

水星汽车通过改进设计增强竞争力。 1941 年，MERCURY 被重新设计，水星推出 MERCURY EIGHT（水星八号）轿车（见图 7-17）。为了巩固研发和生产，MERCURY EIGHT 与福特分享了车身的大部分设计，轴距加长了 10cm。考虑到需要进一步区分两条车型线，MERCURY EIGHT 被给予了特定的格栅、内外部装饰以及尾灯。性能配置方面，平顶 V8 发动机首次提供 100hp 的标准配置；内部装饰设计方面，MERCURY EIGHT 的仪表盘布置类似于林肯 ZEPHYR。同时为了与克莱斯勒和通用汽车的流体传动（Fluid Drive）竞争，1942 年的水星配备了由福特汽车公司推出的首款半自动变速器 Liquamatic，而与 Lincoln 共享 Liquamatic 半自动变速器被证明是一项失误的决策，后来被替换为传统的手动变速器。

图 7-16　水星 1939 年 MODEL 99A
资料来源：维基百科

图 7-17　水星 1941 年 MERCURY EIGHT
资料来源：维基百科

第二次世界大战干扰了福特公司的发展节奏。 第二次世界大战时期，众多汽车制造商都中断了正常的生产活动，转变为军用工厂，为军队生产装备。福特公司负责为美国军方制造轰炸机、发动机和军用吉普车等装备，直到 1945 年战争结束才恢复正常的生产活动。第二次世界大战在一定程度上打乱了福特公司在这一期间的发展节奏。

福特公司陷入危机的主要原因在公司内部，管理层的内耗使企业无法做出适应市场形势的正确决策，导致企业发生了从具备竞争优势到被对手超越的重大变化。福特的高层管理缺乏制衡，使公司做出专注生产单一产品 T 型车的决策，没有跟上消费者需求的转变。从 1935 年早期，通用就形成了从低到高的雪佛兰、庞蒂亚克、奥尔兹、别克、拉塞尔和凯迪拉克六个档次的产品系列，克莱斯勒也有五个不同等级的产品系列，而福特直到林肯 CONTINENTAL 问世后，其产品线才基本覆盖全部的轿车市场。福特公司在战略调整过程中，又先后受到经济危机和第二次世界大战的影响。

4 涅槃重生，成为现代企业（1945~1963年）

1945年9月，亨利·福特二世接任福特汽车公司总裁，而1945年福特公司的状况并不乐观。福特二世改革了公司的治理制度，使公司成为一家现代化企业；同时树立以产品为核心的理念，推出一系列具有竞争力的车型，提升了福特公司的综合实力（见图7-18~图7-21）。

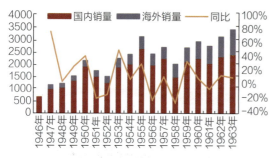

图7-18 福特总销量（千辆）及同比
资料来源：福特汽车

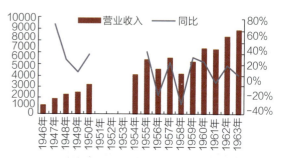

图7-19 福特营业收入（百万美元）及同比
资料来源：福特汽车

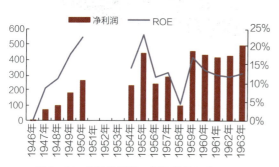

图7-20 福特净利润（百万美元）和ROE
资料来源：福特汽车
注：1951~1953年数据缺失。

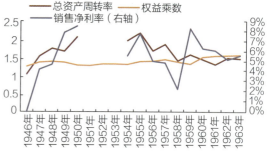

图7-21 福特杜邦财务分析指标
资料来源：福特汽车

4.1 改革经营管理模式，推动现代化进程

福特公司的改革分为两个方面，一是公司层面的组织架构和管理制度的改革，提高了公司的运行效率，缓和了公司内外部的紧张关系；二是加大营销力度，通过参加赛车活动等提高大众对产品的认可度，促进销量增长。通过改革，福特汽车业务的盈利能力有了明显提升：1946~1950年短短5年内，企业汽车业务毛利率从7.4%迅速增至22.8%，后续年间汽车业务毛利率也保持在25%左右（见图7-22）。

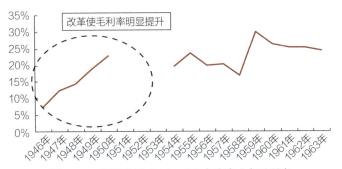

图 7－22　福特公司 1946～1963 年汽车业务毛利率

资料来源：福特汽车

注：1951～1953 年数据缺失。

4.1.1　进行制度改革，实施一系列新制度

将林肯和水星品牌合二为一，公司部门设置更清晰合理。 为了巩固开发和生产，水星八号车型一开始就与福特汽车共享大部分车身，并且水星品牌在营销和经销权等方面一直与福特品牌共享。1945 年底，为了在福特汽车公司内部全面树立品牌结构，福特将林肯分部和水星分部各自除组装和销售以外的事务剥离出来，并将剥离后的两个分部整合为林肯－水星分部，并撤销了林肯 ZEPHYR 系列。林肯－水星分部接管了与两品牌的汽车组装和销售有关的所有事务（见图 7－23，图 7－24）。

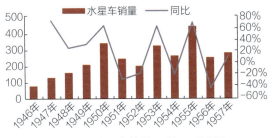

图 7－23　水星车销量（千辆）及同比

资料来源：福特汽车

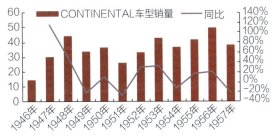

图 7－24　CONTINENTAL 车型销量（千辆）及同比

资料来源：福特汽车

整合国内生产业务和海外业务，经营效率提高。 1947 年，福特将所有的生产活动转移至三个新的业务部，生产权力一分为三（见图 7－25）。这三个业务部分别为汽车和货车装配业务部，零部件和设备制造业务部和其他制造业务部。在总公司进行分散化变革的同时，国际部采用了集中化的策略：福特公司逐渐买断了包括福特加拿大公司和福特英国公司在内的海外分支的控制权。1946 年 7 月，公司成立国际分部，将国际业务集中化，并将其海外业务与国内业务分离开来。在这种战略的指导下，福特公司可以对世界各地福特汽车的生产和销售进行控制，通过统筹规划、统一指挥提高经营效率。

重新设计会计体系并建立利润中心，财务系统更清晰明确。 公司废除了原有的混乱的财务体系，改为在各个分部成立利润中心。每个分部有独立的会计和财务组织，自行制定预算。各分部有自己的采购部门，分部之间的购销价格在具有竞争力的水平上进行谈判，其管理层在竞争中开展各分部的业务，并对分部的利润或亏损负责。到 1949 年年底，公

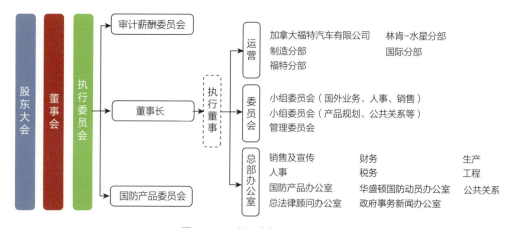

图 7-25 重组后企业组织结构
资料来源：福特汽车

司主要终端产品的所有经营责任的下放工作已经完成，林肯-水星分部、福特分部、福特国际分部和三个制造分部成为利润中心。

进行人事制度改革，实行退休金计划和人类工程理论，提高了员工忠诚度。在 20 世纪中期的美国，劳资关系紧张，而福特公司积极采纳劳动者的建议，为工人们提供退休金的保障。退休金制度提高了劳动工人的忠诚度，进而提高了公司人员稳定程度。福特公司还改变了人事制度，新制度包括对求职者实行一对一面试，对员工进行权利与义务的教育和在职的持续培养，对新员工进行体检并提供后续医疗服务，对初级管理层进行管理能力培训等。这些变革使福特公司的员工更新率在两年内下降到 2.9%（当时制造业平均水平为 4.8%），同时大大降低了员工罢工的频率。

对经销商进行走访，缓和了与经销商的紧张关系。老福特对公司进行控制时，曾经通过强制经销商购买汽车及压缩经销商利润等方法提高企业经营成果，导致福特与经销商关系脆弱。福特二世上台后，对美国各地的经销商进行走访，互通信息，缓和关系的同时增强了经销商对福特的信心。这一方法有效提高了福特经销商的忠诚度。

4.1.2 通过赛车推动汽车销售

汽车消费需求趋向个性化，福特公司打响营销战。第二次世界大战后的经济恢复过程中，汽车成为人们彰显个性的时尚品，消费者愿意以更高的价格获得与众不同的消费体验，同时，驾驶豪华车成为一种潮流。福特公司顺应这一趋势，在公司成立 50 周年时积极通过制作电影、电视节目、画册和日历进行营销，但效果最显著的是其通过参加赛车比赛进行的营销。

福特公司通过参加赛车活动提升知名度，进行营销。1962 年 6 月开始，福特公司宣布参与各项赛车运动。在 1963 年的代顿纳 500 大赛中，福特汽车包揽了前五名，这是福特在该项大赛中前所未有的成就。福特在包括代顿纳 500 大赛在内的一系列纳斯卡赛事中取得的优异成绩，使福特汽车的市场份额迅速上升，在短短 8 个月中从 22.5% 上升到 26.5%。赛车运动对福特汽车的销售做出了极大贡献，"星期天比赛，星期一卖车"——在比赛中取得胜利的汽车品牌一定会在短时间内迎来销售的高峰，已经成为 20 世纪 60 年代汽车行业的通识。福特公司通过赛车运动也显著提升了在欧洲市场的销量（见图 7-26）。60 年代，欧洲汽车市场是汽车制造商争夺的主要目标。福特在欧洲的各项赛车比赛中也取得了优异的成绩，促进了福特汽车公司在欧洲市场的发展，扩大了欧洲市场对美国汽车的认可度。

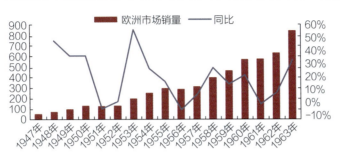

图 7-26　福特欧洲市场销量（千辆）及同比
资料来源：福特汽车

4.2　积极研发新车型

这一阶段福特汽车公司在产品研发方面投入了较大精力，推出了包括雷鸟、野马在内的豪华跑车、小型车猎鹰和 F 系列卡车，获得了消费者的广泛认可。新车型的成功极大地推动了福特公司销量的增长（见图 7-27）。

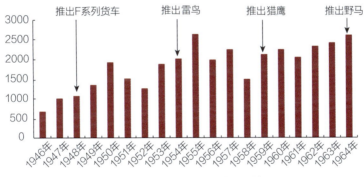

图 7-27　福特美国市场销量（千辆）
资料来源：福特汽车

4.2.1　推出多款乘用车，完善产品布局

（1）豪华跑车——雷鸟

福特将雷鸟（Thunderbird）定位为高档车型，并在开发个人豪华车这一新的细分市场方面受到好评。福特雷鸟于 1953 年 2 月开始设计，雷鸟的首款车型——双座敞篷跑车于 1954 年 2 月在车展上首次亮相，并于 1954 年 10 月开始销售。福特雷鸟车型变化见表 7-3。为了提高舒适度，雷鸟首次使用金属车顶对抗恶劣天气，同时大量使用动力附件和隔音材料提升汽车品质。通过市场调查，第一代雷鸟的双座结构不适合家庭使用，因此销售受到限制。1958 年，第二代雷鸟推出了 4 座版，受到了消费者的追捧。

表 7-3　福特雷鸟车型变化

代际	时间	车型图片	概述
第一代	1954～1957 年		第一代雷鸟配备了可拆卸的玻璃纤维硬顶和折叠织物项，圆形头灯和尾灯，带有尾翼。重量较轻，搭载了 Y 型 V8 发动机，它更注重驾驶舒适性，而不是速度。这款车型于 1957 年进行了修改，改换了前保险杠，较大的格栅和尾翼以及较大的尾灯。仪表板进行了重新设计，汽车后部加长了，从而使备用轮胎可以重新放置在行李舱中
第二代	1958～1960 年		第二代提供了硬顶和敞篷车两种选择，新款雷鸟比上一代体积更大，轴距更长，达 2.87m，可容纳新的后座。尺寸的增加也使汽车的重量显著增加了近 1000lb（454kg）。除了更刚性的一体式车身结构之外，新款车型还提供了新的样式，包括四头灯，更明显的尾翼，更大的镀铬格栅和发动机舱盖。这一款车型配备的是 300hp、5.8L 的 FE V8 发动机，配备 3 速手动或自动变速器
第三代	1961～1963 年		第三代雷鸟的造型更加时尚，外观呈子弹型。同时装载了 300hp、6.4L 的 V8 发动机，配备 3 速自动变速器。车内空间与上代基本一致，轴距 2.87m、车长 5.2m、宽 1.93m（-0.03m）

资料来源：维基百科

雷鸟销售获得成功。 上市销售第一年，雷鸟即抢占了通用公司的市场份额，销量高达 16155 辆。1958 年第二代雷鸟推出后也深受美国消费者的喜爱，随后年度中销量持续走高（见图 7-28）。1961 年、1964 年、1968 年和 1972 年雷鸟系列都推出了新款车型，并带来新一轮的销量高峰。1977 年推出的第七代销量创下了纪录。从 1955 年推出到 2005 年最终淘汰，雷鸟的累计销量已经远超 400 万辆。

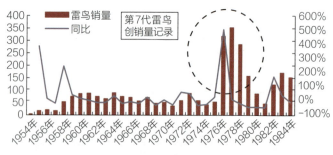

图 7-28　福特雷鸟销量（千辆）及同比
资料来源：福特汽车

（2）小型汽车——猎鹰

在市场大环境的影响下，福特汽车公司开始研发小型汽车。 从 20 世纪 50 年代后期开始，外国小型汽车开始在市场上受到消费者欢迎，这让美国汽车制造商开始注意这一细分市场。通用汽车公司开始设计 CORVAIN，克莱斯勒公司研发 VALIANT，而福特汽车公司则通过推出猎鹰（FALCON）来应对这一变化。福特猎鹰汽车的生产从 1959 年开始，1970 年结束这一车型的生产，经历了三代车型的变化（见图 7-29）。

猎鹰汽车有许多创新设计，以轻便为特征。福特对猎鹰的设计理念是一台轻便但结实的汽车：通过降低汽车重量节省燃料，降低使用成本；采用耐用的零部件，降低汽车的维护成本。福特猎鹰是前置发动机，后轮驱动的可容纳六名乘客的紧凑型汽车，并提供了两门和四门轿车，两门和四门旅行车，两门硬顶汽车，敞篷车和 RANCHERO 皮卡车身配置。猎鹰汽车采用了车身一体化的设计，其车体的大部分都是用一整张金属板制成的，这一设计使它精简了超过 200 个零部件。同时猎鹰采用了 6 缸发动机，但通过从发动机上删减零部件以及用铝替代钢制作活塞和零件来减轻发动机的重量，最大程度上实现减轻车体重量这一目标。

新车型猎鹰取得了较大的成功。消费者们普遍认为猎鹰短小精悍的车身非常美观并且质量可靠，新车型在推出的第一年销量就达到了 435676 辆。福特公司不得不调整工厂，以加紧生产满足市场对猎鹰的强烈需求。上市 2 年后，猎鹰的销量突破了百万辆（见图 7-30）。猎鹰最初的成功，使福特在小型车领域超过了克莱斯勒和通用汽车这些竞争对手。后来福特 ECONOLINE 厢式客车的乘客版本上也使用了猎鹰的名字。福特猎鹰在全球市场上也受到广泛欢迎，该车型不仅在美国市场上取得成功，其变体在阿根廷、澳大利亚、加拿大、智利和墨西哥也广泛生产，品牌在全球都有较高知名度。

图 7-29　福特 1963 年猎鹰汽车
资料来源：维基百科

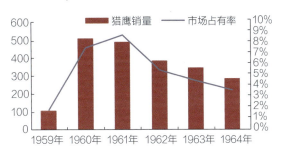

图 7-30　福特猎鹰销量（千辆）及市场占有率
资料来源：福特汽车

（3）时尚跑车——野马

针对年轻顾客群体开创野马（MUSTANG）车型。20 世纪 60 年代早期，福特通过市场调查发现美国消费者呈现出明显的年轻化趋势。野马是福特针对年轻人的品味于 1962 年开始研发的一款汽车，最初基于北美第二代福特 FALCON 小型车的平台。野马开创了美国肌肉车类型，福特汽车公司的竞争对手也相继推出类似产品，如雪佛兰 CAMARO、庞蒂克 FIREBIRD、AMC JAVELIN、克莱斯勒的改版 PLYMOUTH BARRACUDA 和第二代道奇 CHALLENGER，他们的共同特性包括后轮驱动、长发动机舱盖和短甲板盖。

车型设计卓越，并经历了多次完善。野马汽车大量采用了常用且简单的零部件，大多在其他福特车型上使用。底盘、悬架和传动系统部件是从福特猎鹰和菲尔兰汽车上使用的部件中派生出来的。标准配置为 4 座汽车，前排座椅和后排座椅都有足够的空间，1965 年的上市售价为 2368 美元。1968 年以后制造的汽车在双门跑车的两个前排座椅上都装有肩带，还引入了新的 4.9 L V8 发动机。1969 年车身的宽度和长度再次增加，车身的重量同步增加。

野马深受消费者喜爱，销售火爆。 在 1964 年的纽约世界博览会上，野马汽车因为其卓越的设计获得了蒂芙尼金牌奖（Tiffany Gold Medal Award），这是该项荣誉第一次授予一辆汽车。野马在当时成为无拘无束、特立独行的代名词，甚至当时人们将 20 世纪 60 年代中期的年轻人以该车型命名——他们被称为"野马一代"（见图 7-31）。野马推出的第一周，福特公司就接到了 22542 份订单，并且仅 18 个月内其销售就超过百万辆（见图 7-32）。60 年代末，美国经济通货膨胀导致野马销量下滑。第二代野马在 1974 年推出，尽管在第一次石油危机期间，但其销量逆流而上，创下 70 年代以来的第一个高峰。1979 年，第三代野马上市，再次引发了销售热潮。至今野马未停止生产，是唯一一款保持不间断发展和修订生产的小型车，现已是第六代，深受美国消费者的喜爱。

图 7-31　福特第一代野马汽车
资料来源：维基百科

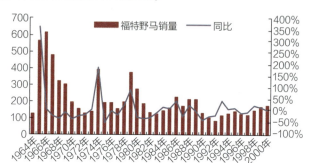

图 7-32　福特野马销量（千辆）及同比
资料来源：carsalesbase

4.2.2　推进货车升级

1953 年福特公司开始在货车市场发力，取得显著成效。 1953 年，福特汽车公司花费 5000 万美元完善了其货车系列，对公司的货车体系进行了重新调整，同时在 F-100 系列货车的设计方面进行了突破性的改进。这些措施使福特货车的销量和市场占有率在短短 1 年内实现了跨越式上升，同时也树立了福特公司在货车领域的市场地位。在 20 世纪 60 年代，F 系列货车几乎一直是美国市场销量最高的货车。并且福特货车在后来的美国货车市场上都占据重要地位（见图 7-33，图 7-34）。

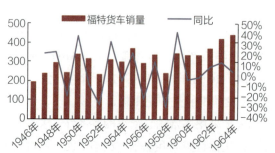

图 7-33　福特货车在美国销量（千辆）及同比
资料来源：福特汽车

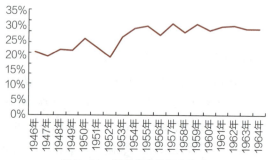

图 7-34　福特货车市场占有率
资料来源：福特汽车

实用结实的 F 系列货车使福特在货车市场上独占鳌头。福特公司货车市场的领先很大程度上得益于其广受欢迎的 F 系列货车。福特 F 系列货车见表 7-4。1948 年，福特重新开始销售 F 系列货车，共有 7 个重量级可供消费者选择，涵盖从 0.5t 重的 F-1 到超级重型 3t F-8 货车。F 系列货车是美国最畅销的皮卡车之一，其消费受众不仅是农场主或建筑工程承包人，其他类型消费人群也会选择购买 F 系列货车以满足自身需求。

表 7-4 福特 F 系列货车

代际	时间	车型图片	概述
第一代	1948～1952 年	1950 F-3	第一代 F 系列皮卡（被称为福特 BONUS-BUILT）于 1948 年推出，作为 1942 年推出的以汽车为基础的皮卡线的替代品。F 系列有 8 种不同的重量等级，包括皮卡、平板货车、传统货车和校车底盘车身样式
第二代	1953～1956 年	1953 F-100	尺寸增加，发动机改进和底盘更新是第二代 F 系列货车的特点。另一项变化是车型命名方式改变，0.5t 重的 F-1 更名 F-100、F-2 和 F-3 组合成 0.75t F-250、F-4 更名 F-350。在 1956 年对驾驶室进行了重大修改：驾驶室以环绕式风窗玻璃为中心，配备了新的车门，重新设计的仪表板和全景后窗。与福特汽车一样，1956 年的 F 系列还提供了安全带作为选装项
第三代	1957～1960 年	1960 F-500	第三代 F 系列皮卡有重要的现代化突破和设计。前挡泥板成为车身的一部分，翻转的驾驶室被倾斜的驾驶室取代。1959 年，福特开始内部生产四轮驱动皮卡
第四代	1961～1966 年	1965 F-100	第四代 F 系列货车比以前的货车更长、更矮，具有更大的尺寸以及新的发动机和变速器选择。此外，1961～1963 年型号还提供了可选的一体式设计。然而事实证明，这种一体车型不受欢迎，福特在 1963 年的车型年后停止了这种选择。1965 年，F 系列皮卡进行了重大的中期重新设计。引入了一个全新的平台，包括"Twin I-Beam"前悬架

资料来源：维基百科

4.2.3 埃德塞尔遭遇滑铁卢

重新定位林肯，新建中档品牌 Edsel（埃德塞尔）。1956 年福特汽车公司上市，福特的新管理层将福特与通用和克莱斯勒的汽车品牌进行了比较，认为林肯不是与通用的凯迪拉克竞争，而是在与通用的奥斯莫比（Oldsmobile）、别克（Buick）和克莱斯勒的德索托（DeSoto）竞争。福特公司计划将林肯品牌进一步强化至顶端市场的定位，并在仍有空缺的中间位置上新增一款中高档车型。福特公司将新推出的车型命名为埃德塞尔，用以向亨利·福特二世的父亲致敬。1957年埃德塞尔汽车品牌正式创立，并单独成立了埃德塞尔分部。福特公司认为埃德塞尔的性能可以与奥斯莫比、别克和德索托相媲美，希望利用埃德塞尔抢占通用和克莱斯勒在中端领域的市场份额，并缩小自己与通用汽车在美国国内汽车市场的差距（见图7-35，图7-36）。

图7-35　福特1958年EDSEL CORSAIR
资料来源：维基百科

图7-36　福特1960年EDSEL RANGER SEDAN
资料来源：维基百科

由于内外部原因，埃德塞尔未能达到公司目标，使福特遭受了较大损失。多重原因导致埃德塞尔未在20世纪50年代末的美国购车者中受到欢迎，虽然进行了三代改进，但反响平平，销量未达到预计盈亏平衡点的一半。基于福特在车型推出前的预告活动中投入了大量资金，这一失误的决策使福特汽车公司损失了超过2.5亿美元。1959年，福特公司停止了埃德塞尔这一品牌的汽车生产。

埃德塞尔这一车型之所以未能取得成功，原因可以归结为车辆定价不合理、生产和设计存在缺陷以及外部环境的不利影响。

（1）定价区间缺陷

埃德塞尔定价在水星的价格区间内，使购买者对埃德塞尔定位模糊。从理论上讲，埃德塞尔被认为符合福特的营销结构，因为该品牌介于福特和水星之间。然而从1958年的定价来看，福特和水星之间并没有价格空白（见图7-37）。埃德塞尔RANGER的价格带与福特CUSTOM、水星MEDALIST的价格带重叠，出现内部竞争。在中档价位上，埃德塞尔PACER和CORSAIR车型比水星车型更贵。埃德塞尔的顶级车型CITATION硬顶轿车是唯一一款定价能够与水星的中档MONTCLAIR TURNPIKE CRUISER车型进行正确竞争的车型。埃德塞尔的定价使购车者无法清晰地了解埃德塞尔的真正定位，降低了顾客的购买欲望。

（2）设计和生产的缺陷

埃德塞尔设计存在缺陷。燃油经济性方面，埃德塞尔的车型配备了强大的发动机，能够快速加速，但该发动机的运行需要高级燃料，它们的燃油经济性很差，尤其是在城市驾驶的情况下。汽车的其他设计也存在诸多不合理的地方。一方面，埃德塞尔外部设计结合了当时流行的车身样式和20世纪30年代的复古设计（车辆的前栅很宽，散热器护罩设计成了马鞍形，汽车尾部的尾翼做成水平方向），但车身总体的样式不美观，使其无法被目

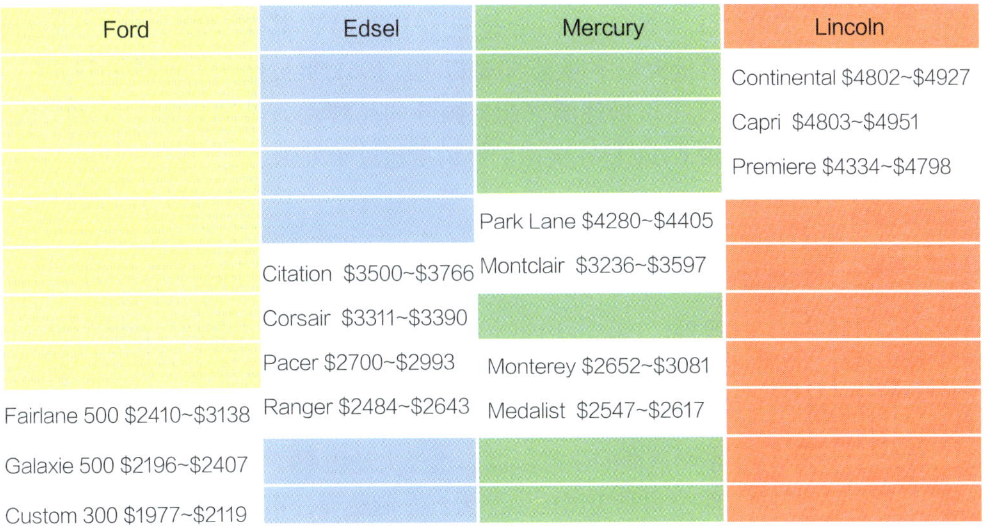

Ford	Edsel	Mercury	Lincoln
			Continental $4802~$4927
			Capri $4803~$4951
			Premiere $4334~$4798
		Park Lane $4280~$4405	
	Citation $3500~$3766	Montclair $3236~$3597	
	Corsair $3311~$3390		
	Pacer $2700~$2993	Monterey $2652~$3081	
Fairlane 500 $2410~$3138	Ranger $2484~$2643	Medalist $2547~$2617	
Galaxie 500 $2196~$2407			
Custom 300 $1977~$2119			

图 7-37　福特公司 1958 年定价结构

资料来源：维基百科

标客户群体——中高阶层时尚人士接受。另一方面车辆的内部布局缺乏条理，各种功能键按钮随意设置在车身内部，较为突出的就是 Teletouch 驱动器的设计及安装位置不当：Teletouch 按钮所在的方向盘毂是喇叭按钮的传统位置，导致一些驾驶者在想按喇叭时会误操作而换档，危险系数极高，存在安全隐患；同时 Teletouch 的控制线太靠近排气管，导致选择器系统无法运行预定的程序。这些设计和安装位置的不当给驾驶员带来了极大不便。

埃德塞尔的生产和组装与其他福特车型的零部件混淆，导致其缺乏质量控制。埃德塞尔分部没有专属的制造工厂，所有的埃德塞尔汽车都是在福特或水星工厂的合同基础上建造的。独立的埃德塞尔分部只从 1956 年 11 月存在到 1958 年 1 月，之后埃德塞尔的销售和营销业务并入 Mercury-Edsel-Lincoln（M-E-L）分部。埃德塞尔的长轴距车型 CITATION 和 CORSAIR 与水星产品一同生产，而短轴距车型 PACER 和 RANGER 与福特产品一同生产。工人们装配间歇性从生产线上下来的埃德塞尔汽车需要耗费额外的时间和精力。因为这需要他们更换工具和零件箱，然后在完成对埃德塞尔的装配后，再重新装配福特或水星，这使埃德塞尔车型的预期质量控制难以实现，因此埃德塞尔汽车经常出现质量问题。在 1958 年 3 月出版的《大众机械》中显示，有 16% 的埃德塞尔车主反应埃德塞尔的质量很差，质量缺陷包括从焊接故障到动力转向失灵各个方面。在测试车中，大众机械师对这些问题进行了测试，并发现了其他问题，包括在下雨时行李舱严重漏水，里程表显示里程数失真等。

（3）外部环境恶化

消费者转向经济型汽车，埃德塞尔错过中档汽车市场兴起的最佳机会。20 世纪 50 年代初，当埃德塞尔还处于早期开发阶段时，中等价位的市场提供了巨大的未开发机会。在 1955 年，庞蒂亚克、别克和道奇共售出了 200 万辆。而 1957 年秋季埃德塞尔推出时，市场发生了巨大变化，消费者对经济型汽车的兴趣日益增长，中档汽车市场竞争环境更加恶劣，中等价位领域的独立制造商正滑向资不抵债的境地。其他汽车制造商纷纷转移生产重心：AMC（美国汽车公司）将重心转向了紧凑型漫步者（RAMBLER）车型，并在 1957

年后停产了合并前的纳什（Nash）和哈德逊（Hudson）品牌；克莱斯勒的德索托（DeSoto）牌汽车1958年销量大幅下降至50%以上，1961年被停产。消费者开始购买更省油的汽车，美国经济型汽车市场逐渐兴起，国外的品牌渗入美国市场。从1957年起，大众甲壳虫（Volkswagen BEETLE）在美国的年销量超过5万辆。

4.3 经济管制影响福特发展

宏观政策影响了福特发展。1945~1950年间，福特汽车公司在亨利·福特二世的改革下，取得了飞速的发展。而在1950年朝鲜战争的爆发使美国采取了多项措施，其中包括了对美国国内的工业进行经济控制。在指定经济控制标准时，政府以过去一些年份的产量的平均数为基数限定了汽车制造商的生产限度，这极大地阻碍了福特公司当时的发展。在1946~1949年间，福特汽车公司是美国的第三大汽车制造商，市场份额低于通用汽车公司和克莱斯勒公司。但在这几年间，福特始终保持着猛烈的发展势头，1949年福特的市场份额（21.3%）几乎与克莱斯勒（21.4%）持平。联邦政府对汽车生产数量的限额是基于过去几年的平均生产水平，这对高速发展的企业和低速发展或衰退的企业产生的影响是不公平的——高速发展的企业只能被迫停留在过去的低生产水平上，而其他企业虽然生产能力相对退化，却能保持较高的市场份额。在此次经济控制中，福特汽车公司实际上受到了打压（见图7-38）。

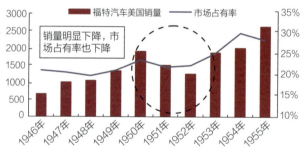

图7-38　福特汽车美国销量（千辆）及市场占有率
资料来源：福特汽车

经济管制解除后，福特未能缩小与通用的差距。1953年，美国政府放宽了产量限额，福特公司在1954年成为了汽车市场的第二大制造商，获取了30.5%的市场份额，远远超过了克莱斯勒公司（14.4%）。但与此同时，通用汽车公司的市场份额达到了49.2%——这一数字已经达到垄断水平的边缘。福特公司和通用汽车公司的差距未能成功拉近，在此后福特公司也未能实现超越通用的目标。

亨利·福特二世上台后，为福特公司制定了一系列现代化制度，使公司成为现代化企业，并且极大提高了企业的经营效率，增强了竞争力。但紧接着的1950年宏观经济控制阻碍了福特迅猛的发展势头，使其未能进一步缩小与通用汽车公司之间的差距。经济管制取消后，福特公司加大了新车型的研发力度，取得了显著成效：雷鸟、猎鹰和F系列货车都获得成功，野马品牌被消费者广泛认可。这一阶段也存在决策失误的情况，埃塞德尔品牌的失利给福特公司带来了不小的损失。

5 危机丛生，福特举步维艰（1964～1979年）

这一阶段福特汽车公司面临多重打击，发展举步维艰。外部层面主要包括宏观环境限制和日系车的冲击，企业内部也因为成本提高和产品质量缺陷面临着发展后劲不足等问题。本节主要分析福特公司遭遇的困境及采取的相关对策（见图7-39～图7-42）。

图7-39 福特总销量（千辆）及同比
资料来源：福特汽车

图7-40 福特营业收入（百万美元）及同比
资料来源：福特汽车

图7-41 福特净利润（百万美元）与ROE
资料来源：福特汽车

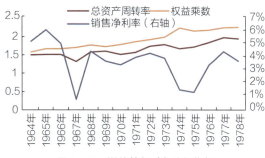

图7-42 福特杜邦财务分析指标
资料来源：福特汽车

5.1 联邦政府出台政策，福特发展受限

5.1.1 污染控制法案提高产品标准

环境污染引起民众重视，汽车行业承压。 20世纪70年代的美国民意调查中显示，70%的美国人认为环境污染是最紧要的国内和国际问题，而国内汽车工业的发展是造成环境污染的重要元凶之一——在没有任何污染处理装置的中型汽车行驶时，10000mile的路程会产生520lb碳氢化合物和90lb氮氧化物。美国大气污染物中60%都是由机动车产生的，除了空气污染之外，频繁的交通堵塞和其他各类有毒废物也与汽车工业紧密相关。因此当时的美国汽车行业面临政府和社会舆论的双重压力，被认为是大量社会弊病的罪魁祸

首,许多批评家们也对汽车行业展开强烈抨击。

联邦政府针对汽车工业颁布《清洁空气法》,法案规定标准较高。 美国政府针对日益严重的环境问题颁布了《清洁空气法》,设立了严格的有毒汽车排放物的标准。其中1970年颁布的法案中要求汽车需要将碳氢化合物、一氧化碳和氮氧化物的排放量降低97.3%。虽然标准严格,但由于20世纪70年代环境污染已经成为美国社会亟待解决的问题,汽车制造商们积极响应这一号召,采取措施对污染物进行处理。此后十几年内,联邦政府还对法案进行了修正和补充。美国1965~1990年以来的轻型汽车排放标准见表7-5。

表7-5 美国1965~1990年以来的轻型汽车排放标准

时间	法案	生效年份	标准
1965年	《清洁空气法》修正案《机动车辆空气污染控制法》	1968	NMHC、CO、曲轴箱碳氢化合物比1963年分别减少72%、56%、100%
1970年	《清洁空气法》修正案	1975	NO_x 排放不超过3.1g/mile
1977年	《清洁空气法》修正案	1977	NMHC不超过1.5g/mile;CO不超过15g/mile;NO_x 不超过2g/mile
		1981	CO不超过7g/mile;NO_x 不超过1g/mile
1990年	《清洁空气法》修正案	1994	NMHC不超过0.31g/mile;CO不超过4.2g/mile;NO_x 不超过0.6g/mile;PM不能超过0.08g/mile

资料来源:维基百科、《清洁空气法》

响应降低污染政策的要求,加大投入以减少汽车的污染排放。 福特公司必须同时对市场的要求和联邦政府的空气污染法规的要求做出反应,这使公司对产品的设计和业务的很多方面将受到来自联邦法规的深刻影响。1972年福特公司开发了排放控制系统,能够以合理的成本将碳氢化合物排放量降低43%,并将一氧化碳排放量从1974年的联邦标准中削减29%。这意味着在不使用昂贵的催化转换器且不进一步严重恶化车辆的可靠性、性能和经济性的情况下,在当时车辆的排放水平上减少91%的碳氢化合物、78%的一氧化碳和48%的氮氧化物。1973年福特与日本本田汽车公司签署了一项协议,福特公司获得了有关CVCC发动机设计的技术信息,并根据CVCC发动机系统专利获取了在全球范围内的非排他性许可,可以生产和销售适用于所有应用的各种尺寸的发动机。初步研究表明,该发动机在不使用催化剂的情况下,降低了氮氧化物的排放。

减少污染物的排放会导致其他问题。 减少汽车污染物排放的举措除了干扰福特公司自主生产计划的同时,还存在其他的缺陷:一方面,会使汽车的耗油量上升,降低汽车燃油效率;另一方面,是在当时的技术水平下,降低碳氢化合物和一氧化碳排放量会增加氮氧化物的排放量,同时减少三种污染物排放的目标难以实现。

5.1.2 交通安全法案加大公司支出

美国颁布交通安全法案,福特加强汽车安全研究。 1966年,美国颁布了《国家交通及机动车安全法》,对整个汽车行业和福特公司都产生了深远影响。这一法案授权美国运输部（ODT）对乘用车、客车等以及这些车辆的装备和部件等制定并实施联邦机动车安全标准（FMVSS），任何车辆或装备部件如果与这一标准不符合，就不得以销售为目的进行生产。福特公司加强了汽车安全研究，并建立了一个新的自动安全研究中心，该中心是行业内第一个该类型的场所，位于迪恩伯尔，将在1967年初正式运营。该中心将用于确定模拟事故情况下的车辆乘员的物理反应。

福特公司为增强汽车安全新增了一系列设计。福特汽车配置救生员设计安全功能，对驾乘人员安全提供保障。福特汽车的救生员设计安全功能作为标准配置安装在1967年的大多数乘用车上。1968年所有的车型具有救生员设计安全功能，包括前后侧标志；较大的扶手和凹进或折叠的车门把手；吸能转向柱、两辐方向盘和轮毂，以提供超大的冲击区域；安全设计的旋钮和控制装置等。增强汽车碰撞时对乘员的保护。自1968年起，除敞篷车之外的所有车型配备前排座椅肩带，同时在美国和加拿大车型上推出了"受控挤压"设计，新的前端设计、吸能式转向柱和受力方向盘可以帮助降低发生碰撞时乘员的受伤程度。另外福特公司还研制了一种实验车，测试人类对各种转向情况的反应；测试车可以通过使用电液系统复制任何汽车的转向"感觉"；另一个发展是一个"可视化"模拟碰撞测试的系统，将从真实碰撞试验得到的数据输入电脑，电脑就能绘制出汽车和车内人员在撞车时的情况。1976年福特生产的汽车中，有14万辆小型车配有安全气囊用以保护驾驶员，当汽车以至少相当于12mile/h的撞击速度正面撞到固定的障碍物上，这款安全气囊可以自动充气以保护驾驶员的安全。扩大保修范围：除了汽车自身装备的改进之外，美国福特和加拿大福特都增加了汽车的保修范围，包括动力传动系统、转向和悬架部件5年或5万mile的保修以及剩余部件2年或2.4万mile的保修。

5.1.3　燃油效率规定降低福特盈利能力

（1）石油提价与中断供应

美国依赖石油进口，遭遇严重能源危机，汽车行业面临压力。从1947年起，美国的石油进口量就始终高于国内产量，需要从国外进口大量石油供本国使用。1973年初，美国出现了能源短缺的问题，汽油市场上供不应求，美国各地都有对汽油的强烈需求。1973年11月，石油输出国组织（Organization of Petroleum Countries，OPEC）将石油价格提高了70%，并且拒绝向美国出口石油。同时联邦政府的反通货膨胀政策导致经济增长整体放缓，行业销售也在下降。限制经济政策对汽车销售的影响因汽油短缺和迅速上涨的价格、消费者的不确定性以及生产商无法跟上发展的步伐而进一步恶化。每个汽车制造商都在这次剧变中受到不小的影响，大量的汽车装配工厂停工关闭。1974年早期，美国有25万名汽车制造工人被解雇。1979年的石油短缺对福特公司的负面影响更大。1979年，中东对美国的石油供应又一次中断，美国再次面临石油短缺的境况。而日本汽车生产商却从这次危机中大大获益，市场份额迅速上升到了20%。同时受益的还有通用汽车公司，通用在此之前推出了省油汽车庞蒂亚克菲尼克斯（PONTIAC PHOENIX）和雪佛兰嘉奖（CHEVROLET CITATION），在危机中抢占了市场。而福特公司则在此次石油危机中再度遭受打击，发生经营亏损（见图7-43，图7-44）。

图 7-43 原油价格（美元/桶）及同比
资料来源：BP

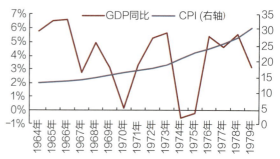

图 7-44 美国 1964~1979 年 GDP 同比及 CPI
资料来源：Wind

汽车行业销量下降，且主要消费对象从大型车转为小型车。1973 年的石油危机对美国汽车市场产生了重大影响，许多人放弃了驾驶汽车，转为乘坐公共交通工具出行，汽车销售市场萎缩（见图 7-45）；汽车市场上消费者的购买取向也发生了变化，大型美国轿车和高性能双人汽车不再是消费首选，大型车出现滞销现象，许多大型车堆积在经销商和汽车制造商的仓库中无法售出，而小型汽车开始大受欢迎（见图 7-46）。

图 7-45 美国汽车市场总销量（千辆）及同比
资料来源：Wind

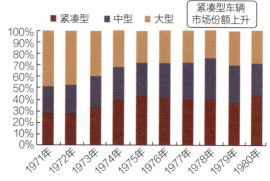

图 7-46 石油危机前后美国三类汽车的市场份额
资料来源：Ward's Automotive Yearbook

（2）联邦政府制定燃油消耗法规

美国政府颁布法案，强制汽车生产商生产低油耗汽车。1975 年，美国联邦政府颁布了能源政策和《节约法案》，对汽车的燃油消耗量也出台政策进行了限制。企业一般燃料节约（CAFE）标准规定，汽车制造厂商们需要接受所有客用产品平均每加仑汽油行驶里程数的检验——如果厂商想生产耗油量大的汽车，就必须在同一年内生产一定数目耗油量低的汽车以降低产品平均耗油量。根据 CAFE 标准的规定，每个汽车制造公司的所有客用产品平均油耗必须在 1978 年达到 18mpg，1985 年的标准进一步上升到 27.5mpg（见图 7-47，图 7-48）。

福特汽车与标准目标差距较大，公司为避免遭受处罚对生产进行调整。CAFE 标准刚公布时，福特汽车平均油耗与要求标准的差距为 1.5mpg。这一差距难以在短时间内消除，而如果福特不能达到要求标准，则需要为此支付巨额的惩罚金。在这一规定下，福特公司进行生产过程改革，采用计算机系统对车辆生产进行数据统计，实时监测产品平均单位油耗。同时公司被迫削减销售火爆但耗油量大的林肯马克 V 车型产量，转而推出 30mpg 的小型汽车，甚至赔本出售小型汽车，以达到 CAFE 的规定标准。

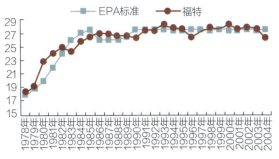

图 7-47 EPA 标准和福特 CAFE 对比（mpg）
资料来源：美国交通部

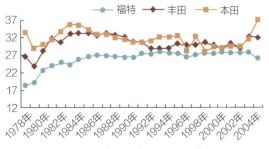

图 7-48 福特、丰田和本田 CAFE 对比（mpg）
资料来源：美国交通部

5.2 日本进口车抢占市场

日本汽车生产商推出了更符合美国市场的车型。虽然 20 世纪 50 年代末。丰田和达特桑（日产前身）就开始进军美国市场，但在 60 年代中期，两家公司都暂停了在美国的运作，把全部精力用于对美国市场形势和消费者需求进行深入的调查研究。因此 70 年代，日系汽车重新进入美国市场时，他们的产品都是专门为美国市场设计的，具有很强的竞争力。1966年，丰田科罗娜（Toyota CORONA）作为第一款针对美国消费者设计的日本汽车，凭借其优异的性能和结实耐用的特点，在美国市场大获成功。随后其他一些日本汽车也在美国市场上取得了不错的成绩。日本汽车进口的增加对美国汽车制造商造成了强烈的冲击。

美国汽车生产成本提高，日系车具备明显的价格优势。美国汽车生产商面临着原材料、外购件和劳动力成本的大幅上涨，同时由于环境要求、安全要求等规定的出台和实施，使汽车需要新增诸多污染处理和安全装置，汽车制造的成本上升，汽车的定价也随之上升。1974 年福特公司提高了北美生产汽车的建议零售价，该车型年度每辆车平均上涨 472 美元，上涨幅度为 10.1%；尽管价格大幅上涨，但福特仅收回了材料、劳务和政府授权设备的成本上涨金额的约 2/3，福特北美生产的轿车和货车的未回收成本每辆车增加了约 360 美元。1975 年，福特在美国和加拿大的汽车业务利润接近盈亏平衡。公司当年的利润主要来自海外和非汽车业务。成本的提高使包括福特在内的美国汽车制造商面临着不利局面，消费者都转向购买外国汽车。虽然外国汽车制造商也面临着同样的管制，但由于日本的劳动成本低于美国劳动成本，仅为 7 美元/小时，进口车的运费和关税仅抵消了一部分日本劳动成本领先差距，因此仍然具有明显的价格优势（见图 7-49）。

日系汽车质量更优，且其大众化的汽车生产受到了消费者偏爱。日本汽车生产商非常重视汽车品质，因此日系汽车质量更好，更加结实耐用。同时日本汽车公司没有按照顾客指定的规格

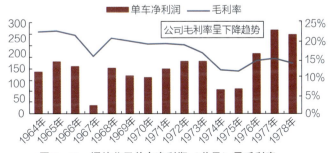

图 7-49 福特公司单车净利润（美元）及毛利率
资料来源：福特汽车

生产汽车或者在汽车上增加可以定制的零配件等,而是按照同样的规格进行所有同类汽车的生产,这使得生产过程大大简化,生产效率明显较高。这也节省了消费者购买汽车时用来挑选的时间,无需考虑复杂的附加特征,让只把汽车作为交通工具而非时尚品的消费者群体更偏好购买日本汽车。

日本汽车的众多优势使日系汽车在美国市场中份额明显提高。1975年,美国汽车销售市场上约有18%是外国车,其中1/3是欧洲汽车,2/3是日本汽车,包括丰田、日产、本田和马自达等。而在1977年,进口汽车的市场占有率提高到了21%,并且增长的市场份额都是由日本汽车生产商抢占的。日本汽车众多制造厂商持续发力,日本超越美国成为第一大汽车生产国,同时日本汽车在美国市场的市场占有率也持续上升,抢占美系车市场份额(见图7-50,图7-51)。

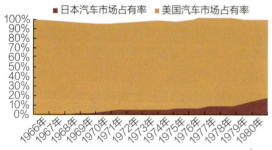

图7-50 美系车和日系车在美国市场的市场占有率
资料来源:Wind

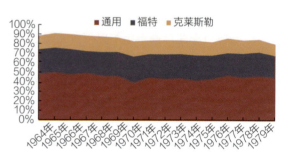

图7-51 美国汽车制造商在美国市场的市场占有率
资料来源:Wind

5.3 采取措施增强竞争力

5.3.1 转移产能生产小型汽车

(1)推出微型车PINTO大获成功

迎合市场需求推出PINTO微型汽车,进行了创新性外观设计。第一款PINTO(花马)是自1907年以来最小的美国福特汽车,是福特公司在北美生产的第一款微型汽车。PINTO的车身样式包括带行李舱的两门快背轿车,三门掀背车和两门旅行车。在1975~1980年中,水星提供了重新标记的PINTO版本,即水星山猫。1974~1978年,福特野马Ⅱ与PINTO和山猫共享了一个公共平台,尽管其车身和动力总成种类有所不同。在1981年的车型年,因为福特公司将其产品线过渡到前轮驱动,PINTO被福特护航所取代。在PINTO的整个生产过程中,其产量超过300万。

(2)增加小型汽车产量

为了满足对小型车日益增长的需求,福特将其北美的一些装配厂从大型汽车改造成小型汽车,并扩大了几家生产小型车组成部分的工厂。1973年,福特将北美的三个组装厂从需求疲软的全尺寸汽车转换为畅销的小型车,扩大四个小型汽车组装厂,以应对短期的能源短缺和消费者需求偏好的变化。1974年初,福特大幅提高了生产小型汽车的能力:芝加哥的装配厂从全尺寸的FORD转为GRANADA和MONARCH,PINTO在新泽西州和安大略省圣托马斯组装厂增加，Ford MUSTANG 的产量在加利福尼亚州的圣洛斯和密歇根州迪尔伯恩组装厂增加。这些变化增加了小型车的产量，1974 年福特在北美的小型车产量为 3.5 万辆。公司还在 1974 年从欧洲进口 8 万辆 CAPRIS，以补充其在美国和加拿大的小型车需求。福特在 1974 年以 110 万辆小型车的总销量占据了这一关键市场的领导地位。

推出其他多种小型汽车。1973 年，公司推出两款新的小型车，FORD GRANADA 和 MERCURY MONARCH。他们代表家庭轿车市场的一个新概念，结合了高水平的舒适性，乘坐和优雅与适度的外观尺寸和良好的燃油经济性。GRANADA 和 MONARCH 有两门和四门车型，配备精良的基础和顶级 Ghia 系列，比中型车更小、更轻、更经济，但提供了通常只有大型车型才有的舒适乘坐和豪华预约服务。GRANADA 和 MONARCH 双门轿车的建议零售价分别为 3698 美元和 3764 美元。

Lincoln-Mercury 分部在 1975 年 3 月推出了小型车 BOBCAT 和运动型 CAPRI 2，扩大了其小型车市场的覆盖面。BOBCAT 有两种车型可供选择，一种是三门的敞篷车；另一种是乡村旅行车，每一种都配有 2.3L 4 缸发动机、前盘式制动器、样式独特的钢轮和齿轮齿条转向装置作为标准设备。完全重新设计的 CAPRI 2 于 1974 年初在欧洲推出，具有"掀背式"车门，更豪华和多功能内饰以及折叠式后座。

5.3.2 促进能源有效利用

福特采取了一系列措施来应对能源短缺，并促进能源的有效使用，包括提高生产更小更经济的汽车的能力，开发更高效的产品和配件；参与发展公共交通等。

调整汽车尺寸和重量，增强燃油利用率。福特公司改进了生产理念，生产更小、更轻的汽车。为了实现更大的效率，福特产品规划人员不断探索新的方法，缩小汽车的外形，同时保持足够的内部空间。公司还致力于减轻汽车平均重量：1985 年，美国福特汽车的平均重量比 1977 年福特汽车的平均重量轻 1200lb。虽然大部分重量的减轻来自小型汽车产量的增加，但公司还广泛使用更轻的材料，如铝、高强度钢和塑料。

开发燃油效率更高的汽车产品及配件。除调整汽车的尺寸外，公司还致力于通过更先进的发动机、变速器和车轴，更先进的电子控制系统以及减重材料的创新应用来提高燃油经济性。福特 1974 年型号的 400 和 460 cid 发动机都配备了由 Philco-Ford 公司设计和制造的固态点火系统，与传统点火系统相比，固态点火系统需要更少的定期维护，而且 Philco-Ford 公司的产品能够更精确地控制点火时间，提高燃油经济性。1975 年，福特的研究和工程中心开始在 Torino 测试一台试验性的斯特林发动机。斯特林发动机杰出的排放和噪声控制能够在燃油经济性方面带来实质性的进展。福特的另一个研究项目涉及 PROCO（程序燃烧）燃料喷射 v8 发动机。每个气缸使用单独的机械燃油喷射，可大幅改善燃油经济性。此外，1975 年福特所有国产汽车都装备钢带子午线轮胎，这改善了行驶性能和操控性，降低滚动阻力。福特 1976 年推出的车型在燃油经济性方面取得了进一步突破，这得益于使用催化转换器处理排放控制任务。

发展公共交通。福特公司意识到私人汽车驾驶出行可能会转向铁路和其他公共交通，这一转变意味着公共交通系统和装备市场的大幅增长。福特也参与了这个市场，参与方式是安装三个自动控制运输（ACT）系统：一个安装在康涅狄格州的布拉德利国际机场，另一个安装在密歇根州迪尔伯恩的费尔莱恩开发中心，第三个安装在得克萨斯州的埃尔阿索和墨西哥的华雷斯之间。福特公司提前布局，以抓住这种新兴的公共交通形式提供的市场机遇。

5.3.3 进行生产和管理调整

为加强管理进行组织的重新调整。为了提高运作效率，福特公司进行了大量的组织调整，以减少日常开支，并加强公司在计划、工程、采购和研究方面的能力。主要内容是1975年初福特北美汽车公司制定的战略，该战略将制造、生产、工程、销售和采购等部门合并以降低运营成本，并为之提供一体化的管理指导。

进行一系列改造及扩张项目投资。在1973年期间，福特公司大幅扩张了设备，在全球54个地点增加了总计超过470万ft²的设施支出，达到创纪录的8.92亿美元，比1972年高出近1/3。1974年公司新建了570万ft²的全球工厂，年内的设施开支超过10亿美元。其中近7亿美元计划用于美国的项目，其中约1亿美元用于遵守政府规定的安全、损害能力和污染控制法规。1977年公司增加了70%生产小型的、轻质量的v8发动机的产能；1980年公司在俄亥俄州巴达维亚镇建造一家新工厂，用于生产小型车用的轻型汽车自动变速器。福特在亚特兰大、乔治亚州、默瓦市、新泽西等地的汽车组装工厂扩建了共计超过78.6万ft²的工厂设备（见图7-52，图7-53）。

图7-52 福特公司累计PPE总值（百万美元）
资料来源：福特汽车

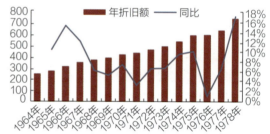

图7-53 福特公司年折旧额（百万美元）及同比
资料来源：福特汽车

投资能源回收及再利用项目，减少制造过程中的能源消耗。福特公司通过重新设计美国的每条汽车生产线和大部分货车生产线来实现燃油经济性和竞争目标。此外公司启动了一系列计划，以减少其工厂的石油和其他的能源消耗，使其在满足自身能源需求方面更加自给自足，并帮助经销商和供应商节约能源。包括1974年福特在美国每月回收35万多美加仑石油的石油回收和再利用项目，改进工厂机械维护项目，降低公司设施的照明和温度水平等。

5.4 产品质量问题损害企业形象

美国成立专门交通安全管理机构，福特频繁召回汽车。1965年美国联邦政府成立了国家高速公路交通安全管理局（NHTSA），目的在于促使民众增强对汽车安全性的重视。其中一种措施就是强制性召回，这在20世纪70年代非常普遍。1975年，为了发现存在安全隐患或排放缺陷的轿车或货车，福特公司进行了42次召回活动，涉及当年和过去车型年份的近130

万辆汽车。福特公司在世界其他地方也进行了召回活动：1976年福特在欧洲进行了23次召回活动，向65.7万辆轿车和货车的车主发出通知，其中许多受影响的车辆已运往出口市场。

PINTO燃油系统的设计存在缺陷。在几起与PINTO追尾事故有关的致命火灾发生后，PINTO的油箱设计受到了媒体和政府的密切关注。PINTO的设计将油箱安装在后轴后面，这种设计使油箱在发生交通事故时经常被撞到，且由于油箱缺乏保护，撞击之后差速箱螺栓或附近的其他尖锐零件也很容易刺穿油箱。另外车辆注油管的设计也不合理，容易在撞击事故中折断。这一系列设计缺陷使事故中发生汽油泄漏的概率大大增加，从而导致起火事故。

为节约成本忽视安全问题，销量受到严重影响。1970年福特公司内部的《最终测试报告》中已经表明PINTO汽车燃油系统存在严重缺陷，在25mile/h的测试速度下发生碰撞就会出现汽油泄漏。机械师们提出了一系列修改方案，用以提高PINTO汽车的油箱安全性，但都被否决，原因是改进方案会极大提高汽车的设计成本。此外，1975～1976年生产的水星BOBCAT采用了与PINTO相同的油箱设计和结构特点，在后方碰撞事故中也出现类似的结果。在NHTSA和社会施加的压力下，福特公司于1976年做出了安全设计变化，并在1978年召回了190万辆1971～1976年生产的PINTO和1975～1976年生产的水星BOBCAT，在油箱和可能的击穿位置间放置了聚乙烯护罩，延长了加油管，改进了油箱的加油密封。但1970～1978年间已经发生了上百起与PINTO汽车追尾事故有关的诉讼，包括著名的Grimshaw诉福特汽车公司案和印第安纳州诉福特汽车公司案，PINTO设计缺陷导致累计超过500人死亡，对其销量产生了明显影响，降价和现金折扣等措施均未能挽回销量的下滑（见图7-54）。

众多安全丑闻使福特企业形象受损。20世纪70年代，福特还存在自动档汽车会从停车档无征兆变成倒车档的现象，1969～1979年由于这一缺陷发生了至少128起死亡事故和1700起伤害事故。此外公司还涉及由变速器问题引发的240桩诉讼案件。当时

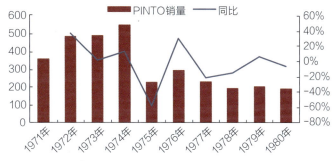

图7-54　福特PINTO销量（千辆）及同比

资料来源：carsalesbase

的社会调查显示，36%的消费者认为福特汽车存在安全问题，而认为通用汽车危险的消费者只占6%，克莱斯勒的这一指标更低。福特对安全问题的处理遭到了公众和媒体的指责，称福特只顾利益而忽视社会责任。

本阶段，福特面临多重危机。外部层面，联邦政府针对汽车行业出台了多项政策，涵盖车辆安全、环境保护等方面；同时由于石油危机的影响，燃油效率成为衡量汽车性能的重要指标之一，汽车生产商不得不采取措施提高车辆燃油效率；此外，日本汽车制造企业纷纷进军美国市场，对美国汽车生产商造成了强烈冲击。内部层面，福特汽车的生产成本大大提高，汽车定价缺乏优势；频繁的产品质量问题也使福特的企业形象不复从前，福特发展陷入困境。

6 选贤让能，外部人员掌管企业（1980~1998年）

1980年，亨利·福特二世退休，并任命菲利普·考德维尔为福特公司下一任首席执行官，这是第一位非福特家族的成员担任公司的最高管理者。本节主要介绍了福特公司由外部管理人员掌管经营权阶段的发展情况。

1992年以前，退休后医疗福利的费用是根据当年度的实际支出计算的。从1992年开始，退休后医疗保险福利的成本根据国家财务会计准则第106号（SFAS 106）的要求，在精算确定的基础上产生，该费用的处理从收付实现制转换为权责发生制。1992年福特公司采用新会计准则，决定立即确认上一年度未累积的退休福利义务，导致包括会计变动的一次性影响，公司净亏损73.85亿美元；扣除会计变更的一次性影响，公司净亏损5.02亿美元（其中包括1992年新的退休人员保健会计标准持续生效的税后费用4.55亿美元）。除了对1992年第一季度的收入产生了75.4亿美元的不利影响外，新准则下公司计提的120亿美元退休福利债务，可由45亿美元的预期税收福利抵消，因此公司的权益乘数也变动较大。但SFAS 106的实施并没有增加公司用于退休福利的现金支出（见图7-55~图7-58）。

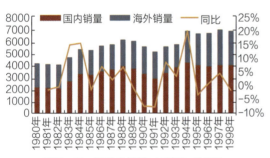

图7-55 福特总销量（千辆）及同比
资料来源：福特汽车

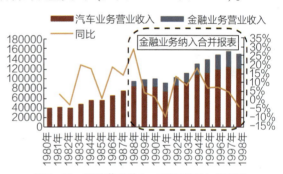

图7-56 福特营业收入（百万美元）及同比
资料来源：福特汽车
注：1988年起，福特公司把金融业务纳入合并报表。

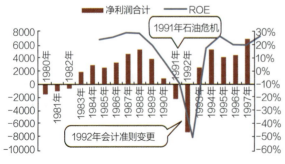

图7-57 福特净利润合计（百万美元）与ROE
资料来源：福特汽车
注：1980~1984年所有者权益数据缺失。

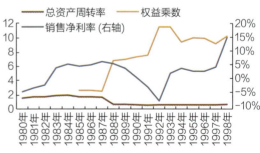

图7-58 福特杜邦财务分析指标
资料来源：福特汽车
注：1980~1984年所有者权益数据缺失。

6.1 提高产品质量，降低生产成本

福特在 20 世纪 80 年代实现了从危机到复兴的转折。80 年代初，福特公司因为产品质量问题使企业形象受影响，遭受严重的经营亏损，市场地位下滑到美国市场第三。考德维尔上任后严抓产品质量，此外还从多个维度采取行动以降低成本，提高生产效率，使企业尽快走出危机。80 年代末，福特市场份额上升到 22.3%。1987 年福特的利润超过了通用汽车公司，并且明显缩小了和丰田、日产等日本汽车生产商的差距。

6.1.1 加强质量控制，产品质量显著提升

转变生产理念，要求工厂提升产品质量。20 世纪 70 年代，福特汽车公司过于追求低成本、高利润，并且这一想法深入从管理者到生产工人的观念中，导致福特汽车频繁出现质量问题。而日系车凭借优秀的质量抢占了大部分市场，严峻的形势使福特公司改变了轻视质量的观念。福特实施改革初期面临着关闭弗吉尼亚诺福克工厂和关闭新泽西马瓦新工厂的选择。诺福克工厂比较陈旧，但生产的产品质量高，且员工关系较好；马瓦工厂是一所新工厂，但是其产品质量控制不佳，员工合作效率也不高。福特公司最终保留了诺福克工厂，坚持生产高质量产品，这也向其他工厂传递了福特公司将严抓产品质量的信号。1980 年，福特公司还为了解决生产程序缺陷而推迟护卫者车型的上市时间，虽然损失了部分利润，但重塑了公司重视质量的形象。福特公司为了提高产品质量采取的另一个措施是设置"停止按钮"。如果生产工人发现产品出现了质量问题，按动停止按钮可以立刻暂停生产线。使用生产按钮平均会耽搁 30s，但公司认为暂停生产的负面影响远远小于生产出残次品。在一家工厂中，工人们认为停止按钮对公司产品质量提升发挥了重要作用，将平均每辆车的安全隐患数从 17 降低至不到 1。

实施员工参与工程，增强了员工的质量意识。福特公司发起了员工参与（Employee Involvement，EI）工程，EI 工程使管理人员、设计员工和生产员工有互相沟通交流的机会，并对改进产品的生产工作提出更加有建设性的意见。重复性较高的意见和建议会被公司交由特殊团队进行研究，研究通过后予以采纳。例如在俄亥俄州沙龙维尔工厂，供应商提供的零部件质量不符合生产要求。EI 要求供应商提高零部件质量标准，否则将解除采购合同，最终供应商为了挽回订单改进了生产方法，提高了供应的零部件质量。EI 工程取得了较好的成果并进行了推广，到 1984 年，福特汽车公司的 91 家工厂中有 86 家执行了 EI 工程。

加强汽车安全。1997 年，福特的子公司赫兹公司与美国国家安全委员会合作推出了一项新的感知计划。赫兹公司在后续年份中致力于汽车安全，推出了新的婴儿安全保护计划，鼓励正确使用安全带和儿童座椅。1998 年，福特公司独特的被动式防盗系统已经成为欧洲汽车的标准，并成为北美大部分汽车的标准，这一系统的特点是除非使用特殊编码的钥匙，否则即使是通过热接线也无法起动发动机，这极大提高了汽车安全。在美国国家公路交通安全管理局的碰撞测试中，每一辆福特、林肯和水星汽车都获得了四星或五星的最

高评级,有 6 款车获得了最高的五星评级。福特是双气囊技术的领导者,北美的每辆 1998 款福特、林肯和水星汽车都安装了新型的第二代安全气囊。在欧洲市场上,福特公司也处于汽车安全的领先地位,福特公司是第一家为所有新车提供安全卡的批量生产厂商,该安全卡概述了如何正确使用落锁和儿童座椅;福特也是唯一一家提供加热前风窗玻璃选项(Quickclear)的批量生产商。

多项措施并举,质量受到认可。1996 年年底,福特成为世界主要汽车制造商中第一家在全球范围内获得 ISO9001 国际质量标准认证的公司。1997 年,《J. D. Power and Associates》的初始质量报告称,福特汽车在美国的初始质量同比提高 28%。根据《J. D. Power and Associates U. S.》的汽车可靠性研究测试,福特自 1997 年以来在长期耐用性方面表现出稳定和持续的改善。

6.1.2 提高运营效率,降低成本

加强成本管理,节约开支。新任 CEO 考德维尔在就职后的 2 年内把成本压缩了 40 亿美元,主要是通过加强北美汽车业务部门的成本管理。福特通过解雇雇员和关闭工厂、降低日常的管理开支、与供应商进行价格谈判等措施降低总成本,同时福特削减了一些对公司贡献不大的产品产量。此外,福特工厂明显提高了生产效率,改进后其生产一辆金牛座汽车耗时明显降低,通用或克莱斯勒公司生产相似类型汽车需要的时间是福特的 1.5 倍。高效率的生产使公司的生产成本明显降低,公司获利能力增强。

运用现代技术降低生产成本,提高效率。福特公司采用了立体雕版系统,这一系统简化了工程师对零部件的测试和设计流程。当未采用新系统时,工程师们如果要为一种新的自动变速器开发一种新的交流发电机外壳或涡轮叶片,通常需要用木材、塑料或金属手工制成部件,制造一个原型零件通常需要 6 周左右。而立体雕版系统可以在短时间内生成立体雕版。设计工程师先建立出新零件的计算机模型,立体雕版系统的计算机读取设计数据,并通过发射激光束使液体树脂在显微镜下进行加工,从而建立零件。以电子技术为基础的技术应用已扩展到福特汽车的其他领域。例如,福特公司使用计算机辅助设计软件创建三维车辆图像改进车辆研发过程。这一过程可以使开发时间最多缩短 6 个月,提高新车研发效率,减少不必要的成本。福特公司还采用了长期领导工程模拟技术,使用复杂的图形化计算机程序模拟当车辆撞向一堵墙时车辆的结构发生的变化。福特使用的是最强大的超级计算机系统 Cray Y-MP C90,该系统 80 亿/s 的运转和全天候的使用,加快和扩大了福特的工程模拟操作能力。福特在世界各地的工厂都使用现代技术来监控和协调操作,以提高效率。宾夕法尼亚州朗斯代尔市(Lansdale)附近的北珀恩电子设备工厂,使用集成计算机系统进行自动化测试、材料管理、仓储、组件交付和与供应商的数据交换。在密歇根州的米兰塑料厂,使用个人电脑和动画图形的系统简化了日常生产决策。为了进一步提高生产效率和质量,车身和装配业务更广泛地使用复杂的条形码技术,通过装配和运输过程自动跟踪车辆(见图 7-59,图 7-60)。

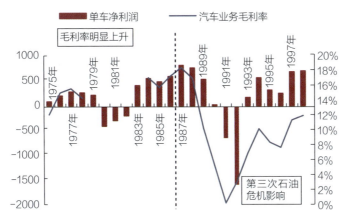

图 7-59　福特公司单车净利润（美元）与汽车业务毛利率
资料来源：福特汽车

图 7-60　原油价格（美元/桶）及同比
资料来源：BP

签订新的工资协议，降低人工成本。1980 年，日本汽车工人的平均工资是 10.78 美元/h，而福特的平均工资则超过了 20 美元/h，福特公司的人工成本明显较高（见图 7-61）。而且日本的工资每年的上涨幅度约为 7%，而美国的劳动力成本每年会上升 10% 以上，这将美日人均工资的差距进一步拉大。福特的人工成本不仅高于日本汽车生产商，也同样高于美国其他企业，这主要是因为福特公司之前签订的固定工资协议限制了成本的缩减，该协议使每辆福特汽车的制造成本比同类的克莱斯勒汽车高出 200 美元。过去的劳动合同已经不符合 20 世纪 80 年代的需要，过高的工资标准使公司不得不裁员以削减成本。导致汽车生产工人们虽然薪资水平高，但随时面临着被辞退的风险，面临较大的不确定性。1982 年，福特公司重新制定了劳动合同，以满足劳资双方的要求。新的劳动合同下调了工人工资并减少了假期，同时还将一部分员工无限期临时解雇，一部分员工暂时解雇，但新协议通过不转移生产任务和向任职 15 年以上的被解雇工人提供保障等措施加强了工人收入的稳定性，此外还提供了利润分享条款，提高了工人对未来的预期（见图 7-62）。

图 7-61　福特国内职工人数及薪酬总额
（百万美元）
资料来源：福特汽车

图 7-62　福特职工人均销量（辆）及人均营业收入（千美元）
资料来源：福特汽车

对工厂和设备进行适当投资，产能与需求相匹配。 到 20 世纪 80 年代中期为止，福特公司并未向生产中投入过多的资金来扩大生产规模。这是因为汽车行业的周期性较强，扩大规模会使企业在销售不佳的年份中空置产能，更严重时还需要解雇工人，不利于公司稳定的发展。福特公司秉持防止生产能力过剩的思想，没有修建新的工厂，而是投资改进现有的工厂和设备（见图 7-63）。1987 年后福特公司盈利能力增强，加大了对生产设备的投入，更加促进销量增长：包括在密歇根的装配厂投资 2.5 亿美元生产 1988 年的 CONTINENTAL，在俄亥俄州用于生产 1989 年 Ford Thunderbird 和 Mercury Cougar 的装配厂投资安装新的装配系统等，以提高产能、质量和运营效率。90 年代初，石油危机再次来临，福特迅速调整生产，压缩投资；后期形势好转后追加资本支出，扩大产能（见图 7-64）。

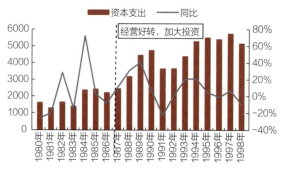

图 7-63　福特各年度资本支出（百万美元）及同比
资料来源：福特汽车

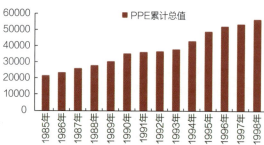

图 7-64　福特公司 PPE 累计总值（百万美元）
资料来源：福特汽车

6.2　加强优势经营业务

6.2.1　加强货车业务

货车市场消费观念变革。 20 世纪 70 年代中后期开始，货车市场发生了观念上的变化。不只是农场主们为了生产和劳作而购买货车，越来越多的城市居民也愿意购买轻型货车在日常生活中使用。为了适应市场需求，福特公司推出了小型货车游侠，受到了消费者欢迎（见

图7-65）。

货车比汽车更能够抵御外国生产商的竞争。福特货车业务受到外国汽车生产商的影响较小，能够长时间维持其市场地位。原因之一是福特货车结实可靠，不像乘用车一样频繁出现质量问题；另一个原因是美国的工业企业倾向于购买国内品牌；此外，货车顾客对价格的敏感性低，即使定价较高也不会对销量产生明显影响，因此货车能够贡献较多的利润。

货车业务为公司创造了较高营业收入和利润。福特的航空之星（Ford AEROSTAR）客货两用车和福特伊科诺利（Ford ECONOLINE）客货两用车一度成为福特公司最畅销的车型。20世纪80年代早期，福特的客用汽车市场份额较低时，公司的货车销量居行业领先地位，福特货车市场份额达到了40%，为福特公司提供了强有力的支撑。1995年福特公司在美国的货车销量首次超过汽车销量。福特的F系列连续14年成为美国最受欢迎的车型，并连续19年成为美国最畅销的货车（见图7-66）。Ford RANGER 连续9年成为美国销量最好的紧凑型皮卡。迷你货车 Ford WINDSTAR、Ford AEROSTAR 和 MERCURY VILLAGER 的销量在1994年也发生了全线增长，并创造了福特小型货车的总销量纪录。

图7-65 福特美国市场货车销量（千辆）及同比
资料来源：福特汽车

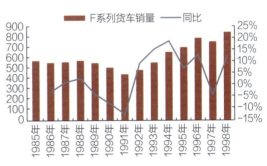

图7-66 福特F系列货车销量（千辆）及同比
资料来源：carsalesbase

6.2.2 加强国际业务

福特公司在海外市场发力，针对欧洲市场专门推出了嘉年华汽车，实现了欧洲业务的利润大幅增长，同时在亚太市场也保持着领先地位，并积极开拓拉丁美洲市场（见图7-67）。

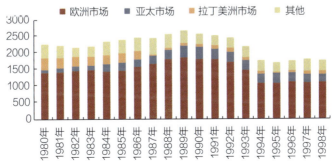

图7-67 福特乘用车及卡车海外销量（千辆）
资料来源：福特汽车

针对欧洲市场，推出嘉年华（FIESTA）汽车。 1976 年福特为欧洲市场专门推出了经济型汽车嘉年华，在欧洲市场取得了成功。凭借嘉年华汽车，福特成为欧洲汽车市场当年度的销量冠军，并扩大了其在欧洲市场的声誉，在此后的年份中，福特的欧洲分支机构都取得了很好的销售业绩。1986 年，欧洲业务实现了利润的大幅增长，比 1985 年增长了 71.5%，这一改善得益于创纪录的单位销售额和运营效率的显著提高。之后福特公司在欧洲的轿车和商用车销售进一步突破，创下了 8 个国家的销售和生产记录。英国福特连续 10 年保持汽车和商用车的市场领先地位，福特小型车 ESCORT、紧凑型车 FIESTA 和中大型车 SIERRA 占据了英国汽车畅销排行榜的前三名。为了给客户提供全方位的重型货车服务，英国福特公司还专门成立了福特卡车有限公司。

亚太市场。 在澳大利亚和新西兰，汽车销量连续 5 年保持领先地位；福特公司依靠 FALCON 家庭轿车和更大的 FAIRLANE 和 LTD 豪华车型保持了在澳大利亚市场的领导地位；在新西兰，福特和马自达成立一家了合资企业，为两家公司组装汽车。在日本，福特成为领先的外国汽车品牌。1988 年，除了本土生产的福特品牌汽车，北美制造的福特探针（Ford PROBE）、福特金牛座（Ford TAURUS）和林肯大陆（Lincoln CONTINENTAL），以及韩国生产的嘉年华（嘉年华五门），都是通过福特与马自达联合运营的 Autorama 经销商网络销售的。在韩国市场上，福特收购了韩国起亚汽车公司 10% 的股权，起亚公司负责为美国市场提供 Ford FESTIVA 迷你车。

拉丁美洲市场。 1986 年，福特汽车公司和大众汽车公司宣布成立合资企业 Autolatina，负责福特在巴西和阿根廷子公司的汽车和信贷业务。合资企业的主要作用是实现技术的不断更新，降低成本，最终改善福特在两国的业绩。1995 年，Autolatina 解散，同年，福特在巴西和阿根廷重新设立子公司。

6.3 推出具有吸引力的产品

福特公司在本阶段加强了对产品的研发投入和质量控制，以金牛座为代表的福特汽车在市场上广受欢迎。在美系车受日系车挤压，发展乏力的背景下，福特的市场占有率有明显提升（见图 7-68，图 7-69）。

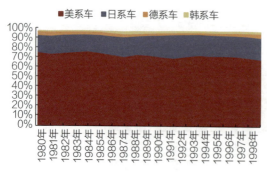

图 7-68 各国汽车在美国市场占有率

资料来源：Wind

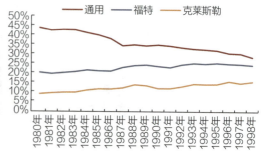

图 7-69 通用、福特、克莱斯勒公司美国市场占有率

资料来源：Wind

6.3.1 提升汽车各项零部件设计

福特的许多产品在性能、安全性和乘坐舒适性方面都取得了进步。福特公司对汽车进行了很多技术改进。采用电子传动控制，提供了更好的性能和换档质量；增加了防抱死制动系统，（ABS）用于改善在光滑路面上直线停车；补充前排乘客的安全气囊约束系统，可调的腰支撑座椅，高级音响系统等。利用计算机模拟技术提升驾驶体验。福特公司密歇根州迪尔伯姆的科学研究实验室的车身测试工程师采用计算机控制的模拟器，用来复制和测量粗糙路面条件对原型车身和底盘部件的影响，再根据研究结果提升驾驶体验。例如通过计算机模拟技术，识别出车身振动，并将可能导致车内噪声的振动降至最低。

加强对环境保护和燃油经济性的研究。福特公司在减少汽车尾气排放、使用可回收材料、提高塑料薄膜的可回收性、停止使用氟利昂制冷剂、减少工厂能源消耗等方面取得了重大进展，尾气排放也大幅下降，增强了产品的环保性。另外福特公司的研究人员致力于使用更轻的复合材料取代钢材制作车身。这类新材料制作的汽车改善了燃油的经济性和性能。研制出新型发动机。福特公司对钛、铝和陶瓷等材料在减轻发动机部件重量和能量损失方面的潜力进行研究，开发了第一个全铝发动机，这款发动机比之前其他型号更大的发动机更省油并且更安静。新型发动机可以采用铸铁或铝制造，也可以采用V8s或V6s的不同排量，如果需要，还可以安装多个气门，提供了更大的选择自由度。另一种新发动机是4缸、16气门的"zeta"发动机，这款发动机为在欧洲市场的福特小型和中型汽车提供动力。此外福特公司还进行了新型二冲程发动机的研制。

6.3.2 进行车型创新，建立新风格

福特公司对汽车进行了重新设计，受到市场认可。以往福特汽车的外形都与通用汽车相似，但这一阶段推出的新车型的外形发生了较大的变化——车身没有棱角，线条平滑，此外还加强了质量控制，提高了耐用性。1980年，公司启动了一项研发空气动力式产品阵容的工程，并且产品外观力求简洁。1983年，福特推出了包括天霸（TEMPO）和蜂鸟（TOPAZ）在内的5款新车型，旨在提供更环保、更省油、更现代的款式，与欧洲和日本进口汽车竞争（见图7-70，图7-71）。新车型充分利用了空气动力学的原理，降低了行驶时的风阻，提高了燃油效率。这几款汽车取得了不错的销售成果，并且其设计为更具开创性的福特金牛座铺平了道路。

图7-70 福特第一代TEMPO
资料来源：维基百科

图7-71 福特第二代TEMPO
资料来源：维基百科

(1)"金牛座"问世

推出金牛座（TAURUS）汽车。金牛座汽车于 1985 年底推出，最初基于 DN5 平台（于 1996 年更名为 DN101 平台，并于 2000 年更名为 D186 平台）构建。由于该车型在研发过程中改进了管理，金牛座的开发成本得到了有效的控制，仅为 29 亿美元。金牛座汽车在 34 年的时间内生产了第六代，中间经历过短暂的停止生产和重新启用：在 2006 年 10 月停止生产，金牛座和较大的福特皇冠维多利亚被全尺寸的福特 500 和中型 FUSION 轿车取代，金牛座旅行车被冠以跨界 SUV 品牌的福特 FREESTYLE 旅行车取代；不久福特公司又重新启用了金牛座，2007 年芝加哥车展上推出金牛座和金牛座 X。新金牛座汽车采用沃尔沃衍生的 D3 平台成为全尺寸汽车，提供前轮或全轮驱动（见图 7-72）。

金牛座注重细节、设计精良，车辆质量得到保证。金牛座是一款以高质量为卖点的汽车，也是一款真正顾客导向型的汽车。金牛座在设计方面注重细节，做工也尤为细致，尽最大可能让使用者有更舒适的体验，例如：关闭车门非常省力，仅需要用小指就可以将完全敞开的车门关上；驾驶室的设计让驾驶员的操作更加舒适方便。金牛座采用了前轮驱动的设计，是福特生产的第一辆中型前轮驱动汽车，这一设计使金牛座虽然尺寸较小，但内部空间较为宽敞。此外，福特公司还使用了计算机技术和其他技术使汽车提高发动机功率的同时降低油耗。金牛座汽车的另一个突出设计是它的操控和悬架，这使汽车能够精确驶向指定驾驶地点；方向盘和抓地性能也进行了相关的改进，使驾驶更加轻松。早期的金牛座也存在质量问题，但福特公司对质量问题的处理方式发生了转变，进行及时的维修和质量改进，并且得到了美国商业改善局（Better Business Bureau）的认可。

金牛座受到市场的广泛欢迎。1987 年，金牛座的生产跟上了其市场需求，成为美国最受欢迎的汽车，金牛座的大卖也使福特汽车的平均每加仑英里数明显降低。从 1985 年的发布到 2007 车型年的首次退出，福特共组装了超过 750 万辆金牛座车型。金牛座是北美第五畅销的福特车型，仅次于 F 系列货车、护卫者、T 型车和野马汽车。在 1992～1996 年，金牛座是美国最畅销的车型（见图 7-73）。

图 7-72 福特 1991 年金牛座 GL SEDAN
资料来源：维基百科

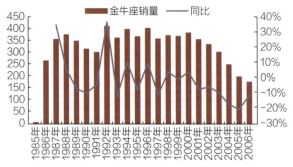

图 7-73 福特金牛座汽车销量（千辆）及同比
资料来源：福特汽车

(2)中型 SUV "探险者"获得成功

推出 SUV 探险者（EXPLORER）增强企业竞争力。1991 年，福特推出了中型 SUV 探险者，这是福特生产的第一款四门 SUV，取代了双门 MUSTANG Ⅱ（见图 7-74）。为了更好地与 CHEVROLET S-10 BLAZER 和 Jeep CHEROKEE 中型运动型多功能车竞争，福特用尺寸更接近竞争对手的车辆代替福特 BRONCO II。探险者帮助福特脱离困境。探险者开创了中型 SUV 的细分市场，上市即受到公众追捧，在美国市场畅销。20 世纪 90 年代，探险者是美国销量最高的 SUV，帮助福特脱离 1990 年的第三次石油危机和 1991 年海湾战争导致的经济困境。1991 年，探险者上市后的第一年销量就高达 25 万辆（见图 7-75）。

图 7-74 福特第一代探险者
资料来源：维基百科

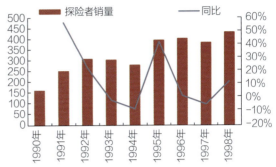

图 7-75 探险者销量（千辆）及同比
资料来源：福特汽车

探险者采用了一些通用设计，同时进行了空气动力学方面的改进。福特探险者与福特 RANGER 有多的共同点，这两款车型共享其前保险杠、挡车、前照灯、格栅和车轮；EXPLORER 与 1989~1992 年的福特 RANGER 共享除了方向盘毂以外的整个仪表板。除了创新性地采用四门布局，探险者与福特游骑兵的主要区别是进行了两个空气动力学方面的改进：外部导流槽的消除（通过将门包裹到车顶实现）；侧视镜被整合到门上，而不是固定在门上。

市场环境恶化，但福特汽车仍广受欢迎。1990 年，由于外部环境的变化，福特汽车的销量和整体收益都有所下降。主要世界市场，特别是北美的经济状况恶化削弱了工业销售，导致了汽车销售整体水平的下降，每个汽车企业都受到了冲击。此外 1990 年汽车行业发生了结构性变化，表现出明显的产能过剩。销量的下降不可避免地导致了较高的营销成本，导致了 20 世纪 90 年代初期财务报告中营业收入大幅减少。1991 年，福特汽车公司经历了历史上最困难和最具挑战的一年，汽车业务受到主要市场严重衰退的不利影响，开发新产品成本不断上升，全球经济疲软和行业产能过剩进一步加剧。但福特汽车在 1991 年仍然占据了全美最畅销的 10 款汽车中的 5 款，以及全美最畅销的 4 款货车中的 3 款。

6.4 积极进行并购活动

在汽车业务和金融业务都进行并购活动，增强了公司竞争力。福特公司从 20 世纪 70 年代开始逐渐收购日系马自达汽车公司的股份，共享产品、技术和渠道等，增强自身在亚太等新兴市场的发展潜力。90 年代又收购了欧系的顶级跑车品牌 Aston Martin、豪华轿跑品牌 Jaguar 以及沃尔沃的客用汽车部门，进一步加强福特在高档汽车市场的地位。自 1998 年之后的几年中，福特高档车销量占福特汽车总销量的百分比上涨。在多次收购活动后，福特公司提供从经济型到豪华型的全系列汽车，以满足客户多样化的需求，并且致力于在每一辆车上实现更高水平的安全、可靠性、舒适性、操控性和价值。福特还与经销商紧密合作，以更高的标准实现更快、更友好、更可靠的服务，让客户获得更好的服务体验，提高顾客的满意程度。此外，福特的金融业务在这一阶段迅速发展，成为公司的现金牛，与汽车业务互相支撑。业务的多元化还提高公司的风险承受能力。

6.4.1 与马自达合作，扩大市场

早期与马自达进行合作，成立变速器合资公司。20世纪60年代，东洋工业公司（马自达的前身）陷入财务困境，福特借助机会开始与其合作，旨在开发小型车，开拓亚太市场，与日本汽车制造商竞争。1969年二者合资公司——变速器生产公司在日本成立。福特拥有新公司50%的份额，日本的日产汽车公司和东洋工业公司（马自达的前身）各持25%的份额。该公司在日本的生产活动遵从福特汽车公司的技术援助和专利许可。1971年，马自达B系列作为福特COURIER在北美推出。

收购马自达的股份，合作广度、深度增加。1979年，为了扩大与马自达的合作范围、增加合作深度，福特收购了马自达24.5%的股份。20世纪80年代，福特品牌的马自达产品取代了福特品牌已有的大部分产品线，尤其是在亚太市场，福特LASER和福特TELSTAR取代了欧洲进口的福特ESCORT和福特CORTINA。1980年马自达开始向福特供应手动变速器，并且马自达的Familia平台被用于福特LASER和ESCORT等车型，而卡佩拉（Capella）架构则被用于福特TELSTAR轿车和PROBE运动型轿车。1986年，福特汽车公司和马自达汽车公司宣布，将在新西兰成立一家合资企业，为两家公司组装汽车。90年代，马自达由于受到1997年亚洲金融危机等事件的影响，进一步陷入财务危机。1996年4月，福特公司收购了马自达。

和马自达的联盟成功，扩大市场。福特和马自达联手开发了多款畅销的小型车包括ESCORT、LASER和PROBE等，福特在资金方面帮助马自达，使其每年节约大约9000万美元的开发成本，马自达在技术和平台方面帮助福特，使福特拥有了与日本汽车制造商抗衡的产品，并进一步开拓了日本市场。马自达瞄准的不仅仅是亚太市场，还有北美市场和欧洲市场。

6.4.2 收购Aston Martin、Jaguar等，丰富豪华品牌

收购顶级跑车品牌阿斯顿·马丁（Aston Martin）。1987年，福特公司以3300万美元的价格取得了英国顶级跑车品牌阿斯顿·马丁的控制权。1994年，福特收购了阿斯顿·马丁的剩余股份，阿斯顿·马丁成为福特的全资子公司。阿斯顿·马丁成立于1914年，该品牌主要产品使造型别致、精工细作、性能卓越的超级跑车，在汽车市场上和消费者心中始终占有特殊的位置。阿斯顿·马丁跑车需要预定，并且被福特公司收购前每星期只生产五辆，在市场上非常稀缺。福特公司收购阿斯顿·马丁后，为其提供了充足的资金进行新车型的研发和产品的推广。阿斯顿·马丁的产量提高，并新设了多个专门的经销点。

收购捷豹（Jaguar），互利互赢。1922 年，威廉·莱昂斯创立捷豹，捷豹以制造摩托车的边斗车起家，1931 年转型生产汽车，成为轿跑车制造公司，其产品定位是典雅高贵的轿跑车。1989 年，福特以 25.2 亿美元收购捷豹，意在全球高端汽车市场发力。福特的收购也使捷豹获得了全球范围内的技术基础和新产品开发资金。在福特旗下期间，捷豹销量有明显提高。1997 年，捷豹的销量达到了 8 年来的最高点。得益于新款 XK8，捷豹创下了该公司 75 年历史上最高的跑车销量。

收购罗孚、沃尔沃和路虎，加码欧洲布局。1999 年，福特公司以 64.7 亿美元收购了沃尔沃客用汽车部门。沃尔沃汽车是一个以安全和环保著称的高端品牌，福特接手了沃尔沃想要剥离的汽车业务。2000 年，福特公司用 30 亿美元从宝马公司手中买下了罗孚汽车公司，包括其著名的豪华四轮驱动汽车罗孚揽胜（RANGE ROVER），丰富了福特的四轮驱动汽车系列。同年福特公司又收购了另一个强大的全球品牌路虎，并成功地将其整合到公司的整体业务中。路虎由英国中部的路虎索利赫尔装配厂组装而成，出口到包括高端 SUV 的最大市场北美在内的全球市场。

6.4.3 发展金融业务

并购多个金融机构，扩大经营范围。1987 年开始，福特公司收购了 ICA 抵押贷款公司，包括哥伦比亚储蓄银行在内的六家储蓄机构以及 Associates 等一系列金融信贷公司，进一步发展金融业务，并在 1988 年把金融业务合并入表。20 世纪 80 年代，福特汽车信用公司（Ford Motor Credit Company）贡献了大量的利润，其业务范围包括汽车贷款等方面。1986 年，金融和保险业务实现了创纪录的增长，成为福特汽车信用公司规模最大的融资业务，福特信用公司为福特汽车提供了 250 亿美元的汽车动机零售融资，其零售客户目前已超过 400 万辆。福特汽车信用公司 1986 年的利润达到 6.11 亿美元，比 1985 年增加了 1.71 亿美元，增长了 40%，资产合计为 400 亿美元。福特信用公司是全球第二大融资公司。1988 年，福特信用公司的利润占福特当年总利润的 1/5。1990～1993 年经济衰退期间，福特的汽车业务亏损，金融业务为公司贡献了大量利润。公司制定的后续发展战略也把金融业务放在重要位置，其中心战略为以汽车业务为基础，并向金融服务领域扩张。

福特公司在 20 世纪 80 年代初发生了经营亏损，陷入困境。管理者通过加强质量控制、降低生产成本等措施提高了企业的经营效率；公司还扬长补短，加强货车业务、国际业务等优势经营业务，并在相对处于弱势的汽车业务发力，推出新的有竞争力的产品，努力提升市场份额；另外福特还积极进行并购活动，填补空白产品价格带，扩大公司业务范围。这一系列改革取得了良好的成效，80 年代末福特的营收和利润都增长显著。虽然 90 年代初美国汽车工业整体面临较大冲击，但福特公司在危机过后迅速恢复，90 年代的市场份额继续上升，成功完成了从衰弱到复兴的转变。

本阶段福特公司的最高管理者都是福特家族以外的员工，企业的控制权和经营权发生了分离。纯粹的管理者身份使他们能够将更多精力投入到企业经营中，企业经营明显改善。

7 道路曲折，面临新时代挑战 (1999～2008年)

进入21世纪，汽车制造业的发展面临新的挑战，产能过剩和成本过高的问题制约了大多数企业的发展。福特在全球的汽车总销量下滑，且经营出现问题，亏损严重，公司发展的前路曲折（见图7-76～图7-79）。

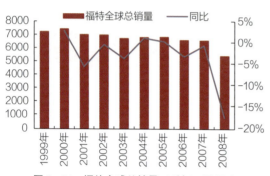

图7-76 福特全球总销量（千辆）及同比
资料来源：福特汽车

图7-77 福特营业收入及净利润（百万美元）
资料来源：福特汽车

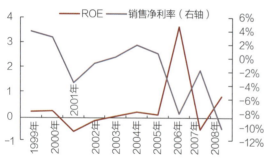

图7-78 福特公司ROE及销售净利率
资料来源：福特汽车

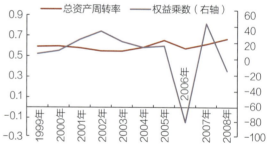

图7-79 福特公司权益乘数及总资产周转率
资料来源：福特汽车

7.1 宏观环境恶化

7.1.1 经济下行，汽车行业产能过剩

全球经济金融市场面临危机。进入21世纪后，全球经济发展疲软，美国经济衰退，世界其他主要市场紧随其后也呈现出低迷态势。房地产市场的大幅调整，尤其是美国和英国市场的大幅调整，加上抵押贷款支持证券和相关证券的估值下降，共同催生了信用危机。经济危机在2008年第四季度爆发，全球主要市场受挫（见图7-80）。

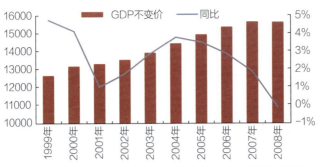

图 7-80 美国 1999~2008 年 GDP 不变价（十亿美元）及同比

资料来源：Wind

产能过剩，行业竞争激烈。 2008 年全球轻型车（约 9000 万辆）的产能估计比全球产量高出约 2400 万辆。尽管福特和通用汽车都宣布了大幅削减产能的计划，但这些削减需要数年时间才能完成，而且只能部分解决汽车业产能过剩的问题。由于汽车制造商对这些经济状况未能加以防范，全球汽车行业竞争加剧。汽车行业的许多主要竞争对手为保持市场份额，对汽车销售提供营销激励，包括融资或租赁补贴计划、价格回扣和其他激励措施。这些竞争的继续或加剧对福特的经营业绩和财政状况产生了重大的不利影响。外国企业进一步加大美国汽车生产商竞争压力。日本和韩国制造商在美国新增的制造能力也对汽车市场的价格压力做出了贡献，如 2006 年丰田公司在美国得克萨斯州建厂。此外，日元兑美元仍然疲软，兑欧元处于历史最低点，这大大增强了日本汽车制造商的巨大成本优势，尤其是日本对这些市场的出口。在欧洲，汽车行业也面临着巨大的定价压力，整体豁免规定更加剧了这一压力（见图 7-81，图 7-82）。

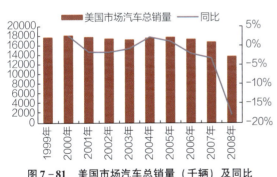

图 7-81 美国市场汽车总销量（千辆）及同比

资料来源：Wind

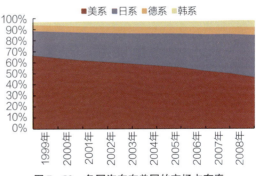

图 7-82 各国汽车在美国的市场占有率

资料来源：Wind

7.1.2 汽车生产商面临成本压力

生产成本高，盈利能力受材料价格和销量影响大。 福特公司同多数汽车生产商一样，固定成本高，经营杠杆大，因此相对较小的单位销量变化可能会显著影响整体盈利能力。20 世纪 90 年代中后期行业需求一直保持在较高水平，而一旦主要市场的经济增长放缓或出现负增长，或其他因素导致行业需求疲软，公司的经营业绩和财务状况就会受到严重影响。材料成本方面，大宗商品和能源价格上涨，尤其是钢材和树脂（这是福特两种大宗商品风险敞口，也是最难对冲的风险敞口之一）价格上涨，而且全球对这些材料的强劲需求仍在持续（见图 7-83）。

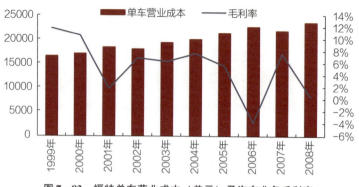

图 7-83 福特单车营业成本（美元）及汽车业务毛利率
资料来源：福特汽车

工人联合会谈判能力强，人工成本高。劳动力因素也会制约汽车行业的发展，福特公司在美国和加拿大的汽车业务中，几乎所有的小时工都由工人联合会代表，并受集体谈判协议的保护。福特与美国汽车工人联合会（United Automobile Workers）的协议和与加拿大汽车工人联合会（Canada Automobile Workers）的协议为工人的整个任期提供了有保障的工资和福利水平，并提供了重要的就业保障，但这些协议限制了福特公司在协议期间取消产品线、关闭工厂和剥离业务的能力以及改变当地工作规则和做法的能力。因此，这些协定也会妨碍福特执行提升效率的计划。

供应商面临经济困难，需要汽车制造商提供财政支持以确保零部件或材料的供应。汽车制造商承受着大宗商品成本压力和行业产能过剩的影响。这些因素也加大了行业供应基础的压力。汽车制造商如果因为供应商或其他原因而停工，将对公司的运营结果和财务状况产生重大不利影响。于是汽车制造商纷纷采取行动，向它们的供应商提供财政援助，以确保不间断供应材料和部件。福特公司在 2005 年从伟世通收购了 23 家北美工厂，以保护自身的零部件供应。在此次交易中，福特免除了伟世通公司 11 亿美元的员工相关费用，并产生了 4.68 亿美元的税前损失。

产品安全要求高，相关成本支出大。在美国和欧洲，政府出于对环境的关注、汽车安全性的提高以及对提高燃油经济性的需求，颁布了管制产品的规定。但对汽车制造商来说，满足许多政府规定的安全标准代价高昂，并且标准可能与为满足政府规定的排放和燃油经济性标准而降低车辆重量的需要相冲突。政府安全标准还要求制造商通过安全召回来纠正与机动车安全有关的缺陷，即如果制造商认定车辆不符合安全标准，则有义务召回车辆，此类召回活动的成本可能相当可观。此外，企业还会面临产品或其他方面的缺陷而引起重大的诉讼或政府调查，仅仅对相关诉讼或政府调查做出反应就需要花费大量时间、费用和其他资源。

7.2 企业自身出现危机

7.2.1 Firestone 轮胎事故

Firestone 轮胎出现问题，福特公司积极采取行动弥补过失。2000 年，新闻报道了配备 Firestone 轮胎的福特 SUV EXPLORER 出现多起翻车事故。NHTSA 介入了相关调查并证明了福特汽车上的 Firestone 轮胎在高速行驶和炎热天气下容易发生爆胎，因为 Firestone 轮胎导致死亡的福特汽车使用者共计超过 270 人。福特积极采取措施，截止到 2001 年 5 月，福特汽车公司称已收回 1300 余万个 Firestone 轮胎，因考虑到安全性的问题，轮胎的收回跨越了多款车型。2002 年福特公司还在 Ford EXPLORER 上设置了轮胎压力监测系统，并最终在所有的轻型货车和 SUV 上应用；公司还与政府、业内企业合作，创建了一个轮胎信息计算机数据库。另外，该事件严重挫伤了福特汽车公司与 Firestone 轮胎公司长期的伙伴关系，2001 年福特和 Firestone 终止了生意合作。

福特公司汽车销量受 Firestone 轮胎事件影响。尽管福特积极做出反应，但轮胎事件仍然给公司带来了严重的负面影响。轮胎问题让福特公司承受了共计超过 21 亿美元的直接损失，同时还伴随着消费者对福特汽车质量的怀疑。2001 年，美国汽车行业总销量同比下降 1.9%，而福特的汽车销量同比下降 5.6%，这与 Firestone 轮胎事件有密不可分的关系。福特的债券评级也跌到了近乎垃圾债券的程度，而 2001~2002 年福特的股价从每股 23 美元暴跌到每股 7.6 美元。

7.2.2 偏离核心业务

福特公司开展了消费者为中心的组织转型，开拓了相关和互联网业务和服务业务，意图获得更多的盈利增长机会。但这些业务的开展导致公司的核心汽车业务缺乏了应有的关注和正确的战略指导，对公司发展产生了负面影响。

发展互联网业务，进行资本运作。20 世纪 90 年代后期美国互联网产业高速发展，福特 CEO 雅克·纳赛尔没有选择在产品制造和产品设计的精益求精上集中精力，而是选择通过因特网技术获取利润。福特在 1999 年建立了一个综合电子商务战略，聘请了通用电气（General Electric）的高管布莱恩·凯利领导互联网工作。之后福特与高通（Qualcomm）成立了远程信息合资企业 Wingcast，旨在将无线、数字信息和娱乐服务与汽车业务相结合。2000 年底，福特与通用汽车、戴姆勒克莱斯勒、贝尔和豪厄尔共同推出了新售后配件网站，以加快服务配件的配送速度和效率。CEO 纳赛尔还痴迷于通过技术和网络的泡沫获取巨额利润。他计划将互联网公司与福特汽车公司绑定在一起，通过公司分立的方式将这些因特网相关的部分剥离出来，并通过 IPO 在资本市场上获得大量的投资回报。

进军服务行业和回收业务。福特公司这一阶段还致力于全球汽车售后市场的增长，进军了与汽车业相关的服务行业，支持这第一次世界大战略的主要活动是收购一些维修连锁店和提供保修期延长服务的公司等，其中包括欧洲的 Kwik-Fit 维修链。此外福特还建立了汽车消费服务集团为用户提高护理品牌汽车的服务，以及涉及了与汽车相关的回收业务。

7.3 采取行动渡过难关

不理想的经营业绩使福特公司意识到了自身发展战略不当，公司为了度过危机采取相应改进措施。尤其是2008年全球金融危机前后，福特公司进行了大刀阔斧的改革，努力使公司回到正轨。

7.3.1 降低成本，削减产能

与供应商签订协议，材料成本降低。在2005年，福特公司与全球选定的战略供应商签订新的长期协议，以加强合作，发展可持续的商业模式，推动双方的盈利能力和技术发展。这个新的业务框架旨在与更少的供应商建立更紧密的关系，从而将福特公司20个高影响组件系统采购的供应商数量减少约50%。此外，福特还建立了具有共同目标和流程的跨功能组件系统团队，以建立组件系统业务计划，从而进一步降低材料成本。通过这些行动，福特目标是到2010年，除特殊项目外的净材料成本削减至少60亿美元。福特还与其最大的供应商Visteon Corporation达成了一项协议，在该协议中福特接管了美国和墨西哥的17家工厂和其他6家工厂。这些资产被转移到福特控制和管理的汽车零部件控股有限责任公司（ACH），以保护短期内关键零部件的流动，并随着时间的推移，提高公司的采购灵活性和成本竞争力。

重新设定福利计划，降低人工成本。自2007年1月1日起，公司对2001年6月1日前聘用的美国受薪雇员，为退休人员医疗福利设定了2006年的公司供款上限；此外，对于2004年1月1日之前受雇、2006年6月1日或之后退休的美国受薪雇员，公司支付的退休人员人寿保险福利上限为5万美元。这些福利的改变导致2005年底其他退休雇员福利（OPEB）义务减少约30亿美元，并在2006年减少了约4亿美元的持续开支。相关的现金储蓄将随着时间的推移而增长。2005年12月，福特与全美汽车工人联合会达成了一项协议，将增加退休人员的医疗保健费用分担。作为协议的一部分，福特将设立一个独立的固定缴款自愿雇员福利协会信托基金，以减轻增加退休人员分担费用的财政影响。预计协议可令公司的OPEB债务减少约50亿美元，预计每年可节省约6.5亿美元的成本，并可减少约2亿美元的现金开支。

关闭工厂并辞退工人，以削减产能。福特公司之前一直处于产能过剩的状态，21世纪初公司的产能为570万辆，但是其年产量仅为480万辆左右，工厂的利用率一直在75%上下波动。2002年鉴于美国汽车市场现有和潜在参与者不断推出新车型，巨大的危机使福特无力继续保留其闲置的设施和人力，公司被迫削减产能，将其生产能力与实际产量和市场份额预期相匹配。公司关闭了新泽西爱迪生市的卡车工厂，克利夫兰和迪尔伯恩的发动机零部件工厂和圣路易斯的汽车工厂、亚特兰大装配厂、温莎铸造厂等14家制造工厂。这些行动使福特北美组装能力减少120万辆，约26%，并有助于提高组装能力利用率。在关闭这些闲置工厂的同时，福特将公司就业人数减少3.5万名，另外还砍掉了包括CONTINENTAL在内的四种车型。

7.3.2 开拓新市场

通过和长安集团等合作，打开中国市场。福特宣布与在华合作伙伴投资逾10亿美元，扩大生产能力，推出新车型，并在快速增长的中国市场拓展分销渠道。福特董事长兼首席执行官比尔·福特随后与长安汽车集团高层领导在长安福特合资企业破门动工，启动了工厂扩建计划，使该厂的年产能从目前的 5 万辆增至 15 万辆。2003 年 1 月，长安福特开始生产 Ford FIESTA，这是福特首款面向中国市场的国产汽车。紧随其后的是 2003 年 5 月推出的第二款汽车 Ford MONDEO。另外，福特旗下的马自达汽车公司（Mazda Motor Corporation）与合作伙伴合作，在中国生产和销售了逾 8 万辆汽车，包括中国年度最佳汽车马自达 6。江铃汽车公司在 2003 年的绝对汽车销量和盈利能力均创下纪录，福特拥有江铃约 30% 的股份。

加大对东南亚市场的投资，进一步扩张业务范围。2003 年底，福特和马自达汽车公司宣布，他们将向合资企业 Auto Alliance（Thailand）Co. Ltd. 再投资 5.5 亿美元，额外投资将支持新的汽车项目，并扩大工厂的产能。在泰国生产的 Ford RANGER 出口到全球 100 个市场，并在 2001 年和 2002 年获得了 J. D. Power and Associates 的最佳皮卡和初始质量奖。福特汽车公司在泰国的业务是该公司在亚太市场扩张的一部分。福特还对菲律宾的圣罗莎制造工厂进行了额外投资，作为计划的一部分，该公司计划将菲律宾作为 ASEAN（Association of South East Asian Nations）业务的地区出口中心。

7.3.3 剥离资产，专注核心业务

2007~2008 年，福特剥离了阿斯顿·马丁、捷豹和路虎三个豪华汽车品牌，出售了 Kwik-Fit 汽车维修公司、GreanLeaf 公司和纳赛尔时期购买的网站等非核心资产，减少了对马自达汽车公司的持股比例。福特汽车业务剥离资产前后资产对比见表 7-6。

表 7-6 福特汽车业务剥离资产前后资产对比（百万美元）

项目	剥离前	剥离后	变动	变动
流动资产：				
现金及等价物	20678	6377	-14301	-69.2%
可出售证券	2092	9296	7207	344.4%
贷款证券	10267		-10267	-100.0%
应收账款和票据	4530	3065	-1465	-32.3%
存货	10121	6988	-3133	-31.0%
其他流动资产及递延所得税	6046	3752	-2294	37.9%
来自金融服务的流动净应收款	509	2035	1526	299.8%
合计流动资产	54243	31513	-22730	-41.9%
非流动资产：				
长期股权投资	2283	1076	-1207	-52.9%
固定资产	35979	23930	-12049	-33.5%
递延所得税	9268	7204	-2064	-22.3%
商誉和无形资产	2051	237	-1814	-88.4%
停止经营的净资产	7537	8414	877	11.6%
其他资产	5614	1441	-4173	-74.3%
来自金融服务的非流动净应收款	1514		-1514	-100.0%

(续)

项目	剥离前	剥离后	变动	变动
合计非流动资产	64246	42302	-21944	34.2%
总资产	118489	73815	-44674	-37.7%
流动负债:				
应付账款	18955	11175	-7780	-41.0%
一年内到期的长期贷款	1175	1191	16	1.4%
到期债务	27672	29584	1912	6.9%
递延所得税	2671	2790	119	4.5%
合计流动负债	50473	44740	-5733	-11.4%
非流动负债:				
长期贷款	25779	23036	-2743	-10.6%
其他负债	41676	23766	-17910	-43.0%
递延所得税	783	614	-169	-21.6%
停止经营和持有待售业务债务	4824	5487	663	13.7%
合计非流动负债	73062	52903	-20159	-27.6%
总负债	123535	97643	-25892	-21.0%
所有者权益:				
权益总额	-5046	-23828	-18782	-379.4%
合计负债与所有者权益	118489	73815	-44674	-37.7%

资料来源：福特汽车

出售一系列资产，聚焦福特、林肯汽车业务。2007年，福特以9.25亿美元的价格将阿斯顿·马丁出售给了科威特 Adeem Investment of Kuwait、Investment Dar 和英国商人 John Sinders 的合资公司。2008年6月，福特以23亿美元的价格将捷豹和路虎品牌出售给了印度塔塔集团。2008年11月，福特出售了马自达20%的股份，将持股比例降至13.4%，放弃了自1996年以来对马自达的控股权。2010年11月18日，福特将其持股比例进一步下调至3%。2015年9月30日，由于股权稀释，福特的持股比例跌至略高于2%，福特出售了剩余的马自达股份。2010年三季度出售了沃尔沃品牌，2010年底停止了水星品牌。出售品牌首先使福特公司获得了收益，缓解了公司的经济压力（以出售阿斯顿·马丁为代表）；另外还有利于控制成本，捷豹和路虎品牌的固定资产不再计提减值，还降低了相关保修成本（主要是捷豹路虎保修成本）和其他间接成本。同时福特公司通过出售零部件子公司的工厂，降低公司过剩的产能，通过剥离非核心资产，使公司重新回归以福特、林肯为核心的汽车业务上，而不是被过度的多元化经营分散精力。

2009年，克莱斯勒和通用先后破产，福特通过一系列措施，使其避免了破产。

本阶段整个美国汽车制造业都面临宏观环境的不利影响，发展艰难。而福特公司由于将过多精力投入到以互联网行业为代表的其他业务中，其进一步削弱了自身的竞争力。后期福特调整了发展战略，通过削减产能和剥离资产等动作，逐渐将公司的经营拉回正轨，努力度过金融危机。

8 经营策略

福特汽车公司于 1903 年创立，并在建立后的 10 年中迅速发展，成为美国最大的汽车制造商，在世界其他各国的汽车市场上也产生了重要影响。福特公司对推动汽车工业发展做出了重要贡献，将汽车推向大众市场，并开启了汽车流水线生产时代。但是之后福特由于未能紧跟市场消费观念的变化，市场份额下降，先后被通用汽车公司和日本汽车制造商赶超，失去了汽车行业领导者的地位。

从美国汽车行业诞生到 1907 年，亨利·福特抓住汽车行业萌芽的机遇，凭借自己的专业知识和技能创建了福特汽车公司，并树立了生产面向大众市场的汽车理念，推出了受欢迎的车型。

1908 年至 20 世纪 20 年代中期，得益于流水线的建立，福特公司的生产效率大幅提升，福特汽车产销量都明显提高。T 型车的推出使公司在美国汽车市场以及海外市场大获成功，福特公司迎来了发展最辉煌的阶段。

20 年代中后期至第二次世界大战期间，由于消费观念的变化和福特公司管理层的错误决策，福特被通用赶超。虽然福特公司后续采取了扩大产品线、推出新车型等应对举措，但未能重新夺回市场。

40 年代中期至 60 年代中期：亨利·福特二世接手了福特公司，进行了大规模、多维度的改革，内容包括改革经营管理制度和推出新车型等。这些措施取得了成功，使福特成为一家现代化企业。

60 年代中期至 70 年代末，日系车进入美国市场，在宏观环境和行业政策等多方面因素的影响下，美系车企都面临很大的经营压力，福特自身也出现了严重的危机。

80 年代初至 2008 年金融危机，福特注重提高产品质量，增强经营效率，并大力发展自身优势业务，取得了良好成果，在美国三巨头中表现亮眼。但是美系车企的市场份额不断被日系车企抢占，福特也无法改变时代的趋势。2008 年金融危机前后，福特通过多项改革措施，剥离了大部分非核心资产，重新聚焦福特和林肯品牌，避免了破产。

爆款产品 T 型车推动了汽车的普及，也成就了福特公司。1900 年美国的汽车登记量只有 8000 辆，1905 年达到 7.8 万辆，1910 年猛增至 46.8 万辆，1920 年和 1925 年汽车的登记量分别是 923.9 万辆和 2000 万辆。汽车作为一种不太昂贵的大众交通工具得以普及，其发展主要是由福特和其他先行者推动的。福特 T 型车于 1908 年开始生产，在 T 型车推出以后，美国汽车的注册量迅速增长，汽车成为大众消费品得到快速普及。因此，笔者认为，T型车在很大程度上推动了汽车行业的发展（见图7-84）。

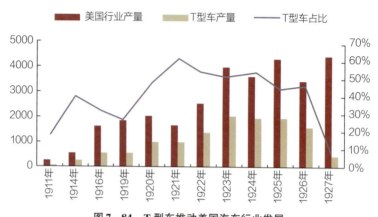

图7-84　T型车推动美国汽车行业发展

资料来源：《我在通用汽车的岁月》、维基百科

产品价格的下降，叠加操作更加容易，使T型车成为爆款产品。 T型车之所以能够快速普及，首先是其价格不再高昂，而且自推出以来，其价格几乎是持续下降的（个别年份受通货膨胀和配置提升的影响有一些上调），使汽车价格与人均可支配收入的比值大幅下降，扩大了消费者的范围。其次，该车优化的设计，不仅产品可靠性提高，而且使驾驶汽车更加容易，农民操作起来方便又简单，进一步扩大了消费者范围。

行业变革期，后来者若能准确把握趋势，有实现反超的可能性。 自福特1908年推出T型车到1926年，福特都是美国汽车行业销量的冠军，之后被通用超越。美国1906~1940年热销汽车型号数据见表7-7。福特能够成为行业销量的第一，是因为福特公司准确地把握了汽车行业的发展方向，实施了与其他竞争对手不同的战略，推出了市场最需要的产品。后来，通用之所以能超越福特成为第一，是因为在行业需求发生变革的过程中，通用准确地把握了市场的趋势，推出市场最需要的产品，而福特未能对新的变革做出准确的判断，推出产品的竞争力弱于通用公司。因此，当行业发生变革时，如果行业龙头未能做出准确的判断，而其他的竞争者实施了更为符合市场需求的战略，后来者是有可能实现反超的。

当一个新的高科技产品出现时，该产品可能成本较高，而且由于是新事物，也可能有一些使用上的难度。较高的价格和使用上的难度在一定程度上会阻碍产品的推广。因此，如果有企业推出的产品可以降低成本和使用难度，这款产品将在很大程度上可能成为爆款产品，爆款产品不仅可以使企业受益，甚至可能推动相关产业的发展。

目前汽车行业处于变革期，无论是电动车的推广还是智能网联技术的普及，都需要解决降低成本，提高产品可靠性的问题，并让用户在使用过程中更加便利。如果企业未能正确把握未来的发展趋势，制定了错误的策略，可能会面临危机；企业在发展过程中，应当重视核心人员，如果核心人员流失过多，必然影响企业的发展；企业在进行多元化发展的时候，必须考虑新投资方向的发展潜力以及自身是否有能力涉足新领域，外延发展不当，可能会使企业遭遇较大损失。

表 7-7 美国 1906~1940 年热销汽车型号数据

年份	1906 年	1910 年	1923 年	1928 年	1934 年	1940 年
品牌	奥兹莫比	福特	福特	福特	雪佛兰	雪佛兰
型号	Model B	Model T	Model T	Model A	Std. Series	Master 85
车身型式	标准型轻便小汽车	旅行车(Touring)	两驱轻便小汽车	两驱标准型车(2-dr. Standard)	两驱长途客车	两驱轿车(2-dr. Seda)
价格/美元	650	950	269	480	580	659
功率/hp	7	22	20	40	60	85
排气量/in^3	95.5	176.7	176.7	200.5	181	216.5
轴距/in	—	100	100	103.5	112	113
重量/功率	100	55	70	51	50	34
质量指数	100	132	137	179	232	248
价格/人均名义可支配收入	2.47	3.16	0.43	0.75	1.39	1.13

资料来源: Kimes and Clark (1996)。

第 8 章
本田汽车：后起之秀，生逢其时

章首语

本田汽车有限公司是一家日本跨国公司，其汽车产量规模名列世界前十，产品遍布亚洲、美洲、欧洲等国家和地区，同时也是世界上最大的摩托车生产厂家。

本田宗一郎于 1946 年 10 月创立本田公司。在世界汽车工业中，相比于欧美国家，日本的汽车工业起步较晚，本田从事汽车制造时间也晚于日产和丰田等企业，然而本田不断地发展壮大，超越竞争对手。

在石油危机和美国排放标准升级时，本田研制出了燃油经济性和排放性能俱佳的 CVCC 发动机，搭载该发动机的思域和雅阁在美国走红；美日自愿出口协议签订后，本田成为第一家在美国建厂的日系车企；20 世纪 90 年代，石油价格下降，大、中型车和 SUV 需求提升的时候，本田将雅阁改为中级车，推出 CR-V 以满足美国市场需求；在中国市场开启高增长的时候，本田在中国成立了两家合资公司。

本田的重要战略几乎符合每一个时代的主题，这是本田能由小企业成长到跨国大企业的关键因素。本田的成功离不开本田科学合理的制度，包括研发、生产、管理、采购、销售等，这些使本田的企业效率高，产品质量好，发展速度快。

本田的股价在 1975 年为 0.69 美元，2017 年为 33.5 美元，42 年的时间上涨了 47.5 倍，年复合增速为 12.9%。从这个角度来看，如果在 1975 年就投资本田公司，并长期持有，会有非常好的收益。

中国的汽车工业起步同样晚于欧美，相比于欧美的大型汽车企业，中国汽车企业如何追赶、超越欧美日的大型车企，是值得思考的问题。如何看待汽车企业的投资价值，同样值得思考。

笔者认为，研究本田的历史，将有助于企业理解汽车公司成长中的关键因素，并有助于理解汽车公司的投资价值。

注：本田公司公告中包含数据为财年数据，非自然年数据。

1 本田的诞生（1946~1963年）

1.1 本田初期为摩托车制造商

1946年10月，本田宗一郎在静冈县滨松市建立本田技术研究所，研究、生产制造设备和内燃机。这家技术研究所也就是本田汽车有限公司的雏形，而本田宗一郎也正是本田这家传奇企业的创始人和灵魂人物。1947年11月，山下工厂开始生产二冲程50ml A型辅助自行车发动机，其中也包括多个发动机部件的压铸。1948年2月，野口工厂在滨松市野口町成立。1948年9月，本田在静冈县滨松市正式成立，开始了摩托车的研究与开发。1949年，本田正式开始摩托车的大型生产，主要生产型号为配备了空冷98ml两循环单缸发动机的DREAM D型号摩托车。1950年9月，本田在东京建立了新工厂并于1951年3月在这家工厂开始了摩托车车身的生产（见图8-1）。

图8-1 本田美国子公司
资料来源：本田公司

1.2 探索海外业务

1948~1962年期间，本田主要致力于国内的发动机和摩托车业务，但也不断探索海外地区的销售和生产。这表明在发展初期，即使还未开始汽车业务的运营，本田就已经有了全球化生产和销售的理念和畅想，并付诸了实际的投入。1952年6月，本田开始进行出口，将CUBE F型摩托车销售到中国台湾等海外地区（见图8-2），同年10月，DREAM车型开始出口到菲律宾（见图8-3）。这也是本田在海外市场进行的第一次尝试，对本田的国际化道路有着启示意义。1954年9月，JUNO摩托车开始对美国的洛杉矶出口，这标志着本田开拓海外市场的勇气和眼界（见图8-4）。1959年，本田在美国洛杉矶开设了第一家海外子公司，同年，本田成为世界上最大的摩托车制造商（见图8-5）。这些举措为后期本田在海外地区尤其是亚洲和北美地区各种业务的发展提供了条件，海外的投资也为后续汽车业务在日本这些地区的发展和扩大提供了经验和基础。也正是有了摩托车业务在日本国内和国外的蓬勃发展，本田才具备了更强的技术和资本实力来进行汽车发动机的研究、开发以及大规模生产线的构建。此外，本田在生产摩托车时打造"为消费者带来喜悦"的积极品牌形象也一定程度上有利于后期本田汽车业务的扩张。

图8-2 本田首款出口摩托车 CUBE F-TYPE
资料来源：本田公司

图8-3 本田投产的首款大型摩托车 DREAM D
资料来源：本田公司

图8-4 本田首款出口到美国的摩托车 JUNO
资料来源：本田公司

图8-5 本田首款配备四冲程发动机的摩托车 SUPER CUB
资料来源：本田公司

2 汽车业务启动（1963~1969 年）

2.1 日本汽车行业稳步增长

1963~1969 年期间，日本汽车行业的年销量稳定增长，本田在市场中抓住机遇，从日本国内市场起步，启动了汽车业务，也开始了对海外（尤其是美国）发展的探索（见图 8-6）。

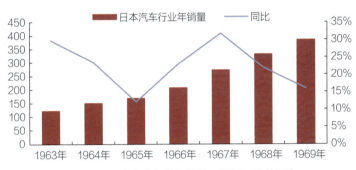

图 8-6 日本汽车行业年销量（万辆）及其同比
资料来源：CEIC

2.2 初期车型

T360 小型货车是本田生产的第一款汽车，其特色是配备了 **356ml 的四循环 4 缸 DOHC 发动机，具有同类车型中最大的货运能力**。T360 小型货车作为本田公司第一款量产的汽车，凭借其实用和创新性受到市场的强烈欢迎（见图 8-7）。第二次世界大战后日本政府规定，市民购买轿车必须提供独立家用车位证明，购买排量 0.36L 以内、尺寸不超过规定（长 3.4m，宽 1.34m，高 2m）的车可以不需提供家用车位证明，而 T360 刚好符合此标准，因此可以享受包括停车方面、税负方面、保险方面等多项折扣，这一点无疑是 T360 车型成功的关键。因此，本田通过恰当地把握市场标准和消费者心理，成功地打好了汽车业务的第一枪，进入了汽车行业。1964 年，本田对 T360 进行改造推出了 T500 车型，具有 531ml 的较高发动机排量。

图 8-7 T360 小型货车
资料来源：本田公司

S500 是本田销售的第一款紧凑运动型乘用车，它搭载了 531ml 水冷直列 4 缸四循环 DOHC 发动机，动力通过链传动传递到后轮。在 20 世纪 60 年代早期，日本政府认为日本的汽车行业已经饱和，并计划限制新汽车公司的建立。为了避免这种限制，1963 年 10 月，本田推出了一款名为 S500 的小型车（见图 8-8）。1964 年，本田推出的升级款车型 S600 的发动机排量增加到 606ml，这款 S600 车型也于 1965 年开始全面出口。1966 年本田在这系列推出的 S800 敞篷车和 Coupe 车型都具有更大的 800ml 发动机，并提供了优越的驾驶性能。

N360 是本田第一款微型乘用车，后续改进的 N600 车型更是成为本田第一款向美国本土出口的车型（见图 8-9）。

图 8-8 S500 乘用车
资料来源：本田公司

图 8-9 N360 车型
资料来源：本田公司

兼顾创新、效率和经济性。本田在不断增加全新车型种类的同时也不断对原有的车型进行深层次的改造和重新设计，这意味着本田以较低的研发成本和生产成本完成了产品线的丰富和拓展，较好地兼顾了效率、经济性和重要的创新，这也是本田一贯坚持的理念。

2.3 海外发展初探

1969 年，本田在中国台湾开设了汽车厂。这是本田在海外设立的第一家汽车工厂，标志着本田公司汽车生产全球化的开端。

鉴于本田摩托车在美国销售网络的构建和逐步完善，**本田开始以 N 系列作为其开始向美国销售汽车的第一次尝试**。1969 年 12 月，N600 车型在夏威夷上市，1970 年 5 月，美国本田开始在美国本土销售该车。本田刚开始在美国销售汽车时，主要是通过本田早些时候建立的摩托车经销商，随着销售的进一步拓展，N600 的销售网络逐渐扩大至包括加利福尼亚、华盛顿和俄勒冈的三个沿海州。摩托车的销售网络在为本田汽车的分销创造积极条件的同时也带来了挑战和弊端，因为美国汽车市场已经相对成熟，消费者根深蒂固地认为汽车应该只从汽车经销商那里购买，而用摩托车销售网络分销的汽车则给一部分消费者以不专业的印象，由此，本田开始在美国建立自己的汽车销售网络。这也为下一个阶段 CIVIC（思域）车型在美国的分销奠定了基础，全新销售网络的布局也是思域车型在美国大获成功的一个重要促成因素。

3 两次石油危机，扩大美国市场份额（1969～1982年）

3.1 美国《清洁空气法》与两次石油危机

随着工业化的发展和环境污染的进一步加重，美国决心推动环境污染防治政策。1970年，美国的环境管理工作从卫生、教育福利部转到新成立的环境保护局。与此同时，参议员 Edwin Muskie 提交了他的清洁空气法案，这被称为 Muskie 议案。这是对原本《清洁空气法》的重大修订，其标准比以往任何时候都更严格。它规定，1975年及其以后生产的汽车排放的 CO（一氧化碳）和 HC（烃类）水平应为1970年标准的1/10，而1976年及以后生产的汽车排放的 NO_x（氮氧化物）水平也应为1970年标准的1/10，这对于汽车厂商而言是极大的挑战。议案发布后，世界汽车制造商声称要达到这样严格的标准几乎是不可能的，虽然业界表达了强烈的不满，但美国国会仍于1970年12月31日通过了《清洁空气法》。该清洁空气法案不仅促使美国国家层面的环境工作重点从敦促各州开展污染防治项目转变到强制各州实行全国环境空气质量标准，还确定了污染物的级别标准以更好地保护公共健康和福利。此后，1977年又出台《清洁空气法》修正案，在污染源控制方面实行了"新源控制原则"，并细化了污染防治的工业技术。此期间，美国从法律体系建设上为空气污染和治理做出了巨大努力，其不断修订和增补的法律内容也在一定程度上促进了本田 CVCC 新型发动机的研发。

1973年10月，由于石油输出国组织宣布石油禁运，暂停出口，第一次石油危机爆发，直接导致油价上涨了近三倍。1979年左右，伊朗的石油产量受到政局和战争的影响而大幅度下降，全球原油供需的极度不平衡导致原油价格再次大涨，第二次石油危机爆发。约从1973年开始至1983年，欧美地区出现以经济低速增长、高失业率与通货膨胀并存为主要特征的滞胀危机，工业生产大幅度下降。两次石油危机不仅带来油价的大幅上涨，而且造成了石油短缺的现象，一些美国人为了给汽车加油而不得不在加油站排队数小时，这些促使美国驾驶员对汽车价值形成新的看法，他们不再满足于大型豪华的"油老虎"，开始青睐合理尺寸、燃油经济性好的小型车（见图8-10）。

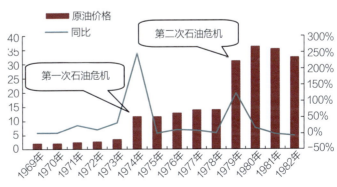

图 8-10 1969～1982 年原油价格（美元/桶）及同比
资料来源：BP 官网

3.2 CVCC 发动机的研发

在美国 1970 年《清洁空气法》颁布之前，本田就一直关注并追求高转速、高效能、低排放、低污染的发动机。在美国《清洁空气法》的促进下，公司开始建立一种低排放的发动机技术，本田认为满足《清洁空气法》是一个负责任的社会成员应尽的义务。因此，本田为了实现低排放不断努力，而不是盲目加入业界对《清洁空气法》的声讨。

1972 年 10 月 11 日，CVCC 发动机发布，这款发动机内部可以进行清洁并且充分完全地燃烧，不需要额外的装置例如催化转化器来进行催化和转化，这解决了二次污染的问题。而同期通用、大众等其他汽车公司则仍是通过蒸气控制系统、催化转化器等技术来降低碳氢化合物、氮氧化物的排放，减排效果低于本田。在生产方面，CVCC 发动机可以使用现有的往复式发动机制造，这意味着本田可以使用现有的生产设备，以较高的生产效率和较低的成本制造这款发动机。此外，因为只需要更换一部分气缸盖，CVCC 系统就可以应用于其他类型的车型，这个特性也有利于低排放发动机的普及（见图 8-11）。

C（复合）代表了具有主辅两个燃烧室的发动机机构。V（涡旋）表示主腔中产生的涡流或旋涡。由于从预燃室通过喷嘴喷射的火焰射流，涡流具有提高发动机燃烧速度的作用。CC（受控燃烧）代表了发动机正确控制燃烧速度的能力（见图 8-12）。

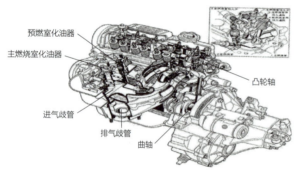

图 8-11 CVCC 发动机
资料来源：本田公司

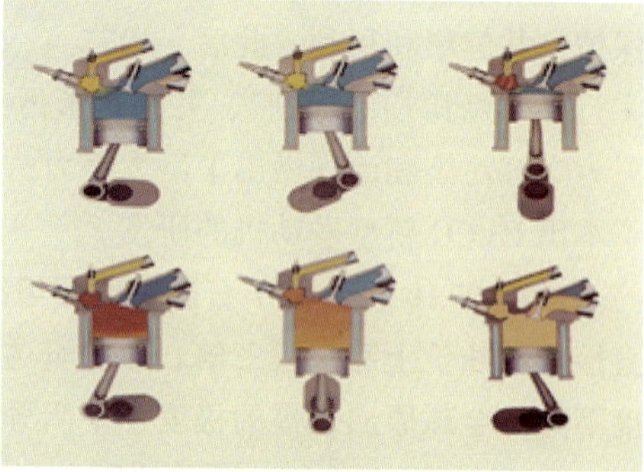

图 8-12 CVCC 基本运作机制
资料来源：本田公司

本田成为第一个满足 1970 年《清洁空气法》要求的汽车制造商。本田向密歇根安娜堡的 EPA 实验室递送了三辆汽车（其中一辆已经完成了 50000mile 的耐用性测试）并成功通过了排放测试。因此，本田汽车成为第一个通过严格的 1970 年《清洁空气法》要求的汽车制造商，同时也被美国国家科学院证实其相对于其他低污染的发动机而言经济效率更高。除此之外，本田还与 Toyota、Isuzu、Ford 和 Chrysler 等公司签订了关于 CVCC 技术的合约，这不仅预示着之后的收入和盈利机会，更代表着本田在发动机技术上的领先优势，也确保了本田作为全球汽车制造商的地位。

正是因为这款第一个通过美国 1970 年《清洁空气法》排放标准的 CVCC 发动机，本田在美国建立了良好的声誉和优秀的品牌形象。这促使更多的高品质供应商与本田建立了紧密联系，从20世纪70年代开始，本田逐渐形成了其在美国的销售网络。

3.3 思域率先打开美国市场

3.3.1 思域——生逢其时

第一代本田思域微型车于1972年7月11日推出，于1973年开始正式在日本销售。 它配有1169ml 4缸水冷发动机，具有前置动力盘式制动器。在1973年第一次石油危机的背景下，飞涨的油价带来了美国消费者对于汽车消费观念的转变，人们开始由大排量豪华车转向具有更高燃油经济性的节油小型车，而思域的出现正好顺应了宏观的经济背景和市场的这一潮流。同时由于思域发动机能够以含铅或无铅燃料运行，这使得思域比其他车辆有更大的燃油选择灵活性。1972～1974年，思域连续3年被授予"日本年度汽车奖"。1975年，本田正式引入了配备CVCC新型发动机的思域，这款思域搭载了第一款通过《清洁空气法》标准的CVCC发动机，在美国不仅获得了很好的销量，也赢得了很高的声誉。1976年，本田在思域平台拓展的基础上推出了一款三门掀背车，这也就是第一代的雅阁（见图8-13）。

第二代本田思域于1979年6月推出，这款车型提高了经济性、内部舒适性和驾驶性能。 第二代思域都采用了CVCC发动机驱动，并且每缸增加第三个气门，引入了稀薄燃烧涡流技术。1981年，本田推出了思域乡村版货车和思域四门轿车，其特点是具有架空驱动、前轮驱动的本田变速器。第二代思域包含了三门掀背车、四门轿车、五门掀背车和五门货车（见图8-14）。

图8-13 第一代思域
资料来源：本田公司

图8-14 第二代思域
资料来源：本田公司

3.3.2 思域在美国销量迅速增长

思域自推出以后销量增长迅速。 思域自推出以后销量增长迅速，为本田打开美国市场。从1973年思域被引入美国市场到1976年雅阁推出，思域几乎占据了本田在美国全部的销量（见图8-15）。1975年，随着思域CVCC车型的推出和思域车型的不断丰富，其在美国的销量增幅高达137%。1976年雅阁推出，之后思域在美国的销量基本稳定在了14万辆/年（见图8-16）。石油危机期间消费者对小型车的需求上涨，本田思域凭借其优越的燃油经济性销量大幅增加，在 1973～1981 年期间，思域在美国的销量从 3.2 万辆增长到 15.5 万辆。

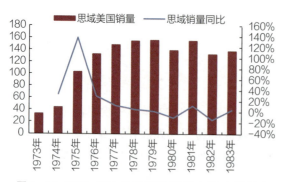

图 8-15　1973～1983 年思域美国销量（千辆）及同比
资料来源：carsalesbase

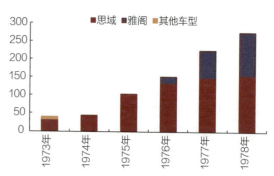

图 8-16　1973～1978 年本田美国车型销量（千辆）分布
资料来源：carsalesbase

1971～1983 年间，美国汽车市场紧凑型车市场占有率不断提升。 从美国紧凑型车、中型车和大型车的车型市场占有率变化来看，紧凑型车的市场占有率在 1971～1983 年期间经历了两次大幅度的增长，分别是 1973 年左右的第一次石油危机和 1979 年左右的第二次石油危机（见图 8-17）。思域作为一款性能优越的微型车正是在 1973 年推出的，顺应了时代的趋势，填补了欧美车企在小型车市场的空缺，因此受到消费者青睐（见图 8-18）。

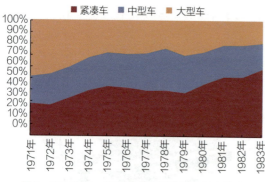

图 8-17　1971～1983 年美国分车型市场占有率
资料来源：Ward's Automotive Yearbook

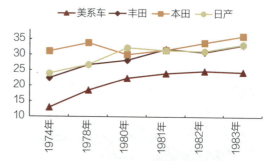

图 8-18　1974～1983 年本田美国车型销量（千辆）分布
资料来源：通用汽车

日系车的燃油经济性远好于美系车，主要生产小型车的日系汽车制造商代表：丰田、本田和日产在 1974 年的平均燃油经济性都在 20mpg 以上，本田的燃油经济性更是达到了 30mpg，而同期美系车的平均燃油经济性则处在 13mpg，这个数据甚至低于本田的一半。燃油经济性的巨大差别伴随着油价的飞涨直接导致了石油危机年代本田和其他日系车的畅销，也直接造成了美系车的窘境。因此，美系车也开始对车型结构进行调整并提高燃油效率，在 1983 年，美系车的燃油经济性上升到 25mpg，缩小了与日系车之间的差距，而本田的燃油经济性基本上一直处于领先地位。

随着原油价格的飞涨，日系车满足了市场对小型、节油车型的需求，其在美国的市场份额快速增加，从 1972 年的 5% 上升到 1980 年的 18%，本田的市场占有率由 1973 年的 0.3% 增长到了 1982 年的 3.5%（见图 8-19，图 8-20）。

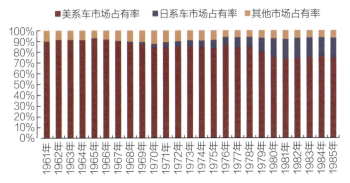

图 8-19　1961~1985 年美系车、日系车在美国市场占有率
资料来源：Wind

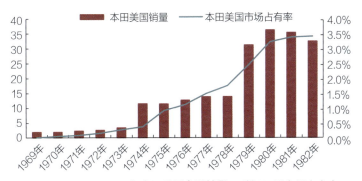

图 8-20　1969~1982 年本田美国车型销量（千辆）及市场占有率
资料来源：BP、Wind

3.4　雅阁的诞生

1976 年推出的第一代雅阁是在思域平台拓展的基础上演变而来的一款 1.6L 三门掀背紧凑型车，其配备了 CVCC 发动机。 1977 年，鉴于第一代雅阁的畅销，本田在美国市场推出了一款新的雅阁 4 门轿车。1980 年，本田推出了配备了 CVCC-Ⅱ发动机的 1.8L 排量版本雅阁（见图 8-21）。

图 8-21　第一代雅阁
资料来源：本田公司

雅阁自 1976 年推出以来，销量迅速增长，逐渐在美国市场形成以思域和雅阁为本田代表车型的局面（见图 8-22）。截至 1979 年，雅阁在美国的年销量已经超过思域，成为本田在美国销售的主要车型（见图 8-23）。与思域类似，雅阁的成功也主要在于其配备的 CVCC 发动机和优越的燃油经济性。雅阁作为比思域稍大的紧凑型汽车，一定程度上分流了思域作为节油小型车在美国的销量，不过其与思域构建的恰当市场细分也在一定程度上促进了雅阁在美国的销售增长，有助于本田整体销量的提高。

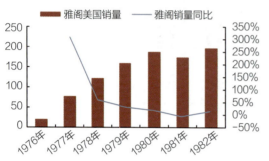

图 8-22　1976~1982 年雅阁美国销量（千辆）及同比
资料来源：carsalesbase

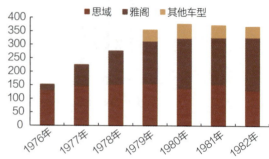

图 8-23　1976~1982 年本田美国销量（千辆）车型分布
资料来源：carsalesbase

3.5　提高运营效率，增加研发投入

本田募集资金以投资固定资产和推进研发进度。即使本田处在控制成本、提高效率的过程中，本田的研发部门不会受到成本削减的影响。本田的研发部门是本田汽车公司的关键部分，其研发资金来自一定比例的公司营业收入。因此，降低成本的措施并没有影响到研发部门。1973 年 10 月 22 日本田在日本公开发行 2600 万股，公开发行股份募集到的资本用于提升和完善基础生产设备，此外，这部分资金也计划用于研发低污染低排放的车辆。1974~1981 年，本田用于研发的费用稳步上升（见图 8-24）。

1975 年，工厂应用了新的生产系统以节约运输费用，这会极大地降低本田的盈亏平衡点，也使得本田毛利率提升至 30% 以上。盈亏平衡点的降低和毛利率的提高使本田能更好地应对市场需求的浮动和变化，使本田具备更好的抗风险能力。20 世纪 70 年代后期，在石油危机和经济危机的影响下，本田的毛利率和净利润出现了下降，于是本田主要着手扩大工厂产能，对生产线做出一些灵活的改变，使得生产线和产能能够更好地适应需求的浮动和较低的总体经济增长，其措施主要包括减少生产线中的人力因素，加大机器生产规模（见图 8-25）。

在生产过程中加大机器生产的规模，同时减少人工因素的举措不仅可以提升制造的精准度和效率性，而且可以降低人工成本从而控制生产成本，从而得以更迅速地应对宏观经济的动荡和市场需求的增减。但另一方面，投入的机器和设备也会带来大金额的折旧，从而增加固定成本。1976 年左右，因为不断攀升的固定资产数额，本田所计提的折旧占成本的比例上升至 4%（见图 8-26，图 8-27）。

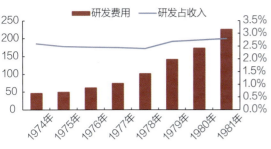

图 8-24　1974~1981 年研发费用（百万美元）支出
资料来源：本田公司
注：由于本田会计调整，1976 年的部分数据采用 1975 年和 1977 年的平均数。

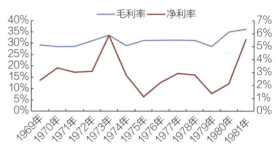

图 8-25　1969~1981 年毛利率与净利率
资料来源：本田公司

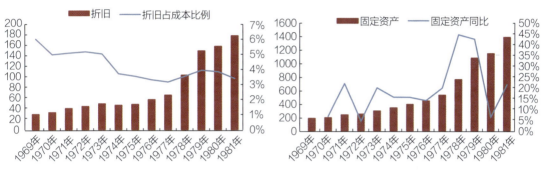

图 8-26　1969~1981 年折旧（百万美元）与折旧占成本比例　　图 8-27　1969~1981 年固定资产（百万美元）及同比
资料来源：本田公司
注：由于本田会计调整，1976 年的部分数据采用 1975 年和 1977 年的平均数。

本田在营运能力方面表现较为稳定。本田的存货周转率在 1970~1973 年略有下降，主要原因是随着本田产能和销售的逐渐扩大，本田的年末存货水平上升较快；而 1973~1981 年左右，存货周转率则趋于稳定。固定资产周转率和总资产周转率在 1969~1981 年间稳定上升，反映出本田较高的运营效率和资本利用效率（见图 8-28）。

图 8-28　1969~1981 年存货、固定资产、总资产周转率
资料来源：本田公司
注：由于本田会计调整，1976 年的部分数据采用 1975 年和 1977 年的平均数。

本田持续进行关于车辆安全的研究,通过新的车型构想向公众实践"Positive Safety in 本田"的口号。本田将安全放在首位并以保护环境为己任,在1969年建立了专门关注汽车燃料的小组,1970年成立了致力于研究与工厂环境污染相关议题的新部门。1971年本田建立了本田安全驾驶研究小组,在2000名发起人的支持下通过电视、报纸等媒介举办了倡导安全驾驶的活动,同时本田也参加了美国交通部门倡导并组织的项目,致力于研究安全驾驶模式。

20世纪70年代中期,本田继续推进安全驾驶运动的进展,积极在日本和其他国家开展关于安全驾驶的员工教育和水平提升培训,成立了IATSS非盈利组织以研究交通工具的安全性能。

3.6 海外市场的繁荣与危机

石油危机导致汽油价格大幅上升,燃油经济性好的小型车开始受到市场的欢迎。 本田在1972年推出的思域车型具有节油、低排放的特性,非常符合石油危机时市场的需求,抓住了机遇,迅速发展。此外,本田在1972年发布的CVCC发动机作为第一个通过1970年《清洁空气法》的发动机也极大地促进了本田汽车在美国的销售,进一步提升了本田作为技术领先、关心环境和社会的现代企业形象。

1976年,本田乘胜追击,继续推出以低污染、低油耗为特征的Accord雅阁车型。 雅阁车型的推出极大地促进了本田的总收入增长。在1977年,本田的总收入和净利润增速分别达到47%和188%。虽然本田在一定程度上受到1973～1983年经济滞胀危机的影响,但由于本田汽车经济、节油的特点,其在美国赢得了市场占有率的较快增长(见图8-29,图8-30)。

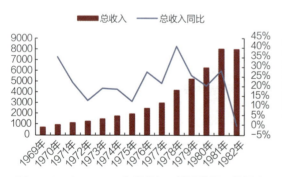

图8-29 1969～1982年总收入(百万美元)及同比
资料来源:本田公司

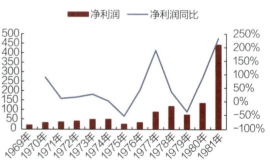

图8-30 1969～1981年净利润(百万美元)及同比
资料来源:本田公司

注:由于本田会计调整,1976年的部分数据采用1975年和1977年的平均数。

1978年本田在欧洲建立了本田Europe子公司, 由此,本田在欧洲的业务也步入了正轨。在1969～1982年的14年间,本田的总收入由644百万美元高速增长到7937百万美元,净利润由15百万美元增长到440百万美元,超过10倍的总收入增长和近30倍的净利润增长见证了本田在两次石油危机期间的高速成长。

日本国内市场稳步增长，海外市场是推动本田增长的主要驱动力。1969～1982年，本田的海外收入占比逐渐由35%攀升至70%（见图8-31），从销量分布也可看出，本田在日本国内的销量基本保持较为稳定地缓慢增长，而海外市场的销量增速更快，本田在该阶段的收入增长主要由海外市场拉动（见图8-32）。

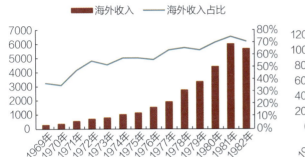

图8-31　1969～1982年海外收入（百万美元）及占比

资料来源：本田公司

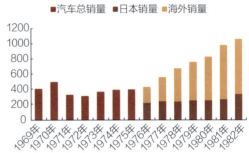

图8-32　1969～1982年本田汽车销量（千辆）

资料来源：本田公司

注：由于本田会计调整，1976年的部分数据采用1975年和1977年的平均数。

随着日系车在美国市场占有率的逐渐提高，贸易摩擦和贸易保护主义也对本田在美国的扩张构成了一定阻碍。 1980年2月，美日自愿出口协议签订，日本同意将1981年度的对美出口量控制在168万辆以内，之后逐年增长到20世纪80年代中期的200余万台，每家日本汽车公司将在这个数字范围内获得一定的出口配额。该自愿出口协议也在一定程度上促进了本田在美国建设工厂。1982年开始，本田在美国马里斯维尔建立了第一家汽车工厂。

4 美国建厂,稳固发展(1982~2003年)

4.1 日元的升值与欧美企业的反追赶

美国经济波动,本田销量稳步增长。 20世纪80年代初期,美国GDP(不变价)增速较为稳定,美国的汽车年销量增速也在1984年左右超过了15%,而全球经济受到美国经济增长的影响,许多国家市场都出现复苏迹象。1987年,美国股市在10月19日经历了"黑色星期一",一天内道琼斯指数跌幅高达22.6%。受经济萧条的影响,美国车市的总销量也在1987年呈现出-6.9%的负增长(见图8-33)。

日元的大幅度升值,给日系车企带来了挑战,促进本田加速海外建厂。 尽管日本在美国的工厂逐渐增多,但出口仍主导着美国的销售。日元自1985年以来大幅升值,1985~1988年的3年间,美元兑日元汇率连续3年大幅度下跌,从250日元/美元下跌至125日元/美元。日元的大幅升值意味着日系汽车制造商生产出口到美国的汽车价格上涨。例如丰田卡罗拉曾经是日本迷你车的代表,它的价格在1993年飙升至超过17000美元,与中档福特金牛座的价格相当。日本汽车在美国的市场份额由1991年的26%下降到1993年的23%。同时,日元的大幅度升值会极大地压缩日本出口型企业的利润空间,导致利润的缩水。这期间本田的净利润也出现一定程度的波动,这一定程度上推动了本田在海外产能的建设,加速在美国、英国等海外国家的工厂布局,逐步扩大海外地区的本地生产在海外销售中所占的比例,以更好地应对日元汇率波动的风险(见图8-34)。

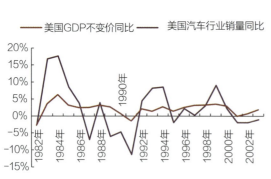

图8-33 美国汽车销量同比与GDP(不变价)同比
资料来源:Wind

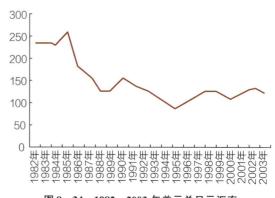

图8-34 1982~2003年美元兑日元汇率
资料来源:本田公司

90年代初石油价格再次走低。 1986年左右,随着石油输出国组织力量的逐渐瓦解和石油权力的不断分散,石油价格降到10美元/桶左右。国际石油市场的混乱无疑使得世界经济和金融体系产生混乱。1990年海湾战争爆发，国际经济制裁使伊拉克的原油供应中断，在三个月的时间内，国际油价由14美元/桶陡然上升至42美元/桶，但国际能源机构的应急计划较快地稳定了石油价格，及时遏制了第三次石油危机的影响，1991~1995年石油价格持续走低（见图8-35）。

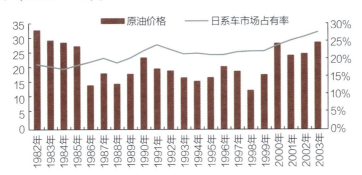

图8-35　1982~2003年原油价格（美元/桶）及日系车在美国的市场占有率
资料来源：BP、Wind

受宏观经济影响，本田等日系企业在美国的市场占有率出现波动。80年代日系车仍保持了较好的增长，进入90年代之后，受到日元升值和原油价格下降的影响，日系车在美国的市场占有率逐步下降。90年代末，油价的再次回升和汇率的逐渐稳定都在宏观层面上对日系车企产生了积极影响，日系车企在推出大中型车完善产品系列之后，其在美国的市场占有率开始了新一轮的增长（见图8-36）。

图8-36　1983~2003年本田美国汽车销量（万辆）及同比
资料来源：本田公司

宏观环境的改善叠加本田推出新车型，共同助力本田在美销量创新高。本田在美国市场经历了80年代的增长，1990年第三次石油危机之后，油价的持续下跌，市场对大型车和SUV的需求上升，然而在90年代初本田仅推出了中型车雅阁，未能完全及时适应市场趋势，这在一定程度上导致本田在1993~1996年销售景气度下降，1995年本田推出的CR-V车型、逐渐稳定的汇率和逐渐复苏的美国经济都推动了本田汽车在美国销售，本田的美国销量在2003年超过了150万辆（见图8-37，图8-38）。

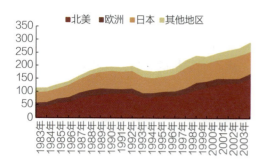

图 8-37　1983~2003 年本田汽车销量（万辆）地区分布

资料来源：本田公司

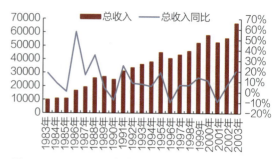

图 8-38　1983~2003 年本田总收入（百万美元）及同比

资料来源：本田公司

注：按照日元口径，1993 年和 1994 年收入均下降。

北美市场销量下滑，导致本田利润下降。 1993~1996 年本田在北美的销量下降导致了其总销量的下滑，海外收入的占比从 1992 年的 67.1% 下降到 1996 年的 63.8%，公司净利润也出现了明显的下滑。90 年代末，随着本田在北美市场销量回暖，其净利润恢复增长，2000 年本田在北美市场销量占其总销量的 52.2%，由此可以看出，海外市场尤其是北美市场对于本田非常重要（见图 8-39，图 8-40）。

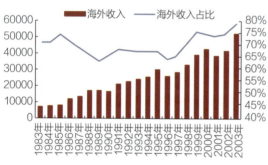

图 8-39　1983~2003 年海外收入（百万美元）及占比

资料来源：本田公司

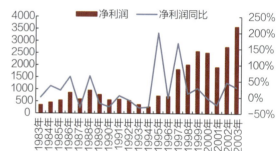

图 8-40　1983~2003 年本田净利润（百万美元）及同比

资料来源：本田公司

4.2　提高产品性能，增强竞争力

4.2.1　VTEC 发动机提高发动机性能

为了开发面向主流市场的下一代发动机，本田公司的 NCE（新概念发动机）项目于 1984 年 3 月启动。通过该计划确定的具体目标包括在低转速和高转速范围内提高转矩和每升输出的动力（见图 8-41，图 8-42）。

本田研发团队通过将传统 DOHC 发动机进气门的直径从 30mm 扩大到 33mm，提高了整个转速范围，并采用了气门正时和提升设置以提高容积效率，由该技术得到的改进实际上用于提高高速性能。

本田研发团队采取措施减少进气阻力。 通过将低速凸轮的设定值从传统的 35°改为 20°/30°，获得了低速转矩这一初始的工程目标。这样的设计允许进气阀提前关闭，

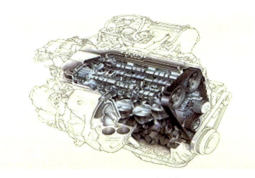

图 8-41　VTEC 发动机
资料来源：本田公司

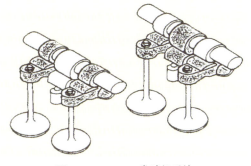

图 8-42　VTEC 发动机系统
资料来源：本田公司

大大提高了发动机的容积效率。由于发动机在低速运行时具有更高的效率，因此可以实现更宽的转矩带。新材料的应用无疑是这些技术成功的一个重要因素。例如，由于VTEC 发动机的三个凸轮从动件必须位于一个孔中，凸轮轴提供的凸轮宽度相对有限。因此，轮轴必须承受高表面压力。为了实现这一目标，该小组开发了一种新型铸钢凸轮轴。也就是通过这些创新和改进，VTEC 发动机达到了研发目标，展示了其完整的性能配置。

DOHC/VTEC 发动机随后被用于 NSX、雅阁和思域。继 SOHC/VTEC 发动机和 1991 年VTEC - E 之后，该技术发展到 1995 年引入的三级 VTEC 发动机，这在输出控制中显示出更大的效率。

4.2.2　4WS 转向系统增强本田汽车安全性

研发 4WS 转向系统增强了本田汽车的安全性。汽车安全通常分为两类：被动安全和主动安全。本田的研究主题是增强主动安全，从操作性、稳定性和动态性能的角度进行探讨。换言之，这项研究能开发出反应灵敏的车辆，运用了 4WS 转向系统的本田汽车可以相较原来更容易地避开障碍物，并在必要时实现快速、完全的停车。正是这项研究工作最终为动力转向的后续进化发展奠定了基础。4WS 系统也为后续本田由前驱小型车开发出一系列的中型、大型后驱车奠定了基础。

四轮转向（4WS）系统的概念是基于本田汽车原本车型大部分是前置发动机、前轮驱动（FF）车型的背景上提出的。在 FF 车辆中，后轮的作用相对较小，因为前轮执行大约 80% 的转向、驾驶和制动。与前轮相比，后轮仅作为支撑手段就位，确保汽车以直线和可预测的方式向前移动。本田对 4WS 进行研究，为求前轮和后轮独立运动，从而减轻转向不足和转向过度的负面影响（见图 8-43）。

图 8-43　后转向变速器
资料来源：本田公司

4WS 用于各种研究，例如后来的悬架控制技术和主动制动系统的研究。本田的 4WS 转向系统成为后来许多的汽车控制理论的基础，建立了一个新的驾驶性能标准（见图 8-44）。

4.3 思域的变迁

4.3.1 第三代到第七代思域

第三代到第七代思域仍然坚持其低能耗、高性能的特点，并多次获得"日本年度汽车"等大奖。思域第三代到第七代车型简介见表 8-1。从第四代开始，思域采用了本田革命性的可变气门技术，配备了本田研发的高性能 DOHC VTEC 发动机；第五代思域则配备了 170hp 的 DOHC VTEC、超高燃料效率 VTEC-E 和高平衡 VTEC 发动机。接着，思域试图打破其传统"大众用车"的定义，希望在全球范围内成为代表时代的交通工具。20 世纪末，本田针对美国市场引入了天然气驱动的 CIVIC GX 车型，也针对欧洲市场推出了柴油驱动的 CIVIC AERO DECK 和 ESTATE 车型。进入 21 世纪，随着本田混合动力技术的发展，CIVIC 混合动力车型推出，这也见证了本田在混合动力汽车研发方面做出的努力。

图 8-44 转向系统测试车

资料来源：本田公司

表 8-1 思域第三代到第七代车型简介

时间	代际	车型图片	概述
1984 年	第三代思域		第三代思域的概念是"人的最大空间，机构的最小空间"。基于这个概念，本田开发了 CIVIC 的三门、四门和五门变型——三门掀背车和四门轿车，以及提供高级实用工具的五门车型
1989 年	第四代思域		第四代思域的开发强调"基于人类敏感性的令人振奋的性能"。本田以更高的效率为目标，推出了五种超 16 气门发动机，从 1300ml 到 1500ml 并结合四轮双叉骨悬架
1991 年	第五代思域		第五代思域最显著的特点是具有未来气动外形和内部空间以适应年轻人的具体要求。新的系列也预示着新的 VTEC 发动机的到来，以提供驾驶性能和高燃油效率的优秀组合
1995 年	第六代思域		第六代思域结合了一系列新技术，以满足对高性能、安全和低排放的强烈需求。其中包括 3 级 VTEC 发动机，具有高产量和高燃油效率，以及本田 MULTIMATIC，下一代的自动变速器

(续)

时间	代际	车型图片	概述
2002年	第七代思域		第七代思域以"小型汽车的基准"理念开发,满足所有重要标准,具备最大的舱室空间,最经济的节油效率和最稳定安全的乘坐体验。相比之前的思域,第七代思域具有更舒适的室内空间以及低平的地板设计,使乘客能够轻松地在前后座椅之间移动

资料来源:本田公司、维基百科

4.3.2 思域成为美国的热销车型

思域在美国的销售快速增长,成为美国汽车市场的热销车型。 20世纪80年代前中期,本田思域车型在美国市场表现良好。本田 CIVIC CRX、PRECLUDE、CIVIC 3D 在美国 Motor Trend 的年度进口车评选中获得前三甲,这表明了海外市场对本田汽车的认可。这期间的销售增长不仅受益于思域本身出色的性能和燃油经济性,也受到本田在马里斯维尔建立的新工厂的积极影响。除此之外,本田销售网络的逐渐完善和思域产品线的不断拓展也对销售起到了积极作用(见图8-45)。

燃油经济性差距的缩小和日元的升值使思域失去明显优势。 80年代后期,受日元不断升值的影响,思域销售的增速出现了明显下滑。此外,意识到燃油经济性差距的欧美车企也逐渐提升了其生产汽车的节油效率,缩小了与日系车的差距。截至1986年,美系车的平均燃油经济性为27mpg,而本田的燃油经济性为33mpg,考虑到美系车大型车居多的影响,燃油经济性的差距基本已缩小。因此,思域在燃油经济性上的优势逐渐弱化(见图8-46)。

图8-45 思域在美国销量(千辆)及同比

资料来源:carsalesbase

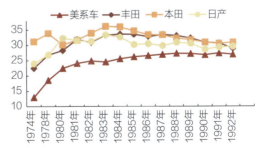

图8-46 1974~1992年美系与日系车燃油经济性(英里/加仑)

资料来源:通用汽车

1990年第三次石油危机油价短暂大涨后的持续走跌使得紧凑车型的市场占有率大幅度下滑。 1990~1998年的8年间,油价由23.7美元/桶持续下跌至12.7美元/桶,随之紧凑车型在美国市场的市场占有率也由57.7%急速下跌至32.6%,油价的下降和美国经济的回暖共同推动中型车市场份额提升,中型车的市场占有率在1990年时约为21.9%,2000年时已超过50%(见图8-47,图8-48)。

图 8-47　1969~2007 年原油价格（美元/桶）及同比
资料来源：BP

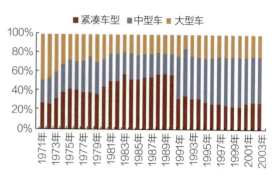

图 8-48　1971~2003 年美国汽车各车型销售占比
资料来源：Ward's Automotive Yearbook

在本田美国的总销量中，思域的占比在 1982~1990 年呈现下滑趋势。本田正是考虑到市场对微型车需求的下降，其在拓展微型车思域新车型的同时，也开始对中型车产品线进行延伸和开发，例如在 1990 年拉长了雅阁车型使其成为中型车的代表，在 1995 年发布了第一代 CR-V 进军运动型 SUV 市场。1990 年拉长雅阁车型后，雅阁正式进入中型车市场，而这一转变也给思域让出了一部分紧凑车型的市场份额，因此 1991 年开始，思域的销售占比呈现出一定程度的增长。其后，思域的销量呈现出上升趋势，但其占本田美国总销量比例缓慢下降，其主要原因为产品线的拓展和 RV 车型销量的上升（见图 8-49）。

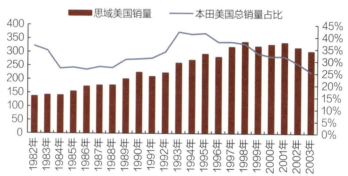

图 8-49　1982~2003 年思域在美国销量及占本田美国总销量占比
资料来源：carsalesbase

4.4　雅阁的风靡

4.4.1　第三代到第七代雅阁

1982 年，当美国俄亥俄州第一家工厂开始生产时，雅阁成为第一款在美国生产的日本汽车，并且在 1982~1996 年连续成为美国最畅销的日本汽车。雅阁紧凑型轿车以追求高质量为目标，其机械、外饰、内饰、光洁度都代表着对质量的追求。雅阁第三代到第七代车型简介见表 8-2。

表 8-2 雅阁第三代到第七代车型简介

时间	代际	车型图片	概述
1985 年	第三代雅阁		第三代雅阁开发了一个时尚的气垫和宽敞的内部,从任何角度都能体现出运动感。其包含的主要技术为 1600ml 和 1800ml CVCC-Ⅱ 发动机、世界首个速度传感动力转向系统等
1989 年	第四代雅阁		第四代雅阁在产品线延伸中加入了本田北美研发中心设计和开发的一个新的货车模型,由此,雅阁的阵容包括了轿车、Coupe 和货车。也在这期间,雅阁车型开始配备 SRS 驾驶员安全气囊系统
1993 年	第五代雅阁		第五代雅阁从世界级的安全标准、低排放和环境以及驾驶体验考虑,提出了一种新的人与社会关系。这一代雅阁包含的主要技术有 2.2L VTEC 发动机、2.2L DOHC VTEC 发动机、2.7L 24 气门 V6 发动机和 SRS 司机和前乘客安全气囊系统
1997 年	第六代雅阁		第六代雅阁致力于开发一个灵活的平台,可以在世界范围内作为满足区域需求的车型。其具有改进后的兼具驾驶、安全和节油性能的尖端轿车、Coupe 以及货车车型
2002 年	第七代雅阁		第七代雅阁致力于为中型汽车设定新的标准,配备了高性能的 DOHC i-VTEC 发动机,并符合空气动力学特性。雅阁货车的特征性顶棚,基于潜水游隼的形象,旨在增添自由和安全感

资料来源:本田公司、维基百科

为了适应市场需求,雅阁转变为中型车。20 世纪 90 年代左右,随着中型车市场需求的扩大,本田拉长了雅阁车身,使得第四代雅阁由紧凑车型转变为中型车,至此,雅阁系列已经拥有了乘用轿车、双门 Coupe 和 Wagon 货车车型。随着本田对新型发动机的研发,雅阁于 1995 年首次配备了 V6 发动机。欧洲版雅阁四门轿车则配备了 2.0L16 气门 SOHC 发动机,这款发动机是在英国的本田斯温登工厂专门开发和制造的,这个版本是为欧洲市场专门设计的一款配备了 2.0/2.3L 发动机的流行小轿车。在这之后,英国、意大利、西班牙、瑞士、比利时都相继推出这款 ACCORD EU,在 1993 年末覆盖大部分西欧市场。这也标志着本田在雅阁车型上对本土化的成功实践。进入 21 世纪,雅阁则应用了本田最新研制的 DOHC i-VTEC 发动机,代表着本田技术领先的理念。本田车型布局见表 8-3。

表 8-3 本田车型布局

年代	1980s					1990s										2000s			
年份	5	6	7	8	9	0	1	2	3	4	5	6	7	8	9	0	1	2	3
微型车	CIVIC 第三代			CIVIC 第四代				CIVIC 第五代				CIVIC 第六代				CIVIC 第七代			
紧凑型车		ACCORD 第三代																	
中型车						ACCORD 第四代				ACCORD 第五代				ACCORD 第六代			ACCORD 第七代		
双门轿车	PRELUDE					PRELUDE				PRELUDE				PRELUDE					
紧凑型运动车												CR-V 第一代				CR-V 第二代			

资料来源：本田公司、维基百科

4.4.2 雅阁成为美国市场畅销车型

雅阁在美国受到市场欢迎，其销量稳步增长。20 世纪 80 年代前中期，本田雅阁车型在美国市场表现良好，年销售增长率稳定在 15% 左右（见图 8-50）。本田雅阁也连续多年获得美国十佳热销车的荣誉，这表明了海外市场对雅阁性能和质量的认可。雅阁作为第一款在美国马里斯维尔工厂生产的本田汽车，其销量受到本田北美产能持续扩大的积极影响。

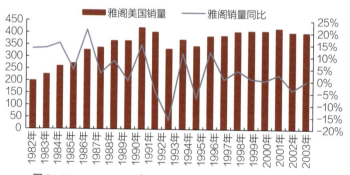

图 8-50 1982~2003 年雅阁在美国的销量（千辆）及同比
资料来源：carsalesbase

雅阁重新定位中型车，销量再上新台阶。80 年代末，本田考虑到市场对中型车需求的上升，开始对中型车产品线进行延伸和开发。1990 年第四代雅阁定位为中型车，这恰好满足了原油价格下降之后市场对中型车需求的增长，雅阁凭借其优秀的产品质量和精确的定位，深受美国消费者的欢迎，在美国的年销量基本上稳定在 40 万辆左右（见图 8-51）。雅阁占本田美国总销售的占比提升显著，与此同时，雅阁让出的部分紧凑型市场份额由思域获得，思域的销量和占美国总销售的占比也有较缓慢的提升（见图 8-52）。鉴于产品线的拓展和 RV 车型销量的上升，雅阁占美国总销售的占比在 20 世纪 90 年代中后期和 21 世纪初期均表现出一定的下降，但销量仍较为稳定。

由于中型车等车型的开发和销售，本田的燃油经济性略微下降。1986~1992 年，本田的燃油经济性由 33.4mpg 略微下降到 1992 年的 30.8mpg，其主要因素为中型车销售比重的提高。除此之外，1990 年以后美国燃油经济性的标准稳定在了 27.5mpg，在市场对燃油经济性要求不敏感时，一定程度上的燃油经济性降低也可以节约车辆制造和研发的成本（见图 8-53）。

图8-51 1982~2003年本田美国销量车型分布（千辆）
资料来源：carsalesbase

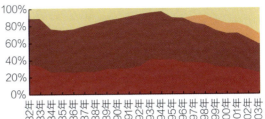
图8-52 1982~2003年本田美国销量各车型占比
资料来源：carsalesbase

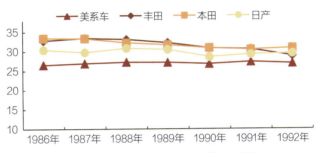
图8-53 1986~1992年美系与日系车燃油经济性（mpg）
资料来源：通用汽车

4.5 发布CR-V，完善产品阵容

运动型多用途车取代小型货车在80年代后期已经成为一种时尚。 自20世纪80年代后期以来，克莱斯勒的小型货车取得了惊人的成功，许多美国人渴望"充满活力"的生活方式，所以他们需要与普通汽车或旅游车相比更具功能性的产品或更多样化的交通工具。运动型多用途车非常适合工作日日常需要和周末的出行需要。

推出CR-V，把握SUV市场。 初期，本田未能及时跟上SUV这场潮流，导致了其在90年代初市场占有率的下降。本田在1995年发布了第一代CR-V，其设计目的是将其应用于一个灵活、易于使用的车内空间，力求实用空间大并兼具越野的移动性和安全性（见图8-54）。CR-V的尺寸［4.470米（长）×1.750米（宽）×1.705米（高）］使其适合于城市驾驶，同时提供方便的行李空间。其新开发的2.0L 16气门DOHC发动机具有世界上第一个大规模生产的四轮顺序套筒发动机块，实现高效率的同时提供了一个相当于1.6L发动机大小的卓越的可管理性和高燃料效率。

2001年推出的第二代CR-V的设计理念是"更积极的效用"。 第二代CR-V已经彻底的改进，但仍保持了原来的设计理念。第二代CR-V采用了本田的全球平台，实现了更大的内部长度和高度，并扩大了与前一款车型大致相同的车身效用。宽敞的客舱内部提供527L的货物储存空间，是其同类车型中最大的（见图8-55）。

图 8-54　第一代 CR-V
资料来源：本田公司

图 8-55　第二代 CR-V
资料来源：本田公司

CR-V 问世以来，适应了美国市场 SUV 需求的上升，因此销售上升较快。在 1998 年，其在美国的年销量由 1997 年的 6.6 万辆上升至 10 万辆，销量增幅达 50%。截至 2003 年，CR-V 在美国的年销量上升至 15 万辆（见图 8-56）。

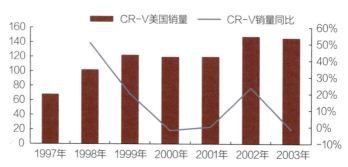

图 8-56　1997~2003 年 CR-V 美国销量（千辆）及同比
资料来源：carsalesbase

4.6　推出豪华品牌——讴歌

讴歌销售网络于 1986 年左右构建。本田起初进入美国市场时，只是采用美国本田公司原本建立的摩托车销售网络分销汽车。然而，由于美国汽车市场的先进性，一般消费者已经习惯从专门的汽车经销商那里购买汽车而并非通过摩托车销售网络。因此，本田由于不完善、不专业的销售网络而在分销环节显示出了较大的缺陷，急需发展专门的本田汽车销售网络。于是，本田利用最初的十几名销售人员，逐个拜访了全国其他公司的经销商，并努力说服他们把本田思域加入他们的广告阵容。本田就是以这样的方式逐步发展、巩固了美国的销售网络，并与经销商建立了良好而紧密的联系，从而为本田在美国的汽车事业奠定了基础。随着美国本田的产品线不断壮大，本田在客户和经销商中的声誉也在增长。到 1986 年，美国经销商的数量已经超过了 900 家。美国本田在销售 CIVIC、ACCORD、PRECLUDE 等广泛购买的产品方面已经建立了非常成功的网络，于是本田着手于建立一个专门生产豪华轿车和高科技 Coupe 的网络，从而满足驾车爱好者的需求。于 1986 推出的 Acura 品牌，填补了本田在高端车型品牌上的空缺，同时建立的豪华车型销售网络也成为美国本田的第二销售网络，约有 60 名经销商作为本田专家参加了这个项目，刚开始时销售与英国 Rover 集团合作的 LEGEND 车型和较小车型 INTEGRA。

1986 年左右，本田与英国 Austin Rover 合作设计开发 LEGEND，并签署销售网络合作协议。这款 LEGEND 也就是 Acura 首次发布的旗舰版传奇车型。后续，讴歌陆续推出多款车型，包括轿车、跑车和 SUV 等。讴歌 1986~2003 年车型见表 8-4。

表 8-4　讴歌 1986~2003 年车型

时间	名称	车型图片	概述
1986 年	LEGEND		讴歌的首次发布包括旗舰级 LEGEND。LEGEND 是由本田与英国奥斯汀罗孚集团（Austin Rover Group）合资成立的××项目开发产生的
1986 年	INTEGRA		讴歌的首次发布包括紧凑型 INTEGRA（包括五门和三门掀背车型），INTEGRA 是本田 QUINT 车型的改进版本
1990 年	NSX		1990 年，在 LEGEND 和 INTEGRA 首次发布 5 年后，Acura 推出了 NSX，一种中型 V6 发动机后轮驱动的跑车，它引入了本田 VTEC 技术。NSX 作为世界上第一辆全铝生产车型，以它的易用性、质量和可靠性受到欢迎
1999 年	3.2 TL		讴歌经历了大规模的改革，引入了几个重新设计的车型。其中第一款车型为高档轿车 1999 款讴歌 3.2 TL。Acura 3.2TL 在运动性和豪华性之间提供了全面的融合
2000 年	MDX		2000 年左右推出的另一款全新的车型是 Acura MDX，这是一款广受欢迎的三排越野 SUV。MDX 是一款跨界 SUV，越野能力有限，但满足了豪华 SUV 市场的需求。在与其他 7 辆 SUV 的首次对比测试中，该车获得了 Car and Driver 的最高荣誉
2002 年	RSX		2001 年，一辆新的轿跑车 RSX 被引入 Acura 产品线。RSX 是本田 INTEGRA（DC5）在日本市场的改版车型。因此，RSX 在技术上的特征是新一代的输出集成电路

资料来源：本田公司、维基百科

LEGEND 车型成功发布，日本三强推出豪华品牌。 丰田的雷克萨斯在 1983 年开始作为 F1 项目开发，日产的英菲尼迪在 1985 年通过修改其日本独有的旗舰车型 PRESIDENT 开始开发。LEGEND 车型的目标是与竞争对手丰田皇冠车型和日产 CEDRIC 和 GLORIA 竞争，但由于 Acura LEGEND 1986 年在全球推出，丰田、日产都注意到 LEGEND 和后来的 VIGOR 车型带来的市场的较好反响，随后丰田推出雷克萨斯 ES，日产推出英菲尼迪 J30，福特利用金牛座平台推出新轿车林肯大陆。

1987 年作为讴歌的第一个销售全年，全年销售量超过十万台，其中旗舰车型 LEGEND 的销量达到 5.5 万辆，其余的都是较小的 INTEGRA。截止到 1990 年，讴歌销售量约为 14 万辆，包括 5.4 万辆 LEGEND，同年，梅赛德斯-奔驰的销量为 7.8 万辆，宝马和雷克萨斯各 6.4 万辆（见图 8-57）。

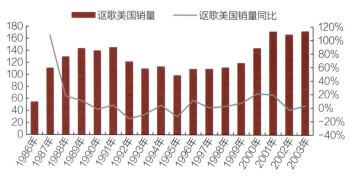

图 8-57　1986~2003 年讴歌美国销量（千辆）及同比
资料来源：carsalesbase

尽管市场对讴歌品牌的接受度在 20 世纪 90 年代中后期有了很大提升，但销量却出现了下滑。晚于讴歌三年推出的雷克萨斯 1998 年在美国的销量已经达到 15.6 万辆，而同年讴歌在美国的销量仅为 11 万辆。

此后，随着北美经济的复苏，讴歌、雷克萨斯、英菲尼迪在 1999~2005 年的销量都显示出上升趋势，但雷克萨斯以较快的增长速度取得了日系豪华车的领先地位。截至 2005 年，雷克萨斯在美国的年销量约为 30 万辆，而讴歌的年销量大约为雷克萨斯的 2/3（见图 8-58）。

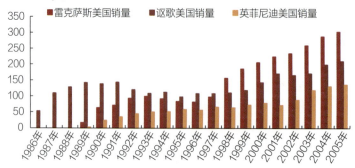

图 8-58　1986~2005 年日系豪华车美国销量（千辆）
资料来源：carsalesbase

讴歌在 SUV 产品发布和产品布局上落后于雷克萨斯。讴歌于 2000 年才推出第一款豪华 SUV 车型 MDX，而丰田的豪华品牌雷克萨斯在 1996 年就推出了 LX 大型 SUV，1998 年推出 SUV 车型 RX，2002 年发布大型 SUV 车型 GX。其中，RX 车型的销售增长迅速，2005 年雷克萨斯在美国全车型的总销量为 30 万辆，RX 车型占据了雷克萨斯销量的 1/3 左右，足见 SUV 车型在豪华车销售中的重要性。而 2005 年讴歌 MDX 在美国的销量仅为不到 6 万辆，为 RX 销量的一半左右。丰田雷克萨斯在 SUV 产品发布方面早于讴歌，在 SUV 产品线布局和完整度方面也优于讴歌（见图 8-59，图 8-60）。丰田本身在美国的普及性一定程度上可以解释雷克萨斯成功的原因，但同时讴歌车型不明确的市场定位，未能及时抓住 SUV 车型发展的机遇，也一定程度上导致了讴歌在豪华车市场被雷克萨斯超越。

图 8-59　1998~2005 年 RX 在美销量（千辆）及占比

资料来源：carsalesbase

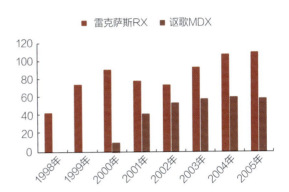

图 8-60　1998~2005 年 RX 与 MDX 在美销量（千辆）

资料来源：carsalesbase

4.7　与英国 BL/Rover 集团合作开拓细分市场

1983 年本田在英国与 BL Plc 在 BALLADE 的基础上合作生产 TRIUMPH ACCLAIM，并签订在 1983 年 4 月合作设计进行 ×× 项目。1985 年左右本田开始在美国销售 TRIUMPH（见图 8-61）。20 世纪 80 年代末期，本田发布了由 Rover 集团生产的 CONCERTO 车型（见图 8-62），同时在日本引入该新车型并获得了成功，随后，这款英国制造的 CONCERTO 被运往很多欧洲国家，例如法国、意大利、西班牙等国销售。本田在 1993 年 6 月宣布将从 Rover 集团进口其生产的四轮汽车在日本以本田的品牌销售，这将拓展本田所覆盖的细分市场。

80 年代后期，互补性供给系统在欧洲开始构建以促进深化产品的本地化，同时本田在欧洲的研发部门在 1988 年 4 月进行了重组以增强其针对本地市场的研发能力。进入 90 年代后，本田通过与 Rover 集团签订交叉持股协议深化合作，同时决定在伦敦附近建立本田欧洲公司，来完成本田在整个欧洲市场的战略性决策（例如研发、生产和销售决策）。1992 年，本田与 Rover 集团签订合作开发、生产、营销中型 SYNCHRO 汽车的合作计划。

图 8-61 本田 BALLADE/TRIUMPH ACCLAIM
资料来源：本田公司

图 8-62 CONCERTO
资料来源：本田公司

4.8 产能的构建与效率的提升

除了美国的贸易摩擦和贸易保护主义以及日元升值的汇率风险，本田与福特关于一次合作的谈判失败也促进了本田美国建厂的决策。20 世纪 80 年代左右，福特称有意购买本田的 4 缸发动机，用于下一代福特紧凑型轿车。福特要求本田提供发动机的具体规格，但不愿承诺购买这些发动机，这使得本田谈判代表持怀疑态度。与福特的谈判失败使本田高管坚定了海外建厂的决策，本田不仅担心在出口量增加后会受到美国的抵制，同时本田在日本的发展前景也受到丰田和日产市场主导地位的严重制约。1982 年开始，本田在美国马里斯维尔建立了第一家汽车工厂。本田在北美地区的产能构建见表 8-5。

表 8-5 本田在北美地区的产能构建

时间	工厂	事件
1982 年	美国马里斯维尔	1982 年 11 月，美国本田在俄亥俄州的马里斯维尔汽车厂开始生产雅阁车型，成为第一家在美国生产汽车的日本公司
1986 年	美国马里斯维尔	为了跟上本田在美国销售的快速增长，本田在马里斯维尔汽车厂完成了第二条生产线的构建，使该厂的年生产能力达到 30 万辆
1987 年	加拿大 Ontario	本田在 Ontario 的新工厂于 1987 年初开始生产
1989 年	加拿大 Ontario	本田在 Ontario 的新工厂在 1989 年达到 8 万辆一年的最大产能，本田宣布 8000 万加拿大元的投资以扩大加拿大 Ontario 工厂，使其开始生产本田 CIVIC 3 门车型，并增加冲压设备
1989 年	美国 EastLiberty	本田在美国的第二家 East Liberty 汽车工厂于 1989 年开始生产，年产量约为 15 万辆，本田扩大其美国发动机工厂使其年产达到与本田美国年产量相等的 50 万辆
2000 年	美国 EastLiberty	2000 年左右，本田增加了在俄亥俄州安娜工厂的 V6 发动机生产，以适应提高 V6 轻型货车和雅阁系列、讴歌 TL 轿车和讴歌 CL 轿车等客车销量的计划

资料来源：本田公司

本田战胜 UAW。本田认为，UAW 与美国汽车公司的合同是一种手铐，限制了管理层的管理能力。美国汽车公司与 UAW 的合同，具体规定了每个工厂由汽车公司支付薪酬的 UAW 成员数量；此外合同还限制了每家汽车公司可以从非联合会成员的供应商处购买的零部件数量。这通常导致汽车公司所采购的零部件成本更高，而且质量可能还比较低。1986 年，UAW 延期了原本定于 2 月在马里斯维尔工厂举行的关于是否加入 UAW 的工人不记名投票，并最终未再要求本田加入 UAW。

本田在工厂管理方面独树一帜。本田没有遵循美国风俗采取明确的等级划分，相反，本田对公司的经理没有任何特殊待遇，并带来了新的工作和培训方法，正是这些工作和培训方法为其发展奠定了坚实的基础。经理们穿白色工作服，而不是美国工厂的衬衫和领带的管理制服。经理没有经理专属的餐厅，也没有单独的厕所。所有这一切都与底特律的汽车公司形成鲜明对比。这些举措使管理人员和同事将自己视为本田大家庭的成员并实现团结。

不断新建、扩大的工厂使得本田的固定资产上升显著，同时折旧也增长较快。而 1997 年左右放缓的扩张计划则使固定资产和折旧水平均较为稳定（见图 8-63，图 8-64）。

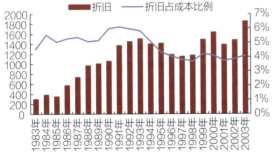

图 8-63 1983~2003 年折旧（百万美元）及占成本比例
资料来源：本田公司

图 8-64 1983~2003 年固定资产（百万美元）及同比
资料来源：本田公司

此外，本田计划通过提升基础设施建设来获得更好的生产效果、更高的生产效率和更高的灵活度。本田采取了一系列措施进行广泛的合理化运动，主要包括削减生产成本和进行严格的费用控制。本田开始提倡共通化生产和零部件的延伸使用来降低生产成本，例如 60% 使用在新引入的 DOMANI 车型上的零部件可以适用于其他款车型（见图 8-65）。

本田的营运能力在 20 世纪 90 年代末期和 21 世纪初提升较快。1993 年左右，本田在开发的初步阶段便采用价值分析的方式帮助供应商评估并进一步减小零部件的生产成本，而不是一味要求供应商降低价格，这在维护与供应商良好关系的同时间接地降低本田的采购成本。2001 年，本田通过全新生产网络（New Manufacturing System）来执行新的生产系统，这包括在全球范围内开设工厂来满足全球客户的需求，这个全新的生产系统减小了生产需求的等待时间（缩短交货期），也增强了不同车型生产线之间互相适配的灵活性。这最终减小了新车型引入所需的资本支出，也确保更快、更准确地响应客户需求（见图 8-66）。

图 8-65 1983~2003 年本田毛利率与净利率
资料来源：本田公司

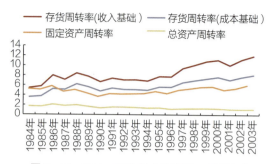

图 8-66 1984~2003 年本田存货、固定资产、总资产周转率
资料来源：本田公司

本田的研发费用逐年上升。 1984 年，本田将美国原本用于市场调查的本田研发有限公司升级为子公司本田研发美洲公司（HRA），以支持本田在北美销售的产品的开发和设计，并协助开发当地采购的零件。1985 年，HRA 开设了洛杉矶研发中心，主要职能是支持车辆研发和设计。该研发中心在 CR-X、CIVIC HATCHBACK（1984 年型号）、ACCORD HATCHBACK、INTEGRA（1986 年型号）、ACCORD COUPE、CIVIC 和 PRELUDE（1988 年型号）等车型的设计中发挥了作用（见图 8-67）。

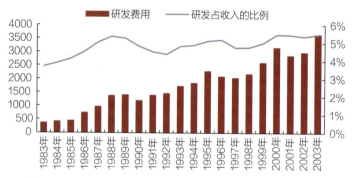

图 8-67 1983~2003 年研发费用（百万美元）及占收入比例
资料来源：本田公司

1985 年，HRA 增加了研发人员，并建立了俄亥俄研发中心。 HRA 也在俄亥俄和加利福尼亚运营全尺寸的汽车测试轨道，利用这些资源，HRA 参与了衍生模型的设计和开发，如雅阁货车（1990 年型和 1994 年型）和思域 COUPE（1993 年型），并在 1996 年开发了 Acura CL（针对美国市场的车型）。

HRA 开始参与为本地市场开发各种汽车的研发活动，包括思域 COUPE（2001 年型）、Acura TL（1999 年型和 2004 年型）、Acura MDX（2001 年型）、Pi.（2003 年型）和 ELEMENT（2003 年型）。2003 年，HRA 在俄亥俄州中心建立了一个碰撞安全测试设施，配备了高分辨率的碰撞屏障、世界上第一台俯仰碰撞测试模拟器和其他安全实验室，这些设施无疑扩大了其当地的研发能力。这些不仅体现了本田对于技术领先的追求，也体现了其在美国贯彻的本地化战略。

5 中国市场提供主要增长动力（2003～2017年）

5.1 中国市场增速领跑全球

全球汽车行业年销量呈现缓慢增长趋势。在2004～2017年期间，全球汽车销量的复合增速为4%，但在2008～2009年经济危机期间，全球汽车行业销量出现了负增长，从2010年开始逐渐回升（见图8-68）。

图8-68　2004～2017年全球汽车行业销量（万辆）及同比
资料来源：Markline

美国汽车年销量没有大幅增长，在2008年经济危机期间销量下滑。2004年以后，美国经济增速放缓，美国汽车市场也同步走弱，行业竞争进一步加剧。2008年次贷危机引发的经济危机，使美国汽车年销量都大幅下降，2008年和2009年汽车行业销量降幅达18%和21.4%。2010年之后，随着个人消费和企业投资的逐渐增长，美国经济逐渐复苏，汽车年销量都开始回升，但截止至2017年，美国汽车总销量维持在1700万辆左右，恢复到2003～2006年的销量水平（见图8-69）。

相比美国市场，中国市场汽车总销量持续地高速增长。从2000～2010年的10年间，中国汽车市场总销量由208万辆/年增长到1806万辆/年，年销量复合增速为24%左右。2010年到2017年期间，中国汽车市场仍保持增长，从1800万辆/年上升到2888万辆/年，年销量复合增速为7%左右（见图8-70）。

全球汽车销售总量的增长大部分由中国市场贡献。2005～2007年，中国市场的增量基本占全球汽车市场增量的30%左右，2008年的经济危机使全球车市在2008年和2009年出现了负增长，但中国车市在经济危机的压力下却依然表现出了正增长（见图8-71）。2013～2017年，每年全球汽车销量的增量中有超过一半的份额来自于中国市场的贡献（见图8-72）。2004～2017年期间，全球汽车市场销量增加了3711万辆，而中国市场增加了2381万辆，占据了全球增量的64%。高速增长的中国市场成为各车企的关键竞争市场。

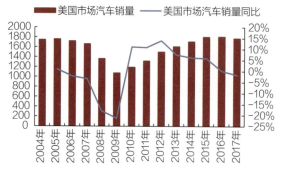

图8-69　2004~2017年美国市场汽车销量（万辆）及同比

资料来源：Markline

图8-70　2000~2017年中国市场汽车销量（万辆）及同比

资料来源：中国汽车工业协会

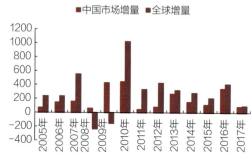

图8-71　2005~2017年中国、全球车市增量（万辆）

资料来源：Markline、中国汽车工业协会

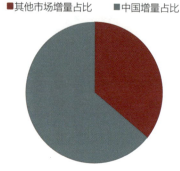

图8-72　2004~2017年全球车市增量结构

资料来源：Markline、中国汽车工业协会

2004~2017年期间，本田的销量增量大部分来自中国市场。 2004~2017年，本田在全球的总销量呈缓慢增长趋势，但分别在2008年和2012年表现出下降，其主要原因是受到了2008年经济危机和2012年东日本地震、泰国洪水的影响（见图8-73）。在这期间与汽车行业情况一致，本田在中国市场销量的增量占其总增量的60%左右，本田在中国市场的增长是推动公司增长的主要动力（见图8-74）。

图8-73　2004~2017年本田全球销量（万辆）及同比

资料来源：本田公司

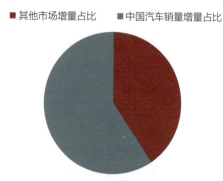

图8-74　2004~2017年本田与中国汽车销量（辆）增量

资料来源：Markline、本田公司

本田在亚洲销量占其全球销量的比重不断增加。2004~2017年期间，本田在美国、日本、欧洲等市场的销量都没有表现出显著的增长，而本田亚洲市场（主要是中国市场）的销量不断地提升（见图8-75）。

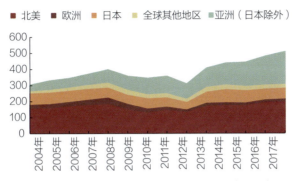

图8-75　2004~2017年本田全球销量地区分布（万辆）

资料来源：本田公司

5.2　本田在中国成立两家合资公司

随着1997年本田与广州汽车集团和东风汽车公司签订乘用车合资事业（广州乘用车项目）基本协议，广汽本田汽车有限公司和东风本田汽车有限公司相继成立。1999年，第一款雅阁车型在中国投产，其后飞度、思域、CR-V等车型相继引入中国，本田在中国产能和销售的布局也逐渐完善。本田中国大事记见表8-6。

表8-6　本田中国大事记

时间	事件
1994年	东风本田汽车零部件有限公司成立
1997年	本田与广州汽车集团和东风汽车公司签订乘用车合资事业（广州乘用车项目）基本协议
1998年	7月，东风本田发动机有限公司、广汽本田汽车有限公司成立
1999年	1月，广州本田雅阁（ACCORD）投产
2003年	7月，东风本田汽车有限公司成立。9月，本田汽车（中国）有限公司成立
2004年	2月，广州本田完成年产24万辆产能扩大工程。4月，东风Honda投产CR-V
2006年	9月，Acura（讴歌）品牌TL和RL轿车开始进口中国
2007年	4月，豪华运动型SUV Acura MDX上市，东风Honda发布新款CR-V
2008年	1月，广州本田全新第八代雅阁（ACCORD）上市。7月，广州本田全新FIT上市。12月，广州本田全新锋范（CITY）上市，全新一代ACURA TL进口中国
2009年	7月，东风Honda产能扩大至20万辆。9月，广汽本田全新奥德赛（ODYSSEY）上市
2010年	3月，东风Honda全新CR-V上市。5月，广汽本田增城工厂产能扩充至24万辆/年
2011年	9月，东风Honda第九代思域（CIVIC）上市
2012年	2月，东风Honda发布全新CR-V。9月，Acura（讴歌）RDX 3.5L中国上市

(续)

时间	事件
2013 年	3 月,广汽本田产销量突破 300 万辆。6 月,广汽本田凌派(CRIDER)上市。9 月,广汽本田第九代雅阁(ACCORD)上市
2014 年	6 月,东风 Honda 新思域(CIVIC)上市。10 月,广汽本田首款 SUV 缤智(VEZEL)上市
2015 年	8 月,全新锋范(CITY)上市。12 月,新凌派(CRIDER)上市
2016 年	4 月,东风 Honda 第十代思域(CIVIC)上市。10 月,广汽本田大型 SUV 冠道(AVANCIER)上市
2017 年	9 月,东风 Honda 全新一代 CR-V 上市

资料来源:本田中国

5.3 本田在中国市场的销售

随着中国汽车市场的高速增长,本田在中国的销量也以较快速度增长。 在 2003~2017 年的 15 年间,本田在中国的销量由 11.7 万辆上升至 141.7 万辆,期间 2012 年出现钓鱼岛事件,本田在中国的销量出现了短暂的负增长。在 2013 年之后,本田在中国市场不断推出新车型(例如 2013 年推出专门针对中国市场的新车型 CRIDER,2014 年在中国市场推出 XR-V 和 VEZEL,2016 年推出 AVANCIER),本田在中国的销量进入新的增长阶段(见图 8-76)。

前期本田在中国销售主要由雅阁、飞度贡献,后期多样化的车型共同促进销售增长。 2003~2005 年的 3 年间,本田在中国 90% 左右的销量是由雅阁和飞度车型组成的。2005~2011 年期间,随着思域和 CR-V 车型的引入,雅阁、CR-V 和思域成为了本田在中国销售的三种主要车型(见图 8-77)。其中,雅阁的销售一直保持领先,而 CR-V 作为本田 SUV 车型的代表,销售增长迅速,由 2004 年刚引入市场时的 9000 辆上升至 2010 年的 14 万辆。2011 年以后,CR-V 成为本田在中国市场销量最高的车型,而 2014 年引入的 XR-V 和 VEZEL 车型也都受到欢迎,2017 年的销量均为 16 万辆左右。除此之外,本田为中国市场专门设计的 CRIDER 车型也贡献了一部分销量,截至 2017 年的销量为 10 万辆。思域第八代~第十代车型简介见表 8-7。

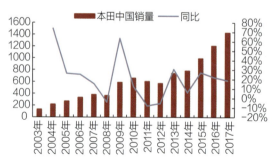

图 8-76 2003~2017 年本田在中国销量(千辆)及同比
资料来源:carsalesbase、中国汽车工业协会

图 8-77 2006~2017 年思域在中国销量(千辆)及同比
资料来源:carsalesbase、中国汽车工业协会

表 8-7　思域第八代~第十代车型简介

时间	代际	车型图片	概述
2005 年	第八代思域		第八代思域汽车的特点是在汽车价值的所有衡量标准上使人耳目一新，包括驾驶性能、燃油经济性、环境友好性和外观创新性。新发动机提供了极好的驾驶舒适性和燃油经济性，并提高了安全性能
2011 年	第九代思域		第九代思域秉承"未来主义和独特主义"的基本概念，这一方向提升了思域所代表的价值。主要的改进包括燃油经济性的提高以及互动技术的进一步增加，个性化的强调，性能的提高和内部装饰的改进
2015 年	第十代思域		第十代思域由本田北美团队设计和研发，销售和制造业务则分布在北美、日本、欧洲、南美和亚洲等其他地区。这一代思域配备了两个全新的 VTEC TURBO1.0L 汽油发动机、1.5L VTEC TURBO 汽油发动机以及本田传感套件和司机辅助技术以确保汽车的安全性

资料来源：本田公司、维基百科

2011 年后，思域的销量持续下降。直到本田在 2015 年推出的第十代思域，由于其配备的高性能 VTEC 发动机和运动化的外观，受到消费者欢迎，直接拉动了思域在中国的销售。雅阁第八代~第十代车型简介见表 8-8。

表 8-8　雅阁第八代~第十代车型简介

时间	代际	车型图片	概述
2008 年	第八代雅阁		第八代雅阁的特点是超凡的造型，卓越的驾驶性能和先进的安全性，主要技术包括 2.4L DOHC i-VTEC 发动机，3.5L i-VTEC V6 发动机可变气缸管理，运动自适应电动转向，车辆稳定辅助系统以及配备的六个安全气囊
2012 年	第九代雅阁		第九代雅阁包括轿车和 Coupe 车型，在 2013 年则增加了混合动力和插电式混合动力车型。这系列雅阁拥有全新的地球梦想技术发动机，提供一贯的本田安全保障，提供优秀的驾驶乐趣的操控性能
2015 年	第十代雅阁		第十代雅阁建立在全新平台，其具有更轻和更刚性的单体结构，更轻和更复杂的底盘，同时配备了三个先进的新动力装置，包括首次搭载的涡轮增压发动机，一个新的 10 速发动机断层传输和第三代双电机混合动力系统

资料来源：本田公司、维基百科

雅阁是本田首先引进中国的车型,自引入中国市场以来,受到消费者广泛认可,2008～2011年间,年销量曾一度达到17万辆(见图8-78)。

CR-V自引入中国市场以来,销售基本稳步上升。CR-V在中国市场的发布也顺应了SUV车型在中国市场流行的市场潮流,从2012年开始CR-V已经替代雅阁成为本田在中国市场销量最高的车型(见图8-79)。CR-V第三代～第五代车型简介见表8-9。

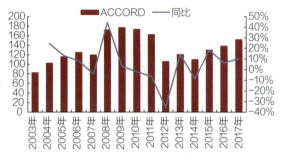

图8-78 2003～2017年雅阁在中国销量(千辆)及同比
资料来源:carsalesbase、中国汽车工业协会

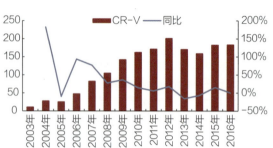

图8-79 2003～2016年CR-V在中国销量(千辆)及同比
资料来源:carsalesbase、中国汽车工业协会

表8-9 CR-V第三代～第五代车型简介

时间	代际	车型图片	概述
2006年	第三代CR-V		第三代CR-V扩展了原有的概念,在设计和性能上进一步改进,以确保实用性和便利性。其应用的主要技术包括2.4L DOHC i-VTEC、2.2L i-DTEC柴油机和新型实时四维系统
2011年	第四代CR-V		第四代CR-V在设计和技术等各个领域都更加先进。除了利用了空气动力学的机身,CR-V的特点是更高的燃油经济性、提高的乘坐舒适性和更宽敞的内部空间,因此具有更高的实用性
2017年	第五代CR-V		第五代CR-V基于全新的平台架构,采用了一流的转向精度,提高了乘坐舒适性也降低了运行噪声。其主要技术包括1.5L DOHC,直喷和涡轮增压直列4缸发动机和2.4L DOHC直喷可变时间控制(VTC)的i-VTEC发动机

资料来源:本田公司、维基百科

5.4 i-VTEC发动机、CMBS与SH-AWD系统

5.4.1 i-VTEC发动机提高性能、减少排放

本田研发新型V6发动机,使用最新的i-VTEC技术。 通过新的"可变气缸管理"技

术，V6 3.0L i-VTEC 发动机在加速和需要高输出时，6 个气缸全部运行，但在巡航和发动机低负荷时仅使用 3 个气缸。这种新发动机结合了 3.0L V6 发动机的高性能，同时提供11.6km/L 的优良燃油经济性。

除了低燃油消耗外，这台 V6 3.0L i-VTEC 发动机还显著减少了废气排放，帮助本田汽车满足日本对超低排放的要求和 2010 年的燃油消耗标准，并使其符合优惠税率资格。新的发动机进一步改善了在低温度下的废气处理。采用可变进气系统、超大进气阀和低背压催化转换器可进一步提高发动机呼吸效率，提供一流的性能（见图 8 - 80）。

图 8 - 80　i-VTEC 发动机
资料来源：本田公司

5.4.2　防撞制动系统（CMBS）

本田开发出了世界上第一台防撞制动系统（CMBS）。该系统可预测后端碰撞，并协助制动操作以减少对乘员和车辆损坏的影响，其基于行驶条件、与前方车辆的距离和相对速度来确定碰撞的可能性，并使用视觉和音频警告来提示驾驶员采取预防措施。它还可以启动制动来降低车辆的速度。CMBS 使用毫米波雷达探测 100m 范围内的前方车辆，然后计算车辆之间的距离、相对车速和预期的车辆路径以确定碰撞的可能性。

如果系统确定有可能发生碰撞，它就会发出蜂鸣声，并提供触觉警告，拉紧安全带以提示驾驶员采取预防措施。 该系统还包含许多功能，以便在碰撞不可避免时减少对乘员的影响，包括补偿不足的踏板压力以降低碰撞速度的制动辅助功能和增加安全带张力以保持安全带控制。当有与前面的车辆相撞的危险或如果车辆之间的距离变得太短时，CMBS 系统就会发出警报，并且在仪表板上的多信息显示器上显示消息"BRAKE"，提示驾驶员采取预防措施。如果两辆车之间的距离继续减小，CMBS 应用轻制动，系统控制安全带轻轻地缩回 2 ~ 3 次，为驾驶员提供触觉警告，此时如果驾驶员应用制动器，系统将此动作解释为紧急制动，并激活制动辅助功能以降低冲击速度。如果系统确定碰撞是不可避免的，系统会用足够的力收回安全带。如果碰撞已经发生了，CMBS 就会强烈地启动制动器，以进一步降低碰撞速度。电子预警器被设计成每当驾驶员突然制动和制动辅助功能时操作，即使 CMBS 没有预示碰撞，也拧紧安全带以确保驾驶员的安全。

本田认为安全是汽车制造商面临的最重要问题之一，因此长期以来，本田一直积极致力于驾驶员安全教育、主动安全和被动安全等领域。此外，本田一直在推动"本田碰撞前安全技术"的研究和开发，该技术旨在预测碰撞，并将影响降到最低。

5.4.3 全轮驱动系统（SH-AWD）

本田发布世界上第一款超轻便全轮驱动（SH-AWD）。SH-AWD 系统结合了前后转矩分配控制和对左后轮和右后轮的独立调节转矩分配，以根据驱动条件自由地将最佳转矩量分配给所有四个车轮（见图 8-81）。前后转矩分布在 30:70 和 70:30 比例之间变化，后轮的横向转矩分布在 100:0 和 0:100 比例之间变化。转矩不仅用于推进，而且用于转弯，从而显著提高了车辆的机动性。系统的转矩控制逻辑主要基于驱动器输出的主动前馈控制。这与基于车辆行为的反馈控制相结合，以实现尊重驾驶员意图的高精度控制。安装了 SH-AMD 的新款 LEGEND 车型还获得了 2004~2005 年日本年度汽车奖和日本年度汽车执行委员会颁发的最先进技术奖。

图 8-81　全轮驱动系统（SH-AWD）
资料来源：本田公司

5.5 发展节能与新能源汽车

本田致力于通过研究新能源汽车为节能减排做出贡献。进入 21 世纪后，本田主要通过研发和生产新能源和混合动力车型迎合新一轮的消费变迁和技术变革。为了满足客户的未来需求，本田持续推出创新、有吸引力的产品，同时为客户提供满意的销售和服务。本田还推出了新的"地球梦想技术"项目，研制新型地球梦想技术发动机，在提高性能的同时，实现了对环境的维护。

本田致力于在多个领域开发环保汽车技术，包括混合动力汽车和燃料电池电动汽车（FCEV）。本田推出了混合动力版的思域车型，提供优越性能和较高的燃油经济性。这是通过将 V6 发动机与本田的原始 IMA 和 VCM 技术相结合来实现的。6 缸雅阁混合动力汽车扩大了本田的混合动力车系列，给客户提供更多可选择的节油车型。此外，本田还推出了新版本的讴歌 RL，配备了 3.5L V6 VTEC 发动机，并配备了本田的 SH-AWD 技术，提供给车辆高性能和优良的安全性。除此之外，本田也推出了技术领先的燃料电池汽车。燃料电池汽车的发展见表 8-10。

表 8-10　燃料电池汽车的发展

时间	名称	车型图片	概述
2002 年	FCX		FCX 利用一个更大的 350atm 高压氢燃料箱达到 355km 的范围。本田自主研发的高性能超级电容器储能系统，将输出特性在中高速范围内得到改善的电机与本田自主研发的高性能超级电容器储能系统相结合，实现平稳、有力的加速

(续)

时间	名称	车型图片	概述
2007 年	FCX CLARITY		本田于 2007 年 11 月在洛杉矶车展上发布了 FCX CLARITY 燃料电池汽车。FCX CLARITY 是一款专用燃料电池汽车,由本田 V 流燃料电池组提供动力。由于燃料电池发电厂的创新布局,FCX CLARITY 提供卓越的外观设计和驱动性能
2013 年	第三代飞度		第三代飞度再次重新定义了全球紧凑型汽车基准,同时推出了混合动力车型。在保留原有车型的设计理念的同时,其特色是完全重新设计的动力系和车身,并提供全新的室内舒适度、燃油经济性和驾驶性能

资料来源:本田公司、维基百科

5.6 促进创收,提高效率

收入在金融危机前稳定增长,净利润波动幅度大于收入。在 2003～2008 年期间,由于不断完善的销售渠道和持续推出的新车型,本田在全球的营业收入维持着较为稳定的增长(见图 8-82)。2008 年的全球经济危机使得本田 2009 年的营业收入受到波及,尤其是美国、欧洲、日本的销售受到严重影响,而 2009 年以后全球经济复苏,本田收入逐步回升。本田部分合资公司采用权益法,收入不计入本田的合并报表,合资的经营状态会影响公司利润。本田的净利润在 2003～2008 年稳定增长,在 2009 年受到经济危机的影响陷入低谷(见图 8-83)。

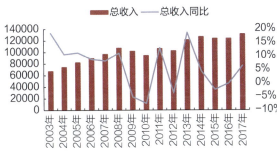

图 8-82 2003～2017 年本田总收入(百万美元)及同比
资料来源:Bloomberg

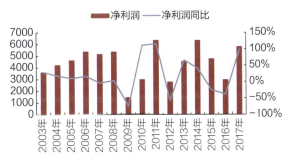

图 8-83 2003～2017 年本田净利润(百万美元)及同比
资料来源:Bloomberg

本田在营运能力方面表现较为稳定。本田的各类周转率在 2003～2008 年略有下降,而 2008 年经济危机过后,本田对效率和成本的关注使得其各类效率指标出现回升,鉴于 2008 年东日本地震和泰国洪水事件带来的消极影响,2012 年和 2013 年其周转指标分别出现明显的下降和回升，其后随着本田管理和效率的不断提升，其存货、固定资产、总资产周转率都表现出稳定的向好趋势（见图8-84，图8-85）。

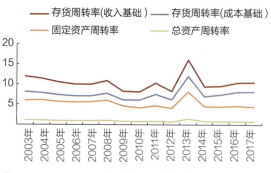

图8-84　2003~2017年存货、固定资产、总资产周转率
资料来源：本田公司

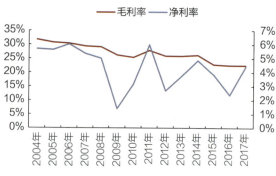

图8-85　2004~2017年本田毛利率与净利率
资料来源：本田公司

经济危机后，本田放慢了资本开支，固定资产增速明显减缓，公司开始致力于削减成本。2013年以后，每年的折旧和折旧占成本比例也有一定下降（见图8-86，图8-87）。

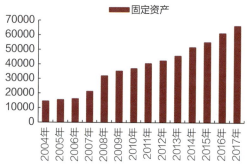

图8-86　2004~2017年固定资产（百万美元）
资料来源：Bloomberg

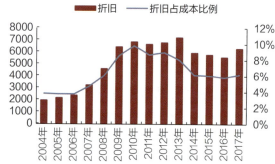

图8-87　2004~2017年折旧（百万美元）
　　　　与折旧占成本比例
资料来源：Bloomberg

6 本田为日系车优秀代表

6.1 本田在日本的市场占有率不断提高

本田在日本市场占有率从20世纪70年代至90年代末持续上涨。从1977年到1998年，本田在日本的销量从24.6万辆/年上升到75.7万辆/年，增幅达207.7%；日本汽车的行业总销量从1977年的410万辆/年上升到588万辆/年，增幅为40.2%，本田的市场占有率从5.9%上升到12.9%。进入21世纪后，受日本汽车行业下滑影响，本田在日本的销量有所下滑，2012年，由于东日本地震的影响，本田在日本的销量和市场占有率进入低谷，2012年之后，本田在日本的销量和市场占有率都逐步恢复，年销量稳定在70万辆左右（见图8-88）。

图8-88 1977～2017年本田日本销量（千辆）及在日本的市场占有率
资料来源：本田公司、CEIC

本田采取了贴近客户以最大程度洞察消费者需求生产产品的政策，它以日本为中心建立了灵活的制造系统，使其能够对世界各国需求的变化做出反应。随着其在日本以外地区的业务拓展，本田已经加强了其区域生产能力。本田通过区分工厂的生产职能来提高生产效率，例如本田在2013年7月启动了专门用于小型汽车FIT和VEZEl生产的Yorii工厂。在这家新工厂，本田不仅利用创新技术来实现汽车生产中的世界级能源效率，而且通过将小型车辆生产技术提高到新的高度来提高制造效率。

6.2 区域整合与本地化战略

6.2.1 自力更生与区域整合

本田致力于加快对全球商业环境发展的应对，同时提倡其主要市场的自力更生。本田针对每个单独市场设计专门的产品以更好地服务消费者的需求，这是本田长时间贯彻的战略。本田采用了独特的矩阵式管理结构,将世界分成单独的区域,每个区域作为一个自治组织,提倡每个区域在采购、生产和销售方面的自力更生。在这种结构中,每个地区都建立了自己的基础生产设施,同时建立独立的采购职能并布局完善的销售网络。这种矩阵式管理结构使得本田在美国北部、亚洲和中国等主要市场,逐渐开发、生产和销售了针对区域市场的专属车型。

提倡区域间研发的高效整合。本田积极促进区域间研发的协调,以更有效地发展本田的技术模式,以及进一步扩大本田的全球和区域车型的潜力。这有利于提高车型研发的效率,并有效分摊车型研发过程中的成本。此外,为了平衡全球车型生产和销售中的供需,本田一直致力于在各个主要经营分部之间建立灵活的生产体系和相互补充的销售网络。

6.2.2 本地化战略

本田的本地化战略主要包括本地研发、本地采购、本地生产和本地销售。

本地研发:本田致力于在产品研发设计的过程中加入当地的要素。20世纪80年代左右,本田通过技术合同的方式,提供焊接设备和其他生产设备的方式与英国 BL Ltd.、UCDD 公司进行合作研发新车型 LEGEND。80年代后期,在本地研发方面,美国、欧洲当地的团队帮助设计和开发新产品以适应当地消费者的要求和消费倾向;而在亚洲,尤其是新加坡地区,本田当地的研发团队则集中于市场的调研和测试。除此之外,本田在欧洲的研发部门在1988年4月进行了重组以增强其针对本地市场的研发能力。上述的区域细分车型则是本田本地研发战略落实的成果,同时本田也在欧洲市场研发了全新思域 R 车型和雅阁柴油版本车型以适应欧洲市场的消费偏好。本田通过全球业务改革迅速响应全球客户需求,采用当地优化的设计图纸与研发计划,这使得本田能够创造出专门满足当地需求的产品,同时最大限度地利用当地采购和当地生产的优势。

本地采购:本田致力于深化在当地采购原材料和零部件,以加快本田的全球化进程。本田通过改造供应商管理系统来提高本田各地区本期采购的比例,节约成本的同时也为各地区市场的经济做出了贡献,有利于提升本田在各地运营的企业形象。进入21世纪后,本田在北美生产的所有车辆基本上都配备了本地生产的发动机。1996年7月,本田开始在北美的一个独立工厂生产变速器为北美生产的本田车型提供变速器。在扩大本地生产经营范围的同时,本田也在促进更广泛的零部件本地采购。在北美,1985年57%的本田汽车零部件在当地采购;2005年左右本地采购率增长到95%以上,而对于雅阁车型,本地采购率则高达98%。

本地生产:本田致力于扩大海外产能,深化海外的工厂建设。在1974年,本田就已经拥有24个国家的29家子公司,本田致力于通过技术援助等方式来为这些国家的工业化进展做出贡献,同时也可以增强与这些国家的友好联系,这些投资都会对本田的声誉产生良好的影响,同年,本田的海外投资已达到9000万美元。本田长期在海外工厂对工作人员进行全面培训,这在短期来看虽然是意味着较大的花费,但在长期却能够在提高生产效率的同时减少生产过程中出现的各种问题,最终保证产品质量,也就保证了海外的生产质量和效率。

进入 21 世纪后，在美国销售的所有本田汽车中，大约有 80% 是在北美地区生产的。通过有效地利用本田在各业务地区的资源，"全球本田制造"战略正在被逐步促进，其目标是通过扩大产品系列，同时最大化生产效率和成本竞争力，以进一步提高客户满意度。区域细分车型简介见表 8-11。

本地销售：本田在各细分区域市场推出了区域细分车型，以适应各地区市场的消费偏好。

表 8-11 区域细分车型简介

地区	名称	车型图片	概述
日本	N BOX		本田在日本专门推出 N BOX 微型车以适应日本市场的消费偏好。该车型的特点是完全重新开发的发动机和动力系统平台，通过实现一流的舱室空间和燃油经济性，体现本田价值
美国	ODYSSEY		从美国研发的第二代奥德赛起，美国奥德赛相较于日本奥德赛采用了克莱斯勒风格的小型货车风格，采用电动滑动后门代替铰链式，更简单的前支柱悬架代替原本的上下控制臂前悬架，157kW 的 V6 发动机代替原来的 4 缸发动机，更好地适应美国市场消费者的需要
中国	CRIDER		本田 CRIDER 是广汽本田在中国生产的专门针对中国市场的紧凑型轿车。第一代 CRIDER 是基于伸展的城市车身结构。它具有独立的麦克弗森支柱前悬架和单扭力梁后悬架，其特点是四轮盘式制动器和电动助力转向
印度	AMAZE		在印度，由于柴油动力汽车的需求较大，本田在 2013 年 4 月推出了 AMAZE 并配备了一个新的 1.5L 柴油发动机。除了优越的燃油经济性，令人惊讶的是当地的采购和生产，导致这款车型也具有强大的价格竞争力
印尼	MOBILIO		本田在印尼引入了 MOBILIO 作为瞄准市场的 MPVS（多用途车）。这款车型是本田在进行对印尼市场全面的调查和研究之后开发的，因此 MOBILIO 适应了当地的需求，主动增加当地的元素，同时通过增加零部件的当地采购等各种努力，实现了价格优势

资料来源：本田公司

N BOX 车型在日本取得成功。在日本，因为消费者对小型节油汽车的偏爱，小型车和紧凑型车在日本汽车市场占有率逐渐提升。2011 年 12 月，本田推出了 N BOX 车型，这是新 N 系列微型车中的第一款车型，以此来加强本田在竞争激烈的微型车类别中的地位。N 系列微型车显著增强了本田微型车在日本汽车市场的市场占有率，同时在日本汽车行业层面上，总体微型车销售占汽车总销量的比例也同样正在上升。N BOX 系列以其一流的舱室空间和卓越的燃油经济性受到广大客户的特别欢迎（见图 8-89）。

自 2011 年推出以来，N BOX 车型在日本维持着较高的销量。N BOX 正式推出后的 2012 年到 2017 年，N BOX 在日本的销售保持在 20 万辆/年上下，而 N BOX 占本田在日本总销量的比例也迅速占据了 30% 左右，充分证明了 N BOX 车型的成功（见图 8-90）。

本田将所有微型汽车业务的开发、采购、生产和销售职能集中到铃木工厂。这种新方法旨在加快开发进程，同时降低成本，以便本田能够以更实惠的价格销售车辆。本田利用全球业务改革迅速响应全球客户需求，采用针对细分市场优化的设计，这将使本田能够创造出专门满足各细分市场需求的产品，同时最大限度地利用当地采购和当地生产的优势。

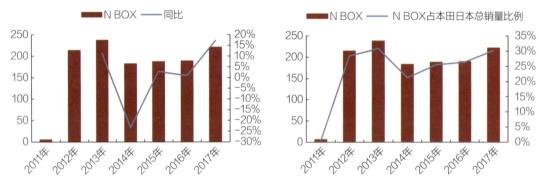

图 8-89 2011～2017 年 N BOX 在日本销量（千辆）及同比
资料来源：carsalesbase

图 8-90 2011～2017 年 N BOX 在日本销量（千辆）及占比
资料来源：carsalesbase

为中国设计的 CRIDER 车型，受到中国市场的欢迎。2013 年引入的 CRIDER 车型的设计填补了 CIVIC 和 ACCORD 之间的细分市场的空缺。在 2014 年，CRIDER 在中国的销量超过 15 万辆，其后鉴于竞争车型的更新换代，而 CRIDER 并未推出新版本车型，CRIDER 的销量在 2015～2017 年期间出现了下降（见图 8-91）。

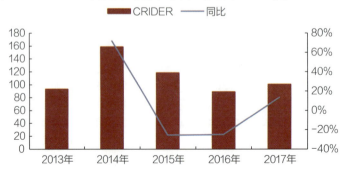

图 8-91 2013～2017 年 CRIDER 在中国销量（千辆）及同比
资料来源：本田公司

6.3 效率优势与产品质量，是日系车致胜的关键因素

在全球汽车行业中，日本车企起步晚于欧、美企业，本田又是日系品牌中成立较晚的企业，从本田的成长历程中，可以看到许多日系品牌成功的关键因素。笔者认为，能够恰当地运用本地化战略、拥有较高的效率和产品质量，是日系品牌致胜的关键因素。

6.3.1 日系车企不断扩大海外生产

从 1950~2000 年左右，在全球汽车产量规模从 1000 万辆上升到接近 6000 万辆的过程中，日系车总产量由 3 万辆上升到 1700 万辆，日系车产量占全球汽车产量的比例也从 0.3% 上升到 30% 左右。值得注意的是，2000 年，日系车产量中超过 40% 的部分是在海外生产的，这也足见日系车企海外产能布局的完善性。世界与日本的汽车产量见表 8-12。

表 8-12 世界与日本的汽车产量（万辆）

年代	世界产量	日系车国内产量	日系车海外产量	日系车合计产量	占有率
20 世纪 50 年代	1058	3		3	0.3%
20 世纪 60 年代	1649	48		48	2.9%
20 世纪 70 年代	2940	529		529	18.0%
20 世纪 80 年代	3851	1104		1104	28.7%
20 世纪 90 年代	4828	1349	338	1687	34.9%
21 世纪 00 年代	5830	1015	707	1722	29.5%

资料来源：《能力构筑竞争 日本的汽车产业为何强盛》

6.3.2 日系车企效率高

合理的制度提高生产效率。本田鼓励员工不仅要贡献劳动，还要为制造过程提出自己的想法，这是本田生产效率较高的重要原因。如果他们的建议提高了生产效率，进而产生了冗余的人员和岗位，被节约的人力会被转移到其他职位而非被解雇。因此，本田员工在工作时可以自由提出优化制造过程的意见。这些措施不仅提高了工厂的生产效率，而且使工厂中的每个人团结起来，而不是像美国汽车公司那样容易出现对立的阵营。

在制造环节，日系的装配生产效率、包含零部件制造在内的整体生产效率和生产周期都处于领先水平。

日系车企装配生产效率高。根据 1989 年国际汽车计划项目的第一次调查，美国汽

车装配工厂的平均生产效率为25人·小时/辆，欧洲装配工厂的平均生产效率为37人·小时/辆，而日本工厂的平均装配生产效率则为17人·小时/辆，相比美国工厂节约了30%以上的工时。其后，虽然欧美车企都采取措施开始追赶生产效率上的差距，但在1993年国际汽车计划项目进行的第二次调查中，美国汽车装配工厂的平均生产效率下降到23人·小时/辆，而欧洲装配工厂的平均生产效率下降到26人·小时/辆，而日本工厂同期的平均生产效率数据为16人·小时/辆。而日系企业中最高效率工厂的装配生产效率则为13人·小时/辆，由此可以看出，欧美企业在1993年左右的装配生产效率方面仍与日系车企存在差距（见图8-92）。

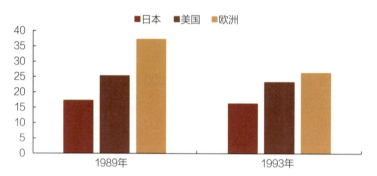

图8-92　日本、美国、欧洲平均装配生产效率（人·小时/辆）
资料来源：《能力构筑竞争 日本的汽车产业为何强盛》

日系车企在包含零部件制造在内的整体生产效率领先。根据日本学者藤本和武石的测定统计数据，日系车企在日本汽车产业劳动生产效率较高的1990年，包含零部件在内的整体生产效率为131人·小时/辆，而美国在劳动生产率较高的1988年的整体生产效率则为152人·小时/辆。由此可以看出，即使在整体生产效率上，日系车企和美系车企仍然存在差距，但这部分差距大多是由装配生产过程造成的。

日系车企生产周期短。一般认为，日系车企的生产周期比欧美车企短。以"Just-In-Time"闻名的丰田公司具有相当高的库存周转率，这也表明了其较短的生产周期。其后，欧美企业也开始学习精益生产模式，在一定程度上减少了半成品库存水平，从而缩短了生产周期。

开发效率方面，日系车企的开发周期和开发生产效率领先于欧美。

日系车企开发周期短。根据哈佛大学在20世纪80年代后半期的调查，对提出概念到新车上市为止的开发周期而言，日本车企的平均时间是4年而欧美车企的平均时间是5年；对确定外观设计到产品上市的周期而言，日本车企的平均时间是30个月而欧美车企的平均时间为其1.3倍。除此之外，在模具和样车的开发上，日本车企的耗时水平也只有欧美车企的一半左右。

日系车企开发生产效率高。开发生产效率一般指开发计划需要的工时数。经过对项目内容的修正后，欧美车企每个开发计划所耗的工时仍为日本车企的两倍左右。这反映了日系车企在开发新车型速度和效率上的领先，新车型的不断推出也充分证明了日系车企的强劲竞争力。在 1982~1987 年的 5 年间，日系车企上市的新车型数量约为美国车企的 3.5 倍，欧洲车企的 1.75 倍。

日系车企制造成本低。据美国交通部和哈佛大学的研究，20 世纪 80 年代初期，在每辆小型车的制造上，日系车企大约拥有 1000~2000 美元的成本优势，这直接导致了日系车企强大的竞争力。

6.3.3 优秀的产品和服务质量，是日系车企的优势

日系车的制造质量优于欧美系汽车。消费者信息杂志调查显示，从平均缺陷数指标来看，1989 年，无论日系车企在日本本土的工厂还是日系车企布局在北美的工厂，其制造质量都优于欧美车企。其后，欧美车企也开始优化制造质量，在 1993 年左右，欧美车企已经逐渐缩小了与日本车企制造质量的差距，但其平均水平仍在日本之下。日本二手汽车较高的价格也反映了其制造质量：在 20 世纪 90 年代，以在日本销售的日系车代表本田雅阁和丰田凯美瑞为例，使用 3 年之后，一般的市场价格为新车价格的一半以上，而使用 3 年之后的美系车市场价格则仅为新车价格的 30%，这也在一定程度上促进了日系车的销售，同时表明日系车的较高质量。

日系车企严密的供应商管理体系显著提高了其采购质量。日系车企在 20 世纪 70 年代就建立了紧密的供应商管理体系，例如丰田对零部件供应商推行看板模式管理，强调供应商要与其"Just-In-Time"系统保持同步，并与部分零部件厂商执行在线实时收发订单，这使得日系汽车制造商在节约交货时间、降低采购成本与供应商管理成本的同时，也提高了零部件的采购质量，并巩固了与供应商之间的关系。同样地，与供应商关系的维护同时也有利于提升其采购质量，而采购质量进一步影响其生产、制造质量。

日系汽车制造商的服务质量优于美国的一般水平。与美国经销商相比，日本汽车经销商更习惯于上门推销方式，在销售人员的商品知识、受客户的信赖程度、销售人员服务的质量等方面，日本经销商远远高于美国经销商的一般水平。

7 经营策略

在世界汽车工业中，相比于欧美国家，日本的汽车工业起步较晚，本田从事汽车制造的时间也晚于日产和丰田等企业。作为汽车行业的后起之秀，本田的成长历程大致可以分为以下几个阶段：

1946~1963年：本田是一个摩托车企业制造商。

1963~1969年：本田开始启动汽车业务，并对海外市场进行初步探索。

1969~1982年：两次石油危机使得原油价格大涨，美国消费者开始青睐燃油经济性好的小型车，同时美国修订排放法案，对汽车排放做出了更加严格的要求。本田研制出CVCC发动机，其具备良好的排放性能和燃油经济性，配备CVCC发动机的思域和雅阁在美国市场走红，本田在美国的市场占有率快速提升。

1982~2003年：随着日系车在美国市场占有率的逐渐提高，美日自愿出口协议的签订影响了日系车在美国的增长，同时，汇率的波动也对日系车企的经营产生影响。1982年，本田在美国马里斯维尔建立了第一家汽车工厂。随着20世纪90年代原油价格的下降，大、中型车在美国的欢迎程度提高，本田顺应时代潮流将雅阁从紧凑型车改为中型车，使其销量保持在良好水平，同时推出CR-V以满足美国市场对SUV的需求。这一时期，本田也推出了豪华品牌讴歌，进一步提升公司形象、拓展产品带。

2003~2017年：中国市场成为全球汽车市场中增量最大、增速最高的市场，本田先后在中国成立两家汽车合资企业，本田在中国市场取得的成绩是其这一阶段最大的增长动力。同时，本田在节能与新能源车领域取得多项成果。

从本田的成长历程中可以看到，在石油危机和美国排放升级的时候，本田研制出了燃油经济性和排放性能都非常好的发动机，其思域和雅阁在美国走红；美日自愿出口协议签订后，本田成为第一家在美国建厂的日系车企；20世纪90年代，石油价格下降，大、中型车和SUV需求提升的时候，本田将雅阁改为中级车，推出CR-V以满足美国市场需求；在中国市场开启高增长的时候，本田在中国成立了两家合资公司。本田的重要战略几乎符合每一个时代的主题，是本田能由小企业成长为跨国大公司的关键因素。

本田的成功离不开本田科学合理的制度，包括研发、生产、管理、采购、销售等，这些特点使本田的企业效率高，产品质量好。

注重研发。本田是一家非常注重研发的企业，从创始人本田宗一郎起，本田的社长都由技术研究人员担任，这充分体现了本田对于研发和产品的重视，而且，本田的研发部隶属于本田汽车公司，资金源于公司一定比例的营业收入，因此即使成本削减时也没有影响到本田的研发部门。

生产上，调动工人积极性。本田鼓励工人不仅要贡献体力，还要针对制造流程提出自己的想法，如果他们的建议使效率提高，而他人、甚至是本身的工作岗位也因此取消的话，这些人并不会失业，而是将被转到其他岗位，从而可以提升生产效率。

管理方面,做到目标统一。与美国车企不同,本田对于公司内的经理人并未有任何特殊待遇,经理人一样身穿白色工作服,让经理人和同事们都将自己视为大家庭的一员,做到目标统一。

本地化战略:在走向国际的过程中,本田通过本地研发、本地采购、本地生产和本地销售,更好地适应了当地市场,推出了符合当地需求的产品,同当地供应商建立良好联系,也树立了良好的形象。

良好的供应商管理:本田会与供应商建立合理的合作关系,甚至会派出工程师,帮助供应商提升成本控制的能力;本田会编制完整的供应链地图,一直延伸到第三级和第四级供应商,这样可以发现潜在问题。

综上所述,本田不仅自身是一家优秀的企业,而且把握住了时代的主题,从一家小型企业逐步成长为大型跨国企业。

本田的净利润在1971年时为3200万美元,2017年时为57亿美元,年复合增速为15%左右(见图8-93)。本田的股价在1975年为0.69美元,2017年为33.5美元,42年的时间上涨了47.5倍,从这个角度来看,如果在1975年就投资本田公司,并长期持有,将有非常好的收益(见图8-94)。

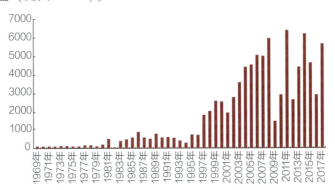

图8-93 1969~2017年本田净利润(百万美元)
资料来源:本田公司、Bloomberg

图8-94 1975~2017年本田股价(美元/股)及增幅
资料来源:Bloomberg

注重研发、成本管控好、运行效率高、管理制度科学合理、能够顺应时代的企业,是未来有可能不断发展壮大的企业。行业处于变革期,如果公司在战略规划或重要产品规划上出现失误,将导致巨大损失。

第 9 章
雷诺-日产：法国汽车工业及跨文化企业联盟研究

章首语

随着全球汽车行业的竞争进一步加剧，未来跨国企业之间的联盟和并购将增加。笔者认为企业进行跨文化合作时，可以借鉴雷诺-日产联盟的成功经验。本章复盘了法国汽车工业和雷诺公司的发展历程，分析了日产公司陷入危机的原因，最后分析了雷诺-日产联盟合作成功的原因。

法国汽车工业在 20 世纪 80 年代遭遇衰退，以雷诺为代表的车企改革重获新生。法国汽车工业开始于 19 世纪 90 年代，20 世纪初向美国学习，最终形成了独具"法国风格"的汽车工业生产模式。第二次世界大战曾重创了法国汽车工业，战后，法国政府对汽车产业进行干预和规划，优化了产业结构，同时法国企业准确地把握了战后市场需求，推出了经济性车型，之后又进一步丰富了车型的品类，法国汽车工业快速发展。到了 20 世纪 80 年代，在全球汽车市场需求饱和、法国国内宏观经济下行、相关政策带给企业压力、法国车企的战略失误以及日本竞争者的崛起等一系列因素的交互作用下，法国汽车工业结束了之前的繁荣，法国车企处于改革的边缘。以雷诺为代表的法国汽车制造商通过各项改革措施，带领法国汽车工业进入一个新的发展阶段。自 80 年代中期，雷诺经历了两次危机，聚焦核心业务，提高了产品质量、实现了精准营销、完成了民营化的过渡、降低了产品成本，从一个毫无竞争力、濒临破产的亏损企业，转型为一个兼具竞争力与盈利能力的汽车集团，成为世界汽车行业中效益最好的公司之一。

日产早期发展势头强劲，20 世纪 90 年代陷入经营危机。日产自诞生开始便不断完善生产能力，产量逐年增加，发展势头良好。虽在第二次世界大战期间受到战时经济限制，发展曾陷入停滞，但战后调整和恢复快速，主要通过提升产品力和注重技术开发使企业进入了高速发展期，日产成长为世界级的汽车公司。90 年代，受宏观因素影响，日本汽车企业遭遇强烈打击，日产在此期间不仅未迎合市场和需求的改变，反而暴露出自身的一系列问题，包括产品力下降、推出 SUV 和皮卡等新车型过晚导致错失发展良机、海外市场策略失误分散企业资源、过度依赖借款筹资使负债和财务费用升高、采购和销售体系混乱成本高昂、内部治理混乱导致员工工作效率低下和积极性极低等一系列问题，辉煌一时的日产陷入经营危机，一度濒临破产。

雷诺 – 日产联盟成立，雷诺与日产焕发出新的活力。1999 年雷诺 – 日产联盟成立之后，首先对日产进行了大刀阔斧的改革，包括偿还债务、关闭工厂提升产能利用率、建立跨职能小组提高跨部门工作效率、推出新车型提高产品力等，完善了企业结构、供应链和销售网络，不仅使日产提前 1 年实现了全面复兴，而且使之后的业绩不断增长，企业加速渗透新市场，实现了跨越式发展。同时，雷诺充分发挥与日产的协同作用，加速了全球布局、优化了供应链，通过技术交流提高了产品力。雷诺和日产共同建立了采购、生产、销售等一系列组织，使成本大幅降低，双方均通过紧密的商业合作获益匪浅。2005 年雷诺 – 日产联盟在销量上已位居全球汽车制造商第四。

本章可分为三部分：第一部分回顾了法国汽车工业从诞生以来到 20 世纪 80 年代的发展历程，分析了 80 年代法国汽车工业面临的危机及形成危机的原因，之后复盘了法国主流汽车公司雷诺，80 年代以来通过多项改革措施应对危机、重获新生的过程；第二部分描述了日产在 1910～1979 年期间不断发展壮大，成为日本第二大汽车公司，但自 80 年代中后期，日产逐渐走向衰落，并在 90 年代末面临破产，本部分分析了日产在这一时期陷入经营危机的原因；第三部分复盘了雷诺 – 日产联盟成立过程，日产进行的复兴改革使经营情况大幅改善，联盟也同样带给了雷诺许多积极的影响，最后分析了雷诺 – 日产这一跨文化联盟可以成功的原因。

1 法国汽车工业的历程
（19 世纪 90 年代～1985 年）

本节主要介绍了法国汽车工业自 19 世纪 90 年代诞生到 20 世纪 80 年代的发展历程。

法国汽车工业早期（19 世纪 90 年代～1978 年）：法国汽车工业自诞生起辉煌一时，此后经历一次又一次的冲击，在第二次世界大战之后反思错误，采取有效的调整措施恢复重建，从 20 世纪 50 年代开始重返辉煌。

法国汽车工业衰落期（1979～1985 年）：第二次石油危机的爆发将法国汽车工业的脆弱性彻底暴露，在国内外各种因素的共同推动下，法国汽车工业结束了长达 20 多年的繁荣，逐渐走向衰落，法国汽车企业处于改革的边缘。

1.1 法国汽车工业早期

1.1.1 辉煌一时，经历一次又一次的冲击

标致、雷诺和雪铁龙是法国汽车工业初期的三大主要汽车制造商。19 世纪 90 年代初，法国标致公司生产出法国第一辆汽油汽车，开启了法国汽车工业的发展。1898 年，路易·雷诺成立雷诺汽车公司，1919 年，安德烈·雪铁龙成立雪铁龙汽车公司，至此，法国形成了以标致、雷诺、雪铁龙为三大主要汽车制造商的汽车工业格局，辉煌一时，一度成为当时世界领先的汽车制造国。

努力缩小与美国的差距，形成独具"法国风格"的汽车工业生产模式。20 世纪初，以福特为代表的美国汽车工业蓬勃发展，法国汽车在技术、工业和组织上的各个方面都被超越。到了两次世界大战之间，法国汽车制造商开始学习美国福特的生产模式，试图缩小与美国汽车工业的差距。从 1928 年到 1930 年，雷诺、标致和雪铁龙建立与福特类似的机械化大型工厂，带领法国汽车工业实现了机械化生产的变革。然而，法国汽车工业此次向美国的学习并没有达到预期效果。一方面，法国分散的市场组织形式导致汽车企业的规模受到限制，使得法国汽车企业的规模无法与美国甚至德国相比；另一方面，法国烦冗的行政传统根深蒂固，企业非生产人员较高的比例牵制了生产效率的提升，因此，法国无法完全模仿美国汽车工业模式，而是形成了独具"法国风格"的汽车工业生产模式。

遭遇严重的国内产业危机，丧失欧洲领先地位。到了 20 世纪 30 年代，法国汽车工业遭受国内严重的产业危机。1934 年，作为法国主要汽车制造商之一的雪铁龙破产，之后众多小型制造商出现，造成国家生产碎片化，不仅导致产业内部的低效竞争，而且阻碍整个

法国汽车工业生产效率的提高，从而严重削弱法国汽车的价格竞争优势，使整个法国汽车工业为此付出了代价，丧失了在欧洲的领先地位。

战争重创了法国汽车工业。第二次世界大战消耗了法国大量的资源，造成法国工厂人力和物力的短缺，严重降低了法国生产效率，进一步加大了法国同竞争对手的差距。这种差距的加大主要来自以下两个方面：一是法国汽车工业在核心业务领域上的偏离。法国汽车制造商在资源匮乏的生产条件下，不得不远离他们的核心业务，转而从事战争订单的生产。二是法国汽车工业在生产资源上的严重损失。由于缺乏润滑剂、备件和大量维修人员，工厂机器的老化速度加快，使得这些机器比其他欧洲竞争对手的机器设备更加老化、性能更差；英国从美国引进适合战争需要的现代化机器设备的同时，一些法国最好的机器设备却被占领者征用，例如标致位于索肖的工厂的所有装备都被洗劫一空。相较而言，战争对法国汽车工业在生产设备上的破坏影响更为深远与严重，因为这不仅影响了法国汽车工业战时的发展，而且还重创了法国汽车工业之后的生产潜力，影响到法国汽车工业的战后恢复，这也部分解释了法国汽车工业战后重建较慢的原因。

1.1.2 战后恢复，重返辉煌

法国汽车工业在第二次世界大战后的重建主要做了两件事：一件是针对生产资源的巨大损失，进行生产队伍和设施重建；另一件是对第二次世界大战前法国汽车工业结构的改革调整。在具体措施上，法国汽车工业分别从产业生产、产品推出和市场定价三个方面进行了一系列的改革与调整。

通过国家干预进行现代化改造，医治汽车工业结构性弊病，提高产业竞争力。面临此前法国汽车工业的严重弊病，为了恢复经济，国家不得不进行干预与规划。1946年，针对法国汽车工业重建的"五年计划"即庞斯计划诞生。该计划将法国本土的车企分成两大类——乘用车制造商和商用车制造商，并在此基础上将雷诺、雪铁龙、标致等汽车制造商根据各自的生产特点做进一步的划分，向它们指派不同的细分市场和生产任务，进行现代化改造，实现合理化生产。该计划一方面改变了法国汽车工业此前碎片化生产的局面，将其生产集中在少数几个工厂，进行统一组织，实施专业化生产，从而充分发挥规模经济效应，大幅提高了生产效率；另一方面，该计划对法国汽车工业进行了结构性改革，在政府的支撑下，促成市场优胜劣汰，重点发展最具市场竞争力的几个汽车品牌，有的放矢，显著提高了法国汽车工业的竞争力。

根据战后市场需求的变化，推出一系列创新的经济车型。20世纪50年代初，部分国家的汽车制造商较多地依赖战前车型，因此无法满足战后变化的市场需求。与之不同，法国汽车企业则准确观察了战后市场的需求变化，抓住机会，推出了以雷诺4CV、标致203和雪铁龙2CV为代表的一系列创新的经济车型（见图9-1，图9-2），这些新的经济车型由于适合战后的短缺经济和艰难的运输条件，因此，一经推出就迅速受到了市场欢迎，成功占据了市场主导地位。法国汽车工业在车型上的创新，充分发挥了一直以来法国汽车产品的独特性优势,实现了产品差异化战略,并在商业上取得了巨大的成功,对法国战后整个汽车工业的恢复起到了关键作用。

图 9-1 雷诺 4CV
资料来源:维基百科

图 9-2 雪铁龙 2CV
资料来源:维基百科

扩大产品差异化,针对不同细分市场,制定不同价格,为消费者提供更多的产品选择,发掘市场潜在需求。在第二次世界大战之前,法国汽车生产商倾向于生产与竞争对手产品相似的产品,并将这些差异化极小的产品价格集中制定在某个价格周围,这样不仅限制了消费者的选择,而且导致了"消极"的价格竞争。而在战后恢复时期,法国汽车工业扩大了汽车产品的差异化,开辟了不同的细分市场,并针对不同细分市场进行差异化定价,在各个价格区间推出车型。例如雷诺和标致主要生产价格较低的普通汽车,而雪铁龙则主要生产价格较高的高端车型,不仅为消费者提供了更多的产品选择,还发掘了市场的潜在需求,提高了法国汽车的市场占有率。

法国汽车工业在战后的改革与调整措施取得了显著的成效,法国汽车工业自 20 世纪 50 年代起,重返辉煌,进入蓬勃发展的新阶段。

1.1.3　日本竞争者崛起,法国汽车工业危机潜伏

得益于小型经济车型的推出,法国汽车工业平稳渡过第一次石油危机。到了 20 世纪 70 年代初期,雷诺推出 R5 系列产品,这款小型经济车让雷诺大获成功,使雷诺汽车成为西欧市场最具影响力的汽车制造商(见图 9-3)。在第一次石油危机中,R5 被称为"危

图 9-3 雷诺 R5
资料来源:维基百科

机之车"，雷诺也因此并未受到石油危机太大的影响。标致在柴油领域研究多年，是少数几个掌握柴油技术的汽车制造商之一，第一次石油危机使标致从柴油发动机这项长期被忽视的创新项目中获益。法国汽车工业的其他汽车制造商虽然有些受到了石油危机的影响，但是由于雷诺和标致的出色表现，法国汽车工业整体上较为平稳地度过了第一次石油危机，然而，另一方面，法国汽车工业也正因如此，忽视了石油危机背后自身的产业脆弱性。

日本竞争者崛起，世界汽车市场竞争加剧，法国汽车工业危机潜伏。20世纪70年代接连爆发的石油危机，帮助日本汽车工业彻底打开了海外市场，日本车企开始崛起。除此之外，也加剧了汽车市场需求的饱和。这意味着，竞争者增多的同时，市场需求却在萎缩，致使世界汽车工业的竞争日益加剧。然而，在危机来临之际，法国并没有意识到与日本竞争对手之间的差距正在被进一步拉大。当法国汽车工业也像欧洲和美国的汽车工业一样，经历真正的困难时，日本汽车则展示着他们强劲的势头，这让法国汽车工业才开始意识到自身工业体系的脆弱性。

1.2 自20世纪80年代起逐渐落后的法国汽车工业

1.2.1 法国汽车工业走向衰落

全球汽车需求低迷，法国汽车产业竞争力遭到严重削弱。20世纪70年代接连的两次石油危机打乱了全球汽车产业近半个世纪的稳定发展，法国汽车工业也结束了长达20多年的繁荣，自80年代起逐渐走向衰落。在70年代末，法国汽车工业控制了80%的国内市场和30%以上的欧洲市场，然而，到了1984年上半年，法国汽车制造商在法国的市场份额下降到65%，在欧洲的市场份额下降到22%，法国的主要汽车制造商PSA集团和雷诺自80年代开始陆续出现持续性亏损。在全球市场，法国乘用车产量在全球的占比下降；在法国市场，法国乘用车产量自1979~1981年持续下降，由于受到进口汽车的竞争压力，法国国产乘用车在法国国内销量也持续下跌，陷入低迷。因此，无论是在全球市场还是在法国国内市场，法国汽车工业都在遭遇产业竞争力的严重削弱（见图9-4~图9-7）。

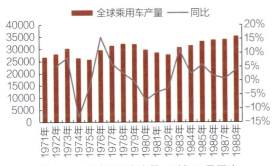

图9-4 全球乘用车产量（千辆）及同比

资料来源：戴姆勒公司

图9-5 法国乘用车产量和其在全球乘用车产量占比（千辆）

资料来源：戴姆勒公司

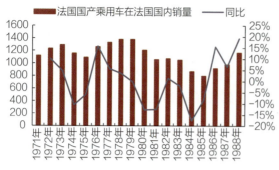

图9-6 法国国产乘用车在法国国内销量（千辆）及同比

资料来源：戴姆勒公司

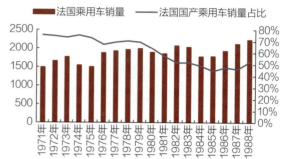

图9-7 法国乘用车销量（千辆）及法国国产乘用车销量占比

资料来源：戴姆勒公司

1.2.2 多方面原因共同导致法国汽车工业走向衰落

虽然法国汽车工业相对平稳地渡过了第一次石油危机，但是在第二次石油危机中暴露了其汽车工业的脆弱性。然而，石油危机只是诸多问题的催化剂，导致法国汽车工业陷入困局的除了石油危机，更主要的还有危机背后一系列相互交织的多方面原因。

（1）世界汽车市场增长放缓

石油危机导致世界汽车市场增长放缓，致使法国汽车工业开始走向低迷。自20世纪70年代初，世界汽车工业的增长就开始逐渐放缓，这种放缓的趋势很大程度上来自工业化国家市场需求的饱和，而接连两次石油危机的爆发又加剧了这种需求的饱和，这是法国汽车工业开始走向低迷的全球经济背景。

（2）法国国内宏观经济下行

法国国内需求萎靡不振，导致法国汽车工业陷入持续低迷。1983~1984年世界经济逐渐复苏，全球汽车市场开始回暖，乘用车销量出现回升。然而，法国汽车工业并没有明显增长，法国国内乘用车销售持续低迷，法国的汽车产量在全球占比也持续下降，出现这种情况的原因主要是法国国内本土需求的不振。1982~1985年，法国GDP增速显著变缓（见图9-8），法国宏观经济发展缓慢，在一定程度上导致国内购买力的下降。此外，法国平均失业率也在急剧上升，影响了国内消费，进一步抑制了法国汽车市场的需求（见图9-9）。法国国内市场需求的萎靡不振导致供应往往超过需求，从而加剧了法国汽车企业的亏损，导致企业自有资金匮乏，限制了企业生产经营的再投资，法国汽车工业陷入持续低迷。

（3）国家政策负担

优先考虑高福利的社会政策，阻碍了企业结构性裁员。长期以来，法国的社会政策一直优先考虑高福利和高度的劳动保障，忽视了客观的经济逻辑。对企业生存至关重要的结构性裁员在法国的劳动法下却显得不太紧要，企业裁员需要经过复杂而漫长的程序，在法国的社会政策下很难实现，由此造成了法国汽车企业人力成本居高不下的局面，加重了企业的经营负担。

图 9-8　法国 GDP（十亿欧元）及同比
资料来源：CEIC

图 9-9　法国平均失业率
资料来源：CEIC

经济政策挤压国内汽车产业利润空间，削弱了国产汽车竞争优势，加剧了国外汽车制造商对国内汽车市场的挤压。在法国汽车生产成本大幅上升的情况下，法国国内相关的经济政策却限制汽车价格的上涨，从而挤压了汽车产业本就微薄的利润空间，严重削弱了法国国产汽车的竞争优势，很大程度上制约了法国汽车制造商的发展。法国主要汽车制造商 PSA 集团和雷诺即使在法郎贬值的市场优势下仍然持续性亏损，雷诺到 1984 年甚至濒临破产。除此之外，在法国经济政策挤压国内汽车制造商利润的同时，欧洲其他竞争者却凭借成本优势不仅在法郎贬值的情况下保持在法国市场的盈利，而且还增加了他们在法国的市场份额，这对很难从国内市场中盈利的法国汽车工业来说无疑是雪上加霜。

受国家政策牵制，企业超安全范围举债经营，导致法国汽车工业陷入财务困难。在社会政策和经济政策的牵制下，汽车企业既无法自行决定其雇佣情况也无法自行决定其产品价格，在很大程度上失去了对自有资金的收支控制。为了确保资金投入充足，法国汽车企业进行了大量的债务融资，有些甚至超出了资产负债率的安全范围，为法国汽车工业带来了巨大的经营风险，例如雷诺和标致在 1984 年皆陷入了严重的财务困难。

（4）综合成本上升

人力成本和物料成本上升，加重汽车企业负担，弱化法国汽车工业竞争力。汽车制造企业的成本主要包括人力成本、物料成本和设备成本，其中人力成本和物料成本作为可变成本，决定了汽车生产成本的变化。法国国民工资率长期以来的持续上升，导致法国汽车企业高昂的人力成本（见图 9-10）。在 1980~1985 年期间，CPI 和 PPI 皆出现较快增长，其中 PPI 的增长快于 CPI，两者的差额呈现持续性的扩大，这导致了法国汽车企业物料成本的上升，企业的利润被压缩甚至亏损（见图 9-11）。与竞争对手相比，法国汽车承受着生产成本的大幅上涨的压力，法国汽车工业竞争力弱化。

（5）法国汽车企业战略失误

法国车企战略失误，生产模式过时，缺乏新车型的推出。法国汽车制造商之前并未意识到与日本先进生产模式的差距，也没有对市场变化做出及时准确的反应，导致战略选择失误。在生产方面，法国车企没能尽早实现现代化生产，笨重的生产设施和过时的生产模

图9-10 法国国民经济工资率(法郎)及同比
资料来源：OECD

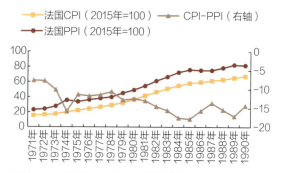

图9-11 法国CPI和PPI及其差额(2015年=100)
资料来源：OECD

式,大大降低了生产效率,在成本节约上也明显落后于竞争对手;在产品方面,法国汽车往往集中在量大利薄的小型汽车生产上,缺乏新车型的推出,导致产品市场僵化,法国汽车工业陷入困境。

(6) 日本竞争者崛起

日本车企强势崛起,法国汽车工业的形势越发严峻。日本汽车企业自20世纪80年代开始布局海外,实施全球化扩张,并迅速取得成功。日本汽车不仅省油,价格合理,而且被认为质量上乘,在欧美市场实现了销量爆发式增长。日本汽车在商业上的成功离不开其领先的成本优势,一方面,日本车企能够通过提高劳动生产效率降低劳动工资率;另一方面,日本车企采用现代化生产,自动化程度较高,加上日本钢铁的成本优势,到1980年,日本汽车的产量已经达到世界第一。同法国车企相比之下,日本制造商的成本优势、领先的生产效率以及几乎覆盖全市场的完善产品线都为法国汽车工业带来了严峻的考验。

法国汽车工业自诞生以来,辉煌一时,经历了被美国超越、国内产业危机以及战争的重创,在战后恢复中进行反思,实施了一系列改革措施,在20世纪50年代成功重返辉煌。到了80年代,在全球汽车市场需求饱和、法国国内宏观经济下行、相关政策带给企业压力、法国车企的战略失误以及日本竞争者的崛起等一系列因素的交互作用下,法国汽车工业结束了长达20多年的繁荣,自80年代起逐渐走向衰落。这是法国汽车工业自第二次世界大战以来面临的最严重的衰退,甚至到了80年代中期衰退仍在持续,法国车企处于改革的边缘,以雷诺为代表的法国汽车制造商将带领法国汽车工业进入一个新的发展阶段。

2 雷诺：经历危机，重获新生（1986~1998年）

本节主要介绍了法国雷诺汽车自1986年到1998年的发展，这段时间分为两个部分。

20世纪80年代第一次危机及应对（1986~1993年）：80年代，自身的脆弱再加上外部环境的打击，雷诺陷入生存危机，此后凭借紧缩开支、全面质量管理与营销策略的调整，雷诺逐渐恢复，并实现了长达9年的持续盈利。

20世纪90年代第二次危机及应对（1994~1998年）：90年代，雷诺实现了民营化，但是由于高昂的汽车成本难以应对市场价格竞争，陷入了第二次财务危机，此后通过降低成本的有效举措，雷诺的盈利能力迅速恢复，并在1998年实现创纪录利润。

2.1 雷诺的诞生与早期发展

1898年，20岁的车辆工程师路易·雷诺（Louis Renault）和他的兄弟在法国巴黎郊外的布洛涅-比扬古（Boulogne-Billancourt）创建了雷诺公司（Société Renault Frères），开始了一段汽车史上的传奇。雷诺最初专门生产私家车和出租车，后来凭借在赛车方面的成功而享誉国际。在第一次世界大战期间，为应付战争需要，除了汽车，雷诺还制造了许多货车、轻型坦克和飞机。第一次世界大战为雷诺跻身工业巨头之列提供了机会。在第一次世界大战结束之后，雷诺成为法国第一大工业企业，攀登至法国工业的顶峰。1922年，雷诺成为一家有限公司，推出首条机械装配生产线，在乘用车和商用车领域发展迅速并取得了长足的进步，在法国和国外建立了许多生产中心，逐渐成为法国市场的领导者。因为在第二次世界大战期间雷诺为纳粹生产军火，第二次世界大战结束后雷诺被收归国有，成为雷诺国营公司，更名为Régie Nationale des Usines Renault。在国营化之后，作为国家重建努力的一部分，雷诺迅速反应，推出的4CV小型轿车曾风靡一时，成为法国第一个销量过百万的车型。1960~1970年，雷诺扩大其产品范围，特别是推出的雷诺4号和雷诺16号，取得了空前成功，扩大了雷诺的市场版图。从70年代到80年代中期，雷诺采取工业、金融和服务业的多元化战略，大力推进其工业和商业活动的国际扩张，这也为雷诺在80年代陷入严重的生存危机埋下了伏笔。

2.2 20世纪80年代第一次危机及应对

2.2.1 濒临破产，陷入生存危机

雷诺自1981年开始陷入亏损，到1984年亏损120亿法郎，1985年亏损100亿法郎，

两年加起来的亏损高达 220 亿法郎之多，雷诺陷入自诞生以来最严重的生存危机，濒临破产。此次生存危机不仅受法国汽车工业衰落的宏观环境影响，也和雷诺自身的发展问题与经营的脆弱性有关。

多元化战略导致巨额的资本开支，分散了企业的资源与精力，致使汽车质量不佳。 20世纪 70 年代末，由于汽车市场的需求随经济发展呈周期性的变化，雷诺一度认为应该多元化发展非汽车业务，避免单纯依赖汽车业务。因此，雷诺广泛布局其他业务领域，例如炼钢、铸造、工业用橡胶、信贷和设备中长期租赁业务等，旨在从汽车以外的产品中获得半数以上的营业收入。从企业的规模来看，产业多元化意味着雷诺子公司及其雇员数量的增加，由此产生的投资支出和工资总额皆大于其经济附加值。从企业的内部组织结构来看，雷诺公司业务的扩张使其内部形成乘用车、商用车和雷诺工业三个部门，在部门改组的同时，各部门之间的业务协调问题也随之产生。事实上，雷诺对一系列附属业务的大额投入使其资源过度分散，偏离汽车核心业务，而生产和组织上的协调困难最终转化为产品危机，这在很大程度上影响了雷诺汽车的生产质量，以至于雷诺 1982～1985 年在法国以及欧洲的市场份额急剧下降。

在美国市场投资的失败以及飙升的利率，使雷诺负债累累。 1972 年雷诺推出的经济小型车 R5，在 1973 年石油危机中创造了空前成功的销售业绩，与此同时，石油危机使北美市场对经济实惠的小型汽车产生了新的市场需求，因此，雷诺试图借石油危机的契机进驻北美市场。1979 年，雷诺选择入股美国汽车公司（AMC）。然而，AMC 在美国四大汽车制造商中，无论在产量、质量还是市场份额方面都是最弱的。1980～1982 年间美国市场的下滑使 AMC 濒临破产，然而，雷诺并没有退出投资，而是选择持续加码对 AMC 的持股，将持股比例从 22% 提高到 46%。然而，在渡过石油危机之后，美国的市场需求回归传统大型美系车，致使雷诺的这一冒险走向失败。从 1979 年到 1984 年与 AMC 联盟的 5 年内，雷诺的损失累计超过 10 亿美元，此次在美国的投资失败给雷诺带来了巨大的债务负担。除此之外，飙升的利率和外汇市场的动荡极大地加剧了这一债务负担。在美国市场投资的失败以及飙升的利率，使雷诺负债累累。到 1984 年底，雷诺的累计负债已经相当于其年营业额的 46.1%，雷诺处于半破产状态。

公司对工人联合会妥协，导致人力成本失控，严重侵蚀企业盈利，造成企业自有资金的匮乏。 在第二次世界大战之后，雷诺因涉嫌为纳粹生产军火而被收归国有，自此，雷诺的任务就不再是简单地生产汽车，还包括提供就业等社会责任的承担。这对雷诺的劳动生产率和成本产生了极大的不利影响，尤其是在 1982～1984 年期间，由于公司对工人联合会的妥协，不仅同意提高雇员工资，而且为保障就业致使公司雇员人数增多，最终导致人力成本失控，严重侵蚀企业的盈利，造成企业自有资金的匮乏。与之形成鲜明对比的是，标致在 1984～1985 年遭受损失，濒临破产，然而与国有的雷诺不同，标致应对迅速，在雅克·卡尔维（Jacques Calvet）对政府施加压力之后，标致能够实施裁员削减成本。

没有及时全面地认清形势，缺乏对危机做出快速反应的灵活性。 由于国家控制，雷诺几乎被认为是法国社会服务部门的一个分支，在这种情况下，雷诺陷入了国家官僚机构的困境，所有重大决策都必须经过政府，企业自身无法独立行动。因此，面对战略失误、投资失败、劳资危机等问题，公司运转缓慢，没有及时全面地认清危机形势，缺乏对危机做出快速反应的灵活性。

自身发展问题与内部经营的脆弱性再加上法国汽车工业的衰落，致使雷诺陷入了前所未有的生存危机。

2.2.2 紧缩开支，从濒临破产到收支平衡

1985年，乔治·贝斯（Georges Besse）出任雷诺汽车的董事长兼CEO，面对20世纪80年代雷诺的巨额亏损，乔治·贝斯决定对雷诺进行大刀阔斧的改革，紧缩开支。他对雷诺的改革彻底改变了雷诺的发展轨迹，到了1987年，雷诺因此走出财务亏损的困境，完成了从濒临破产到收支平衡的过渡。

战略聚焦，专注于汽车业务与欧洲市场，紧缩开支，简化经营，提高管理效率。雷诺此前的多元化战略造成了企业巨额的资本开支，削弱了汽车部门的产品竞争力，对此，雷诺进行战略调整，放弃之前代价高昂的多元化战略，实施战略聚焦，大规模出售其子公司，以筹集资本，缩减开支。在业务领域方面，雷诺先后卖掉了一系列附属业务，重新把战略重心聚焦于汽车核心业务。在市场布局方面，1987年雷诺将AMC出售给克莱斯勒，退出北美市场，同时从拉丁美洲的子公司撤资，转而投资于欧洲子公司，将全部精力集中在欧洲市场。在组织结构方面，雷诺简化经营，改组指挥结构，消除涉及集团与分支机构管理部门的职能重叠，重建统一指挥，提升管理效率。乔治·贝斯在组织结构上的改革，开启了雷诺简化管理的历史先河，其专注于汽车本行的经营理念自1985年之后，雷诺就一直坚持这个理念从未动摇。

大量裁减过剩人员，降低人力成本。乔治·贝斯上任之后，在反对工人联合会要求方面表现十分强硬。他认为，不可能指望工人联合会就裁员问题进行谈判，坚决反对早先的"公司治理折衷方案"，并与法国总工人联合会（CGT）抗衡，以降低其影响力。1985年，勒芒工厂罢工，与以往雷诺发生的历次罢工不同，这次不是以双方达成妥协告终，而是以一方对另一方的胜利告终。在较量中，乔治·贝斯获得了最终胜利，CGT代表被解雇。此次勒芒工厂罢工的失败标志着"工人阶级堡垒"在雷诺内部的坍塌，一方面，这意味着雷诺管理层与CGT关系破裂，CGT在雷诺的影响力受限；另一方面，这意味着雷诺自身经营管理权的恢复，雷诺由总裁执掌，权力归总裁所属。至此，雷诺公司克服了法国总工人联合会的阻碍，使得裁员政策得以有效实施。1984～1994年，雷诺的雇员人数持续下降，特别是1984～1987年，这短短的3年内，雷诺汽车制造的工人人数减少了1/4以上，大幅降低了人力成本，很大程度上推动了雷诺收支平衡的实现（见图9-12）。

1986年11月，在改革初见成效之际，乔治·贝斯被法国一个左翼小团体暗杀。乔治·贝斯的在任时间虽然短暂，但是他改变了雷诺自国营化以来近乎社会服务部门的企业定位，带领雷诺公司转变传统的管理理念并开始注重企业核心竞争力的培养，令雷诺公司上下发生了深刻的变化。乔治·贝斯身故后，董事长一职由雷蒙德·利维（Raymond Levy）

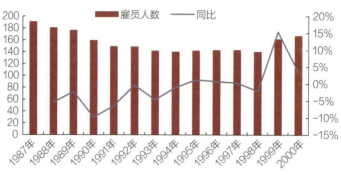

图 9-12 雷诺集团雇员人数（千人）及同比
资料来源：雷诺公司

接替，雷蒙德·利维上任之后延续了乔治·贝斯的经营方针，1987 年，雷诺基本上实现了财务上的收支平衡。

2.2.3 全面质量管理，恢复盈利

在实现财务上的收支平衡之后，为了尽快恢复雷诺汽车的盈利，雷蒙德·利维将提升质量作为雷诺的战略重心，将质量至上的理念贯穿流程始终，展开全面质量管理。雷诺全面质量管理的目标是将每一款车型定位在细分市场的顶端，其目的不是通过销量来获取利润，而是通过质量来吸引愿意支付更高价格的客户，从而在每辆汽车上获得更高的利润，提高雷诺的盈利能力。

设立质量总监，严格把关，提升品牌形象。1987 年，雷蒙德·利维为确保全面质量管理的有效实施，专门在企业内部设立质量总监一职，由皮埃尔·若库担任，负责协调和控制生产过程中各个阶段的质量活动。为了对质量进行严格把控，皮埃尔·若库制订了质量标准法则，并将其在实践中不断完善，确保企业的质量管理有理可依、有据可循。除此之外，对于任何质量不合格的车型，皮埃尔·若库拥有拒绝批准它们上市的权力。同年，由于 R19 型小轿车的质量未达设计标准，皮埃尔·若库果断推迟了 R19 的上市，这在公司内部造成了巨大的震动，使质量理念深入人心。经过质量改善，R19 取得了巨大的商业成功，不仅畅销法国国内而且远销德国市场，提升了雷诺的品牌形象，提高了雷诺在欧洲的市场地位（见图 9-13）。

图 9-13 雷诺 R19
资料来源：维基百科

将质量检查贯穿于全部生产环节，开创质量检查新模式，提高零部件内在质量。 此前，雷诺的质量检查主要在组装线终端进行，一旦出现质量问题就需要返工重做，不仅增加了劳动力成本而且不利于对质量的把控，为解决这一问题，雷诺一改之前传统的质检模式，提出"生产流程统计控制计划"，将质量检查贯穿于全部生产环节，开创质量检查新模式。在新模式下，每20个人组成一个最基本的生产单位（BWU），每一个基层生产单位既是上一个基层生产单位的客户，又是下一个基层生产单位的供应商，从而在生产过程中确立崭新的协作关系，使每一道工序都有质量要求和质量检查，使每位员工都时刻以质量为本，不仅降低了质量检查的成本，而且提高了每个生产环节零部件的内在质量，大幅降低了零件的不合格率。

重组工业系统，提高质量的同时降低成本和交货时间。 自1987年，雷诺开始将位于比利时、法国、西班牙、葡萄牙和斯洛文尼亚的欧洲工厂整合到一个统一的工业系统中，除了特殊车型，每种车型都至少在两个不同地点的工厂进行组装。该工业系统以项目为基础，能够根据每个工厂的负荷和需求的变化对生产和分配计划进行灵活的协调与调整，在提高质量的同时降低了成本、缩短了交货时间。

经过全面质量管理，雷诺汽车的质量有了显著提高，甚至在诸如德国、瑞典等苛刻的市场中逐渐取得认可，质量管理推动了企业的盈利能力的提高。1987年以后，雷诺成功恢复盈利，并在1989年达到了这一阶段的利润顶峰。

2.2.4 推出"生活汽车"营销策略

经过了20世纪80年代下半期的调整与恢复，雷诺在利润率、市场份额、质量和产品等方面都取得了不错的成绩。进入到90年代初，由于西方各国经济的不景气，汽车的销售进入到一个步履维艰的时期，而雷诺汽车却能够在一片萧条声中稳步提高其销售量，扩大其欧洲市场，除了得益于此前雷诺的全面质量管理，还要归功于雷诺精准定位的"生活汽车"营销策略。

提出"生活汽车"营销策略，刺激顾客的购买欲望。 在欧洲其他主要的汽车制造商享有良好声誉、质量和技术的情况下，雷诺认为仅仅跟随其他汽车制造商的脚步是不够的，必须要打造出自己的与众不同。因此，雷诺选择将战略布局转移到汽车产品上，通过对目标市场的分析与定位，提出"生活汽车"营销策略，将汽车和生活方式联系起来，在汽车的概念和设计里植入"生活"这一主题，实施"生活汽车"的产销大转移，推出一系列造型别致、色彩鲜艳、灵巧方便、舒适新颖的家庭汽车。这些汽车的设计能够散发出一种生活乐趣，刺激顾客的购买欲望。例如，1991年被评为欧洲最佳车型的CLIO轿车，连续两年成为法国汽车销量冠军（见图9-14）。

推出TWINGO新款家庭轿车，扩大欧洲市场。 1993年，TWINGO新款家庭轿车亮相一年一度的巴黎汽车博览会，获得"最佳汽车设计奖"，赢得了各个年龄段消费者的一致青睐，畅销法国的大街小巷。从上市之初到当年年底，仅仅9个月，TWINGO的销售量就高达17.4万辆,其中58%出口欧洲各国。在雷诺"生活汽车"的营销策略下,TWINGO新款家庭轿车的上市不仅未影响雷诺其他车型的销售,而且极大地刺激了消费者再添置一辆雷诺家庭轿车的购买欲望,也正因如此,在1993年全欧洲市场出现严重滞销的情况下,雷诺的TWINGO新款家庭轿车仍能保持旺盛的销售势头,扩大雷诺汽车在欧洲的市场,成为雷诺汽车主要的利润来源(见图9-15)。

图9-14 雷诺CLIO
资料来源:维基百科

图9-15 雷诺TWINGO
资料来源:维基百科

2.2.5 与沃尔沃的合作

20世纪90年代初,雷诺从复苏走向扩张,向更具竞争力的欧洲集团迈进,为此,雷诺展开了与沃尔沃的合作。

与沃尔沃的合作,提高了雷诺的市场竞争力,使得雷诺在90年代初期取得了切实的进步。 1990年,雷诺宣布通过相互参股的方式与沃尔沃进行全面合作。雷诺购买了沃尔沃汽车25%的股份、沃尔沃货车45%的股份,作为回报,沃尔沃购买了雷诺汽车20%的股份和雷诺工业公司(RVI)45%的股份。对于雷诺来说,与沃尔沃的合作效益主要来自以下两个方面:一是在大型工业用车方面,雷诺子公司RVI的主要市场在法国,经常受到大范围市场波动的影响使其陷入赤字,双方的合作,一方面支撑了雷诺在重型货车领域的持续生产,另一方面也扩大了RVI的欧洲市场;二是在乘用车方面,双方将通用产品系列与专业产品系列结合起来,创建共享组件库存,并在组件采购、研发和质量控制方面展开深入合作,实现规模经济和范围经济,降低成本,提高了雷诺汽车的市场竞争力,同时也使得雷诺能够更好地渗透北欧市场。1992年,与沃尔沃的合作取得显著成效,雷诺取得了切实的进步。

雷诺国有企业的性质导致与沃尔沃进一步合作失败,限制了雷诺的国际化发展。 为进一步扩大双方合作的协同效应,1993年雷诺与沃尔沃双方开始就双方的合并事项展开谈判。然而,鉴于雷诺的国有企业地位,法国政府为使雷诺对合并后的企业占有绝对控制权提出了苛刻的合并条件,到了11月,沃尔沃主要投资者的反对声音开始高涨。瑞典人对法国政府持有合并公司51%的股份而感到担忧,他们认为与雷诺合并就等于把沃尔沃置于法国政府的托管之下,一旦市场下滑,法国政府很可能会通过对瑞典工厂的压制来保护法国工厂的利益。1993年12月，在沃尔沃股东投票之际，即使法国政府试图消除上述担忧，但仍无法阻止瑞典人对合并协议的否决，双方的合并计划也随之取消。雷诺这次与沃尔沃合并失败的主要原因来自于民族主义壁垒，即使经过了之前三年的合作，雷诺国有性质产生的民族主义壁垒仍然阻碍了与沃尔沃的合并，限制了雷诺的国际化发展，自此，雷诺不得不开始考虑自身的国有企业身份可能带来的影响。

2.3 20世纪90年代第二次危机及应对

2.3.1 实现民营化

1993年，与沃尔沃合并的失败使雷诺意识到自身国有企业身份对企业未来国际化发展的限制，为了突破这层限制，实现民营化成为雷诺在这一阶段的重要任务。

突破障碍，实现民营化。要实现雷诺的民营化，政府是最重要的因素。当时临近政府选举，实现雷诺民营化可能酿成一场大规模社会运动，当届政府不愿卷入关于雷诺企业性质的政治纷争，并没有同意实行雷诺的民营化改制。因此，1994年对雷诺只是进行了资本开放，出售的股份仅占总股份的28%，国家仍然占53%的股份，仍处于控股地位。直到1996年夏天，阿兰·朱佩时任法国总理，雷诺民营化已不再是敏感的政治问题，政府将国家股份减少至46%，最终实现了雷诺的民营化。此次雷诺的改制使得2/3以上的雷诺员工都买到了公司的股份，从而避免了罢工的发生，法国总工人联合会和法共组织也未发动过任何反对雷诺民营化的运动。因此，无论从政府的角度还是工人联合会的角度，雷诺都突破了之前的阻碍，顺利实施民营化。

雷诺的民营化，翻开了企业历史新的一页。从雷诺的资本开放到民营化的实现，由国营汽车公司转为民营汽车公司，雷诺翻开了企业历史上新的一页。一方面，民营化减少了政府对雷诺的影响与控制，给予了企业自主经营管理的空间，提升了经营效率；另一方面，雷诺民营化突破了民族主义壁垒的限制，使其能够以平等的地位展开国际合作，投入日益激烈的国际竞争。

2.3.2 财务状况再次恶化

高昂的汽车成本难以应对市场价格竞争，雷诺陷入10年以来的首次亏损。1996年，由于国内外竞争对手的激烈竞争，雷诺在欧洲市场的份额下滑至9.7%，外国汽车制造商在法国的市场占有率从1986年的37%上升至44%，为了维持市场份额，防止市场份额的进一步萎缩，雷诺汽车大幅降价，陷入了持续的价格战。虽然雷诺在汽车质量和营销方面都取得了长足的进步，但是雷诺汽车在成本方面却相对高昂。在这种情况下，高昂的汽车成本难以应对市场激烈的价格竞争，营业利润率急剧下滑跌至-3.3%，意味着雷诺每销售一辆汽车，就会增加一定的亏损，汽车经营陷入困境。雷诺的财务状况自1987年恢复盈利之后，在1996年陷入了10年以来的首次亏损（见图9-16）。

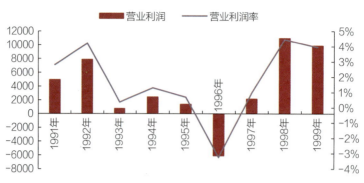

图9-16 雷诺集团营业利润（百万法郎）和营业利润率
资料来源：雷诺公司

2.3.3 实施多项措施降低成本

1996年，有"成本杀手"之称的卡洛斯·戈恩出任雷诺汽车公司副总裁，将降低成本作为雷诺应对此次财务危机主要优先事项，为此采取以下措施：

与供应商建立伙伴关系，降低采购成本。雷诺每年的采购成本约占制造成本的60%~70%，与供应商建立伙伴关系，是雷诺在降低采购成本上的重要举措。首先，在供应商的选择上，雷诺挑选成本竞争力和技术开发能力均突出的零部件供应商，兼顾零部件的成本与质量。其次，在与供应商的合作上，一方面，雷诺采取对于特定零部件选择特定供应商的采购策略，减少供应商的数量，并将其专业化，建立一个完整的欧洲网络，实现规模经济，降低采购成本；另一方面，雷诺通过自己的研发中心等技术部门给予零部件供应商一定的技术支持，与供应商建立长期的合作关系和伙伴关系，展开全方位的合作，互利共赢，在降低供应商成本的同时降低集团的采购成本。

对工业基础进行合理化重组，提高产能利用率，降低生产成本。雷诺在欧洲的工业设备十分分散，为集团的生产管理造成了很大的复杂性，限制了产能利用率的提升，对投资和生产成本造成了巨大的压力。为扭转这一劣势局面，实现生产能力的最佳利用，雷诺开始对其工业基础进行合理化重组，全面提高工厂的产能利用率。第一，提高工厂的集中度，关闭Vilvorde等几个工厂，调整工业基础布局，改善生产体系，简化管理，降低成本。第二，实施三班倒的生产运营模式，一方面，优化产能，确保负荷不足的设备得到充分使用；另一方面，利用弹性的工作时间使每个现有场址能够适应市场需求的波动，提高生产系统的灵活性。第三，为每个工厂分配特定车型，例如LAGUNA在Sandouville工厂生产，TWINGO在Flins工厂生产，MEGANE则在Douai和Palencia工厂生产，提高工厂的专业化生产水平，减少生产所需时间，实现规模经济，降低生产成本（见图9-17）。

优化分销结构，降低分销成本。雷诺集团主要的分销网络由雷诺的分支机构、子公司和独家经销商组成，他们在指定的市场范围内销售和维修雷诺汽车。1997年，雷诺将法国分销网络中的子公司和分支机构合并在一起，成立了一个新的全资子公司——法国雷诺汽车公司。该子公司的成立使雷诺的销售结构在快速变化的汽车市场环境中实现更高水平的自主性和反应能力，优化了雷诺的分销结构，从而促进了分销成本的降低（见图9-18）。

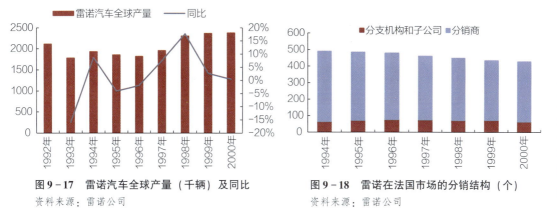

图9-17 雷诺汽车全球产量（千辆）及同比
资料来源：雷诺公司

图9-18 雷诺在法国市场的分销结构（个）
资料来源：雷诺公司

雷诺对成本的有效控制大大提高了汽车产品的盈利空间，在卡洛斯·戈恩的带领下，公司顺利扭亏为盈，并在1997年取得了可观的利润。

2.3.4 创纪录利润

在竞争日益激烈的市场中，只有不断提高自身竞争力，才能确保公司的持续盈利。为此，雷诺开始着手部署企业所有的可用资源，以高效的组织架构作为支撑，力求在质量、效率和成本方面成为市场中的佼佼者。

建立高效的组织架构，为雷诺的持续盈利提供支撑。1998年，雷诺技术中心建设完成，开始全面投入运行，其背后的理念是"设计更好、工作更快、成本更低"。该技术中心采用全新、高效的组织架构，跨越传统界限，将所有的车辆研究和开发资源集中在一个平台，实现跨职能运作，通过这种新的工作模式，缩短新车的开发时间，降低成本，提高产品质量。该技术中心高效的组织架构提高了雷诺在质量、成本和交货时间方面的竞争优势，为雷诺的持续盈利提供了有力的支撑。

实现创纪录利润，寻求海外新市场。1998年，包括法国在内的所有欧洲汽车市场都经历了显著的增长。雷诺是此次复苏的主要受益者，汽车产量228万辆，位列欧洲第四位、法国第一位，汽车销量212万辆，销量增速是欧洲市场的两倍。雷诺所有车型在1998年几乎都取得了成功，尤其是成为欧洲第二畅销车型的MEGANE。再加上集团正在进行的成本削减计划，大幅提高了汽车产品的盈利空间。1998年，雷诺收入达到2440亿法郎，增幅高达17%，净利润达到了88亿法郎（见图9-19~图9-22），增幅高达63%，其中税前净利润达到111亿法郎，创下历史新高。自此，雷诺开始寻求全球合作伙伴，开拓海外新市场。1999年，雷诺与日产（Nissan）合作，成立雷诺-日产联盟；同年，雷诺控股了罗马尼亚汽车制造商达契亚（Dacia），并在2000年将其持股比例提升至80.1%。2000年，雷诺与三星成立合资企业，雷诺和三星分别拥有70%和30%的股份，此举强化了雷诺 – 日产联盟在亚洲的布局。通过一系列的国际联盟和收购活动，雷诺成功实现集团国际化。

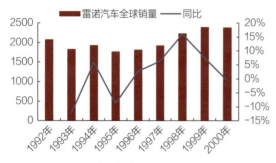

图 9-19　雷诺汽车全球销量（千辆）及同比
资料来源：雷诺公司

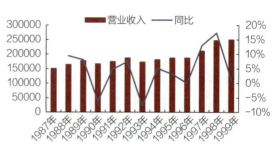

图 9-20　雷诺集团营业收入（百万法郎）及同比
资料来源：雷诺公司

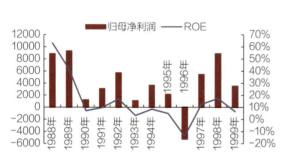

图 9-21　雷诺集团归母净利润（百万法郎）及 ROE
资料来源：雷诺公司

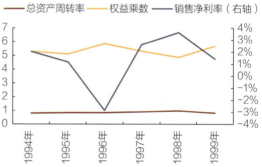

图 9-22　雷诺集团杜邦财务分析指标
资料来源：雷诺公司

从 20 世纪 80 年代中期到 1998 年，雷诺经历了两次危机的锤炼，聚焦核心业务，提高了产品质量、实现了精准营销、完成了民营化的过渡、降低了产品成本，从一个毫无竞争力、濒临破产的亏损企业，转型为一个兼具竞争力与盈利能力的汽车集团，成为世界汽车行业中效益最好的公司之一。笔者认为雷诺在质量管理、营销策略和成本控制等方面的有效举措，是其能够走出危机，不断成长，实现创纪录利润的主要原因。自此，雷诺开始寻求全球合作伙伴，开拓海外新市场。

3 日产早期辉煌（1910~1979年）

本节主要介绍日产汽车在1910~1979年的早期发展，包括以下几个阶段：

成立初期（1910~1937年）：实业大亨鲇川义介建立日产汽车公司，利用DATSUN汽车顺利进军日本汽车市场，并开始大规模生产。

战时停滞期（1938~1949年）：由于战时统制经济，日产公司的汽车生产和销售遭受限制，甚至一度停产，战后逐步恢复汽车生产。

高速发展期（1950~1979年）：日产着重技术发展，推出多款高质量的新产品，同时进行国内外大规模扩张，开始多元化发展，成为世界级的汽车公司。

3.1 成立初期势头强劲

鲇川义介创立日产汽车公司。1910年鲇川义介从美国学成回日本，成立了专业制造汽车零件的户田铸物公司。1928年，鲇川义介重建仓原矿业公司，并将其重命名为"日本产业"，寓意"全日本都是公司的股东，希望对日本社会和公众利益有所帮助"。日产之名由此而来。1931年，户田铸物公司策划进入汽车行业，将DAT汽车制造公司并为旗下，并完成生产了第一款小型乘用车DATSON（次年改名为DATSUN）。1933年12月26日，日本产业公司出资600万日元，户田铸物公司出资400万日元，共同成立了总投资额为1000万日元的汽车制造股份公司，由鲇川义介担任新公司首任社长。在1934年6月举行的第一届股东大会上，日本产业公司接收了户田铸物公司持有的全部股份，成为唯一股东。同时，汽车制造股份公司正式更名为"日产汽车公司"。

在成立初期，逐步完善生产线，年产量迅速增加。1933年日产最初的产品DATSUN年产量只有202辆。为了提高户田铸物汽车部大阪工厂的产能，1934年4月日产横滨工厂1期工程完工并投入使用，随后又在日本汽车企业中率先实现流水线生产，汽车年产量达到940辆。1935年，建造完成了一条总长度为70m的输送线，开始底盘和车身的综合生产，年产量达到3800辆。1936年，《日本汽车制造事业法》公布，鼓励企业发展汽车工业，特许日产汽车进行大规模生产。同年，日产从美国克莱斯勒购买了设计图和设备，准备开发制造更多种类的汽车。1937年产量达到10227辆，日产成为拥有东方最大生产规模的汽车制造厂。

3.2 第二次世界大战期间停滞不前

第二次世界大战爆发，受战时经济影响，发展缓慢。1938年日本启动了战时经济体制，汽车的生产和销售遭受控制，日产等汽车企业被纳入军需用品生产基地。为了满足军事需求，1944年日产汽车公司被改名为"日产重工株式会社"，乘用车、货车全面停止生产，转而生产滑翔机、飞机发动机和鱼雷艇发动机等军需用品，日产汽车的发展被迫停滞。

战后，迅速开始重建工作。由于战后美军司令部禁止日本生产轿车，日产唯有调整产品战略，从货车等产品开始逐步恢复汽车生产。1947年2月，DATSUN首先恢复生产，1948年DATSUN轿车恢复生产并被推向市场。1949年，"日产重工"重新改名为"日产汽车公司"。

3.3 20年间飞速发展

20世纪50年代开始，与国外开展技术合作。战时统制经济结束后，日本政府采取了一系列措施来保护本土汽车工业的发展，包括对进口汽车征收高达40%的关税，从资金、外汇等方面出台相关政策等，给日产发展提供了机遇。在政府鼓励技术引进和技术合作的背景下，日产选择了与国外技术进行合作。1952年，日产与英国Austin公司开展技术合作，引进了A40型号轿车制造技术，并在此基础上开发出技术水平显著提高的DATSUN 210型轿车，此款车一经推出就在竞争激烈的澳大利亚拉力赛中夺得桂冠，引起了国际上的广泛关注。

日产全身心投入产品质量和技术开发中，高质量产品层出不穷。1959年蓝鸟310型轿车推出，产品的高质量和优秀的促销手段使蓝鸟轿车一举成名，赢得了市场的高度赞誉。蓝鸟轿车的上市也促进了日本轿车的普及。1960年CEDRIC 30型车首次发布，采用Mono-Space车体结构和4速手动变速器，同时此款车还是日本第一款采用电动座椅的轿车。1966年，日产首次为新开发产品公开征集名称，从848万封应征信中选定"SUNNY"作为车名。这一举动不仅引起消费者对汽车产品的兴趣和关注，而且引发了日本购买私人轿车的风潮。1969年，SKYLINE 2000 GT-R作为高性能车推出，四门版的C10跑车用不到2年的时间在日本本土夺得了33场比赛冠军，双门版车型则夺得了剩下的17场胜利，GT-R为日产在高性能车市场占据了一席之地。

快速推进国内外扩张的进程。1958年6月，日产开始向美国出口乘用车。1959年，中国台湾裕隆作为日产的海外KD工厂开始生产。60年代开始，日产陆续在美国、墨西哥、澳大利亚等地设立分公司；在日本国内，日产也建立了追滨工厂、座间工厂、枥木工厂、九州工厂这几大工厂，将生产基地扩张到全国。1966年，为了进一步增强实力，日产与PRINCE汽车公司合并，并且得到了村山工厂作为生产基地。此次合并使日产资金达到398亿日元，员工3万余人，月产能6万辆；并且在公司经营项目中增加了火箭与纺织机械；新增了GLORIA、SKYLINE等4个系列的轿车和9个系列的商用汽车，使日产共拥有10个系列轿车和23个系列商用车，极大地扩充了日产的产品线。1960～1979年日产汽车国内外扩张历程见表9-1。

表9-1　1960~1979年日产汽车国内外扩张历程

时间	事件
1960年	9月，成立美国日产
1961年	9月，成立墨西哥日产
1962年	3月，追浜工厂建成
1965年	5月，座间工厂建成
1966年	5月，成立澳大利亚日产 8月，与PRINCE汽车公司合并
1967年	7月，本牧专用码头建成
1971年	3月，枥木工厂建成
1972年	9月，累计完成生产1000万辆 11月，向中国出口公爵（CEDRIC）轿车
1973年	10月，相模原零件中心建成
1975年	6月，累计完成国内注册1000万辆
1976年	3月，成立澳大利亚日产制造公司，开始生产
1977年	6月，九州工厂建成 7月，累计完成生产2000万辆
1979年	4月，在美国成立日产设计国际公司

资料来源：日产公司

20世纪70年代持续飞速发展，顺应政策变化调整产品策略，维持产品竞争力。70年代初期，美国和日本相继颁布了汽车废气排放规定；同时期，中东战争导致油价急速上涨。为应对石油危机和国内外废气排放规定，日产不断调整产品线，对旗下多款产品进行改良：CEDRIC的大型发动机安装了新开发的电子控制燃料喷射装置和三元催化剂；SUNNY的小型发动机对传统单元进行了部分改良并安装了催化氧化剂；蓝鸟的中型发动机采用缩短火焰传播距离的两个火花塞快速燃烧系统，并在排气装置安装了催化氧化剂。

积极参与改善环境、航空航天等其他方面的活动，进行多元化发展。1970年2月，日本利用L-4S火箭5号机成功发射首颗人造卫星"大隅"，日产负责火箭本体及火箭发动机的开发、制作。同年3月，日产开始进军船舶行业。1974年，日产科学振兴财团成立。1977年，九州工厂投产并且研制成功了世界上第一台工业用机器人。1978年，日产在汽车尾气排放方面取得突破性进展，开发出"双插头速燃方式"等三项尾气净化系统。通过拓展非汽车业务，"日产"品牌的影响力不断增强，70年代末期，日产已成为世界十大汽车公司之一。

日产在企业成立初期完善了生产线，年产量迅速增加，发展势头良好。第二次世界大战爆发后，日产遭遇战时经济限制，汽车生产和销售均陷入停滞。20世纪50年代起，日产实施一系列战略，进入高速发展期：与国外技术进行合作；注重产品质量和技术开发，陆续推出了以蓝鸟、CEDRIC、SUNNY等为代表的一系列新产品；进行大规模扩张，大幅提高产能，并开始国际化进程；大量调整产品阵容，顺利实现技术突破；积极拓展非汽车业务，进行多元化发展。日产成长为世界级的汽车公司。

4 日产走向衰落（1980~1999年）

20世纪80年代开始，日系车企三强中丰田和本田发展快速，日产的市场占有率和净利润连年下滑，1999年更是走到了破产的边缘。本节将从宏观环境、产品策略、市场选择、生产采购、组织架构等方面，分析日产陷入经营危机的原因（见图9-23~图9-26）。

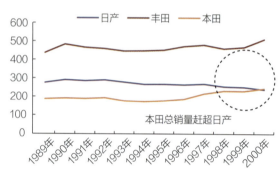

图9-23　1989~2000年日产、丰田、本田销量（万辆）
资料来源：日产公司、丰田公司、本田公司

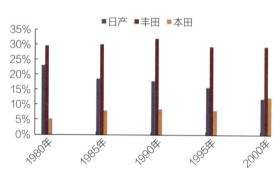

图9-24　1980~2000年日本汽车市场占有率
资料来源：Wind

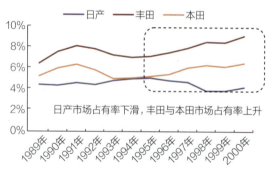

图9-25　1989~2000年美国汽车市场占有率
资料来源：Wind

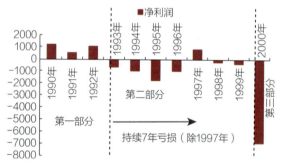

图9-26　1989~2000年日产净利润（亿日元）
资料来源：日产公司
注：公司营业收入、利润等数据为财年数据，由于会计准则调整，第二部分和第三部分财年时间有所不同。第二部分的财年指上年4月至当年3月，如1998年指1997.4.1~1998.3.31，第三部分财年指当年4月至次年3月，如2000年指2000.4.1~2001.3.31。

4.1　宏观环境艰难

20世纪80年代日系车向发达经济体的出口受限。20世纪70~80年代美国经济持续低迷，此时经济爆发式增长的日本成为对美国市场冲击的主要力量，日本的汽车厂商抢占了美国市场的不少份额。在美国逐步施加的压力下，1981年日美双方在东京进行谈判并签署了自愿限制日本汽车出口美国的协议。之后，加拿大及欧洲各国也开始限制日系车出口。1981年，因为日本对加拿大的乘用车出口增长了近90%，加拿大政府强烈要求日本在加拿大限制出口量。同年，欧洲共同体议会通过决议，制定保护欧洲车辆的共同政策，并开始监控日系车进口情况。此后，日本和各个国家分别谈判，最终整个欧洲市场只剩下瑞士和四个斯堪的纳维亚国家可供日系车自由贸易。

日元升值导致日系车出口价格升高，竞争力下降。美国将巨额贸易赤字的原因归咎于日元估值过低，经过数次会议，在1985年G5峰会上，各国共同签署了《广场协议》，促使日元升值。此前，日元对美元汇率保持在250JPY/USD左右，1987年最高达到120JPY/USD，升值近一倍。日元升值使日本汽车制造商被迫提高出口汽车的价格，导致日系车在海外市场竞争力下降（见图9-27，图9-28）。

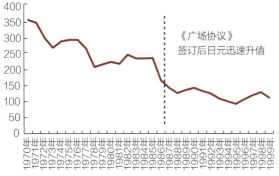

图9-27　1970~1999年日元兑美元汇率（JPY/USD）
资料来源：Wind

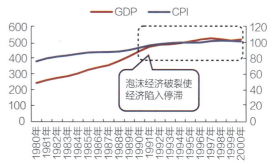

图9-28　1980~2000年日本GDP（万亿日元）及CPI
资料来源：CEIC

泡沫经济破裂与政策影响，汽车市场整体需求下滑。1990年，日本大藏省发布《关于控制土地相关融资的规定》，对土地金融进行总量控制，导致支撑日本经济核心的长期信用体系陷入崩溃。同年，日本银行也采取金融紧缩的政策，进一步导致了泡沫的破裂。泡沫经济的破裂导致日本国内经济的整体下行，汽车市场规模收缩。1990~1993年，日本的汽车总销量减少了100万辆以上。尽管日本市场在1995~1996年有所增长，但由于1997年4月政府将消费税从3%提高至5%，整体消费迅速降温，汽车销量再次下滑（见图9-29）。

油价上涨和限制汽车动力，导致消费者喜好发生变化。泡沫经济时期，日本汽车市场偏向豪华车和大型车，轿车一度占据乘用车市场的70%。然而在1990年爆发的海湾战争造成了全球的石油危机导致原油价格上涨。同年，日本国土交通省也在国内交通死亡人数大幅度增加的背景下，规定日本汽车工业协会JAMA的成员在日

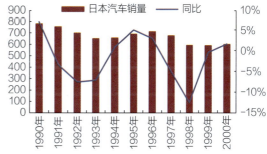

图9-29　1990~2000年日本汽车销量（万辆）及同比
资料来源：CEIC

本销售的量产车最高功率不得超过 280PS。在高性能车无法使用和油价上涨的双重原因下（见图 9-30），消费者对汽车的需求也从追求高新技术、动力强劲转为省油、性价比较高的休闲车、小型面包车等非轿车车型。

日系车生产商面临着同样艰难的宏观环境，然而只有日产陷入了严重的经营危机，更多的是企业自身的原因。

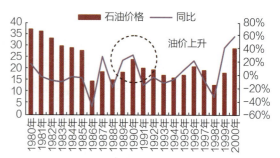

图 9-30　1980~2000 年石油价格（美元/桶）及同比
资料来源：BP

4.2　产品策略失误

1990~1999 年日产汽车销量的下滑可归因于三方面：第一，原有产品落后于需求趋势，销量下滑；第二，产品战略调整迟缓，推出 SUV 过晚；第三，竞争对手快速发展。

拘泥于技术开发，原有车型销量下滑。20 世纪 80 年代后期，日产提出"901 计划"，意为"在 90 年代成为世界第一的技术领先者"，大力投入技术研发，产品设计重点聚焦在汽车性能上，对外形和内饰的重视程度不高。90 年代初期，日产发售了 CEFIRO、PRESEA 等拥有较大排量的乘用车，并对 MAXIMA、SKYLINE 等主打车型进行了动力升级，搭载了动力强劲的 V6 发动机。然而进入 90 年代中期，消费者喜好发生改变，对高马力汽车的需求加速下滑，日产的畅销车型纷纷陷入危机，原有车型在日本国内市场销量一路下滑，46 款车型中仅有 3 款车型能够盈利。日产海外市场的销量也不容乐观，1994~1999 年，日产在北美市场的总销量从 77.4 万辆减少至 67.7 万辆，其中在北美市场的主推轿车销量下滑严重：紧凑型轿车 SENTRA 销量减少 10.9 万辆，大型乘用车 MAXIMA 销量减少 3.2 万辆。这反映出日产轿车产品力明显下降（见图 9-31，图 9-32）。

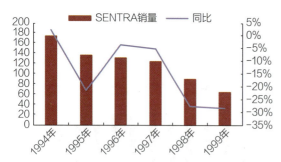

图 9-31　1994~1999 年 SENTRA 销量（千辆）及同比
资料来源：carsalesbase

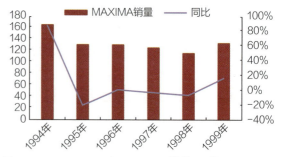

图 9-32　1994~1999 年 MAXIMA 销量（千辆）及同比
资料来源：carsalesbase

新产品的推出过于迟缓。20 世纪 90 年代开始，SUV、Minivan 和皮卡开始受到美国消费者的欢迎，各大汽车制造商开始陆续推出新车型。日产早在 1986 年就推出了一款面向北美市场的中型 SUV 车 PATHFINDER，90 年代初期年均销量在 3 万辆左右。然而，本应因为早进入 SUV 市场而拥有一定优势的日产，在整个 90 年代都将产品重点放在性能车上，忽视了 SUV 的投入和开发，此后十几年一直未推出新产品。直到 1999 年，日产才推出一款紧凑型 SUV——XTERRA，当年销量为 4.8 万辆，略微挽救了日产汽车在美国销量不断下滑的趋势。日产在 1994～1999 年只推出了 XTERRA 和 QUEST（Minivan）这两款新产品，创新车型跟不上市场变化的步伐（见图 9-33，图 9-34）。

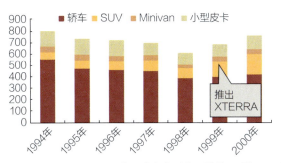

图 9-33　1994～2000 年日产各车型美国销量（千辆）
资料来源：carsalesbase

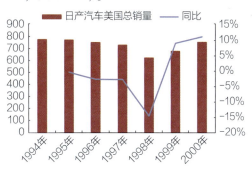

图 9-34　1994～2000 年日产汽车美国总销量（千辆）及同比
资料来源：carsalesbase

原有轿车车型的持续畅销和及时推出 SUV 的成功，使丰田和本田在美国销量迅速增加。 1994～1999 年丰田在美国市场的汽车总销量从 118 万辆增加至 147.5 万辆，增量一方面来自于原有轿车车型 CAMRY、AVALON、SIENNA 销量的提升，轿车销量从 1994 年的 32.6 万辆增加到 1999 年的 61.3 万辆（见图 9-35）；另一方面则源自新产品销量的迅速增长：丰田共推出 RAV4、4RUNNER 等 3 款 SUV 和 2 款货车，SUV 销量增加 10.7 万辆。同样，新推出的 SUV 和 Minivan 的热销也极大地助力了本田的发展。1994～1999 年，本田在美国市场的汽车销量从 78.4 万辆增加至 107.7 万辆，其中原有轿车车型 CIVIC、ACCORD 销量从 1994 年的 63.5 万辆增至 1999 年的 72.3 万辆；1994 年新推出的 Minivan 车型 ODYSSEY，为本田销量贡献了 7.8 万辆增量；1995 年起陆续推出的 PASSPORT、CR-V 等 SUV 销量共增加了 14.4 万辆（见图 9-36～图 9-38）。

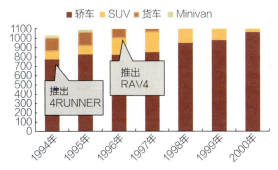

图 9-35　1994～2000 年丰田各车型美国销量（千辆）
资料来源：carsalesbase

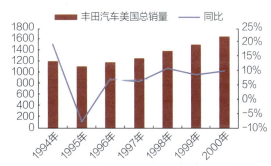

图 9-36　1994～2000 年丰田汽车美国总销量（千辆）及同比
资料来源：carsalesbase

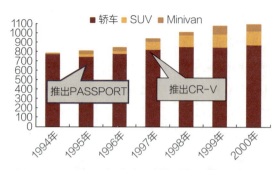

图9-37 1994~2000年本田各车型美国销量（千辆）
资料来源：carsalesbase

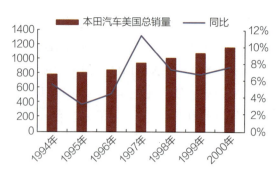

图9-38 1994~2000年本田汽车美国总销量（千辆）及同比
资料来源：carsalesbase

4.3 海外扩张分散资源

一方面，日产由于产品力弱于丰田、本田，在美国市场的销量与市场占有率急速下滑，在最重要的海外汽车市场上表现不佳；另一方面，因为在全世界范围内激进而盲目的扩张，耗费了大量资源，导致巨额资金外流，叠加投入的资源不够集中，分散了企业精力（见图9-39）。

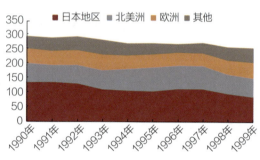

图9-39 1990~1999年日产汽车各地区销量（万辆）
资料来源：日产公司

美国市场表现不佳，错失最重要的海外市场。 20世纪90年代，美国已经成为日本汽车公司海外规模最大的市场，也是日系车制造商竞争的主要角力场。本田把美国市场放在与日本市场同等重要的地位，在美国的销量占总销量的比例基本稳定在45%以上。丰田在美国的市场的投入也是海外市场中最多的，在美国的销量与非北美地区海外销量基本持平。但日产对美国市场的重视程度不如丰田和本田。叠加面向美国市场的产品竞争力不足，导致日产市场份额持续下滑。90年代中后期，日产在美国的市场占有率低至4%，明显低于6%的本田和8%的丰田（见图9-40~图9-42）。

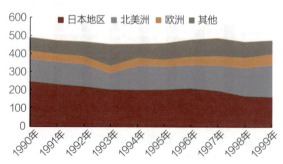

图9-40 1990~1999年丰田汽车各地区销量（万辆）
资料来源：丰田公司

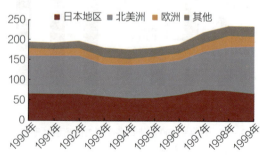

图9-41 1990~1999年本田汽车各地区销量（万辆）
资料来源：本田公司

进行全世界范围内的扩张，导致巨额资金外流。日产从20世纪70年代开始在全世界进行大规模扩张，在北美、欧洲、拉美、澳大利亚等地均设立了分公司或工厂，投入大量资金和技术进行这些生产基地的建设，然而这些海外项目不断失败，使日产资金外流严重，为其在90年代末的没落埋下伏笔。

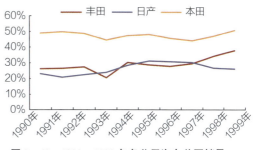

图9-42　1990~1999年各公司汽车美国销量占总销量比例

资料来源：丰田公司、日产公司、本田公司

墨西哥市场进入过早，连续亏损。1961年9月，墨西哥日产成立，这是日产最早开始的海外计划之一。1962年，墨西哥政府发布"汽车令"，其中"国产化率"和"外汇平衡规则"使墨西哥日产的生产和销售遭受限制。国产化率要求企业在生产使用的零部件中，必须要有较高比例的墨西哥产品。这迫使日产大批采用当地生产的部件，生产成本大幅提升，质量较差的当地部件也使得产品质量有所下降。外汇平衡规则使日产在购买生产设备和零部件时不得不由日本总公司出资增援，总额超过100亿日元的增资被分次注入墨西哥分公司。80年代比索危机爆发，墨西哥物价急剧攀升，然而汽车价格由于受到政府管控无法提升，墨西哥日产陷入了连续性的赤字。1966~1986年，墨西哥日产共造成超过1000亿日元的亏损。

澳大利亚市场进行消耗战。1976年日产收购Volkswagen的澳大利亚汽车制造公司，澳大利亚日产成立。与此同时，美国通用汽车、福特、克莱斯勒、丰田等4家公司在当地进行生产。70~80年代的澳大利亚人口不到1500万，新车市场规模大概在60万辆左右，汽车市场狭小，5家公司同时开启激励竞争，基本只能留下最优秀的那家。结果在澳大利亚市场持续了10年左右的消耗战中，澳大利亚日产几乎未盈利。1992年撤离澳大利亚市场时，从日产总公司流向澳大利亚的资金已远超1500亿日元。

西班牙市场的收购项目几乎未盈利。1980年，日产出资收购西班牙大型货车、农具制造商Moror Iberica公司。产品上毫无协同作用，内部工会的强硬使日产难以改善Iberica公司的生产效率，多方面原因导致此收购项目收效甚微。至1999年，日产已向此项目投入超过2500亿日元的资金。

英国市场投入最多，利润微薄。1984年成立的英国日产，配备了日产最高级的技术和管理人才，以及技术最尖端的生产工厂。然而，生产出的高质量产品和大量资源的投入却并未给日产带来相应的利润。一方面，欧洲消费者偏爱德系车和英系车，为了提高竞争优势，日产的汽车售价被迫压低；另一方面，生产规模不及欧洲本地汽车制造商，导致零部件采购成本较高，从日本国内工厂和系列企业调用的生产必要零部件也较多，运送费和进口关税提高了生产成本。不仅生产成本远高于欧洲本地汽车制造商，而且无法提高产品价格，外加资金成本，英国日产利润承压，出现赤字。

4.4　经营管理不善

日产公司在经营管理上存在一系列问题，尤其在采购、生产、销售等方面缺陷明显。

采购方面：供应商体系混乱，采购成本高。"系列化"是日系车企发展出的一种合作模式与共生的文化，制造商和上下游供应商彼此维持良好的关系，彼此给予适当的互助与优惠。日产同样加入系列，却与联合企业间产生了扭曲的共生关系，反被零部件供货商索取高于同行20%的采购成本；在采购方面未受其利反受其害。一方面，供货商数量庞大，例如1999年，日产各种零件材料供应商就有1145家，导致每个供应商接到的订单额都很小，日产难以获得优惠价格，提高了零部件的采购成本；另一方面，日产常在与供应商商议好产品的标准之后，又在3个月之后修改该标准，且总自创规格，不采用标准规格，导致零部件成本提高。

生产层面：产能使用率低，库存承压。日产在20世纪70年代开始进行了大规模的新工厂建设和现有设施扩建，拥有了大量产能。然而90年代开始，日产销量急剧下滑，销售能力远低于生产能力，导致产能过剩，大量设备被迫闲置。1999年，日产的日本国内工厂拥有240万辆汽车的产能，但实际出厂量为128万辆，产能使用率只有53%。此外，销售的疲软推高了库存。1995~1998年，日产的产品库存不断攀升，最高达8474.7亿日元；库存周转率则不断下降，反映出日产库存承压（见图9-43）。

销售层面：首先，销售门市负责人能力不足。相比丰田大多数销售店都是当地企业家所有，日产有过半的销售门市是公司控制的，门市负责人通常是即将退休时被公司调派到销售门市的其他部门职员，缺乏专业的经营知识。其次，日产公司与经销商沟通不及时。

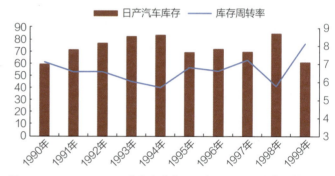

图9-43　1990~1999日产汽车库存（百亿日元）及库存周转率
资料来源：日产公司

汽车公司通常会将生产-销售链上的公司，与本公司之间建立快速的信息传递机制，以便经销商将客户信息及时反馈给制造厂。然而日产并未建立公司内部生产、销售部门和经销商的反馈机制，经销商难以和公司内部的生产销售部门进行及时沟通。同时，日产的销售门市众多，销售渠道由各分公司分别管理，导致总公司难以迅速及时地了解市场和消费者信息。再次，销售人员士气低迷。销售的疲软使日产在世界各地的销售组织都士气低迷，1999年，70%的日产销售商陷入亏损，销售人员的流动率也非常高。

4.5　财务陷入危机

大量购买PPE带来极高折旧费用。国内外大规模的扩张使日产需要购买大量设备，1991~1993年日产PPE投资处于高位，每年支出均在5600亿日元以上（见图9-44）。虽然从1993年开始，日产实施了成本缩减计划以缩减生产成本，1994年该计划初见成效，资本支出开始大幅回落，1994年PPE投资相较1993年下降49.6%，但是之前大量购买的PPE带来了高折旧费用。1995~1998年固定资产折旧不断增加，1998年计提折旧高达

4984亿日元。大量的折旧费用导致盈利承压，是1993年起日产持续7年亏损（除1997年）的原因之一（见图9-45）。

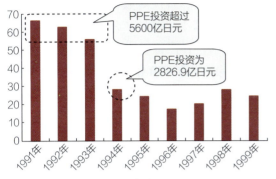

图9-44 1991~1999年购买PPE（百亿日元）

资料来源：日产公司

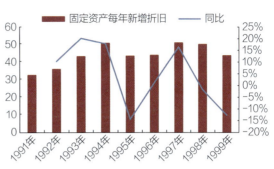

图9-45 1991~1999年固定资产每年新增折旧（百亿日元）及同比

资料来源：日产公司

过多依赖借款获得资金，导致资产负债率攀升，利息费用居高不下。日产在国内外的扩张计划需要大量资金支持，这些资金大多来源于银行贷款。借款的增加导致负债持续增加，同时影响企业资产负债率。1990~1999年，日产的资产负债率基本在70%~84%之间，整体水平偏高，且呈上升趋势。不断升高的资产负债率反映日产的偿债能力变弱，高财务杠杆也加大了企业的资金压力，增加了财务风险（见图9-46）。当面对宏观环境的变化时，企业难以灵活及时地做出反应。此外，在美国、墨西哥、欧洲等地区借款需要大量手续费，导致日产需要为借款支付巨额的财务费用。尤其墨西哥的借款利率极高，1994年的比索汇率波动更使日产的债务状况变得十分不稳定。20世纪90年代中后期，利息支出有所下降，是因为日本国内银行对企业限制贷款，导致日产在日本的长期借款减少。大量的利息支出和其在营业收入中的高占比也是导致日产利润下滑的要因之一（见图9-47）。

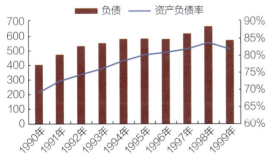

图9-46 1990~1999年负债（百亿日元）及资产负债率

资料来源：日产公司

图9-47 1990~1999年利息支出（百亿日元）及占营业收入比重

资料来源：日产公司

银行限制贷款，增加了现金流压力。20世纪90年代的日本国内金融市场处于萎缩状态，很多大证券和银行都处于破产边缘。1995年之后，日产合作的银行纷纷收紧贷款政策，不肯放贷，日产能通过银行借款筹集的资金大幅减少。虽然日本政府也曾经给日产提供过850亿日元的贷款，希望帮日产走出困境，但对于日产而言依然是杯水车薪（见图9-48）。

无谓投资过多，加重现金流负担。日产将大量资本套在了非核心业务的金融和房地产投资，尤其是在对财团内合作伙伴的投资中。截至1999年，日产对数百家公司进行了投资，投资总额超过40亿美元。虽然投资的数额绝对值不算小，但日产公司在大多数投资公司内持有的股权并不能在管理上施以任何影响。例如，日产曾对富士重工进行过高达2.16亿美元的股权投资，换取后者仅4%的股权，而后者制造SUBARU轿车和货车，是日产的直接竞争对手。类似的无谓投资加重了企业的现金流负担（见图9-49）。

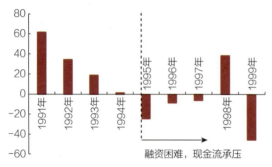

图9-48　1991～1999年日产融资活动现金净额（百亿日元）
资料来源：日产公司

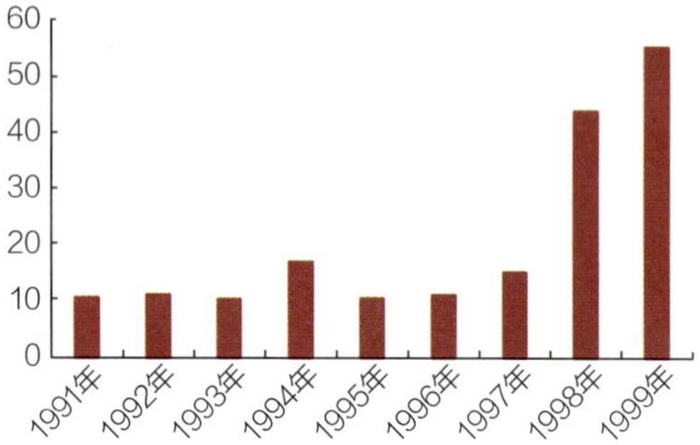

图9-49　1991～1999年日产年末现金额（百亿日元）
资料来源：日产公司

4.6　内部治理混乱

内部斗争导致跨部门工作效率低，部门间相互推诿责任。20世纪90年代中期，日产有超过60%的高管来自东京大学，相比之下，丰田为10%~20%，本田则不到10%。东京大学毕业的高管之间的派系斗争严重影响了日产的运营和管理。掌管研发和生产部门的董事毕业于东京大学工学院，而主管财务、销售和市场营销的董事则毕业于东京大学法学院。因为毕业学院的不同，形成了两个派系，从而造成了部门之间交流和合作并不顺畅。各部门分别执行直属上司的决策，业绩不佳时技术、销售、研发部门相互指责推诿责任，集团管理层难以把握整个企业的信息，无法及时调整战略决策（见图9-50）。

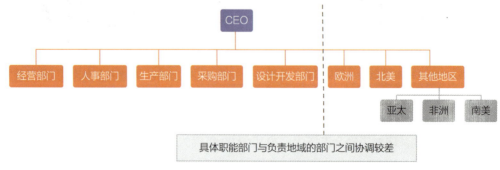

图9-50　1996年日产组织架构
资料来源：日产公司

各部门职责混乱。由工程部门把控产品设计。汽车企业普适做法是公司 CEO 掌握产品设计的最终决定权,把控产品阵容及设计方向。但日产的设计部门附属于工程部门,导致产品设计取决于工程部门最高主管的喜好。长期漠视财务部门。汽车行业对于资金的需求量巨大,但直到 1996 年日产才设立财务主管职位。此外,公司预算及目标的制定本应由公司 CEO 完成,这一任务也交由财务主管完成,却未给财务主管足够的信息及必要的权利。设立毫无用处的"顾问"岗位。日产在公司各部门设立了顾问一职,原意是为了传递及维护公司价值及文化,凝聚各部门向心力。实际上,因为顾问并无实际的经营管理权,对公司日常经营管理毫无助益。不仅如此,由于顾问多为原本在公司内部任职多年的管理层,日产需要为这些顾问配备办公室、专车等,每年需要支出大量费用。

部门负责人对主管部门业务不够了解。日产的管理层大多来自人事部门,对汽车行业和产品的了解浅薄。尤其是技术部门,缺乏专业知识、对产品不够了解的部门主管在日常管理中显得力不从心。

终身雇佣制和年功序列制,导致员工不愿承担责任。与其他日本公司一样,日产根据员工的工龄和年龄给予报酬和晋级,而不管实际的工作绩效。员工工龄越长,得到的权利和报酬就越多,这不可避免地使员工滋生出一定程度的自满和懈怠情绪,削弱了日产的竞争力。1999 年日产有 13 万名员工,庞大的员工体系没有使公司高效运转,反而使企业氛围陷入萎靡。终身雇佣制和年功序列制使日产员工缺乏责任意识,主要体现在三个方面。第一,缺乏追求利润的方向感。日产的目标设定是自下而上的,把员工提出的建议汇总起来,然后交给管理层来制定经营计划。管理层根据员工想法而不是公司发展需要制定战略计划,对营运成果没有明确和量化的目标,缺乏盈利动力。第二,不考虑市场和消费者。在设计产品时,日产未考虑到顾客和市场需求,一味地追逐竞争对手的步伐,重复或模仿同行的车型。第三,缺乏时间概念。员工时间观念薄弱,工作拖沓,效率极低,导致工作期限延长。而且即使未在工作期限内完成规定任务,员工受终身雇佣制保护也不会受到裁员等惩罚,企业逐渐形成"完不成任务也没关系"的散漫氛围。

1990 年开始,受宏观因素影响,日本汽车企业遭遇强烈打击,日产在此期间暴露出一系列自身问题,经营陷入危机:产品方面,原有车型销量下滑,SUV、货车等符合需求偏好变化的新车型推出过晚;市场方面,海外市场频繁失利,导致企业资金严重外流;财务方面,过度依赖借款筹资使负债激增,高额的折旧费使利润承压;此外,公司产能过剩、采购成本高昂、销售商与公司的反馈不及时、公司内部治理混乱等。日产在 20 世纪 90 年代末已处于破产边缘。

5 雷诺-日产联盟（1999~2007年）

1999年，法国雷诺汽车与日本日产汽车联盟，不仅挽救了陷入经营危机的日产，也使雷诺扩大了企业版图。本节将详细介绍联盟形成的过程，具体分析联盟成立后，日产和雷诺在财务、产品、采购、销售等多方面进行的改革，及其所带来的成效。

5.1 联盟的形成

1999年，日产面临高额负债、股价下跌等问题，公司濒临破产。而雷诺公司看好与日产公司的互补与协同前景，3月27日，双方签署了协议，结成雷诺-日产联盟。两个跨国公司合作形成一个年销售量超过500万辆的汽车工业集团，包括两家公司旗下全系列的五个汽车品牌：日产集团的日产、英菲尼迪，雷诺集团的雷诺、达契亚、三星。该联盟的商业版图包括世界上大多数市场，尤其在当时最主要的汽车市场——美国、欧洲和日本，获得了较高的市场份额。

联盟的原则。日产与雷诺达成共识，将联盟建立在两个原则上：一是共享资源，发挥双方互补优势，形成协同效应，实现规模经济；二是保留独立的品牌标识，以维护强大的品牌形象，吸引最广泛的客户群。联盟要在保留两家企业品牌和文化的基础上，利用两家公司在地理位置和功能上的互补，在采购、平台设计、共享生产能力和研究等方面进行广泛的合作，使雷诺与日产的业绩实现全球增长。

交叉持股形成联盟。1999年5月28日，雷诺按照每股400日元的价格，以54亿美元收购日产汽车36.8%的股权，成为该公司的大股东。同时，雷诺以3.8亿美元收购了日产柴油公司22.5%的股权和日产欧洲金融子公司100%的股权。2002年3月1日，雷诺通过行使自1999年以来持有的认股权证，将其在日产汽车的股权从36.8%增加到44.4%。2002年3月29日和5月28日，日产公司通过其全资子公司日产金融有限公司对雷诺进行了两次增资，获得雷诺15%的股权。但是，根据法国证券交易所的规定，日产金融有限公司不能行使雷诺的投票权（见图9-51）。

互派高管进入董事会。在2002年增加股权之后，日产在雷诺董事会16个席位中占据2个，分别是日产董事会成员泽田力和日产CEO塙义一。雷诺在日产董事会的7个席位中占了3个，雷诺的执行副总裁卡洛斯·戈恩被任命为日产的首席运营官

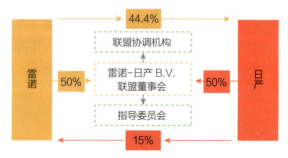

图9-51 雷诺-日产联盟结构
资料来源：雷诺-日产联盟

（COO），副总裁蒂埃里·穆隆盖被任命为日产的高级副总裁兼副首席财务官，汽车开发总监帕特里克·佩拉塔被任命为日产的汽车产品和企业规划执行副总裁。

合作方式是联盟而非合并。在日产和雷诺的官方文件中，从未出现"收购""合并"等字眼，始终把这次商业行为称作"联盟"。一方面，联盟比起合并而言不容易引起日籍员工和日本民众的反感情绪，减少了改革阻碍；另一方面，如果双方企业合并，日产的巨额债务和亏损会体现在雷诺的财报中，影响雷诺的品牌形象和股价。

5.2 日产全面复苏，实现跨越式发展

雷诺－日产联盟诞生之后，日产的复苏是首要任务。日产从财务、生产、采购、销售、公司架构、产品等方面进行了大刀阔斧的改革，净利润呈现快速恢复，在短期内改善了财务状况和企业结构，走出了经营危机，焕发出新的生机与活力（见图9－52～图9－55）。

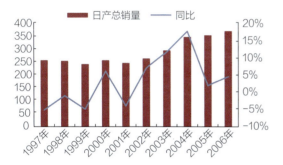

图9－52 1997～2006年日产总销量（万辆）及同比
资料来源：日产公司

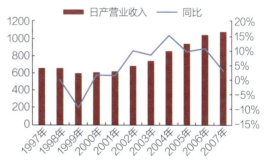

图9－53 1997～2007年日产营业收入（百亿日元）及同比
资料来源：日产公司

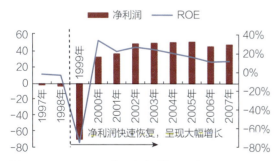

图9－54 1997～2007年日产净利润（百亿日元）及ROE
资料来源：日产公司

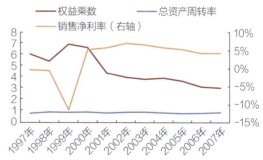

图9－55 1997～2007年日产杜邦财务分析指标
资料来源：日产公司
注：1999年会计准则发生了调整。

5.2.1 偿还债务，摆脱财务困境

偿还债务，降低负债率，减少利息支出。1999年与雷诺结盟之前，日产汽车部门净负债高达2.1万亿日元。为了摆脱财务困境，日产提出的复兴计划中极为重要的一项就是偿

还债务，目标是在 2002 年结束前将汽车债务净额减少一半。与雷诺形成联盟之后的第一年，日产汽车债务净额下降至 9527 亿日元，这是日产自 1985 年以来，汽车债务净额首次降下 1 万亿日元。由于复兴计划的减债任务在 2001 年提前完成，2002 年，日产提出"日产 180 计划"，其中的"0"指截至 2004 财年结束前，根据日本固定会计准则，汽车债务净额为零。此项任务完成得非常顺利，联盟形成不到 3 年，日产的汽车债务已全部偿还，公司财务状况也趋于健康（见图 9 - 56 ~ 图 9 - 58）。1999 ~ 2007 年，资产负债率从 84.9%下降至 67.8%，增强了公司偿债能力与抗风险能力。偿还债务也使日产利息支出大量减少。1998 年日产利息支出高达 1029 亿日元，占营业收入比例为 1.7%，联盟形成后的 2000 年，利息支出降至 342.7 亿日元，在营业收入中的占比也下降至 0.6%（见图 9 - 59）。

日产能摆脱财务困境，是因为日产通过两种措施获得了大量资金：一是发行了大量股票和债券；二是出售了非核心资产，包括在部分合作公司及日产子公司持有的股份。

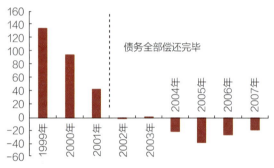

图 9 - 56：1999 ~ 2007 年汽车债务净额（百亿日元）

资料来源：日产公司

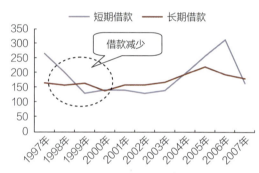

图 9 - 57　1997 ~ 2007 年长期借款与短期借款（百亿日元）

资料来源：日产公司

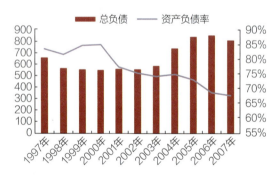

图 9 - 58　1997 ~ 2007 年总负债（百亿日元）及资产负债率

资料来源：日产公司

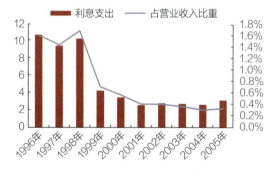

图 9 - 59　1996 ~ 2005 年利息支出（百亿日元）及占营业收入比重

资料来源：日产公司

发行股票和债券。1999 年，日产通过向雷诺发行新股的方式增加了资本，合计为 5857 亿日元，并向雷诺发行担保价值为 2159 亿日元的债券。同时，日产还发行了价值 58 亿日元的认股权证债券，作为日产高管激励计划的一部分；以及价值 150 亿日元的认股权证债券，作为日产高管和经理以及合并子公司管理层类似激励计划的一部分。此外，日产在日本资本市场发行了 500 亿日元的公司债券。发行债券和股票所得的大部分资金被用于偿还日产及其合并子公司的带息债务。

出售非核心资产，包括在部分合作公司及子公司持有的股份。1999 年，日产出售了大量非核心资产，例如将子公司日产 Texsys 公司的喷水织机业务出售给丰田集团旗下的丰田自动织机工程有限公司，将总公司大楼（新翼）出售给日本森大厦株式会社。同年，日产出售了持有的部分企业股份，包括将子公司日产平面艺术有限公司和制造与物流行业的合作企业 Nippo 公司的股份出售给美国的奥姆尼康集团，向通用电气金融公司出售日产金融有限公司（澳大利亚）的股份等。通过出售非核心资产及持有股份，日产筹集到了约 4000 亿日元资金用于偿还债务。此外，折旧费用也大幅下降。1998 年折旧费用高达 4984 亿日元，2000 年新增折旧费用下降至 3602 亿日元，这也是导致利润回升的原因之一（见图 9-60）。

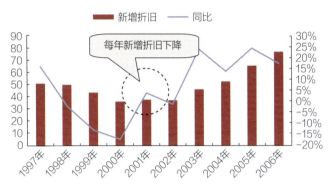

图 9-60　1997~2006 年新增折旧（百亿日元）及同比
资料来源：日产公司

5.2.2　经营改革成效明显

日产针对经营管理产生的问题，从生产、采购、销售方面进行了一系列改革，以降低产品成本，拉高营业利润。

（1）生产方面

关闭工厂并整合平台，提高产能利用率。2000~2001 年，日产相继关闭丸山工厂、京都车体制造工厂、爱知机械车体制造工厂和位于久里滨和九州的两个动力传动装置厂，将业务转移至其他工厂，以减少 30% 的日本国内生产能力，降低过剩的产能。关闭部分工厂使工厂的总体运行率提高到 80% 以上。1999 年开始，日产充分整合生产资源，将日本国内 7 个工厂的 24 个生产平台整合为在 4 个工厂的 15 个生产平台。截至 2004 年，生产平台数量减少至 12 个。这使工厂生产率从 1999 年的 51% 提高至 2001 年的 75%。产能的降低和生产率的提高大幅提升了生产效率。2001~2003 年，总资产周转率和库存周转率均呈现上升趋势，反映出企业流动性增强（见图 9-61，图 9-62）。

更多应用模块化制造，提高生产效率。根据模块化制造的要求，供应商不单单提供组件还提供完整的模块化单元，如汽车前端或驾驶舱模块分别制造，但在需要时精确组装在一起。通过增加模块化制造的应用，日产提高了生产效率和质量，同时增加了通用部件的使用和部件的集成，从而降低了成本，加快了新产品的开发。例如日产位于美国坎顿的工厂大量利用模块化制造方式，使其在 2004 年度只用短短 8 个月就推出了 5 款新车。

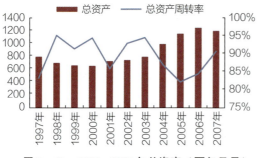

图9-61　1997~2007年总资产（百亿日元）及总资产周转率

资料来源：日产公司

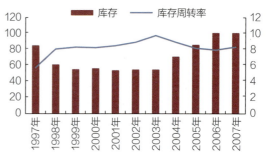

图9-62　1997~2007年库存（百亿日元）及库存周转率

资料来源：日产公司

采用共同生产平台和可互换组件政策，降低生产成本，提高生产灵活性。日产和雷诺采取了共同生产平台这一特殊策略，充分考虑到企业战略的三大因素：每个平台的产量、地区间的差异和模块化生产的灵活性。联盟成立时，建立了生产中型车的B平台和大型车（SUV、跨界车等）的C平台（见图9-63，图9-64），之后采用三个措施以共享生产能力：使用共同的组件；建立一个可供同一平台车型使用的"动力传动配件库"；工业生产流程趋同。这使能在共享平台生产的车型，根据目标市场所处的地理位置，可以选择在雷诺或日产中的任何一家车厂生产，极大提升了生产效率。此外，作为共同生产平台的补充，雷诺和日产实施可互换组件政策（ICP）来实现跨平台的组件交换，优势主要有三点：一是降低成本，可互换的组件约占车辆成本的50%，预计截至2010年此举能帮助联盟成本降低5亿欧元，大幅减少转移生产线所需的成本；二是保证产品差异化，即使平台是通用的，ICP也为车辆和市场的差异提供了更大的空间，使雷诺和日产能更好地满足不同区域客户的需求；三是使生产线变得更为灵活，在同一条生产线上制造不同的型号成为可能，从而缩短了交货时间。

图9-63　B平台

资料来源：雷诺-日产联盟

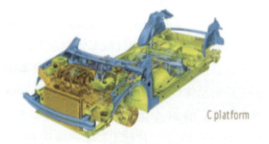

图9-64　C平台

资料来源：雷诺-日产联盟

重新制定新的质量政策，完善质量评估方式。日产180计划期间，为了提高产品销量，日产不再过度追求高质量项目，转而提出更合适的质量政策。新的质量政策设定了三个目标：第一，产品质量必须在汽车制造商中名列前三；第二，建立统一的全球质量标准；第三，由于海外每个地区可能有当地不同的要求，日产将实施和不断完善日产质量保证方式，建立全球质量保证体系。为实现质量管理的目标，日产先预测在工程阶段、供应商层面和设计模型中的潜在问题，之后在后期阶段进行及时反馈，以便发现项目进行过程中出现的问题。此外，日产不完全依赖外部质量评估。日产与雷诺共同创建了联盟车辆评估系统 AVES，评估一辆车需要两个人花 4~5h。评估时间紧急时还可使用系统的简短版本，只需要 1h，就能在工厂完成评估工作。

（2）采购方面

减少供应商，脱离"系列化"。2002 年，日产零部件供应商数量减少至 600 家左右，其他配件与服务相关的供应商数量减少至 3400 家，均为 1999 年的一半。减少供应商数量，使单家供应商的交易数量增加，企业获得了更优惠的采购价格。同时，日产为改变与供应链上下游众多企业交叉持股、股权关系复杂的现状，推进了"系列化"改革，重整与"系列化"企业之间的关系。日产在不违背"系列化"这种企业联盟文化的同时，与多家供应商达成了新的合作协议。例如 1999 年，日产与变速器生产商 JATCO 进行谈判后，决定保留日产在该公司的股份，但条件是 JATCO 必须接受其他车厂的订单且降低生产成本。

公司内建立联合采购小组。2001 年，日产提出"3-3-3"集中采购计划，让 3 个合作伙伴（供应商、采购部、工程部）在 3 个地区（亚洲、美国、欧洲）合作 3 年（2000~2002 年），鼓励供应商与日产工程师在不影响产品质量的前提下进行更紧密的合作，以降低产品成本。联合采购小组由公司工程师和供应商组成，共同努力找到成本较低的零部件，改善采购效率，使双方都利益最大化，而非武断要求供应商降价。

与雷诺成立联合采购组织。2001 年，雷诺和日产成立了一个拥有同等所有权的合资子公司——雷诺-日产采购组织（RNPO），覆盖了两家公司全球年度采购的 30%，采购内容包括车辆和动力系统组件、原材料、工具、设备和备件。这家服务公司是联盟最初也是最大的合资企业，给予了两家公司更大的采购影响力，使用全球统一的供应商，通过提高采购量，缩短决策过程，以节约更多成本。RNPO 并不取代雷诺和日产的个别采购部门，而是对其进行补充，购买仍然是由每个小组单独进行。2002 年，由于动力系统采购量的提升，RNPO 在两家公司全球年度采购中的份额增长至 43%。2003 年，RNPO 覆盖了 70% 的采购额，范围也从联盟最初的三个区域（西欧、日本和美国）以外，扩大到雷诺和日产拥有工业生产设施的所有区域。联盟形成之后，日产毛利润与毛利率大幅攀升（见图 9-65），反映出企业采购成本下降。1999~2002 年，日产采购成本降幅达 20%，改革成效明显（见图 9-66）。

图 9-65　1997~2007 年产品销售毛利（百亿日元）及毛利率

资料来源：日产公司

图 9-66　1997~2007 年销售管理费用（百亿日元）及费用率

资料来源：日产公司

（3）销售方面

重整日本国内销售网点和经销商网络。1999年开始，日产在总数3000个销售网点中关闭300个门市，减少10%；经销商也减少了20%，从100多个裁并为80个。同时，将部分网点转变为独立经销商，鼓励原销售网点负责人出资买下独立经销权或采取加盟方式。通过精简日本国内经销商网络，销售营销成本有所下降。1999年，日产销售及管理费用高达1.3万亿日元，2000年降至1.2万亿日元。费用率从1998年的24%下降至2000年的19%，之后也呈明显下降趋势。

在全球与雷诺销售网络进行整合，共享销售渠道。日产与雷诺在全球范围内进行合作，根据各地环境和需求采取不同措施来共享销售渠道，以便合理分配在某些国家的分销成本，共享固定成本，提高销售网络的竞争力。雷诺和日产共享销售渠道分地区措施见表9-2。

表9-2 雷诺和日产共享销售渠道分地区措施

地区	具体措施
欧洲	雷诺和日产分别管理各自的销售网点网络，同时建立一个基于合作伙伴网络的新经销商组织——"共同枢纽"。2005年，雷诺和日产重组了2877家一级经销商，将其整合为雷诺525个和日产382个，且其中170个是通用的
墨西哥	截至2004年底，日产共有45家加盟店为雷诺的销售提供支持。雷诺和日产还制定了一项新汽车贷款融资计划，向客户及双方经销商提供贷款服务
中美洲	日产销售网络在厄瓜多尔、萨尔瓦多、洪都拉斯、巴拿马和尼加拉瓜支持雷诺的业务。在危地马拉，雷诺于2003年开始与一家隶属于日产主要进口商集团的进口商合作。在哥斯达黎加，FASA集团（雷诺-日产在巴拿马的全国销售公司）于2005年4月成功接管了雷诺之前的进口商
南美南方共同市场	在巴西，日产于2000年成立了子公司，后勤部门的职能由雷诺负责。2004年底，在雷诺现有经销商的支持下，日产巴西公司创建了一个由64家日产经销商组成的运营网络 　雷诺阿根廷在2001年接管了日产的进口业务。在秘鲁，当地的日产合作伙伴帮助雷诺重新建立了销售业务
日本	雷诺的销售网络在日产的支持下不断扩大 日产汽车经销商从2000年5月开始销售雷诺汽车 截至2005年底，共有77家（包括13家独立门店）独家或双品牌经销商门店投入运营
澳大利亚	2001年开始，日产澳大利亚公司负责雷诺汽车的销售。 从现有的日产经销商中挑选出25个经销店负责雷诺的业务。
马来西亚	雷诺与日产马来西亚合作伙伴的子公司TCEC（TC Euro Cars Sdn）签署了一份协议，使TCEC从2003年9月开始为雷诺提供商业分销和售后服务，并从2004年底开始生产雷诺KANGOO
韩国	2005年11月，日产宣布在全球范围内以日产的名义销售雷诺三星生产的SM3汽车
非洲和中东	在摩洛哥，雷诺进口商于2000年11月1日收购日产摩洛哥独家进口商SIAB 2003年在突尼斯，雷诺国家销售公司（NSC）成为新的日产NSC

资料来源：雷诺公司、日产公司

建立销售渠道与公司的反馈机制。联盟形成后，为缓解公司与销售渠道间堆积的不满情绪，日产快速处理了大量的未解决问题，建立经销商与公司的快速反应机制，使销售渠道与企业沟通更顺畅，联系更紧密。

重视客户反馈，提高销售质量。日产通过多种渠道加强与客户的沟通，以便收集信息。例如日产在日本推出紧凑型车TIIDA时，正是博客非常流行的时期，很多人在与汽车相关的博客上分享各种汽车信息。因此日产开设了一个关于TIIDA的博客，鼓励人们对该车发表评论，此举在日本产生了巨大反响。通过社交网络，日产能更好地和顾客进行沟通，了解消费者对产品的真实反馈。

开展销售支持服务。日产的销售支持服务主要包括售后服务、经销商管理等。2002年，日产成立全球售后服务部门，通过提供一系列售后产品以吸引更广泛的客户群，这些售后产品包括配件转换、快速检查、快速车身修复等。全球售后服务包括与其他市场和销售部门合作的下游业务，延伸了企业的价值链。2006年，日产网络控股公司成立，管理日产在日本的52家合并经销商。这些销售支持服务完善了销售体系，提升了日产的专业形象。

5.2.3　进行人力改革，调整组织架构

裁员和缩减董事会，削减人力成本。1999年，日产集团员工为14.2万人（包括合并子公司的员工），联盟结成后3年间全球裁员1.4万人，削减了大量人力成本。同时，日产将董事会成员从37人大幅减少到10人，提升了管理效率（见图9-67）。

改进人力制度，提高人均产值。针对终身雇佣制和年功序列制这两个传统日系车企的顽疾，日产分别采取了相应措施：维持终身雇佣制，给留下的员工提供实质保障；取消年功序列制，进行薪资改革，采用固定薪资加浮动薪资的方式。固定薪资部分变动不大，浮动薪资部分采用目标奖励金制度，在每个会计年度开始前，管理层便已知道考核标准及新年度应达成的目标，通过考核员工上年达成目标的绩效来决定浮动薪资数额。此外，日产改善了员工福利，通过发放股票认购权，让员工树立主人翁意识，与企业形成利益共同体。人力制度改革增强了员工积极性，使日产人均产值大幅提升。1999年，日产人均产值4223万日元/人，到2002年，人均产值升高至5351万日元/人（见图9-68）。

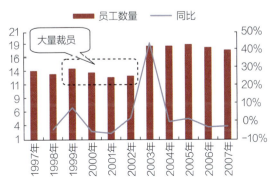

图9-67　1997~2007年员工数量（万人）及同比
资料来源：日产公司

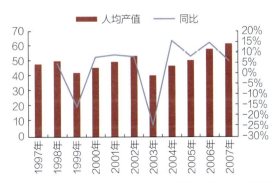

图9-68　1997~2007年人均产值（百万日元/人）及同比
资料来源：日产公司

建立新部门，完善细分职能。日产建立了一系列新部门以完善公司结构。一是知识产权部门。2004年，日产成立了知识产权管理部门，部门成立之后一直在开展各种活动以保护和创建日产品牌，加强了对公司知识产权的保护。二是流程和资源部门。联盟成立之后，流程和资源管理部门作为公司创意团队的支持部门颇受重视。如果流程不按计划进行，则由该部门负责让项目以平稳和有效的方式回到正轨。三是市场情报部门。该部门由各个部门各自独立的研究职能组合而成，以客户为中心，积累关于消费行为和新兴趋势的知识。部门分析师与所有决策者（包括非市场营销人员）定期进行趋势审查会议，使公司加深对社会、消费者和价值趋势的了解。四是全球财政部门。日产早期财政部权力下放，在世界各地设有多个办事处，直接与当地银行打交道。2000年，日产将各地财政部职能集中，以更好地应对各地税收政策和汇率风险。

设立跨职能小组，提升跨部门效率。1999年，为了打破部门间合作不畅的局面，日产设立了跨职能小组CFT（Cross-Functional Team），每个小组负责不同的方向，包括事业发展、采购、制造、研究开发、销售市场、一般管理费、财务费用、车型削减、组织和决策、设备投资等小组（见图9-69）。各小组由小组领队（Pilot）带头，由10名左右的组员构成，成员来自于小组主题相关的各个部门，小组将公司内不同业务领域的人才聚集在了一起。例如主题为采购的CFT小组，因为和降低零部件成本相关，所以从采购、设计开发、经理、生产物流等各部门中都选拔出了成员。CFT小组高度重视沟通的透明性，营造开放的讨论氛围。成员也有着不拘泥于各部门框架与常规的创造性思维，为公司发展和产品上市提供了许多突破性的建议，提高了公司的运营能力。2003年，日产又建立了2个新的CFT小组。第一个小组致力于确保公司内无性别歧视，招聘优秀的女性员工，体现日产对女性人才发展的重视；第二个小组致力于减少时间成本，增加客户价值。

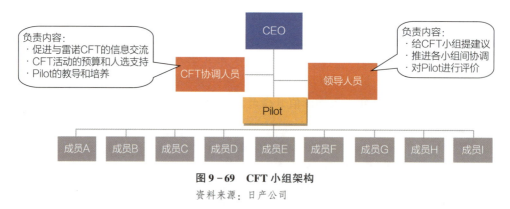

图9-69 CFT小组架构

资料来源：日产公司

构建立体型组织架构，成立全球管理团队。日产之前的组织结构属于职能式，总公司业务部门与各地分公司之间协调能力弱。改革后的组织结构成为一个三维矩阵，包含业务轴、地域轴和产品轴。在业务轴，各项目部都负有具体职能，包括研发、制造、采购、降低成本、管理资源等。在地域轴，全球范围内资源共享，由总公司对各地分公司业务进行共同管理。在产品轴，每个平台都有一个主管。如此复杂的管理结构下，分歧是不可避免的，当冲突发生时，由管理委员会和执行委员会进行决策。管理委员会和执行委员会由首席执行官担任主席,对诸如战略、政策、业务计划等管理问题拥有最终发言权。立体型组织结构的建立提高了日产集团的全球化管理水平(见图9-70)。

图9-70 日产改革后的组织架构
资料来源:日产公司

5.2.4 产品策略完善,铸造品牌竞争力

日产在早期致力于开发技术更为先进的汽车,但技术创新未能有效转化为产品力。联盟形成之后,日产致力研发,深耕产品线,在车型和技术方面有了一系列突破,重拾品牌竞争力。

(1)车型层面

推出新轿车,替换原有旧车型。1999~2002年,日产基于日产复兴计划(NRP),在全球范围内推出22款车型。2002财年是日产历史上产品推出规模最大的一年,日产在全球推出了12款全新车型,涵盖从微型车到豪华轿车的所有车型。截至日产180计划完成时,至少28个全新的车型将推向市场。然而,这不仅是为了增加日产汽车的可用数量,日产COO卡洛斯·戈恩说:"有两种产品我们不会生产:一种是无利可图的;另一种是产品设计不能使客户脉搏加速的。"因此,日产推出的车型中亮点颇多,反映了日产的设计美学和品牌精神。日产1999~2002年部分轿车车型及其亮点见表9-3。

表9-3 日产1999~2002年部分轿车车型及其亮点

车型	车型亮点
CEDRIC、GLORIA (1999年)	于1999年获得"RJCNew年度汽车"和"年度技术"奖
BLUEBIRD SYLPHY (1999年)	一款以汽油为燃料的轿车,其废气排放水平比日本国土交通省要求的标准低50%,是日本同类车中最清洁的
CIMA (1999年)	引入世界上第一个车道保持辅助系统,大幅减少了驾驶员的工作负荷,当车辆因道路倾斜、侧风或其他因素意外偏离行驶路线时,该系统能帮助车辆保持正常行驶
混合动力汽车TINO (1999年)	在美国推出后,被称为"全球市场上使用汽油最清洁的汽车"

(续)

车型	车型亮点
MARCH (2001 年)	车型使用了许多新设计,包括采用个性的高位置车灯,灵活运用曲线的车顶线条,平衡造型和气动的车顶等。另外,包括 5 种专用颜色在内的共 12 种颜色的丰富颜色变化,兼顾了外观的乐趣和驾驶的乐趣。新型车还采用了许多新技术,例如同时实现了提高功率、低耗油量、低排放、低噪声的新开发的 DOHC 4 缸 CR 发动机。MARCH 所有车型均被日本国土交通省认定为超低排放汽车(ULEV),在安全方面也采用了各种最新技术,如高度安全性能的区域车身结构、6 个安全气囊系统等
ALTIMA (2001 年)	新型 ALTIMA 作为日系轿车首次荣获 2002 年度北美汽车奖。该车型重新审视了中型轿车的定位,实现了同级竞争车型无法企及的最高水平的性能和设计。在竞争极为激烈的中型轿车区域,使用了崭新大胆的设计,并采用了突出方便舒适的装备。极富个性的车型在北美市场受到高度评价,在中型轿车领域保持着良好的销售
SKYLINE、STAGEA、 英菲尼迪 G35 (2001 年)	在兼顾安全和环境的同时实现卓越行驶性能的尝试,以新型 SKYLINE、英菲尼迪 G35、STAGEA 装载"FM 缓冲装置"的形式结出了硕果。轻便的行驶和高级轿车的乘坐心情并存,在长轴距的基础上具有出色的调节性能,同时实现了空气动力性能良好的风格和宽敞的室内空间。而且,所有方向的冲击形态均能保证世界最高水平的安全性。例如来自前方的冲击增加的情况下,发动机不是被推到乘员舱内,而是被设计成沿底盘向下移动。此外,通过将高速行驶时车辆的升力抑制为零,减少了因弯道和路面变化而引起的车身行为变化

资料来源:日产公司。

在共同生产平台生产畅销车型。与雷诺共建的共同生产平台主要有三个:B 平台,专门用于生产小型车,2002 年推出的 MARCH 是该平台生产的第一款车,2002~2003 年间日产用 B 平台生产的轿车达 65 万辆(B 平台生产车型及车型推出时间与地点见表 9-4);C 平台,专门用于生产中型车,主要适合欧洲市场的需要(C 平台生产车型及车型推出时间与地点见表 9-5),但也用于其他类似市场(例如拉丁美洲);D 平台,首次采用模块化的做法,加强了灵活性,由于不同市场(美国、欧洲、日本)对这一档次车的要求截然不同,D 平台重点放在附加值较高的共用配件上,如制动等。

表 9-4 B 平台生产车型及车型推出时间与地点

车型	推出时间与地点
日产 MARCH	2002.3,日本
日产 CUBE	2002.10,日本
日产 MICRA	2003.1,欧洲
日产 TIIDA	2004.9,日本
雷诺 MODUS	2004.9,欧洲
达契亚/雷诺 LOGAN	2004.9,欧洲
日产 TIIDA LATIO	2004.10,日本

(续)

车型	推出时间与地点
日产 NOTE	2005.1，日本
雷诺 CLIO Ⅲ	2005.9，欧洲
日产 WINGROAD	2005.11，日本
日产 BLUEBIRD SYLPHY	2005.12，日本

资料来源：雷诺－日产联盟

表9-5 C平台生产车型及车型推出时间与地点

车型	推出时间与地点
雷诺 MÉGANE Ⅱ	2002.9，欧洲
日产 LAFESTA	2004.12，日本
日产 SERENA	2005.5，日本

资料来源：雷诺－日产联盟

进军 SUV 和皮卡市场，丰富产品阵容。为了弥补 SUV 市场的空白，日产从 1999 年开始陆续推出了多款 SUV，包括 X-TRAIL、CUBE、MURANO 等，扩充了产品线。2001 年，日产宣布进入迷你汽车市场，与日本领先的迷你汽车制造商铃木汽车公司合作，推出新产品来扩大潜在客户群。2002 年，日产推出首款轻型轿车 MOCO，标志着日产正式进入了日本重要的微型车市场（发动机排量小于 660ml 的汽车）。MOCO 虽然体积小但内部空间出乎意料的大，一经推出就获得市场好评。同年，日产推出高端豪华小型面包车 ELGRAND，该车型有着引人注目的外观和可搭载八位乘客的宽敞内部空间。之后，日产进军全尺寸货车市场，于 2003 年先后推出了全尺寸货车 TITAN 和 CLIPPER（见图 9-71）。日产 1999～2005 年主要 SUV 车型见表 9-6。

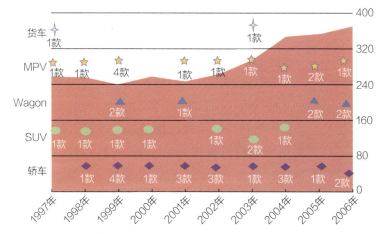

图 9-71 日产汽车全球总销量（万辆）与新车型、换代车型在日本推出时间

表 9-6　日产 1999~2005 年主要 SUV 车型

车型	车型特点	车型外观
X-TRAIL T30（2000 年）	以追求户外活动的年轻人为目标而开发的轻便型 SUV "X-TRAIL" 在发售的所有市场上都受到了好评。适合户外运动使用的宽敞的乘员舱空间和大容量的储物空间（深度 3003mm，级别最高），在市区也能适用于各种目的。搭载在车型上的 4WD 系统 "ALL MODE 4X4"，能感知路面的变化，瞬时将通常的 2WD 切换为 4WD，从而产生可靠的驱动力，使汽车无论在何种路面上都能保证行驶舒适稳定。此外，采用轻量化发挥高刚性的车身结构和空气动力特性，出色的设计组合，为汽车提供出色的操纵稳定性。2001 年该车在欧洲市场发售，此后在澳大利亚、南非、中美洲、墨西哥、中东等地也受到广泛的好评	
CUBE Z11（2002 年）	该车型发动机为 1.4L CR14DE 类型（98PS）。尾灯从传统的垂直型变为带有内置后保险杠的水平型，这种独特的设计设想了左右不对称的车身和拐角。变速器是带有手动模式的 6 速 CVT "Extronic CVT-M6" 或电子控制的 4 速自动 "E-ATx"。当在 CVT 车辆上设置手动模式时，通过转向开关改变档位。驻车制动器从上一代的手柄式改为脚踏板式。车辆配备了 "e-4WD" 系统，不需要传动轴或传动系统。该车型获得 2003 年日本时尚色彩协会汽车色彩奖、室内协调设计奖	
MURANO（2002 年北美，2004 年日本）	最初作为专门面向北美市场的车型推出，由于消费者好评如潮，之后在日本投放。采用 FF-L 平台，悬架与 TEANA J31 相同。配备了 V6 3.5L VQ35DE 或直列 4 缸 2.5L QR25DE 发动机，但后者仅适用于日本和新加坡车型，在其他市场上，该车型仅配备 V6 发动机。该车型获得 2002 年加拿大最佳货车奖	

资料来源：日产公司、维基百科

(2) 技术层面

自主研发出新技术。联盟形成后，日产强化技术研发的客户导向，为客户提供产品日常使用过程中真正具有附加价值的创新技术。例如 2002 年，日产推出日本国内首款综合车载信息服务 CARWINGS，进入了新的车载信息领域。此系统装载在 2002 年新推出的轿车 MARCH 和厢式车 ELGLAND 上，集成了人工辅助和自动服务、移动电话和个人计算机技术，为车内人员提供了多种信息。通过液晶显示屏和语音界面，驾驶员可以实时查看交通状况、新闻、餐厅、天气等信息；拨打免提电话；告知他人汽车的当前位置，也可以通过手机或个人计算机输入车辆目的地。此外，日产十分重视车辆的安全性。2003 年，日产开发出一种制动控制的预紧式安全带，可以在发生碰撞时减轻乘员的伤害，在 25% 的严重和致命事故中有效。这项技术由日产公司申请了专利，是日产高级安全车（ASV）研究的成果之一；另一项提高安全性的技术是 Around View Monitor，该系统提供了一个 360°的仪表板视图，显示车辆周围的情况。除了显著减少驾驶时的盲点外，在停车时使用 Around View Monitor 也很有帮助，因为它改善了驾驶员的视野，使其具有更好的可操作性。

动力传动系统共享，日产汽车装载雷诺的技术。雷诺和日产采取两个措施扩大和优化了双方的动力传动系统，以满足不同市场的需求：一是互换两家公司的发动机和变速器；二是开发新的共用零配件。日产从 2002 年起在 ALMERA 上配备了雷诺的机械变速器和雷诺原产的 1.5L 共轨柴油发动机，在 PRIMERA 上配备了 1.9L 的共轨柴油发动机。2003 年推出的新 MICRA 上配有市场上最具竞争力的发动机之一——雷诺 K9K 1.5L 发动机。同时，雷诺与日产也进行了共用零部件的开发，例如 M1D、M1G 、S2G 发动机和 MT1 变速器。双方动力工程部门还共同开发了使用替代能源的发动机，例如氢燃料电池发动机。日产车型上搭载的雷诺动力系统见表 9－7。

表 9－7　日产车型上搭载的雷诺动力系统

雷诺动力系统	日产车型
160N·m 手动变速器 JH160	MARCH（2001 年）、MICRA（2002 年）
200N·m 手动变速器 JR200	ALMERA（2002 年）、MICRA（2003 年）
1.5 dCi 发动机 K9K	ALMERA（2002 年）、MICRA（2003 年）
1.9 dCi 发动机 F9Q	PRIMERA（2002 年）

资料来源：日产公司

（3）研发层面

研发投入增加，研发成果可观。联盟成立之后，日产在大幅裁员的情况下，在研发部门增加了 500 个新职位，在技术部门新聘用 1000 名工程师。此后日产大幅增加了硬件设施的投入。2002 年，日产征用青山学院大学的校园并开设日产先进技术中心。2003 年，日产与东风汽车公司达成合作，在广州投资 460 亿日元建立一个新乘用车研发中心。日产的研发支出也不断增加，从 1999 年的 2386 亿日元增加至 2004 年的 3981 亿日元，增幅 66.9%。5 年间，研发支出占营业收入的比重从 4% 上升至 4.6%。之后研发支出占营业收入的比重保持在 4.5%~5% 之间（见图 9－72）。研发投入成果可观，2003 年日产创造的专利数量超过 4000 项，是 1999 年的两倍多，在日本机械工程师协会等发表的研究论文数量也有了显著增长。2004 年，日产研究出一种新的汽车开发过程，称为 V3P，意为产品、流程和程序的价值创新。V3P 使日产的开发时间缩短一半，从 20 个月减少到仅仅 10.5 个月。

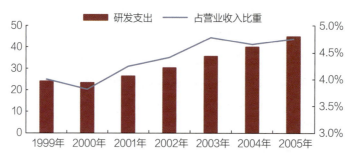

图9-72 1999~2005年日产研发支出(百亿日元)及占营业收入比重
资料来源:日产公司

5.2.5 新市场拓展加速,原有市场销量增长

由于产品力的提升和联盟的协同效果,日产一方面在传统三大市场美国、欧洲、日本销量增长,市场占有率上升;另一方面,日产借助雷诺的优势提速渗透以南美、中国为首的新兴市场(见图9-73)。

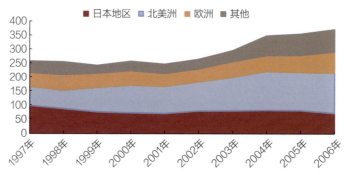

图9-73 1997~2006年日产汽车分地区销量(万辆)
资料来源:日产公司

(1)美国市场

北美建立新工厂,进行资源整合。2000年开始,日产陆续整合北美的资源,将美国日产汽车制造公司整合到北美日产公司。之后,日产在密西西比州的坎顿市建造了一座耗资14.3亿美元的新工厂,占地350万ft^2,雇佣4000名员工。2003年5月投产后,该工厂开始生产下一代日产Minivan车QUEST、推出新的全尺寸货车TITAN和SUV PATHFINDER、ARMADA。日产位于田纳西州的Smyrna工厂和位于田纳西州的Decherd发动机工厂也得到了大幅扩建,以提高日产在美国市场的生产能力。日产汽车在美国的工厂一直是美国效率最高的工厂之一,长期位居《港湾报告》汽车组装排行榜的榜首。将生产资源进行充分整合后,Smyrna工厂和坎顿工厂一年分别能生产55万辆和40万辆汽车,2004年的总产能利用率约为85%。同时,制造灵活性使日产具有竞争优势。Smyrna工厂和坎顿工厂分别生产五款不同的车型,以便对市场变化做出快速反应。

原有车型重拾产品力,销量上涨。日产对原有车型进行了换代和改良,使原有车型产品力提升,拉高了销量。例如核心车型之一的轿车ALTIMA在2002年进行了重新设计,采用了全新的、独特的外观设计和复杂的传动系统，改良后车型销量从2001年的14.8万辆增加至2002年的20.2万辆，增幅明显。根据J. D. Power对汽车性能、质量等各方面进行的综合评价，该车型的分数从2006年的66分上升至2007年的72分（满分100分），反映出产品力的提升，这一时期销量也增加了5.2万辆。此外，对原有紧凑型轿车SENTRA从2000年起不断进行改良，被认为是世界上最清洁的汽油动力汽车，销量增加明显，1999年销量为6.3万辆，2005年上升至11.9万辆，增幅达到89.3%。

SUV、皮卡等新车型势头强劲，销量激增，拉高了市场占有率。1999开始陆续推出的一系列SUV为北美销量贡献巨大，截至2005年，SUV销量从11.4万辆跃升至26.3万辆，销量呈现翻倍增长。尤其MURANO在2002年一推出就好评如潮，推出第二年销量就达到5.6万辆，2006年J. D. Power获得了70分的良好评价，同年销量增至8.1万辆（见图9-74）。此外，2003年推出的全尺寸皮卡TITAN广受好评，2005年销量达到8.7万辆，J. D. Power评分也从2006年的61分上升至2007年的67分。产品阵容的不断完善提升了品牌竞争力，拉高了日产在北美的市场占有率。1999年日产在北美的市场占有率为3.9%，2005年市场占有率提升至6.2%，并且之后一直保持在6%左右（见图9-75）。

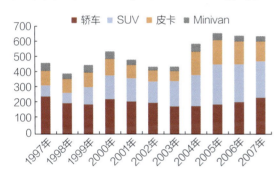

图9-74　1997～2007年日产各车型美国销量（千辆）

资料来源：carsalesbase

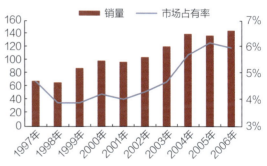

图9-75　1997～2006年日产汽车美国销量（万辆）及市场占有率

资料来源：Wind

（2）欧洲市场

建立新的设计中心。2002年，新的日产欧洲设计中心在伦敦建立，使所有的日产欧洲设计资源被统一到该处，这是日产加强欧洲设计实力的重要一步。该设计中心雇用了大约50名国际设计师、模型师和技术支持人员，他们的任务是与日产的另外5家设计公司（其中3家在日本，2家在美国）合作，为欧洲以及其他市场进行产品的开发设计。

借助雷诺在欧洲的优势，重组新的销售网络。自1999年以来，雷诺和日产在欧洲市场通过共享资源来减少销售成本、分摊固定成本，以加强销售网络的竞争力并为日产在欧洲的复苏提供支持。在不同国家，子公司被重组为双重法人实体或单一法人实体：在法国、西班牙、英国和意大利等国家的子公司采取了"双重法人实体（Dual Legal Entities）"的组织形式，即在法律上分立，但与顾客没有进行直接接触的部门则归双方共有。双方共同成立了集团办公室，由雷诺负责管理所有的后台活动，如人力资源、采购等，日产需要为这项服务向雷诺支付一定费用。在瑞士、荷兰、德国、奥地利、斯洛文尼亚和克罗地亚等国家的子公司采取"单一法人实体（Single Legal Entities）"的组织形式，即法律上属于同一实体，但与顾客服务相关的部门却是分立的。在这些实体中，日产和雷诺分别有各自的前台，以提供特定品牌的服务和客户联系，从而保持每个品牌的身份，同时所有后台业务都集中在为两个品牌服务的集团办公室。此外，雷诺–日产联盟对经销商网络进行了重组，采取共同枢纽的策略，以便选择一批少而精的经销商且扩大销售的范围。基于雷诺在欧洲的强大地位，销售网络的重组强化了联盟并加强了在欧洲工业中的领先地位，也使日产公司提高了效率，降低分销成本，能更好地专注于品牌发展和欧洲的盈利增长。

利用轻型商用车的双重标志政策，使用雷诺品牌的汽车。 由于两家公司在产品系列上的完美契合，雷诺和日产可以用对方品牌系列的汽车来满足不同的市场需求，同时保持各自的品牌特色。使用双重标记的日产车型与雷诺原车型对比见表9-8。利用轻型商用车的双重标记政策，日产可以在这一细分市场向欧洲客户提供新车型。例如2002年，雷诺厢式车MASTER被调整到日产，以此推出了日产INTERSTAR；同年推出的日产PRIMASTAR则是雷诺TRAFIC/欧宝VIVARO紧凑型车的改装版；2003年雷诺KANGOO被日产以日产KUBISTAR的名义进行了改良并出售。截至2004年底，日产已售出4459辆INTERSTAR、1.6万辆PRIMASTAR和9517辆KUBISTAR，总计超过3万辆，占日产在欧洲货车注册量的26%。

表9-8 使用双重标记的日产车型与雷诺原车型对比

雷诺车型	日产车型	日产车型推出时间
MASTER	INTERSTAR	2002年
TRAFIC	PRIMASTAR	2002年
KANGOO	KUBISTAR	2003年

资料来源：雷诺–日产联盟

(3) 日本市场

重拾市场竞争力，市场占有率提升。日产在20世纪90年代末期颓势明显，销量和市场占有率连年下滑，导致被本田赶超。日产的复苏计划实施后，由于产品力的增强和品牌形象的好转，市场占有率逐渐恢复。2003年，日产市场占有率为14.2%，反超本田的12.3%，重回第二宝座。之后，日产市场占有率保持在14%左右，发展稳健（见图9-76）。

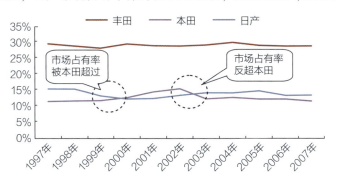

图9-76 丰田、本田、日产在日本国内的市场占有率
资料来源：Wind

(4) 南美南部共同市场

雷诺在南美南部共同市场的商业基础为日产的发展提供了机遇。此前日产从未涉及南美南部共同市场，这对日产而言是几乎全新的区域。2000～2005年，日产投资3亿美元，与雷诺进行南美南部共同市场（阿根廷、巴西、巴拉圭、乌拉圭）的长期战略合作，在当地生产5款车型，并预期在2010年前将该地区的销售量由4000辆提高至15万辆。在雷诺的支持下，日产不断扩大其在南部共同市场的制造和销售业务。在巴西，日产通过新成立的子公司与雷诺的销售网络进行分销。2002年，雷诺在巴西的轻型商用车装配厂开始生产日产的新款FRONTIER皮卡。日产也在雷诺现有销售网络的基础上，成功地建立了日产汽车经销商网络。到2002年底，拥有61家经销商的日产经销网络建立并开始运行，2004年底经销商数量增至64家。在阿根廷，雷诺阿根廷公司在2001年6月接管了日产汽车的进口业务。自2003年开始，由27家雷诺经销商组成的共43家销售网点开始销售日产汽车。

(5) 中国市场

建立东风汽车有限公司，进军中国市场。有巨大市场潜力的中国成为日产海外发展战略的重点之一。2003年，日产和中国东风汽车公司联合成立了东风汽车有限公司（DFL），由双方各持有约2400亿日元的股本，总部位于湖北省武汉市，子公司有50多家。在中国，大多数与外国制造商的合资企业规模较小，只专注于生产外国合作伙伴的产品。而DFL将日产的技术、产品和日产的管理方式整合到日产和东风品牌的汽车生产中，成为中国第一家中外合资的全产品线汽车企业，生产乘用车、货车、公交车和轻型商用车，其乘用车使用日产品牌，而大部分商用车使用东风品牌。2006年，东风日产技术中心正式启用，总投资达3.3亿元人民币，成为中国华南地区最大规模的汽车研发基地，也是日产本土以外的第三大海外技术中心，日产对其在中国市场的发展抱以厚望。

维持良好的品牌形象。2004年前后，受宏观经济调控和更多产品进入市场的影响，汽车市场紧缩，大多数汽车制造商陷入了价格战。而日产为保持品牌形象未参与其中，采取其他替代方式以适应市场变化，维持产品价格。例如在 TEANA 高调推出期间不打折出售，但在 2004 年底向客户宣布，如果他们购买日产汽车后价格下降，日产会将多余部分退还。TEANA 取得了巨大的成功，赢得了 12 个奖项，其中包括 2005 年在中国的年度汽车奖，巩固了日产在质量方面的声誉，并为之后推出的 FUGA、TIIDA 等车型打造出良好的口碑基础。2005 年 6 月，中国国家工商行政管理局正式认定日产商标为"驰名商标"，这不仅是日产在中国打造品牌的一个重要里程碑，也是日本汽车制造商首次在中国获得商标认可。

5.3 协同作用使雷诺获益明显

雷诺与日产联盟的目的之一就是为了加快全球战略布局。1999 年联盟形成之后，雷诺扩大了产品线和市场，实现了汽车销量和盈利的增长，在生产、采购等方面也有所改善（见图 9-77～图 9-80）。

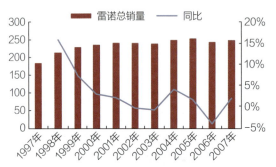

图 9-77　1997～2007 年雷诺总销量（万辆）及同比
资料来源：雷诺公司

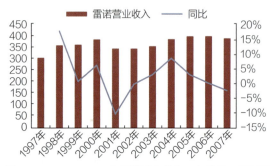

图 9-78　1997～2007 年雷诺营业收入（亿欧元）及同比
资料来源：雷诺公司

图 9-79　1997～2007 年雷诺净利润（亿欧元）及 ROE
资料来源：雷诺公司
注：2002～2004 年因会计准则调整，R&D 部分资本化，影响了公司利润。图 9-79 所用净利润均为将研发支出全部费用化之后的归母净利润。

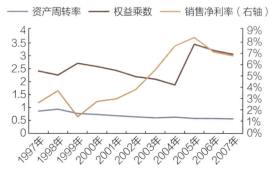

图 9-80　1997～2007 年雷诺杜邦财务分析指标
资料来源：雷诺公司

5.3.1　提升产品力

雷诺一方面继续发挥自身优势；另一方面充分利用联盟的协同作用，在产品和研发方面均取得了多项成果。

（1）产品层面

开辟细分市场，加速推出新产品。2002 年，雷诺通过推出 VEL SATIS，以法国为起始点，之后陆续在欧洲其他地区对豪华轿车市场发起攻势。VEL SATIS 装载了两种发动机，分别是 3.0L 的 DCI V6 柴油发动机和 3.5L 的汽油发动机，在上市后的短短几个月，就在法国市场受到认可，且获得了欧洲 NCAP 的最高五星评级。同时，雷诺开始尝试豪华高端的 RV 细分市场。20 世纪 80 年代中后期，雷诺推出初代 ESPACE，在欧洲开创了 MPV 车型的概念，使雷诺把持着欧洲 MPV 市场的头号交椅。2000 年之后消费者理念革新，MPV 的流行风向开始改变。为应对市场变化，雷诺推出了 ESPACE Ⅳ，重新设计了车型和配件，装载了许多高端车型上才能看见的配置（如全车 8 气囊、高功率音响等），从大型家用 MPV 转型为中型豪华跨界车型。1999~2005 年雷诺推出的主要车型及其亮点见表 9-9。

表 9-9　1999~2005 年雷诺推出的主要车型及其亮点

车型名称	车型	车型亮点
TWINGO	轿车	提供两款汽油发动机供选择，60hp 1.2L 和 75hp 1.2L 16V，配备 5 速手动变速器或 Quickshift 5 速变速器。2002 年推出了新的 TWINGO 系列，对内饰进行了改进，重新设计了内饰和新的配色方案
CLIO	轿车	2000 年，CLIO 被欧洲汽车评估项目（NCAP）授予四星级被动安全奖。2002 年，CLIO Ⅱ 得益于彻底的重新造型和技术改进，特别是 1.5L DCI 柴油发动机和 1.2L 16V 汽油发动机，在西欧市场销量排名第二
LAGUNA Ⅱ（2001 年）	轿车	LAGUNA Ⅱ 旨在更新雷诺的顶级车型，有两个版本可供选择：掀背式和运动旅行车。该车型配备了 1.9L DCI 和 2.2L DCI 共轨涡轮柴油发动机，以及 16V 汽油发动机。2002 年，雷诺推出 LAGUNA Ⅱ 2.0L 16V 掀背式运动旅行车和 1.6L 16V LPG 掀背式运动旅行车，配备了自动变速装置。除了其特殊设计的液化石油气喷射系统，该车型还拥有一个创新的底层燃料箱。LAGUNA Ⅱ 是市场上第一辆在欧洲 NCAP 进行的碰撞测试中获得特别五星评级的汽车。这一优异成绩是被动安全方面的决定性竞争优势
MÉGANE Ⅱ（2002 年）	轿车	MÉGANE Ⅱ 取代了 1995 年 11 月推出的 MÉGANE Ⅰ，最终在同一平台上推出了七种车身样式：五门掀背车、轿跑车、4 门轿车（经典型）、微型车（SCÉNIC）、敞篷车、旅行车和 SCÉNIC RX4（第一款四轮驱动紧凑型微型车）。该车型被欧洲汽车记者评审团评为 2003 年度最佳汽车
ESPACE Ⅳ（2002 年）	MPV	ESPACE 在欧洲开创了微型货车的概念。2002 年，ESPACE 推出第四代车型，共有四种型号可以选择，分别是 AUTHENTIQUE, EXPRESSION, PRIVILÈGE 和 INITIALE，并且有标准型和加长型两种车身形式。该车型共有四款发动机，标准车型上采用 2.0L 直列 4 缸 DOHC 16V 发动机，最大功率 140hp。2002 年 11 月，德国《图片报》授予此车"金方向盘奖"。
MODUS（2004 年）	MPV	后排座椅安装在带有四个预设位置的滑动导轨上。当在最后面的两个位置，座位配置为两个人增加腿、臀部和肩膀的空间。前部位置可坐三个乘客，增加载客量。MODUS 的一个可选功能是一个引导滑槽，一个位于后窗下方的尾门中心的下拉开口

资料来源：雷诺公司、维基百科

使用共同生产平台，减少产品成本。 1999 年开始，雷诺与日产针对不同车型陆续建立了几个共同生产平台。在用于生产小型车的 B 平台，雷诺生产了 CLIO Ⅲ 和 TWINGO。在用于生产中型车的 C 平台，雷诺于 2002 年起开始生产 MÉGANE Ⅱ，截至 2003 年底，6 款 MÉGANE 车型的总产量超过 66 万辆。

使用日产的动力设备组件。 2000 年开始，雷诺在 VEL SATIS 和 ESPACE Ⅳ 车上安装了日产的 3.5L V6 发动机，替代了原本的发动机；并在 KANGOO 上使用了日产的四轮驱动变速器。此外，雷诺与日产汽车和日产柴油之间签订长期合约，确定每年给雷诺输送 3 万辆普通轨道直接注入的柴油发动机，用于配给雷诺的四代轻量级商用车，日产方面则可以分享雷诺该系列商用车的利润。2004 年起，日产的 3L 柴油发动机将为雷诺 MASTER 和 MASCOTT 提供动力。利用日产的技术优势，装载其动力设备组件，提升了雷诺产品在成本和质量上的竞争力。雷诺车型上搭载的日产动力系统见表 9-10。

表 9-10　雷诺车型上搭载的日产动力系统

日产动力系统	雷诺车型
V6 3.5L 发动机 VQ35	VEL SATIS（2002 年）、ESPACE（2002 年）
四轮驱动变速器 R145	KANGOO 4×4（2001 年）
3L 柴油发动机 ZD30	MASTER（2004 年）、MASCOTT（2004 年）

资料来源：雷诺公司

剥离商务车部门，专注汽车业务。 虽然雷诺集团产品线齐全，但经营重点仍在汽车领域，汽车部门营业收入占总营业收入的 70% 左右，其中轿车是其竞争力的核心。商务车部门盈利能力相对较弱。1999 年，雷诺将以 Renault V.I 和 Mack 为代表的商务车部门转让给瑞典沃尔沃集团（AB Volvo）。作为交换条件，雷诺获得了沃尔沃集团 15% 的股权，并在股市上另外购买了 5% 的股权，成为该集团最大股东。雷诺剥离商务车部门之后，能更好地专注汽车领域发展，同时获得来自沃尔沃集团的权益净利（见图 9-81，图 9-82）。

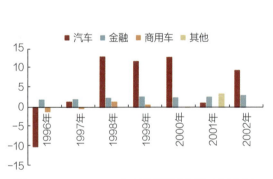

图 9-81　1996~2002 年各部门营业利润（亿欧元）
资料来源：雷诺公司

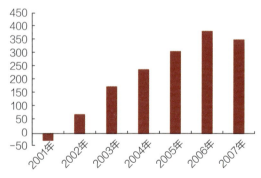

图 9-82　2001~2007 年来自沃尔沃的权益净利（百万欧元）
资料来源：雷诺公司

重视环境保护，提升零部件回收率。 雷诺采用了生命周期环境管理（LEM），使产品设计师能在产品生命周期的各个阶段（从原材料提取到报废产品回收）考虑其造成的环境影响。2001 年，雷诺取得了一系列具体成果：提高消耗品（过滤器、皮带、火花塞）的使用寿命，减少了 SAFRANE、VEL SATIS 等车型 30% 的资源浪费；在 TRAFIC、LAGUNA Ⅱ 等车型上使用 90% 的可回收部件等。同年，雷诺和日产建立了一个联合回收数据库，雷诺的汽车零部件回收标识系统也正式投入使用，使供应商能更好地衡量零部件的可回收性。之后，雷诺成立了汽车工程学院，介绍 LEM 理论，并将其纳入汽车工程培训体系。随着 LEM 在雷诺内部的应用越来越广泛，上游用于外购零部件的制造，下游用于报废汽车的回收，既提高效率又保护环境。

（2）研发层面

研发投入增加，技术创新能力提升。1999 年之前，雷诺的研发支出占营业收入比例稳定在 4.5% 左右，1999 年之后，雷诺的研发投入大量增加。1999 年，雷诺集团在研发上投入了 17.9 亿欧元，同比增幅 15.1%（见图 9-83）。1999~2002 年，研发支出占营业收入比例上升至 5% 左右（见图 9-84）。除了大量资金投入，雷诺的研发人员数量也有所增长（见图 9-85）。1999 年，雷诺汽车部门的研发人员为 1 万人，占总员工人数的 6.3%，而 2004 年，研发人员数量增长至 1.2 万人，占比也上升至 9.5%。雷诺对研发进行大量投入的成果在专利数上有所体现，1999 年之后雷诺申请的专利数量呈增长趋势（见图 9-86）。

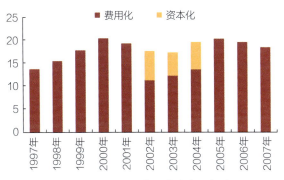

图 9-83　1997~2007 年研发支出（亿欧元）

资料来源：雷诺公司

注：2002~2004 年因会计准则变化，研发支出部分资本化。2002 年之前与 2004 年之后，研发支出全部费用化。

图 9-84　1997~2007 年研发支出占营业收入比例

资料来源：雷诺公司

图 9-85　1999~2004 年研发人员（千人）及占总员工比例

资料来源：雷诺公司

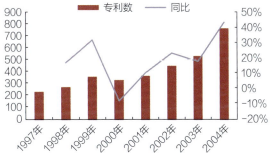

图 9-86　1997~2004 年专利数（项）及同比

资料来源：雷诺公司

5.3.2 加速全球布局

联盟形成之后,一方面,雷诺在南美南部共同市场扩大产能,维持领先地位;另一方面,则利用日产在墨西哥、亚洲、中东和非洲的优势,进军新市场,扩大了企业版图(见图9-87,图9-88)。

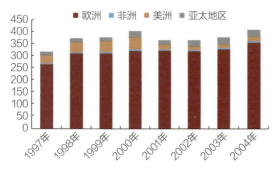

图9-87 1997~2004年各地区营业收入(亿欧元)
资料来源:雷诺公司

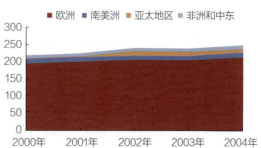

图9-88 2000~2004年各地区销量(万辆)
资料来源:雷诺公司

(1) 南美南部共同市场

新建工厂,扩大产能。2001年,雷诺扩张位于巴西的工厂以满足未来南美共同市场的需求增长,工厂扩张后轻型商务车年产能为5万辆,用于生产雷诺 MASTER 和日产卡车 FRONTIER。雷诺在南美南部共同市场有四个装配厂,分别在巴西、阿根廷和乌拉圭;两个动力系统配件厂,分别在巴西和智利;以及一套快速发展的分销网。2000年,雷诺在南美联合市场占有6.4%的市场份额,其中在巴西(4%)和阿根廷(18%)两国市场占有率第一。

(2) 墨西哥市场

借用日产的优势,重回墨西哥市场。凭借日产强大的工业能力和商业结构,雷诺得以在更好的经济条件下回归墨西哥市场,在极短时间内成功部署了销售网络,降低了投资成本,且获得了墨西哥政府授予当地制造商的相关税收减免优惠。雷诺汽车重回墨西哥市场之后,销量增加迅速,从2001年的3616辆快速增加至2004年的2.4万辆(见图9-89)。

雷诺在墨西哥市场的成功回归主要借助于以下三点:

第一,借用日产的工厂生产畅销车型。日产在墨西哥有两个工厂,并且占有了20%的市场份额,为雷诺时隔15年的回归提供了坚实的基础。雷诺在墨西哥销售的车型为 CLIO 和 SCENIC,自2000年起,SCENIC 一直在日产的 Cuernavaca 工厂建造,而 CLIO 则于2001年底在日产的 Aguascalientes 工厂投产。2003年,这两种型号的汽车共生产了

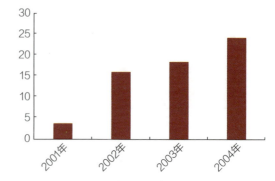

图9-89 2001~2004年雷诺汽车墨西哥销量(千辆)
资料来源:雷诺公司

1.5万辆。利用日产强大的技术和生产能力，降低了雷诺的生产成本。

第二，利用日产的销售网络。联盟形成后，雷诺借助日产在墨西哥的经销网络，扩大了销售范围。2002年，雷诺在墨西哥约有30家汽车销售网点，其中3/4是由日产经销商经营的，2004年销售网点增加至45家。

第三，提供新的销售融资服务。雷诺信贷国际是雷诺的子公司，专门从事汽车销售融资。联盟成立后，该公司扩大了客户群，能为雷诺和日产在墨西哥的客户提供销售融资服务。2004年，新公司NR金融墨西哥（NRFM）和NR采购公司（NR Wholesale Mexico）成立，为日产和雷诺的经销商量身定制消费信贷解决方案。这两家公司均由日产金融美国公司、日产墨西哥公司和雷诺RCI Banque共同控股，分别持有51%、34%和15%的股份。

（3）亚太市场

凭借日产的主场优势，雷诺的销量在亚洲国家稳步增长（见图9-90）。

在日本，在日产现有物流和管理机构的支持下，雷诺的销量稳步增长。雷诺亚太总部于2000年6月在东京成立，雷诺汽车通过日产汽车网络在日本销售。2000年开始，日产经销商一直通过各销售网点销售雷诺汽车。截止到2005年底，共有77家独家或双品牌经销商网点投入运营。

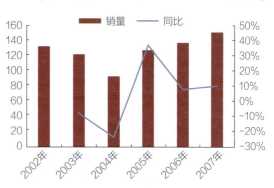

图9-90 雷诺汽车亚太地区销量（千辆）及同比

资料来源：雷诺公司

在韩国，日产为雷诺三星汽车（Renault Samsung Motors，RSM）提供了制造和改造顶级车型SM5和中低端轿车SM3的关键支持，两者的设计均参考了日产的车型。基于SM3和SM5车型的销量增长，RSM在2002年销量增长了65.4%，达到11.7万辆，覆盖了约40%的韩国市场。

在澳大利亚，雷诺汽车目前由日产澳大利亚公司进口，通过26家经销商销售，这些经销商多数是从现有的日产销售网络中挑选出来的。

在马来西亚，雷诺与日产马来西亚合作伙伴的子公司TCEC（TC Euro Cars Sdn）签署了协议。TCEC从2003年起为雷诺汽车提供分销和售后服务，并从2004年底开始使用CKD部件组装雷诺KANGOO。

在整个亚太地区，2002年开始，雷诺与日产在日本、澳大利亚、印度尼西亚及中国台湾地区的SUP-Port进行合作开发。通过日产的销售网络和技术支持，雷诺在亚太地区销量总体呈现上升趋势。

市场和产品形成协同，避免覆盖面重复。从地理上讲，日产一直在美国、墨西哥、亚洲、中东和南非等国经营；雷诺已经进入南方共同市场、土耳其，并在整个欧洲市场具有一定优势。这使两家公司形成理想的互补关系，避免了市场重复。此外，雷诺-日产联盟的合作十分审慎，局限于消费者并不关心的环节（例如生产、采购、销售），而在消费者所重视的方面始终保持着两个品牌的差异，以吸引两个品牌各自的消费群体。例如日产旗下品牌DATSUN专注于入门级廉价车市场,定位于印度、俄罗斯、印度尼西亚和南非;而雷诺旗下同样属于廉价品牌的达契亚主要市场在欧洲,两个品牌不会在同一市场进行正面竞争。

5.3.3 利用协同作用,优化供应链

利用联盟的协同作用,雷诺在生产、采购、销售方面均有所改善,建立起新的经营优势。

工厂采用日产训练方式叠加订单生产模式,提升生产效率和灵活性。雷诺在操作人员的培训和熟练程度、解决问题、控制交货时间和生产计划方面得到了日产的支持,雷诺的生产方式(SPR)已经从这种支持中受益匪浅。与日产的技术交流也改善了以CKD套件形式运输未组装车辆的情况。此外,雷诺调整了自己的生产点和供应商的产能,在欧洲范围内的16个国家建立11个生产点。1999年开始,共10家欧洲装配厂和与Matra公司的一家合作工厂进行了调整,直接从网络接收客户订单,使工厂能根据消费者需求模式进行生产,增加了生产灵活性。2002年,生产线上的所有车辆中有半数以上是根据客户订单生产的,而2000年这一比例约为1/6;交付时间也越来越准时,超过80%的车辆在订单规定的日期交付,而2年前只有60%。

与日产的交流加强了行业质量控制。联盟新产品质量程序(ANPOP)作为一个统一的标准,适用于所有购买或改良的产品。在装配线上,检查人员在进行下一步之前,要检查生产过程中的关键检查点。当车辆从装配线上滚下时,需对小型试验轨道进行动态试验。雷诺MODUS车型的开发、设计到全面生产环节均应用了ANPOP,以减少质量事故数量。

进行联合采购,降低采购成本。2001年,雷诺和日产成立了一个合资子公司雷诺-日产采购组织(RNPO),双方得以进行联合采购,给予雷诺和日产更大的采购影响力。在物流方面,雷诺和日产正在共同定义一个全球体系,已经在欧洲建立了零部件采购和车辆运输的联合体系。同时,双方共同建立了一种联合评估方法,其中包括最佳采购方法、共同标准以及质量章程。2001年之后,雷诺的毛利及毛利率呈上升趋势,反映出雷诺的原材料和劳动成本有所下降(见图9-91,图9-92)。

图9-91 1997~2007年毛利(亿欧元)及毛利率

资料来源:雷诺公司

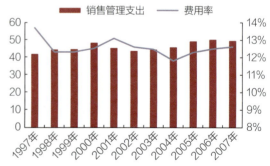

图9-92 1997~2007年销售管理支出(亿欧元)及费用率

资料来源:雷诺公司

重建销售网络，降低销售成本。雷诺启动了新的分销项目，以满足客户对汽车的不同需求。1999 年，该项目在法国和大部分欧洲国家（德国、英国、意大利、荷兰、比利时、捷克共和国等）实施，在全欧洲围绕经销商枢纽建立雷诺内部网络和新的信息系统，使每个地区的经销权属于一个单一的所有者。至 2000 年末，雷诺已建立起 90 个这样的枢纽，其中 40 个是和日产联合建立的。之后费用率稳步下降，从 2001 年的 13% 下降至 2004 年的 11.8%，此后一直保持在 12% 左右。

5.3.4 日产对雷诺业绩贡献明显

由于雷诺在日产的持股比例从 36.8% 提高到 44.4%，叠加日产的全面快速复苏，按权益法核算，雷诺从日产的正贡献中受益。

雷诺利润中来自日产的权益收益增加明显。2000 年开始，日产开始盈利，雷诺利润中来自日产的权益贡献从 1999 年的净亏损 3.3 亿欧元上升至正收益 0.6 亿欧元。2002 年，日产对雷诺净利润的贡献为 13.35 亿欧元。此后日产对雷诺利润的贡献稳步提升，雷诺从日产中获得的权益收益占其税前利润的比例稳定在 50%～60% 之间（见图 9-93）。

图 9-93 1999~2007 年来自日产的权益收益（亿欧元）以及占雷诺公司税前利润比例
资料来源：雷诺公司

雷诺-日产联盟在 1999 年成立之后，一方面，促使日产加快改革速度，使其实现了产品、市场、经营和公司结构四大维度的突破，实现了全面复苏；另一方面，发挥协同作用，使雷诺在市场、经营上获益，业绩提升明显。联盟成立后 5 年，在销量上已跻身世界四大汽车制造商之列。

6 经营策略

雷诺-日产联盟是雷诺和日产通过交叉持股方式组成的独特集团。雷诺与日产拥有完全不同的文化背景，却能在联盟之后在经营、市场等方面形成高度互补，利用协同效应产生 1+1>2 的效果。笔者认为雷诺-日产这一跨文化联盟的成功包括如下因素：合作前已达成一致的战略与原则，建立共同管理的机构协助联盟发展，在商业上实现优势互补，以及雷诺对日产的尊重。

(1) 合作前已达成一致的战略与原则

联盟形成前，雷诺和日产通过了一致的战略、共同的目标和原则，在尊重双方品牌和文化的基础上进行合作。1999年7月雷诺和日产签署了《联盟章程》，确定了双方共同的价值观和目标，以加强相互信任与尊重，促进平等合作。章程中最重要的条款包括承认双方文化差异、相互尊重、保持组织透明度、积极倾听，两种文化的多元性被认为是一种使联盟与众不同的独特力量。2004年3月，雷诺和日产在一份题为"联盟愿景-目标"的文件中重申了共同的价值观和原则。该文件称："雷诺-日产联盟是一个独特的由两家跨国公司组成的集团，双方通过交叉持股建立了联系，并通过一致的战略、共同的目标和原则、成果驱动的协同作用和共同的最佳做法，团结一致，以取得业绩。双方在合作中尊重并强化各自的身份和品牌。"雷诺和日产并没有试图创造一种人造的雷诺-日产或法日企业文化，而是使两种不同的国家和企业文化达到最大化，以达到共同的目标。

(2) 建立联盟共同的管理机构和组织，从战略、经营等方面进行管理和协调，助力联盟发展

1999年联盟形成之后，雷诺和日产迅速建立了一系列共同管理机构和组织，以实现联盟的战略统一，达成紧密合作（见图9-94）。

建立联盟战略领导平台，把控联盟战略方向。1999年，全球联盟委员会（GAC）成立，由雷诺首席执行官和日产首席执行官共同主持，成员包括雷诺的5名高管和日产的5名高管，每个月召开一次会议，负责联盟的战略方向，指导各小组的工作。

建立跨公司小组CCT，加强雷诺和日产间的合作。为促进双方合作伙伴之间的所有协同效应，联盟建立了跨公司小组，每个小组均由两家公司的员工组成。CCT的任务一是为雷诺和日产之间的协同效应寻找机会，负责制定联合项目；二是监督项目实施情况，解决项目中出现的问题，向供应链或负责的执行副总裁/高级副总裁汇报。1999年共设立了12个CCT，除了由双方共同领导的"产品规划和战略"小组外，每个小组都由其中一个

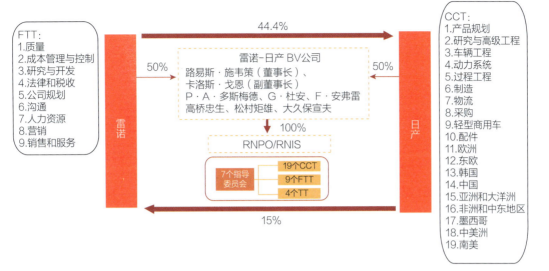

图 9-94 雷诺-日产联盟结构
资料来源：雷诺-日产联盟

公司的一名经理领导，该经理根据能力标准任命，副手则来自对方企业。2005年，CCT已增加至19个。

建立功能任务小组FTT，为CCT提供支持。FTT为CCT提供日常的协助，尤其是在信息系统、市场、质量以及交叉生产等方面。这些小组为公司营运活动提出具体的运作设想，上报全球联盟委员会并最终实施运作。

2002年，联盟成立雷诺-日产BV公司，专门负责联盟的战略管理。之后又新设了几个联合机构，协助并监督联盟日常经营管理：

成立雷诺-日产BV公司（RNBV），联盟董事会成为新的领导组织。2002年3月28日，由雷诺和日产各出资50%共同成立了雷诺-日产BV公司，注册地在荷兰，总部分别设在巴黎和东京。公司成立之后，其董事会代替GAC成为联盟领导组织。董事会由8名成员组成：雷诺CEO任RNBV总裁，日产CEO任副总裁，三位雷诺执行副总裁和三位日产执行副总裁任董事。RNBV专门负责制定中长期战略，指导两家公司在全球的共同业务活动，并管理着雷诺和日产的合资公司RNPO与RNIS。RNBV负责批准和审核产品计划，制定产品、动力系统（如平台、汽车、变速器等）共享和财务政策方面的策略，管理CCT和FTT的运营，以及在投资、合资方面向雷诺和日产提出建议。与雷诺和日产有关的所有其他方面，无论是经营、财务还是人力资源方面，均由两家公司独立管理，相应的决策将由两家公司各自的管理层独立做出。RNBV在尊重双方公司的特点和企业文化的基础上负责制定联盟战略，而对两家公司各自的经营活动不予干涉，使双方均保留了各自的管理自主权和品牌标识。

建立指导委员会，支持并指导联盟项目工作。联盟指导委员会主要职能是支持有条件现金援助/自由贸易安排在实施联盟项目方面的实地工作，并为联盟理事会的决策过程提供便利。2002 年成立了 3 个指导委员会：工程指导委员会、一般海外市场指导委员会、控制和财务指导委员会。2005 年增至 7 个，涵盖领域分别为计划、产品开发制造、控制和财务、销售和市场营销、信息系统、支持部门和一般的海外市场。

成立任务小组（TT）。每当一个特定的主题出现时，就会指派给一个任务小组（TT）来完成。2005 年已有 4 个任务小组：行业策略、海关与贸易、员工策略（B2E）、国内市场。

建立联盟协调局和国际咨询委员会，协助联盟日常管理。联盟协调局在雷诺－巴黎和日产－东京各有一个办公室，协调指导委员会、CCT、FTT 和任务团队（TT）的工作，并准备联盟董事会会议。国际咨询委员会由欧洲、日本和美国的商界和学术界的杰出人士组成，其董事会由雷诺董事长兼首席执行官路易斯·施韦策和日产董事长兼首席执行官卡洛斯·戈恩担任主席。

成立致力于维护联盟稳定的基金会。雷诺－日产 BV 基金会根据荷兰法律成立，可以在雷诺和日产收购超过 50% 的资本，以防外部公司或集团公司的欺诈行为。基金会由一个 6 人组成的董事会管理，其中 4 人是由雷诺和日产在平等的基础上选出的独立成员。

（3）在商业上实现优势互补

雷诺－日产联盟通过整合两家公司的优势在许多方面形成高度互补，在商业上形成紧密合作，充分利用了协同效应实现双方业绩的增长。

在经营各方面形成互补。雷诺和日产在市场、产品和专有技术方面具有高度的互补性，充分利用了双方在所有主要汽车市场的优势。日产的业务遍及 19 个国家，而雷诺在 17 个国家拥有生产设施，其中包括达契亚和雷诺三星，双方覆盖的市场几乎无重合且覆盖范围极广。因此，双方都可以依靠对方的制造设施和分销网络，以较低的成本进入新市场。这种紧密配合也使各小组能够完善其各自的产品和服务。此外，雷诺和日产的专业领域具有很强的互补性。雷诺得益于日产在制造工艺方面的专业知识，日产也从雷诺在营销、设计、平台战略以及销售和服务融资方面的经验中获益。双方在研发、制造过程和市场营销方面的专业知识交流中均受益匪浅。

联盟在研发、生产、采购、信息服务、销售、物流等方面均进行了共同合作：

共同研发了多款新技术，加快实现技术突破。雷诺和日产正在联合开展汽车减重、排放控制、混合动力汽车和导航系统等领域的先进研究和工程，共同研发的动力组件见表 9－11。尤其对燃料电池汽车这一关键的研究项目，日产和雷诺制定了一个为期 10 年的开发计划，其中日产在 2000~2005 年进行第一阶段的开发，雷诺在 2005~2010 年进行第二阶段的开发。同时，双方共同研究共享发动机和变速器的最佳方式。根据这两个集团各自的专长划分了不同的研发方向，雷诺专注于柴油发动机，日产专注于汽油发动机。

表 9-11 共同研发的动力组件

组件名称	应用车型
HR15DE 1.5L 汽油发动机（S2G）	日产 TIIDA、日产 TIIDA LATIO、日产 NOTE（2004 年） 日产 WINGROAD（2005 年）
MR20DE 2.0L 汽油发动机（M1G）	日产 LAFESTA（2004 年） 日产 SERENA、日产 BLUEBIRD SYLPHY（2005 年）
MR18DE 1.8L 汽油发动机（M1G）	日产 TIIDA、日产 TIIDA LATIO、 日产 WINGROAD（2005 年）
M9R 2.0L 柴油发动机（M1D）	雷诺 LAGUNA Ⅱ（2005 年）
MT1 240N·m 6 速手动变速器	雷诺 MODUS、雷诺 MÉGANE Ⅱ、 雷诺 CLIO Ⅲ（2005 年） 日产 TIIDA（2005 年）

资料来源：雷诺－日产联盟

改善双方生产方式，共享生产能力。雷诺和日产通过相互交流促进了自身生产方式的改善；建立了共同生产平台，提升了生产效率；在双方工厂运用联盟车辆评估系统（AVES）以采用统一的质量标准；分享了三个国家的生产能力：在墨西哥共同使用了日产的奎尔纳瓦卡和阿瓜斯卡连特斯的工厂，在巴西共同使用了雷诺的库里蒂巴轻型商用车厂，在西班牙共同使用了日产的巴塞罗那工厂。

成立共同采购组织 RNPO，扩大采购范围。2001 年 4 月，联盟成立第一家合资公司雷诺－日产采购组织（RNPO），扩大了区域采购组织的联合采购活动范围，使年度采购额从 2002 年的 215 亿美元增至 2004 年的 330 亿美元，占联盟采购营业额的 70%。

成立共同的信息服务公司 RNIS，制定和实施双方联合 IS/IT 政策。2001 年 9 月，联盟继 RNPO 之后成立了第二家合资公司雷诺－日产 IS/IT 公司（RNIO），2002 年 7 月该公司改为雷诺－日产信息服务公司（RNIS）。RNIS 负责制定和实施雷诺与日产的联合 IS/IT 政策，并指导双方采用共同的技术解决方案。它通过三个主要的进展领域来提高性能：基础设施的标准化、全球供应商管理和通用业务应用程序的实现。2003 年底，RNIS 帮助联盟使用了新的宽带网络，由日本电话电报公司提供，连接雷诺和日产的四个主要通信中心：巴黎（雷诺和日产欧洲）、厚木（日产日本）、丹佛（日产北美）和库里提巴（雷诺和日产南方共同市场）。

建立全球物流体系，提高物流效率。除了已经在欧洲建立的零部件采购和车辆运输的联合系统外，雷诺和日产于 2002 年 11 月成立了全球联盟物流委员会，负责实施共享的全球物流战略。同时，利用 CCT 的 6 个子团队，集中处理 CKD 海外零部件物流（全部拆卸）、供应零件管理（生产零件物流）、国内物流（生产物流）、物料搬运（工厂物流）、外运物流（车辆物流）和共同的标准包装问题，通过整合配送系统和扩大流动来削减成本和交付时间，扩大物流范围。

雷诺和日产的员工交流促进了两家公司知识共享的进程。自联盟成立以来,雷诺和日产一直致力于发展人员交流,以提高联盟绩效。这些人员交流涉及百余名员工,可以分为四类:第一类,外派员工到对方公司。2002年,大约50名雷诺员工加入了日产的供应商关系、产品战略、销售和营销以及财务等部门,同时超过50名日产员工在雷诺的质量、车辆工程、制造和动力工程部门工作。此外,作为欧洲销售组织重组的一部分,约250名员工从日产转到雷诺。截止到2005年,雷诺有36名员工加入了日产总公司,主要在银座总部和厚木技术中心工作;日产有34名员工在雷诺工作,包括总部、吕埃尔和基扬古尔。第二类,进行共同项目的工作。截止到2005年,雷诺和日产共有14名外派员工在联盟项目中工作,如开发平台、发动机和变速器等。第三类,在联合共同组织工作。2002年,约250名雷诺和日产高管被分配到联盟的共同组织,如跨公司团队和职能任务团队。这些雇员仍然是原公司的成员。截止到2003年,约有200人被分配到日产采购组织(RNPO)和雷诺-日产信息服务机构(RNIS),2005年这一人数上升至270人。第四类,区域间的人员交流。截止到2005年,已有37名雷诺员工被派往日产欧洲公司,21名日产员工被派驻到雷诺三星、雷诺日本和亚太地区。

(4)雷诺对日产的尊重

雷诺在合作前和合作中都向日产表达了充分的尊重,以减轻日产改革时员工的反感情绪和文化冲突。

官方措辞严谨,照顾日方情绪。在雷诺官方文件和卡洛斯·戈恩接受媒体采访中,始终将联盟看作双方共同发展的机会,雷诺在2002年的年报中评价道:"一个欧洲集团和一个日本集团在这种规模上的合作是相当空前的。虽然这种联系最初是由日产的财务困难所推动的,但雷诺一直认为日产是一个基本健康的集团,具有强大的潜力。"雷诺不仅始终看好日产的发展,更在联盟初期展现了足够的诚意。雷诺和日产选择联盟而非合并的合作方式,原因之一也是考虑到联盟这种合作方式相对温和,不容易引起日籍员工和日本民众的反感和排斥,便于后期改革的进行。在日产实行复兴计划之时,卡洛斯·戈恩数次在媒体前强调,进行改革是"为了帮助而非改变日产"。

对日本文化的尊重。进行日产改革时,只解决与企业经营相关的主要问题,不改变其他地方。例如日式办公室对一些细节较为在意,小至穿拖鞋的规矩,大至经常无法准时下班,这对习惯日式企业的员工而言十分常见,但雷诺外派到日产的员工付出了极大努力以适应完全不同的企业文化。为促进相互了解,雷诺约有4000多名员工接受了日本文化和工作实践方面的培训。

优先聘请日籍设计师,帮助树立日产品牌形象。进入21世纪,日产不再拘泥于功能主义,将产品重点从技术转移到设计。在此之前,日产汽车多借鉴欧美汽车的设计,未形成自身独有的风格。卡洛斯·戈恩认为外籍设计师难以充分了解日本文化和日本市场,因此优先考虑日籍设计师。经过慎重挑选,卡洛斯·戈恩邀请了中村史郎作为设计总监。中村史郎原本为后来加入了通用汽车家族的五十铃汽车设计产品,在产业领域具有丰富的工作经验，在不同国家工作过，观念开放且具有全球化视野。中村史郎加入日产之后设计了一系列经典车型，设计中呈现出独特的日式风格。日产汽车因此有了极具辨识度的设计风格，树立了明确的品牌形象。

未来全球汽车行业竞争加剧，跨国企业之间的联盟和并购将增加。笔者认为企业进行跨文化合作时，可以借鉴雷诺－日产联盟以下成功经验：

第一，在合作前达成一致的战略与原则。双方应树立共同的价值观和战略目标，承认双方文化差异，在尊重合作伙伴文化和品牌的前提下进行合作。同时，选择联盟这种合作方式，能实现看似松散实则紧密的合作，相较合并而言不容易引起情绪反弹和文化冲突。

第二，有双方共同认可的机构可以统筹战略、经营和资源。需要有双方都认可的机构可以对双方的资源进行有效的管理，统筹战略布局、经营合作、人员交流等，使合作双方求同存异。

第三，利用双方企业优势进行互补，充分利用协同效应。进行合作时充分利用双方优势实现高度互补，尤其将跨文化作为一种独特优势，充分利用合作企业对本土市场和文化的熟悉度，借助对方已有的商业基础进行战略布局，例如雷诺和日产利用对方的东道主优势加速渗透亚欧市场。

第四，对合作伙伴的尊重需体现在具体合作当中。对合作伙伴品牌及其文化背景的尊重需体现在合作中的方方面面，小到文件措辞大到品牌定位。

在并购整合的过程中，如果相关公司能够达成合理的合作原则，有效地统筹战略和资源，尊重彼此，利用协同效应为双方利益做出积极贡献，这样的合作成本和概率更大。企业间的联盟与合并如果不能有效整合双方资源，有可能无法协同作用，甚至会影响企业原本的发展。在企业经营中，随着人力成本和原材料价格的提升，如果不能提高企业的经营效率，控制成本，有可能使公司遭遇危机。

第 10 章
现代起亚：韩国汽车工业及同文化企业收购研究

章首语

本章复盘了韩国汽车工业的发展历程，分析了现代汽车在美国市场成功的原因和起亚汽车破产的原因，梳理了现代对起亚的收购、整合与之后的发展。

韩国汽车工业起步于20世纪50年代，韩国汽车公司最初主要是从国外进口半成品和零部件，然后在韩国国内组装。韩国汽车企业发展过程中，不仅得到了韩国政府的政策引导和支持，而且积极学习国外先进技术，通过多年的努力，现代、起亚等企业逐步具备了自主开发车型的能力。70年代后期，韩国汽车企业开始向海外出口，到了80年代后期，以现代为代表的韩国车企进一步扩大在海外市场的销售规模，尤其在美国市场的销量快速增长。

现代在美国的成功既受益于宏观环境，也得益于自身能力的提升。80年代开始，韩国政府制定了相关政策支持韩国汽车出口，美日贸易摩擦在一定程度上冲击了日系车在美国的发展，为韩系车提供了发展空间。现代自身正确的经营策略和有竞争力的产品，是其能不断发展壮大的关键因素。

起亚在90年代后经营情况逐步恶化，抗风险能力下降，1997年金融危机爆发，起亚走向破产。起亚破产之后，现代对其进行了收购。通过在生产、销售和研发等方面进行了一系列资源整合，双方均得到了更好的发展。

随着汽车行业竞争的加剧，未来行业集中度有望进一步提高。中国目前有众多汽车企业，企业收购重组有望加速。现代收购起亚之后，用科学的方法对两个品牌进行有效管理，使两个品牌都得到了更好的发展。现代对起亚的收购，是同文化企业收购的经典案例，笔者认为对于企业发展有重要借鉴意义。

1 韩国汽车工业的诞生与发展（1950～1996年）

朝鲜战争结束后经济恢复，社会需求推动韩国汽车工业发展。韩国汽车工业起步于20世纪50年代中期朝鲜战争结束之后，当时韩国正处于经济恢复时期，百废待兴，对各种机械的需求量很大，尤其对主要运输工具汽车的需求更为迫切。这种社会需求成为韩国发展汽车工业的主要原因。但此时韩国的汽车工业仅限于以军需车辆为主的旧车整修与翻新。

国家计划和政策有效地推进韩国汽车工业发展。1962～1996年，韩国汽车工业的发展可分为三个阶段：

韩国汽车工业起步阶段（1962～1973年）。1962年，韩国政府宣布"一五计划"并制定《汽车工业保护法》，标志着韩国正式开始发展汽车工业。1967年，韩国政府宣布"二五计划"，要求提高工业化水平，其中包括生产汽车。该计划为汽车行业提供税收优惠，取消进口汽车零部件和装配设备关税，提高整车进口关税。在政府优惠政策的鼓励下，韩国先后建立了起亚、现代等汽车制造企业，这些企业无一例外地使用外国的汽车生产技术。这个时期韩国汽车公司主要是从国外进口半成品和零部件，由韩国工人进行汽车组装。

韩国汽车企业进入自主设计、生产阶段（1974～1984年）。1974年，韩国政府发布促进汽车工业的长期发展规划，其中包括三个主要目标：到1975年实现85%的本地化率；增加排量低于1.5L的小型车市场占比，达到国内销售量的80%；到1981年出口量达到7.5万辆。从本地化率来看，继大宇汽车收购通用汽车韩国公司（新进汽车与通用汽车合资成立的公司），起亚汽车收购亚洲汽车之后，现代、起亚和大宇这三大制造商逐渐形成韩国汽车工业的寡头竞争。之后，现代汽车开发了自己的车型PONY，而起亚和大宇分别生产了BRISA和GEMINI。1976年，三家公司的本地化率达到了85%。1981年，韩国汽车工业实现了90%的本地化率。从生产来看，1979年末全球经济开始衰退，导致韩国汽车工业产能严重过剩。因此，1980年韩国政府宣布《汽车行业合理化措施》，以巩固韩国汽车工业。主要措施包括：小型乘用车仅由现代和大宇生产；起亚专注于中小型商用车的生产；公共汽车和大型卡车开放竞争。这些措施有效缓解了过度竞争和产能过剩。从出口来看，1976年韩国汽车工业开始出口，主要出口区域为欧洲。在此期间，韩国汽车工业迅速发展，成为韩国的主要产业之一（见图10-1）。

大规模生产和全球化阶段（1985～1996年）。80年代中后期，韩国本土三大汽车制造商开始扩大产能，进行大规模生产。1985年，现代汽车建立了一个年产能30万辆的工厂，大宇建立了一个年产能 17 万辆的工厂。自 1987 年取消对小型乘用车生产的限制后，起亚开发了自己的乘用车车型 PRIDE，并将其产能扩大至 12 万辆。产能的快速增长使韩国汽车企业总销量逐年上升，从 1985 年的 36.9 万辆迅速攀升至 1996 年的 285.4 万辆。同时，随着韩国国内市场的饱和，韩国汽车公司开始积极开拓国际市场，以消化产能。韩国汽车的出口量不断上升，到 80 年代中后期，汽车出口总量已占总产量的 50% 以上，汽车工业成为韩国主要的出口工业之一。80 年代中后期开始，北美市场成为韩国汽车的主要出口市场。90 年代开始，韩国汽车企业采取多样化出口战略，出口区域逐渐由北美转向其他国家和地区（见图 10-2）。

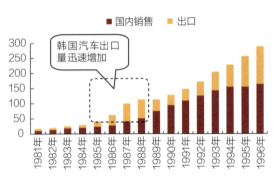

图 10-1　1981~1996 年韩国汽车企业总销量（万辆）
资料来源：CEIC

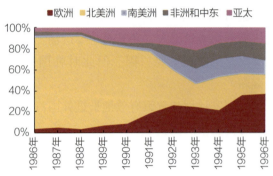

图 10-2　1986~1996 年韩国出口汽车销量区域比例
资料来源：《The Global Korean Motor Industry》

韩国汽车工业自 20 世纪 50 年代诞生之后，在韩国政府的政策引导下迅速发展，从引进国外技术→发展自主车型→扩大产能→出口海外，稳扎稳打，逐步在国际上拥有了一定的竞争力。

2 现代汽车：韩国龙头车企，成功出口海外（1967~1997年）

现代汽车并非韩国成立的第一家车企，但是其发展十分迅速，不仅在韩国国内的汽车市场占有率长期稳居第一，而且成功开拓了国外市场。本节主要回顾了现代汽车自诞生到20世纪末的发展历程，并分析了20世纪80年代中期现代汽车崛起的原因。

2.1 学习国外先进技术和经验

与福特合作并吸纳必要技术，具备汽车生产能力。乘着战后建设的热潮，现代工程与建筑公司于1967年12月成立了现代汽车公司，开始涉足交通和机械行业。作为年轻的汽车制造商，现代将福特汽车作为其第一个合作伙伴，以获得生产汽车的必要技术，并以福特生产系统为基础进行生产。到了20世纪70年代初，现代做出了一个非常重要的决定：不完全依赖外国车型授权协议，开发自有品牌的乘用车。

引进三菱汽车公司技术，学习生产管理经验。1973年，三菱汽车公司向现代提供了一份技术许可协议，供应各种汽车零部件（如变速器、底盘组件和发动机），同时提供技术支持，双方合作开发了EXCEL、STELLAR、SONATA、ELANTRA等多款畅销车型。除此之外，现代的生产管理方式深受三菱的影响。三菱对现代公司员工进行技术和管理培训，并提供生产设备和机器。现代公司充分学习了日式的质量管理技术，规范了汽车生产流程。

聘请欧洲设计人员，独立生产自主车型。为设计自主车型，现代汽车聘请了意大利设计公司Italdesign的乔吉托·朱贾罗（Giorgetto Giugiaro），AIFA ROMEO和FIAT等车型的设计出自他手。1974年，英国利兰公司前CEO乔治·特恩布尔被聘为现代汽车的副总裁，之后现代陆续聘请了六名欧洲总工程师协助特恩布尔，包括一名车身设计师、两名底盘设计师（用于轿车和货车）、两名生产工程师和一名测试工程师。因为新的管理团队拥有丰富的经验，使现代在对外合作的过程中处于更公平的地位，为现代的发展创造了更多机会。例如三菱通常为自己的车型保留高级发动机，提供给现代的发动机动力并不充足，而特恩布尔坚持要求三菱提供更好的发动机和充足的发动机备件。这个新团队与汽车设计师朱贾罗共同设计了现代第一款自主生产的车型PONY。在三菱和福特技术的共同帮助下，现代得以将PONY投入生产。这款车在韩国市场的成功，促使现代公司将其生产过程从手工和小规模装配转变为机械化的大规模生产。

扩大产能，准备海外扩张。 20世纪80年代，随着韩国工业基础的扩大和经济的增长，汽车市场需求不断扩大。现代决定投资扩建蔚山工厂，这一举措使现代汽车实现了从低产量到高产量制造的重要过渡。与此同时，现代汽车把目光投向海外，将扩大的产能在满足国内市场需求和服务出口市场之间进行分配。到80年代中期，现代汽车在加拿大建立了稳固的滩头阵地，为进入美国市场做了充分的准备。

2.2 快速崛起并进军美国市场

现代汽车能在20世纪80年代中后期快速崛起并成功进军美国市场，一方面是宏观环境为韩系车提供了发展机会；另一方面是现代汽车采取了正确的经营策略，产品竞争力得到提升，较高的性价比是其在国际市场上的主要优势。

2.2.1 宏观环境为韩系车发展创造条件

20世纪80年代开始，韩国政府制定了相关政策支持韩国汽车出口，美日贸易摩擦和日元升值都在一定程度上冲击了日系车在美国的发展，为韩系车提供了发展空间。

韩国政府为汽车工业提供支持，助力韩国汽车出口。 20世纪70年代中期，韩国政府通过制定各种计划、法规来引导汽车行业的发展，同时采取措施保护本土汽车行业，韩国汽车企业得以迅速成长。80年代中期开始，以现代为首的韩国汽车企业已有一定竞争力，为促进本土汽车行业更进一步发展，韩国政府取消了早期扶植和保护汽车工业的一系列优惠政策，开放了国内汽车市场，并解除了对汽车企业生产车种、车型等的限制。同时，为增加韩系车出口份额，韩国政府进行了政策调整，推行出口导向性政策，由韩国银行为韩国汽车企业提供低息贷款，积极引导韩国汽车企业走向国际市场。

美日贸易摩擦导致美国进口车市场出现供需缺口，为韩国车进入美国市场提供机会。 20世纪80年代初期，由于第二次石油危机等因素的影响，美国经济陷入历时最长的经济萧条时期，高失业率和高通货膨胀导致汽车市场大幅收缩。1981年日美双方在东京进行谈判并签署了自愿限制日本汽车出口美国的协议：自1981年开始的3年期间，日本将自愿限制日本制造的乘用车出口到美国，第一年的出口上限为168万辆汽车。尽管后来日本汽车出口的限额有所上调，但直到1994年自愿限制制度才被最终废除。1983年之后，美国经济复苏，汽车市场需求逐渐扩大。1986年，美国新车销售量达到1632万辆，创历史新高（见图10-3）。由于日本进口车数量受到限制，造成进口车市场出现供需缺口。这个供需缺口为韩国汽车进入美国市场提供了机会（见图10-4）。

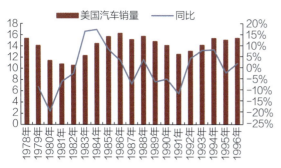

图 10-3　1978~1996 年美国汽车销量（百万辆）及同比

资料来源：Wind

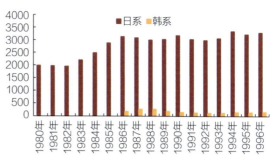

图 10-4　日系车和韩系车在美国市场销量（千辆）

资料来源：Wind

日元升值导致日系车竞争力下降。1985 年各国召开 G5 峰会，共同签署了《广场协议》，导致日元升值。此前，日元对美元汇率保持在 250JPY/USD 左右，而 1988 年最高达到 128JPY/USD，日元升值近一倍（见图 10-5）。日元升值导致日本汽车制造商被迫提高出口汽车的价格，日系车在美国市场上的售价大幅上涨，影响了日系车在美国市场的销量，日系车企被动地让出了低价车市场。此外，20 世纪 80 年代中后期，日本的人力成本快速提高，韩国的人力成本有比较明显的优势（见图 10-6）。在这一时期韩系车进入美国低端车市场，以现代为代表的韩国汽车企业在美国市场的份额迅速提升（见图 10-7，图 10-8）。

图 10-5　1980~1996 年日元/美元汇率和韩元/美元汇率

资料来源：CEIC

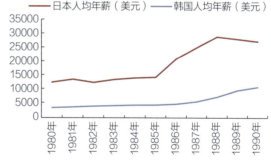

图 10-6　1980~1990 年日本和韩国人均年薪（美元）

资料来源：CEIC

注：原数据经当期汇率处理。

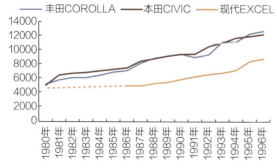

图 10-7　现代 EXCEL、丰田 COROLLA、本田 CIVIC 售价（美元）

资料来源：谷歌

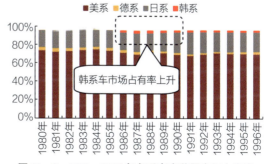

图 10-8　1980~1996 年各系车在美国市场占有率

资料来源：Wind

2.2.2 现代汽车经营策略正确，产品竞争力提升

现代汽车的崛起不仅受益于宏观环境，其自身正确的经营策略和有竞争力的产品，也是其能不断发展壮大的关键因素。

（1）产品方面

进军微型车市场，产品性价比高。 现代在细分市场和目标客户群的选择上避开了日本与美国汽车公司集中的领域，在一定程度上避免了正面竞争。日本汽车公司争夺紧凑型汽车市场，而美国汽车公司主要集中在中型和大型汽车市场，现代瞄准低端车市场的空白，决定进军微型车市场，将目标客户群放在收入较低的二手车买家和初次购车者身上。1986年，现代针对美国市场首次推出的轿车 EXCEL 定价为 4995 美元，而丰田的 COROLLA 和本田的 CIVIC 定价都在 7000 美元以上。虽然 EXCEL 的动力没有 COROLLA 和 CIVIC 强，但是现代汽车拥有良好的性价比优势。1986 年现代 EXCEL、丰田 COROLLA 和本田 CIVIC 参数对比见表 10-1。此外，现代汽车采用了三菱的技术，保障了产品的可靠性和备件可供性，尽可能降低了产品售后维修的费用和时间，减少了消费者对于产品质量方面的顾虑（见图 10-9，图 10-10）。

表 10-1 1986 年现代 EXCEL、丰田 COROLLA 和本田 CIVIC 参数对比

对比项目	现代 EXCEL	丰田 COROLLA	本田 CIVIC
车型图片			
轴距/mm	2380	2400	2438
排量/L	1.5	1.6	1.5
马力/hp	68	90	91
基本售价/美元	4995	7148	7499

资料来源：谷歌、维基百科

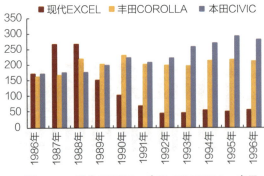

图 10-9 现代 EXCEL、丰田 COROLLA、本田 CIVIC 销量（千辆）

资料来源：carsalesbase

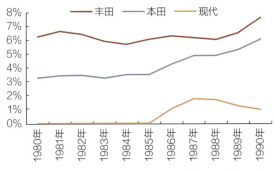

图 10-10 1980~1990 年丰田、本田、现代在美国市场占有率

资料来源：Wind

质量下滑导致销量减少，强化内部管理提升产品力。现代的 EXCEL 在 1989 年开始出现销量下滑，主要是因为现代大量更换零部件的供应商，将欧洲和日本的供应商更换为韩国供应商，导致产品质量下降。1989~1993 年丰田、本田和现代 100 辆新车中前 90 天的缺陷数量见表 10-2。针对逐渐下滑的产品质量，现代强化了生产系统，进行了包括 TQM 和 6 sigma 在内的一系列内部管理改善行动，以提升产品质量。

表 10-2　1989~1993 年丰田、本田和现代 100 辆新车中前 90 天的缺陷数量（辆）

年份	丰田	本田	现代
1989	117	113	178
1991	90	111	235
1992	83	106	193
1993	74	92	194

资料来源：《The Global Korean Motor Industry》

（2）采取正确的经营策略

先出口加拿大市场，为进入美国市场作准备。现代在进入美国市场之前，采取了先出口加拿大的迂回策略。加拿大市场与美国市场十分相似，在美国市场进行销售的汽车制造商均在加拿大市场占有一定份额，现代汽车可以从其在加拿大市场的经营和销售中发现问题并及时改进，为进入美国市场积累了宝贵的经验。

聘请经验丰富的高管，协助公司运营。1985 年，现代在美国成立美国现代汽车公司，聘请了原本为日本竞争对手公司工作的几位美国高管，为现代进入美国市场提供了宝贵的经验和有效的指导。现代汽车美国分公司的管理层既包括韩国高管，也包括从外部聘请的美国人。

严格筛选经销商，建立少而精的销售网点。现代汽车美国分公司成立初期，因对潜在的市场规模和蔚山装配厂的可出口量没有充足的把握，所以采取较保守的方式建立销售网点，对经销商进行了严格的筛选：一是要求经销商位于港口附近。因为现代 EXCEL 车型只通过加州洛杉矶、波特兰、杰克逊维尔这三个港口运输，现代公司要求经销商位于这些港口城市附近。二是对资金和经营方式有要求。经销商需要有足够的资金、工作人员和设备。现代汽车采取"单立门户"的销售制度，即凡是希望经销现代车的经销商，必须建立单独的陈列室、单独的售后服务部，并保证不出售其他品牌。此外，现代汽车仔细研究了经销商申请者的销售历史、客户满意度指数和行业声誉。少而精的销售网点促进了产品在美国的销售，公司得以取得良好的业绩表现。

现代汽车作为韩国的主流汽车企业，及时抓住时代机遇，通过引进国外技术和学习国外优秀经验，逐步具备了自主设计车型的能力。现代汽车通过完善产品线和提升产品质量增强了其在国际市场上的竞争力，在海外市场快速发展。

3 起亚汽车：韩国汽车先驱，1997年走向破产（1944~1997年）

起亚汽车是最早诞生的韩国汽车制造商，但20世纪90年代后期陷入了破产危机。本节复盘了起亚汽车早期的发展历程，并分析起亚走向破产的原因。

3.1 韩国汽车行业的先驱

从自行车制造走向汽车制造。 起亚汽车公司的前身为1944年成立的京城精密工业公司，主要制造钢管和自行车零配件。1952年，公司更名为起亚工业公司，生产了第一辆韩国制造的自行车SAMCHEOLLI。1973年，起亚引进了国内第一条传送带系统生产线，建立了基于单一连续流程的生产结构，生产了第一款韩国制造的汽油发动机。之后，起亚生产了第一辆韩国制造的轿车BRISA，成功实现了从自行车制造向汽车制造的转型。

积累造车经验，奠定发展基础。 在1976年收购了生产商用车的亚洲汽车公司之后，起亚获得标致604轿车与菲亚特132轿车的生产权，开始组装这两款车，以积累国外先进车型的生产经验。20世纪80年代初，由于全球经济衰退引起了韩国汽车产能过剩，韩国政府出台了《汽车工业合理化措施》，以实现汽车生产的专业化。起亚集中生产小型商用车，并成为小型商用车的垄断制造商。1984年起亚研发中心正式建立，负责技术研究和新产品开发设计，为之后起亚完善车型体系和开发先进技术奠定了基础。1944~1985年起亚汽车公司发展历程见表10-3。

表10-3　1944~1985年起亚汽车公司发展历程

时间	事件
1944年	京城精密工业公司成立
1952年	生产第一辆韩国制造的自行车SAMCHEOLLI、公司更名为起亚工业公司
1957年	始兴工厂建成
1961年	C-100摩托车投产
1962年	K-360三轮货车问世
1971年	起亚服务公司成立
1973年	所下里工厂建成、生产第一款韩国制造的汽油发动机
1974年	生产第一辆韩国制造的轿车BRISA
1975年	第一次整车出口（BRISA皮卡）
1976年	接管亚洲汽车公司

(续)

时间	事件
1978 年	生产柴油发动机
1979 年	组装标致 604 轿车和菲亚特 132 轿车
1980 年	生产 BONGO 小型货车
1981 年	生产 BONGO 大客车
1983 年	生产 CERES 多功能农用卡车
1984 年	起亚研发中心成立

资料来源：起亚汽车

合作开发车型，开拓海外市场。1986 年，起亚与福特签订了股权合作协议，将起亚 10% 的股权转让给福特；此外，起亚 8% 的股权属于马自达，2% 的股权属于伊藤忠商事。这些跨国企业共同占有起亚 20% 的股权。1987 年，韩国政府解除了"合理化政策"，起亚进入乘用车市场，与福特、马自达合作开发推出了迷你车型 PRIDE。作为福特 FESTIVA 的本地化版本，PRIDE 不仅在韩国国内市场取得了巨大成功，还在国外市场获得认可，PRIDE 推出当年的出口量达 6 万辆。1987 年 2 月至 1988 年 7 月，起亚对美出口量累计 10 万辆；1989 年，起亚的 PRIDE 登陆中国台湾，之后陆续进入中国大陆、伊朗、菲律宾等市场。

自主开发车型，加速全球发展。20 世纪 90 年代，起亚制定了以全球化战略为核心的发展计划。随着峨山工厂的建设，生产体系扩展到全球范围；通过不断自主开发车型，起亚在全球市场上的竞争力持续提升。1990 年，起亚工业公司更名为起亚汽车公司，不断完善产品线，产品以价廉的优势出口到世界各地。自此起亚进入了全系列汽车制造商的行列。起亚与其他企业签约引进国外技术历程见表 10-4。

表 10-4　起亚与其他企业签约引进国外技术历程

签约时间	引进技术	签约合作企业
1986 年	BESTA（R2, RF, F8, FE, FEE）车辆 BASE 技术 2.5t 巨型泰坦，TRADE BASE 发动机技术	日本马自达
1987 年	CAPITA（B5, B6）P/T 技术 PRIDE（3Dr H/B, 5Dr H/B, 4Dr N/B）BASE 车辆技术	日本马自达
1991 年	POTENCIA（F2. V6）BASE 车辆技术	日本马自达
1992 年	SEPIA（A/T）COMPONENT 技术 SEPIA（P/T, B5, B6, BP）BASE 发动机技术 VESTA（2.7L, RFA）BASE 发动机技术 AVELLA（B3）BASE 车辆技术 CONCORD（A/T）TORQUE CON 技术 SEPIA（A/T）TORQUE CON 技术	日本马自达

(续)

签约时间	引进技术	签约合作企业
1993 年	AT（F4 EAT）	日本马自达
1994 年	V6 发动机共同开发 Sports Car 开发技术 雷诺柴油发动机（7.4L）技术	英国 RIVER 英国 LOTUS 日本日野汽车

资料来源：起亚汽车

3.2 经营不善叠加金融危机导致破产

20 世纪 90 年代开始，起亚积极开拓海外市场，进行大量投资，希望提高在国际市场上的地位。然而起亚不仅未实现业绩增长，净利润反而连年下滑，随着经营的恶化，其抗风险能力也不断下降。1997 年亚洲金融危机爆发，起亚汽车彻底失去偿债能力，宣告破产（见图 10-11）。

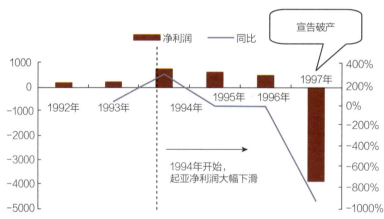

图 10-11　1992~1997 年起亚净利润（亿韩元）及同比
资料来源：起亚汽车

3.2.1　销量增长未能跟上产能扩张进度

在全球范围内快速扩张，急剧扩大产能。1990 年开始，起亚在全世界范围内投入了大量资源进行激进的扩张，不断扩大产能。在韩国国内，起亚在峨山建立了新的乘用车工厂，之后不断扩建，1995 年峨山第二工厂建成，使起亚的产能增加。在海外市场，起亚积极出口产品，并将生产网络扩张至全球范围。1994 年起亚在 110 个国家出口产品，1995 年增至 130 个出口国，1997 年增至 152 个出口国，海外市场的扩张极为迅速。起亚国内外扩张历程见表 10-5。

表 10-5 起亚国内外扩张历程

时间	事件
1990 年	公司名称改为起亚汽车公司 建立峨山工厂（总建筑面积 77248 坪，1 坪 = 3.3057m²）
1992 年	起亚日本公司成立 起亚汽车美国公司成立 扩建峨山工厂（总建筑面积超过 10 万坪）
1993 年	在峨山工厂完成了试验场的建设 车用自动变速器组装线设置（20 万台生产规模） PRESS 第二工厂竣工 BP/T8 发动机工厂竣工
1994 年	建立售后服务培训中心 成立起亚汽车日本研究中心（KJRC） PRESS 第二工厂竣工 BP/T8 发动机工厂竣工 KD 出口交易线增加巴基斯坦和越南
1995 年	成立起亚汽车欧洲公司（KME） 在欧洲生产 SPORTAGE 建立东京研发中心 建立峨山第二工厂 开始在印度尼西亚销售 SEPHIA
1996 年	叙利亚 Wide BORREGO 2.7 出口 以色列、埃及 PRIDE 出口 中国、印度尼西亚、俄罗斯、埃及、波兰 KD 新产业

资料来源：起亚汽车

销量的增加未能消化新增产能，产能利用率过低。为树立行业地位，起亚汽车推出了一系列自主车型，但其在韩国和海外市场的销量增长都较为缓慢，销量的增加未能消化新增产能，产能利用率持续下降。1993 年，起亚的产能为 69 万辆，销量为 54.9 万辆（见图 10-12）；1997 年，起亚的产能为 105 万辆，销量为 63.6 万辆，产能利用率从 1993 年的 79.6% 下降到 1997 年的 60.6%。

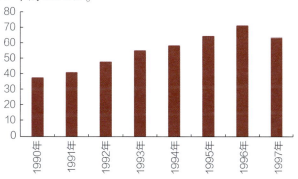

图 10-12　1990~1997 年起亚汽车总销量（万辆）
资料来源：起亚汽车

3.2.2 大量贷款衍生财务风险

政府的贷款政策使企业贷款更为方便，起亚大量借款导致负债较高，形成了财务风险。 20世纪80年代起，韩国政府寻求经济"自由化"，但政府仍然决定银行主要经理人员的任免，并不断通过指导和暗示干预银行的贷款和利率。政府对银行贷款进行直接干预，许多贷款以优惠的条件和利率流向执行产业政策的企业集团，叠加政府规定央行必须以一定比例对商业银行的这类贷款予以再贴现，因此，商业银行在贷款时只需按政府指示行事，对企业的贷款有求必应，导致了企业投资激增和银行运行状况的恶化。国家政策的倾斜和金融界大量的资金为起亚的持续扩张创造了条件，起亚在负债极高的情况下仍借助于企业内部的相互担保融资制度，不断向银行借款，以至于形成较高的财务风险。

过度利用贷款方式获取扩张所需资金，财务成本高。 起亚在国内外的大规模扩张需要大量资金支持，这些资金大多来源于银行贷款。1992年起亚短期借款7313亿韩元，1996年增加至13942亿韩元，而1996年现代的短期借款为7367.9亿韩元，起亚的短期借款远高于现代（见图10-13）。起亚不仅利息支出高于现代，而且利息支出在营业收入中的占比更高，1997年，起亚汽车的利息支出占营业收入比为5.25%，而现代仅为1.78%，起亚承担了较高的财务成本（见图10-14~图10-16）。

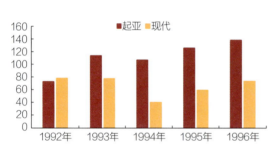

图10-13　1992~1996年起亚、现代短期借款（百亿韩元）

资料来源：起亚汽车、现代汽车

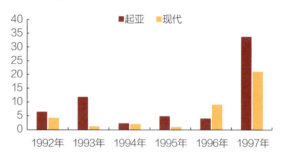

图10-14　1992~1997年起亚、现代利息费用（百亿韩元）

资料来源：起亚汽车、现代汽车

注：为了保持现代和起亚利息费用口径一致，起亚的利息费用经过数据处理，图中的利息费用＝原利息费用－利息收入。

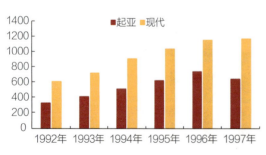

图10-15　1992~1996年起亚、现代营业收入（百亿韩元）

资料来源：起亚汽车、现代汽车

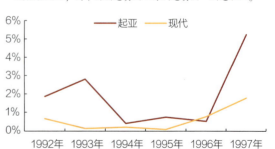

图10-16　1992~1997年起亚、现代利息费用占营业收入比

资料来源：起亚汽车、现代汽车

盈利能力低，偿债能力弱。1992年之后，起亚的营业利润率始终处于较低水平，1997年其营业利润率低至2.6%，而同年现代的营业利润率为7%左右，这说明起亚盈利能力较差（见图10-17）。此外，起亚的资产负债率处于较高水平，1992~1997年起亚的资产负债率均在80%以上，1995年之后更是呈现明显上升趋势，1997年资产负债率高达97%。高负债率叠加低盈利能力，反映出起亚的抗风险能力较低（见图10-18）。

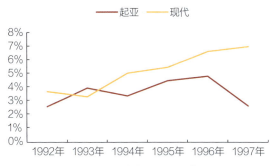 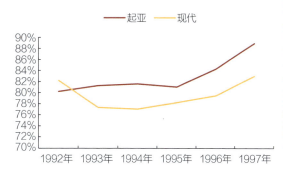

图10-17　1992~1997年起亚、现代营业利润率对比
资料来源：起亚汽车、现代汽车

图10-18　1992~1997年起亚、现代资产负债率对比
资料来源：起亚汽车、现代汽车

3.2.3　工人联合会罢工和亚洲金融危机将起亚推向破产

20世纪90年代中后期，起亚的经营状况不容乐观，抗风险能力持续下降。1997年爆发的工人联合会罢工和亚洲金融危机成为压垮起亚的最后一根稻草，起亚难以应对突发危机，最终宣告破产。

（1）紧张的劳资关系

工人联合会强势介入经营，人力成本提升。1993年开始，强势的工人联合会在经营管理上给予公司极大的压力，公司对工人联合会做出了许多让步。例如管理层同意在1994~1996年间将生产工人的工资提高9%~10%，并在工人联合会要求下，给予工人联合会在管理纪律行动、人力分配和日常生产操作方面的监管权力，以此来保证汽车的生产和交付顺利进行。然而，工人在达成目的之后，又通过罢工等手段提出新的要求。这一恶性循环使得起亚在利润减少的情况下还要不断提高薪资和福利，加剧了经营危机。

工人联合会罢工加剧劳资关系的恶化。1996年12月，执政党在一次秘密会议上决定通过一项劳工改革法案，旨在对过时的劳动关系进行民主改革。过于迅速通过的法案引起了工人的不满，为反对修改劳动法，1997年1月韩国爆发了长达一个月的全国性劳工抗议活动，成千上万的工人进行了连续23天的罢工抗议。此次罢工行动波及数个韩国大企业，起亚的工人联合会也参与其中，劳资关系愈发紧张。

（2）亚洲金融危机爆发

采取自救行动，未能扭转经营颓势。意识到问题严重性的起亚启动了"正常化计划"，开始了自救行动。1996年，起亚开始执行PI-333利润创新计划，进行了一系列成本削减行动，例如通过精简操作节省了746亿韩元；出售了370亿韩元的非制造业资产；缩减企业规模,将 28 家附属公司削减至 7 家,处置 12 家(1 家出售、1 家清算、10 家剥离)。然而起亚业绩仍持续下滑,1997 年净亏损达 3829 亿韩元。

金融危机爆发,起亚难以应对危机,走向破产。1997 年,源自泰国的亚洲金融危机席卷韩国,短短的几周内,大量资本流出,股市一落千丈,国内产出急剧下降。为了规避危机,当时的韩国政府采取了主动降低汇率的政策,但仍无法阻止经济不断下行。韩国主要钢铁公司之一的韩宝钢铁工业公司因无力偿还债务,宣布破产。这一债务违约引发了韩国国内金融市场的不稳定。金融机构陆续要求收回企业债务,导致起亚汽车和其他大型企业的违约恶性循环,进一步破坏了国内金融市场。1997 年 11 月下旬,韩国政府宣布国家陷入财政困境,需要外部支持。被危机波及的起亚彻底失去了对借款的偿还能力,公司进入了清算状态。

起亚发展起步较早,不断学习吸收优秀技术和经验,初期发展势头良好。进入 20 世纪 90 年代之后,起亚处于高速成长期,对于环境和自身前景的盲目乐观导致企业进行了激进的扩张。大量利用贷款方式筹资使企业负债率大幅攀升,同时导致了较高的财务成本,而盈利能力却不断下降。此时起亚的抗风险能力不断弱化,当诸如金融危机这类黑天鹅事件发生时难以应对,最终起亚宣布了破产。

4 现代收购起亚，成立现代起亚汽车集团（1998～2004 年）

起亚破产之后被现代收购，双方共同成立了现代起亚汽车集团。本节梳理了现代集团收购起亚的过程，双方通过整合各自资源，利用协同效应实现业绩增长。

现代收购起亚，整合双方资源

4.1.1 在政府的引导下实现收购

韩国政府出面引导汽车行业进行结构性调整。1997 年亚洲金融危机使得韩国许多大企业面临着破产危机。受到亚洲金融危机的冲击，韩国从危机前的世界第五大汽车生产国下滑到第八位。面对这一困境，韩国政府出面引导韩国汽车工业进行大规模结构性调整，对破产的汽车企业实施兼并重组，促进韩国汽车生产的集中程度进一步提高。现代和起亚的并购重组就是这一结构性调整的举措之一。

现代汽车竞标成功，签订股权收购合同。1998 年 7 月，韩国政府和韩国产业银行（债权银行）公开竞购起亚集团。现代、三星、大宇和福特都参与了竞标。在第一轮招标中，所有候选人都没有满足债权银行提出的收购条件。随后，福特汽车要求减记起亚和亚洲公司总债务，被驳回之后因起亚汽车负债规模过大而放弃收购。在第二轮投标中，三家公司都因提出负债减免的附带条件而被取消资格。因此，政府将第三轮竞标改为公开竞标，现代在投标分数中以较大的优势战胜了大宇，被招标事务局选定为中标者。1998 年 11 月，现代以最优惠的条件收购起亚集团，并于 12 月，与韩国产业银行签署了收购起亚集团的合同。根据合同，现代汽车以 1.18 万亿韩元的价格获得了起亚汽车和亚洲汽车 51% 的股份，并减记了起亚 7.47 万亿韩元的债务。1999 年 3 月，现代汽车向韩国产业银行支付 1.18 万亿韩元的收购款，正式成为起亚汽车和亚洲汽车的新所有者。

共同成立汽车集团。2000 年，起亚汽车与现代汽车公司一起成立现代起亚汽车集团。集团包括现代汽车、起亚汽车和现代零件供应商以及 19 个与集团产业有关的核心公司，在市场上，起亚汽车和现代汽车仍独立进行运营。

4.1.2 改善内部治理结构

组建管理团队，促进现代和起亚间的协调和战略一致性。现代起亚汽车集团由执行董事会主席兼首席执行官郑梦九领导，高层管理人员由 4 位总裁组成：现代汽车的首席运营官/首席财务官、起亚汽车的首席运营官、负责研发职能的首席技术官和商用车制造业务的首席运营官。此外，在4位总裁之下，设有23个副总裁（现代为13个副总裁，起亚为10个副总裁）负责各个业务部门。2001年，现代起亚汽车集团在两家汽车制造商之间交换了管理人员，现代汽车将大约140名经理调至起亚，将起亚的40名经理调至现代，以进一步增强协调和沟通。为了提高公司治理的透明度，现代起亚汽车集团增加了在执行董事会任职的外部执行董事人数。

进行部门整合，提升管理效率。现代起亚汽车集团成立后，建立了现代起亚联合规划部，以便管理层进行统一决策，促进两家公司的综合治理和有效协调。为更好的进行商业合作，现代起亚汽车集团成立了多个联合部门办公室，包括联合材料处理部、联合生产技术部、联合产品策划部及联合售后服务（A/S）部等。2000年，现代和起亚将原先在不同地区的总部迁至位于首尔杨家洞的集团总部大楼，进一步加强部门间的协调和沟通。

重组研发中心，提高研发效率。收购之前，现代和起亚分别有4个研发中心，1999年双方将各自的研究中心进行重组，将开发乘用车车型和核心汽车零部件的研发部门整合到南阳研发中心，并将商用车研发部门整合到全州研发中心，以提高研发效率，降低研发成本。此外，研发中心的整合减少了研发人员的数量，促进了双方研发部门的交流。1999~2000年，部分研发人员以临时外派的形式在两家公司的研发中心进行了交流。1999年以前，研发部门的雇员总数超过了7000人，而随着研发中心的整合，研发人员数量减少至5800人，管理层将剩余的约1200位员工调派到其他部门。

整合附属公司，细分业务类型，加强专业化服务。1999年，现代汽车吸收了现代精密公司的汽车服务部门和汽车生产部门；起亚的汽车部门合并了亚洲汽车公司、起亚汽车销售公司、亚洲汽车销售公司和起亚大田汽车销售公司。2000年10月，现代起亚汽车集团将现代精密公司更名为现代Mobis公司，专门负责汽车零部件的生产和销售。之后，现代汽车公司将现代和起亚汽车的A/S汽车零部件销售部门合并，以提升现代汽车公司作为汽车零部件的专业供应商和销售代理商的实力。此外，现代起亚汽车集团成立了多家共同管理的公司，包括2000年成立的互联网销售公司，负责集团的互联网销售和汽车维修服务；2001年成立的专门生产变速器的现代动力科技公司等。这些公司的成立促使现代和起亚之间进行更紧密的商业合作。

工人联合会让步缓解劳资关系，助力起亚恢复利润增长。1997起亚陷入破产危机之后，工人联合会对管理层做出了一些让步，同意降薪和暂时推迟福利计划，并放弃了合同规定的管理特权，包括生产经营和人事管理的监督权。此外，工人联合会接受了管理层提出的增加工时和裁员的要求，员工每周工作时间从41h增加到42h，减少2745名员工。在起亚最为危机的时期，工人联合会的让步在一定程度上缓解了起亚的艰难状况，为之后的利润恢复做出了贡献。1999年之后，尽管工人联合会为加强员工保障，要求重新拿回之前的权力，但双方工人联合会仍接受了管理层提出的大部分改革措施，集团管理层也对工人联合会采取积极的态度，成立联合就业保障委员会以加强员工保障，劳资关系较收购之前更为稳定。

4.2 起亚采取多项措施，经营改善

被现代汽车收购之后，起亚对企业各方面进行整合和改革，经营状况逐渐好转，迅速恢复经营正常化（见图 10-19～图 10-22）。

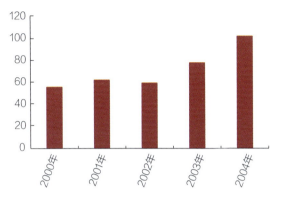

图 10-19　2000～2004 年起亚汽车总销量（万辆）
资料来源：起亚汽车

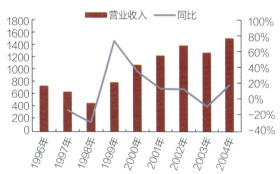

图 10-20　1996～2004 年起亚营业收入（百亿韩元）及同比
资料来源：起亚汽车

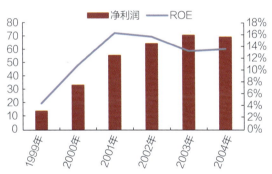

图 10-21　1999～2004 年起亚净利润（百亿韩元）和 ROE
资料来源：起亚汽车

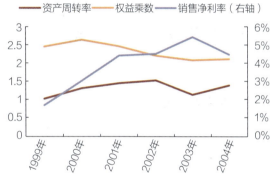

图 10-22　1999～2004 年起亚汽车杜邦分析
资料来源：起亚汽车

4.2.1 完善产品阵容，MPV&SUV 驱动增长

停止开发和生产不盈利的车型，推出新车型畅销。1997 年起亚陷入破产危机时，起亚中断了 PRIDE MINUCHANGE、ARV、RETONA 等不盈利车型的开发。现代收购起亚之后，停止了索兰托 SUT、新 ELANE 等不盈利车型的开发生产。公司停止生产不盈利车型，并集中资源开发了一系列新车型，在市场上获得了成功。2000 年，起亚汽车推出了中型车 SPECTRUM 和 OPTIMA，深受市场认可，尤其 OPTIMA 刚上市销量就一路飙升，市场份额稳步增长，最终在韩国中型乘用车市场占据了首位。2001 年，起亚积极推广 CARENS 和 CARSTAR，帮助起亚扩大了小型货车的市场份额。大型乘用车、SUV 和 MPV 成为起亚最赚钱的产品线，其占总销量的比例从 2001 年的 33% 上升至 2003 年的 47%（见图 10-23，图 10-24）。1998～2004 年起亚推出主要 MPV 和 SUV 车型及其亮点见表 10-6。

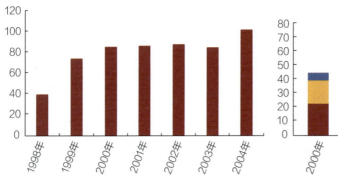

图 10-23 1998~2004 年起亚总销量（万辆）
资料来源：CEIC

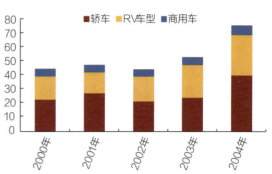

图 10-24 2000~2004 年起亚分车型销量（万辆）
资料来源：起亚汽车

表 10-6 1998~2004 年起亚推出主要 MPV 和 SUV 车型及其亮点

推出时间	车型	车型照片	主要亮点
2001 年	SORENTO		SORENTO 获得了美国权威的汽车行业咨询公司战略愿景（Strategic Vision）颁发的中型 SUV 轿车类别消费者满意质量奖和客户满意奖。2004 年被美国西北汽车新闻协会评为最具价值的 SUV
2002 年	CARNIVAL（出口名 SEDONA）		英国和加拿大的行业杂志将该车型评为 2002 年最具价值的小型货车，同年在英国的柴油 MPV 车型中销量排名第一。2002 年首次获得由 Strategic Vision 颁发的总价值奖，并在 2004 年竞争最激烈的小型货车领域再次获得冠军
2004 年	SPORTAGE		紧凑型豪华 SUV SPORTAGE 解决了同级别其他 SUV 的驾驶舒适性问题，将客舱空间最大化。该车型也是韩国 SUV 中最省油的车型
2004 年	PICANTO		PICANTO 在德国、英国、奥地利和法国的主要汽车行业杂志进行的性能比较测试中，在 A 类中名列第一。2004 年在德国《汽车报》进行的一次测试中，PICANTO 的得分超过了大众 POLO

资料来源：起亚汽车

提升产品质量，客户满意度上升。1999 年开始，起亚采用新的质量控制方法 6 Sigma，并对所有员工进行培训，以提高他们对质量问题的认识。现代起亚汽车集团成立后，起亚建立了一套新车型质量标准，并努力获得 ISIR 认证，以确保新车型零部件的质量。2002 年，起亚的质量管理再次获得业界认可，在韩国国家质量管理会议上获得年度价值管理大奖。同时，起亚在各种安全测试中赢得了高评级，巩固了其安全声誉。2001 年，韩国建设和交通部对起亚的紧凑型轿车 RIO 进行了碰撞测试，将其评为最安全的级别。产品质量的提高使客户满意度和保留率大幅提升。据 J. D. Power 的数据显示，起亚汽车 2004 年 12 月的客户保留率为 50.9%，高于 48.4% 的行业平均水平。在接受调查的 35 家公司中，起亚的客户保留率排名第十位。

4.2.2 进行经营改革，充分利用协同作用

起亚在生产和销售方面进行了一系列改革，节约了大量成本和资源；同时采用独特的营销方式进行产品宣传，强化了品牌形象。

（1）生产方面

优化生产线，提升生产效率和产能利用率，并实现专门化生产。根据产品的类型和尺寸，现代起亚汽车集团重新整合了所有汽车装配工厂，使每个装配厂专门生产某些类型的乘用车或商用车。例如现代起亚汽车集团将其他工厂的小型商用车生产线转移到光州工厂，包括蔚山工厂的 GRACE 生产线、所下里工厂的 PREGIO 和 FRONTIER 生产线，使光州工厂专门生产和组装小型商用车。此外，起亚优化了生产线，提高了车型产量和生产效率。2000 年，所下里工厂 CARNIVAL 生产线的每小时产量从 18.7 辆提高到 30 辆，RIO 线的每小时产量从 24 辆提升至 29.3 辆；峨山第三工厂的每小时产量从 33.3 辆提升至 40 辆；光州工厂货车生产线从 7.5 辆提高到 18.7 辆。随着产品销量不断提升，起亚不断扩建工厂以扩大产能，2003 年光州工厂年产能从 21 万辆增加到 35 万辆，所有工厂总产能增加到 125 万辆。

整合生产平台，共享车型和技术，以减少产品成本。在收购之前，现代和起亚分别拥有 12 个平台，总共生产了 41 款车型，现代收购起亚之后，充分整合了双方的生产能力，共享了动力组件和生产技术，提升了双方生产力。现代和起亚开始共享各自的车型平台。例如 2000 年起亚发行的 OPTIMA 就是在现代 SONATA EF 车型的基础上改良后推出的；起亚推出的中型商用车 PAMAX 则是现代 MIGHTY 的改良版。起亚使用了来自现代的动力组件。例如被收购之前起亚在其所下里工厂生产 1500ml 以下车型的自动变速器，1800ml 以上车型的零部件则从海外进口。1999 年之后，现代向起亚提供了蔚山工厂生产的中型汽车自动变速器，并为起亚的多款车型提供了自主研发生产的发动机，包括小型商用车 OPTIMA 和 FRONTIER 的发动机等。同时，现代起亚汽车集团将许多制造冲压模具的业务集中到蔚山和峨山工厂，并开始标准化双方工厂的模具制造过程，使两个工厂生产的模具可以彼此交换，减少了进口模具需耗费的成本。起亚借鉴了现代汽车的生产技术。1999

年，现代和起亚开始共享生产技术，将两家公司使用的约 4500 个生产技术术语标准化，以支持平台的整合和生产设施的共享。起亚采用现代的生产标准计算方法 MODAPTS，来确定自 1999 年以来新车模型装配线的人力分配和生产效率。起亚借鉴了现代的模块化生产技术，并将其应用于新车型。利用协同作用，起亚的产品成本大幅减少，毛利润和毛利率迅速攀升。1999 年起亚的毛利率为 15%，2001 年上涨至 21%，之后一直稳定在 18%~21% 之间（见图 10-25）。

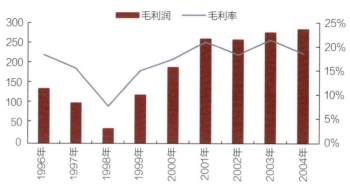

图 10-25　1996~2004 年起亚毛利润（百亿韩元）及毛利率
资料来源：起亚汽车

（2）销售方面

重整销售网络，助力产品销售。现代起亚汽车集团增加了独立经销商和售后网点的数量，并减少公司经营的经销商，把市场部门从公司独立出来，代表两家汽车制造商进行销售业务。此外，为了节省与营销相关的成本，现代起亚汽车集团整合了两家公司的产品分销和售后零部件供应业务。自 1999 年以来，现代和起亚就开始共享配送中心和出口码头，例如 2001 年双方共同成立了韩国罗技公司，负责为现代和起亚提供汽车零部件处理和产品配送服务。销售网络的整合提升了起亚的销售能力，存货流动性逐渐增强，缓解了库存压力。1999 年之后，起亚的库存周转率和资产周转率呈明显上升趋势，库存周转率从 1999 年的 11.07 上升至 2002 年的 23.67，资产周转率从 1999 年的 1.03 上升至 2002 年的 1.54，反映出企业的经营效率和获利能力不断提升（见图 10-26，图 10-27）。

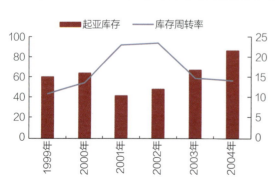

图 10-26　1999~2004 年起亚库存（百亿韩元）及库存周转率
资料来源：起亚汽车

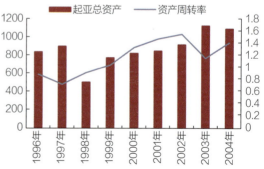

图 10-27　起亚总资产（百亿韩元）及资产周转率
资料来源：起亚汽车

全方面升级客户服务，提高客户满意度。2001年，起亚的直营店被改造成高科技服务中心，维修合作伙伴数量也有所增加。通过加强维修合作伙伴评级制度，使用集成的支持系统，起亚能更方便地为客户提供优质服务。2002年起亚推出Q-Service计划全面提升客户服务形象，通过建设综合服务管理系统为客户提供一站式服务，使客户在购车和售后环节拥有更优质的消费体验。尤其在售后服务方面，起亚汽车承担全部的维修和保养责任，成为韩国首家为客户投诉支付赔偿的汽车制造商。为确保技术和质量始终保持高水平，起亚对维修技术人员进行了培训，通过卫星广播和互联网向维修设施传送技术，并扩大了新一代诊断系统（如Hi-DS、Hi-Scan PRO等）的使用范围。客户服务的升级提高了起亚的客户满意度。2002年，在韩国管理顾问协会编制的韩国客户满意度指数（KCSI）和韩国标准协会编制的服务质量指数（KS-SQI）两项指标中，起亚均获得了韩国国内汽车服务公司中的最高得分。

采取多种营销方式，建立品牌形象。起亚采取了多种不同的营销方式以提高产品销量：一是将新品发布与文化活动相结合。2002年新OPTIMA/MAGENTIS和新RIO的首次发布与国际设计师Park Ji-won的时装秀和著名摄影师Kim Joong-man的展览同时举行，以展示更高端的产品形象。二是通过互联网进行宣传。起亚在一家高尔夫网站上与韩国的在线内容提供商Daum联合发布广告，提高消费者对新车型的认知度和接受度。三是赞助体育赛事。起亚冠名赞助了一家职业棒球队，将其命名为起亚老虎队，并从2001年开始赞助各种国际体育赛事。通过这些体育比赛的大量曝光，起亚提升了世界各地的品牌知名度。

4.3 现代提升品牌竞争力，稳固行业领先优势

多款车型连续畅销，在高端汽车市场和紧凑型SUV市场表现优秀。收购起亚之后，现代对原有车型进行了换代升级，提升了产品质量，例如2002年索纳塔SONATA被J. D. Power选为性能、驱动和设计研究的第一名。同时，现代推出了多款豪华轿车，例如TUSCANI、TERRACAN、XG等，其中现代XG在2001年被日本《日本经济新闻》评为日本新车型中最杰出的产品。此外，根据2002年Strategic Vision的总价值指数，现代汽车在竞争激烈的紧凑型SUV市场上的首次亮相被评为同类产品中的最佳选择，尤其是现代SANTA FE连续几年获得市场好评，在J. D. Power的2003年汽车性能、执行和布局（APEAL）研究中被评为第二最佳入门级SUV。1999~2004年现代汽车主要推出车型、改良车型及其亮点见表10-7。

表 10-7 1999~2004 年现代汽车主要推出车型、改良车型及其亮点

车型	车型亮点	车型图片
XG（2003 年）	XG 拥有全面的标准功能装置和出色的安全装备，在 2004 年 4 月获得了美国国家公路交通和安全管理局（NHTSA）的最高安全评级，在前排乘客和驾驶员座椅安全方面获得了五颗星	
SANTA FE（2003 年）	SANTA FE 于 2000 年推出，在 2003 年进行了换代升级。2003 升级款 SANTA FE 提供两种发动机。基本款车型中的标准配置是 2.4L 4 缸车型，能够产生 138hp 和 212N·m 的转矩；其余的车型使用 2.7L V6 发动机，拥有 173hp 和 254N·m 的转矩	
ELANTRA（2003 年）	2003 升级款 ELANTRA 共有三种型号：GLS 轿车、GT 掀背车和全新的 GT 轿车。所有型号均配备 140 hp 2.0L 发动机，带有 5 速手动变速器或可选的 4 速自动变速器。安全功能包括前后碰撞安全气囊和乘客安全气囊停用传感器	
GETZ（2003 年）	2003 年，现代 GETZ 被《What Car?》杂志的编辑评为"最佳廉价汽车"。这是现代汽车的第一个超小型车，着重于欧洲的风格和功能。座位由 60/40 后座和三步倾斜机构组成，具有双重折叠和完全放平的功能，再加上更宽的轴距，GETZ 提供了比同类任何其他汽车更多的内部空间	

资料来源：现代汽车

重组供应商网络，优化汽车零部件供应链。收购之前，现代和起亚均维持着单一的汽车零部件供应网络，多数供应商直接向这两家公司提供汽车零部件。但这些供应商大多是小公司，且缺乏自己研发的功能，依赖于两家汽车制造商的汽车零部件开发技术。因此收购之后，现代起亚汽车集团对其汽车零部件供应商进行了重新配置，减少汽车零部件一级供应商的数量，并将那些被排除在外的供应商归为二级供应商，向一级供应商提供零部件。1999 年现代汽车和起亚汽车建立了汽车零件供应商的联合数据库，通过标准化的管理程序来管理汽车零件供应。

提升模块化生产水平。现代起亚汽车集团推进模块化生产方式，将现代 Mobis 公司作为核心模块汽车零部件的专业供应商，供应产品包括底盘、车身框架和仪表盘。现代起亚汽车集团不断增强现代 Mobis 开发和生产汽车零部件的能力，以将现代和起亚的整体模块化水平提高到 35%~40%。

利用协同不断提升竞争力，稳固领先地位。现代收购起亚之后，现代汽车利用协

同效应不断提升产品力和品牌竞争力，产品销量和企业净利润迅速增长（见图 10-28～图 10-31），同时现代在韩国汽车的市场占有率也不断提高，其市场占有率从 1998 年的 39.5% 增加至 2001 年的 48.7%，之后市场占有率稳定在 47%～50% 之间，现代在韩国汽车市场的领先地位更加稳固。

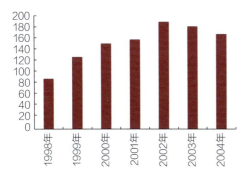

图 10-28　1998～2004 年现代汽车总销量（万辆）
资料来源：现代汽车。

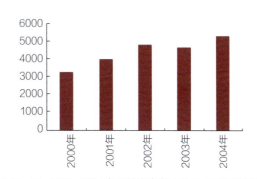

图 10-29　2000～2004 年现代汽车营业收入（百亿韩元）
资料来源：现代汽车。

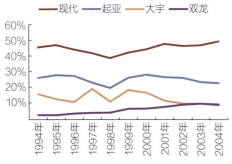

图 10-30　韩国主要汽车制造商在韩国市场的市场占有率
资料来源：CEIC。

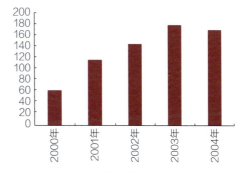

图 10-31　2000～2004 年现代汽车净利润（百亿韩元）
资料来源：现代汽车。
注：2001 年之后，现代与起亚并表。2000 年净利润根据 2001 年并表后的年报追溯。

现代收购了起亚汽车之后，成立了现代起亚汽车集团，现代汽车和起亚汽车仍独立运行。双方通过整合生产、销售、技术等方面的资源，提升了企业的效率和竞争力。不仅提高了国内的市场占有率，也提高了集团在国际上的竞争力。

5 双品牌协同发展，国际化更进一层（2005～2012年）

现代起亚汽车集团在全球范围内进行统一布局，通过共享双方资源加速向新市场渗透，提升两个品牌在国际上的竞争力。本节分析了现代和起亚如何进行品牌差异化管理并扩大国际市场。

5.1 现代与起亚协同发展

现代汽车和起亚汽车在市场上独立运营和销售。因此现代起亚汽车集团十分注重品牌的差异化，从产品特色、目标客户群、品牌价值观等方面进行了严格的区分，强化了各自品牌的特色，尽量避免现代和起亚之间的竞争。

5.1.1 起亚汽车注重设计，面向年轻客户群

建立独立的设计中心，提高产品辨识度。在设计上，起亚汽车希望自身产品能有独特的识别度，因此新建了完全独立于现代汽车的设计中心。2007年，位于德国法兰克福的欧洲设计中心竣工；2008年位于加州尔湾的美国设计中心建设完成。这两个设计中心使起亚能更好地迎合欧洲、北美消费者的生活方式和产品需求，为当地消费者设计出风格独特的产品。

聘请知名设计师，重视品牌定位和产品设计风格。2006年，起亚汽车任命彼得·施雷耶（Peter Schreyer）担任首席设计官，彼得·施雷耶是汽车行业的知名设计师，曾设计过新甲壳虫和奥迪TT等世界知名汽车。彼得·施雷耶负责起亚在国内外的品牌定位和产品设计，针对年轻、有冒险精神的目标客户群进行产品设计，使产品符合起亚"令人兴奋和鼓舞人心"的品牌价值观。同时，受韩国本土的文化影响，起亚汽车的设计始终拥有独特的韩国风格。凭借这种独特的产品设计方式，起亚的多款汽车获得了国际知名设计奖项。起亚汽车获得的国际知名设计奖项见表10-8。

表10-8 起亚汽车获得的国际知名设计奖项

时间	获奖车型	奖项描述
2009年	SOUL	被红点设计奖评为"产品设计"类别的"荣誉奖"。这是韩国汽车第一次获得红点设计奖的认可，也是起亚在全球范围内设计受到广泛认可的起点 获得韩国总统"优秀设计"奖
2010年	VENGA	iF设计奖的运输设计类提名
2011年	PICANTO	在2012年iF设计奖中获得了产品设计类的运输设计奖

(续)

时间	获奖车型	奖项描述
2011 年	OPTIMA（K5）	红点设计奖最佳奖（Best of the Best）
2011 年	SPORTAGE	红点设计奖
2012 年	PICANTO（MORNING）	红点设计奖
2012 年	RIO（PRIDE）	IDEA 设计奖 移动应用程序在红点设计奖中获得了最佳通信设计奖
2012 年	OPTIMA（K5）	iF 设计奖在"通信设计"中被选为"移动应用程序"类别的获胜者

资料来源：起亚汽车

加强"设计起亚"战略，营造基于设计的企业文化。2005 年，起亚汽车将"设计"指定为企业发展的核心，希望凭借卓越的产品设计赢得更多市场份额。为保持创新活力和为设计提供灵感，起亚在 2009 年光州设计双年展上创建了"起亚设计艺术作品"画廊，在其中展示了起亚产品设计师的作品，使普通消费者能深入了解产品设计的创作过程，体会起亚的设计价值。

提高品牌竞争力，在全球市场上树立独特的品牌价值。2005 年开始，起亚为 PI（产品形象标识）和 DI（设计标识）制定了发展战略，专注于提高品牌知名度和企业形象，以加强自身品牌识别度。为提高品牌竞争力，起亚采取了一系列措施：一是定期监控品牌发展趋势。起亚聘请专业的市场研究人员来分析消费者对品牌的看法，并定期进行大规模的跟踪调查来监督品牌发展情况，以了解起亚品牌在全球范围内的竞争力和劣势，同时，针对品牌发展现状及时进行报告。二是加强员工品牌管理意识。起亚在公司内部制作并分发各种品牌推广工具，将品牌意识渗透给每位员工。例如将起亚品牌标识贴在包括会议室和培训中心在内的主要设施中，并在文具和日历等各种办公工具上印有起亚品牌标识，以传递企业的品牌特色。三是向客户传递企业价值观。起亚将品牌标识应用在所有销售、服务和生产场所，向客户展示企业年轻动感的品牌特质。例如 2011 年，起亚开放了工厂参观，在展示厅和游览路线中配备了各种交互式数字设备，包括触摸屏、PDP、多功能显示器和电子登记册。每家工厂的展示厅都提供信息指南，并以视觉方式展示起亚的历史，设计、技术和生产过程，从而使参观者可以生动地体验起亚汽车的生产历程，加强产品宣传。起亚采取的品牌发展战略成效显著，根据品牌绩效指数（BPI）调查，起亚汽车的品牌竞争力从 2005 年的 76% 提升至 2009 年的 84%。

5.1.2 现代汽车注重质量，品牌价值提高

加强质量管理，提高产品质量。因产品质量提升，现代汽车在 J. D. Power 上的得分和排名逐渐升高，汽车质量和产品价值在业界不断获得认可。2005 年，现代汽车在 J. D. Power 初始质量研究（IQS）中的排名从 2004 年的第四位提高到第三位，同年推出的

紧凑型SUV TUCSON 2005款是该年度业内推出所有车型中质量最高的。2009年，现代汽车在J. D. Power进行的初始质量研究（IQS）中获得了114分，比2008年的95分高出19分，使现代汽车在通用品牌类别中位列第一。2010年，现代汽车在德国和美国的质量与客户满意度方面达到业界最高水平，颇具影响力的德国汽车杂志《AUTO BILD》向现代汽车公司颁发了最高质量奖；J. D. Power将ACCENT评选为小型车质量第一名，ELANTRA获得中型车第三名，SONATA、GENESIS和TUCSON的得分均在同类车中排名前五。现代汽车在J. D. Power上的获奖车型见表10-9。

表10-9 现代汽车在J. D. Power上的获奖车型

时间	获奖车型	获得奖项
2006年	TUCSON	最高质量奖
	AZERA	最好表现奖
2007年	AZERZ	最好表现奖
2008年	ACCENT	最佳可靠性奖
2009年	ELANTRA	最高质量奖
	GENESIS	最好表现奖
2010年	ACCENT	最高质量奖
2011年	EQUUS	最好表现奖
2012年	GENESIS	最佳可靠性奖

资料来源：J. D. Power

注：最好表现奖基于已拥有车辆90天的认证车主的驾驶经验反馈。这一评价包括他们对发动机、变速器、驾驶动力学、座椅舒适性、技术可用性、安全性和可视性的评价。

提升汽车安全性，在安全性方面获得广泛赞誉。现代非常重视汽车的安全性，在各款车型上都配备了充足的安全装置。例如AZERA具有同类产品中最标准的安全系统，包括车身电子稳定性调节系统（ESC）；车上配备了8个标准安全气囊，还配备了主动式前部头部保护装置，可防止追尾发生时导致颈椎损伤。这些安全装置起到了一定作用，2006年，AZERA获得了IIHS最高碰撞测试等级，这意味着驾驶员在面对面碰撞时遭受致命伤害的可能性要比评级不佳的车辆少46%。现代汽车在安全方面获得的奖项见表10-10。

表10-10 现代汽车在安全方面获得的奖项

时间	获奖车型	奖项描述
2004年	现代XG350	被Strategic Vision评为"中型车"类别的"最佳价值奖"
2004年	SANTA FE	被Strategic Vision评为"小型SUV"类别的"最佳价值奖"
2004年	ELANTRA	被Strategic Vision评为"小型车"类别的"最佳价值奖"，并获得了年度总体质量奖 获得了美国国家公路交通和安全管理局（NHTSA）的最高安全评级
2005年	现代XG	获得美国国家公路交通和安全管理局（NHTSA）的最高安全评级

(续)

时间	获奖车型	奖项描述
2005 年	TUCSON	凭借"最佳新跨界车"获得了加拿大汽车新闻工作者协会（AJAC）年度加拿大汽车大奖
2006 年	SONATA	获得美国国家公路交通安全管理局（NHTSA）的五星级正面和侧面碰撞测试等级 大众机械（Popular Mechanics）的"安全卓越汽车奖" 美国最受欢迎的汽车视频杂志车展 MotorWeek 在其 2006 年"驾驶员选择奖"中将 SONATA 评为"最佳家庭轿车"
2006 年	AZERA	获得美国高速公路安全保险协会（IIHS）的正面碰撞影响力最高碰撞测试等级
2006 年	TUCSON	获得美国国家公路交通安全管理局（NHTSA）的五星级正面和侧面碰撞测试等级 SmartMoney 杂志的"最有价值汽车奖"
2006 年	SANTA FE	获得 AutoPacific 的"中型运动型多功能车最佳车辆满意度奖"
2011 年	SANTA FE	被美国公路安全保险协会（IIHS）评选为"年最佳安全车型"

资料来源：现代汽车

品牌价值和竞争力大幅提升。随着质量的提高，现代的品牌价值迅速提升。在 2005 年跻身全球 100 个最佳品牌之后，现代汽车稳步提高了品牌排名和地位，在 2010 年总体排名上升至第 65 位，品牌价值为 50 亿美元，与 2005 年的第 84 位相比跃升了 19 位。

5.1.3 品牌管理方式科学

现代收购起亚之前，产品阵容和定位较为相似，收购之后双方对产品线和品牌定位进行了调整，采用多种方式避免内部品牌竞争，使两个品牌更好的协同发展：

第一，产品特色和目标客户群不同。起亚汽车的产品以设计为核心，目标客户群为年轻人，"The Power to Surprise"的企业口号反映品牌定位重点在动感、活力上；而现代汽车更强调产品质量，"Drive your way"的企业口号传达出现代汽车"优雅而自信"的品牌属性。

第二，建立统一的品牌发展计划。双方在产品开发、设计、营销、销售和售后服务等领域实施一致的品牌提升计划，通过宣传不同的品牌形象，提升集团的整体市场份额。

第三，同级产品错峰推出。现代和起亚推出的车型众多，不可避免会产生市场交叉。为避免在同一市场上进行正面竞争，现代和起亚同级车的推出节点通常存在时间差。例如现代 ELANTRA 在 2000 年和 2006 年进行过换代升级，与这款车参数类似的起亚 CERATO 在 2003 年推出，和 ELANTRA 的两次换代都间隔较久，尽量避免双方在同一细分市场直面竞争。

5.2 国际化更进一层，海外销量贡献明显

现代起亚汽车集团在全球范围内进行布局，将销售、生产、研发等网络共享，以加快集团的全球化进程。2012 年，现代起亚汽车集团总销量位于世界汽车制造商的第四名，其中海外市场的贡献极大。

5.2.1 全球营销，多维宣传

建立全球销售网络，提升销售能力。现代起亚汽车集团在全球各地建立了分公司和销售处，完善本地化销售，更好地满足当地市场需求。起亚在全球各大城市招募了出色的经销商，并带领海外经销商访问韩国总部和生产研发基地。从 2009 年开始，现代汽车一直根据新的公司设计标准在全球范围内改造经销商陈列室，并实施了多项教育计划，包括"总经销商教育计划"等，以加强经销商管理，提升每个经销点的客户体验。

现代起亚汽车集团为了促进产品销售和强化品牌形象，在全球采用了多种营销方式进行宣传：

积极参加车展，举行产品展示。现代汽车一直积极参加各种世界著名的汽车展，包括北美国际车展，日内瓦车展，法兰克福车展，巴黎车展和中国的北京/上海车展。现代汽车通过在全球领先的车展上展示其概念车来展示未来汽车的设计方向，并构思了一种新的展台设计，以更有效地传达现代品牌形象。此外，现代汽车在世界各地举行展示，使更多消费者有机会直接体验现代汽车。根据当地文化特色和消费者偏好，现代设计了因地制宜的介绍方式和体验活动，使消费者能有机会根据技术、性能和其他特性来试用和评估新车。

通过社交网络宣传。2007 年，起亚创建了官方博客"起亚 BUZZ"，以便与全球市场的客户（尤其是年轻客户群）建立牢固的联系；并通过各种在线媒体传达起亚汽车的最新动态，推广企业社会责任计划，例如"起亚全球工作营"和"EcoDynamics 路线图"等。此外，现代汽车利用 Facebook 在新车推出时进行宣传。例如 ACCENT 推出时，现代投放了一部展示其独家投影映射技术的影片，作为视频广告宣传；VELOSTER 推出时，现代鼓励车迷们创作以"期待意外"为主题的视频，并通过投票选出了出现在 Facebook 主页上的最佳视频广告。通过社交网络进行宣传，能提升车迷们对品牌的忠诚度，同时也让非车迷们有机会更好地了解现代品牌。

通过文化活动进行营销。现代汽车是 2011 年 Youtube 交响乐团的独家赞助商。Youtube 交响乐团是一个大型的古典音乐会，受到全世界音乐爱好者的欢迎，从试演到最终成员的甄选以及音乐会现场直播的整个过程，都通过 Facebook、Twitter 和博客等各种 SNS 渠道在全球范围内共享。对于现代汽车来说，这是留下品牌良好形象的好机会。

通过体育活动进行营销。体育营销是起亚全球营销战略的支柱。现代起亚汽车集团首次对国际体育赛事进行赞助是在 2002 年，起亚与网球公开赛四大满贯赛事之一的澳

大利亚网球公开赛签约，成为主要赞助商，集团品牌和产品通过展厅和提供运输车辆等方式获得较高的曝光。之后，集团扩大了赞助范围，包括足球、板球、高尔夫等多种体育项目，以覆盖不同地区和阶级的潜在消费者群体。现代起亚汽车集团赞助的国际体育赛事见表10-11。

表10-11 现代起亚汽车集团赞助的国际体育赛事

时间	体育比赛名称	具体描述
2002~2018年	澳大利亚网球公开赛	起亚汽车已成为澳网历史上持续时间最长的主要赞助商。起亚通过为运动员、媒体代表和赛事组织者提供高质量的交通服务，在体育界建立了良好的信誉。2011年，现代起亚汽车集团邀请了来自18个国家/地区的40位客户，开展了一项名为"起亚面向澳大利亚的幸运之旅"的计划，为客户提供了体验澳网以及墨尔本的当地景点的服务
2007年	X Games Asia	起亚是冠名赞助商
2006~2014年	2006年德国世界杯 2008年欧洲杯 2010年南非世界杯 2011年德国女足世界杯 2012年欧洲杯 2014年巴西世界杯	现代汽车自1999年以来就与欧洲足球协会联盟（UEFA）和（FIFA）建立了合作伙伴关系，起亚在2007年与FIFA建立了合作关系，因此现代起亚汽车集团成为多项足球国际赛事的官方赞助商。作为2010年南非世界杯运动会的官方合作伙伴，现代汽车举办各种活动，包括"亲善舞会路演""现代粉丝公园"（街头欢呼活动）和"与现代在一起"（胜利口号竞赛）等，在世界足球迷的心中留下了深刻的印象
2011年	现代中国女子高尔夫公开赛	在中国发起的女子职业高尔夫协会巡回赛
2011年	冠军现代锦标赛	作为开幕赛拉开了美国职业高尔夫协会赛季的序幕。现代汽车不仅为选手们提供了汽车，而且还在各个地点展示了豪华和环保的汽车，向来访的高尔夫球迷介绍其汽车的质量和先进技术
2011年	ICC板球世界杯	担任官方赞助商。这是世界上最大的体育比赛之一，就受欢迎程度而言，板球世界杯排名世界第四，仅次于足球世界杯、奥运会和橄榄球世界杯。现代通过各种计划与客户保持联系，包括欢呼活动和First Ball Tour，提高了品牌在印度、澳大利亚、英国和南非等国家的知名度和形象
2012年	现代冠军争夺赛	冠名赞助商
2012年	滑雪飞行锦标赛	增强其品牌和产品在北欧的知名度

资料来源：现代汽车、起亚汽车。

5.2.2 建立全球生产和研发网络

建立全球生产和研发网络，更好地满足当地市场需求。 为加速渗透新市场，现代起亚汽车集团在重要市场建设生产设施。现代公司通过在印度和中国等大型新兴市场建立生产设施，以满足每个市场的需求，进一步扩大全球网络。同时，现代起亚汽车集团在全球范围内设立技术研究中心、设计中心和试验场，确保产品的研发和设计能跟上甚至带领全球趋势，并在不同环境条件下，使用最先进的设备对产品进行严格的测试，提升产品质量和可靠性。现代起亚汽车集团在全球范围内的生产和研发实施见表 10-12。

表 10-12　现代起亚汽车集团在全球范围内的生产和研发实施

所在地区	生产设施	研发设施
韩国	现代全州工厂、现代牙山工厂、现代蔚山工厂、起亚所下里工厂、起亚峨山工厂、起亚光州工厂	现代起亚 Mabuk 环境技术中心、现代韩国中央研究院 现代韩国蔚山试验场、现代韩国南阳技术研究中心及其试验场 现代起亚汽车研发中心
美国	现代阿拉巴马州工厂、起亚美国工厂	现代起亚美国技术研究中心、现代起亚美国设计中心、起亚美国设计中心、现代起亚美国加利福尼亚试验场
中国	现代中国工厂、起亚中国工厂	现代中国技术研究中心
日本		现代起亚日本技术研究中心
印度	现代印度工厂	现代印度技术研究中心
欧洲	现代土耳其工厂、现代捷克工厂、现代俄罗斯工厂、起亚斯洛伐克工厂	现代欧洲技术研究中心、现代欧洲设计中心、起亚欧洲设计中心
南美	现代巴西工厂、起亚墨西哥工厂	

资料来源：现代汽车、起亚汽车

5.2.3　欧美市场与新兴市场并举

2005 年之后，现代起亚汽车集团在全球各地区销量实现增长，在以中国和中东地区为代表的新兴市场上表现尤其亮眼，在欧美等传统重点市场的发展也取得了新进展（见图 10-32，图 10-33）。

图 10-32　起亚汽车分地区销量（万辆）
资料来源：Markline

图 10-33　现代汽车分地区销量（万辆）
资料来源：Markline

（1）中国市场

中国市场快速增长，抓住机遇获益市场红利。2000年，现代汽车在中国建立了一家年产能30万辆汽车的工厂，开始了进军中国市场的进程。之后，现代与中国银行签署了一份额度为5亿美元的全球信贷合同，促进集团在中国市场的扩张。2002年，在中国加入WTO后，现代汽车成为首家获得中央政府批准在华生产乘用车的外国汽车制造商。现代与北京汽车工业控股有限公司（北汽控股）合作，在中国独特的商业环境下实施本地营销和管理决策，并通过与韩国领先的零部件和技术供应商合作，以建立一个有竞争力的供应网络。起亚在中国的发展路径与现代类似，在2001年与东风汽车公司和江苏悦达投资股份有限公司合资建立了东风悦达起亚，之后建立了两家中国工厂，在中国进行本地化生产与销售。2005年之后，中国汽车市场规模大幅扩张，总销量从2005年的575.7万辆上升至2012年的1930万辆（见图10-34）。现代起亚汽车集团抓住了发展机遇，不断扩大产能、强化供应和销售网络，使其在中国市场的销量和份额迅速增加。2004~2012年，现代汽车销量从2004年的180万辆增加至2012年的397.8万辆；而起亚汽车销量从2004年的78.9万辆增加至2012年的284.8万辆（见图10-35）。现代起亚汽车集团在中国发展历程见表10-13。

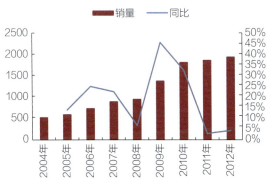

图10-34 中国汽车市场总销量（万辆）及同比

资料来源：中国汽车工业协会

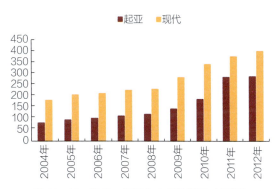

图10-35 现代、起亚在中国的销量（万辆）

资料来源：Markline

表10-13 现代起亚汽车集团在中国发展历程

时间	事件
2002年	北京现代汽车有限公司成立 江苏Mobis成立 东风悦达起亚汽车有限公司成立 北京Mobis成立 北京现代摩比斯汽车零部件有限公司成立
2004年	现代汽车（中国）投资有限公司成立 无锡Mobis汽车零部件有限公司成立 北京李尔岱摩斯汽车系统有限公司成立
2005年	无锡Mobis成立
2006年	起亚汽车整车进口业务开始 现代威亚汽车发动机（山东）有限公司成立

(续)

时间	事件
2008 年	现代威亚汽车模具（山东）有限公司成立 凯菲克汽车系统（北京）有限公司成立
2009 年	天津 Mobis 成立
2010 年	现代派沃泰中国成立
2011 年	中国现代经营研究所成立
2012 年	四川现代成立，工厂开始生产

资料来源：现代汽车

(2) 中东市场

更换中东市场经销商，举办销售考察研讨会，提高中东市场销售能力。 为提升集团在中东市场的销量，现代和起亚采取了各种措施以提高销售能力。起亚汽车更换了表现不佳的经销商，并对经销商进行培训，以提高销售能力和维修能力，保持客户忠诚度。此外，起亚汽车积极参加本地投标的订单，扩大业务范围。而现代汽车根据中东地区的经济和文化特点量身定制营销活动，努力提高汽车销量和客户满意度；并在首尔举办了 2006 年非洲和中东地区销售考察研讨会，负责销售的高管们在会上学习并分享了成功案例，使其他参会者更了解现代汽车的经营战略。通过这些措施，现代起亚汽车集团在中东市场的销量增长十分迅速，起亚的汽车销量从 2007 年的 2000 辆增加至 2012 年的近 51 万辆；现代的汽车销量从 2007 年的 2.3 万辆增长至 2012 年的 22 万辆（见图 10–36）。

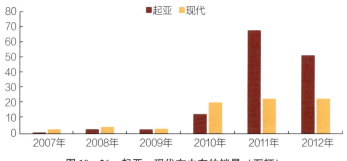

图 10–36　起亚、现代在中东的销量（万辆）

资料来源：Markline

(3) 美国市场

推进设计研究中心本地化，更好地贴近当地市场。 现代起亚汽车集团在美国加利福尼亚州设立了设计与研究中心，在加州的莫哈维沙漠中设有试验场，在密歇根州设有现代起亚美国技术中心。这三个中心合作开发新的设计和技术，以完善现有产品并开发面向美国市场的新车型。每个工厂都拥有最先进的设施和技术，其中包括加利福尼亚设计与研究中心提供的世界上最先进的可视化图形和黏土建模技术，以及测试场大约 4300 英亩（1 英亩 =4046.856m^2）的广阔面积。

SUV 车型获得好评，驱动汽车销量总体增长。 美国消费者喜欢户外活动和家庭活动，因此 SUV 一直是美国市场畅销车型。现代汽车充分了解这一点,在北美市场推出的 SANTA FE 和 TUCSON 获得了广泛好评,进一步提升了美国市场的销量,2004~2012 年现代汽车销量从 41.8 万辆增加至 70.3 万辆(见图 10-37)。同时,起亚汽车在美国市场销售的 SUV 车型 SPORTAGE 和 SORENTO 一经推出就十分畅销,为起亚在美国市场的销量做出了巨大贡献。起亚汽车在美国市场的销量从 2004 年的 27 万辆增加至 2012 年的 55.8 万辆,实现翻倍增长(见图 10-38)。

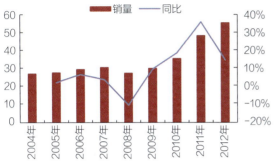

图 10-37 起亚汽车在美国的销量(万辆)及同比

资料来源:Markline

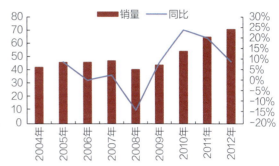

图 10-38 现代汽车在美国的销量(万辆)及同比

资料来源:Markline

为美国客户提供多方面的保障,满足消费者需求。现代汽车在进入美国市场初期,汽车质量较为一般,只能在低端车市场拥有性价比优势。为提升产品价值,进入较高端的市场,自 1999 年开始,现代提出了行业最高标准的保修服务,承诺 10 年内保修和 10 万 mile 内保修。通过采取业内最高的质保标准,现代汽车的售后服务质量获得了消费者好评,在美国的客户满意度一直保持较高水平。

获得质量认证,强化生产系统。2006 年,现代汽车的美国工厂通过了国际汽车工作组(IATF)最严格的质量管理标准 ISO/TS 16949 的认证。工厂内的生产制造系统包括 250 多个焊接机器人和其他机器人,这些机器人使用光学传感器检查焊接工作,该传感器可测量公差以确保在整个装配区域中均能牢固焊接。此外,为保障产品质量,生产系统会对车身进行 11 次无暇修整,并对每辆组装好的车辆进行 2.3mile 的强制性测试,以检查所有发动机和电气系统的运行情况。

(4)欧洲市场

实现生产与研发的本地化。2009 年,现代汽车通过在捷克共和国建设年产能 30 万辆的生产工厂拥有了欧洲制造基地。之后,年产能 15 万辆的俄罗斯工厂于 2011 年全面投入运营。此外,现代起亚汽车集团在欧洲建立了研发中心,包括测功机、底盘测功机、测试台以及 NVH 和 K&C 测试室等高级设备,并致力于柴油发动机的研发,使现代和起亚汽车能够使用排放分析设备满足欧洲对环保汽车的需求。

推出专门针对欧洲市场需求的车型。现代汽车推出专门针对欧洲市场的 i 系列汽车,包括 i30 和 i20 等畅销车型,其中 i30 以欧洲生活方式偏爱的设计合理性和实用性而诞生,在英国和智利赢得了 2012 年度最佳汽车大奖;在安全性评估中,i30 在欧洲 NCAP 和澳大利亚的 ANCAP 安全评级中获得了五颗星,证明了 i30 的高性能和普遍吸引力。起亚也推出了 CERATO 的欧洲版 Cee'd,由起亚在德国的欧洲设计中心开发,针对欧洲市场推出了五门版车型,更好地适应欧洲客户的需求。此外,起亚为该款车型提供了欧洲市场所有汽车制造商中最长的保修期,包括 5 年的整车保修期和 2 年的动力总成保修期,以吸引更多客户。新车型为现代和起亚汽车在欧洲市场的销量增加做出了极大贡献,现代汽车的销量从 2004 年的 32.4 万辆增加至 2012 年的 68.2 万辆(见图 10-39),起亚汽车的销量从 2005 年的 18.4 万辆增加至 2012 年的 55.9 万辆,集团销量大幅提升(见图 10-40)。

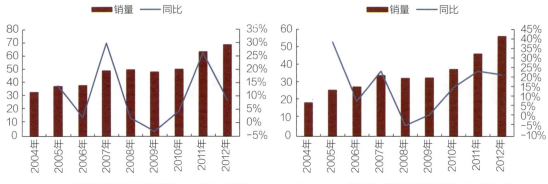

图 10-39　现代汽车在欧洲的销量(万辆)及同比
资料来源:Markline

图 10-40　起亚汽车在欧洲的销量(万辆)及同比
资料来源:Markline

现代起亚汽车集团在 2005 年之后加速实现全球化发展,为了使两个品牌更好的协同发展,双方通过不同的产品设计和差异化的品牌形象,增加两个品牌的区分度。同时,为更好地进行全球化管理,集团将研发、销售、生产网络共享,并实现本地化战略,以更好地适应当地消费者需求。

6 经营策略

韩国汽车工业起步于20世纪50年代，以起亚和现代为代表的汽车企业先后成立，这些汽车公司最初主要是从国外进口半成品和零部件，然后在韩国国内组装。韩国汽车企业发展过程中，不仅得到了韩国政府的政策引导和支持，而且积极学习国外先进技术，通过多年的努力，现代、起亚等企业逐步具备了自主开发车型的能力。70年代后期，韩国汽车企业开始向海外出口，到了80年代后期，以现代为代表的韩国车企进一步扩大在海外市场的销售规模，尤其在美国市场的销量快速增长。

从起亚的破产和现代收购起亚的案例，企业可以得到不同的启示。

（1）企业即使处于高速发展阶段，也应重视自身的抗风险能力

起亚是韩国最早成立的汽车制造企业，早期主要生产小型商用车，在政府解除了"合理化政策"之后，起亚开始在乘用车市场发力加码。90年代开始，为了提高在汽车市场上的地位，加快发展，起亚进行了大量投资，生产能力快速扩大。然而，公司销量增长的速度并没有匹配上产能扩张的速度，公司的产能利用率持续走低，同时，为了扩大生产规模，起亚进行了大量的贷款，这不仅增加了起亚利息费用的负担，也提高了起亚资产负债率。持续恶化的盈利能力和较高的资产负债率，反映了起亚抗风险能力的弱化。1997年亚洲金融危机爆发，起亚陷入了破产危机。

行业在高速发展的时候，有望带给企业更多的机会。如果企业战略正确，把握行业的红利，有望事半功倍，加速发展。但是任何时候公司都应该保持危机意识，在考虑发展的同时，不能忽视自身的抗风险能力。否则，一旦发生系统性风险，出现黑天鹅事件，公司很有可能陷入无法应对的状态，甚至出现破产的情况。

（2）企业进行收购后，科学地处理不同品牌之间的关系，至关重要

起亚破产之后，现代对其进行了收购，双方成立了现代起亚汽车集团，并进行了一系列资源整合。双方整合了生产、研发和销售等领域的资源，提升了企业的效率和竞争力，两个品牌在韩国和海外的销量均有提高。现代和起亚原本的品牌层次和产品定位较为接近，让两个品牌层次较为接近的品牌协同发展，需要科学的经营策略。现代起亚汽车集团的举措具有借鉴意义。

两个品牌强调不同的品牌形象和产品特色。起亚更强调产品设计，不仅建立了独立的设计中心，也在欧洲和美国成立设计中心，"The Power to Surprise"的企业口号反映其动感、活力的特点，目标客户群主要为年轻人。现代则更加强调产品的品质，其"Drive your way"的企业口号希望传达出"优雅而自信"信号。此外，现代和起亚两个品牌在推出同级别车型的时候，通常会存在时间差。两个品牌通过错峰推出同级别车型的方式，尽量减少两个品牌之间的竞争。

成功的收购，通过整合双方在研发、生产和销售领域的资源，可以提升企业的竞争力。但是收购之后应通过科学的方法处理不同品牌的关系，给予不同品牌各自有特点的品牌形象和产品特征，尽量避免品牌之间的竞争。

经营企业时，不仅要考虑企业的成长性，也应该重视企业应对风险和危机的能力，如果企业投资过于激进，容易出现潜在的财务风险，一旦遇到行业景气度下行，可能出现严重的危机。品牌管理对于所有企业而言都至关重要，尤其是对于多品牌的企业。能够给予不同品牌清晰的定位，科学处理品牌关系的企业，更有可能取得好的经营成果。

参考文献

[1] 魏明山. 美国公司平均燃油经济性标准及其对中国的启示 [J]. 能源研究与信息, 2004, 20 (3): 132-135.

[2] 小艾尔弗雷德·斯隆. 我在通用汽车的岁月 [M]. 刘昕, 译. 北京: 华夏出版社, 2005.

[3] 大野耐一. 丰田生产方式 [M]. 北京: 中国铁道出版社, 2006.

[4] 卡尔·H·哈恩. 我在大众汽车40年 [M]. 朱刘华, 译. 上海: 远东出版社, 2008.

[5] 费迪南德·皮耶希. 汽车和我 [M]. 任卫东, 译. 上海: 远东出版社, 2009.